枫华求学路
加拿大留学
资讯大全

GUIDE TO HIGHER EDUCATION IN CANADA

加拿大枫华学子文化中心　编

商务印书馆

2008年·北京

图书在版编目（CIP）数据

枫华求学路：加拿大留学资讯大全/加拿大枫华学子文化中心编.—北京：商务印书馆，2008
ISBN 978-7-100-05576-5

I. 枫… II. 加拿大枫华学子文化中心编 III. ①留学生教育-概况-加拿大②高等学校-简介-加拿大
IV. G649.711.8

中国版本图书馆CIP数据核字（2007）第117286号

枫华求学路——加拿大留学资讯大全

加拿大枫华学子文化中心　编

商 务 印 书 馆 出 版
（北京王府井大街36号　邮政编码 100710）
商 务 印 书 馆 发 行
北京中科印刷有限公司印刷
ISBN 978-7-100-05576-5

2008年1月第1版　　开本 889×1194　1/16
2008年1月北京第1次印刷　　印张 35½
印数 5 000 册

定价：198.00元

枫华求学路

——加拿大留学资讯大全

总审订： 许琳

顾问： 虞崇贞 薛亚霏

出品： 加拿大枫华学子文化中心

商务印书馆

主编： 陈俊波

副主编： 梅美珊 夏建辉

编者： 周晖 陈捷 黄绵 黄晓燕

总统筹： 李思远

统筹： 莫立冰

设计： 杨志豪

责任编辑：储丹丹

鸣谢：(本书部分照片由以下机构提供)

不列颠哥伦比亚省旅游局

温哥华旅游局

阿尔伯塔省旅游局

沙斯喀彻温省旅游局

曼尼托巴省旅游局

纽宾士域省旅游局

诺华斯高沙省旅游局

爱德华王子岛旅游局

纽芬兰及拉布拉多省旅游局

育空地区旅游局

Guide to Higher Education in Canada

Director General: Lin Xu

Advisors: Chongzhen Yu, Yafei Xue

Published by: Maplestudent Benevolent Association

Commercial Press

Editor in-Chief: Junbo Chen

Vice Chief Editors: Eliza Mei, Jianhui Xia

Editors: Hui Zhou, Jie Chen, Xiaoyan Huang

Chief Coordinator: Daniel Lee

Coordinator: Libing Mo

Designer: Chi-ho Yueng

Editor in Charge: Dandan Chu

Acknowledgement:

Tourism British Columbia

Tourism Vancouver

Tourism Alberta

Tourism Saskatchewan

Travel Manitoba

Tourism New Brunswick

Nova Scotia Tourism

Tourism Prince Edward Island

Newfoundland and Labrador Tourism

Tourism Yukon

THE GOVERNOR GENERAL
LA GOUVERNEURE GÉNÉRALE

RIDEAU HALL
OTTAWA

The pursuit of education goes beyond borders and cultures with the decisions of today propelling the leaders of tomorrow towards success. The *Guide to Higher Education in Canada* can help you decide what type of future you wish to have.

Each province in Canada can be proud of its secondary schools, colleges and universities. With its wide range of programs from which to benefit, students from all over the world can discover the advantage of being in a country where shared ideas, innovative teaching techniques and the highest quality of learning can be accomplished. Those who have chosen the path of higher education in Canada will enjoy not only the quality of our schools, but also the hospitable warmth of its people and the unique majesty of this diverse and dynamic country.

I commend the Maplestudent Benevolent Association for promoting Canada abroad and for helping students from all over the world reach their potential. I wish everyone the best in their future endeavours.

Michaëlle Jean

July 2007

加拿大总督 庄美楷夫人

Her Excellency the Right Honourable Michaëlle Jean Governor General of Canada

中 华 人 民 共 和 国 教 育 部

MINISTRY OF EDUCATION OF THE PEOPLE'S REPUBLIC OF CHINA

贺 信

加拿大是一个具有多元文化传统的美丽国度。自1970年中加正式建交以来，两国间的教育文化交流得到了全面迅速的发展。加拿大优质的高等教育在国际上享有盛誉，吸引着数万中国学子前往求学和深造。

想广大青年学子之所想，急社会对留学资讯之所需，《枫华求学路——加拿大留学资讯大全》经过一年多的编辑，顺利付梓。在此，我谨代表中华人民共和国教育部，向该书的主编机构——加拿大枫华学子文化中心，表示热烈的祝贺！

“支持留学，鼓励回国，来去自由”，是我们一贯坚持的留学政策。希望广大留学生胸怀报国之志，刻苦学习，学有所长，在不久将来回国投身到蒸蒸日上的祖国建设事业之中去。

中华人民共和国教育部部长

周济

二〇〇七年五月十二日

周济部长
中国教育部

Minister Mr. Zhou Ji
Ministry of Education of the P. R. China

GO

Embassy of the People's Republic of China in Canada

From H.E. Ambassador Extraordinary and Plenipotentiary

515 St. Patrick Street, Ottawa, CANADA K1N 5H3
Tel: (613)789-0058 Fax: (613)789-1412

异邦学子明灯

一本全面、客观、详尽介绍加拿大留学的工具书，《枫华求学路 —— 加拿大留学资讯大全》终于出版了。在此，我谨代表中华人民共和国驻加拿大大使馆，向枫华学子文化中心表示热烈的祝贺！

150 多年前，美国耶鲁大学招收了一名来自清朝的留学生容闳，由此拉开了中国学生到海外求学的序幕。这一个多世纪以来，数以百万计的中国留学生远赴重洋，在异国学习科技和文化知识。这既把中国带向世界，也把世界带回中国。

加拿大以高质量的高等教育享誉西方世界，早已成为各国学生留学深造的首选国之一；而其优美的自然风光，多元文化共融的人文氛围，以及并不昂贵的学费标准，更是吸引万千中国学生负笈枫叶国。

多年来，枫华学子文化中心谨遵“厚德载物，诚信为本”的专业社会服务精神，为数以万计留学加拿大的莘莘学子们建立了一个提供学习生活准确资讯、抒发情感、接触社会的全方位义务服务平台，并举办了各种大型文化交流活动，向世界展示了中国新一代留学生的优秀风采。

在 21 世纪中国和平发展的今天，我们渴求拥有卓越知识和国际视野的人才。谨愿留学枫叶国的莘莘学子，在放眼国际之时仍心怀祖国，学成后带着融贯东西文化的科学知识回国，为建设伟大的祖国而努力。

中华人民共和国驻加拿大大使

卢树民

2006年12月31日

卢树民大使
中国驻加拿大大使馆

Ambassador Mr. Lu Shumin
Embassy of the
P. R. China in Canada

前言

枫华学子文化中心是在加拿大注册的文化教育非营利服务机构。自成立以来，在中国驻温哥华总领事馆、加拿大联邦、省、市三级政府以及社会各界支持下，以《枫华学子》、《枫华家庭》两本月刊杂志为载体和传播渠道，充分利用社会民间资源，为弘扬中华文化做出了不懈的努力。同时，作为北美第一本以简体字发行的全彩色中国留学生月刊杂志，《枫华学子》为加拿大中国留学生建立了一个提供准确学习生活资讯、抒发情感、接触社会的全方位义务服务平台，并举办了各种大型文化交流活动，向世界展示了中国新一代留学生的风采。

加拿大以高质量的高等教育享誉西方世界，早已成为各国学生留学深造的首选国之一。而其优美的自然风光、多元文化共融的人文氛围，以及并不昂贵的学费标准，更是吸引万千中国学生负笈枫叶国。据联合国教科文组织的调查显示，中国是世界上最大的留学“输出”国。然而，在这股留学热潮背后，仍然隐藏着许多值得关注的问题。

2004年2月，中国驻温哥华总领事馆、《枫华学子》杂志社、枫华学生俱乐部联合揭发了温哥华一私立学院Can-National Business College(原名为Canada Institute of Business & Technology)伪造文件，谎称其经“Vancouver University”(经证实，是一所未经当地政府批准而创办的学校)授权颁发的硕士和学士学位受到不列颠哥伦比亚省政府和中国教育部的认可，欺骗中国留学生就读该校。此事件引起了中国教育部和加拿大不列颠哥伦比亚省高教部的高度重视。2004年3月2日中国教育部发出第二号留学预警文件，同时不列颠哥伦比亚省高教部勒令关闭该学院。

2005年6月，五所私立学校由于不是根据学生的实际水平评定成绩，随意给高分，弄虚作假，被加拿大安大略省教育部吊销执照，上千名中国留学生受影响。据了解，这五所学校不同程度地与中国一些学校和留学中介签有合作协议，并公开招收中国学生。

同月，加拿大温哥华两所私立学院在不到两周时间内相继倒闭。由于经历2004年揭发违规院校一役，中国驻温哥华总领馆教育组在留学生当中做了大量细致的工作，在该次学校倒闭事件中，受影响的400多名学生没有一个是中国留学生。

2006年10月，温哥华的私立学校英皇学院(Kingston College)因为颁发未经认可的学位而被当局限令在1年内关闭。当局考虑到现有学生的权益，而准许学校开放至2007年10月。但已经要求学院在30天内，向未展开课程的学生，作全数学费退款，并即时关闭网站及停止广告宣传。

2007年2月不列颠哥伦比亚省高教厅勒令私立英桥大学必须在5月1日前关闭，因为该所学校涉及未经授权大做广告，提供给学位质素审查局的文件有误导，无法提供法令要求的财务保证，学生成绩的保密收藏不合规定，收取学费超过法令规定的12个月，学生档案中的学校管理、入学标准、学分转移等存在严重问题。

仅仅两年多的时间，连续多起私立学校因违规而受到处罚的案例发生，引起了中国政府的关注。为了保护留加中国学生的利益，2006年12月29日，中国教育部发布留学预警，叫停自费留学加拿大私立学校，鼓励中国留学生更多地选择加拿大的公立学校就读。中国驻加拿大使领馆教育处也已经暂停所有对加拿大私立学校到我国与留学中介合作招收留学生的资格认证。这一消息在加拿大引起了很大的反响，包括加拿大国家广播电视台、温哥华太阳报以及Global TV等各大媒体都对此事做了进一步报道，惊呼加拿大可能失去中国巨大的留学市场。

事件虽暂告一段落，但是反映出了中国留学生低龄化，资讯信息需靠第三者获取的情况越来越严重。据统计，目前八成以上赴加中国留学生的学历是专科或以下，九成以上学生必须依赖留学中介或移民公司取得学校资讯。可是，留学中介良莠不齐，中国留学生上当受骗事件屡有发生。加上，纵观全国留学出版市场，却找不出一本比较全面、详细介绍加拿大高等教育系统和所有公立大学和学院的留学参考书。中国留学生纵有负笈进修的大志，却苦无可作参考及计划的资源，在摸索升学路上处处碰壁，花费大量的金钱和时间。

有鉴于此，我们感到实现海外留学服务正规化成了目前我们迫切而义不容辞的责任，摒弃参差不齐的中介服务，排除欺骗学生的私立学校，取而代之的是我们免费提供的一站式服务——权威、全面、细致、快捷。作为一家非赢利的教育服务机构，枫华学子文化中心有信心凭我们的专业团队为大家提供优质免费服务，架设直达加国的安全留学之路。

《枫华求学路——加拿大留学资讯大全》就是这个理念下的第一个动作，我们的目的就是编写一本最权威、最全面、最客观详尽介绍加拿大留学的工具书。本书将加拿大所有公立大学及公立专科以上院校(法语学校除外)的资料整理分类，并搜集详尽的大学排名及热门学系资料，辅以客观的分析及建议。每个学校独立成篇，包括学校综述、校园校址、学生结构、师资状况、入学要求、入学申请、学费标准以及联系方式，并详述加国教育制度、学校与专业选择、留学申请程序、出国前准备、财务安排、住宿生活费用、医疗保险以及安全须知。

不同于人们在书店惯常所见的以摘抄方式编撰的留学指南，此书主编机构枫华学子文化中心花费大量人力物力，派遣采访小组走遍加拿大，直接从校方获取全新的第一手资料，从而不仅能确保资料的翔实和客观性，还将体现每个学校独特的文化、历史以及治学风格，配合专业摄影师在学校实地拍摄精美校园图片。500多页、大16开本、全彩色精美印刷的《枫华求学路》，期望带给读者全景直观的感受，让莘莘学子能在留学路中得到明灯指引，使他们一书在手，量体裁衣，在选择适合自己的学校和专业方面，凭准确资讯做正确选择。

我们深信，在加拿大联邦政府、中国教育部和中国驻加使领馆的大力支持下，出版、发行此独一无二的加拿大留学指南工具书将会对整个加中文化教育交流产生巨大的推动力。

主编 陈俊波

2007年6月18日

使用指南

她先是一本书，介绍权威而详尽的加拿大留学资讯；
她搭建一个网，提供免费又实用的加拿大留学服务；
她像是一座桥，架设直达且安全的加拿大留学之路。

身陷留学信息的汪洋大海中，只要阅读、使用这本书，你将获得“书、网、桥”三大功能所赋予的一站式服务，并乘风破浪直抵理想彼岸。

(一)编写特点

本书第一部分由15个篇章构成，从选择到准备，自评估到学习，由理想到生活，完整的编写框架描绘的是一幅求学加拿大的流线图和全景画。从第二部分开始依次介绍了各省大学的详细情况。读者获取的信息包括：生活在加拿大的背景，留学在加拿大的资讯，工作在加拿大的条件，以及移民在加拿大的前景。

透过编者的编写思路，你可以感受到不少可圈可点的独到之处：

1. 权威：所有介绍文字和数据均来自加拿大官方及学校一手资料。
2. 全面：覆盖加国148所大学、学院，教学特色、热门专业和招生情况一应俱全。
3. 细致：资料一览表精心制作，学校背景、入学要求、学系构成、学费约数和生活指数一览无遗。
4. 简捷：针对留学实际需求，编写脉络一气呵成，读来一目了然。

(二)阅读指南

为指引你更好地阅读本书，特别就以下问题作出说明：

1. 背景资料：此栏目收集各个学校最基本的资料，包括创校年份、学生数目、大学类别、注册地址及联络方法等；在大学类附表中，还列有校舍、图书馆藏书量和教职员工数。其中需要说明的是，全日制学生的定义是在一个学期内修读三个学科或以上，少于此数的则为业余学生；大学主要分为大学、社区学院、专科学院、大学学院和理工学院；营运方式包括公立、私立、非牟利团体和教会资助四种方式；部分学校只为本土学生提供奖学金或经济援助，如是这种情况，编者在附表中省略“奖学金及经济援助办事处”一项。
2. 入学要求：加拿大学院一般采用两学期制，分别在秋冬季招生；入学要求分为学科成绩和英语成绩，而且普遍接受TOEFL和IELTS成绩。

3. 学费开支：国际学生的学费一般是本土生的二到四倍，但各省学校计算方法不同，本书列有每学分、每学期和每学年的金额；在学生日常基本开支中，分别以家庭寄宿、校内宿舍和校外住宿一一细列；医疗保险等杂费也有详述。
4. 学系专业：大型大学往往开设十多个学系二百多个专业，但特别要提醒的是，加拿大所有大学的医学院均不接受国际学生申请，其他高教育成本和高需求的专业，例如牙医、兽医、物理治疗和注册护士等课程，也只有少部分学校会向国际学生打开欢迎之门。因此，编者没有在每所学校附表中重复一些对国际学生的限制，只会当有学校招收国际学生入读时才特别加以介绍。
5. 研究生院：本书单列研究生院，并将之细分为入学要求、课程学费和热门专业三个项目；一般申请者需具备学士学位，拥有优异的成绩或相关工作经验。

带着上述五大问题，再细细阅读本书各章节，你将能全面客观地了解加拿大留学的方方面面。

(三)使用方法

你购买本书时，即获赠一个密码，可以用来登陆一个大型留学网站接受全免费在线服务。

这就是本书最大的特点与亮点。

为什么出版一本书还要配套一系列的增值服务？编者的出发点是，当网络把世界变得越来越小的时候，留学本身已不再遥远；当在线能够办成许许多多原来可望不可即的事情之后，留学服务就应该更加“阳光”。

网站VIP：你用书后提供的密码，登陆枫华学子网，将成为VIP会员；

在线服务：会员能够在线接受资源浏览、信息咨询、资格评估等服务；

阳光之桥：总部设在温哥华的枫华学子文化中心拥有一个专业的团队，将在线为会员提供入学申请、学校联络、签证办理等免费服务，架设直达且安全的加拿大留学之路。

从购书开始，由阅读到使用，你将得到系统的一站式服务。编者希望，有加拿大联邦、省、市三级政府和中国驻加使领馆和各界的支持，本书的出版将能真正体现中国教育部部长周济先生的寄言：“想广大青年学子之所想，急社会对留学资讯之所需。”

（四）网络互动平台（www.maplestudent.com）

面对目前混乱的留学市场，广大有志于出国读书的学生和家长都急需一个不以赢利为目的的机构来帮助他们实现留学海外的梦想；而中国的留学市场环境更需要一份真诚为学生服务的心态去洗涤，进而健康化正规化。枫华学子文化中心正是在这个理念上建立起来的，用最专业的队伍提供完全免费的服务来帮助更多的海外留学生。正如上述所提，我们要为大家提供的不只是一本留学指导丛书，更重要的是我们为大家提供一个免费的互动网络平台，为《枫华求学路》的出版提供网络支持和延伸服务。如此一来，我们利用网络把留学本身变得不再“遥远”，让我们的专业人员把服务在线实时带到你的身边。

我们的具体服务内容包括：

1. 购买本书后，用随书附送的书号和密码即可登陆枫华学子网站，成为我们的VIP会员，接受全免费在线服务。
2. 在线接受资源浏览、信息咨询、资格评估等服务。
3. 在线享受专业团队提供的一对一的入学申请、学校联络、签证办理等免费服务。
4. 鼓励学生在留学前和家长前往加拿大实地考察。
5. 学生抵达加国后，还享有免费的接机和住宿服务。
6. 监护服务：我们的顾问来自各行各业，包括警官、律师、会计、心理医生、大学教授等等。他们会专责监督学生的学习进度，生活品质和心理状况，每周和学生座谈，了解情况，并通过信件、电子邮件或者电话的方式和家长保持联络，保证家长始终能够跟进孩子生活中的一切变化。
7. 对于学习成绩优秀，积极参与社会活动和担任义工的同学，我们还会在其毕业时提供寻找实习和工作机会的帮助，以至移民服务。
8. 在中国设立服务器，读者登陆枫华学子网站的速度更快。
9. 网站就是一个另类的信息图书馆，读者可以直接搜索到客观、翔实的信息。
10. 专业人员义务、免费回答读者提出的问题和查询。
11. 定期更新信息，为读者提供最新最快的网上信息。

目录

留学理想之地

不列颠哥伦比亚省

阿尔伯塔省

沙斯喀彻温省

曼尼托巴省

安大略省

魁北克省

纽宾士域省

爱德华王子岛

诺华斯高沙省

纽芬兰及拉布拉多省

育空地区、西北地区、努纳维特地区

枫华学子文化中心

留学理想之地

理想篇

经济学人智库(Economist Intelligence Unit)于2005年10月公布，加拿大的温哥华市(Van-couver)被评选为全球最佳居住城市。加拿大的其他三个城市多伦多(Toronto)、卡加利(Calgary)和蒙特利尔(Montreal)则分别居于第9、第10和第16位。该机构表示，这项调查排名是评核全球127个国家的城市稳定性、医疗护理、文化、环境及基础建设等5大类别40个指标综合考量之后得出的。该项调查表明，温哥华的犯罪率极低，社会稳定，几乎不会受到恐怖主义威胁，加之大量优良的基础建设项目，都使温哥华独占鳌头，再次夺魁。该机构一再强调，加拿大是全世界最适宜人类居住的国家。

美丽的枫叶之国

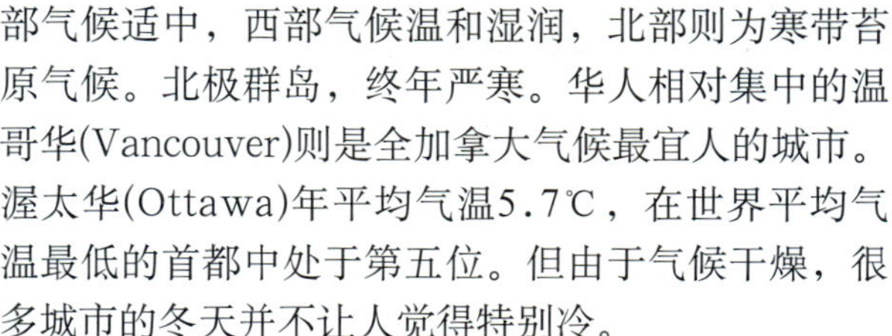

自然

加拿大地处北美洲北部，东临大西洋，西濒太平洋，南接美国本土，北靠北冰洋，三面环海，除阿拉斯加半岛(Alaska Peninsula)和格陵兰岛(The Greenland Island)外，整个北美北半部均为加拿大领土。国土面积为9,984,670平方公里，是世界上面积第二大国。加拿大西北与美国的阿拉斯加州(Alaska)接壤，东北隔巴芬湾(Baffin Bay)与格陵兰岛相望，海岸线约长两万多公里。境内既有宜于农业耕种的沃土平原，也有连绵不绝的雄伟山脉，河流湖泊遍布全境。西部是北美科迪勒拉山系(Cordillera)的组成部分，包括两列高大山带和宽广的山间高原，许多山峰海拔4,000米以上。洛根峰(Mt. Logan)海拔5,951米，为全境最高峰。流经西北地区的马庚歇河(Mackenzie River)是加拿大最长的河流，全长4,241公里。育空河(Yukon River)和哥伦比亚河(Columbia River)部分流经美国领土。主要湖泊是大熊湖(Big Bear Lake)、大奴湖(Great Slave Lake)、温尼伯湖(Lake Winnipeg)及美加交界世界闻名的五大湖。

加拿大大部分地区属大陆性温带针叶林气候。东部气温稍低，南部气候适中，西部气候温和湿润，北部则为寒带苔原气候。北极群岛，终年严寒。华人相对集中的温哥华(Vancouver)则是全加拿大气候最宜人的城市。渥太华(Ottawa)年平均气温5.7℃，在世界平均气温最低的首都中处于第五位。但由于气候干燥，很多城市的冬天并不让人觉得特别冷。

加拿大横跨6个时区。最东面的是纽芬兰标准时间，晚于格林威治时间3小时30分钟。依次往西为大西洋时区、东部时区、中部时区、落基山时区以及最西面的太平洋时区。太平洋时区的时间晚于格林威治时间8个小时。

加拿大有“枫叶之国”的美誉，境内多枫树，到那深秋时节放眼望去，满山遍野的枫叶或金黄、或火红，几欲燃烧，可谓美不胜收。国旗上的枫叶凝聚全加各族人民，成为加拿大的象征。

加拿大有很多著名旅游景点，如位于加拿大和美国交界的尼亚加拉河(Niagara River)上举世闻名的尼亚加拉大瀑布(Niagara Falls)，位于纽芬兰省(Newfoundland)圣约翰斯港(St. John's)的锡

格纳尔山，位于诺华斯高沙省(Nova Scotia)的哈利法克斯城堡(Halifax Castle)，建于1976年塔高553米的多伦多电视塔(CN Tower)。位于诺华斯高沙省的卡博特之路(Cabot Trail)是加拿大著名旅游路线，全长294公里，途中可参观具有浓郁民族风情的法裔居民村、苏格兰人村和渔村。加拿大共有37个国家公园，遍布全国各地。芬迪国家公园(Fundy National Park)是观赏大潮汐最理想的处所。享有盛誉的班芙国家公园(Banff National Park)建于1885年，是加拿大最古老的国家公园，位于阿尔伯塔省(Alberta)落基山脉(Rocky Mountain)东麓、卡加利市(Calgary)的西面，被落基山脉层层包围和穿插。公园里，连绵的山脉中流淌着古老的冰河，翠绿的湖泊宛如宝石，镶嵌在深绿色的针叶林中。

行政

加拿大是一个英联邦国家，采用联邦议会制，国家元首为英国女王，由总督代表女王象征性执掌国家行政权。总督由总理提名，女王任命。每四年举行一次全国范围内的联邦大选，由众议院中占多数席位的政党组阁，其领袖任总理，领导内阁，管理国家大小事务。设在首都渥太华的联邦议会由民选的众议院和总理任命的参议院组成，是国家最高权力和立法机构。

加拿大国庆日为每年7月1日。加拿大国旗呈横长方形，旗面中间的白色正方形内镶一片11个角的红色枫叶，两侧为两个相等的红色竖长方形。白色正方形代表加拿大辽阔的国土，两个红色竖长方形分别代表太平洋和大西洋，枫叶则是加拿大的国家象征。加拿大国徽于1921年制定，国徽图案既象征加拿大在历史上与英格兰、苏格兰、爱尔兰和法国之间的联系，也表示对第一次世界大战期间加拿大的牺牲者的悼念，还有英女王是加拿大的国家元首的象征。1980年7月1日加拿大政府宣布《啊，加拿大》为正式国歌，并在首都渥太华举行了国歌命名仪式。

加拿大共有10个省和3个行政地区，分别为阿尔伯塔省(Alberta)、不列颠哥伦比亚省(British Columbia)、爱德华王子岛省(Prince Edward Island)、曼尼托巴省(Manitoba)、纽宾士域省(New Brunswick)、诺华斯高沙省(Nova Scotia)、安大略省(Ontario)、魁北克省(Quebec)、沙斯喀彻温省(Saskatchewan)、纽芬兰及拉布拉多省(Newfoundland & Labrador)、西北地区(Northwest Territories)、育空地区(Yukon Territory)以及努纳维特地区(Nunavut)。

加拿大外交政策的方向主要在于维护世界和平

与国家安全、促进经济发展、在全球范围内推动民主以及尊重人权、宣传加国文化价值观。美国是加拿大的邻国和主要盟国，两国关系密切，加拿大历届政府都把对美关系摆在对外政策的重要地位。

中加两国的交往可谓源远流长。据史料记载，加拿大和中国的贸易往来始于1780年，到了18世纪末，中国的瓷器、丝绸和茶叶开始销往加拿大，而不列颠哥伦比亚省的木材和皮毛产品也运销中国。中国民主革命的先驱孙中山先生曾三次到过加拿大的温哥华。加拿大援助中国抗日的白求恩大夫率领医疗队于1938年远涉重洋，为中国的抗日战争提供医疗援助，并献出了自己的生命，展现了崇高的国际主义精神。自1970年10月13日中加两国建交以来，双边关系顺利发展，友好交流频繁，经贸发展迅速。2005年9月，中国国家主席胡锦涛对加拿大进行国事访问，这是中国国家元首 8 年来首次访问加拿大。据中国海关统计，2004年中加双边贸易总额达155.1亿美元，同比增长55%。截至2004年12月，加拿大在华直接投资项目达7,900多个，协议投资额140多亿美元，实际投资约45亿美元。中国在加投资项目也已达173个，投资额达4.67亿美元。

加拿大适合留学吗？

答案 www.maplestudent.com

历史

根据加拿大官方的正史记载，加拿大Canada一词出自印第安土著语休伦易洛魁语，意为“村落”。1535年法国探险家杰奎斯·卡蒂尔(Jacques Cartier)到此，问印第安人此地名称，当地两位酋长答曰“Kanata”，意即附近的村落。卡蒂尔误认为是指整个地区，从此便称之为加拿大(Canada)。印第安人和因纽特人(爱斯基摩人)是加拿大最早的居民。从16世纪起，加拿大沦为法、英殖民地。1756—1763年在加拿大爆发历时七年之久的英法战争，法国战败，遂将殖民地割让给英国。1848年英属北美殖民地成立了自治政府。1867年7月1日，英国议会通过“不列颠北美法案”，将加拿大纽宾士域省和诺华斯高沙省合并为一个联邦，成为英国最早的一个自治领地，称加拿大自治领地。此后的1870年至1949年，其他省也陆续加入联邦。1926年，加拿大获得独立的外交权。1931年，加拿大成为英联邦成员国，其议会也获得了同英议会平等的立法权。1967年魁北克人党提出了要求魁北克独立的问题，1976年该党在省选举中获胜。1980年魁北克就独立一事举行了公民投票，结果反对者占多数，然而这个问题始终悬而未决。1982年3月英国上院和下院通过《加拿大宪法法案》，4月法案经女王批准生效，加拿大从此获得了立法和修宪的全部权力。

经济

加拿大是西方七大工业国之一，制造业和高科技产业比较发达，能源工业、初级制造业和农业也是国民经济的主要支柱。加拿大以贸易立国，对外资和外贸依赖很大。加拿大地域辽阔，森林、矿藏、能源等资源丰富。矿产约有60余种，包括金、银、铜、铀、石油、天然气、煤等矿物，镍、铁、铅、锌等的储量和产量位居世界前列。森林资源丰富，森林覆盖率达44%。领土面积中有89万平方公里由淡水覆盖，淡水资源占全世界的9%。渔业很发达，75%的渔产品出口，是世界上最大的渔产品出口国。工业以石油、金属冶炼、造纸为主，农业以麦类为主，主要种植小麦、大麦、亚麻、燕麦、油菜籽、玉米等作物。可耕地面积约占国土面积的16%，其中已耕地面积约6,800万公顷，占国土面积的8%。旅游业也十分发达，在世界旅游收入最高的国家中排名第九。

传媒

加拿大共有110家日报，英文报纸主要有《多伦多星报》，两家全国性日报《环球邮报》、《国家邮报》。华语报纸知名的有《星岛日报》、《明报》、《世界日报》等。主要法文报纸有《蒙特利尔日报》。杂志约有1,300种，主要杂志有《麦克林》，新闻周刊。总部设在温哥华的《枫华学子》是北美第一本以简体字发行的全彩色中国留学生月刊杂志，而《枫华家庭》则是加拿大第一本以家庭、文化、教育、时尚为主题的全彩色中文月刊杂志，在加国华人留学生及华人家庭中有着广泛的影响。主要通讯社有加拿大通讯社，索瑟姆通讯社和加拿大合众社等。加拿大广播公司是一家国营的全

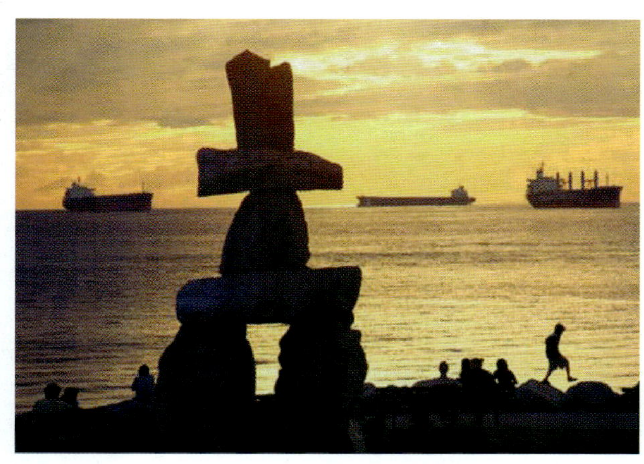

国性电台、电视广播公司，覆盖率达全国人口的99.4%，该公司的国际广播电台于1945年建立，用包括华语在内的11种语言播音。加拿大广播公司电视台拥有由31家电视台组成的英、法语电视网，覆盖率达全国人口的99.2%。主要私营电视台有加拿大电视台(为英语播音的全国性电视台)、环球电视台(为地区性英语电视台)和四季电视台(系地区性法语电视台)。城市电视及新时代电视是分别以国语和粤语播出的两大主要华语电视台。

人文

2005年7月1日的统计表明，加拿大人口为3,227.05万人。以人均占有土地面积计，平均每平方公里不足3人，是世界上人口密度最低的国家之一。人均寿命男性为73岁，女性则为80岁。加拿大是一个多民族的移民国家，目前有200多个来自世界各国的民族。其中，英裔居民占42%，法裔居民约占26.7%，其他欧洲人后裔占13%，土著居民(印第安人、米提人和因纽特人)约占3%，其余为亚洲、拉美、非洲裔等。其中华裔人口已达100万人，约占加拿大总人口的3.5%，成为加拿大除白种人和原住民以外的最大少数族裔。华裔人口中25%的人是在加拿大本土出生的，其余大部分来自中国大陆、香港和台湾。在加拿大，英语和法语同为官方语言。有1,610万人以英语为母语，650万人以法语为母语，而华语已成为英语和法语之后的加拿大第三大语言。居民中信仰天主教的占47.3%，信仰基督教新教的占41.2%。佛教社团在华人聚居的地方亦得到蓬勃发展。

1971年加拿大政府制定了发展多元文化的政策。30多年来，在这一政策的指引下，加拿大社会中各民族文化都得到了承认和发展，有力地促进了加拿大社会的文明与进步，形成了加拿大独有的多元文化特色。加拿大政府确定每年6月27日为加拿大多元文化节，以促进加拿大多民族文化的共同发展。

加拿大在文化艺术领域发展相当繁荣，不乏享有世界声誉的知名作家、音乐家及流行艺人等。以一曲《我心永恒》为中国人熟知的著名歌星席琳·迪翁就是加拿大人，而多伦多已故的钢琴怪杰格伦·古尔德则在古典音乐界树立了巴赫键盘音乐最佳诠释者的美誉，至今仍在世界范围内拥有大量乐迷。爵士乐在加拿大有广泛的群众基础和很高的水平，每年在蒙特利尔和温哥华等城市都举办爵士音乐节，很多大学和学院开设爵士乐专业。

加拿大户外运动和体育运动盛行，最为广泛流行的有游泳、冰球、越野旅行、高山滑雪、棒球、网球、篮球和高尔夫球等。最受青睐又为加拿大人所自豪的竞技运动则要数冰球、加式橄榄球和棒球。多伦多猛龙队是著名的NBA篮球劲旅。

高等教育体系

加拿大是世界上高等教育最为发达和普及的国家之一，其教学和科研质量在国际上久负盛名。多数公立大学主要依靠政府提供经费，同时也吸纳私人及民间资助，但无论学校规模如何，无论在大都市或是偏远小镇，所有的公立大学在本科教育这个层次上都保持着均衡的高质量。全国共有100多所公立大学和学院(不含以纯法语教学的学校)，其中有大量享有国际声誉的名校，在理工、商科及高科技等领域尤其突出，蜚声国际。

权威机构的调查报告结果显示：加拿大政府在教育方面的开支约占国内生产总值的6.6%，排在七大工业国家的首位。具备大学或专科教育程度的人数占全国人口41%，紧随其后的美国是37%，第三位的日本则有34%。加拿大学生比其他国家学生在课室里有更多电脑可供应用，校内互联网设施比美国多两倍。加拿大政府对教育的重视程度由此可见一斑。

加拿大的高等教育主要可划分为两个领域：理论性学习及应用性学习或职业训练。大学一般提供理论性学习，而技术学院及社区学院则提供应用性学习。但目前很多大学已经将应用性学习或职业训练列入了课程，从而把理论和实际更好地结合起来；学院与大学课程的差异也在逐步缩小，不少学院也开始提供大学学分转移课程甚至学士学位。根据高等教育标准分类，加拿大高校主要分为：大学(University)、大学学院(University College)、社区学院(Community College)、理工学院(Technical Institute)、艺术学院(Arts College)以及私立学院(Private Post-secondary Institution)。

加拿大多数大学使用英语教学，只有极少数使用法语教学。主要的法语大学有拉尔大学、蒙特利尔大学和魁北克大学；渥太华大学和洛伦索大学则用英语和法语双语教学。全日制高校的学年一般分为两个学期，每学期4个月左右。秋季学期一般从9月到12月，春季学期从1月至5月。多数情况下，学校要求秋季入学。另外许多大学夏季还开设暑期课，历时6个星期。

加拿大大学课程采用学分制，修完所需学分后

即可毕业。成绩有的按等级分A、B、C、D、E、F，有的则采用5分制、10分制、100分制等。

大多数加拿大大学都与其他学校，甚至与美国乃至海外很多高校有学习交流项目。加拿大学校颁授的学位与美国和欧洲共同体国家的学位是等效的，得到世界各地的普遍承认。

加拿大留学优势

出国留学不仅要花费大量金钱，而且还要付出很高的时间成本，所以为了所付出的金钱和时间得到最高回报，选择最适合的留学国家就成为每个家庭在子女出国留学过程中首要关注的问题。

为什么要出国留学？大多数独生子女家庭送孩子出国留学的目的，首先是付费接受西方高质量的教育；其次是让已经惯于被人照顾的孩子在陌生环境中锻炼独立生活的能力；三是让孩子接受西方文化，以便将来能在国际化背景下工作；四是为了取

得当地工作经验，从而将来移民留在当地。不同的目的使得申请人在选择留学国家时考虑的因素也不同。但无论是出于何种目的，加拿大都有区别于其他国家的，不可替代的优势。

优秀的公立大学教育

加拿大的教育既秉承英国一贯的严谨风格，又兼收美国多元的创新精神，是全球教育最发达的国家之一，人均教育经费名列全世界第一。加拿大的高等教育以公立教育为主。没有所谓的“联邦教育部”，其教育事务主要由各省教育厅负责，各省的教育政策并不完全一致，而是相对独立。但相比于美国高等教育以私立学校为主的状况，加拿大有其引以为傲的公立制度。这种制度使各大学校免受私人财团或捐助者的影响，既能保持学术和风格的中立，又能维持较为公道低廉的学费水准。

相对低廉的费用

出国留学，申请国的教育水平自然是学生考虑的最主要因素，但留学费用也不可忽略。英国、美国、加拿大和澳大利亚等几个公认的经典留学大国教育水平最高，接纳留学生的政策长期相对稳定，其大学在国际国内都被广泛认可，因此拿到的毕业文凭会让学生终生受益。

在上述几个国家中，英国被公认为留学费用最为昂贵，其学费加生活费每年需20—30万人民币。和英国一样，澳大利亚正在把吸收国际留学生作为一种产业，因而费用涨得很快，目前一个留学生的平均每年花费总额已近20万人民币。加拿大政府一直非常重视国际学生的教育，始终以人才培养为首要任务而不是以赚取高额学费为目的，所以其教学质量可以与英、美等国媲美，文凭也获全球范围的承认，但留学费用不仅仅比英、美等国要低得多，比起澳大利亚也更为便宜，通常一个留学生的年平均总花费在12万人民币左右。此外，在曼尼托巴省和纽芬兰等省对国际学生有收费的上限规定，从而避免学费无限制上涨。2006年，加拿大移民部连续调整留学政策，允许国际学生在校外合法打工，以补贴日常费用。无数留学生的亲身经历证明，留学加拿大的成本较其他几个留学大国要低很多，所以留学加拿大是非常经济划算的选择。

移民政策的倾斜

近年，美、加两国对中国学生的吸引力明显超过澳洲和欧洲等地，但是美国的留学签证成功率比较低，只有10%左右，而加拿大批出签证的比率高达60%以上。有关机构预测，未来几年加拿大将继续成为中国学生留学最热门的国家之一。同时加拿大政府也在逐渐加大对华宣传力度，在加拿大驻华使馆内设置了教育办事处，负责与各大学联络，为中国学生了解加拿大各学校的情况提供便利。

随着申请留学美国的签证率下降，许多国内学生将加拿大作为留学的首选地。规范化的签证申请制度，使得加拿大使馆的签证通过率十分稳定，形成了申请加拿大相对容易的总体态势。同时，由于美国拒签率一直居高，许多中国学生遭到拒签后就立即改为申请留学加拿大。希望到美国深造的申请者，也可考虑在加拿大获得学士或硕士学位后，再从加拿大直接申请到美国攻读更高一级的学位。殊途同归，从加到美的路途应该走得更加容易和顺畅。

加拿大技术移民新法的资格评估方案，对申请人的语言水平和学历等方面提出更为严格的要求，其申请难度使大量希望移民加拿大的中国申请人望而却步。然而，对于在加拿大留学的年轻中国学子来说，他们在学历、语言和适应性方面却因新移民法而突显了巨大的优势，在留学之后移民加拿大，留在当地工作并开展新的生活，对于很多学子来说都是非常有吸引力的选择。

首先，从加拿大大学或学院毕业的国际学生，由于在中国已经完成了小学至高中的受教育年限，在学历方面的得分就可自然达到要求。其次，英语水平是在加拿大的大学或学院全日制就读的国际学生又一大优势。比起一直固守中国本土没在英语环境生活过的申请人，国际学生更能让移民官员相信，他们的英语在听、说、读、写等四方面均可达到较高的水平。而实际上国际学生在每天聆听英语教学以及日常语言环境中也往往能大大提高英文水准，因此国际学生就更容易拿到语言水平的高分。第三，根据加拿大相关法规，留加学生在毕业后可以获得至少为期一年的加拿大工作许可。具有一年工作经验的国际学生就在移民资格评估的工作经验方面拿到15分。最后，技术移民资格评估新法案对国际学生在加国适应性方面的评分有这样的优惠政策：在加合法全职工作一年，可得5分；在加全日制就读高校满两年，又可得5分。在加的国际学生绝大多数都符合上述两项要求，因而就能在适应性方面获得满分10分。

其他对留学生申请移民的有利条件还包括，从2003年初起，留加学生在工作满一年后提出移民申请时，不必返回原居住国递表，从而可以在加拿大实习或打工的同时等待移民申请的审批。这样以国际学生身份申请移民就比非留学生身份的申请人具有更大的优势。

入学要求的灵活性

相比其他英语国家，加拿大多所大学在针对非英语国家留学生的语言入学要求方面，提供免托福或雅思的有条件录取政策。也就是在录取时，大学同时发出两份录取通知：一份是语言课程录取通知书，另一份是该校的有条件录取通知书。学生入学后，可先进入语言课程学习英语，一旦语言水平过关，就无需另行申请，可以直接进入大学学习。这种灵活的录取形式，对希望稳获大学录取但语言水平尚欠火候的申请者来说具有很强的吸引力。

平和包容的生活环境

联合国发展计划处对174个国家以超过200项评估项目综合评比各国的生活素质的“人类发展指数”HDI，在过去5年中有4年将加拿大列为174国榜首，认定加拿大是世界上最适合人类居住的国家。加拿大的高素质生活环境除了吸引每年超过20万移民赴加拿大定居，还吸引了众多国际学生到加拿大留学。

除了学习知识获取文凭以外，感受不同族裔文化、学习国际交流经验，也是出国留学的重要收获。加拿大是由来自世界各地移民所组成的国家，是世界上居民人种组成最复杂且民族融合最成功的国家。在由加拿大宪法保障的多元文化发展的国家政策下，世界各民族的人文风俗及文化在加拿大得以扎根并发扬光大。平和包容的生活环境，使加拿大成为世界文化荟萃的大家庭。在加拿大生活，与来自世界各地族裔交流和相处，是培养个人国际观的绝佳机会。

“独在异乡为异客，每逢佳节倍思亲。”异乡的陌生环境，加之苦闷和寂寞，成为负笈海外的莘莘学子的一大烦恼。但在加拿大，这份异乡的陌生感和寂寞较之在其他国家要小得多。经过多年的发展，中国文化已经逐渐在加拿大生根发芽，展现了独特的生命力。在这枫叶之国，中国文化集两岸三地的特色于一体，融传统与现代于一炉，在饮食、医药、传媒、艺术方面均有蓬勃发展。在加拿大的主要城市，华人超市、华人社团、华人媒体随处可见。在这里买中文报纸和买英文报纸一样方便，打开电视即可收看中文频道，甚至在西方许多国家禁止的中医中药，也在加拿大获许合法经营，中医诊所、中药房遍地开花。求学加拿大无疑可帮助减轻中国留学生身在异邦的思乡情愁，这是非常有助于留学生安心学习的。

基于移民国家的背景，加拿大办学必须在不同种族、不同文化背景的差异基础上来建立有效的教育模式。建国百余年来，加拿大摸索出适合来自世界各地不同文化背景的学生的教学方法，尤其是ESL等语言训练系统，这已成为加拿大教育体系的一项重要创造和资产。因此，加拿大的教育系统能帮助国际学生快速掌握英语，并适应加拿大的学习环境，这是留学加拿大的一个相当有利的因素。

加拿大是举世闻名的最安全的国家，民主制度成熟，政治体系安定，人权有充分保障，没有种族歧视问题。华人地位被公认为在西方国家中最高。不同于美国等西方国家，加拿大政府严格管制武器，国民一般严禁携带和持有枪支。加拿大更有优良健全的社会保障制度和医疗保险体系，治安良好，犯罪率极低。国际学生留学加拿大，在个人人身安全、人权及文化的尊重，乃至医疗保障等诸多方面，都能得到保障，让学生得以安心学习和生活，也让远在故土的家长无须过多担忧子女的安全和健康。

加拿大各省概况

不列颠哥伦比亚省
British Columbia

综述

位于加拿大西海岸的不列颠哥伦比亚省(简称BC省)是加拿大第三大省，濒靠太平洋，总人口约为380万人，总面积为947,800平方公里，海岸线长达8,850公里，沿岸风景优美，海产丰富。境内有雄伟的落基山脉，有辽阔浩瀚的森林，有湍急的河流，有秀丽的湖泊，冬暖夏凉，春季樱花吐艳，秋季枫叶红透，其自然风光和气候在全加拿大乃至整个北美都首屈一指。所以旅游业成为BC省重要的经济支柱。另外，BC省有丰富的天然资源，林木业、渔业以及采矿业都很发达，高科技产业也有极高的水平，同时西岸门户温哥华是全国进出口贸易重要的货运集散中心。

BC省是进行各项户外活动的最佳去处，如登山远足、撑木筏、划独木舟、骑单车郊游、打高尔夫球、钓鱼、钓螃蟹、玩风帆、划艇等等。省内的6个国家公园和20个省立公园均设有营地，有山林小屋、小旅馆或度假酒店供游人选择。

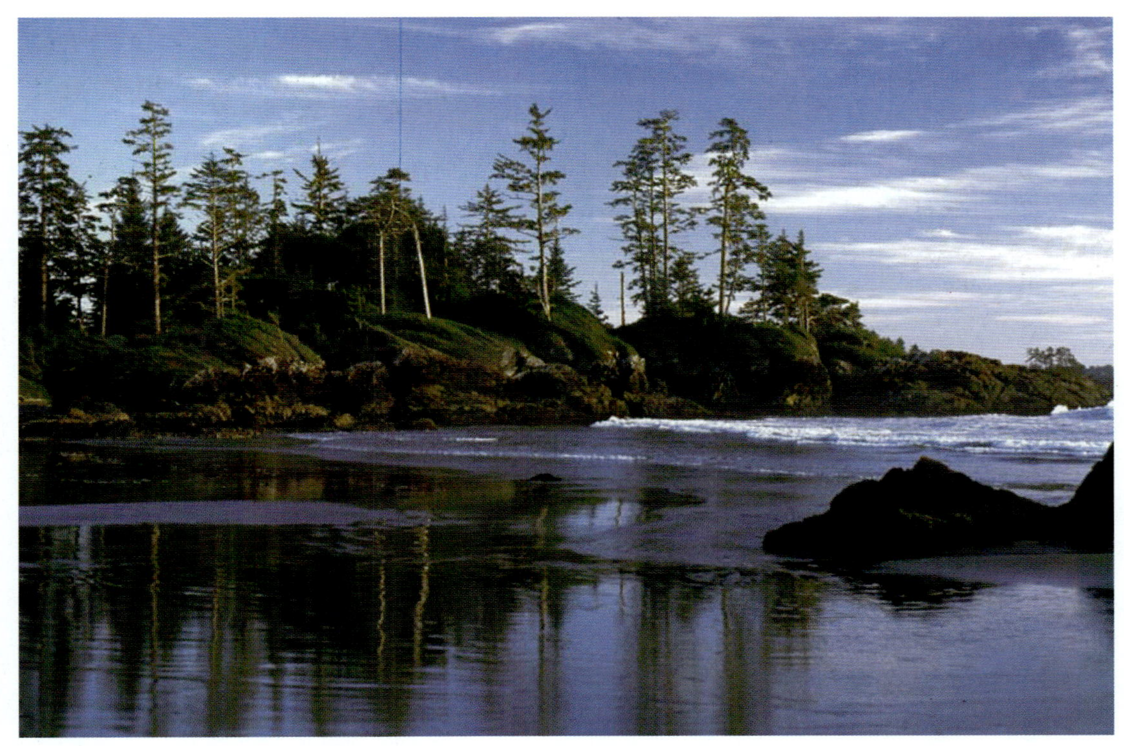

主要城市

维多利亚(Victoria)

BC省首府维多利亚是坐落在温哥华岛(Vancouver Island)上的一个极富英伦风情的小城，一派花团锦簇、闲适安宁的景象。居民多为退休人士，生活步调缓慢舒适。春夏两季，路边咖啡馆总不乏享受下午茶悠闲时光的居民。与加拿大其他城市比较，维多利亚的气候堪称最佳，即或在冬天也鲜有低于摄氏零度的日子，全年平均每日有6小时日照，很多其他省份已是大雪纷飞、百叶凋零的时节，维多利亚如锦的繁花却依然故我。

温哥华(Vancouver)

BC省最大的城市是温哥华，坐落于该省西南部，是该省第一大城市，也是加拿大第三大城市。大温哥华地区(Great Vancouver)共3,000平方公里，由包括温哥华在内的7个城市组成，人口约200万人。该市依山傍海，地理位置得天独厚，形成了其冬暖夏凉，四季宜人的气候条件。其优越的地理位置和自然条件也使她成为加拿大西海岸最大的港口和国际贸易中心。自1986年举办世界博览会以来，温哥华成为了一座国际性大都市。温哥华全市共有100多个公园，其中最负盛名的是史丹利公园(Stanley Park)，其象征北美印第安文化的图腾柱(Totem Poles)是史丹利公园的重要景观。

温哥华交通便利，巴士线路几乎到达每个街区。其独有的高架列车(Sky Train)成为一道独特的风景。温哥华有一流的剧院、酒吧、舞厅，以及世界各地不同风味的餐馆可供选择。自上世纪90年代以来，温哥华的亚洲风味日渐浓郁，大量移民从香港、新加坡、台湾、中国大陆、马来西亚、印度和越南等地到温哥华落地生根，潜移默化地影响着整个城市的风貌。这里有规模仅次于美国旧金山唐人街的北美第二大唐人街。在温哥华主要市区里，中式店铺林立，中文招牌和报刊随处可见，粤语和国语随处可闻。

综述

阿尔伯塔省是加拿大“平原三省”(其他两省为曼尼托巴省和沙斯喀彻温省)之一，以牛仔和石油产品闻名。全省人口约320万人，面积约661,185平方公里，按地形景观划分，可分为四个区域：西南部的落基山脉，东南部的大草原，中部的森林和平原，以及北部的一大片荒地。好莱坞西部片里彪悍的牛仔策马荒原的场景，正是阿尔伯塔草原上随处可见的真实画面。历史上的阿尔伯塔土著人以狩猎和畜牧业为生，随着20世纪上半叶相继在阿尔伯塔发现几个大油田之后，该省的石油产业便日渐兴旺，最终使其成为加拿大最大的产油大省，也使其成为加拿大最富裕的省份之一。阿尔伯塔也是加拿大各省中税率最低的一个省份，没有省税。

由于拥有班芙国家公园(Banff National Park)、贾斯帕国家公园(Jasper National Park)以及落基山脉(Rocky Mountain)等著名旅游景点，阿尔伯塔也是著名的旅游大省，每年吸引大量的国内外游客前来游览观光。冬天滑雪，夏天划艇、露营和观赏野生动物等，都是班芙公园经典的旅游项目。

除了卡加利外，阿尔伯塔省其他地区在冬天都属严寒之地，例如埃德蒙顿冬季最冷达−49°C，而且温差大，气温变化快，一小时内可以由10°C降至−20°C，所以，在此地留学的同学须备足御寒的衣物，更要特别留心天气预报，以防挨冻生病。

主要城市

埃德蒙顿(Edmonton)

省会埃德蒙顿人口约有70万人，是阿尔伯塔省的首府，是加拿大第五大城市，北沙斯喀彻温河横贯全城，也是北美大陆上最靠北的大城市之一，被称为“通向北方的门户”。市内现代化的建筑物林立，让当地人颇为自豪的是，该市拥有世界上最大的室内购物中心——西埃德蒙顿购物商场(West Edmonton Mall)。该商场占地550万平方英尺，共有800家零售店，11家大百货公司，110家餐馆和34家电影院，从购物、饮食到娱乐可谓应有尽有。在20世纪40年代，石油的发现给埃德蒙顿带来了滚滚财源，使其从一个农牧产品集散地摇身变为全加拿大最富庶的产油基地。

卡加利(Calgary)

有“牛仔之城”称号的卡加利，是加拿大西部重镇，西临落基山，东连大草原。从1912年开始，加拿大西部的牛仔和美国等地的牛仔每年都到这里举行竞技大会。卡加利的牛仔竞技乡土气息浓郁纯正，比赛项目多，被称为世界上最大的牛仔竞技表演场所。由于1988年承办冬季奥运会，卡加利也赢得了国际社会的关注。虽然比埃德蒙顿晚80年立市，卡加利在经济、建设、交通、市容和民生等各方面的发展，都不亚于埃德蒙顿，教育和学术方面也有过之而无不及。卡加利的气候与温哥华相仿，冬天气温比温哥华低，但由于气候干燥而不致太寒冷，卡加利的地价和房价则比温哥华便宜很多，从而成为吸引众多中国移民和留学生的新兴热门城市。文化方面，阿尔伯塔大学(University of Alberta)全国闻名，阿尔伯塔博物馆(Alberta Museum)、埃德蒙顿太空科学中心(Edmonton Space Science Centre)等也是重要的文化景点。

沙斯喀彻温省 Saskatchewan

综述

沙斯喀彻温省(简称沙省)是加拿大草原省份之一，以其大片金黄的小麦田及四处林立的大型谷物仓库而著名，有“加拿大面包篮子”的美誉。

全省总面积为651,900平方公里。该省与曼尼托巴省、阿尔伯塔省、西北地区和美国相连，在地形上成长方形。此地自然资源丰富，尤其富含用于制作钾肥的钾，其蕴藏量居世界首位。沙斯喀彻温的地形平坦而广阔，其南部为平原丘陵地带，沙省的13个主要城镇都集中在这一地区；北部则为大面积的沼泽地带，大小湖泊星罗棋布，被称为“万湖之省”，泥炭资源丰富，目前正在扩展森林面积。

该省公园众多，面积达500万英亩，是理想的旅游去处。该省主要旅游景点包括：沙斯喀彻温省自然历史博物馆(Museum of Natural History)、勒吉那瓦斯卡那公园(Wascana Place)，以及亚伯特王子国家公园(Prince Albert National Park)。一望无垠的土地和开阔的天空使这个省以美丽的日落景观而闻名。从都市到乡村以及野外探险，沙省都有丰富而令人难忘的游玩项目可供选择。

沙省夏季较为炎热潮湿，有些地方蚊虫大量滋生，堪称一大特色。沙省全年温度由41°C至−53°C，冬季降雪可达30英寸。由于地势低平，没有山峦遮蔽，若在寒冷的冬天遇上刮风天气，凌厉的寒风会使气温骤降十多度，容易把人冻坏。

虽然沙省的面积比多数欧洲国家还要大，但人口稀少，全省居民仅约102万人，占加拿大总人口的3.6%。另外该省是加拿大唯一的英、法族裔均不占主导地位的省份。

主要城市

利载娜(Regina)

当沙斯喀彻温省于1905年从西北地区脱离出来成为独立省份之后，利载娜市就成为了该省省府，也成为全省政治、经济和文化中心。该市位于沙省的中南部，人口约30万人，气候温和，年降水量300毫米。利载娜市是加拿大重要工业城市之一，主要有炼油、机械制造、农机设备、金属加工、化工及食品工业等。市区风景秀丽，历史古迹众多，是一座工农商并举的综合发展的城市。

中国的济南市与利载娜市建立了友好关系，并商定每年派相应数量的人员进行互访、考察、交流，以促进两市人民之间的友谊和了解，增进两市经济、技术、科学文化等方面的交流与合作。

综述

曼尼托巴省(简称曼省)是加拿大中南部的一个重要省份，根据曼尼托巴法案于1870年7月15日加入加拿大联邦，是加拿大的第五个省，东靠安大略省，南接美国，西临不列颠哥伦比亚省，省会温尼泊(Winnipeg)是这两个省之间最大的集散中心。全省人口约113.9万人，其中60%的人口居住在省会温尼伯市，其官方语言主要为英语。

曼尼托巴是加拿大的平原三省之一，面积650,000平方公里，因阳光充足，有“加拿大的阳光之都”的称号。

曼尼托巴位于加拿大的中心，地貌和沙斯喀彻温省相仿，主要的地形属平原，但曼尼托巴省境内拥有数量更多的大小湖泊，合计共38,500个，其中以温尼泊湖最大，为世界第十三大湖。此外，曼省北部与北冰洋相接的哈德逊湾(Hudson Bay)是一个游览胜地，每逢夏季，海湾有9至10周的解冰期，曼省的谷物便由这里运往欧洲。海湾南部的野鸭和北部的北极熊皆为有名的景致。冬季气候比较寒冷，夏季温暖。曼尼托巴省的支柱产业为制造业，其次是农业、建筑、水电和采矿业。曼省盛产向日葵，因近年的研究报告称葵籽油有防癌功效，于是葵籽油便成为曼省重要的特产。

主要城市

温尼伯(Winnipeg)

温尼伯是加拿大第七大城市，集中了超过一半的曼省居民，人口约60万人，种族构成复杂，多为英、德、俄、法、波、意等国移民，近年也有不少中国移民在此定居。温尼伯离美国国境仅96公里，是加拿大中部地区的重镇。每年夏天的盛事Folklorama节，参加者除有机会品尝各国的地道美食外，还可欣赏各地的民族和艺术表演，这是北美洲最大型的多元民族集会之一。居于温尼伯的加拿大土著印第安人的数目为全国之冠，许多印第安人直至今日仍以加拿大真正的主人自居，而视白人为侵略者。其实加国政府对印第安人给予了很多福利政策，以表安抚，由于曼省的印第安人特别多，福利更为优厚。本市主要的旅游景点有曼尼托巴省议会大厦、百年纪念中心、圣博尼费斯大教堂、唐人街、丘吉尔市。The Forks是曼尼托巴省著名的历史游览点，位于温尼伯市中心，有着包括远古人类生活及文化等方面逾6,000年的历史遗迹。温尼伯湖(Winnipeg Lake)也是著名旅游景点。

温尼伯的地势平缓，每逢雨季，流经市区的红河，常造成水患，尤其近年，情况越来越严重，上涨的河水涌至河岸的街道，令附近居民的地下室积水以英寸计，故此打算在红河附近租房子的学生，应避免租住地下室。

综述

安大略省(简称安省)占地1,068,580平方公里，是加拿大第二大省份，人口约1,100万人，居全国首位。安省有加拿大心脏之称，因其两大城市多伦多和渥太华，操控着全国的经济和政治命脉。安省的南部是人口密集的工、农业发达区域，北部则是人口稀疏的山区，以采矿和伐木为主要的经济活动。安省的水源充足，全省有156,700平方公里是河流湖泊，北美洲的五大湖中，有四个就在安省境内。举世闻名的尼亚加拉大瀑布就在多伦多市郊，位于加美边界联结伊利湖与安大略湖的尼亚加拉河上，每年吸引着无数的游客慕名前来。安省南部比北部温暖，雨量充足。除了多伦多和渥太华外，安省其他地区的生活费用都不算高，多为人口不多的小城市，生活宁静闲适，适合潜心读书。

主要城市

多伦多(Toronto)

省府多伦多是加拿大最大的城市。“多伦多”印第安语意为“相会之地”，顾名思义，这是一个人口密集的大都市。其人口300多万人，城市面积很大。多伦多位于安大略湖以东，公路、地铁等交通设施都很完善。多伦多工商业和银行业都很发达，加拿大很多大企业、大银行的总部都设在这里。股票交易也很兴旺，这里有全国最大的股票交易市场。市政厅是多伦多的标志性建筑之一，其半圆形的立式建筑结构别具一格。另一座标志性建筑是多伦多的电视塔(CN Tower)，每天都有大量游客登塔远眺，领略这国际大都会的风采。多伦多是加拿大英语区域的经济和文化中心。这里有琳琅满目的精美商品，也有各种名牌云集的购物街。

多伦多的文化艺术也相当繁荣，其皇家博物馆世界闻名，安大略美术馆(Art Gallery of Ontario,简称AGO)是北美最好的美术馆之一。多伦多的交响乐团、歌剧团以及国家芭蕾舞团的表演水平不仅在国内是一流的，在世界范围内也是备受赞誉的。

在多伦多的登达斯街(Dundas)和司帕蒂娜街(Spadina)之间，坐落着历史悠久的唐人街，里面分布着具有浓郁中国特色的商店、餐厅、市场和剧院，华裔游客和移民漫步其中，大有隔世归乡之感。

渥太华(Ottawa)

渥太华是加拿大首都，位于渥太华河的南岸，河对岸便是魁北克省。渥太华与对岸的荷尔(Hull，属于魁北克省)合称为渥太华—荷尔地区，共有居民70多万人，这里兼具魁北克的法国风味和渥太华的英式情调。

体现了古老欧洲建筑风格的国会大厦是加拿大及渥太华市的象征。每年7月1日，庄严的国庆阅兵式就在国会大厦前举行。而每天清晨在国会大厦前可以观赏到皇家禁卫军的换岗操练仪式。国会大厦前的广场上经常有彻夜不熄的篝火，在夏日的晚间，伴随着优美的音乐，让游客和参观者充分体验这座城市独特的魅力。

这座城市风景秀丽，气氛宁静，文化气息浓郁。秀丽的里多运河(Rideau Canal)横贯全城，为首都平添了几分秀色，它也是首都重要的旅游资源。此外，渥太华还有各式各样的博物馆，如加拿大国立美术馆、国立航空博物馆、加拿大文化博物馆、自然博物馆等，构成了渥太华的又一人文景观。还有中央实验农场以及最新的赌场，都是吸引旅游者的景点。每逢5月的郁金香节，在渥太华随处可见怒放的郁金香，五颜六色的郁金香为该市增添了一道靓丽的风景。

温莎(Windsor)

温莎位于安大略省最南边，隔着底特律河(Detroit River)与美国密歇根州(Michigan)的底特律(Detroit)相望，人口总数有195,627人，城市人口数量在安大略省排第六。这是一个有着很深文化底蕴的城市，市内有多个观光景点，包括具有历史意义的建筑物、国家公园、花园以及别具风味的商店及餐馆等等。另外值得一提的是，温莎大赌场有着很大的规模和兴旺的人气，吸引很多美国游客前来一试手气。

汽车制造业是温莎的主要工业，很多世界名车公司都在这里设有分厂。拥有大量花园的温莎是一个精致整洁的城市，很多公园和花园都建在河岸，将自然和人工之美完美地结合。

温莎也是一个交通四通八达的城市，开车从温莎到安大略省的另一座城市——伦敦(London)，只要两个小时的车程。而从温莎到多伦多，大约只要四个半小时的车程。去美国也非常方便，过了底特律就到达芝加哥。对于喜好自驾车旅游的人，温莎不失为一个理想的居住地。

汉密尔顿(Hamilton)

汉密尔顿位于多伦多市与尼亚加拉瀑布之间，人口总数大约有467,000人，以人口数计，在安大略省排第三。汉密尔顿又名钢城(Steel-town)，乃因该市是钢铁工业重镇，Stelco和Dofasc是该市两家主要的钢铁制造公司。

Niagara-on-the-Lake是一个人口只有一万多人的小村庄，位于尼亚加拉瀑布下游大约二十公里处，以其秀丽的自然风光成为汉密尔顿一个重要的旅游景点。除此之外，汉密尔顿市内还有很多美术馆、博物馆、公园及花园等等。例如，Art Gallery of Hamilton，Canadian Warplane Heritage Museum，Museum of Steam & Technology，Confederation Park，Royal Botanical Gardens等。这些也是不错的旅游去处。

魁北克省 Quebec

综述

魁北克省(简称魁省)是加拿大面积最大的省份，总面积为1,450,680平方公里，总人口约700万人，也是加拿大唯一以法语为官方语言的省份。全省约83%的人口以法语为母语。由于英法在加拿大相争的历史，一直以来魁北克分离主义都主张脱离加拿大统治而独立，如果独立的话，加拿大将失去1/5的领土。1995年的全民公决否决了独立提案，从而使这一历史争端暂告一段落。但2006年11月，加拿大保守党少数政府通过了承认魁北克为一个民族的议案，被魁北克独立人士称为魁省独立道路上的第一个巨大成就。

按地形划分，魁北克可分为三部分：圣劳伦斯河(Saint Laurence River)以北的山区和高地，约占全省土地的4/5；东面的Gaspe半岛；西面的圣劳伦斯低地，是一块肥沃的三角洲，蒙特利尔市(Montreal)就坐落在那里。魁省的工业，包括能源、制药、通信设备等产业都非常发达。圣劳伦斯河地区枫叶遍布，每到秋季美不胜收。魁北克省是加拿大极富特色的双语地区，其浓郁的法兰西文化韵味同加拿大其他省份大异其趣。

主要城市

蒙特利尔(Montreal)

蒙特利尔坐落于渥太华河(Ottawa River)和圣劳伦斯河(Saint Laurence River)交汇处，是加拿大第二大城市，人口约290万人。过去曾在很长时期内为加拿大的第一大城市，1967年举办过规模宏大的世界博览会，还承办过1976年的奥运会。

作为魁北克省最大的城市，蒙特利尔的法语居民占多数，体现出独特的法国文化底蕴，堪称北美的浪漫之都。蒙特利尔也是加拿大历史最悠久的城市之一，约在350年前由法国人建立，而后欧洲其他各国移民纷纷涌入。因此，在北美所有的大城市中，当以蒙特利尔的欧洲风情最为原汁原味。蒙特利尔的市旗图案由四朵小花组成，分别代表最早建设该市的英格兰、法兰西、苏格兰和爱尔兰移民。

蒙特利尔大大小小、风格各异的教堂构成其引人注目的文化奇观，其数量之多(约450座)，甚至超过了古城罗马。在蒙特利尔，几乎每跨一两个街区便可看到一座教堂。到了蒙特利尔而不去看看那些华丽庄严的大教堂将是一件憾事，置身于这些教堂之中可以领略具有浓郁欧洲风味的建筑、艺术、历史及宗教文化。

每逢夏季蒙特利尔都举办著名的国际爵士乐节(International Jazz Festival)、国际焰火比赛(International Fireworks Competition)、魁北克省庆(Saint Jean Baptist Day)、加拿大国庆(Canada Day)及加勒比游行(Caribbean Parade)等大型文化艺术活动。夏季的蒙特利尔素有“不夜城”之称，市民和游客徜徉街头，总有丰富的各种娱乐活动可供消遣，而该市的治安状况也非常良好。

魁北克市(Quebec City)

曾经作为加拿大首都的魁北克市是一座法兰西风味浓郁、历史悠久的文化名城，也是北美洲所有城市中唯一被联合国教科文组织列入世界遗迹保存名单的城市。徜徉在鹅卵石铺成的旧魁北克城街道上，观赏着始建于17世纪的古老教堂和城堡，一种置身于历史的感觉便油然而生。此外，国家战场公园(National Battlefields Park)、兵器广场(Place d'Armes and Vicinity)、天主教圣主堂(Notre-Dame Cathedral)、小香兰区(Petit-Champlain Quarter)等也都是该市的旅游胜地。

综述

早在15世纪纽宾士域就因为一些局部的口岸贸易而为欧洲人所知了，当时这里仅仅聚居着少量印第安土著部落。纽宾士域、诺华斯高沙、纽芬兰、爱德华王子岛四省组成加拿大的大西洋省区，其中，以纽宾士域省的天然资源最丰富，全省73,500平方公里的总面积中，有85%为森林覆盖，乡村田园风光与美丽的海岸线相得益彰，独特的自然风景使该省成为露营旅游者的天堂。

该省三面环水，海岸线大部分呈直角，从北到南322公里，从东到西242公里。东海岸有着美丽的沙滩和温和的海水，是旅游度假的好去处。在纽宾士域有很多海岸游乐活动可供选择，譬如游泳、观看野生动植物，以及多种多样的原住民节日、画展和文化活动。

芬迪湾(Bay of Fundy)拥有世界上最高的海潮，平均高度为10米，最高可达17米，强劲的海涛不仅每12小时带来几十亿吨海水，而且以岁月累积的惊人力量，雕砌成举世闻名的“花盆岩”景观。地处芬迪湾区的圣约翰(Saint John)为主要的港口和工业中心，加拿大太平洋铁路以此为东部终点站。港口冬季不冻，河口涌出的海潮使河水一天两次倒流，堪为一景。

南部的芬迪湾捕鱼业发达，盛产龙虾，为该省赢得“世界龙虾中心”的美誉。另外，该省的林业、采矿业、农业、渔业均十分发达，也富含大量铅、铜、铁等矿物。该省主要的农业产品是牛奶制品、牛肉、猪肉、鸡和蔬菜。根据1996年的统计，本省人口约76.1万人。这里也是加拿大少数英法双语并用的省份之一，其中35%的人讲法语。这里有50万阿卡迪亚人(Acadians)的社区，因为追溯到16世纪，阿卡迪亚(Acadia)原来是法国殖民地。该省民风纯朴，与繁荣的魁北克相比，别有一番情趣。

主要城市

弗雷德里克顿(Fredericton)和**圣约翰(Saint John)**是纽宾士域最重要的城市。弗雷德里克顿的人口约50万人，是当地的政治和文化中心，虽是省会，但处于内陆，发展反而不及圣约翰。圣约翰人口80万人，是加拿大最早开发的城市，由于临近芬迪湾，而成为大西洋省区一个重要的港口。冬季时圣约翰常有浓雾，故有“雾都”之称。纽宾士域的冬季颇为寒冷，全年降雪量达100英寸(约254厘米)。纽宾士域的公路多弯路和坡道，故而在冬天或雨季容易发生交通意外，所以在该省驾车要特别小心。

综述

诺华斯高沙省是加拿大大西洋四省之一，也是欧洲移民最先登陆加拿大的省份，是大西洋省区的政治、经济和文化中心。其面积55,491平方公里，人口约94.1万人，四面环水，仅有东部的一块狭长地带和纽宾士域省相连。

由于近海，气候暖湿而多雨，每年有140日为无霜期，在加拿大算是比较暖和的省份。诺华斯高沙半岛中部有长达160公里的安那波利斯谷地，是加拿大著名的苹果产区之一。沿海盛产大龙虾、鳕鱼和扇贝类海鲜，是加拿大最大的渔业基地之一。

位于该省东海岸3英里(约4.8公里)处的橡树岛在17世纪曾是海盗频繁出没之地，因此数百年来，那里一直吸引着世界各地众多的寻宝探险者。省府哈利法克斯(Halifax)位于诺华斯高沙半岛东南岸中部，战略位置重要，有“北方守卫者”之称。其主要景点有：星型要塞(Citadel National Historic Site)，这是一个建于19世纪的星型要塞，被指定为国立历史公园；芬迪湾附近的阿卡迪亚(Acadia)，曾经由法国人开拓，现在成为一个专事栽培苹果树的小村庄，洋溢着悠闲的田园情趣；卡普顿岛(Cape Breton Island)则富有浓厚的苏格兰色彩；卡普顿岛国家公园(Cape Breton Highlands National Park)内有富于变化的海岸线和高原的美景，野生动物极多，有着非常良好的高尔夫球场。诺华斯高沙，拉丁文称Nova Scotia为“新苏格兰”，直至今日，人们仍不难在诺华斯高沙省发现苏格兰传统文化的踪迹。

主要城市

哈利法克斯(Halifax)

首府哈利法克斯市(Halifax)迄今已有250年历史。该市位于加拿大的大西洋海岸线，是加拿大通向欧洲的门户，拥有世界上第二大的自然深水港，市区人口约30万人。由于其坐落于北美洲圣劳伦斯河河运的关键地段，作为终年不冻港的哈利法克斯便成为加拿大东部河流运输的重镇，也是诺华斯高沙省的经济命脉。由于各国船只穿梭来往于北美洲五大湖区与大西洋沿岸，该市80%的居民的祖辈都来自英国或欧洲其他国家。哈利法克斯濒临大西洋，空气清新，景色宜人，被称作“加拿大的海边娱乐场”，是世界著名的旅游城市，也是加拿大大西洋地区最大的经济、运输和文化中心。每年6月，哈利法克斯都会举办多元文化节以展示其多姿多彩的文化。哈利法克斯人以友善、热情而著称。这里既有大城市的繁华与便捷，也不失小城镇的宁静与纯朴。

综述

爱德华王子岛是加拿大面积最小的省份，它位于圣劳伦斯海湾(the Gulf of St. Lawrence)中，在纽宾士域省东面和诺华斯高沙省北面。该省以其独特的红色土壤、沙丘以及长长的海滩而闻名。该省缺乏高地，在它的海岸线上有众多的海湾及沙滩，全省最高处海拔仅为152米。弯月形的岛屿长224公里，最宽处约64公里，最窄处仅约6公里。该省有数量众多的河流和湖泊，但大多数规模都很小。海洋对该省气候的影响最大，一年中气温比较平均，只有冬季海流来袭时才会有较大幅度的降温。

欧洲人最早发现这块土地的是法国探险家杰奎斯·卡蒂尔(Jacques Cartier)，他于1534年首次造访这里。他对这块地方是这样描述的：“这是我所能见到的最明澈美丽的土地，悦目的草坪和绿树无处不在。”尽管这地方如此美丽，却人口稀疏。直到1719年法国殖民者才在此地建立第一个社区，这里开始真正有了人烟。

全省分为三个郡：西部的王子、中部的皇后和东部的皇帝，共有5,660平方公里，根据1996年的统计人口为136,561人，所以按每平方公里的人口密度计算，爱德华王子岛在加拿大居首位。大约有80%的居民是英裔人士(主要为苏格兰和爱尔兰后裔)，约有15%为法国后裔，但真正以法语为母语的却不到总人口的5%。另外本省超过38%的居民年龄在25岁以下，堪称人口最年轻的省份。省内缺乏天然资源，工商业也不甚发达，但其优良肥沃的红土却非常适合各种作物的耕种。全省有一半以上的土地都已经开发耕种，尤其盛产马铃薯，从而赢得了“金色王子”的称号。

爱德华王子岛另一主要经济收入来自旅游业，其独特的海岛风情每年夏季都吸引大量游客从世界各地前来观光。1997年，爱德华王子岛庆祝了联邦桥(Confederation Bridge)的开通，此桥长12.9公里，是世界上最长的跨海大桥，也是连接纽宾士域省唯一的桥梁。这座桥梁的修建使两省往来更为便利，节省了大量时间，是加拿大近代一个很大的工程。

主要城市

省府夏洛特城(Charlottetown)是一个人口约3.2万人的闲适小城，位于爱德华王子岛省的南部海岸，是此岛唯一的城市中心。这里也是全省政治、经济和文化中心。加拿大历史也在这里写下了重要的篇章，由于1867年在夏洛特城召开的历史性会议产生了加拿大联邦制，故此地也被誉为“加拿大诞生地”。

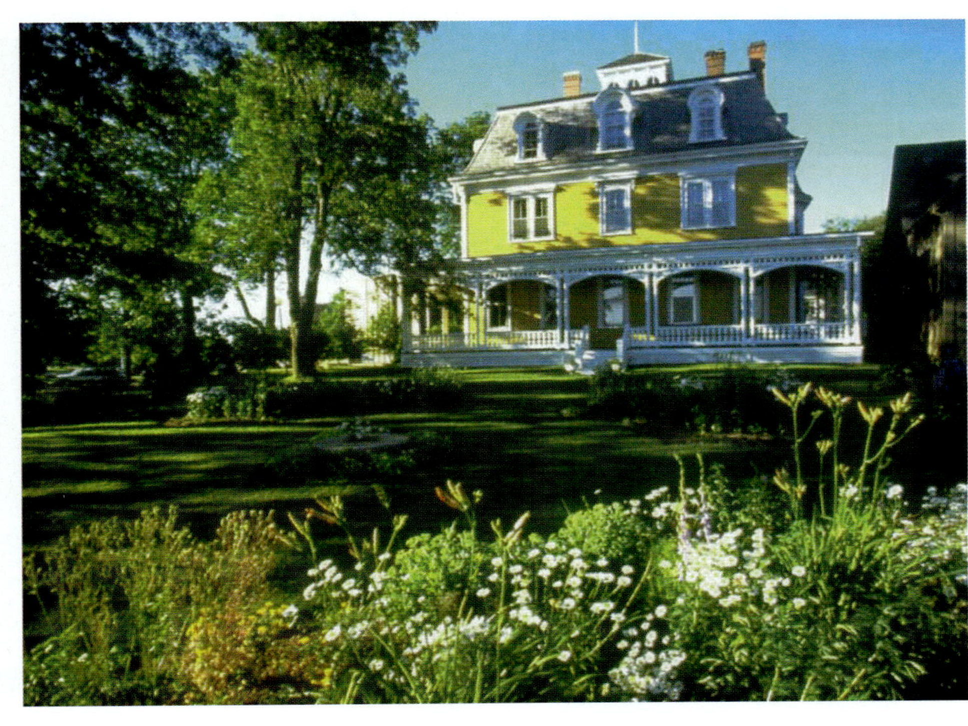

综述

纽芬兰及拉布拉多省(New Foundland & Labrador简称纽芬兰省)位于加拿大东北角，是加拿大最东端的省份，1949年才加入加拿大联邦，成为加拿大第十个省，是加拿大最年轻的省份。该省面积405,720平方公里，大部分土地都是人迹罕至的森林、沼泽、湖泊和山岭；人口约55万人，多以捕鱼为生，散布于沿岸的小城市和村镇。纽芬兰岛是该省的东南部分，呈倒三角形，面积112,000平方公里，西边的主大陆拉布拉多则和魁北克省的东北部接壤。

由于海风的调节作用，纽芬兰的气候比较温和，空气清新，景色壮美。这里不仅是垂钓的好去处，更是捕鱼人家的乐园。该省沿海鱼产丰富，其盛产的鳕鱼远近闻名。渔业及海鲜加工是该省的传统产业。由于冬季海港冻结，渔船不能出海，渔民大都过着半年捕鱼、半年领取政府失业救济金的生活；加上近年一些国家政府不断扩展沿岸捕鱼领域，使得加拿大渔船能进入作业的渔场越来越少，也在很大程度上影响了渔民的收入。很多年轻人更愿意到外省去发展，因此青年人口流失率相当高。

另外纸浆及造纸工业也在其经济中占主导地位。在港口的岸边放眼望去，停泊在港湾里的渔船色彩斑斓，间或飘过美丽的冰山，颇让人心旷神怡。由于在地理位置上远离加拿大其他省份，又跟欧洲大陆一海之隔，因此居于一隅的纽芬兰居民的文化和语言非常独特，本地的英语不仅保留中世纪的爱尔兰口音，在用字上也和通行的标准英语有所区别。

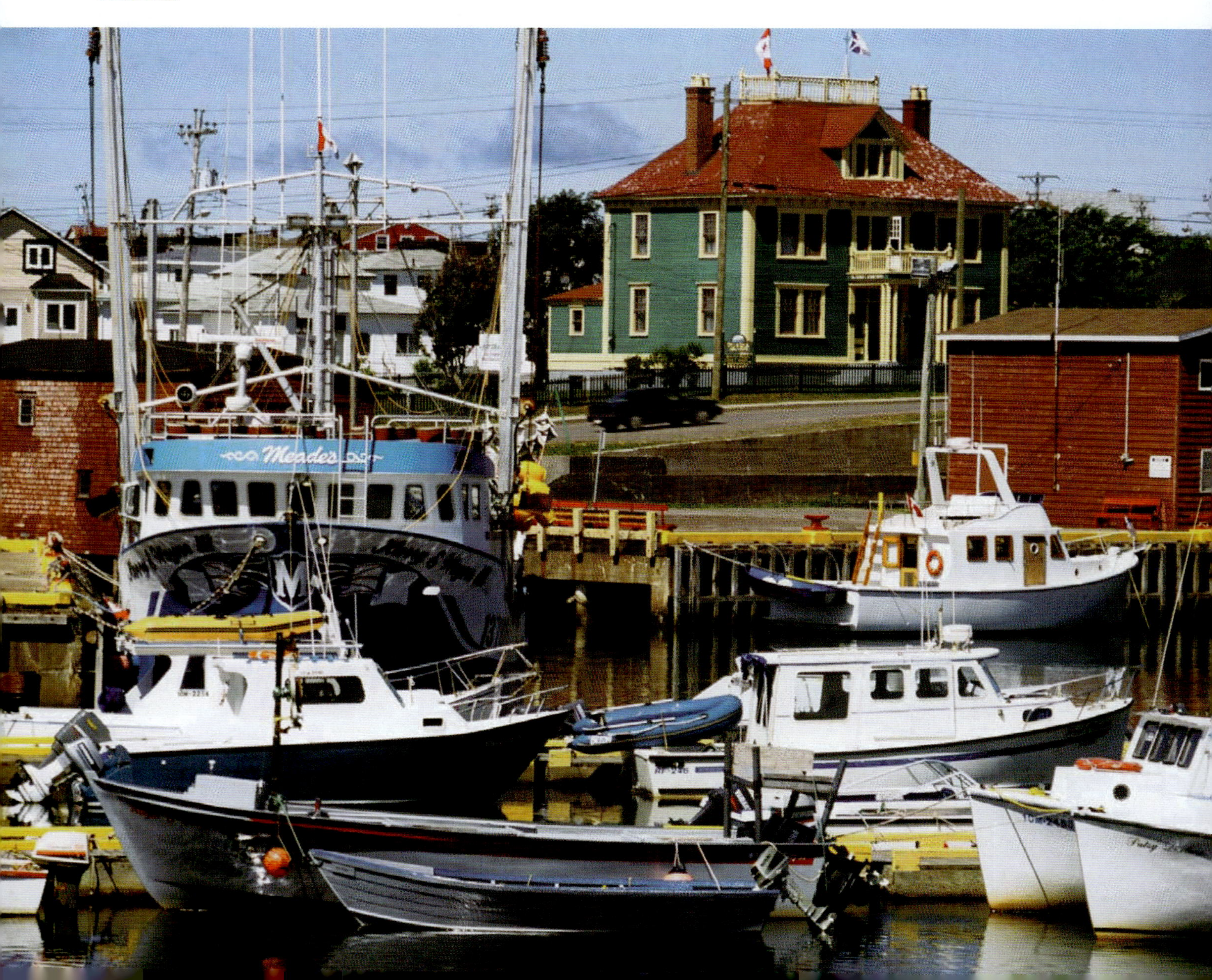

主要城市

圣约翰斯(St. John's)

省府圣约翰斯是加拿大历史上的东岸商业中心，也是全省最大的城市，至今已有500年的历史。早在1,000年以前北欧人就在此地有探险活动，因此这里堪称是北美最古老的城市，也是一个天然良港和渔业中心。首次造访这里的欧洲人是于10世纪来到这里的挪斯人(Norsemen)，而到了16世纪相继有英国人、法国人、葡萄牙人、西班牙人来这里捕鱼。该市主要景点有：特拉诺瓦国家公园(Terra Nova National Park)、锡格纳尔山国家公园(Signal Hill National Historic Park)、格罗莫纳国家公园(Gros Morne National Park)。

育空地区、西北地区、努纳维特地区 Yukon, Northwest, Nunavut

综述

加拿大广漠的北部多为人迹罕至的针叶林及冻土地带，终年严寒。整个北部在行政上划分为三个地区，即育空地区(Yukon Territory)、西北地区(Northwest Territories)和努纳维特地区(Nunavut)。这些地区的行政地位相当于省，但其财政由联邦政府统一调配。

育空地区位于加拿大西北角，与美国的阿拉斯加州接壤，面积约483,450平方公里，人口约30,700人。该地区在19世纪的淘金热中曾一度名声大振，这里独特的北国风光也吸引了不少旅游者前来观光，所以该地区主要经济来源是旅游业及采矿业。育空地区还有着独特的寒带动植物，比如北极熊和驯鹿。像西北地区一样，育空在夏季有着独特的极昼现象。

西北地区于1870年加入加拿大联邦，这里蕴含石油、天然气和铀矿。随着努纳维特地区于1999年4月1日成立，西北地区的领地从原来的350万平方公里减少至不到200万平方公里。该地区人口约有42,000多人，大部分居住在小的乡村社区。采矿业是该地区主要的经济活动。高纬度的地理位置使这一地区以极昼和极夜现象闻名。到西北地区旅游有很多户外运动可供选择，包括划独木舟、远足、雪上摩托和雪橇运动。Nahanni国家公园以其壮美的峡谷、瀑布以及独一无二的石灰石洞穴而闻名。这里还聚集了狼、灰熊、驯鹿和山羊等野生动物。

1999年4月1日努纳维特地区成了加拿大最新的领地，其人口约28,000人，其中85%是因纽特人。该地区的28个社区散布于广漠的冻土地带，其中很多已经有着上千年的历史。这里冬季长达9个月，终年被冰雪覆盖。主要经济活动是采矿业、渔业、狩猎，以及各种带有浓郁原住民特色的艺术和工艺产业。这里是见证北极极昼和极夜现象的地区，同时也是体验因纽特人独特文化的最佳去处。而Auyuittuq 国家公园则是引人入胜的名胜古迹，这里有许多野生动植物，如北极熊、鲸鱼和大西洋海象等。

伊卡鲁维特(Iqaluit)位于巴芬岛(Baffin Island)以东，是努纳维特地区的首府，聚集了全地区将近1/5的人口。该市比较出名的旅游景点包括Auyuittuq国家公园保护区、Kekerten捕鲸站历史公园保护区以及磁北极(The Magnetic North Pole)。

主要城市

白马镇(Whitehorse)是育空地区的首府，聚集了全地区超过70%的人口。白马镇位于育空河(Yukon River)上游左岸，不列颠哥伦比亚省界以北83公里处，1905年建市，于1953年成为育空地区首府。

耶洛奈夫(Yellowknife)，又称“黄刀镇”，兴建于20世纪30年代的淘金热潮中，是西北地区首府，人口约39,000人。这里是北极光现象的最佳观测点。由于这里稀有矿产丰富，也被誉为“北美钻石之都”。

评估篇

国际机场内，当您背负行囊，带着父亲的殷殷告诫和母亲不舍的泪水，像一个豪情万丈的将士，转身潇洒地向飞机走去。身后，是朋友、同学羡慕和依依惜别的目光。太平洋彼岸，那五彩缤纷的知识花朵正等着您去采摘，伟大的祖国将因您的成就而锦上添花。

飞机在几千米高空上飞翔，静静地穿行在云端，朵朵白云轻轻掠过身边。在忐忑不安和喜悦期待中的您，此刻的思绪已悠悠然飘向了风光旖旎、红枫醉人的加拿大……这样的画面，应该在每位加拿大留学生或准留学生的脑海中都闪现过。“好儿女志在四方”，正是一代代热血青年的凌云壮志，才让我们的世界如此瑰丽多彩。

但是，不知道您想过没有，不是每个人都可以做同样的事情，不是每个人都一定要走同样的路。“他山之石，可以攻玉”，出国留学，能开阔眼界，增长见识，自然是好事。但“前途是光明的，道路是曲折的”，离开您熟悉的生活学习环境，面对完全陌生的教学方式，您有足够的心理准备和适应能力吗？一年的学费和生活费至少需要十多万人民币，您有足够的经济实力吗？这些，都是您在出国前要斟酌再三的问题。常言道：有备无患。有了充分的心理准备和物质准备，才能最安心地度过您的留学时光。因此，我们建议，在您确定出国留学前，先对自己的各方面做一个评估，再确定应否出国、留学时间、专业选择，以及未来方向等。

家庭财力评估

俗话说：“三军未动，粮草先行。”没有一定的经济基础，贸然走出国门，是根本无法专心完成自己的留学计划、实现满腔抱负的。

都说加拿大是个高福利的国家，此话不假。加拿大政府在扶贫解困方面的确一向做得很好，老有所靠，幼有所抚，病有所医，失业者有保险金，家贫者有救济金……但那只是对本国公民和永久居民而言，外国人不能享受。因此，这就是加拿大政府在审核留学签证申请时首先要强调留学生经济实力的重要原因。

虽然加拿大政府移民局一再三令五申，除非政府许可，留加学生一律不准打工。然而，中国一些望子成龙但经济条件拮据的家长和一些不具备足够经济实力、喜欢攀比的家长，或受个别不法留学中介欺骗，或道听途说，以为凡是到国外留学，都能

随意打工，且经过三五年“镀金”后，孩子可以名利双收、衣锦还乡、光宗耀祖。

不可否认，从留学生的历史来看，的确有极个别的人能在异常艰辛甚至危险的留学生涯中苦斗多年，打拼出一块辉煌的小天地。即使是现在，也有极少数幸运儿能得到校园打工的机会，以赚取一些金钱来补贴生活费乃至学费。但那仅仅是个别例子，不足为据。因此，一些“利”字当头的不法留学中介掌握和利用了这类家长的心态，投其所好，以极不负责任的态度肆意夸大和吹嘘国际学生极为容易以半工半读方式来赚取学费和生活费。于是，听信了中介蛊惑的家长们，将自己平生节衣缩食的积蓄全部拿出来，凑够了第一年的学费和生活费后，就贸然将孩子送出了国门。其结果可想而知，上了当的家长在国内后悔莫及，在国外的孩子进退两难。

为了面子和别的原因，虽然生活窘迫，根本无法安心求学，他们仍然滞留在国外，以偷偷打黑工的方式赚钱维持生活。在法制健全的加拿大，非法打工一经查获，后果非常严重，有的留学生甚至被勒令离境，永远丧失了在加拿大求学的机会。

因此，有出国留学意愿的人，应该实事求是地认真做好自己的财力评估。如果不是真正具备60—80万人民币(通常按本科4年来计算)资金实力的话，即使采用一些方式，侥幸地获得学生签证来到加拿大，这样的留学生涯也将是困难重重、危机四伏，而且很可能会半途而废。

个人学习能力评估

加拿大没有类似中国的“高考”，入读大学的评估标准就是中学成绩。因而，国内高中学习成绩是中国学生进入加拿大高等学府的“敲门砖”。学习成绩既是对学生过去努力的肯定，也是评估他们学习能力的见证。当然，不可否认的是，高分低能的现象也普遍存在，所以，将学习成绩和学习能力综合起来，对自己做一个客观的评判，是明智之举。

加拿大留学信 何处一“网”打尽？
www.maplestudent.com

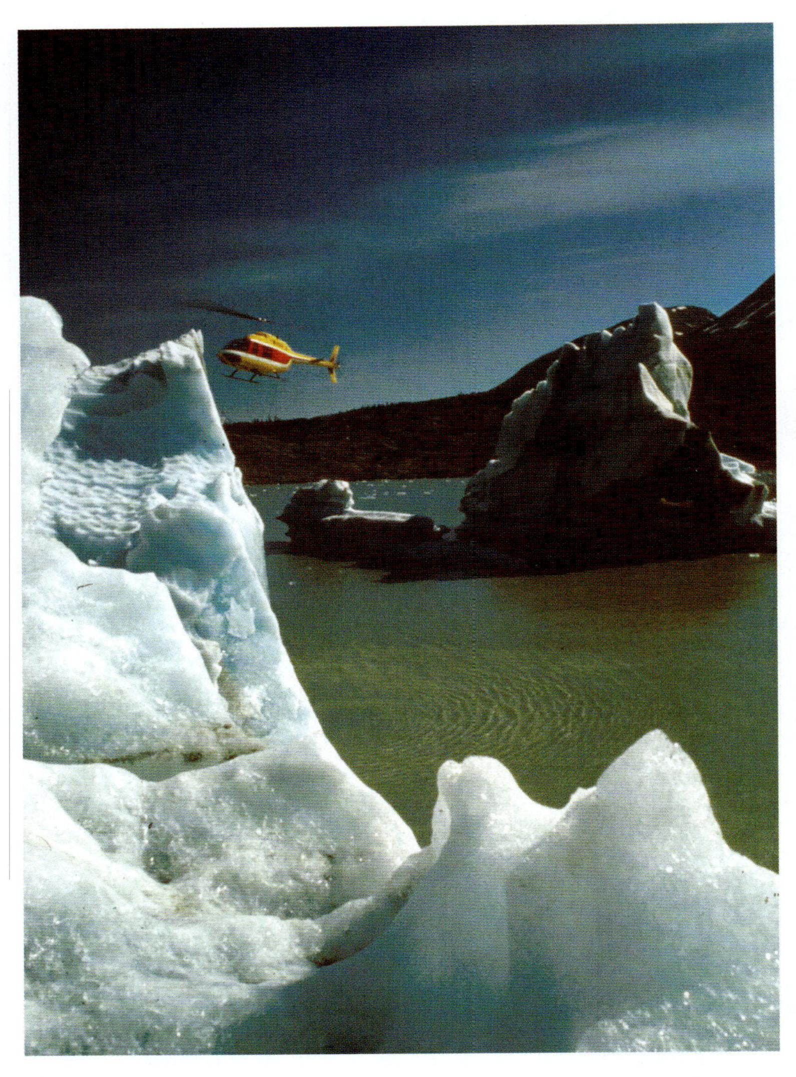

此外，学生和家长都应该深思的是：如果一个人在经济条件优裕、有父母照顾和老师监督的熟悉生活语言环境里都没能取得理想的成绩，那么，越洋求学，独自生活在完全陌生国度，置身于语言不同、生活习惯不同、教育制度和学习方法不同的新环境里，在没有人督促和帮助，一切要靠自己努力的情形下，真的能够按照家人的期望和自己的留学理想顺利完成学业吗？

心理素质和适应能力评估

到了一个新的环境，有的人如鱼得水，有的人则格格不入，这和个人的心理素质、适应能力有关。在中国，大家都是父母身边受尽宠爱的天之骄子，很多人还是学校的佼佼者或是富庶家庭的幸运儿。但是，一旦跨出国门，留学生在学习生活上需要自理，很多事情的决断也要靠自己，自立性就突现了出来。在没有父母老师等长辈提醒的新环境中，面对社会上的各种诱惑，年轻的学子们需要很强的自我约束能力，即自律性。

生活在一个完全陌生的国家，听不到自己熟悉的语言，感受不到自己熟悉的文化，这对于留学生的心理承受能力是一个巨大的考验。当最初几周的新鲜感过后，陌生感和思乡之情便会随之而来，这

在中国，有学校老师、班主任、家长的多重呵护，学生们尽可以在一个全方位的管理环境里专心读书。在加拿大，学校教师，尤其是大学教授，通常在下课后就匆匆离开学校，不能马上为学生答疑解难，也没有人督促交作业。如果误了交作业的时间，即使该学生的作业非常精彩，其成绩也就是0分。由此可见，国际学生的自律性和自觉性就显得尤其重要。

加拿大的教育方式与中国不同，除了学生个人平时须用功努力外，学校特别注重课堂的师生讨论、学生小组讨论和共同完成作业的团队精神(Teamwork)。国内那种填鸭方式培养出来的高分低能者在这里没有市场。那种多做题、多背书、会考试的学习方式不但不能得到高分，甚至不一定能顺利毕业。

对于国际学生来说，应该找出自己的长处，充分发挥自己的主观能动性，打破过去的固定思维，找出最适合自己的学习方法，尽快适应陌生的学习环境。

对于自理生活能力差、心理承受能力差的同学尤其苦不堪言。有过出国经历的人都有一个共识，即出国前良好充分的心理准备往往比丰富的物质储备更重要。而对国外生活预先的了解以及由此做出的精神上的准备，往往在很大程度上影响着头一两年留学生活的质量。

常言道："山外有山，天外有天。"来到异国他乡，方方面面的差异，尤其是语言方面差异，会让初来的留学生产生很强的挫折感。因此，由于上述原因而导致身体状况每况愈下的实例屡见不鲜。还有个别留学生因为心理压力太大而患上忧郁症，甚至难以解脱而自杀。如果没有很强的心理承受能力，是很难在这里立足的。

还有的留学生来到加拿大后，才发现自己的实际水平远远达不到本地教育制度的要求，于是自暴自弃，干脆不上学，在社会上游荡，以编造故事来应付父母。如最近发生在温哥华的一个真实的事例：

2005年7月17日(星期天)下午6时许，中国驻温哥华总领事馆教育组接到中国湖南某市刘姓家长的国际长途求助电话，说是因为父母询问自称在UBC大学(University of British Columbia)某系就读的儿子刘某的学习和考试近况时，可能孩子不耐烦了，把手机关掉后就再也无法联络上，为此恳请领事馆帮忙寻找刘某。刘父详细地提供了刘某的住址、手机号码、班级名称和专业选课的情况。然而，经过多方查找后，发现刘某给父母提供的地址和在校就读情况完全是假的！幸好，手机号码还是真的。经过教育领事长达两天的不断拨打，刘某电话终于通了。经了解，刘某到了加拿大后，因为基础太差，先在某社区学院读了一学期的语言课程后，就辍学在家，天天开着高级的凌志小轿车，花天酒地。所谓就读过某私立大学和目前是UBC大学某系学生等情况都是谎言，他就是利用这个"杰作"来"安慰"远在国内含辛茹苦对他寄予厚望的父母，同时也不断向家里索取金钱。

一般说来，出国留学生最易发生的负面心态通常有如下几种：

抵触情绪：具体表现为逆反，不求上进。产生这种情绪的留学生通常年纪较小，出国目的不明确，多半是在家长的鼓动和安排下走出了国门。在目前这代留学生中，这种情形并不少见。为了避免这种情况发生，家长要尊重子女自己的意见，不能强迫他们做出不合自己心意的选择。即使出于对孩子前途的考量而必须送孩子出国深造，也要在出国前循循善诱，让孩子明白接受国外高等教育对未来前途的重要性及必要性，并且帮助他们了解留学生活的乐趣，让孩子在未来生活中找到自己的方向。

同时应有意识地培养孩子独立生活的能力，并减轻心理上对父母的依赖。家长也要有心理准备，对自己的孩子应该有个较全面的评估，看其承受能力的限度，并随时掌握孩子出国后的动向，发现情绪反常时，要及时引导，避免事态进一步恶化。

孤独感：孤独感多半是由语言文化和生活习惯的差异造成的。熟悉的文化环境不复存在，能倾心交谈的朋友圈子不见了，结结巴巴的英语口语水平大大影响了自己在公共场所的交流等等，使得离开家乡的人更感孤单。这是每个刚出国的人都有的共同体会，其区别仅在于程度的深浅不同罢了。因此，这就要求留学生在思想和文化知识方面要有个准备。首先多看看介绍加拿大的书籍，尽可能多了解西方文化，为将来在文化上的适应做好准备。另外，设法培养某些文体爱好，这是出国后结交朋友、排遣孤独感和弥补精神空虚的好方法。

挫折感：盲目乐观和盲目悲观都会造成挫折感，从而带来心理压力。盲目乐观者多为在国内各方面条件比较优越、习惯了国内大学宽松环境的学生。他们往往对国外学习压力估计不足，认为自己有能力应付一切。然而出国后，才真正感受到国

英语水平没把握，怎样留学加拿大？

www.maplestudent.com

外大学“入学易、毕业难”的实际情况。学习跟不上，语言交流困难，上课听不懂，因而导致较强的挫折感。而盲目悲观则相反，一些留学生心理素质本来就差，来到陌生的新环境，面对更大的学习压力，首先在精神上就输人一筹，并因此而人为地夸大眼前的困难，由此沮丧甚至悲观，在极度的焦虑中度日如年，以至于精神委靡乃至崩溃，最终导致学业半途而废。

身体健康状况评估

北半球的加拿大，山川秀丽，景色宜人，茂密的天然植被，自然清新的空气，使之成为远离污染，最适合人类居住的世外桃源。

世界上没有十全十美的事，从喧嚣拥挤的中国来到这里，在欣赏美景享受新鲜空气的同时，也有人感到身体不适。除了水土不适和气候差异外，遍布每个角落的鲜花绿草也会让体质敏感的人患病。因此，每到春夏之交，很多初来乍到的人也许会或轻或重地患上花粉过敏症，有哮喘病史的人此时更容易发病。因此，如果身体较弱，独立生活能力较差的人，或是过敏体质、有哮喘病史的人来此留学要慎重小心。在出国前先做好全面的身体检查，看自己是否适合这里的气候环境。决心出国留学的人，要根据自己的体质和健康状况，带好常用的药物，以备急需。

综上所述，加中两国在教育文化和生活方式等方面的种种差异，必然会给学子们带来不少的困惑。因此，在做上述各项评估时，应该冷静地审视和反省自己，争取在出国前就找出自己的弱点，对症下药，及时调整好自己的心态，学点生活自理的方法。既不要盲目乐观也不要盲目悲观，从自身的客观情况出发，认真做好出国前的“风险评估”，务求自己的精神状态和身体状况适应将来实际的留学生活，并在此基础上达到身心平衡的健康状态。自我评估时，如有任何问题，可直接向枫华学子网站www.maplestudent.ca寻求帮助。

有了出发前的全面评估，在明智选择的前提下，确定了最佳前进方向。有了各种充分准备，有了积极向上的良好心态，相信负笈海外的学子们，定会为自己的人生增添傲人的篇章。

教育篇

加拿大教育体系

具有独特的创新精神，融合英国严谨的传统治学风格和美国多元文化而形成的加拿大教育，是世界各国公认的最先进、最完善的教育体系。作为全球教育最发达的国家之一，加拿大国民人均教育经费名列世界第一。

按照加拿大宪法规定，国民教育是由各省负责，即“各省自主型”。国家不设统管全国教育专职部门，无论是大学、中学或是小学教育，运作主管最高层级是省政府，而不是联邦政府。各省下设高教厅和教育厅，统管全省的教育事务。高教厅负责高等教育的管理，教育厅下设各地区教育管理机构——“学校局”(School Board)或称“学校区”(School District)。因而各地的教育制度略有不同，但全国的教育标准都是一样的，如学龄规定、教育等级规定、学校开课及放假时间等，只是在学分的划分上因各校而异。各省之间最大的差异主要表现在高等教育的定位和性质上。各大学采用的都是美式学分制，按照规定，学生每学期最少要修读9个学分才能算是全日制学生，否则是属于兼读生。加拿大联邦政府规定，国际留学生必须是全日制学生。

加拿大高等教育以公立制度为主，经费是由政府全额拨款。这样，既能保持学术上的公正和中立，又能保持较为稳定和相对低廉的学费。

20世纪60年代以前，加拿大的大学主要以培养宗教活动家为主。60年代爆发了以“教育机会均等，高等教育大众化”为口号的教育运动，从根本上改变了加拿大大学教育的方向和大学的性质，使大部分大学成为由国家运作的公立学校，并务求每所大学一定保持在相应的水平上。因此，从全世界的高等教育角度来看，加拿大所有大学都在世界教育平均水准之上，很多不为中国学生所知的大学在国际上都享有盛誉。目前，加拿大共有49所以英语授课的大学，分布在全国各省，其中以东部居多。所有大学颁发的学位均得到全世界绝大部分国家的认可。

加拿大是个视教育为终身事业的国家，人们把进出学校当成了生活的一个重要部分。因此，无论在什么样的大专院校，您都可以看到不同年龄段的学生们聚在一起认真学习。据有关统计，仅2004—2005年度，加拿大就共有约785,000名全日制学生和约270,000名兼读生，占加拿大总人口的1/30，这充分说明了加拿大是个有着优良教育传统和注重培养下一代的先进发达国家。

由于政府给予各学校的资源(经费、设备、校舍建设、师资配备等)大体相同，所以，加拿大公立大学在本科阶段的教育质量基本一致，但同中有异，每所大学有其各自的特点和专长，我们将在后面的有关章节中为您详细介绍。

高等教育

加拿大的高等教育系统较为特别，尤其是大学类，划分较细(在西部的不列颠哥伦比亚省，有“3+1体制”之说，即带医学院的大型综合类大学、综合类大学和小型综合类大学三类西方常见的大学外，再加上一类特殊的学校——大学学院，这类大学学院在别省也有，只是名称不同而已)，具体可分为以下几种：

1．大学(University)

依照学校的规模、师资力量、科研水平等不同的标准，加拿大大学可分为：

(1) 附设医学院大学

设有医学院和博士研究生院，规模很大，具有雄厚的研究资金、很强的师资力量，有很多的博士课程，可授予各类各等级的学位(从本科到博士)，在国际上具有相当的知名度。

(2) 综合类大学

没有医学院，但有研究生院，学科种类较齐全，具有一定的研究资金和研究能力，兼有本科和硕士研究生的教育，开设了部分博士课程，能颁发本科、硕士和博士学位证书。大班制教学，学校规模较大。

(3) 小型综合类大学

主要以本科类教学为主，并设有部分硕士研究生课程和少量博士课程，学校的规模不大。这类大学因其规模小，通常小班制教学居多。

上述各类大学开设的授予学位的本科需修120个学分，以每科3学分、每年30学分计算，一般需要修4年。但因为是学分制，所以只要修满学分，不要求非要修读4年。本科课程分为主修课(Major)和辅修课(Minor)。但是，有兴趣的学生可同时选两门主修或主辅同修。具体可分为“双主修”即两门专业课程同时进行，或“一主修一辅修”即一门专业课一门辅修课程同时进行。前者可以得到两个本科学位(双学位)，后者为一个本科学位和有关辅修专业课程的证明。不过，我们要注意的是，要想获得本科学位，必须按照校方的规定修满该专业必读课程的全部学分。因此，如果准备同时修读多个专业或辅修课程，一定要先考虑自己的时间和精力后，再决定是否能够接受这个挑战。另外，本科的入学门槛高，求学也不易。为了保证教学质量和学生的学术水平，教授在成绩评估上非常严格，而且还要遵循校方的规定按比例进行淘汰，千万不要掉以轻心。

本科大学留学的首要前提是申请人必须是高中毕业生。因为加拿大没有统一的全国高考，所以各大学的录取标准略有不同，大学对申请人的考核录取标准主要是参考其高中成绩和英语水平。

2．理工学院(Institute)

这类学校以应用专业和职业培训为主，课程大部分属于文凭和证书级别，也有部分学士学位和硕士学位课程。其专业性、针对性很强，学校规模较大。加拿大理工学院的水平很高，如不列颠哥伦比亚省的BCIT(BC理工大学)，一向以发展实用专业课程而深受业界的好评，该校的毕业生就业率往往比大学毕业生要高得多。

3．大学学院(University College)

这是最具加拿大特色的高等学校。全加拿大一共有5所大学学院，主要分布在加拿大西部的不列颠哥伦比亚省。其他省份也有类似的学校，只是在名称上有所不同。

大学学院是大学(University)和社区学院(Community College)相结合的产物，也是介于本科和专科学校之间，兼具两方面特征的高等教育机构，可颁发本科学位和专科证书。

大学学院的专业设置非常广泛：既开办以学术为主体的学位课程，也开办实用的专科文凭或证书课程，学校务求在两个学制之中平衡发展，为学生提供更具有弹性和多元化的选择。大学学院所开办的四年制学位课程一般都是属于新兴或是应用学科，如室内装饰设计、时装设计、市场学、电脑应用学等。而1—2年的专科课程则会以校方在有关学科基础上延伸和发展，并根据近期国内劳务市场的发展趋势和需求来规划课程内容，因而课程的实用性很强，市场价值也很高，就业前景广阔。该类大学还有生源多样化的特点：是中学毕业生继续学习、掌握专业知识的场所，也是社区学院或语言学校的学生进入大学的“跳板”，它还是成人继续教育的延伸。

如果留学生想在1—2年内学会一技之长，或是先读专科然后视自己的情况再读本科，又或是希望能得到实用性强的专科知识并获得本科学位的话，报读大学学院是非常不错的选择。

4．社区学院(Community College)

与中国不同的是，加拿大高等教育方向通常有两个：一是作为学术研究机构的大学，如前面介绍的各类大学；一是培养具有社会实践能力人才的教育机构。后者就是遍布加拿大各省各地的社区学院。

社区学院属于公立教育体制，其资金来源于所在的省市和地区。顺应社会发展的需要，满足当地社区的需求是社区学院的办学宗旨。社区学院向学

生提供各种技能课程和职业教育课程、语言研修课程、高中水平的基础教育以及成人教育课程等，只颁发专科文凭或结业证书。

让不同能力和目标的学生各取所需、各展所长是社区学院的办学目标。几乎全加拿大的社区学院都开设了大学一、二年级的基础课(也称为“大学学分转移课程”University Credit-Transferable Program简称UT)，学生可以由此直接“过渡”到相关的四年制本科大学就读并获得本科学位。社区学院之所以开设这类“直升”课程，是因为加拿大设有学士课程的大学大多分布在大中城市，为了减轻学生的经济和生活负担，政府规定各地社区学院可教授大学一、二年级的基础课。

由于社区学院的实用性，所以很受当地社会各界的欢迎。近年来，社区学院对外国留学生开放，并允许留学生在学ESL(英语作为第二语言)的同时，可以选修诸如商务、旅游等专业文凭课程。对于短期留学或只想获得某专业资格的人来说，学习几周或是1年就可颁发专业资格证书或结业证书的社区学院是他们的首选。

5．艺术学院(Arts College)

这类学校在全加拿大共有4所，分别在不列颠哥伦比亚省、安大略省、阿尔伯塔省以及诺华斯高沙省。与中国艺术学院不同的是，加拿大艺术学院除教授传统的美术史、绘画和表演训练外，重点以现代艺术媒体设计制作为主，是艺术外延的扩展。在与艺术密切相关的专业上，如工艺与设计、电影制作、媒体艺术、数码传媒、环境设计都颇有建树。还有的学校以创新立异而著称，用各种方法去鼓励学生成为独具创意的高层次艺术家。在号称“北美好莱坞”的不列颠哥伦比亚省的温哥华市，艺术学院的媒体产业、电子传媒设计、摄影等专业不断发展，其动画制作已有30年的历史了。因为实用性强，就业容易，所以艺术学院很受当地和国际学生的欢迎。

6．私立学院(Private Post-secondary Institution)

近年来，加拿大优秀而先进的教育体制和学制越来越受到世界各国的青睐，导致国际学生猛增，尤其是来自亚洲的学生。而部分国际学生因为语言程度较低，无法立即跨进高水准的公立大学，这就需要有个进入大学前的过渡。因此，短短几年内，数以千计的各类私立学院在全国遍地开花，其发展速度让人惊讶。而政府的监控措施和力度一时跟不上，不可避免地造成了良莠不齐、泥沙俱下的现象。最近几年，频频出现私立学校被勒令关闭、吊销牌照或经营不善而倒闭的事件，既损害了留学生的利益，也给加拿大私立教育系统带来了负面影响。

加拿大的私立学院绝大多数是商业行为，以赢利为目的而开设。政府之所以同意甚至鼓励私立学校的发展，是因为私立学校能在某些方面对公立大专院校进行一些合理补充。比如：私立学校的学制不必完全按照公立学校的开学和注册日期开课，学生较容易根据所测试的程度插班，也可同时修读公立大专院校的学分转移课程。但也有一些私立学校利用政府的政策，把教育事业当成敛财工具，充分利用合法的身份来欺骗留学生。在这样的私立学院里，学生既学不到知识，又被“合法地”骗取学费。

而国内的个别非法留学中介机构根本无视职业道德，把这些“黑校”吹得天花乱坠，从中获取高额佣金。目前这样的不法私立学校在中加两国政府和教育权威机构的共同努力下得以逐步清查或取缔，加拿大各省有关管理部门也都采取了相应的措施，对私立学校进行了整顿，使得混乱的状况有了明显的改变。但是，这类事件对于有志赴加留学的人群是一个警示，告诫人们在选择时要注意识别优劣，不要人云亦云。

近年来，由于国际学生人数急剧增长，因而令这类私立学院发展非常迅猛。该类学院多为中、小型规模，以开办短期职业课程为主，可授予结业证书和大专文凭。最近，极个别私立大学或学院经省政府批准，可授予相关课程的学士学位。

中等教育

按照法规，6—18岁为青少年义务制教育阶段。一般说来，加拿大从小学到高中为12年。高中毕业后，学生可以直升大学或是选择大专、职业学校等。通常把第11、12年级的成绩作为晋升大学的重要评审标准之一。只有魁北克省例外，该省中小学为11年制，高中毕业后必须先读两年的大学预科，才能升入大学。

加拿大的中学没有我们熟知的班主任，但校方会为各年级学生配备专门的年级辅导顾问(Counsellors)。他们主要参照学生档案记录，为学生指导安排最适合在校期间修读的课程。他们也会协调学生和教师之间矛盾，接触并听取家长和学生的要求和投诉。

加拿大中学的课程分为必修课和选修课。一般说来，到了10年级(Grade 10)以上，必修课减少，学生可以根据自己将来的去向来选修课程。课程不同，上课的教室和同学也不同。课堂讨论和小组集体作业是很常见的。激发学生的创造性与合作精神是加拿大教育的重点之一。由于中学基本上是接收学校所在区域内居住的学生，所以“孟母三迁”的情形在加拿大家长身上也不少见。为了孩子的前途，举家搬迁到名校附近居住的情况比比皆是。

加拿大各省每年都会有例行省考。所谓“省考”，是指加拿大各省每年对中学生的统一考试。省考的成绩也是进入大学的重要条件之一。另外，

省考并不是要求学生考全科。例如在不列颠哥伦比亚省，高中毕业生如果没有计划升读大学，那只需参加英语省考即可。如果要入读大学，除了英语外，还需考其他主要科目如数学、物理、化学和社会学等。有些中学开设了世界闻名的IB班(International Baccalaureate国际文凭证书班)，这部分学生的教学和考试方式都是按照国际标准特别设置的。

中学的开学时间均从当年9月到次年6月为一学年。学期的划分为：半年制(Semester，即将一个学年划分为9－12月和1－6月两个学期)，季度制(Trimester，即将一学年划分为9－12月、1－3月和4－6月3个学期)。计算学年的方式是从小学连续计算，即从小学1年级到中学12年级(Grade 1－Grade 12)，12年级等于中国的高中三年级。加拿大学校规定，学生修完12年级的全部课程成绩合格，可升入大学或大专。

加拿大中学通常划分为公立和私立两种

公立中学(Public School)：如前所述，遍布全加拿大的公立中学其教育标准和学制基本相同。学校的经费来源于所在地的教育局。公立中学都是男女同校，一般没有校服，学生的打扮和着装基本不受限制。许多中学实行一般或非宗教性教育，有的公立中学为教会学校。学校没有寄宿，只有白天上课。放学后是以体育和艺术为主的课外活动时间。中学的课外活动很丰富，还有各种学生俱乐部，都有相关的教师予以训练和指导。

加拿大公立中学对国际学生开放，尤其以大温哥华地区各教育局态度最为积极。虽然各教育局在接受国际留学生的政策和收费上略有差异，但均常年对国际学生开放。至于国际学生的录取，其决定权在当地的教育局，各公立中学均无权做主。

独立中学(Independent School)：加拿大的私立中学通常称为独立中学，其财务、经营、管理都是自成一体，完全独立。但所有独立中学都必须在其所在地区教育局登记注册，并严格遵循教育局制定的教学标准，整个教学质量也都完全受当地教育局的监管。

部分独立中学为当地名校，素以高质量、小班制和高收费而闻名。学生可以自由选择公立中学或独立中学就读。有些独立中学可以提供完整的寄宿计划。个别独立中学信奉某种宗教，强调相应的道德学说，并有严格的学业标准。很多独立中学要求

穿校服。有些更分为男校或者女校。如果要申请报读独立中学，需直接与你选择的学校或枫华学子文化中心(www.maplestudent.ca) 联系。

ESL 英语培训

对于绝大部分的留学生来说，英语水平是他们进入大学的重要指标。求学加拿大的留学生，很多人都需要强化英语学习。

ESL课程(ESL Program)：加拿大的语言教育世界闻名。作为一个移民国家，面对不断涌入的新移民对语言培训的需求日益增加，加拿大多年施行的语言教育极有成效。通常，我们把这类课程称为ESL课程(即英语作为第二语言课程，English as Second Language)和FSL(法语作为第二语言课程，French as Second Language)。公立大专院校和各地区教育局基本上都开设ESL课程，有些更是设立附属语言中心，按照学生的实际水平和统一的学术标准安排课程。ESL课程的对象包罗万象，有本地学生、国际学生，甚至有成年的新移民。总的说来，它们的教学质量和师资水平当属最高。

语言学校(ESL)：语言学校通常都是私立性质。加拿大各地，私立语言学校屡见不鲜，长期和短期都有。通常它们的规模都较小，入读语言学校不需要学历及语言成绩。目前到加拿大进修语言课程的学生主要来自韩国、日本，均以短期为主。近年来，日益增多的中国留学生为了跟上本地学校的学习要求，也涌入这类学校强化英语。不过，在众多私立语言学校中，绝大多数没有统一而规范的教学标准。而且，通常语言学校教学质量缺乏政府部门的监管，因此在选择语言学校时，要加倍谨慎。

加拿大大学的排名

每年将全国所有大学排名比较并公诸于众的做法，在美国非常流行并具有一定的权威性。在加拿大，Maclean's杂志每年对加拿大部分大学进行综合比较，并排出名次。

但Maclean's杂志这种排名的做法并没有得到官方的认可，甚至也没有得到所有校方的认可。况且，排名主要以专业和科系来划分，所以既无法进行公正的平行比较，更无法全面综合地评判一所学校的优劣好坏。加拿大大学都是一流的，它们的区别只在于各校设置的专业和研究方向有所侧重而已。因此，Maclean's这个每年一度的排名榜，只能作为我们选择学校时的一个重要参考指标，但切不可按图索骥。

附：2006年11月13日加拿大Maclean's杂志最新公布的大学排名榜

综合排名(Overall Ranking)

小型综合类大学
(Primarily Undergraduate Universities)

Ranking 最新排名	University 大学	Last Year 去年排名
1	St. Francis Xavier	1
2	Mount Allison	2
3	Acadia	3
4	UNBC	7
5	Bishop's	4
6	St. Thomas	10
7	Saint Mary's	9
*8	UPEI	8
*8	Trent	6
10	Wilfrid Laurier	5
11	Winnipeg	11
12	Mount Saint Vincent	15
13	Lethbridge	12
14	Brock	13
15	Moncton	17*
*16	Brandon	14
*16	Lakehead	17*
18	Ryerson	16
19	Laurentian	19
20	Cape Breton	21
21	Nipissing	20

*表示并列 (indicates a tie)

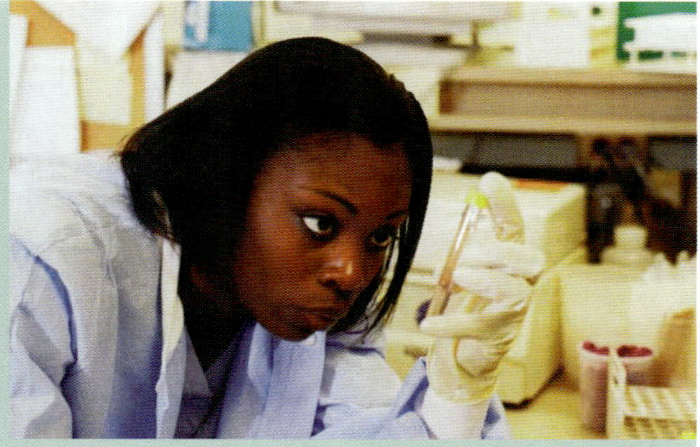

综合排名(Overall Ranking)

综合类大学
(Comprehensive Universities)

Ranking 最新排名	University 大学	Last Year 去年排名
1	Guelph	3
2	Waterloo	1
3	Victoria	2
4	Simon Fraser	3
5	Memorial	5
6	Regina	6
7	New Brunswick	7
8	Concordia	8
9	York	10
10	Windsor	11
11	Carleton	8

*表示并列 (indicates a tie)

综合排名(Overall Ranking)

带医学院的大学
(Medical Doctoral Universities)

Ranking 最新排名	University 大学	Last Year 去年排名
1	McGill	*1
2	Queen's	5
3	Toronto	*1
4	UBC	4
5	Western	3
6	Alberta	6
7	Sherbrooke	9
8	Laval	8
9	Montréal	7
10	Saskatchewan	10
11	Ottawa	12
12	McMaster	11
13	Calgary	14
14	Dalhousie	13
15	Manitoba	15

*表示并列 (indicates a tie)

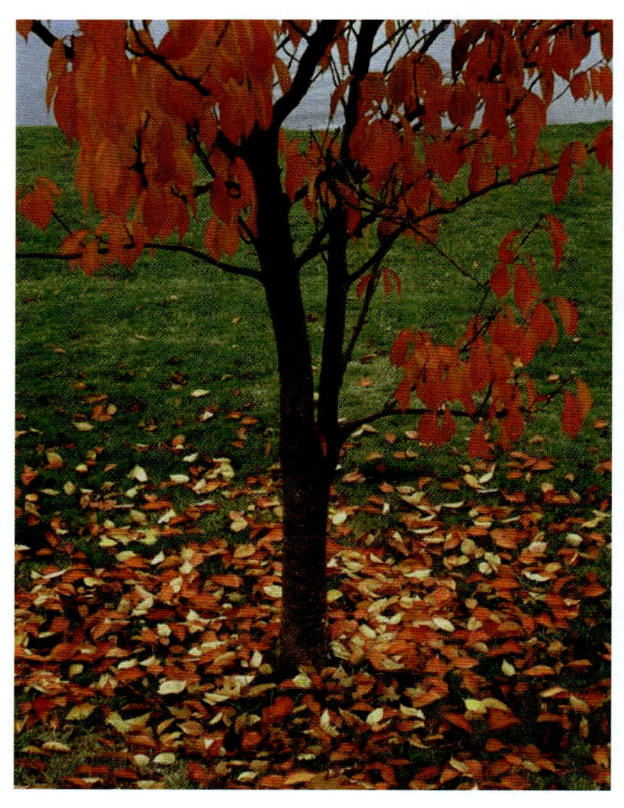

选择学校是打算出国留学的学生及家长面临的头一个关键环节。加拿大健全的教育体制以及政府在教育方面的投资在世界上堪称首屈一指。但面对众多的各种社区学院、职业学院以及私立院校，很多学生和家长在面临选择时常常感到无所适从。

“不怕不识货，就怕货比货”，对比是国人判断事物优劣的习惯做法。在中国，人们习惯于把中学划分为省重点、市重点、区重点等，把高校划分为一类、二类、三类等。但西方国家并不特别热衷于排名或分级，也鲜有政府教育机构对大学进行排名。大部分的排名都是媒体或商业机构做的，其客观性和权威性都略有欠缺。在加拿大，只有Maclean's杂志从1991年开始做每年一次的全加大学排名。经过多年探索和实践，这个排名在读者中建立了一定的影响，但其采用的评核方法仍有不少偏颇之处，以致曾经有些大学抗议其排名结果。在1993年，曼尼托巴大学(University of Manitoba)就曾提出要退出其排名，可见这类排名很难做到绝对的客观和合理。因此Maclean's杂志每年也都相应地调整它的评估方法，但始终难以做到尽善尽美。

因此，未掌握更翔实的资讯之前，学生和家长不宜过分追求学校名气，或者依赖和迷信大学排名。以下我们拟从加拿大高等教育体制的特色、各学校的师资力量、专业特色、申请要求、地理位置、生活及文化环境，以及申请者自身的性格爱好、成绩、家庭经济情况、专业兴趣等角度，为申请者提供几点中肯务实的建议。

选择学校的原则

与美国的体制有所不同的是，加拿大一流的大学或学院都是公立的。对负笈加拿大的留学生来说，选择入读公立院校无疑是提纲挈领的总原则。公立院校不容置疑的优势体现在如下几个方面：

首先，公立大专院校的经费来源于政府财政拨款，而私立学院须自筹资金，属于自负盈亏的“个体户”，所以，私立学校无论是在规模上、学术上或是师资力量配备等诸多方面都无法与公立学院抗衡。

其次，加拿大公立院校能全方位满足所有学生选择专业课程的需要。而且公立院校之间的学分可以互相转换，这使得学生有充分的自由和灵活性去选择自己喜爱的专业、学校以及制订未来的发展方向。

第三，无论是本国学生或是国际留学生，只要用功取得好成绩，都有机会从原先就读的公立学院转到公立大学入读。如前所述，比如留学生，可以在某公立学院修读ESL的同时，读完1—2年级大学学分转移课程后，带着自己优异的成绩入读自己喜欢的大学和专业，而无需再重修已读过的课程，既节省了金钱和时间，又避免了由于一时未能达到大学的录取线而永远被拒之门外的窘况。

此外，加拿大公立大学的文凭不仅得到全加拿大的承认，而且得到世界上绝大部分国家的认可。中国政府则承认加拿大所有的公立大学和大专学历。每年，全国甚至世界上很多有名的大企业都会到加国名校设点招聘人才，国际留学生和本国学生享有同等的机会。

因此，来加拿大留学，去公立学院是首选，因为私立学院良莠不齐，要选准一所好的并非易事。

如果达不到公立学校的入学标准，或由于特别的原因必须要就读私立学院的话，一定要了解清楚该私立学校各方面的真实情况。首先要选择省政府教育部门许可的，具备与任何公立大学自由转移学分条件的私立学院。再退而求其次的话，就一定要选择办学历史悠久、信誉好，并经过中国驻加拿大使领馆资格认证的私立院校。

选择私立学校切忌单凭一份印刷精美的学校宣传资料就决定是否申请该校，而一定要把握以上选择学校的原则，这样就可避免入读“黑店学校”，遭受财产和时间的损失。关于资格认证详情，可查阅中国教育部网站、中国驻加拿大使(领)馆教育处(组)网站和枫华学子网站(www.maplestudent.ca)。

在把握了以上总的原则之后，还应根据以下细分的几个环节去作出明智的选择：

信息搜集

面临选择学校的时刻，申请人恨不能尽快得到最权威翔实的信息。在这信息时代，收集留学资讯并不是件难事，各种版本的国外大学介绍广见于各大网站、报刊媒体以及留学中介公司的宣传材料上。然而在繁杂的材料中归纳出最真实权威的资讯并锁定自己真正需要的信息，却是让申请者为难的事。

直接浏览学校网站是获取资讯的有效手段之一，因为学校网站对本校的介绍可以说是最权威、最全面了。学校网站多留有专供学生咨询的E-mail地址，若有不明白的地方可直接发E-mail询问。但这对于英文程度不太高的学生操作起来不是非常方便。

也有的学生会通过各种留学网站和论坛获取第一手资讯。但我们在编辑本书过程中，发现许多网站上的资讯都是互相抄袭，大量信息没有更新，甚至错漏百出。如单凭这些资讯做出学校选择，实属不智。

市场上流传的各种版本留学指南类读物亦可作为参考依据，但要注意其出版日期和信息来源渠道，并小心核实信息是否过时。另外，政府或民间的留学服务机构也是获取信息的一个途径，但要注

到该网站，对选择学校和专业感到困惑的同学，不妨登陆枫华学子网站作进一步免费详细查询。

城市选择

中国的大学一般都位于大城市，而国外很多大学却在小城市。不同地理位置对学生的影响不同。而对于学习理工科的人来说，宁静的小城或者郊区则更有利于潜心学习。选择有名气的大都市，除了可以了解西方社会实际的商业运作及商业与社会的关系，还能够感受到大都市的繁华和浓重的商业发达气息，可能拥有较多的打工机会。但大都市竞争激烈，读书时获取奖学金的几率相对较少，而且物价高更是个不争的事实。由于加拿大城乡之间的差异较小，一些中小城市同样也能够提供便利的学习及生活环境。

意分辨哪些是免费服务，哪些是收费服务，并避免把选择学校的工作全权交给第三方完成，因为只有通过自己去掌握准确的信息，才能做出最适合自己的正确选择。枫华学子网站www.maplestudent.ca是免费的互动网络平台，其主办单位枫华学子文化中心以其在加国多年留学服务的经验为广大申请者提供权威准确的资讯，以期让有志负笈加国的学子凭准确资讯，做正确选择。本书所有内容都上传

从学生生活角度来说，繁华的都市热闹精彩，文化丰富多样，是习惯都市生活的学生的理想选择，但缺点是生活费用高，各种诱惑也多，对自制力差的学生来说，有沉迷于娱乐交友而荒废学业的隐患。而在郊区的大学环境相对比较纯净，居民比大城市的人更加纯朴，单调的生活也可能更容易让同学之间结成紧密关系，但对于不善于交际的学生而言则容易感到单调、孤独和寂寞。

有些大学位于气候比较恶劣的偏远省份，冬季异常严寒，对于生长在中国南方的学生就是一个考验。还有的地区存在语言问题，比如加拿大的魁北克省官方语言是法语，交通标志等公共设施多用法语，该省几所名校的网站和宣传资料也都是法语版，有些申请人会因语言沟通的障碍而放弃这一地区。而另一些申请人想顺便多学一门外语，却又会主动选择这一地区的大学。

总之，申请者要考虑这类问题，根据自己的需要选择或放弃。另外一些新经济增长城市和一些对留学生提供优惠政策的城市也是留学生选择时可考虑的，例如：位于阿尔伯塔省的卡加利是最近几年来加拿大经济发展比较快的一个城市，由于就业市场好，消费水平低，并鼓励留学生就业，所以该市的卡加利大学成了现在中国留学生的新的热门选择。

学校选择

和中国教育体系显著不同的是，加拿大的本科教育总体说来是不因学校的不同而有优劣之分的。本科教育质量在各大公立大学相当平均，而少有参

在加拿大留学可以合法打工吗？

来源 www.maplestudent.com

差不齐的状况。所以，去一个名气大的学校和去一个名不见经传的学校读本科，在教学质量方面的分别并不十分显著。而名校的优势往往是在硕士或博士以上的层次才会体现出来。另外，排名和名气只能作为参考，而绝不能作为选择的要素。排名榜首的名校在某些特定的专业可能水平一般，而排名靠后的学校在某些学系可能非常拔尖。大型综合类大学往往只有研究生才能得到教授单独辅导的机会，并有资格和教授一道参与学术研究和讨论，而许多小型大学由于学生数量相对少，所以很多专业会提供小班教学，这样一来即便是那些入校刚一两年的本科生，也会有和教授单独做研究的机会，这对于求知欲强的学生来说，可以作为一个考虑的重要因素。此外，各个学校在规模、师资力量、办学历史及专业设置方面各有其特色，对学校风格及背景的把握，无疑是选择学校的一个重要环节。以下是选择学校时常常要考虑的因素。

1. 大学的历史背景

学校的学术成就和个人的文化修养一样，都是时间累积得来的结果，容不得半点投机取巧。新近成立的大学虽然设备先进、具有现代气息，但在短期内很难积累出卓越的学术成就；而历史悠久的大学，即使校舍较为陈旧，作风传统，但经过长期积累，必有不俗成就，培养出大量的社会精英，在学界享有很高的荣誉。

有时两所大学的实际水平可能差不多，但来自历史较久大学的学生，在就业时会略占优势，因为很多雇主会以学校治学的历史和名望作为对其毕业生素质的考核因素。此外，加拿大大学非常重视同届毕业生的联系，通常每所大学都会有自己的校友会，旨在促进那些在社会各行各业中奠定一定地位的优秀毕业生回来为母校作宣传，而那些成名的师兄师姐也很愿意照顾同校的师弟师妹。例如：很多想读法律的学生会选择位于东部的达尔豪西大学(Dalhousie University)，因为她的法学院有着悠久历史，现在加拿大不少大法官大律师都是出自这所大学的。所以，当你毕业或在校实习的时候你就有机会接触一些知名人士，对你的今后发展大有帮助。

2. 教师与学生的人数

这两个数字直接反映了学校的规模。规模小的学校开办的课程和专业亦有限，能提供给学生的选科范围较窄。对于修读同一个学位，规模大的综合类大学的学生会多读几科较为特别的科目，而小型大学受制于有限的教研条件，所提供的选课就相对单薄，但小学校也有其独有的优势，比如因其学生人数少，采取小班教学，那么教师对学生，尤其是英语程度较差的留学生，就照顾得比大型大学周到，因而师生关系也更为亲切。此外，由于声望逊于大型名校，很多规模较小但有着强烈进取心的小型大学也会努力在学术方面发展，往往也会出现可喜的学术成就。

3. 图书馆藏量

图书馆收藏书籍和资料的质与量往往反映了大学的成就，图书馆的收藏量高，学生就能得心应手地查询到需要的资料；反之若图书馆收藏量有限，学生就不得不另寻地方搜索信息，费时费力，无形中就难以保证高效率的学习，从而影响成绩。所以在选择大学时，图书馆的藏书量是其中一个重要的考虑因素。

4．学校的中国学生数量

由于来自中国的留学生人数越来越多，加拿大一些私立预科学校或语言学校形成了清一色都是中国人的局面，进入校舍的感觉简直和进入中国的学校一样。大家都是黄皮肤黑眼睛，授课虽然用英语，但课外大家都说汉语。这种情况导致一些学生长时间过不了语言关，从而在学业上难以精进。

与上述情况相反的是，有些学校则完全没有或者极少中国学生。因为西式教育是以自学和讨论为主，中国留学生语言功底不如当地学生，文化背景知识也欠缺，分组讨论时候的表现总是拖全组的后腿，故此本国学生往往不愿与之同组。长此以往，不仅容易让其产生被孤立的心理压力，也影响了学业进程。

那么大学里中国学生的比例多少才算合适呢？其实这也因人而异，对于语言基础扎实，想体验纯正留学生活的学生，则其所在大学里的中国人少一些为宜。而对那些语言基础差，交流有障碍，或者性格非常内向的学生来说，同胞较多的环境可以帮助他尽快适应新的环境，减轻孤独与寂寞感。

5．学费

有些学生或家长选择学校时，以经济因素作考虑，希望报读学费较便宜的大学。如果是这样，可首先尝试曼尼托巴(Manitoba)、沙斯喀彻温(Saskatchewan)和阿尔伯塔(Alberta)等中部省份。其次是加拿大东部四省：诺华斯高沙(Nova Scotia)、纽芬兰及拉布拉多省(Newfoundland and Labrador)、爱德华王子岛(Prince Edward Island)和纽宾士域(New Brunswick)。至于魁北克(Quebec)、BC(British Columbia)、安大略(Ontario)三省，国际留学生的学费则相对较高。

6．毕业后的发展

上大学只是人生发展中最基本、短暂的一步，学生在选择大学的时候要考虑长远一些，基于加拿大政府的移民政策，那些在加拿大毕业并找到一份工作的中国学生通常很容易得到移民身份。而且各省为了能留下本省毕业的留学生而提供很多优惠政策。所以这些隐形的附加值也成了现在留学生选择学校的一个参考。例如，位于大西洋省区纽宾士域省(New Brunswick)的大学，由于气候寒冷和交通不便再加上排名靠中，并不是学习的热门选择，但由于纽宾士域对该省学校毕业的留学生提供快速的移民政策和一些优惠条件(详见移民篇)，同样吸引了大量的中国学生在此就读。

专业选择

选择大学专业是一项很重要的工作，对决定一个人的职业取向甚至一生的道路都起关键作用。设想如果选中一门专业，花费大量的时间、精力和财力去修读，毕业后却找不到工作，或者后来发现所学专业根本不是自己兴趣所在，这将给自己的人生无端造成苦涩和无奈。

加拿大的每个学校都有其特长专业，比如滑铁卢大学（University of Waterloo）的电脑和数学学院驰名世界，圣玛丽大学（St. Mary's University)的商科比较不错。很多大学都有理想的专业，不能仅仅依据学校是否一流而盲目选择，一定要多方权衡。

首先，自身性格对专业学习非常重要。部分专业对性格有特殊的要求，若性格不适合很难跟上课程进度。例如有些专业非常注重沟通，如果你是个很内向的人，那就不要选择这种专业学习。

其次，个人兴趣爱好也是考虑的重要方面。例如有的学生对数字非常敏感，有良好的数学基础，那么他更适合统计这类专业；有的学生喜欢在市场中搏击，又具备一定的策划能力，那么他就会选择市场营销一类的专业。

另外， 行业的生命力是就业的关键。有些专业属于夕阳产业，即使学得再好，也很难找工作，只有确定所选专业是朝阳产业，学成之后才有发展前景。就业问题是学生毕业后面临的最棘手的问题，影响就业最重要的因素就是专业，所以理性分析行业发展趋势，正确选择适合的专业，才可以保证留学的预期效果。

为避免和减少这类时间、精力和财力上的浪费，在此介绍五个选择大学专业的基本要素，希望对面临选择大学专业的青年们有所帮助。

1. 测定自我性格特点及爱好

“我的性格特点是什么？我的性格适合从商、从政，抑或是从医？”这些都是申请者首先要回答的问题。对自己的兴趣爱好和性格特点有了清晰的把握，才能为未来的事业前景做更合理的规划。

2. 查询有关资料

通过互联网及图书馆，查询自己感兴趣的各种专业情况，如就业机会前景及薪金等。经过优劣对比，从中选取真正适合自己的专业。

3. 请教职业及学业顾问

在对自己感兴趣的专业有了明确定位以后，可以通过电邮等形式直接请教大学或学院的职业及就业方面的顾问，征询他们的意见，对自己适合的专业了解更多细节，比如该专业的学习年数、总费用估算等等。一般大学或学院的职业和学业顾问都有多年的经验，足可为学生提供良好的意见和建议。

4. 自我经济情况的评估

在选取费用高、学习年限长的专业时，必须要审核自己的经济能力，确保自己的家庭能支撑整个学业直至完成，避免因财力欠缺而半途而废的情况。

5. 请教在职人员

在确立并通过学校初步了解了自己理想的专业后，可寻找已在此行业就职的专业人士进行交流，了解该行业更加详细的实际情况，从而进一步确定该专业将来会是自己理想的职业。

目前中国留学生在专业的选择上，大多集中在工商类、电脑类的专业。但是从加拿大就业特点来看，这两个曾经热门的专业的毕业生现在会面临市场饱和而就业困难的情况，所以中国学生和家长在选择专业方面，可以把视野放宽些，挑选一些加拿大大学独特或有专长的专业。比如，加拿大是一个资源性经济国家。加拿大的矿业、森林业、石油和天然气、水力发电和核电力工业非常发达，在世界范围内具领先地位。与此相应，加拿大大学在这些专业的教学和科研方面也很先进。而随着中国经济的高速发展，必然会需要大量这方面的专业人才。这就是为什么很多本地的加拿大人宁愿选择去读实用的大专文凭而不去读那些华而不实的本科学位，这完全是就业因素驱使的。

与时俱进，把握加拿大特色

近年来有一个趋势，很多国际学生都选择先进入一些大专院校(College)，然后经由College毕业后再转进与其College相关联的大学，其中的好处在于，首先College的入学资格中不规定必须有托福成绩，一般只需在国内高中毕业即可，而且College的学费相对大学也比较便宜，同时对于刚来加拿大的留学生是一个提高英语、熟悉环境的好机会，因为College的英语教学要求较大学也比较简单。其次在College中修得的学分又可以一起转入大学，为早日结束大学学业节省了时间，可谓一举两得。

很多中国家长对孩子期望过高，中国式的思维定式使他们认为：孩子应该学“体面”的专业，毕业后能西服革履、衣着光鲜地出入大公司豪华写字楼，才能算是学有所成、光耀门庭。而加拿大的情况与他们的思维则大相径庭。如今的加拿大社会，已经很少有“蓝领”和“白领”的说法，真正做到了职业不分贵贱，甚至很多一线技术工人比坐办公室的工资水平高，待遇好，社会地位高。若是从毕业后留在本地工作或移民的角度来考量，拿一所知名职业技术学院或理工学院的文凭，可能比一张普通综合大学的学位还实在、有用得多。

很多学生和家长追求学位的光环，一开始就直奔名校学位，把起点定得太高。殊不知，无形中他们忽略了加拿大和中国在高等教育方面的又一个显著区别，那就是加拿大的大学入学易、毕业难，这正好和中国大学的“进去难、出来容易”相反。若不能适应紧张的学习节奏、跟上学习进度，则很有

可能被“踢出校门”，有的学生甚至在第一学期就被取消资格，这是必须引起中国学生高度重视的地方。若定下了较高的目标，就一定要做好倾尽全力的思想准备，务必把全部精力投入到学习中去，不使父母的金钱浪费，不使自己的岁月蹉跎。

在选择学校和专业的过程中，学生和家长一定要从以上各方面综合考虑，把握“适合的即是最好的”原则，做出留学的第一步重要决定，然后着手进行申请。

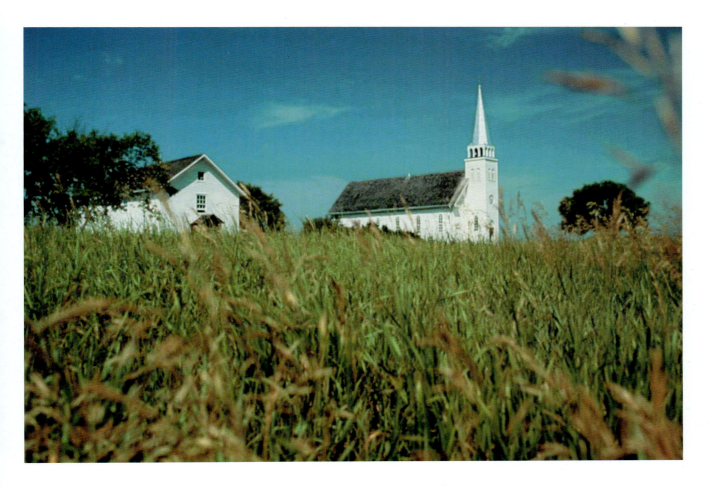

语言篇

中国学生希望远赴加拿大深造，英语是他们最感困难的一个关口。加国所有大学及专科以上学院均对来自非英语国家的国际学生定下英语能力的最低要求，以确保他们能应付全英语的学习环境。如果学生无法通过这一关，其他学科成绩再好也是徒然。

目前，加国大专院校在本科课程申请上最普遍认可的国际英语考试分别是：源自美国的TOEFL (Test of English as a Foreign Language)、英国的IELTS(International English Language Testing System)及加国本土的CAEL(The Canadian Academic English Language Assessment)。

托福(TOEFL)

这是被全球所广泛认可的英语考试，加国大学一般要求学生的TOEFL成绩达570分(PBT，笔试)或230分(CBT，机试)以上；社区学院的入学要求较低，约为550分(PBT)或213分(CBT)以上。TOEFL已于2005年9月开始，率先在美国推出全新的互联网考试(Internet-based TOEFL，简称iBT)，并于10月在加拿大推行，预计到了2006年会广泛推行至全球，并最终取代PBT及CBT。

iBT利用互联网作为进行考试的媒介，并全面改革旧有考试形式，加入英语会话部分，使之与IELTS及CAEL一样，从听、说、读、写四方面评核考生的英语能力。考生必须接受上述四部分的考试内容，不可只抽取个别部分作答，并限时于四小时内完成，每部分评分由0至30分，总分以120分为满分。如果与满分为677分的笔试及300分满分的机试比较，iBT的79—80分等同于PBT550分或CBT213分，而iBT的88—89分则等同于PBT570分或CBT230分。TOEFL官方网址：www.ets.org/toefl/。

雅思(IELTS)

IELTS亦分为试卷机制及计算机机制两类，但后者并不普及，在中国只有试卷机制的IELTS举行。考试形式从听、说、读、写四方面评核考生的英语能力。加国大学一般要求母语非英语学生考获

6.5至7分的水平，而社区学院则要求6至6.5分的程度。IELTS官方网址：www.ielts.org。

加拿大学术英语测试(CAEL)

相比TOEFL及IELTS，CAEL的普及程度远远不及两位老大哥。CAEL70分的成绩约等同于TOEFL560分或IELTS6.5分的水平。然而，CAEL的考核内容与TOEFL及IELTS有很大分别。CAEL虽然同样是测试学生听、说、读、写四方面的英语能力，但内容仿照加国大学一年级的学习环境和语文运用，以便更精确地评核考生能否应付大学课程。CAFL官方网址：www.cael.ca。

除上述三个主要国际英语考试以外，个别大学还对学生有特别的英语能力要求。以不列颠哥伦比亚大学(University of British Columbia，简称UBC)为例，校方要求所有被录取的新生在9月入学前，均需达到语言熟练指数(Language Proficiency Index，简称LPI)英语考试写作部分第五级的成绩，方可于首学期报读一年级必修的两科英文课程(共6个学分)。如果学生未能达到此成绩，则可入学后再考，但必须在修满30个学分(等于大学一年级的课程)前通过LPI第五级考试。否则，大学的计算机系统不会再接受有关学生报读其他二年级的科目。像这些个别大学的英语要求及细节，均会在有关大学的介绍文章内详谈。

豁免英语要求条件

在什么情况下，申请者才可豁免TOEFL及IELTS等英语考试的要求？加拿大的大学一般会根据以下四方面去考虑是否可作豁免：

1．申请者的母语
2．在英语环境中生活的时间
3．在大专学院学习的时间和所使用的语言
4．在被认可的英语科目上获得的成绩

普遍来说，如果学生的母语并非英语，但在英语国家生活超过四年，或在加国高中12年级的英文科省试中考获A级(86%)或以上成绩，一般均可获豁免英语考试的资格。

研究生英语要求条件

至于申请研究生课程方面，大部分学校均要求申请者提交GRE(The Graduate Record Examination)的成绩，而商学院则要求具备GMAT(The Graduate Management Admission Test)或GRE的成绩；但成绩仅被视为参考条件之一，要求也视学校及学系而定，因此没有统一的标准。

GRE测验是由GRE委员会委托美国教育测验服务局(Educational Testing Service，简称ETS) 举办的世界性测验，内容分为普通测验(General Test)和学科测验(Subject Tests)两类。普通测验测量考生的语文能力(Verbal Reasoning)、计量逻辑(Quantitative Reasoning)和分析写作(Analytical Writing)三方面，从而反映考生能否应付研究生的学术课程。语文和计量成绩介于200—800分之间，而分析写作则为0—6分。学科测验共分为八种，考生可选择其一报考，但每次考试只能报考一种学科。学科测验每科的成绩介于200—990分之间。GRE官方网址：www.gre.org。

GMAT测验是每年由ETS定期在世界各地举办

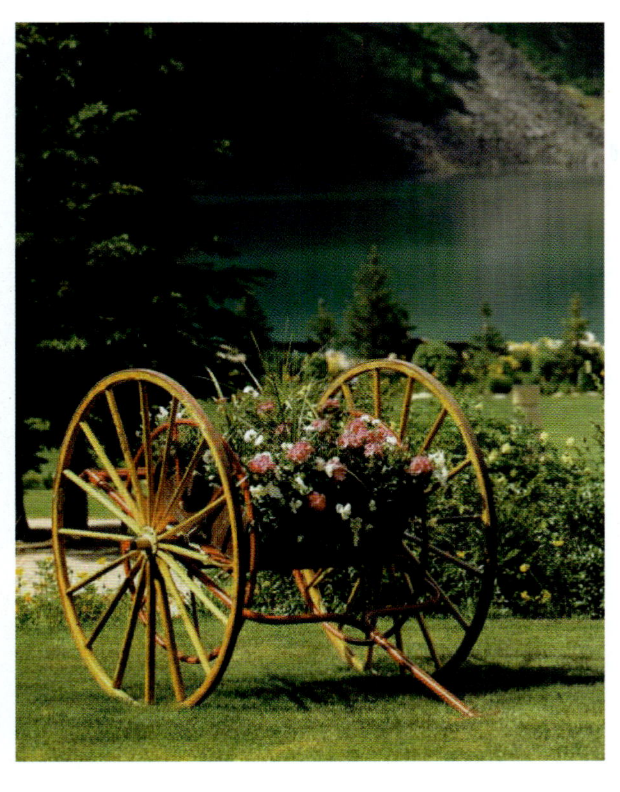

1. 如果所差分数很少，可先入读英语要求较低的社区学院，一边修读大学学分转移课程，一边继续报考英语。等英语成绩过关后，再申请转入目标大学。
2. 如果所差分数较多，可在社区学院或语言学校修读全日制的英语为第二语言(ESL)课程，一心一意地提升英语能力。一般来说，社区学院对修读ESL课程的学生设下很低的英语入学要求，但校方会考核学生的英语能力，以便根据其语言程度编入合适的班级就读。等学生的英语能力提升至理想水平后，便可申请入读社区学院或大学的学分课程。

近年，有大学及学院向英语成绩仅差少许的学生发出有条件录取通知，让学生先入读校内的英语课程，等修完课程及通过考试后，再修读学分课程。有部分学校更准许这类有条件录取的学生一边念英语班，一边修读学分课程。随着来自非英语国家的学生越来越多，预计这类有条件录取的情况也会相应增加。

的国际性测验，主要作为加美各商学院的申请入学参考条件之一。GMAT分别测量考生的分析写作(Analytical Writing)、计量(Quantitative)及语文(Verbal)三方面的能力，进而反映考生未来在商学院学习成功的可能性，总分从200至800。GMAT官方网址：www.gmat.com。

一般而言，在申请研究生课程时GRE比GMAT通用。GMAT多适用于申请商学院(校方也会同时接受GRE)。而在其他专业学科上，GRE则较多被接受作为考核申请者的能力，特别是理学系和工程系，很多学校声明只接受GRE而非GMAT。

总体来说，国际学生在申请目标学校之前，应先了解该校在英语或其他能力测验上的要求，然后再报考相应的国际考试，才可避免浪费精力的情况出现。

英语未达要求如何选择

有名气的加国大学是尖子生争相入读的目标，如果学生英语成绩未达入学的最低要求，除非学术成绩特别优异出众，或者具备其他优越条件(例如是杰出运动员)，否则很难期望校方会破格录取。在这个情况下，国际学生有两条路可走：

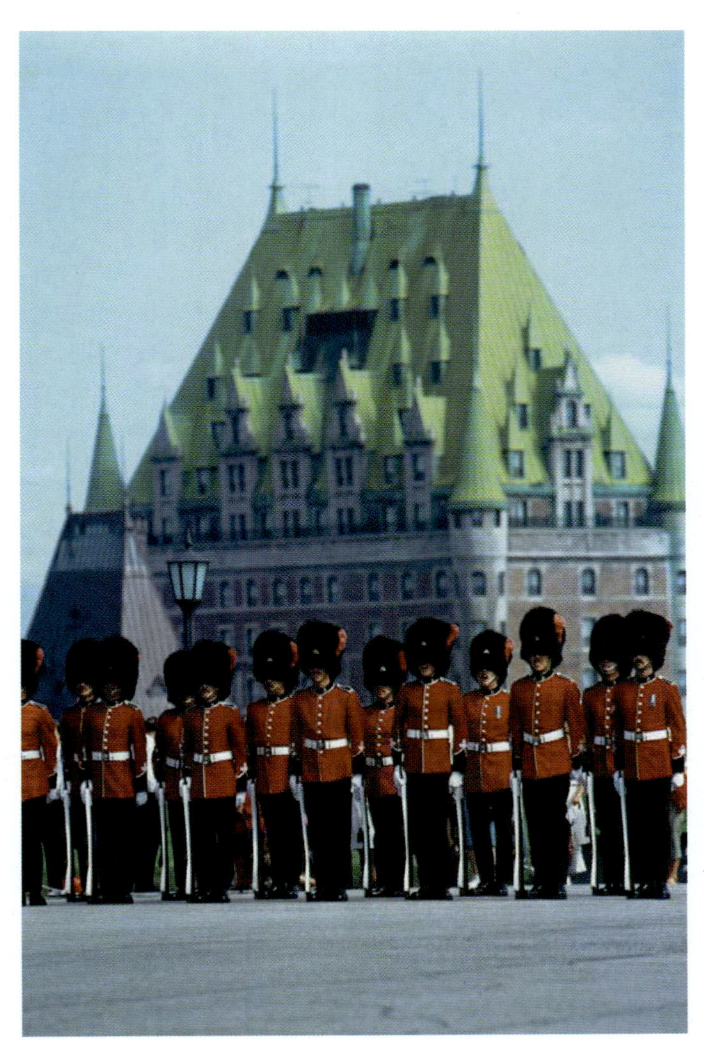

申请篇

在选择好了适合自己的学校之后，接下来要做的就是开始申请学校。就申请读本科而言，各大专院校均要求申请人具有相当于加拿大高中毕业的学力。

对于身处中国的申请者，其申请一般应提前9个月至1年时间。申请的表格可以用两种办法获取：

1. 目前大部分学校或申请中心机构都在自己的官方网站提供在线申请服务(Online Application)，让学生直接在网上填写并提交申请表格，在线支付申请费。
2. 可以通过E-mail或者信函向自己选中的学校索取申请表格及有关资料，也可以在网上下载表格打印出来，在截止申请期限前填好表格，连同校方所要求的文件及申请费一齐寄回该校。

凡是申请安大略省的大学，不管是本科、研究生或者转学等都必须通过安大略大学申请中心(OUAC：Ontario Universities' Application Centre http://www.ouac.on.ca/)。这个机构涵盖所有安大略省的大学，为该省大学的申请人提供很大便利。而申请安大略省的社区或专科学院也必须通过安大略学院申请服务处(OCAS：Ontario Colleges' Application Services http://www.ocas.on.ca)申请。除了安大略省以外，其他省份的大学均可由学生直接向学校提交申请或通过该省的高校入学申请服务的官方或非牟利机构申请。

除安大略省之外，不列颠哥伦比亚省的大学申请也可通过不列颠哥伦比亚省本科申请服务处(Post-secondary Application Service of BC http://www.pas.bc.ca)申请。阿尔伯塔省的大学则可以通过阿尔伯塔省政府学习咨询处(ALIS：Alberta Learning Information Service http://www.alis.gov.ab.ca)查询。

学校的申请程序

申请人经过比较选择，可以针对选中的几所大学同时着手申请，申请学校需要提交的材料如下：

1. 填好的完整学校申请表(网上或者信函方式递交)。
2. 学历证明文件及外语翻译件，包括最后学历毕业文凭及学位证书的公证件；高中成绩单以及大学或专科成绩单(最好是经学校加盖公章并密封的原件，或者经公证部门公证的原件)。成绩单若为中文，则必须附上英文(或法文)翻译件。
3. 学校所需的外语考试成绩(申请本科需TOEFL、IELTS或其他；申请研究生或博士需GRE、GMAT或其他)。
4. 一份个人简历，内容包括个人经历、教育程度等，需用英文(或法文)。
5. 一份个人陈述，内容包括论文情况、个人兴趣及未来学习计划等，需用英文(或法文)。
6. 推荐信2—3封，中文推荐信则需附外语翻译件。推荐信一般由申请人以前的教授、导师两人各写一份，若已经在职工作，则还需工作单位领导出具一份推荐信。其内容包括：(1)与申请人的关系；(2)申请人的学习成绩及科研能力、发展前途；(3)申请人的品行和素质；(4)申请人的个性特点及优缺点。
7. 音乐、绘画、摄影等艺术专业申请者，需要按要求附上作品样本。
8. 有关论文或发表过的文章摘要(若有)。
9. 一笔不予归还的申请费。

以上材料中若有以中文撰写的，必须另附上英文(或法文)的翻译件。

通常只有待留学的专业和目标学校确定下来后，方可根据不同专业的要求进行考试。申请名牌大学高分是必不可少的，当然也应重视诸如个人陈述、GPA、工作经历、面试、推荐信等其他因素。

学校申请过程中，大多数中国学生经常忽视一个重要环节——自荐信，即各校要求的个人陈述。一般学校都要求1—2篇文章阐述申请人选择专业、报考该校的理由，而名牌大学则要求3—5篇短文来回答提出的具体问题。其实对申请者而言，这正是一个让学校全面了解自己、展现自身独特之处的绝佳机会，尤其是对广大无法接受校方面试的中国学生来说更是不能草率敷衍。自荐信不仅要明确回答校方提出的问题，还要在行文中体现出自己的性格魅力和潜能。成文后最好请英语专家修改润色，切忌出现文法或拼写错误。

此外，有分量的推荐信也会帮助申请者考上理想的学校。推荐信对申请者的其他证明材料是十分关键的补充，能加深学校对你的印象。需要指出的是，目前推荐信的准备普遍存在两个误区：以为推荐人的官衔越大越有帮助或以为赞美词语越多越起作用。其实不然，学校希望看到的是了解、熟悉申请者的人的客观真实评价。

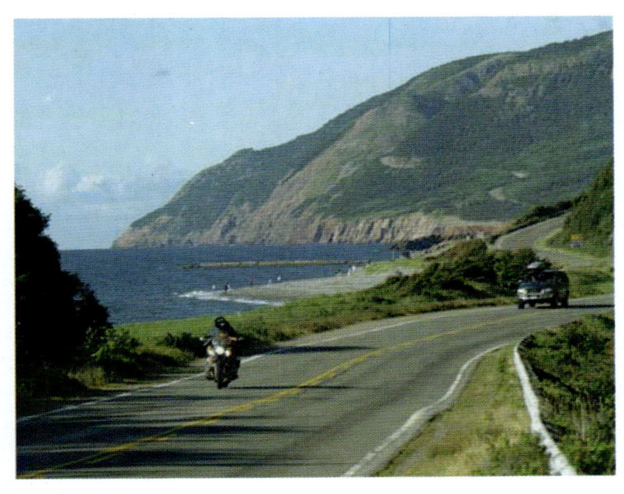

一般来说，校方收到申请表格及所需全部文件后，会立即对材料进行审核和评估。如符合录取条件，便发出临时录取通知书，待申请人缴付全年学费后，再寄出正式的入学通知书(Letter of Acceptance)。

以上各种手续的办理需用一定时间，作为申请人，一定要根据自己的实际情况和学校的规定合理安排，以免因时间延误而申请不上，因为各校均有申请截止期限(Deadline)。

学习许可(Study Permit，或称“学生签证”)的申请程序

在拿到学校入学通知书后，接下来就要办理学习许可的申请。申请材料必须通过信函方式提交至加拿大驻北京大使馆、驻上海领事馆、驻香港领事馆的任何一处。

在着手办理申请之前，应仔细阅读以下申请材料清单(此清单翻译自加拿大驻北京大使馆官方网站的英文原件)，且在递交的申请材料中须附此清单：

1. 有效的护照原件。
2. 两份完整填写的学习许可(Study Permit)申请表格(IMM1294)。
3. 由录取学校出具的入学通知书(Letter of Acceptance)的原件和复印件(含有你需要支付的学费的准确数额以及预计的学习开始和结束的日期)。
4. 一份用英语或法语填写并附汉语和汉语拼音签字的家属表及教育和就业细节表(Family Composition/Details of Education and Employment Form)。
5. 一份问卷(Questionnaire)(若委托中介公司或代理人办理申请)。
6. 两份代理委托使用表(Use of Representative Forms)(IMM5476B) (若委托中介公司或代理人办理申请)。
7. 一份留学计划书(用英语或法语撰写)，说明在加的学习计划以及完成所准许修读的所有课程后的个人意向。
8. 一份无犯罪记录的公证件。
9. 高中毕业证书及成绩单的原件(须加盖学校公章)或公证件各一份。
10. 大学或专科毕业证书、学位证书，以及你正在修读的所有专业课程的成绩单的公证件各一份，如果尚未毕业，则须注明预计毕业的日期以及是否会获取毕业证书。
11. 如果申请人未满18周岁，则须提交：

    (1) 一份由申请人的父母或法定监护人签署的声明公证件，表明已为申请人在加安排好监护人，在紧急情况下履行父母的监护责任。

(2) 一份由一名年满19周岁的加拿大公民或永久居民签署的声明公证件，表明其将代替申请人的父母履行监护责任。

12. 已支付所需申请费的凭据。

13. 4张护照规格的相片(必须是申请之日前6个月以内所照的)。

14. 6张用汉语书写，有申请人当前居住地址的标签贴纸(请不要使用信封)。

15. 若申请魁北克省的学校，则须另提交魁省录取证(法语原文为：Certificat d'acceptation du Quebec，简称CAQ)，准许申请人入学的魁省学校会出具该许可证。

除了必须提交以上清单所列出的所有材料之外，申请人还须向加拿大政府证明其有足够的资金支付其本人及家属(若有陪同家属)往来中加的交通费、学费、书本费，及在加期间的生活费用。根据加拿大驻北京大使馆官方网站所提供的信息，申请人本人在加1年的生活费用通常估算为1万加元，申

请人的配偶或合法伴侣在加1年的生活费用估算为4,000加元，此外增加的任何陪同家庭成员的1年生活费用估算为3,000加元。

为了证明自己有支付以上各项留学费用的财政基础，申请人需向加拿大政府出示其家庭为期至少18个月的银行存款记录。一般来说，申请人家庭需在银行有60至80万人民币的存款，方能证明其有足够能力支持在加拿大的留学开销。

出具给加拿大政府的资金证明(Proof of Funds)具体包括以下材料：

1. 银行存款证明的原件(在申请之日前两个月内出具，显示银行账户现有的资金数额)。
2. 银行存款单或银行存折的原件。
3. 关于以上银行资金来源的文字说明。
4. 其他财产证明(包括股票或不动产等)，但不能替代以上所需的银行证明。
5. 若申请人父母中任何一人经营生意，则须提交一份该生意的工商登记证明的公证件，以及最近的纳税收据。
6. 若申请人将接受加拿大某学校或组织提供的资助(如奖学金等)，则须提交一份包含与所申请的专业课程相关联的资助数额的原件。
7. 若申请人预先支付给了加拿大某学校任何费用，则须提交由该学校开具的正式收据或者证明信。
8. 如果申请人在职工作，则须另提交一份雇主信(Letter of Employment)原件(包含就职年限、职位、过去两年的薪水以及奖金等信息)。

以上所有申请材料都应是英文或法文写成，如果原文是中文，则申请人应提供经过公证的译文文本，加拿大使馆不负责申请材料的翻译。另外除了申请表格及留学计划以外，所有文件的原件及大部分复印件都会退回给申请人。

必须引起高度注意的是，递交签证申请的时间，应比入学通知书上的开学日期至少提前4个月。加拿大使领馆处理留学申请的速度没有固定标准可循，往往取决于同期递交申请个案的数量以及使领馆的人力资源。加拿大使领馆在正常申请处理时间范围内不会对任何咨询做出答复，申请人只能通过信函(用英文或法文撰写)与大使馆联系。加拿大驻北京大使馆网站www.beijing.gc.ca设有网上申请状态查询服务。申请者可通过登陆该网站，凭自己的档案号及出生日期等信息查询申请状态。

大使馆或会要求申请人前去面谈并进行体检，在得到使馆正式体检表前，切勿自行体检。如需面谈(Interview)，使馆会邮寄面谈卡。使馆要求面谈的学生，须按通知规定的时间去使领馆，其他时间不予面谈。申请人在递交申请材料后，一般请勿离开现住地址或现在工作的单位。否则，大使馆在与申请人的联系方面不承担任何责任。若签证没有通过，则将加拿大大使馆的拒签通知书原件交给加拿大校方申请退款。

申请成功的要素

签证官通常先考虑申请人预备在加拿大学习的

课程是否与其在中国所学课程相衔接，是否与其未来职业目标相符合。其次，申请人需出示足够证据，表明返回祖国的积极性而且绝无滞留加拿大的企图，因为签证官需确认申请人将来不会成为非法移民。另外，申请人的家庭情况也是签证官考虑的因素之一，即其家庭在某一特定地方居住的持续性。最后，申请人必须出具父母或经济担保人收入相符合的足够资金的证明，而且还需提供12至18个月的银行存款记录。如果申请者的条件被确认属实，一般在4个月内可获签证。

加拿大大使馆对以下几种情况往往予以拒签：

1. 学业成绩较差者，或英语水平较差者。
2. 健康情况欠佳者，即患有规定不准入境的几种疾病的人。
3. 经济担保能力不符合规定的。缺少可靠的资金来源来维持其海外学习及生活，担保人月收入水平和银行存款数额未达到担保标准的。
4. 第一学期学费未能如期缴付的，以及不足返回原居住国家费用的。
5. 申请者不能使人相信毕业后定会离开加拿大，签证官怀疑其有移民倾向。
6. 所递交的材料包含虚假、错误或误导的信息。

枫华学子文化中心免费提供最新留学资讯

近年来，留学中介机构的数量不断增加，一些有实力的老字号留学中介公司经过多年经营积累了大量经验，交纳一定费用委托有信誉的中介公司办理留学申请也是不错的选择。

枫华学子文化中心是在加拿大注册的文化教育非牟利服务机构，该中心旗下的枫华学生俱乐部为中国留学生提供全方位义务的服务平台。在加拿大联邦、省、市三级政府，中国驻温哥华总领事馆以及社会各界支持下，凭着多年的留学生服务工作经验，在中国留学生的学习、生活、学校申请、签证、转学、延签、续签、实习签证及工作签证等方面确立了权威的资讯地位，为数以万计留学加拿大的莘莘学子建立起一个温馨的海外精神家园，维护中国留学生的正当合法权益，树立新一代中国留学生的优秀形象。

本书就是枫华学子文化中心留学服务的第一步，涵盖留学加拿大的全方位信息内容。包括加拿大概况、加国教育概况、申请过程、学校介绍以及相关法规等等。其网站www.maplestudent.ca，是中国学生留学加拿大的免费资讯平台。该网站汇总了本书所有资讯，包括各大学校的详细招生信息及入学要求，务求帮助学生“凭准确资讯，作正确选择”，进而按照正确程序办理留学申请。对申请过程有任何疑问或感到迷惘的申请者，不妨直接登陆枫华学子的网站去获取最新信息。

资助篇

奖学金(Scholarships)

奖学金是学生在学习上的综合能力的具体体现，对于勤奋好学、品学兼优的学生来说，它有着物质和精神上双重奖励意义。因而获得奖学金是每个学生的愿望。不过，在加拿大人价值观看来，有奖学金固然很好，但如果自己的经济状况不错，就应该把申请奖学金的机会让给比自己更需要经济援助的同学。因此，本地很多成绩优异的学生会主动让“贤”。

加拿大各公立大学和部分大专学校设立了各类奖学金，供本校学生申请，但有的奖学金只供本国学生申请。奖学金类别有：政府奖学金(Government Scholarships)、学校奖学金(from University)和企业或私人捐赠设立的奖学金(Private Scholarships)。除了在校生奖学金外，还有专门给新生的入学奖学金(Entrance Scholarships)。各校奖学金发放标准和数额因学校的不同或专业学科的不同而有所区别。但其发放标准的大前提是依据学生的

学习成绩和经济能力来评判，其中学习成绩最为重要。奖学金每年评定一次，如果条件符合，可每年重复申请同类奖学金。获得奖学金的学生可用奖学金减免全部或部分学费，有的还可以获得部分生活费。新生入学奖学金是由其入学成绩来界定。

一般说来，本科生相对硕士和博士研究生获得奖学金的机会要少些。但近年来由于就读本科的国际学生迅速增多，加拿大部分公立大学针对这种新情况，专门设立了一些奖学金项目，以鼓励修读本科类的留学生来此深造。比如不列颠哥伦比亚省的SFU(西门菲沙大学 Simon Fraser University)在2006年，拨出加币100万专款扩招各种层次国际学生，并提供科研经费、奖学金、奖励金和助学金以及校园工作等。

加拿大各大学的奖学金种类差别很大，最高级别的奖学金其金额高达数千甚至上万加元，有的仅有二三百加币。前者名额非常少，需要申请者成绩非常优异，后者对申请者的要求相对低些，而且名额也相对多些。国际学生不妨在勤奋学习，力争前者的前提下，对后者也多留心一下，不要放弃这些相对容易的机会。

申请方法：一般按照所在学校科系的要求，根据自己的具体情况找到所要申请的奖学金类别，按照要求将学习成绩等申请资料用电子邮件或者是信件邮寄到学校有关部门。新生入学奖学金的申请可

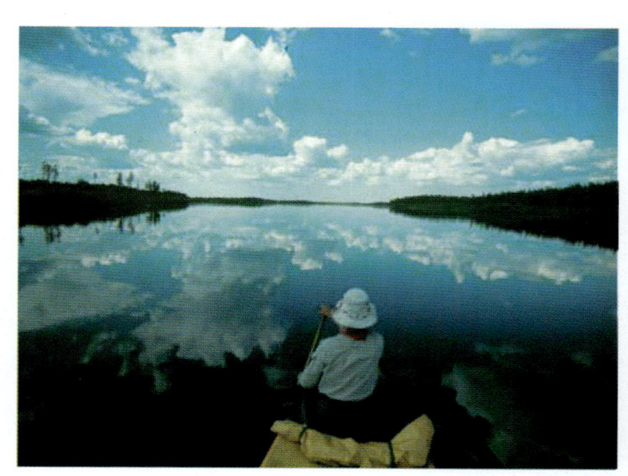

以与大学入学申请同步进行，也可以在其入学申请被批准之后再申请。在校生的奖学金申请通常在一个学年结束后申请。

在大专院校(College)里，奖学金种类和金额都较少。

需要注意的是，在加拿大大学发放奖学金与国内最大的不同是：就算学习成绩非常优秀的学生，要想得到奖学金也必须主动去申请，因为各校和各种奖学金都有一定的名额限制和申请时间的规定。在申请者条件基本同等的情况下，先申请者先得到。所以，计划赴加拿大留学的学生必须改变以往在国内等待学校科系评定的惯性思维，尽早申请学校，同时申请有关奖学金。不过，有种叫做“自动发放奖学金”(Automatic Scholarships)的新生入学奖学金，就不需要学生主动申请，学校会自动根据学生的入学成绩办理。

奖励(Awards)

Awards与奖学金不同，它是给学生的一种特别的荣誉。有多种形式：有每学年最高成绩奖；有代表学校参赛的荣誉奖；有企业或公司赞助的科技研发奖；有社会工作贡献奖(如义工奖)等。Awards有可能是以奖金的方式，也可能是奖状或是荣誉证书颁发，其目的是让学生得到工作经验，有成就感，所以，它的价值远远超出了金钱的意义。无论是本地学生还是国际学生，争取Awards的机会都是均等的，除了学习成绩拔尖外，有文体方面专长或在某个领域里有特殊才能的学生，都可以较容易得到Awards的青睐，但前提条件是需要多参与社区义工工作。

助学金(Bursaries)

加拿大各大学提供的助学金原则上是给本地学生。但在有的大学里，也会根据资金的安排状况拨出一些让在校的国际学生申请。助学金多则上千加元，少则几百加元。除了家庭经济状况外，申请助学金也有一定的学习成绩要求，最起码也要成绩完全及格才行。

助学金虽然金额不多，但它们对家庭经济较为拮据的学生来说，也不失为一种物质上的补贴。

助学金种类很多，有加拿大原住民助学金、女生助学金、国际学生助学金、本地学生助学金等约上百种。与奖学金一样，大量的助学金是由企业赞助的。但企业的赞助不是专款拨给某校，而是同时也给其他大学。所以，各大学的学生都是先到先得。申请助学金的方法较容易，可在本校的网站上直接填写有关表格，而且一份表格可以申请多项助学金。国际学生和本地学生申请方法相同。

重要提示：国际学生报到后，应该首先到所在学校的学生服务中心去领取一份该校有关奖学金助学金等信息指南手册。仔细阅读后，找到自己目前可以申请或是将来可能申请的奖学金或是助学金项目，按照有关要求，给自己拟定一个在校期间较长远的奖学金申请计划。

准备篇

经过了选择学校的彷徨和申请学校及签证的几番周折，拿到签证的同学该松口气了。然而前方的路正长，让人歇息不得。即将离开父母的呵护和熟悉的生活环境，踏上那异国他乡，从此展开数年的留学生涯，这无疑是需要在成行前就经过思想和物质两方面的充分准备的。准备得越充分，就越能减轻在异乡生活的种种不便和心理上的陌生感。

行装准备

在这独生子女的年代，很多孩子从小都习惯了父母的宠爱和呵护，生活的方方面面都需要父母照顾和操心。孩子即将孤身一人远涉重洋去求学，家长们无不担心孩子未来在国外的饮食起居，于是在孩子出国前总是为他们准备大包小包的行李，生怕孩子在外受苦。而实际上，根据很多出国多年的留学生的经验，出国行李带得太多未必就好。首先因为在国内购买的东西，未必在当地合用；其次，留学生由于转换学校或其他原因，可能会经常搬家，这对于在异国他乡朋友不多的留学生来说，是件非常吃力和麻烦的事。轻装上阵，带上必备物资，是留学生准备行李的指导思想。那么赴加留学生的行李应准备些什么才合适呢？

衣物

加拿大民风朴素，日常衣物用品多讲求实用，而不大追求名牌款式，所以在衣物方面留学生适宜携带普通的牛仔裤、T恤以及便装外套等。当然，预备一两套正式的西装或礼服也是大有必要的，以备出席各种学校的典礼、音乐会、学术会议和一些正式的社会活动时穿着。除了不列颠哥伦比亚省以外的其他加拿大地区冬季都非常寒冷，御寒衣物不可少。去中部或东部省份的学生应至少准备一件羽绒外套，购买时最好选择带帽的，这样在暴风雪的天气下，可以保护脸部和颈部，避免在室外冻伤。至于防寒的雪雨靴则最好在当地购买，因为国内鞋子的设计未必适应加拿大严寒地区的需要。另外，在国内北方地区很流行的保暖内衣大可不必携带，因为人们冬天在户外逗留的时间很短，而室内场所及交通工具，一定有暖气供应，外套和雪靴可以很

方便地脱下来，而要脱去保暖的羊毛内衣就往往大费周折。所以通常看到本地的加拿大人都是外边穿着厚厚的羽绒服，而里边有的还穿着短汗衫呢。

书籍类

书籍方面，必备的工具书如汉英、英汉词典是一定要带的，也可考虑带快译通之类的电子词典。专业方面的书籍如必要的也要带，因为加拿大的印刷品比国内要贵很多。而且复印店都是要自己动手，费时费力，很少有国内那种人工服务，有的还涉及版权问题不允许复印。所以学生可以先上学校网站，查好自己可能会上哪些课，用到哪些参考书，然后复印装订好带过来。爱读书的同学可考虑带几本常读的中文书，软件和CD可以根据需要多带，不用担心海关问题。若书籍数量比较大，也可考虑海运。

生活用品类

一般生活用品都可以在当地购买，价钱亦不算昂贵。日常必备的药品可尽量多带，因为加拿大的药不便宜，而且在国内吃惯了的药，尤其是一些中成药，很多在加拿大是买不到的，但注意不要携带中草药，否则会在海关遇到麻烦。对于打算自己开伙的同学，可考虑带一个炒菜锅和一把菜刀，因为当地的平底锅不适合炒中国菜，好的菜刀比较贵。一些中式的调味品可以考虑带一些，但包装进箱的时候要小心，万一有遗漏的话，进加拿大海关被警犬闻到就会开箱检查你的所有行李，这就给自己带来很多麻烦了。其他则没有必要携带，在当地都可以不贵的价钱买到。床上用品可精简地带一些，因为加拿大的纺织品比较贵。可带一些必要的电子产品，比如笔记本电脑、数码相机、随身听以及电子词典等。但要注意加拿大电器的电压标准是110伏。洗漱用品不必携带，在当地可以和中国相仿的价钱买到。至于礼品类，可考虑带小件的中国特色的礼物，预备赠送给外籍朋友或同学，另外加航允许带一条烟和一瓶酒。中国的烟酒对于在加拿大的同胞来说是很难得和受欢迎的贵重礼物。另外切记，所有肉类产品和水果均不可以带入加拿大。

文件类

在出发前务必要检查是否带齐重要文件，包括学校正式入学通知书、学历证明、护照、机票、12张与护照同版的照片、IELTS或托福的成绩单原件、驾驶执照、汇票、旅行支票或其他财力证明，小额钞票及其他重要文件，如健康证明等。忘带以上文件将带来很大麻烦。

健康准备

曾有学生经过多年努力拿到某名校的录取通知书，从此便东奔西跑地忙于办理各种手续。临动身时，却由于身体不适去了医院。经过初步检查后，医生劝他暂缓出国，以进一步诊断。可他被出国深造的兴奋心情驱使，听不进医生劝告，只略带了些药品就匆匆启程了。想不到他刚刚报到，就被学校通知去体检，结果发现他肺部有病变，校方立即决定拒绝接收其入学。

近几年，出国留学已成为许多学生和家长的追求目标，许多人为实现这一目标不辞辛劳地做准备：考托福、考雅思、筹措担保金、申请学校、办理签证……可很少有人会为健康做些准备。而即使所有条件都达到了，一旦健康不能达标，也会功亏一篑，令人黯然神伤。那么，正打算出国读书的学生应当在健康方面做好哪些准备呢?

据了解，各学校对学生体检项目都有不同的要求，每个国家也都有禁止患有某些传染疾病的人入境的规定。因此，患有某些传染疾病的人要先放弃出国留学计划，等病好后再作打算。加拿大对包括肺结核、艾滋病、梅毒等传染病审核很严，患有上述疾病的人应立即停止申请赴加的留学申请。所以，健康咨询是出国前必不可少的一环，但也是常常被人忽视的一个环节。留学目的地国家的自然环境、气候特点、食品和饮水卫生状况、传染病流行趋势、生活习惯等，对初来乍到的留学生都会产生生理和心理上的影响。

外汇准备

到另外一个国度必然面临要使用另一种货币的问题。到加拿大留学除了交纳学费以外，还须带足生活费，所以出发前兑换好加国的货币并通过安全的渠道携带就成了必须妥善处理的事情。在准备好所需要的金额以后，应携带护照、入学通知书、身份证等证明材料向当地外汇管理局(地址同人民银行地址)申请兑换外汇，然后凭外管局的批文，到当地中国银行或其他正规渠道把人民币兑换成加币。

根据国家外汇管理局规定：学费按照境外学校录取通知书或学费证明上所列明的每年度学费标准进行供汇；生活费的供汇指导性限额为每人每年等值2万美元，即每人每年生活费购汇金额在等值2万美元(含2万美元)以下的，到外汇指定银行办理，等

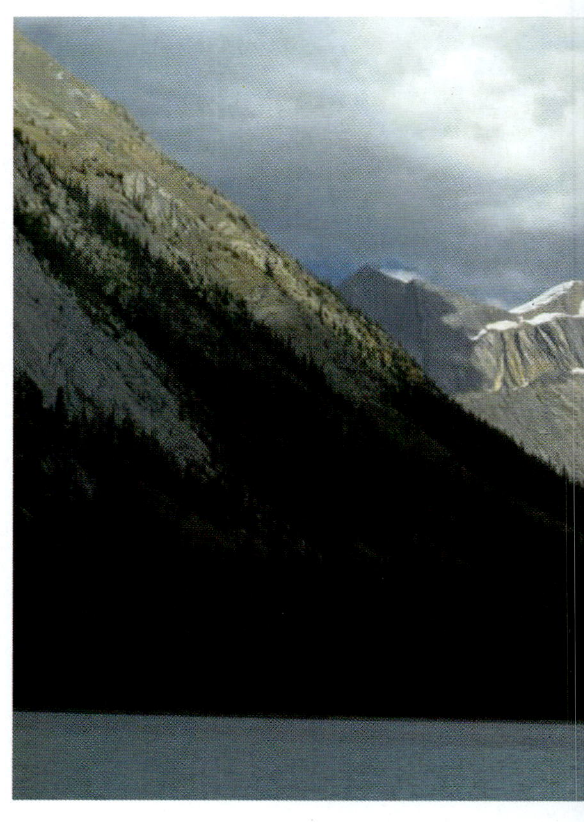

值2万美元以上的，经外汇局核准后到外汇指定银行办理。

对于生活费购汇金额在等值2万美元(含2万美元)以下的，自费留学人员在购汇时，可不再提供生活费证明材料，持境外学校录取通知书、学费通知书、护照签证及身份证或户口簿即可到外汇指定银行办理购汇；对于购汇金额在等值2万美元以上的，须持录取通知书、生活费通知书、护照签证及身份证或户口簿到外汇局进行核准，经核准后到外汇指定银行办理。

抵达目的地以后应及早到当地银行开立加币账户，尽量将所携带的现金悉数存入银行账户，用银行卡或者支票进行消费和各种支付行为。枫华学子建议大家应尽量开办信用卡，这样做有助于在加国建立信用历史，为以后在当地工作甚至移民创造有利条件。对于枫华学生俱乐部注册会员，枫华学子将有专人协助新登陆的学生去银行开立账户或申请信用卡。

住宿及接机准备

下飞机后出了机场就面临一个完全陌生的环境，不安排好接机将导致在机场滞留，从而留下对

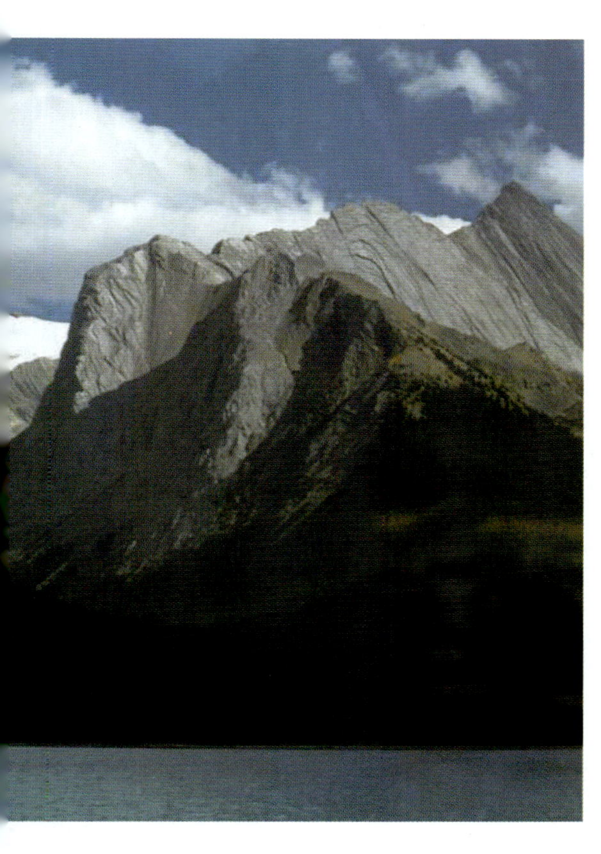

留学生活极富挫折感的第一印象；而且第一天晚上就面临住宿问题，没地方住宿，提着行李在陌生的街头彷徨，几乎可以说是凄惨的情景。所以这是两个在出发前不可掉以轻心的准备环节。对于事先联系好学校住宿的学生，应和学校保持密切联系，并把抵达日期和时间通知校方，以便校方安排住宿。同样，对于选择寄宿家庭(Home Stay)的学生，也应和寄宿家庭至少通一次电话，告诉对方抵达的日期和时间，一些乐于助人的家庭或许会欣然前往机场接机，但加拿大普通人白天都会忙于自己的工作，故对此不能指望和依赖。对于选择自己独立租住的学生来说，头一两天的住宿是应该引起高度注意的。因为在加拿大租住房屋通常都要提前定好，并预付数额为半月租金的订金(Deposit)，所以很难在境外就租好房子。若在当地有亲戚朋友的同学，亦可由亲友代为租房，但这通常会引起诸多麻烦。所以对考虑独立租房的同学来说，初期几天甚至几个星期可以考虑投宿在为留学生和新移民服务的家庭旅馆，从而得以从容地熟悉环境，办理入学手续，并租好自己满意的房子。对于有需要的学生，也可以与枫华学子文化中心联系，我们会尽力提供帮助，详情请密切留意枫华学子网站www.maplestudent.ca。

什么是加拿大留学双录取？

答案 www.maplestudent.com

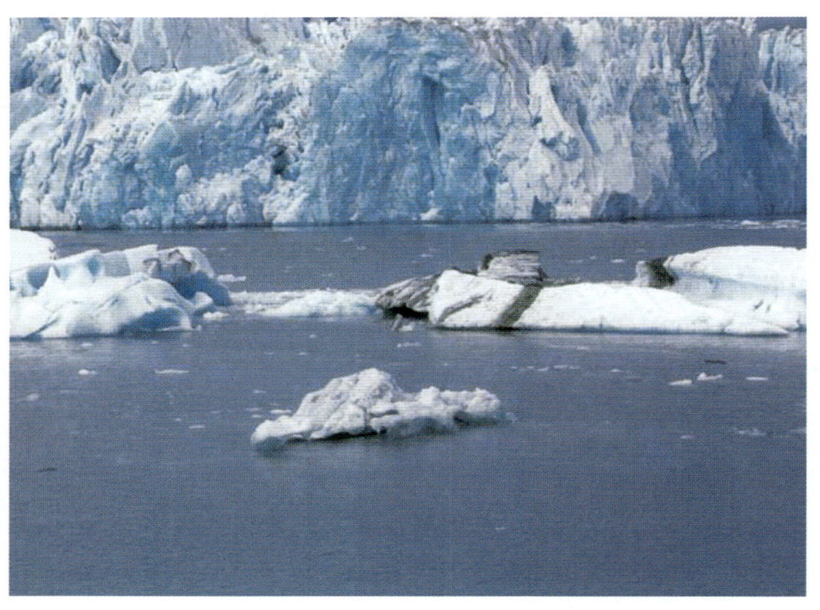

航空及转机

目前直接来往中加航线的航空公司有中国国际航空公司(Air China)、加拿大航空公司(Air Canada)、中国东方航空公司(China Eastern Airlines)，从香港到加拿大的航空公司有国泰航空(Cathy Pacific)，另外还有经过日本或韩国中转的日航和大韩航空。为节省时间和避免中转造成的麻烦和延误，同学们应尽量选择直航加拿大的航空公司。

加航行李规定

1. 加航所有舱位的乘客可免费托运两件行李和随手携带两件手提行李。
2. 免费托运行李限额两件：

   每件行李的整体尺寸(长+宽+高)必须小于158厘米，重量小于32公斤。
3. 随身行李限额为两件，重量小于10公斤/件：

   一件标准物品23厘米×40厘米×55厘米(轮子及把手包括在尺寸里)和一件个人物品16厘米×33厘米×43厘米。
4. 加航Super Elite和Elite会员可免费托运四件行李和随身携带两件手提行礼。
5. 星空联盟金卡会员可免费托运三件行李和随身携带两件手提行李。
6. 基本超重行李收费方法：重量超过45公斤的行李不能托运，尺寸超过203厘米的行李不能托运。
7. 超大或超重行李收费方法：

免费限量以内：	超过免费限量：
超大件 1×基本超重行李费	超出件数 1×基本超重行李费
超重件 2×基本超重行李费	超重件 2×基本超重行李费
超大并超重件 3×基本超重行李费	超大并超重件 3×基本超重行李费

8. 关于手提行李的新规定

   根据机场安全检查的新规定，旅客登机不能携带酒精等瓶装或罐装液体。此类物品必须托运，19岁以上成人允许托运1.14升酒精饮料。通常机场柜台在起飞前3小时开始办理登记牌及托运行李手续。乘客至少提前2小时到达机场，柜台将于起飞前45分钟关闭。如果乘客未在起飞前15分钟到达登机门，座位将有可能被取消。

根据国际航协规定，客人乘坐与加航有SPA协议的航空公司航班，在北京或上海当天与加航航班转接，只要国内与国际航段出在同一张票上，国内段同样可以享受国际航班的行李配额。新移民的特殊行李优惠在国内航段不适用。

加拿大入境指南

入境

一般学生去加拿大，所选择的航空公司多为Air Canada或者Air China。而这两家公司从北京出发的航班，终点站都在温哥华机场。从上海出发的有Air Canada和China Eastern，他们的终点也在温哥华机场。所以了解温哥华机场的情况就非常重要，因为它不仅仅是你进入加拿大的口岸，更是今后一个重要的转机地点。

温哥华机场是目前加拿大第二繁忙的机场，共有两个候机楼(Terminal)。当走下国际航班以后，顺着人流向前走，下一些台阶以后就会到达海关入境大厅。对于第一次来加拿大的同学，建议转机时间至少要三个小时，因为还要在入关以后，必须向加拿大移民局办理学习许可(Study Permit)。这过程一般来说都会需时较长，因为有很多人在排队。

尤其要注意的是，第一次来加拿大的同学在入关以后，不宜急着拿行李，而是应先去排队把学习许可(Study Permit)办妥再说。入境的时候，应该手持护照、海关申报表(可在飞机上向空服人员索取)。第一次来加拿大的同学还要拿好自己的录取通知书和加拿大驻华大使馆的那封信。把这些都办好以后，就可以拿好行李出入境大厅了，门口会有几个海关官员收取申报表。

转机

对于乘坐Air Canada航班的同学,如果目的地不是温哥华机场，那么在北京或者上海办理登机牌的时候，加航的服务人员会给你办理所有的登机牌。也就是说，你在温哥华机场出了入境大厅以后，把行李重新放在大厅内的转机转盘上就行了，不必再重新办理手续。但是注意一定不要丢了自己的登机牌。

乘坐Air China和其他航空公司的同学，如果目的地不是温哥华机场，有可能在国内机场换不到加拿大国内航段的登机牌。所以等到了温哥华国际机场，你拿着行李到转机柜台重新办理登机手续就可以了。

若是要在温哥华机场买票转往其他城市的同学，那么就要走到国内候机楼(Terminal)去买票。加拿大国内两个主要航空公司Air Canada和WestJet价钱差不多，可任选一个。

另外要引起注意的是，无论从什么地方飞往加拿大的哪个城市，在入境加拿大的第一站，是一定要提取行李、重新托运的。不可能有直接把行李托运到目的地的情况存在。关于托运行李到达延迟的事情时有发生，作为初到异地的学生不要担心，通常碰到这种事情的话，你可以在机场服务处登记上你的名字和住址，一般在2—3天内机场会派专车将你的行李送到你填报的地址。如果真有丢失的话，机场会按你所填写的行李价值赔偿的。

切记，不论有什么困难，随时可求助枫华学子文化中心。

生活篇

离开父母亲人，远渡重洋来到加拿大留学，饮食起居、衣食住行样样要靠自己。在异国他乡安排自己的生活不仅是一门学问，更是一个挑战。与陌生人，甚至是语言不同、习惯迥异的其他种族人生活在同一屋檐下，你将如何去适应呢？

衣

加拿大地域广阔，南北气候温差很大，生活在不同省市地区内，需要的衣物略有不同。总的说来，除位于加拿大西部的不列颠哥伦比亚省(British Columbia)以外，其他省份地区到了冬季都非常寒冷。在中国留学生相对集中的安大略省(Ontario)，其每年降雪期大约从头年的11月到来年的4月。在沙斯喀彻温省(Saskatchewan)、阿尔伯塔省(Alberta)、曼尼托巴省(Manitoba)和魁北克省(Quebec)，冬季就更为寒冷了。

不过，尽管室外的气温在零下，但所有的室内都有良好的取暖设备。所以，从中国带来的厚外套、保暖鞋、围巾以及手套，就只有在户外活动时大派用场了。至于被褥之类，因为室内都有暖气，不需要太厚。如果您的御寒衣物准备得不充分，也不用担心。在加拿大各城市的商场和超市都能买到一些质优价廉的实用衣物、鞋袜。此外，需要提醒的是，在雨季或下雪期，最好能在本地买一双具有防水防雪和防滑功能的靴子，既方便安全又舒适保暖。

食

早餐，牛奶加面包；午餐，三文治和水果；晚餐，杂菜汤、生菜沙拉、汉堡包或意大利面条，再加上烤肉、烤鸡或三文鱼等。这些营养丰富的食物就是当地人平常的饮食习惯。如果寄宿在西方人家庭的话，提供的基本食物主要就是这些。而寄宿在华人家庭中，留学生可以吃到中国的家常饭菜。

如果在大城市读书的留学生要租房，过“小日子”，自己买菜做饭的话，可以去住地附近的各大中西超市购买所需的一切：从本地的新鲜蔬菜水果到中国的大米面条，甚至各种调味酱料等，都应有尽有。此外，遍布城市的各类中餐馆也可以让来自具有深厚美食文化传统的中国的您，在这遥远的太平洋彼岸，一边欣赏美妙的中国音乐，一边品尝正宗的中国各地风味美食。

不过，在偏远省份或一些小城镇里读书生活的留学生，就很难找到像样点的中餐馆，就连东方食品也不易买到。因此，在这些地方就读的留学生出国时可以考虑带一些家乡风味的调味品(切记不能带任何含有肉类的食品)。有空时不妨利用当地的食物材料，自己动手做做家乡菜，聊解口馋和乡愁。

住

求学在外，“住”的确是个非常重要的问题。选对了，既安全又方便，反之则麻烦多多。加拿大国际留学生常见的住宿方式有三类：寄宿家庭、学校宿舍、自租房子。

家庭寄宿(Home Stay)

顾名思义，家庭寄宿是指留学生在加拿大求学期间住进一个当地家庭，由房东提供膳食住房等生活条件，也就是包吃包住而且生活起居有人管理，完全融入了本地家庭生活的住宿方式。

这类寄宿家庭，如果经过留学生就读的学校筛选，那是可以信赖的。寄宿家庭通常是英语地道，生活完全或几乎完全西方化的白人家庭，但也有移居本地相当时间的华人家庭或其他族裔家庭。

一般说来，寄宿白人家庭的好处在于语言提高快，容易较深入地了解和融入西方文化和生活方式；不足之处是，对于留学生来说，可能适应他们的生活习惯和饮食习惯需要一个过程。而在华人家庭寄宿则刚好相反，生活和饮食方面完全不用担心，只是在语言的提高方面可能会因为有惯性的依赖(房东会讲中文，易沟通)而相对慢一点。

总之，选择白人或华人家庭寄宿各有千秋，留学生应该视自己的具体情况而定：如果本身英语基础不错，适应能力较强，可首先考虑寄宿白人家庭，反之可选择华人家庭，以便在语言和生活上有个过渡。

无论留学生寄宿在白人或是华人家庭里，房东们对寄宿学生的学习和生活都会给予很大的帮助。在寄宿家庭中，语言的训练自然融入在日常生活的点点滴滴之中。有些房东不但注重留学生的口语练习，还会主动传授如何用地道的英文去遣词造句写文章，并协助留学生解决学习上的其他困难。

平时与寄宿家庭同吃同住，周末还会与他们一起外出游玩，完全像一家人。听说很多留学生与房东们成了好朋友，有的还做了房东的干儿子、干女儿。还有的白人房东私人为了表示对寄宿学生的关心，偶尔会带他们去中餐馆用餐。有的家庭还会邀请寄宿学生与他们一起外出共度假期。露营、爬山或滑雪都是加拿大很有特色的户外运动，举“家”出游，有玩伴还有人安排食宿，何乐而不为呢?

有了寄宿家庭的生活照顾，不用为一日三餐操劳；有了寄宿家庭的“监护”，远在中国的双亲不用担心孩子的安危和生活。寄宿家庭的融融亲情，

会减少学子们负笈游学的孤独感，并有机会结识更多的本地朋友，尽快融入当地社会。

注意：因为是“一家人”，所以寄宿学生要带朋友到家里来，不能回家吃晚餐或有急事需要晚归，都应该打电话通知房东。这既是礼貌更是一种责任。因为，房东要对寄宿学生的安全负责，住进他们的家，他们就成了寄宿者当然的监护人。在加拿大，如果24小时失去联络，就需报警，以求警方的帮助。

因此，对于国际留学生，尤其是年龄较小的中学生和本科生而言，既安全又方便的家庭寄宿，是他们住宿的最佳选择。

加拿大主要城市家庭寄宿每人每月平均费用(加元)

维多利亚(Victoria)	650—800
温哥华（Vancouver）	650—800
多伦多（Toronto）	700—880
蒙特利尔（Montreal）	550—750
卡加利（Calgary）	600—750
渥太华（Ottawa）	600—800

以上费用包括食宿、家具、洗衣、水、电、暖气、电话、电视和上网等费用。

校内宿舍(On-Campus Housing)

这是我们非常熟悉的住宿方式——真正全方位地感受校园生活！不过，在加拿大，只有大学和部分的大学学院才有学生宿舍，其他类型的学校一般不提供这类宿舍。但一些地处偏远的个别学校，也建有一些学生宿舍，方便学生的生活。

学校宿舍大都在校园内或校园附近，宿舍的房间大小和品质有所不同。很多学生宿舍为3—4人合住一套房间，1人或2人住一个卧室，宿舍提供家具和厨房设施，共用厨房、卫生间、浴室、阳台及洗衣设备。学生宿舍通常男女分开。有些学校将伙食包括在住宿费里。

各大学学校宿舍费用不同，大致上一学年平均宿舍费用为：3,000—5,000加元/学年(加拿大大学的1学年约为8个月)，有的大学要求低年级住校学生加入学校的伙食计划，其费用大致为2,500—3,400加元/学年。

以不列颠哥伦比亚大学(The University of British Columbia)为例：一、二年级学生宿舍是固定的规格，单人间每学年(9月到次年的4月，8个月)约3,200—3,400加元，如果是双人间，每人约为2,800—3,000加元/学年。但学生必须加入学校伙食计划——购买学生餐券，学生可凭餐券在校区内任何一间校方开设的餐馆、食堂就餐，其平均费用为2,700—3,400加元/年。

三、四年级及其他学生(19—20岁以上)的住宿与一、二年级不同，其宿舍的费用因规格的不同而不同：开放式单身公寓(Studio，没有单独卧室，但有卫浴设施)约4,900加元/学年；一居室公寓(配有客厅、厨房、卫浴设施)7,000加元/学年；另有半独立屋等高费用的宿舍。不要求加入学校伙食计划。以上所有宿舍的费用都已包括了水电暖气和上网费。

要注意的是，想入住学校宿舍，千万要提前登记！虽然各大学对国际留学生尤其是大学一年级的国际学生照顾很周到，优先安排他们入住学校宿舍，但僧多粥少很抢手，所以应该在填写学校的登记表时就表明住校的愿望，让学校提前安排。否则，过了登记的期限后，就只能望“屋”兴叹，去校外居住了。

主要省份大学学生宿舍每年每人平均费用(加元/8个月或1年)

房屋类型	不列颠哥伦比亚省 British Columbia	安大略省 Ontario	魁北克省 Quebec	阿尔伯塔省 Alberta
1人，单间，共用厨、卫设施	3,000—3,500	3,000—4,200	2,800—4,000	2,400—4,200
2人合租，单间，共用厨、卫设施	2,500—3,000	2,800—3,200	2,500—3,000	2,000—3,500

注：(1)以上费用包括水、电、暖气和上网费。
(2)宿舍都配有家具、 洗衣机、厨房电器和电视。
(3)如加入大学的膳食计划，则每学年需增加2,800—3,500加币。

校外住宿(Off-Campus Housing)

校外住宿即留学生根据自己的各方面情况在校外租住民房。

加拿大各地出租房屋的情况都较为复杂。在不同的省份、城市、区域，因其治安状况、生活条件、交通情况的不同，房屋的状况和价格差别很大。比如温哥华市的东区和西区，同样类型的一居室公寓，西区租金平均要比东区贵150－300加元。一般说来，高贵地段要比普通地段的租金贵；靠近校区要比远离校区的租金高；靠近公共汽车站(Bus Stop)和地铁站(Subway)或是高架列车站(Sky Train)、社区文化中心或购物中心(Shopping Mall)的租金也要贵些。

在加拿大，出租的房屋都属于民宅房屋，通常分为：高层公寓(Condominiums)、一般公寓(Apartment)、联排别墅(Town House)、独立房屋(House)。

表面上看来，自租房屋的价格好像要比寄宿家庭和学生宿舍便宜些，但如果加上伙食费、水电费、电话费、上网费等，也并不便宜。而且，对于一些欠缺社会经验的留学生来说，自租房屋很不方便也不安全。

打算自租房屋的留学生必须有自立和自律的思想准备，还要有很强的生活自理能力和谦让包容的胸怀。

首先，买菜做饭洗衣收拾屋子，全要靠自己解决，这对很多在生活自理方面缺乏锻炼的留学生来说，是一个很大的挑战。

其次，从节省开支出发，留学生大都与朋友同学合租的房屋，朝夕相处，生活上的磕磕碰碰难免，大家都是备受父母呵护的独生子女，性格上都较好强。因此同住的留学生之间因为生活琐事而起冲突的现象不少。

最后，也是最重要的问题——个人安全！留学生毕竟是刚离开长辈的呵护、独自出来闯天下的“雏鹰”，求学于异国他乡，精神上的孤独是难免的。于是，在缺乏家长监护的情形下，与异性过夜、男女同居或一伙狐朋狗友通宵玩乐的情况并不少见。轻则伤害身体、影响学业，重则会因为双方最后的志不同、道不合而酿成悲剧，甚至会有人因误交损友而被谋财害命于自己的居所内。

有鉴于此，我们建议留学生应首选寄宿家庭或者学校宿舍，尤其是在留学的头1—2年，待适应了周围的生活环境，有了较强的自理能力后再“独立”也不迟。虽然寄宿家庭和学校宿舍的费用会略高于自租房屋，但自身安全和学业前途才是最重要的，千万别本末倒置，拣了芝麻丢了西瓜。

加拿大主要省份自租房屋每月费用概况(加元)

房屋类型	不列颠哥伦比亚省 British Columbia	安大略省 Ontario	魁北克省 Quebec	阿尔伯塔省 Alberta
单间，共用厨卫(多为半地下室)	最低250	最低230	最低220	最低200
一居室公寓通常不允许合租	600—800	550—800	530—800	450—700
二人合租二居室公寓	300—500	300—500	280—500	280—400

以上费用一般包括水和暖气费，但不包括电话、电视和上网费

行

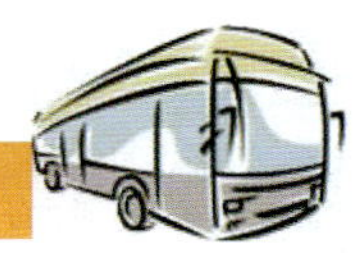

加拿大是个交通发达的国家。主要交通工具为巴士(Bus)和地铁(Subway)或高架列车(Sky Train),靠海的城市还有海上巴士(Sea Bus)。

注重环境保护的加拿大联邦政府鼓励人们乘坐公共交通工具，本地人也有很强的环保自觉意识，充分利用方便而便宜的城市交通工具，尽量少用或是共用私家车，政府和人民都在共同为减少空气污染而努力。

无论是巴士、高架列车、地铁或是海上巴士，都有着宽敞舒适的座位和空间。乘客不但可以携带背包和电脑，还可以带上心爱的自行车。

每天上下班高峰时期(Rush Hours)巴士和地铁基本上都是每5—10分钟一趟，非常准时。近年来，部分城市还专门为各大学开设了巴士快速专线，方便住在校外的学生。

来到加拿大，您只需要索取一本公共交通地图，搭乘公交工具，用上一两个周末，就可以将所居住城市的大小角落走个遍，既熟悉了周边环境，又观赏了如画的风景，一举两得。

加拿大的交通费不算贵，都是凭票上车。车票适用范围以区域划分，同时也分为月票、套票或是单张票。

所有的国际学生都与本地学生享受同等的待遇，用学生证可购买价格为成人月票价2/3的学生月票。大多数公立大学学生还可使用学生证或学校发给的乘车证(U-Pass)，免费搭乘本地的任何公共交通车。

医疗保险

购买医疗保险(Medical Insurance)或称“健康保险”(Health Insurance)是加拿大人生活中必不可少的部分。

加拿大是个高福利国家，实行公费医疗制度。除个别私人医院外，全国各地几乎所有的医院都是公立的。从联邦政府卫生部、各省卫生厅到各市的卫生部门，一个由上至下的政府医疗机构担负起国民医疗保健的职责。

联邦政府每年给各级卫生部门的大量拨款，除了用于对各种疾病的研究、治疗和药物研发外，更多的是用于国民的医疗健康服务。为此，各省政府设有专门的医疗保健机构，凡加入政府的医疗保险计划的人，就可以享受免费医疗保健服务，包括各种诊疗费、住院费、检查费和手术费等。如果没有加入医疗保险计划，病人的各种费用都非常昂贵，比如，看一次急诊，光是诊费就至少400加元，还不包括药费、检查费或是住院费。其实，购买医疗保险是对个人以及家庭的一种保护措施。

加拿大很多大专院校都将本校的国际学生是否购买了当年的医疗保险作为该学生学籍注册的条件之一。有的学校还将国际学生的医疗保险费直接加在学费里。

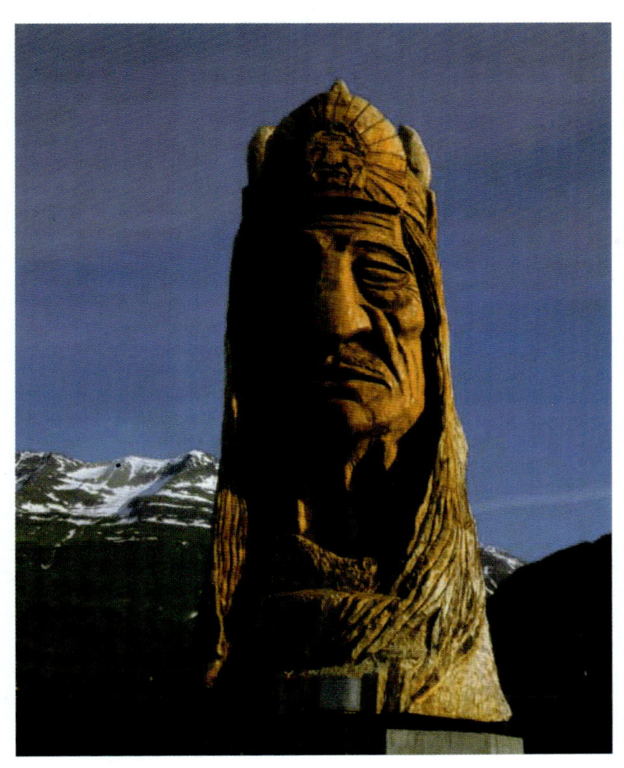

目前，加拿大只有不列颠哥伦比亚省(British Columbia)、沙斯喀彻温省(Saskatchewan)和阿尔伯塔省(Alberta)3个省将国际学生列入了省政府的医疗保险计划中，在这3个省就读的留学生可以直接向当地的政府医疗保险机构中申请医疗保险(沙斯喀彻温省的留学生可以免费享受政府提供的各类医疗保险服务；不列颠哥伦比亚省和阿尔伯塔省的留学生需每月缴纳54加币或45加币的费用)，而就读于其他省份的留学生，则需到当地的私人保险机构购买自己的医疗保险。

各省卫生厅规定，凡在加拿大求学的国际学生，都必须在抵加后的3个月之内购买医疗保险(不列颠哥伦比亚省对于持有不超过6个月学习许可证的留学生不做硬性规定；阿尔伯塔省要求在该省留学少于12个月的学生必须到当地私人机构购买医疗保险)。

各地购买医疗保险的申请办法，请参阅就读学校的资料，或直接向枫华学子网站免费咨询：www.maplestudent.ca。

安全篇

温哥华是一个美丽、安全的城市，暴力罪案很少发生。但是，小偷盗窃等琐碎的案件却常常有，这是一般大城市常见的现象。

这里最普遍的罪行是偷窃，留学生们请注意，千万不要随便摆放你们的钱袋、背包及其他贵重物品，特别是在公众场所。

在街道上

在街道上要提高警惕，昂首走路，让你的身体语言发出“自信”的信息。出门之前，你应该查清楚路途方向，以免迷失。

第一次去某地点赴约吗？不用担忧！预先请教老师、房东、有经验的同学吧。这种做法可以避免费时误事。

一个人在外面，总是要打起十二分精神，留意环境和事物的转变。如果有个陌生人跑上来问你一个很简单的问题，小心啊！信赖你自己的潜意识，每当你感觉到事情有不妥的时候，还是走为上策。假如你察觉被人跟踪，应该怎么办？你应该马上改变方向，走进最近的商店或餐厅，或者使用公众电话报警求助。

晚上外出，宜走光线明亮、繁忙的街道，结伴同行更佳。择行人道的中间而走。黑暗的地带(例如公园)可免则免。携带一枚响亮的银笛或是其他电子器材，遇上危急甚至可以大声呼叫救命(Help)。

外出之前，你应留言给房东或室友，告诉他们你去了哪里，大约什么时候回来。不要携带大量现金，钱财更不可露眼，以免招惹不必要的麻烦。

你的护照不必随身携带，好好地把它存在家里或藏在保险箱内。复印本一般来说已经可以证明你的身份，除了出入境或办理官方手续例外。住在不列颠哥伦比亚省，B.C. Identification Card申请手续非常简易，前往本省考车牌的办公室缴费、拍照便可。

不要贪小便宜，搭乘陌生人开的汽车。在路边拦截坐免费车更会惹祸上身，切记！当你在路上行走或是跑步的时候，切莫为了收听随身听而分心，连四周有车辆或其他险恶都忽略了。

不要携带武器，其一，是违法；其二，被人家夺去用在你的身上就糟透了。

如果遭遇械劫，保存性命要紧，不要冒险搏斗，除非匪徒已经动手侵犯你，在逼不得已的情况之下才自卫还击。尽量赶快逃离险境，报警求助才是上策。记住！从任何公众电话亭拨打911都是免费的。

陌生人与行乞者

在街头，往往有些陌生人向你讨钱，人们称他们为Panhandlers，即行乞者。他们很多都是酗酒、吸毒的瘾君子。你如果送钱给他们，即是鼓励他们继续不良嗜好。本地社区设立了很多福利制度，免费向大众提供膳食、住宿和辅导。因此，你有心帮助穷人的话，请把金钱送往合法的慈善机构。

请不要理会行乞者。如果他们向你持续骚扰，请你向邻近的警讯中心报告。

公车及高架列车上的安全

出发之前，先要了解公车的行车时间与路线。天黑以后，请选择使用光线明亮的公车站。

在公车上尽量选择坐在巴士的前边，靠近司机的位置。晚上9时以后，你可以要求巴士司机在最接近你目标地的街口(两站之间)让你下车。在这种情况下，请使用巴士前门。(快速专线巴士则没有此项服务。)

乘坐高架列车(Sky Train)，宜选择多人的车厢上车。如果有人骚扰你，应该马上移到其他座位。

每一个高架列车车站的月台，都设有黄线安全地带，由电视录影机及专人监察保安，假如遇上麻烦，可以使用月台的电话报警，或者按列车上的紧急钮求救。

晚上外出

夜归可以搭乘的士(计程车)。遇上问题，记得抄录的士公司的名称和车牌号码，以便事后追查。

在不列颠哥伦比亚省，年满19岁才可以合法饮酒，进入酒吧或购买酒类饮品。记得携带身份证明啊！

在任何公众地方饮酒都是违法的，包括公园、海滩、汽车或者街上在内。上酒吧或夜总会，结伴出入，互相照应，可以确保安全。

喝了酒后就不要驾驶汽车，最好预先安排一位没有饮酒的朋友载你一程，并事前让他(她)知道你的正确地址。

谨记：饮酒过量无益，适可而止。

在酒吧初识的陌生人若想开车送你回家，你可要提高警惕，还是拒绝为妙。不要随便接受陌生人请你饮免费酒，更加不要把饮品留在桌面上，然后离开去跳舞或上厕所。女孩子尤其要注意，不要被人暗中在杯子里下了迷药。

可卡因、海洛英、大麻等毒品，以及迷幻、兴奋等药丸都是违禁药物，千万不要尝试。留学生莫要以身试法，滥用酒精混合药物足以致人于死地。

骗术与欺诈

许多时候，有陌生者会在街头向你讨钱，甚至借钱。骗财者就是利用人性的善良，向你下手。他们往往会对你说：“我想筹点零钱搭公车、住旅店。”或是“我刚遗失了钱包，请给点钱让我买汽油吧，我明天就还给你。”更有“我的汽车由于违例被拖走了，请帮忙给二三十元让我去赎回车子吧！”当你伸出同情之手的一刻，正是骗子骗术得逞之时。这种骗子，可能是个穿西装的男士，也可能是位打扮入时的少妇。再者，为了避免金钱上的损失，千万不要接受一个陌生人的支票。

出外购物的时候，请在离开商店之前，点清货物，还要保存收据。如果使用信用卡付账，要立即把信用卡拿回，并核对清楚卡上的名字是否你自己的，数目是否正确。一般来说，若非商务上有所需要，信用卡号码应宜保密，不能随便让别人知道。

租房子住吗？请直接和房东(业主)交易，缴付租金以及定金。如果你把租金交给另外一位学生或同屋住者，业主有可能不需要对你负法律责任。为保障你自己的权益，交租金请使用支票，莫付现金，更要马上拿回一张收据。

聘请补习教师吗？最好是通过校方介绍。若对方是登报或者在公立图书馆拉客者，不能够随便信任。社会上有不良分子，借教英语会话为名，搞男女关系为实。防人之心不可无！

留学加拿大，要花多少钱？

答案 www.maplestudent.com

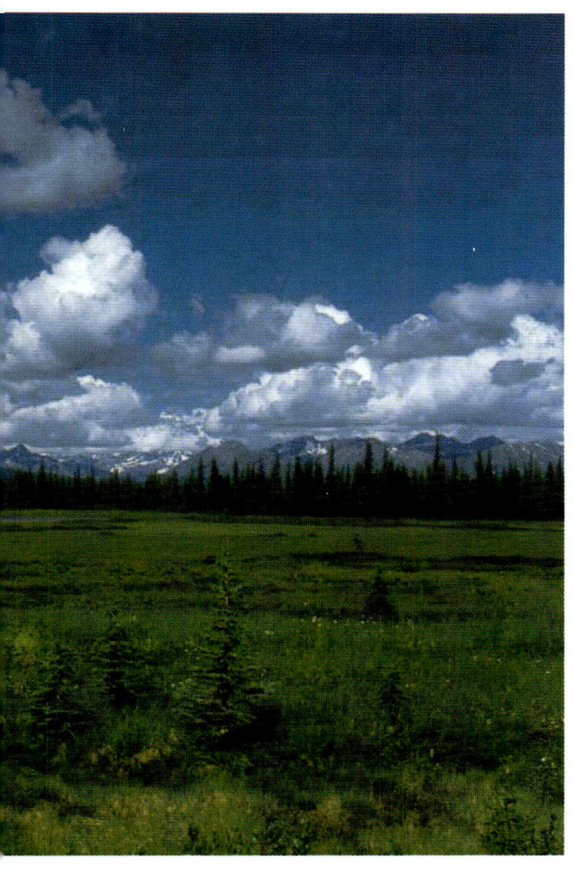

家居安全

租住公寓的朋友们请注意以下安全守则：

* 对任何你不认识的人，不要按大门的电动开关，让对方进入大厦；
* 若对方自称是修理员(电话公司、水电公司、煤气公司等等)，请叫他找管理员；
* 若对方自称是警务人员，你可以叫他稍等，马上拨电话去911求证；
* 开门前，先从窥孔看看是谁；
* 当你用钥匙开大厦门之际，勿让一个陌生者尾随你入内；
* 不要为了方便搬运，就用地毯把大厦的正门卡开，这样做会影响整幢公寓住客的安危；
* 不要张贴字条在门外，告诉别人你正外出、什么时候回来；
* 没有特别需要的话，不要在大厦入口处列登你的全名，女生们可要特别留意；
* 任何时候外出都要锁门，包括离家几分钟下楼去邮箱或洗衣房等；
* 为了安全起见，窗户可以加锁。

总结：最佳的防盗方法，应自睦邻做起，就从即日开始，认识你的左邻右里，有突发事件，随时可以互相照应。

人际关系

假如有位异性同学对你展开追求，而你并没有意思发展这段友谊，你不妨当机立断，直截了当地拒绝对方的约会，告诉他你的看法，并且鼓励对方努力念书。如果你想结束一段友谊，请明确地告诉此人你不想再见到他。如果他们仍不断骚扰你，告诉老师或朋友。

如果有人骚扰你，喝令他们停止。如：“走开(Go Away)”或“不要烦我(Stop Bothering Me)”。不要考虑这会伤害他们的情感或要求自己待人和睦。如果你不明确表态，他们可能就不会停止。如果他们仍不断骚扰，向附近的人求助。

当然，居住在加拿大的人，是接受本国法律保护的。任何形式的殴打(使用武力包括掌掴)均属违法，因此，丈夫不能向妻子动手，男朋友不可以欺负女朋友。同样，女方也不得对男方动武，否则会被警察拘捕和控诉。有了刑事案底的留学生，势必遭受加拿大移民局解递出境，前途尽毁。

性侵犯

性侵犯或者强奸，是某人使用武力，或者威逼他人发生性行为，或触摸他人身体的隐私部位。一般人有一种错觉，以为在黑暗的横街窄巷，被“色狼”非礼才算性侵犯，而事实上，性侵犯的多数是

受害者认识的人，例如，一个新相识的朋友、一个约会者、一个同屋的租客，甚至一名补习老师。事情发生之后，你可能会很难为情或者感觉羞耻，但是你要正确了解，这不是你自己的过失，马上报警求助，接受正当的医疗护理才是上策。

请你记住，“No”的意思就是“不”。每当对方的言行举止令你有所不安的时候，你是有权说“No”来拒绝对方的进一步行为的。因此，在你外出之前，记得通知同住的朋友你去哪里，并要带一些钱，足够你坐计程车回家。

交通安全

了解并遵守加拿大的交通规则，外出要注意交通安全，不要随意横过马路。

自行车行驶的交通规则与汽车是一样的。注意观察标识及交通信号。

不要在便道上或过街人行线上行驶。

您必须戴头盔。

夜间单车需有前后灯。

记住锁车。将车轮及车锁在车架上。推荐使用U形锁。

银行账户安全

不要与他人共享你的密码PIN，不同的借记卡及信用卡可用不同的密码。

不要把你的密码记录下来并带在身边。想办法记住你的密码。

保护个人和银行资料的安全尤其重要，如账户资料、出生日期、账单邮寄地址、个人密码。不要将自己的身份信息如生日、不列颠哥伦比亚省驾驶执照号码或住址等设为自己的密码。如果您遗失了您的身份证件，坏人最先会用这些号码来进入您的银行账户。

在ATM(自助取款机)旁要注意那些行为可疑或过分热情的人，在办理银行事务时不要与他们攀谈。

不要替陌生人通过ATM兑换支票，他通常会给你支票金额的10%作为酬劳(例如，500加元支票中的50加元)，也许会送你免费的礼物，例如温泉套票等。当你几天后发现银行退票时，为时已晚。切记，你需要对自己银行账户里的所有存款负责。

小心提防那些自称是银行和政府工作人员的陌生人打电话向你索取个人和银行资料。请索取对方电话号码，再致电查询。如果对方自称来自银行或政府机构，就要留下他的工作号码和姓名。总之，在给出任何个人资料前必须先核实电话号码，再回电查询。

拨打911

当你拨打911时，是地区911(E-COMM)接听电话。他们使用140种不同的语言和你沟通，但必须得到您的合作。如你说中文，电话接通后，请讲Mandarin(即普通话)，或Cantonese(即广东话)或Chinese(即中文)。他们需要知道你需要哪个城市的何种服务。通常，他们接电话时会问：“警察、火警还是救护车？”在回答了这个问题后，他们会问：“哪个城市？”然后他们会让你稍候，同时将你的电话转接到合适的部门。在你等候转接期间，你的电话线路仍与E-COMM相连，接线员仍能接听你的电话。当转接被接通时，你会听到一个咯嗒声。有些人将这种咯嗒声当作对方收线便挂断重拨。千万不要这样做！继续保持联系，即使你所联系的机构与你的连接中断，E-COMM仍在线上，并会试图为你再度联系。如果你挂了电话，E-COMM会将这条线转给你所用电话所在地的警察局，这个电话将会被当作未完成的911来处理。

未完成的911是优先处理的电话。它会被看作有人需要紧急救助，但由于其他原因未能完成他的电话，(原因有如：被胁迫或因生病或昏迷而不能完成911电话求助)。警察会试着回拨这个电话，如果他们不能与你联络上，他们会试着再多拨几次。不要假设警察知道你仅仅是挂断了电话而已。

以下是拨打911时的几个规则：

让接线员控制整个通话过程。

拨打电话者往往讲得太快或语无伦次。

保持冷静，这样接线员能获得必需的信息并做出最快的反应。

知道你在哪个城市内。911接线员每天都接到不知自己身在何处的电话求助。

确保你确有紧急状况。911电话只为紧急状况而设，即911只接受报告紧急状况的人的电话。

非紧急状况电话号码是604-717-3321。

学习篇

相信很多出国留学的朋友都对中国高等学府的教学模式和管理体制并不陌生：规范统一的教材，固定的教学安排，传统的课堂授课方式和师生间联系紧密、教学相长的互动模式，自上而下的学习和纪律管理机构，全日制的校园住宿生活等等。

中国大学这种全方位教学和管理模式，会让你在宾至如归的亲切感中很容易适应新的生活。可是，当来到加拿大，从踏进学校门槛伊始，就会发现，这里与中国的学校有很大的不同。因此，为了不让初来乍到的你措手不及，让我们一起来预先熟悉一下加拿大校园学习生活的方方面面吧。

校园学纪管理

虽然加拿大各大专院校都为国际留学生设立了一些专门机构，但它们仅仅具有向国际留学生提供咨询服务职能。因此，没有大学学生工作处，没有院系学生办公室，也没有班主任和年级辅导员，加拿大公立大专院校大都如此。这类具有中国特色的专职纪律管理工作机构和工作人员不属于加拿大。

在加拿大人的概念里，18岁就是成年人了。照顾好自己，安排好学习和日常生活是应该的，也是必须的。所以，作为完全独立的个体，有足够的能力去独立担当各种责任和自行解决面临的各种问题，不再需要老师和家长亦步亦趋的呵护，所以学校不需要设立专门的机构来管理他们。

比如上课，加拿大大学没有课堂点名或签到之说，学生不上课，授课教师未必知道。尤其是在规模大的公立大学里，本科生的课堂人数动辄100人以上。这种上大课的方式，虽然让自律性差的人有机可乘，但结果是害了自己。再比如宿舍管理，即使是住校学生，也是非常自由的。没有班主任、辅导员或是宿舍管理员来督促，没有宿舍关灯制度，也没有晚归后无法进宿舍的问题。

因此，如果缺乏自我管理和自我约束的能力，放任自己的行为，对自己的学业和身体健康都没有好处。对于刚走出家门和国门的留学生们来说，只有尽快加强自主性和自律性，才能面对和适应这些新的形势。

学业管理

学业管理与我们所熟悉的方式不同之处主要在以下几个方面：

职责分明

在加拿大大学里，教授和助教分工很明确，前者管教学，通常是下课后就走人，一般不会在课后与学生直接沟通，只是每周规定的办公时间才接受学生预约讨论。后者的职责是协助前者的工作，为学生答疑，批改作业和考卷。助教一般由在校就读的本专业硕士生或博士生担任。虽然学生们面对助教的时候要多些，与任课教授之间的互动机会相对少些，但这并不影响学生的学业，因为有助教的及时转达和反馈，有教授本人每周的固定时间接见学生，所以任课教授能够很快地掌握有关教学的各种信息并能及时酌情调整教学方式。不过，在一些规模较小的公立大专学院或私立学院，因为班级人数少，没有设立助教，授课教师全权负责学生的学业，师生间的互动是直接的。

按时完成作业

在加拿大，有些老师是在每学期第一堂课时就将这学期的课程安排、作业安排以及交作业期限等做成一个时间表，发给学生后不再过问。也有的老师是用电子邮件将他的要求和交作业的期限发给学生，过后也不再督促。但是，如果学生不在规定的时间内完成并将作业交到指定地方，老师的手下就不会留情了。轻则扣分，重则完全不给分，即使作业完成得再好也没用了。这种过时无效的交作业方式，曾让不少的新留学生记忆深刻。

选课

上大学还要每学期自己选课？你可能会觉得很惊讶。的确，在国内，所有课程早已预先安排好了，我们只需开学时到指定的教室上课就行了。

可在加拿大，每学期的选课可是至关重要，如果你没在指定的时间内选课，或是选课稍迟了，那么，在接下来的学期里，可能会很忙，也可能很闲，甚至没有课上。这是因为各大学里上课时间安排有早有晚，上课的教授不同，但每个课的时间段或每个教授的学生数基本上是固定的。同时，学校对于学生的选修和必修课，以及每学期应该修多少学分都有限制。

因此，选课这种方式就要求学生有非常强的主观能动性和自主性。如果你想早点毕业，可以多选课，多修学分(但不能超过各系规定的修课分数限额)。如果你想休息一段时间，或有机会去校外工作实习，可以少选课或干脆不选课。

此外，同样的专业或是同样的科目，不同授课教师可根据自己的教学安排和专长喜好来选定教材。比如，同样教文学课(同年级)，有的老师可能

用英国莎士比亚的作品作为授课教材，有的老师也许会选美国海明威的作品来教学生，这种情况在各专业都很常见，这也是学生在选课和选教师时需要考虑的一个重要问题。

专业的选择和更换

还没有走进大学的门，专业就确定了，“一考定终身”是中国大学的特点。在加拿大可谓迥然不同，虽然也有工科和文科之分，但专业的选择和更换具有极大的灵活性和变通性。通常，大学一二年级是基础课(有些科系在大二就进入专业课了)，到三年级时，就可以根据自己的特长和兴趣选择专业了。

选择专业后，如果发现并不适合自己将来发展，也可以申请更换专业。不过，在转换科系时，要注意各科系有一些特别的要求。总之，这种专业选择和转换的灵活性，对于满足学生的学习兴趣和最大限度发挥学生的长处是大有裨益的。

测验与作业

加拿大学校的测验、作业太多了！这几乎是所有中国留学生刚来时的共同感受。

在中国教育体制中，我们从小学到大学的成绩都是由一学年两次(期中和期末)的考试来确定的。虽然平时也有什么模拟测验或模拟考试等，但对最终成绩影响不大。

在加拿大，一个学期教完400多页的教材，几乎每周都有3—5次测验，还有做不完的作业和项目(Project)。虽说这样频繁的强化教学开始会让您紧张，但适应后，就会发现它的好处：真正学到了知识，提高了英文写作能力，培养了良好的心理素质，也限制了个别学生平时不用功，指望突击复习迎考过关的投机做法。

课堂互动

强调学生对教学的积极参与和发挥学生的主观能动性是加拿大教师的特点。课堂讨论时，鼓励学生有自己独特的见解，积极发表自己的意见。甚至鼓励学生在课堂上对老师讲课的内容提出质疑。至于作业方面，教师并不要求学生一定要根据他的授课观点来回答问题。写小论文或完成小型研究项目(Project)，只要能使自己的学术观点自圆其说，就是合格的作业。

团队精神(Teamwork)

独善其身和各自为战是我们的传统学习方式。很多同学习惯埋头读自己的书，管自己的事，不习惯与别人分享学术观点和学习方法，也很少有时间和兴趣去聆听他人的看法，造成同学间的互动极少。

Teamwork是加拿大社会强调的团队合作精神，它很典型地代表了加拿大甚至是北美校园和职业市场的文化特点。无论是在读学生，还是白领、蓝领阶层，Teamwork都是他们非常熟悉的工作方式。从幼儿园到小学、中学，Teamwork就陪伴着他们成长。进入大学后，Teamwork更是少不了。通常三五人一组，共同完成老师布置的某个专题作业。大家一起设计项目、查阅资料和撰写小论文，群策群力，既分工又合作，在完成该项目中可以学习扬长避短，加强了解，增进友谊。

中学毕业生有哪些方式留学加拿大？

答案 www.maplestudent.com

凡事都有利有弊，有的中国留学生对这种Teamwork颇有微词，认为有些学生非但不能通过团队作业吸取到团队合作的精髓，反而助长了懒惰、拖拉的坏风气。因为，无论是国际学生还是当地学生，其中存在个别懒惰和取巧的人在所难免。

在某些以团队为单位的考试项目中，这种现象更突出。假设有五个同学一起完成考试项目，如果只有一两个同学认真做，其结果可想而知，大家的分数自然都不会高。偷懒者是咎由自取，但对劳动者就是打击。遇到这样的情形，委屈和无奈自然会有。其实，如果用一种积极的心态去理解、包容和接受它，也就释然了，这实际上就是让自己心理素质得到很好的锻炼。当然，也有些教师会用一些特别的办法让团队的人互相督促，也从主观上减少了不公平现象的发生。

各类学生社团

加拿大各大专院校分设各级学生会和各类学生社团。这些机构的经费都来自学校的学生并由学生自己管理。学校会为它们提供一些指导或免费活动场所。通常，大学学生会(各学校名称不同)是该校学生的“最高代表者”，负责处理全校学生的有关事务，维护全校学生的共同利益，赞助各系学生会、俱乐部和协会，还具有与校方联络、信息反馈等职能，其形式相当于学生的“国会”。组成“国会”的“议员”们都是来自各系学生会的代表，是学生的直接联络人。各系学生会(Students Council)与大学学生会关系是平行的，只是职能范围小些，主要对本系的学生负责，安排本系学生各种活动，提供各种帮助。

除了学生会以外，各大专院校还有名目繁多的俱乐部和协会。部分大学里还有以种族和国籍划分的各种协会(如中国学生学者联谊会)等。学校的学生会和各类社团均对全校学生开放，不分国籍和种族，不分年级和性别。

这些学生机构，对学生的帮助很大也很实在。小到买旧书，大到找工作，都可以在这些机构寻求援助。因此，他们不仅是国际学生融入大学生活的良师益友，也是建立自己接触社会的人际关系网的基础。千万别忽视他们的作用！

知己知彼，百战不殆。看了上述的介绍后，相信准备充分的您，来到加拿大求学时，知道如何安排自己的大学学习生活，学会如何管理自己了吧！

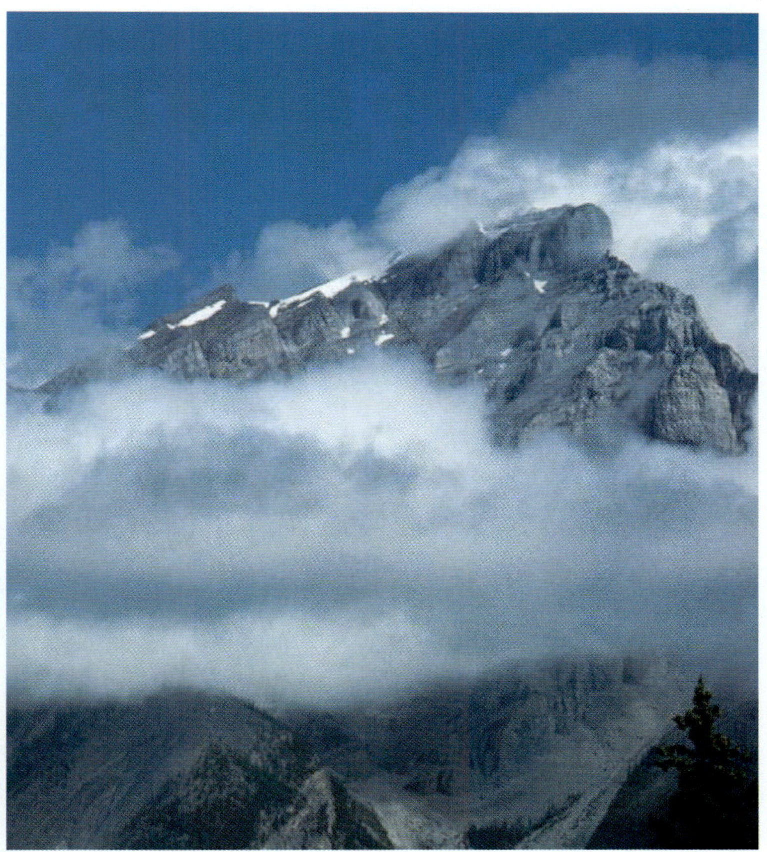

工作篇

我们都知道，在加拿大留学是不能非法工作的。但是，我们在加拿大吸取丰富的知识、掌握最先进的科学技术的同时，也希望在法律允许的范围内，在这个先进发达的国家里拥有实践经验——真正融入加拿大的职场。专业知识和当地工作经验两者兼备，不仅是中国现代化建设最急需的，也是在北美闯天下的最佳资本。

如果您喜欢北美的自然风光，想在这片土地上开辟新的生活，本地工作经验更是至关重要。有关国际学生在加拿大工作的详细情况，下面我们将一一为您介绍。

加拿大移民局关于国际学生打工的最新规定

为了吸引国际学生，留住国际学生，加拿大政府放宽了国际学生申请工作许可条件。2006年4月底，政府宣布了关于留学生打工的最新规定，允许在加拿大公立大专院校就读的外国留学生在求学期间申请校外工作许可，包括多伦多、蒙特利尔和温哥华等大城市。一方面帮助他们解决经济上的困难，另一方面也是给他们一个积累加拿大工作经验的机会，以方便他们日后移民加拿大。

新的校外工作许可申请办法使得约10万国际留学生有资格在校外工作。加拿大移民部和大多数省份签署执行协定，允许符合条件的公立大专院校的国际学生就学期间每周工作20小时，假期还可以全职工作。申请一次工作许可，在学生学习期间完全有效。

而2006年底，加拿大移民局又进一步放宽留学生校外打工的政策，开始允许在省府和地区认可的能够颁发学位的私立学校就读的国际学生校外打工。

加拿大移民局分别对Working on Campus(校园工作)、Working off-Campus(校外工作)、Co-op和internship Programs(在学实习

和实习工作项目)、Post-Graduation Work Permit(毕业后学生工作许可)和Work Permits for Students at Private Institutions(私立学校学生工作许可)这5类留学生工作资格和工作许可的申请条件做了详细规范和说明。

关于国际学生工作资格和许可

1. Working on Campus(校园工作)

一直以来，加拿大移民局都规定凡在就读的校园内工作者，都不需要工作许可。

校园工作通常分为专业辅助性工作和后勤杂务性工作两类，所有在校的学生(含本地和国际学生)都可以申请。各大专院校(主要是公立大学)都设有一个特别的行政机构，专门办理学生的工作申请。学生可以将自己的信息和工作要求等记录在册，一旦某项工作有了空位，该机构有关工作人员就会通知符合条件、正在候补的学生前去应试，面试合格后，即可上班。校园工作的时间有长有短，不是很固定。

在自己就读学校(因为公立大学的规模大，所以较之大专学院的工作机会要多得多)的餐厅做侍应生，在图书馆里整理书籍或是在校园里做part-time janitor(兼职保安员)和做housekeeper(公寓清洁工)，虽然是体力或半体力工作，但也是国际学生校园打工的理想选择。

不过，一些专业性的辅助工作，诸如在实验室或专业图书馆、资料室等地方的工作，对留学生的学历层次和知识程度要求就高些。相对而言，博士和硕士在读生得到这种机会比本科生要多一些。此外，不可否认，因为语言和对本地熟悉程度等区别，与加拿大本地学生相比，国际学生得到校园工作的机会要少一些。但对于所有来自不同国家的国际学生来说，则是机会均等、一视同仁。各大学的国际学生服务中心都是根据申请者的实际情况分别安排他们工作。

因为有相对稳定的工作时间和相对固定的收入，学习、生活以及工作的地点都在校园内，所以校园打工族的确很幸运。

2. Working off-Campus(校外工作)

自加拿大政府允许国际学生校外打工的政策公布以来，已经有8,300多名学生受惠。校外工作准证的申请条件是：

(1) 拥有合法的学习许可。

(2) 必须在有资格申请工作许可的学校读书(与加拿大移民局签约的省份地区所属公立大专院校，该名单可以在加拿大移民局网站查询)。

(3) 学习成绩优秀,并在申请工作许可前已经在该校读书6—12个月。

(4) 签署一份合约，允许移民局所在的省份或地区、所在的学校必要时公开你的个人信息资料等。

(5) 缴纳150加元申请处理费。

符合上述条件者，即可得到工作许可，在当地

的各种合法行业里工作。

注意下列情况者不能申请校园工作和校外工作：(1)英联邦奖学金获得者；(2)参与加拿大奖学金计划者；(3)从加拿大国际发展署得到资助者；(4)从事第二外语语言学习者。

3．Co-op和Internship Programs(在学实习和实习工作项目)

加拿大大学一贯注重学习和实践并重，这也是设立Co-op和 Internship Programs的意义所在。但要想得到这种专业性很强的工作，必须有专业知识和社会工作经验，并按照有关规定申请工作许可。申请条件为：

(1) 持有有效的学习许可。

(2) 必须申请与自己专业相关或对学习很重要的行业。

(3) 申请的工作计划必须是经过学校有关部门官员认可的学习计划中的一部分。

(4) 呈交的Co-op或Intership实习计划(工作时间)不能超过学习总计划的50%。

所谓Co-op和Internship是我们熟悉的“大学生校外工作实习”英文说法。这是加拿大大学对某些

留学加拿大一定要通过中介吗？

答案 www.maplestudent.com

专业学生特许的一种打工方式，有薪水、有学分和本地经验，Co-op和Internship工作备受青睐。

在加拿大，所有的公立大专院校都会与当地(也有国外)的一些公司联系合作，共同为学生提供理论与实践相结合的良机。具体方法是：用人公司将所需的工作职位、要求、待遇等列在学校相关的网页上供学生选择和申请。各学校有专门的机构为学生服务，有个别私立学院也会提供少量的机会。如果学生没有按照大学相关专业的要求，完成2－3次所规定的Co-op工作，就算该学生的学习考试成绩很好，也不可能拿到毕业证书，因为Co-op实习是学业中的一个重要组成部分。反之，如果有了Co-op的经验，毕业后就业就相对容易多了。

要提醒您的是，Co-op和Internship工作，如果有一定的薪水，就要按照规定向政府报税，在工作结束后，公司也会主动给开具一份较为详细的工作证明信(Reference)。因此，有了报税记录和公司出具的工作经验证明，就比较容易申请下一份工作，这也是将来如果申请移民的最有利条件。

很多国际学生都认为，申请Co-op和Internship工作有一定难度。此话不假，得到这类工作的幸运儿的确在国际学生中所占的比例不大。虽然各公立大专院校都积极提倡和鼓励学生申请Co-op和Internship，但这并不是说这种工作的机会少，而是具备申请条件的国际学生不多而已。因此，从个人方面讲，一是学习认真，拥有扎实的专业知识。二是尽量提高和加强自己各方面的能力，特别是英语能力，这是非常必要的。因为您将在一个完全使用英语(或法语)的工作环境中，必须要有很好的语言沟通能力才行。三是想办法寻找“加拿大经验”。当您真正具备了这三个方面的素质后，“天涯何处无芳草”——恐怕工作已经在那里等着您去挑选了。

在加拿大，所有的公立大专院校都会为学生提供Co-op和Internship，而私立院校具备这种资格的为数极少。这是由于私立学院在申请Co-op或Internship工作的资格和能力上有限。但有的私立学校会和某些小型公司合作，为学生提供相当于义工(没有任何薪水的义务劳动)工作或是名义上的Co-op或Internship工作。于是，私立学校会与留学生个人达成某种协议，由学校委托某公司出具一份标明工作时间和“薪水”的证明，然后由留学生自己

工资会更高一些。留学生打工政策放宽后，将有效减轻留学生的经济负担。

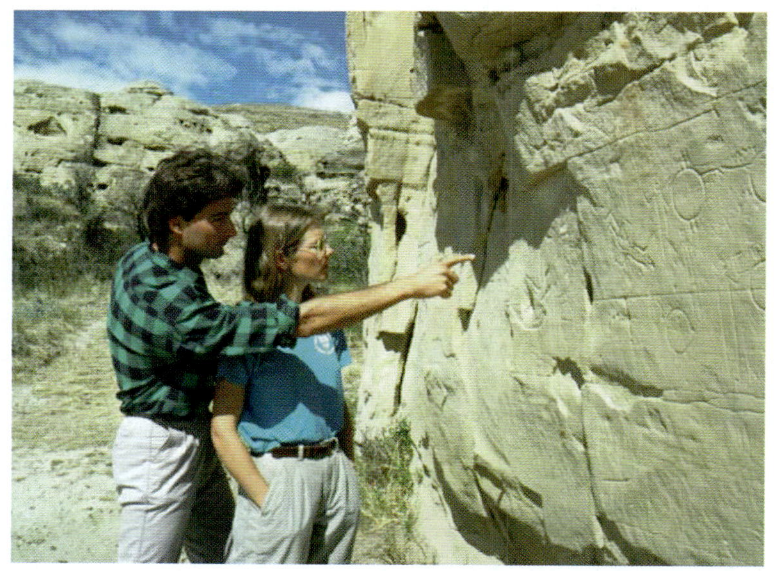

以上所述，申请一年(含一年以内)工作许可和申请两年工作许可的条件不同，分别为：

一年(含一年以内)工作许可的申请条件：

(1) 持有有效的学习许可。

(2) 必须从所属省或地区政府认可并可授予学位的大专院校毕业。

(3) 必须全日制上课至少8个月或以上。

(4) 必须提供自己所学专业的考试成绩。

(5) 在拿到学校给予的最后学习成绩通知单或有关信件90天后，向有关部门提出工作许可的申请。

(6) 必须有本专业的雇主同意接纳的有关证明。

(7) 申请工作签证之时必须拥有有效的学习签证。

注意：如果之前已经申请过别的专业的工作许可，则此次的申请即不会被接纳。一年工作许可期满后，可向加拿大人力资源部(HRDC)申请续签。

缴纳所谓“工资”的所得税，目的是让留学生具有所谓的“加拿大工作经验”。但这种做法是一种非法行为。根据加拿大法律，任何行使假文件的行为均属于刑事罪行，一旦被发现，可谓是前途尽毁，务必三思而后行！

此外，要注意的是，上面谈到的校外工作准证和Co-op和Internship是有明显区别的：前者是一种不受专业限制的；而后者则是指学生因为所学专业的特殊需要，由所在学校提供信息、咨询和许可并提供具体指导的工作准证。

4. Post-Graduation Work Permit（已毕业学生工作许可）

为了让国际留学生所学的专业能在加拿大发挥所长并积累工作经验，加拿大政府同意为刚从政府许可的、能够颁发有效的大专或大专以上毕业证书的大专院校的毕业留学生发放工作许可。目前部分学生可获得最长两年的毕业后工作许可。而加拿大人力资源部在2006年底已经建议政府将两年的工作许可政策范围扩大至所有国际学生。

加拿大人力资源部还宣布，放宽聘用留学生的雇主在广告招募及薪资上的限制。在严重缺乏劳工，需求量高的行业，雇主为已经聘用的学生延长签证时不需再证明已尽力招募国内劳工而无合适人选，就可以直接继续聘用国际学生。另外，从薪酬行情来看，留学生平均工资为每小时8-10加元(约合人民币56-70元)，具有电脑、护理等技术专长的

两年的工作许可申请条件：

(1) 必须完成两年或以上的全日制学习。

(2) 必须在大温哥华地区、大多伦多地区和大蒙特利尔地区之外的学校毕业才可以申请。

(3) 所申请的工作职位也必须在上述三个地区之外。

(4) 如果在上述三个地区以外的大专院校就读，但学校的总部在上述三个地区则无权申请。

(5) 即使上述三个地区有雇主愿意聘请，也只能申请一年的工作许可。

如果已经持有一年的工作许可并符合以上申请两年工作许可的各项条件，可在原来的基础上再续签一年。

5. Work Permits for students at private institutions(私立学校学生工作许可)

申请条件：

(1) 申请者必须持有有效的学习许可。

(2) 申请者必须有其雇主给予的、经加拿大人力资源部认可的工作邀请书。

这类工作许可要获得批准比较难，其主要原因是，申请者必须具有相当的工作能力和丰富的工作经验，是用人的雇主单位急需的而又难以找到的人才。

需要注意的是，参加远程教育课程的学生不允许申请毕业后工作许可。

义工文化和工作

义工，就是没有任何物质利益的义务工作者，也就是我们常说的做义务劳动的人。义工文化：是加拿大社区文化中一个非常重要的组成部分。是用全国人民自觉的、长期的无偿奉献形成的特有文化。虽然义工与上面我们介绍的工作类型不同，但它对留学生的意义却是非同凡响的。

1. 义工文化：义工是加拿大社区文化中最具有特色的重要组成部分。虽说加拿大宪法明确了义工是公民应尽的责任和义务，但自觉自愿地付出，才是义工文化的精髓。因此，在加拿大，每个人都有非常清晰的义工概念和丰富的永不停止的义工经历。来到加拿大，您会看到：在社区中心、社会福利慈善机构、教会、学校、工厂、乡村……几乎所有的地方都有义工们忙碌的身影。无论是在职工作人员、家庭主妇、退休老人或是青少年，甚至残障人，无论是政府官员、公司老板还是普通民众，很多人都将自己大部分业余时间用来参加义工活动。因为，在加拿大人看来，这是帮助他人、回馈社会的一种最直接的方式。故此，有人说，如果您不了解义工就不能真正理解加拿大文化。与当今国内不少人的那种金钱至上、物质为先的不良社会风气相比，加拿大人默默奉献、不求回报的无私义工文化很值得我们深思和学习。对于来到此地求学的国际学生来说，主动积极地投身到当地的义工行列里，学会助人为乐和无私奉献，就不难发现，其实义工是奉献和收获均等、义务和机会并存的。因为，贡献自己的时间、精力和技能来帮助别人，从中可获得经验、知识和满足感，更可以开阔眼界、扩大自己的生活圈子，其实最大的受益者是自己。所以，义工工作不仅是了解和融入加拿大社会的最佳途径，更是积累“加拿大经验”的最好方法。

2. 如何寻找义工工作：由于义工服务是一种社会风气，所以在加拿大任何地方都可以轻易地找到做义工的机会。可以去您所在的学校、去企业、公司工厂等，也可以去各种教会、社区中心、社会服务机构、图书馆、文化中心、老人院、疗养院、幼儿托管中心等等。只需要打电话或是亲自去任何机构，明确表达你要做义工的愿望，都会受到非常热诚地欢迎。将来工作结束后，工作单位会出具相关工作证明。对于某些需要一定专业知识的义工工作，单位还会提供一些短期的免费培训。

3. 义工工作与个人：有了义工的工作经历，其实就等于有了“加拿大社会经验”或“加拿大工作经验”！不要以为普通义工经验没有用，它可是寻找下一份有薪工作的最好“敲门砖”。因为在加拿大，所有的雇主在招聘员工(即使是餐馆洗碗工也如此)时，首要条件就是应聘者要有本地经验。所以，当国际学生申请Co-op或Internship工作时，除了具备专业知识外，首要条件就是具有“加拿大经验”。而当你有了义工经验(加拿大社会经验)和Co-op经验(专业工作经验)后，毕业后找正式的专业工作还会难吗?

因此，表面上看来，做义工似乎占用了宝贵的学习和休息时间，甚至可能还有个人经济上的投入，如车费等，但是，换回来的是金钱买不到的东西：它能让您最快、最直接地参与和融入当地社会，它是练习语言、结交朋友、扩大交际面的最佳工具，也是积累加拿大经验、寻找工作、办理移民的前提，更是政府、学校、雇主以及社会各界人士对您最直接的了解方式。

毋庸讳言，有些留学生因为申请资格不够或是其他种种原因，无法得到合法的工作许可，只能铤而走险，置政府的有关法令于不顾，在本地偷偷摸摸地非法打工。那种犯罪的心理让他们整日战战兢兢，如履薄冰。如果一旦被查获，后果将不堪设想。所以，请千万不要去尝试和仿效。

综上所述，来加拿大留学，随着加拿大政府日益认识到留学生的重要性，日益放宽留学政策，等待您的工作机会势必会越来越多。努力学习之外，珍惜每一个“洋打工”的机会，就能够真正地丰富您的留学生活，给您带来难得的人生体验，并为您了解西方文化习俗、融入当地社会，开启一扇扇多姿多彩的窗口。

移民篇

出国留学，了解西方的文化，学习先进的科技知识，然后回馈和报效祖国，是广大海外学子们的共同心愿。在中国迅速崛起腾飞的今天，国家需要大量学贯中西、能独当一面的专业技术人才。因此，莘莘学子大都希望在留学之后，能在加拿大职业市场初试啼声，练练拳脚。丰富的专业知识加上相对扎实的海外实践工作经验，对于学子们今后的人生道路大有裨益。

目前所有在加拿大求学的国际学生均持有合法的学习许可(Study Permit)，但这类学习许可属于非移民类别签证。因此，无论国际学生在加拿大求学多少年，均不可能自动转换为移民身份。国际学生要想在加拿大长期工作或是居留，就必须像其他外国人一样，找到最适合自己的移民类别，然后按照有关规定向联邦政府有关移民部门提出移民申请。

地大物博、资源丰富的加拿大，一直是地广人稀，人力资源匮乏。多年来人口出生率的持续偏低，使得人口老化趋势越来越明显，并导致全国各行各业的劳动力严重不足，阻碍了加拿大经济持续正常地发展。因此，开放移民政策，不断地从世界各国吸收新移民，是加拿大联邦政府长期而重要的国策。过去十年来，加拿大人口虽然不断地增加，但离社会需求还差了很多，为此，政府计划在未来的五年里，增加各类移民数额达40%，期望能在近年内较大幅度地提升本国的人口数。

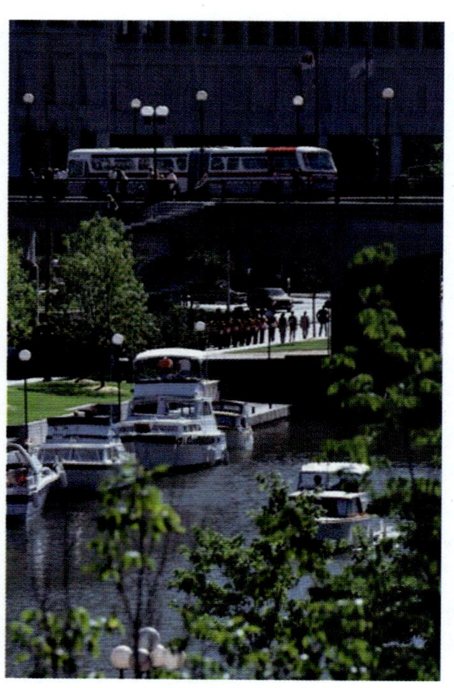

加拿大联邦政府移民政策吸收外国移民主要有：独立技术移民(Independent Skilled Worker)、商业类移民(Business Class)、家庭团聚移民(Family Member)和难民申请(Refugee System)等几种类别。在这四类移民中，商业类移民需要申请者拥有相当的资金和管理经验；家庭团聚移民的前提是申请者的直系亲属是加拿大永久居民或公民，并要符合经济担保条款；难民申请，顾名思义就是申请者必须是在原住国受到非常严重的政治、种族或宗教迫害、无法在原住国继续生存的人；相对上述三种移民类别来说，独立技术移民完全是对申请者个人在学历、专业工作经验和语言技能等方面的要求，此类移民是占联邦政府移民总比例最大的类别，它也是最适合大多数留学生的移民方式。

过去，加拿大联邦政府把吸收独立技术移民的重点放在海外申请者身上。因此，每年成千上万来自世界各地的独立技术移民纷纷登陆加拿大，开始新的生活。但由于整个环境的巨大变化，相当数量的人因语言障碍和缺乏本地工作经验等缘故，无法从事本专业工作，因此需要一个较长的过渡期来适应新环境和寻找新定位。这种消极被动的现状，完全违背加拿大独立技术移民政策的初衷，不但给联邦政府带来了经济压力，也对新移民很不公平。为此，联邦政府几番调整移民政策，想方设法吸引能为加拿大的经济发展和繁荣做出立竿见影贡献的新人才。

在不断的调整过程中，联邦政府发现，与其耗费大量资金去指导培训那些对加拿大知之甚少、官方语言不好的外来人才，不如设法吸引自费来此地读书、对加拿大社会各方面了解较深、语言流畅并有一定本地工作经验的国际学生移民加拿大。所以，联邦政府在2002年6月修改并通过的新移民法中的独立技术移民条款，明显地表现出对留学生的偏爱。

此外，加拿大某些省份特别的独立技术移民政策，如“省提名计划”和“魁北克省独立技术移民”等，也明确表示了对留学生的欢迎。

加拿大联邦政府独立技术移民政策

2002年6月通过并实施至今的联邦独立技术移民条款，是最适合绝大部分留学生移民加国的类别。因为，相对于其他种类的技术移民(如省提名计划和魁省独立技术移民计划)来说，此类移民有着自由选择工作地和居住地的灵活性。

独立技术移民计分制
Points System for Independent/Skilled Worker Class

所谓独立技术移民，就是凭申请人的文化程度、职业技能、语言能力等方面的综合实力来申请办理移民。基本条件之一为：申请人在过去10年内至少在NOC(National Occupational Classification国家职业分类系统)规定的O/A/B技能层次中的任何一类里曾从事过一年全时制工作(至少每个星期37.5个小时工作)。所谓“国家职业分类系统”是加拿大人力资源部规划制定的加拿大劳工市场分类系统，它包括5种技能层次。

联邦独立技术移民的NOC(国家职业分类系统)如下(表1)：

Only experience in Skill Type O or Skill Levels A and B are considered relevant for applicants in the Independent/Skilled Worker Class.只有O/A/B等级的职业，才符合独立技术移民申请资格。

To immigrate in the Independent/Skilled Worker Class, the experience in Skill Type O or Skill Levels A and B must consist of actions described in the lead description and a substantial number of the duties described in the Main Duties section of the NOC, including all the essential duties. 如果要以独立技术移民身份移民加拿大，符合O/A/B等级要求的申请者在满足NOC主要规定之余还必须符合其他职责要求。

Assuming that they meet the aforementioned prerequisites, applicants are then assessed according to various selection criteria by Citizenship and Immigration Canada officials and applicants must attain a minimum score of sixty-seven (67) points overall in order to be eligible to become permanent residents of Canada. 在满足上述先决条件后，申请者可根据下表中的标准测定自己是否合格。至少达到最低67分的人，才有可能申请加拿大的独立技术移民。

独立技术移民的审核标准包括以下6个因素(表2)：

表1

Skill Type O 技术类别 O	Management Occupations 管理类职业
Skill Type A 技术类别 A	Which is primarily comprised of professional occupations 专业类职业
Skill Type B 技术类别 B	Which consists of technical, skilled trades and paraprofessional occupations 技术类、熟练技术类和专业助手类职业
Skill Type C 技术类别 C	Which comprises occupations that mainly consist of intermediate level, clerical or supportive functions 中级职业、文职或支援性职业
Skill Type D 技术类别 D	Which consists of elemental sales or service and primary labourer occupations 销售或服务和劳工类

表2

1. Education 教育程度	Maximum 最高分	25 Points分
2. Official Languages 语言能力	Maximum 最高分	24 Points分
3. Experience 工作经验	Maximum 最高分	21 Points分
4. Arranged Employment 就业安排	Maximum 最高分	10 Points分
5. Age 年龄范围	Maximum 最高分	10 Points分
6. Adaptability 适应能力	Maximum 最高分	10 Points分
TOTAL POINTS 总分	Maximum 最高分	100 Points分
POINTS REQUIRED TO PASS 及格分数		67 Points分

表3 Six Selection Factors and Pass Mark 六类标准及分数

Factor One：Education 因素一：教育程度	Maximum 25 最高25分
You have a Master's Degree or Ph.D. and at least 17 years of full-time or full-time equivalent study. 拥有博士/硕士学位，并至少有17年全日制或相当于全日制的学习经历。	25分
You have two or more university degrees at the bachelor's level and at least 15 years of full-time or full-time equivalent study. 拥有两个或多个学士学位，并至少有15年全日制或相当于全日制的学习经历。	22分
You have a three-year diploma, trade certificate or apprenticeship and at least 15 years of full-time or full-time equivalent study. 拥有三年制大专文凭或职业培训证书，并至少有15年全日制或相当于全日制的学习经历。	22分
You have a university degree of two years or more at the bachelor's level and at least 14 years of full-time or full-time equivalent study. 拥有两年或两年以上本科水平的大学学位，并至少有14年全日制或相当于全日制的学习经历。	20分
You have a two-year diploma, trade certificate or apprenticeship and at least 14 years of full-time or full-time equivalent study. 拥有两年大专文凭、专业资格证书或加拿大认可的专业学徒身份，并至少有14年全日制或相当于全日制的学习经历。	20分
You have a one-year university degree at the bachelor's level and at least 13 years of full-time or full-time equivalent study. 拥有一年本科水平的大学学位，并至少有13年全日制或相当于全日制的学习经历。	15分
You have a one-year diploma, trade certificate or apprenticeship and at least 13 years of full-time or full-time equivalent study. 拥有一年大专文凭、专业资格证书或加拿大认可的专业学徒身份，并至少有13年全日制或相当于全日制的学习经历。	15分
Factor Two：Official Languages 因素二：官方语言能力	**Maximum 24 最高24分**
1st Official Language 第一官方语言	
High proficiency (per ability) 高度熟练程度	4分
Moderate proficiency (per ability) 中等熟练程度	2分
Basic proficiency (per ability) 基本熟练程度	1 to maximum of 2 1—最多2分
No proficiency 不熟练	0分
Possible maximum (all 4 abilities) 可能最高分数(所有4种能力)	16分
2nd Official Language 第二官方语言	
High proficiency (per ability) 高度熟练程度	2分
Moderate proficiency (per ability) 中等熟练程度	2分
Basic proficiency (per ability) 基本熟练程度	1 to maximum of 2 1—最多2分
No proficiency 不熟练	0分
Possible maximum (all 4 abilities) 可能最高分数(所有4种能力)	最高8分

Factor Three: Experience 因素三：工作经验	Maximum 21 最高21分
1 year 1年相关技术工作经验	15分
2 years 2年相关技术工作经验	17分
3 years 3年相关技术工作经验	19分
4 years 4年相关技术工作经验	21分

Factor Four: Age 因素四：年 龄	Maximum 10 最高10分
21 to 49 years at time of application 申请时年龄在21—49岁者	10分
Less 2 points for each year over 49 or under 21 低于21岁和高于49岁者，每年递减2分	

Factor Five: Arranged Employment In Canada 因素五：在加拿大已安排的工作	Maximum 10 最高10分
You have a permanent job offer that has been confirmed by Human Resources and Skills Development Canada (HRSDC).已获得加拿大人力资源和技能发展部确认的永久工作录用	10分
You are applying from within Canada and have a temporary work permit that was: issued after receipt of a confirmation of your job offer from HRSDC. 你正在加拿大境内申请，并持有收到加拿大人力资源和技能发展部对你的工作录用确认后所签发的临时工作许可。或者	10分
You have a temporary work permit that was exempted from the requirement of a confirmed job offer from HRSDC on the basis of an international agreement (e.g., NAFTA), a significant benefit to Canada (e.g., intra-company transfer) or public policy on Canada-academic or economic competitiveness (e.g., post-graduate work). 你持有免除加拿大人力资源部对经确认的工作录用函所列各项条件的临时工作许可。该许可须基于某项国际协议(如：NAFTA)，对加国本身(如：公司内部调动)或其学术或经济领域竞争性(如：大学研究院的学术工作)的公共政策有重要利益。	10分

Factor Six: Adaptability 因素六：适应能力	Maximum 10 最高10分
Spouse's or common-law partner's education 配偶或同居伙伴的教育程度	3—5分
Minimum one year full-time authorized work in Canada 在加拿大至少一年认可的全职工作经验	5分
Minimum two years full-time authorized post-secondary study in Canada 在加拿大至少2年认可的全日制大专以上教育	5分
Have received points under the Arranged Employment in Canada factor 在加拿大已安排的工作的评估中已经获得分数的。	5分
Family relationship in Canada 在加拿大有亲属关系	5分
Total 总分	Maximum 100分
Pass Mark 及格	67分

留学生申请联邦政府独立技术移民的优势

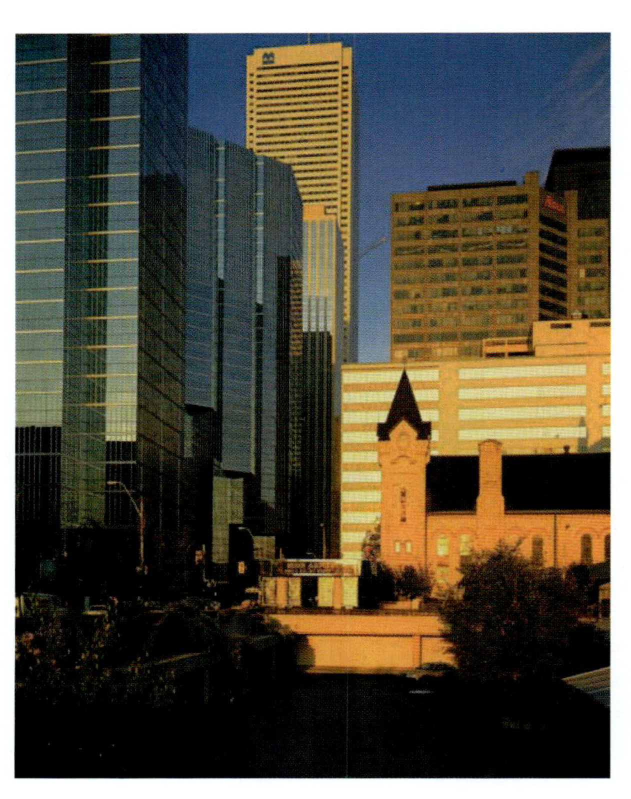

从上面联邦政府的独立技术移民政策的标准来看，急需人才的加拿大对年轻有为的国际留学生格外青睐。这个经过多方征求意见并反复修改后通过实施的新法，对于吸引具有一定高等教育程度、语言能力好、有当地教育经历和工作经验的申请者，以满足加国经济发展的需求是大有裨益的。另外，2007年伊始，加拿大保守党政府更换移民部长。原来主管人力资源部门的新移民部长芬利更加了解加拿大劳工市场缺乏何种人才，因此移民政策将更有导向性。我们可从下面的分析中看出国际学生申请此类移民的优势。

1. 从教育程度评分看

新的评分标准提高了较低教育资历申请者的分数。

根据评分标准，绝大部分中国国际学生都为本地大专院校的全日制学生，并将会获得相应的毕业文凭或学位证书。再加上留学之前都曾在中国全日制学校就读，完全满足受过15年全日制教育的有关

条款。因此，他们此项中就可得到高分。换言之，即使他们从三年制大专院校毕业后不再继续深造，他们的此项得分也与双学士申请者相同，可拿到22分。

2．从语言能力评分看

新法将此部分的评分由原来的20分提高到24分，为留学生加分创造了有利条件。

毋庸置疑，能够在加拿大大专院校全日制就读的留学生，其英(法)语水平自然高过很多外国来的新技术移民。按照移民法对语言要求的听、说、读、写四个方面来看，移民签证官有理由相信在加拿大求学的学生应该达到了流利的程度。因此，留学生可望在此项中得到最高分。此外，如果留学生拥有流利的双语(英法语)水平，即可得到此项的满分24分。

3．从工作经验评分看

新法将此项评分由原来的25分降低到21分。其目的是让仅有1—2年工作经验的申请人得到比以前

如何申请加拿大奖学金？

答案 www.maplestudent.com

更多的分数，以此吸引更多具有一定高等教育背景、但工作经验较少的申请者。对于刚出校门，仅仅拥有1—2年工作经验的留学生来说，此项分数的调整无疑是个喜讯。

4．从已合法受雇(HRDC)评分看

有了加国政府的HRDC工作许可(Arranged Employment)，申请者就可获得此项的满分10分。

所谓HRDC，是指加拿大政府人力资源部特批的外国雇员工作签证。在加拿大，当地公司要雇用外国人是件非常复杂的事情。首先，雇人的公司必须列出详细的雇用需求，包括职位、候选人的教育背景要求、工作经验要求、专业特长要求以及工资和福利。然后，雇主要将其包含了详细雇佣条件和待遇的招聘广告刊登在本地主要媒体上，以吸引加拿大公民和新移民前来应征。如果三个月内没有人应聘或者应聘的人都不合格，说明加拿大本地没有人可以胜任这个工作，由此证明了招聘一个外国人不会对本地的就业市场造成影响。于是，雇主方可向人力资源部提出申请，以求得到雇佣外国人的工作指标。

对于留学生而言，要获得HRDC的工作机会较境外独立技术移民申请者容易得多。这是因为，绝大多数的留学生顺利毕业后，均可在当地合法工作1—2年，此工作许可(签证)无须人力资源部特批。待工作期满后，只要表现出色，雇主愿意让其继续留用的话，该留学生就很有可能得到雇主为其申请的HRDC。此外，很多学生在读书期间做过Co-op、校外实习以及义工等工作，与社会和公司企业均有接触，很容易找到具有申请HRDC实力的雇主。最后，当地很多大公司对留学加国的年轻专业人才很看重，因此，留学生得到HRDC的机会多，并可由此获得该项的满分10分。

5．从适应性评分看

此部分虽然共有5项，但只要满足2—5中的两项，就可得到满分10分。

几乎所有的留学生都完全符合其中的两项：一是在加拿大合法地全职工作一年；二是在加全日制大专院校就读至少两年。因而留学生在此项中可获满分。

此外，新法对留学生的优惠条款还有：留学生

在工作满一年后提出移民申请时，可在美国水牛城(Buffalo 纽约州西部城市)或加拿大境内递表，不必非要返回原居地，由此大大缩短了申请的时间。

注：联邦政府将在2007年拨款7亿加元，用于改善对新移民的服务。其中的2.82亿加元将被用来建立一个新的永久居民申请类别——境内申请(In Canada Class)，该类别主要是针对求学加拿大的国际学生(International Students)和在加拿大境内短期工作的外国技术工人(Temporary Foreign workers)。也就是说，在加拿大毕业并有1年工作经验的国际学生以及持有短期工作签证的外国技工不需要像以前去加拿大境外的国家如美国等递交自己的移民申请。移民部长还说，申请者在等待审批的期间内，仍可合法地留在加拿大。

对留学生而言，境内申请的实施有两大好处：一是今后无需将申请资料递交到加拿大以外的国家去，避免了离境面试时需要再签证的麻烦。二是按照惯例，从递上移民申请资料到审批结果下来，至少要两年时间。过去，留学生通常在一年工作签证期满后，就必须离开加拿大回国等待审批的结果，境内申请实施后，即使国际学生的工作签证期满，仍可以等待移民申请为由合法留在加国，省钱省时又方便。

留学生办理联邦独立技术移民方法和程序

1. 申请条件和途径

简言之，如前所述，凡拥有联邦移民法中规定的大专或以上学历，至少有一年以上国家职业分类系统职业要求的工作经验，有较强官方语言(英/法语)能力的人士，均有资格申请加拿大移民。但是，对留学生申请者而言，如果仅仅是在每年的暑假中工作3—4个月，即使累计共有一年本专业相关工作经历，也千万别贸然提交移民申请，因为移民政策要的是申请人连续不间断地在专业相关领域有薪工作1年，并要有工资收据和报税单为证。

申请途径通常有两种：一是申请者自己按照有关规定，填写好所需表格并准备好申请资料，以邮

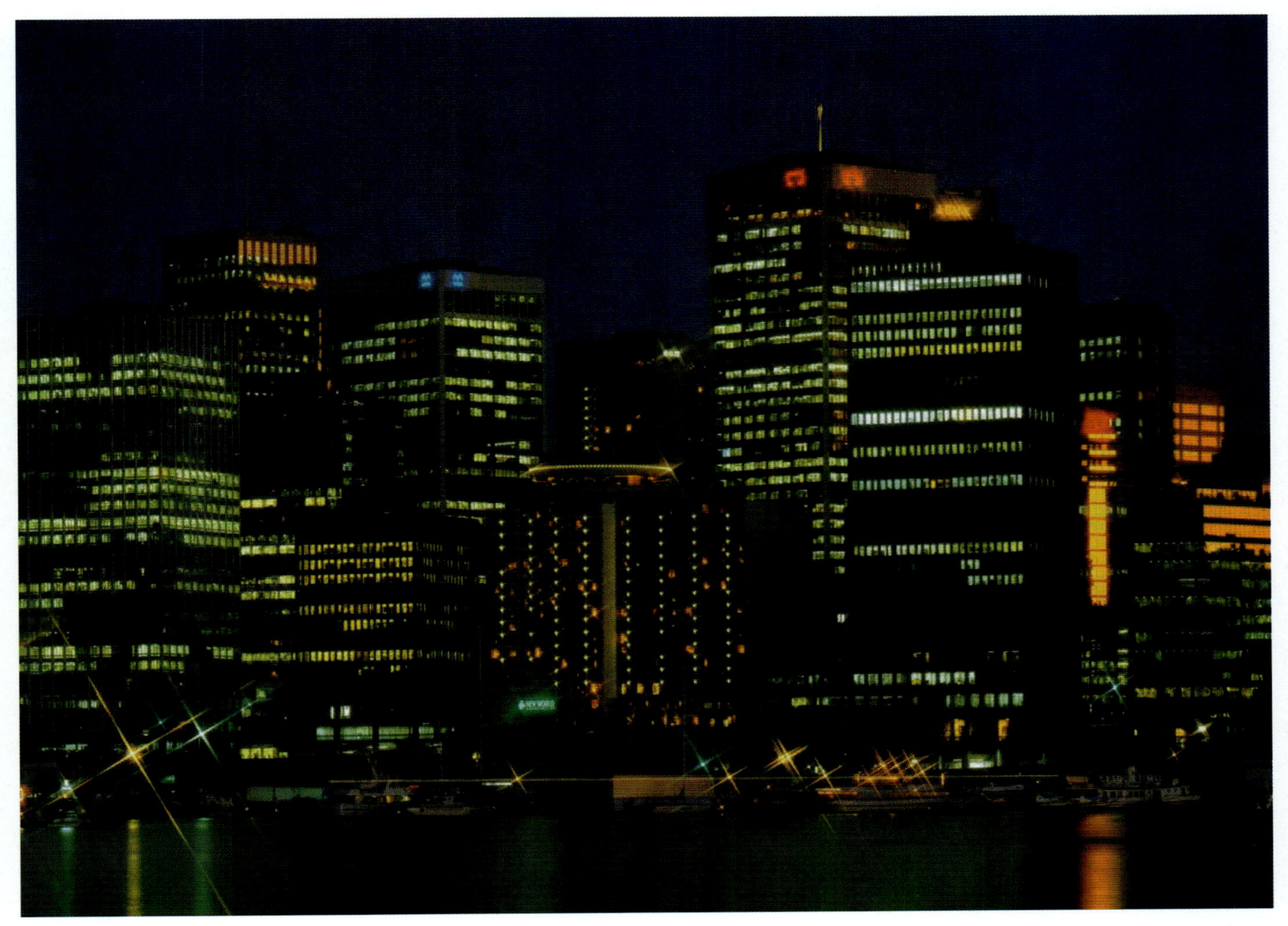

寄的方式直接向有关政府移民机构提出申请；二是选择具有合法移民咨询资格的中介机构代为申请并处理有关事务。两种方法各有利弊，申请者可根据自身的状况决定。

2．申请程序和申请资料

加拿大独立技术移民的申请程序较加拿大其他种类移民要容易些。申请时需递交的申请材料有：申请表、申请者本人及家庭成员的相片、申请费和签证费等。递交资料后，联邦政府移民机构即开始对申请者的资料进行审查。如审查顺利通过，申请人就会接到体检、是否需要面试及面试时间地点等通知。由于申请者所在地以及所递交申请资料的加拿大使领馆不同，因而其申请所需的资料清单也不尽相同。一般说来，通过合法途径以临时居民身份进入加拿大的中国公民(如留学生)可以在北京、香港或美国水牛城(Buffalo)的签证处递交申请。

注：到2007年联邦移民局境内申请实施前，留学生申请移民时，一般应选择在美国水牛城的加拿大领事馆递交移民文件。其好处为：一是申请者所需文件要比加拿大驻北京领事馆要求的略微简单些；二是因为在水牛城的申请者相对少些，所以等待审批时间相对会短些；三是如果要求面试的话，从加拿大去美国会近些。不过，要注意的是：如果去美国水牛城面试的话，要考虑办理美国签证的问题。因为美国政府不会因为申请人要去美国参加面谈而轻易发放签证，加拿大政府也不会为此提供帮助。此外，如果留学生在香港递交移民申请材料，通常在审批的速度上也会比回原住国要快些。

表4

1 Formation 教育	(1)Education - Last Obtained Diploma 最高教育 Max 11 points 最高11分			
	Secondary 中学	3 pts 3分	University - second year 大学本科2年级学历	7 pts 7分
	Post Secondary - first year 专科1年级学历	4 pts 4分	University - third year 大学本科3年级学历	8 pts 8分
	Post Secondary - second year 专科2年级学历	5 pts 5分	University - forth year 大学本科4年级学历	9 pts 9分
	Post Secondary - third year 专科3年级学历	7 pts 7分	University - Masters 硕士	11 pts 11分
	University - first year 大学本科1年级学历	7 pts 7分	University - Doctorate 博士	11 pts 11分
	(2)Second Speciality with a diploma 第二专业并有毕业文凭 Max 4 points 最高4分			
	First year formation 1年大学学历	2 pts 2分	Second year formation 2年大学学历	4 pts 4 分
	(3) Privileged formation (See list of privileged formation) 特惠加分构成 Max 4 points 最高4分 (参照优先考虑的教育背景列表)			
2 Employment 就业	Job offer 在加国合法受雇	15 pts 15分	Professional demand 魁北克省所需专业人士	12 pts 12分
	Employment & Professional mobility 就业能力和职业能动性		8 pts 8 分	
3 Professional Experience 专业经验	1 point for each 6 month of professional experience in a maximum of 5 years 每6个月专业经验可获1分，最多按5年计算			Max 10 points 最高10分
4 Age 年龄	Max 10 points 最高10分			
	20—35	10 pts 10分	39	2 pts 2分
	36	8 pts 8分	40—45	1 pt 1分
	37	6 pts 6分	46+ 46岁以上	0 pt 0分
	38	4 pts 4分		

5 Language 语言	Max 24 points 最高24分			
	French法语	Comprehension 理解	0—8 pts 0至8分	
		Speaking 口语	0—8 pts 0至8分	
	English 英语	Comprehension 理解	0—3 pts 0至3分	
		Speaking 口语	0—3 pts 0至3分	
6 Adaptability 适应能力	Max 16 points 最高16分			
	Personal qualities 个人素质	0—6 pts 0—6分	Study Visit 曾在魁北克省学习	2 pts 2分
	Motivation 动机	0—2 pts 0—2分	Or Other Visit 或因其他原因在魁北克省停留	1 pt 1分
	Knowledge of Quebec 了解魁北克的知识	0—2 pts 0—2分	Family in Quebec 有亲属在魁北克省	3 pts 3分
	Work Visit 曾在魁北克省工作	4pts 4分	Or Friends in Quebec 或有朋友在魁北克省	1 pt 1分
7 Spouse 配偶	Formation (评分)构成		Max 5 points 最高5分	
	Secondary 中学	1 pt 1分	University 3 years 3年本科	3 pts 3分
	Post secondary 专上教育(大专以上)	2 pts 2分	Second speciality or previleged formation 第二专业或特惠加分	1 pt 1分
	Professional Experience 专业经验		Max 2 points 最高2 分	
	Six months to 1 year 6个月到1年	1 pt 1分	More than 1 year 1年以上	1 pt 1分
	Age 年龄		Max 2 points 最高2分	
	20—39 years and less 20—39岁	2 pts 2分	20—39 years and less 20—39岁	2 pts 2分
	Knowledge of French 法语综合能力		Max 4 points 最高4分	
	Comprehension of French 法语理解能力	0—2 pts 0—2 分	Speaking French 法语口语	2 pts 2分
8 Children 子女情况	Max 8 pts 最高8分			
	Twelve or less 12岁及以下	2 pts 2 分	Thirteen to Seventeen 13至17岁	1 pt 1分
9 Financial Capacity 经济能力	Max 1 pt 最高1分			
	Financial autonomy for establishment 有独立的经济能力移民			1 pt 1 分

Passing points, if with a spouse, 68 points and without spouse, 60 points
合格分数为：有配偶者68分；无配偶者60分

3．魁北克省独立技术移民计划

第一，魁北克省独立技术移民计划评分标准(见前页表4)

第二，留学生申请魁北克省独立技术移民的优势

魁北克省简称魁省,位于加拿大东部，是著名的法语省份，由于历史和现实的原因，魁省相当于加国一个特别行政区，拥有很大的特权。1978年，联邦政府为保护魁北克省独特的文化历史，同魁省签署了《加拿大——魁北克移民协议》。据此，魁省可以根据自己的文化、经济和社会职业需求来自主地挑选移民。在全世界许多加拿大驻外的大使馆里，魁北克省移民局都派有自己的移民签证官。相比联邦政府的技术移民标准而言，魁北克省的审核标准一直较宽松。因此，无论加拿大联邦移民法修改与否，对于魁北克省都没有太大的影响。

申请魁省独立技术移民的首要条件：一是须具备一定的法语(听说写读)能力；二是有志于定居魁北克省。由于魁省是按照本省的移民标准招收移民，所以该省的签证官会把申请人是否将在魁北克长期居住作为一个非常重要的考察依据，在面试时也会特别注意这一点。

从上表中可以看出，留学生申请此类移民时，在教育、语言、工作经验以及适应能力等方面都有一定的优势。如果留学生本身就在魁北克就读的话，更是如虎添翼。因此，适应能力较强、喜欢典型法裔生活方式、拥有较强法语能力的当地留学生，可将申请魁省独立技术移民作为首选。

4．省提名计划

第一，省提名计划(Provincial Nominee Program)

所谓省提名计划，是加拿大联邦政府移民局的一种特许配额技术移民政策，其目的是为了平衡各省经济发展和满足人才的需求，放权给一些偏远省区，让其自主选择和吸收所需人才。具体说来，就是加拿大各省根据自己的经济特征和市场就业需求情况，制定出的一套适用于本省的独立技术移民计划。它包括技术移民和商业移民两种。最适合留学生的是技术移民类。

对于这种各省自主、按特定部门或地区的需求、有名额与时间限制的技术移民类别，联邦政府移民局只负责审查已获各省通过申请者的健康情况和犯罪记录。如果申请者想要成功获得该类移民资格，首先要确定自己将要定居的省份是否有此类移民计划，并详细了解该省的职业需求情况。

一般说来，省提名计划具有以下特点：一是有名额限制(有的地区还有时间限制)；二是审批速度较快；三是通常不面试；四是专业范围有限；五是申请费用较高；六是对申请者的薪水和其所属公司雇主的资格要求较高。

省提名计划的审批通过时间之所以要比联邦政府独立技术移民快很多(最快可在半年内申请成功，比联邦政府快一半)，其最根本的原因是申请者在移民申请个案中所处的位置(主动或被动)决定的。通俗地说，申请加拿大联邦政府的独立技术移民是申请者想来加拿大，而省提名计划是这个省需要申请者留下。由此可知，省提名计划移民政策的最大受益者正是那些在该省大专院校毕业，并在当地找到工作的留学生。

既然省提名计划是由各省自主，因而它不仅与联邦政府移民法不同，其各省具体要求也不尽相同。

例如，British Columbia Provincial Nominee Program不列颠哥伦比亚省省提名计划(简称BC PNP)，与联邦独立技术移民有三个不同之处：一是提出移民申请的不是申请者本人，而是由申请者所在的当地公司或学校提出。二是联邦独立技术移民要求申请人必须具有至少一年的专业工作经验，而BC PNP申请者则可以无工作经验，不过，要求申请者必须在不列颠哥伦比亚省毕业并在该省找到了与专业相关的工作。三是BC PNP的申请时间较联邦独立技术移民短很多，从提交申请到成为移民，大约仅需为6个月，而前者的申请则一般需要两年左右。BC PNP的审核权在省政府，如果被审核通过，其申请者的材料会交给联邦移民局，并归入加拿大联邦政府的移民部门。

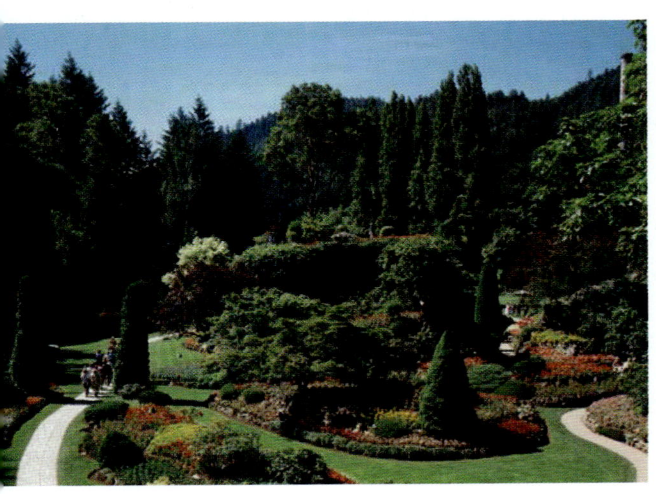

通常，BC PNP适合留学生的有两类：即International Students 国际学生和 Health Care Professionals医疗保健。其中，BC PNP国际学生类的申请者首先要满足以下条件：

其学位(degree)在以下专业内：

* Pure and applied science programs at the masters or doctorate levels. Students at this level will be expected to have completed at least one year of study in British Columbia.

  专业：科学或应用科学；学位：硕士/博士；至少有一年以上的课程是在不列颠哥伦比亚省完成。

* Computer Sciences including software engineering at the undergraduate degree level or higher. Students/graduates will be expected to have completed two years of study in British Columbia.

  专业：计算机科学(包括软件工程)；学位：学士或高于学士；至少有两年以上的课程是在不列颠哥伦比亚省完成。

* Computer, electronic, electrical, and mechanical engineering at the undergraduate degree level or higher. Students/graduates will be expected to have completed two years of study in British Columbia.

  专业：计算机工程、电子工程、电机工程或机械工程；学位：学士或高于学士；至少有两年以上的课程是在不列颠哥伦比亚省完成。

* Business or commerce graduates at the masters or doctorate levels. Students at this level will be expected to have completed at least one year of study in British Columbia.

  专业：商业；学位：硕士或博士；至少有一年以上的课程是在不列颠哥伦比亚省完成。

* Business or commerce graduates at the undergraduate degree level or higher. Students/graduates will be expected to have completed two years of study in British Columbia and have had at least one of the following specialties:

  - Information System Management;
  - Tourism and Hospitality Management;
  - International Trade;
  - Finance and Accounting where it is intended that the applicant will progress to a professional designation in these fields.

  专业：商科(信息系统管理、旅游或酒店管理、国

际贸易、金融或会计)；学位：学士或高于学士，至少有两年以上的课程是在不列颠哥伦比亚省完成。

此外，

* The BC PNP will also consider applications from academically strong students in other fields of study where it can be demonstrated that the student's employment in BC will fill future skill needs. BC PNP也会考虑其他专业里成绩优异、其所学专业能满足BC省未来职业技能需求的学生。这些申请者不需提供HRDC证明，只需公司证明即可。
The PNP considers degree granting post-secondary institutions under a charter from the BC gov-ernment.

  BC PNP申请者必须从不列颠哥伦比亚省政府注册的能授予学位的大学及学院毕业、取得学位，并毕业后能找到一份与专业相关的工作。

BC PNP申请资格：凡留学生所就读的学校在不列颠哥伦比亚省政府注册，并能授予学位的公立以及私立院校的名册和在Trinity Western University(1988年注册学位)和Seminary of Christ the King(1966年注册学位)的留学生，均可申请。不过，如果申请者的学校不在不列颠哥伦比亚省注册的名册上，如：所得到的学位是由不列颠哥伦比亚省以外的大专院校颁发、但其课程则设在不列颠哥

如何将学分移至加拿大？

www.maplestudent.com

伦比亚省合作机构上的，也可能被BC PNP承认。

BC PNP申请途径：一是可由毕业后受雇的公司帮助申请；二是成绩优异的留学生可得到学校的帮助并代为申请，但该生毕业后必须找到与专业密切相关的工作。希望能得到BC PNP的留学生，可以在选专业时考虑该省的三大热门专业：建筑业、采油业和旅游业，这样获得批准的几率较高。

虽然成功申请到BC PNP的留学生也可以在该省以外的省份地区工作，不需要负法律上的责任，但这样的做法将会对以后的留学生申请者带来负面的影响。此外，被BC PNP拒绝的申请者也可以再申请其他类别的移民，不会因此受到影响。

再如，曼尼托巴省的省提名计划：为了更有效地处理条件适合的技术人才的申请，2004年5月曼省对申请人的评估和提名标准两方面作出了重大的调整。新计划共列出以下五大类优先考虑对象：雇主担保类、国际学生类、家庭团聚类、社团支持类和战略雇佣协议优先类。其中，最适合留学生的类别一是雇主担保类：即申请人已获雇主的雇佣担保信，其雇主与曼尼托巴省移民局有预先协议，其雇佣资格经过许可，或目前已持有长期工作合同、正在曼尼托巴省全职工作的申请人。二是国际学生类：申请人必须在曼尼托巴省毕业(大专以上学业)，持有本省的相关专业工作合同，并得到曼尼托巴省政府批准的毕业生工作许可。

第二，留学生申请省提名计划的优势

由于各省的省提名计划不尽相同，不能一概而论。因此，大体上说来，留学生申请此类移民的优势主要在于：

(1) 本身就在有省提名计划的省市地区就读。

(2) 当地政府和公司企业欢迎熟悉本地情况的留学生。

(3) 留学生所学的专业绝大多数都是本地需求的。

(4) 具备与当地移民政策要求对应的学历资格和语言能力。

(5) 相当部分的留学生或多或少都具备一定的当地工作经验，并为当地部分雇主熟悉。

目前，全加拿大有省提名计划的省份和地区共有九个：

- Alberta 阿尔伯塔省
- British Columbia 不列颠哥伦比亚省
- Manitoba 曼尼托巴省
- New Brunswick 纽宾士域省
- Newfoundland and Labrador 纽芬兰及拉布拉多省
- Nova Scotia 诺华斯高沙省
- Prince Edward Island 爱德华王子岛省
- Saskatchewan 沙斯喀彻温省
- Yukon 育空地区

法规篇

求学，认真挑选学校和专业，是每个留学生必须做也应该做的大事。然而，您有没有想过，只身在外，保护自己的合法权益也是不可忽视的重要环节。

毋庸置疑，加拿大是举世公认的、最适合人类居住的、美丽而安全的国度，是留学生首选的安全留学之国。但是，世事无绝对！在加拿大也难免会出现一些专门欺骗留学生的不法“黑学店”。因此，身在异国他乡的留学生，不但要学会和加强自我保护能力，而且更要知道，当自己的切身利益受到损害时，如何利用当地的法律法规来保障自己的合法权益。

在加拿大，所有的公立大专院校都是由各省政府财政拨款，提供高水准教育质量的合法而规范的教育机构。充足的政府财力支援、优良的教育体系和相当健全的教育管理监督的规范制度，使就读于这些公立大专院校的留学生没有任何后顾之忧。

但是，在以教育为本的加拿大，除了大量的公立大专院校外，还有相当数量的私立学校。这些遍布全国各地的私立学校，绝大部分是各省政府批准成立的教育机构。它们的存在，是对公立学校的合理补充。虽然是以营利为目的而开设的，但绝大部分私立学校都奉公守法，以教育为己任。但不可否认，也有个别唯利是图的不法之徒，利用政府对私校政策，把神圣的教育事业当成个人敛财的工具。提供虚假的留学资讯，侵吞学生的学费，教育质量低劣，甚至贩卖文凭等违法案件都曾发生过。有鉴于此，加拿大各省政府先后建立了独立监管私立学校的部门，其重要职能就是维护和保障留学生的合法权利不受侵犯，让他们在加拿大顺利度过留学时光。

下面，我们列举了全加拿大十省三区政府设立的私立院校监管机构联系资料，以供参考。所有的国际学生均可以就任何有关申请、退费或对所在学校投诉等事宜与他们直接沟通，并通过他们掌握真实而准确的信息，从而达到维护自身利益的目的。

Regulation of Training Schools in Canada’s Provinces/Territories

Alberta

Alberta Learning
Jean Sprague, Director, Private Institutions Branch
10th Floor, Commerce Place
10155 102 St.
Edmonton, AB T5J 4L5

Telephone: (780) 427-3846
Fax: (780) 427-5920
E-mail: jean.sprague@gov.ab.ca

Website(s) for further information
- www.advancededucation.gov.ab.ca
- www.learning.gov.ab.ca

British Columbia

Private Career Training Institutions Agency
Jim Wright, Registrar
Suite 850 - 1185 West Georgia St.
Vancouver, BC V6E 4E6

Telephone: (604) 660-3366
Fax: (604) 660-3312
E-mail: jwright@pctia.bc.ca

Website(s) for further information
- www.pctia.bc.ca

Manitoba

Advanced Education & Training

Jacqueline Ratté Kohut, Director,
Private Vocational Institutions and Designations
401 - 1181 Portage Avenue
Winnipeg, MB R3G 0T3

Telephone: (204) 945-8502
Fax: (204) 948-2676
E-mail: jrattekohu@gov.mb.ca

Website(s) for further information

- www.edu.gov.mb.ca
- http://web2.gov.mb.ca/laws/statutes/2002/c02302e.php
- http://web2.gov.mb.ca/laws/regs/pdf/p137-237.02.pdf

New Brunswick

Department of Training & Employment Development

Barbara Leger, Manager, Private Occupational Training Branch
P.O. Box 6000
Fredericton, NB E3B 5H1

Telephone: (506) 444-5781
Fax: (506) 444-5394
E-mail: Barb.Leger@gnb.ca

Website(s) for further information

- www.gnb.ca/acts/acts/p-16-1.htm
- www.gnb.ca/0105/

Newfoundland

Department of Education
Rosemary Boyd, Manager - Private Training
P.O. Box 8700
St. John's, NF A1B 4J6

Telephone: (709) 729-3102
Fax: (709) 729-7481
E-mail: rosemaryboyd@mail.gov.nf.ca

Website(s) for further information

- www.gov.nf.ca
- www.edu.gov.nf.ca/rptia/cover.htm

Nova Scotia

Department of Education

Carol Lowthers, Director
Private Career Colleges
P.O. Box 578
Halifax, NS B3J 2S9

Telephone: (902) 424-5636
Fax: (902) 424-6656
E-mail: lowthecm@gov.ns.ca

Website(s) for further information

- www.gov.ns.ca/legislature
- www.ednet.ns.ca

Northwest Territories

Department of Education, Culture & Employment

Heather McCagg-Nystrom, Postsecondary Consultant
College & Career Development Division,
Government of the N.W.T.
P.O. Box 1320
Yellowknife, NT X1A 2L9

Telephone: (867) 920-8843
Fax: (867) 873-0237
E-mail: Heather_McCagg-Nystrom@gov.nt.ca

Website(s) for further information

- www.ece.gov.nt.ca

Nunavut

Department of Education

Joy Suluk, Director of Adult Learning and Post Secondary Services
Adult Learning & Post Secondary
Box 390
Arviat, NU X0C 0E0

Telephone: (867)857-3050
Fax: (867)857-3090
E-mail: jsuluk@gov.nu.ca

Website(s) for further information

- www.gov.nu.ca/education

Ontario

Ministry of Training, Colleges and Universities

Susan Hoyle-Howieson, Director - Private Institutions Branch, Post-secondary Education

Mowat Block - 10th floor

900 Bay Street

Toronto, ON M7A 1L2

Telephone: Main inquiry number (416) 314-0500; Director (416) 212-2291

Fax: (416) 314-0499

E-mail: susan.hoyle-howieson@edu.gov.on.ca

Website(s) for further information

- www.edu.gov.on.ca/eng/general/private.html

Prince Edward Island

Department of Education

Barbara Macnutt, Administrator of Private Training Schools

Continuing Education & Training

P.O. Box 2000

Charlottetown, PE C1A 7N8

Telephone: (902) 368-6286

Fax: (902) 368-6144

E-mail: bemacnutt@edu.pe.ca

Website(s) for further information

- www.gov.pe.ca/educ
- www.gov.pe.ca/law/statutes/pdf/p-20_1.pdf
- www.gov.pe.ca/law/regulations/pdf/P&20-1G.pdf

Quebec

Ministère de l'Éducation

Ginette Dion, Directrice adjointe

Direction de l'enseignement privé - collégial,

1035 rue de la Chevrotière (18é)

Québec, QC G1R 5A5

Telephone: (418) 646-1521

Fax: (418) 643-8982

E-mail: ginette.dion@meq.gouv.qc.ca

Website(s) for further information

- www.meq.gouv.qc.ca/rens/brochu/anglais/m_educaqc.htm

Saskatchewan

Saskatchewan Learning

Darlene Heska-Willard, Director

Private Vocational Schools Unit

Institutions Branch

1945 Hamilton Street

Regina, SK S4P 3V7

Telephone: (306) 787-5457

Fax: (306) 787-7182

E-mail: dheska-willard@sasked.gov.sk.ca

Website(s) for further information

- www.sasknetwork.ca

Yukon

Advanced Education Branch

Brent Slobodin, Director, Labour Market Programs and Services

P.O. Box 2703

Whitehorse, YT Y1A 2C6

Telephone: (867) 667-5129

Fax: (867) 667-8555

E-mail: brent.slobodin@gov.yk.ca

Website(s) for further information

- www.yesnet.yk.ca
- www.education.gov.yk.ca/advanceded/labour
- www.yuwin.ca

Refunds in Cases of Withdrawal or Dismissal

由于篇幅有限，本书以不列颠哥伦比亚省为例，摘录了该省私立职业培训机构管理局(PCTIA)有关私立学校退费政策部分资料：(摘自PCTIA 官方网站会www.pctia.bc.ca/documents)

All institutions must have a refund policy, which is described, in full, on the student enrolment contract. The minimum policies acceptable to the Agency appear below. Institutions are free to adopt a policy that is more generous to the student.

To initiate a refund, written notice must be provided:

(a) By a student to the institution when the student withdraws, or
(b) By the institution to the student where the institution dismisses a student.

Refund entitlement is calculated on the total fees due under the contract, less the applicable non-refundable application or registration fee. Where total fees have not yet been collected, the institution is not responsible for refunding more than has been collected to date and a student may be required to make up for monies due under the contract.

Refund Policy for International Students

An international student is a person who is not a Canadian citizen or a landed immigrant or who has been determined under the Immigration Act to be a Convention Refugee.

International students require a Study Permit to study in Canada unless they are taking a course or program with a duration of six months or less, are a minor child already in Canada whose parents are not "visitors" in Canada, or are a family or staff member of a foreign representative to Canada accredited by the Department of Foreign Affairs and International Trade.

In order to meet the requirements of section R219 of the Immigration and Refugee Protection Regulations, international students are required to include a Letter of Acceptance with their Study Permit application. The following list of items must be included in all Letters of Acceptance from registered institutions:

- Full name, date of birth and mailing address of the student;
- The course of study for which the student was accepted;
- The estimated duration or date of completion of the course;
- Date on which the selected course of study begins;
- The last date on which the student may register for a selected course;
- The academic year of study that the student will be entering;
- Whether the course of study is full-time or part-time;
- The tuition fee;
- Any conditions related to the acceptance or registration, such as academic prerequisites, completion of a previous degree, proof of language competence, etc;
- Clear identification of the educational institution, normally confirmed through its letterhead;
- Address of the campus the student will attend;
- Where applicable, licensing information for private institutions normally confirmed through letterhead.

In cases where the program is jointly offered by more than one institution, the Letter of Acceptance should be issued by the institution that will be granting the degree, diploma or certificate (or, where a degree, diploma or certificate is granted jointly by more than one institution, the Letter of Acceptance should be issued by the institution at which students will begin their studies). The Letter should note that the program of study includes courses/sessions (specify which semesters/courses) given at another institution (specify institution name, type, i.e. college, university, technical institute, etc., and location).

To view an example of a standard form Letter of Acceptance, visit the Citizenship and Immigration Canada website at the following link:

http://www.cic.gc.ca/english/pdf/pub/acclet-e.pdf.

If an international student's Study Permit application has not been completed by the start date identified in the institution's Letter of Acceptance and the student so notifies the institution, at the request of the student the institution may issue a second Letter of Acceptance for a later start date. In such a circumstance, the institution may charge the student an additional $200 administrative fee and retain the balance of the prepaid tuition fees pending the outcome of the Study Permit application. Should a student fail to so advise the institution, the refund policy for international students (sections b and/or c below) will apply.

Where an institution enters into a contract with an international student the following refund policy is applicable.

a) Student Authorization Related Withdrawals

   An institution may retain the lesser of 25% of the total fees due under the contract or $400 for international students who are denied Study Permit authorization from Citizenship and Immigration Canada. Students denied a Study Permit must provide the institution with a written request for a refund along with a copy of the denial letter, prior to the program start date given on the institution's Letter of Acceptance. Should a student fail to so advise the institution, the refund policy for international students (sections b and/or c below) will apply.

b) Refunds before a program of study starts

   (i) If written notice of withdrawal is received by the institution less than seven (7) calendar days after the contract is made and before the program starts, the institution may retain the lesser of 25% of the total fees due under the contract or $400.

   (ii) Subject to subsection (b) (i), if written notice of withdrawal is received by the institution thirty (30) calendar days or more before the start of a program of study, the institution may retain 25% of the total fees due under the contract.

   (iii) Subject to subsection (b) (i), if written notice of withdrawal is received by the institution less than thirty (30) calendar days before the start of a program of study, the institution may retain 40% of the total fees due under the contract.

c) Refunds after the program of study starts

   (i) If written notice of withdrawal is received by the institution, or a student is dismissed within 10% of the program of the contract's duration, the institution may retain 50% of the total fees due under the contract.

(ii) If written notice of withdrawal is received by the institution, or a student is dismissed after 10% and before 30% of a contract's duration, the institution may retain 70% of the total fees due under the contract.

(iii) If a student withdraws or is dismissed after 30% of the contract's duration, no refund is required.

d) Reporting International Student Withdrawals

When an international student enrolled with and/or studying at an institution on the basis of a Study Permit either withdraws from or is dismissed by the institution, the institution is required to notify Citizenship and Immigration Canada within fourteen (14) calendar days that the student has either withdrawn or been dismissed, and a copy of that notification is to be retained in the student file.

Other Refund Policy Requirements

a) Where a student is deemed not to have met the institutional and/or program specific minimum requirements for admission, the institution must refund all fees paid under the contract, less the applicable non-refundable application or registration fee.

b) Where an institution provides technical equipment to a student, without cost to the student, and the student withdraws or is dismissed, the institution may charge the student for the equipment or use of the equipment on a cost recovery basis, unless the student returns the equipment unopened or as issued within fourteen (14) calendar days.

c) Refunds owing to students must be paid within thirty (30) calendar days of the institution receiving written notification of withdrawal and all required supporting documentation, or within thirty (30) calendar days of an institution's written notice of dismissal.

d) Where the delivery of the program of study is through home study or distance education, refunds must be based on the percent of the program of study completed at the rates specific to Section IX E 1 (b) of these Bylaws.

所以，学生一旦申请了私立院校，一定要清楚这些条款，明确自己的合法权益，以防被欺诈。如有任何疑问，请立即与枫华学子文化中心联系：www.maplestudent.ca。

不列颠哥伦比亚省(简称BC省)是最受国际学生欢迎的西岸省份，估计省内目前约有两万余名中国留学生，约占全加中国留学生总数的30%。根据中国驻温哥华总领事馆教育组调查统计，在省内公立大学留学的中国学生修读的专业中，最热门的专业依次为信息管理、计算机、工程技术、经济、管理和生物医学。事实上，BC省的高等教育质量很高，学校数目也颇多，的确是国际学生理想的求学省份。

BC省高等教育体制主要分为三层架构，分别是大学类(University Act)、理工类(Institute Act)和社区学院类(Community College Act，包括大学学院University College)。本省共有6所公立大学、两所理工学院、三所大学学院和15所社区学院。在这26所院校中，Justice Institute of BC主要为在职人士开办司法及纪律部队专业课程，故不做详细介绍。其余公立院校则均备有专文，另外也会介绍由教会开办的Trinity Western University。

在省内各大学之中，以 The University of British Columbia (UBC)、University of Victoria (UVic) 和Simon Fraser University (SFU) 最具国际声誉。UBC是西岸大学中的翘楚，学校设施优良齐备，研究资金雄厚充裕，拥有众多杰出学系，但入学竞争也是西岸大学中最激烈的。UVic以提供多元化和创新的课程闻名，其中法律系和医疗信息科学课程特别出色。SFU以勇于革新求变著称，因此其优秀的课程亦属新派学科，例如工商管理、计算机科学、大众传媒学和运动学等。省内其他大学亦各具优点，学生可根据自己的兴趣、目标和大学的特点做出选择。

不列颠哥伦比亚省

在理工类方面，British Columbia Institute of Technology是享誉国际的优秀学府，一向以发展实用专业的课程而备受业界赞赏，其毕业生的就业率往往比其他很多大学都要高。Emily Carr Institute of Arts and Design是闻名全加的艺术及设计学院，被誉为西岸艺术界的前卫力量。至于Nicola Valley Institute of Technology和Institute of Indigenous Government，是以原住民学生为主的公立理工院校，规模较小。

BC省的公立学院体系由三所大学学院和15所社区学院组成。很多国际学生对“大学学院”这个名词感到十分陌生，不知道其究竟是大学还是学院。其实大学学院结合了大学和社区学院的特点，既开办以学术为主体的学位课程，同时又设立实用的专科文凭或证书课程，务求在两个制度中平衡发展。Kwantlen University College是加拿大最具规模的大学学院，其应用设计学系(包括室内设计、平面设计等)曾获得不少国际奖项。其他学院也各有强项，例如以发展旅游及康体管理课程闻名的Capilano College、开办完善大学学分转移课程的Langara College和提供广泛职业技能培训课程的Vancouver Community College等。

BC省是一个推行多元化教育的省份，省内亦有很多优质的私立大专及独立中学。枫华学子文化中心经过多年的观察和了解，从中挑选了部分教育水平优良和值得推介的私立学校，辑录于本书内供大家参考。

实力独步西岸　声名远播国际

不列颠哥伦比亚大学(University of British Columbia，简称UBC)是不列颠哥伦比亚省的龙头大学，亦是省内唯一一所医学研究院类大学。学生为何要选择入读UBC?原因有四：(1)该校是加拿大西岸最具国际声望的大学；(2)它是省内唯一设有医学院和开办多元化博士研究课程的大学；(3)学校设施优良齐备，研究资金雄厚充裕；(4)它拥有一系列高水准的学士课程，例如工商管理(Commerce and Business Administration)及计算机科学(Computer Science)等。

UBC对国际学生又有什么特别的吸引力?这里拥有全加最美的校园、杰出的师资、浓厚的学习气氛，可让学生体验国际一流知名学府的教育传统和学习文化。再者，无论是毕业后返国工作还是投考研究院，UBC的名校学术招牌均可帮助学生拥有更多和更好的发展机会。

坐落在不列颠哥伦比亚省温哥华(Vancouver)西区海岸的UBC，不但有“加拿大最漂亮的大学”之称，更被誉为全国最佳学府之一。以下三大特点足可显示该校在学术研究和教育上的成就。

(1)庞大的研究机构

UBC是不列颠哥伦比亚省的学术研究中枢，全省60%的研究计划在该校进行，研究范围主要集中于科学、农业、医学、法律及商业管理。

UBC一直得到工商界及社会各界的大力支持，教学与科研经费除来自各级政府外，每年还会收到数额庞大的捐款。2003年，Sauder家族向UBC商学院捐赠2,000万加元，自此，商学院正式更名为Sauder School of Business。这是加拿大历史上最大的一笔个人捐款，令商学院得到充裕的资金开设更完善和更高水平的学术课程。在加拿大，私人捐献是大学筹措经费的一个重要来源，可以弥补政府教育拨款的不足，从而将大学学费保持在一个合理的水平，以免加重学生的经济负担。值得一提的是，私人或企业捐赠并不会影响各学校的办学方针。加拿大大专院校建立在公立教育体制之上，主要经费来源于政府，因此在科研及教学上能够保持客观中立，私人或工商界的捐献完全不可能左右学校的办学方针，这一点是加拿大人一向引以为荣的。

(2)杰出的学术成就

凭借雄厚的科研基础，UBC积极开拓多元化的学术领域。该校在工商管理、计算机应用科学、自然科学及医疗护理四大方面的成就最为卓越。在上述四大学术领域中，尤以商学院Sauder School of Business最受国际学生欢迎。

加拿大没有将大学个别本科学系进行排名的机制，学生及业界人士一般从口碑、大学招生资格、毕业生水准及其研究院的水平及声望来评定各校本科学系的质量。

UBC商学院在不列颠哥伦比亚省以至全国均有极佳的口碑，毕业生遍布各行各业及政府机构，其中不乏商、政界名人。其毕业生在学术界亦有很高成就，比如赢得1999年诺贝尔经济学奖的Robert Mundell，便是UBC经济系1953年的毕业生。

虽然加国并无商学院排名榜，但一些国际上颇为权威的报刊多年来均将UBC的工商管理硕士(MBA)列入全球最佳课程之一。如2005年英国《金融时报》(*Financial Times*)全球最佳工商管理硕士课程(MBA)排名中，UBC一如既往，与加拿大多所大学跻身100强之列。

《金融时报》工商管理硕士课程全球排名(2005年)

排名	入围的加拿大大学
21	多伦多大学(University of Toronto)
22	约克大学(York University)
34	西安大略大学(University of Western Ontario)
39	麦基尔大学(McGill University)
55	不列颠哥伦比亚大学(The University of British Columbia)
75	女皇大学(Queen's University)
81	康科迪亚大学(Concordia University)

“*I've always wanted to study Film and Politics, and the Faculty of Arts has excellent programs in both. Many of my professors are not only experts in their fields but also inspiring people who've made me even more interested in my studies. Being active in the Film Society and the International Relations Society has been a fun experience and a great way to apply what I've been learning — I've already worked on my first feature film. The Faculty of Arts has taken care of almost every single aspect that might concern an international student.*”

Hugo Passarello Luna
Buenos Aires, Argentina
Film & Political Science, Faculty of Arts
Mary Margaret Young Global Citizen Award

此外，美国《商业周刊》(*Business Week*)全球最佳工商管理硕士课程排名，同样将UBC的MBA列入最佳课程之一。

UBC商学院的最低录取分数曾创下GPA92%的纪录，堪称全国最高。不列颠哥伦比亚省近年创立了多所新大学和大学学院，缓和了学生申请学位时面临的竞争，UBC商学院的最低录取分数始逐渐回落至2004—2005年度的89.5%，2005—2006年度则是85%。但此标准仍是加国西岸大学中最高之一。

申请UBC商学院的学生，如果成绩低于学院要求而无法直接报读，尚有两个备选方案：一是先报读UBC文、理学系，待修完第一年或第二年课程后再申请转入商学院；二是先报读社区学院的大学学分转移计划(University Transfer Program)，在修满60个学分之际申请转入UBC。需要特别注意的是，无论采用上述第一或是第二个途径，学生均需对UBC商学院大学首两年的商科预修(Pre-Commerce)科目(一般包括英文、数学和经济等学科)进行了解，以便逐一修读，成绩还需尽量保持在GPA85%以上。满足了这些条件，才有可能申请转入UBC的商学院。

除商学院外，UBC的理学院亦十分出色，物理、化学和生物学是国际学生(特别是研究院生)的首选学科。该校已故生化学系教授Michael Smith博士是1993年度诺贝尔化学奖得主，对推动UBC理学院的科研及学术发展做出很大贡献。为纪念Smith博士，2004年，UBC斥资3,000万加元兴建了Michael Smith化验中心及生物信息中心，该中心的落成标志着UBC理学院进入一个全新发展阶段。

计算机应用科学也是UBC一个热门学科，该校于2005年斥资4,000万加元扩展计算机及信息科技中心，为培养更多业内精英做好准备。

UBC是不列颠哥伦比亚省唯一一所设立医学院的大型大学，但该校的医科课程和多门医疗护理专业课程(例如物理/职业治疗硕士课程、牙医学等)均只供不列颠哥伦比亚省居民报读，暂不招收省外及国际学生。

(3)多元化专业课程

UBC设有12个学系，开办超过300个专业课程，其中190个授予本科学士学位，学术领域之广，居全省之冠；其中50多个学科开办在学实习计划(Co-op Program)，国际学生亦可参加。该校还与全球150所大学签订了合作与交流协议，学生可根据自己的专业和兴趣，经选派，前往世界各地的大学当交换生，领略他国的学术文化和特点。

此外，UBC亦不断扩展校舍的规模，力求打破地域的局限，为全省学生提供优质教育。除了温哥华西端海岸的主校区之外，UBC还设有三个分校区，分别是温哥华市中心校区、温哥华东区的大北道(Great Northern)校区和不列颠哥伦比亚省内陆的奥肯那根(Okanagan)校区。

国际学生的最大难关——LPI

UBC的确是一所高水准的名校，相对而言，入学竞争也就较为激烈。UBC对母语非英语的国际学生的英语能力要求，可说是加拿大各大学中最严格的。国际学生除需符合该校的英语招生标准(见附表)外，所有学生在入学前还需接受一项名为语言熟练指数(Language Proficiency Index，简称LPI)的英语测试。

UBC规定：9月入学前，LPI考试写作部分达到第五级的新生，才有资格在第一学期报读一年级必修的两门英文课程(共6个学分)。未能达到此要求的学生，必须在入学后再考。但是所有学生都必须在修满30个学分(等于大学一年级的课程)之前考获LPI第五级，否则，UBC的电脑管理系统不会再接受有关学生报读二年级的科目。换言之，学生无法再继续在UBC学习。在这种情况下，唯一的补救方法是向学系的教授恳求延迟LPI的考试期限，再重考LPI，直到写作部分达到第五级的要求。同时，学生在修读首60个学分(约为大学首两年课程)前，必须已修完所需的六个英文课学分，否则便无法修读三年级的课程，亦等于毕业无望。

如果国际学生在不列颠哥伦比亚省中学公开试中，英语12(English12)或英国文学12(Literature12)平均成绩高于80%，便无需申报LPI成绩，可直接选修大学第一年的英语科目。不过，大部分来自中国的学生都是直接以国内中学毕业或大专成绩报读UBC，所以需要投考LPI的几率很高。在此需要特别指出的是，LPI的写作部分比TOEFL和IELTS更为艰深，难度较大，对国际学生是一个不小的挑战。目前除了加拿大境内设有LPI考试中心之外，只有香港设有考场，因此来自中国的学生在这方面需有周详的部署，以把握考试和入学的时机。详情可浏览LPI官方网址：www.lpi.ubc.ca。

UBC拥有来自130个国家的4,000多名国际学生，校方配备有完善的学生支持和服务系统，以协助国际学生适应留学生活。这些服务包括：一对一辅导、朋辈计划、社会及文化活动、群体学习小组等。该校花在学生服务及设施上的经费比率，居全国大型大学首位，可见其对学生服务的重视程度。

在UBC风景如画的校园进修，无疑是领略一所国际级优质学府高品质的教育质量，同时体验加拿大多元文化特色的不可多得的机会。

背景资料：

创校年份： 1908

全日制学生： 28,937(奥肯那根(Okanagan)校区 2,352)

业余学生： 13,490(奥肯那根(Okanagan)校区1,163)

国际学生： 5,280(奥肯那根(Okanagan)校区86)(中国学生1,065)

学院类别： 带医学院综合类大学

营运方式： 公立

注册处地址：
The University of British Columbia
2016-1874 East Mall,
Vancouver BC, Canada
V6T 1Z1

网址： www.ubc.ca

电话： 1-604-822-8999

奖学金及经济援助办事处：
1-604-822-5111

校舍： 温哥华(Vancouver)两个校区占地400万平方米

图书馆藏量：
不列颠哥伦比亚大学图书馆是加拿大第二大图书馆，藏书量甚丰，书籍及期刊超过1,000万册，并设有22个分馆及分部

教职员工： 教授765名，副教授1,085名，讲师198名，职员7,206名

本科入学要求：

学科成绩：

文科： 85%

理科： 90%

商科： 85%

工程： 90%

英语成绩：

TOEFL 580(PBT)；写作4.0分
或TOEFL 237(CBT)；写作4.0分
或TOEFL 86 (iBT)(听 21;说20;读21;写20)
或IELTS 6.5，每项不少于6.0

报名截止日期：

秋季入学： 2月28日

夏季入学： 2月28日

学费：

加国学生： 每学分136.40加元

国际学生： 每学分554加元

书本费： 每年大约1,100—1,300加元

每月生活开支(约)：

寄宿家庭： 800加元

大学宿舍(不包膳食)： 365加元(每学年为2,900加元)

校外自租房子(不包膳食)： 450加元，视所租房子大小而定

膳食费： 450加元(每学年为3,600加元)

其他杂费： 320加元

医疗保险： 54加元，每学年为432加元

学系/专业：

温哥华(Vancouver)总校舍设有12个学系，奥肯那根(Okanagan)校舍有5个学院，共160个专业

大学排名：

Maclean's 2005年大学排名

带医学院综合类大学排名第四

美国金融时报(Financial Times)最佳工商管理硕士课程(MBA)全球100强排名中占第55位

研究院入学要求：

TOEFL 550 — 600(PBT)

或TOEFL 213 — 250(CBT)，视课程而定

个别学系要求申请者递交GRE/GMAT成绩

研究生学费：

加国学生： 每学年3,786加元起

国际学生： 每学年7,200加元起

研究生热门学系/专业：

工商管理、理科、工程、计算机科学、人体运动学

所在城市数据：

城市： 温哥华(Vancouver)

人口： 2,000,000

生活指数： 中至高

气温： 0℃ 至 25℃

BC省学界新贵　林渔专业出众

创办于1994年的北不列颠哥伦比亚大学(University of Northern British Columbia，简称UNBC)，坐落于不列颠哥伦比亚省北部的乔治王子镇（Prince George)，与温哥华相距778公里，环境宁静优美，学生与大自然为邻，学习气氛浓郁。UNBC的地理环境有助于它发展自然科学及一系列资源管理的专业课程。此外，其热门学系还包括计算机科学、心理学及会计学等。

UNBC是不列颠哥伦比亚省最具朝气和潜力的大学之一。2001年，Maclean's小型综合大学排名榜中该校仅列第14位，2005年却跃升至第4位，显示出迅速进步的魄力和态势。

以学校的创办年份而论，UNBC称得上是不列颠哥伦比亚省最年轻的大学。年轻的UNBC拥有崭新的校舍、先进的教学设施、蓬勃的朝气和勇于创新求变的精神。

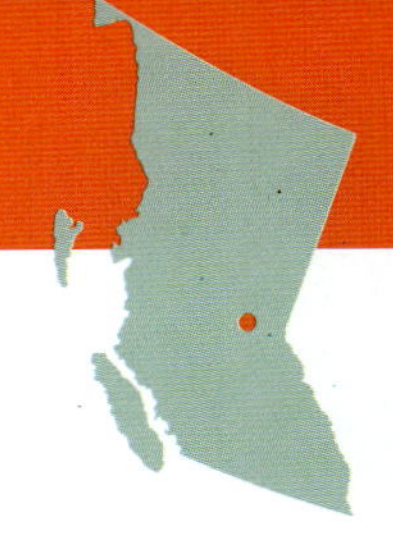

自然资源管理专业优秀

UNBC位于不列颠哥伦比亚省北部的乔治王子镇，当地有浩瀚辽阔的森林和壮丽的山河，自然资源丰富，为师生们进行自然科学与资源研究提供了坚实的阵地。UNBC以一系列自然资源管理的学科闻名全加，热门学系包括森林、野生动物及渔业等课程。该校还与不列颠哥伦比亚大学合办了一个联合环境工程学士课程，培养自然资源规划管理方面的专才。此外，加拿大西岸原住民主要聚居于不列颠哥伦比亚省北部，所以UNBC亦以研究原住民历史和文化见长。UNBC其他热门学系还包括计算机科学、生物学、心理学、英语和会计学。

不断扩充校舍设备

UNBC近年不断兴建新的教学及研究大楼，增添先进设备，为扩展大学课程做好准备。过去两年，该校共斥资160万加元兴建了四个设施先进的温室，以提高森林实验室的科研水平；另外又为北岸信息及研究计划拨款200万加元，以探讨离岸勘探石油所带来的生态及经济影响。校方还兴建了10个全新的计算机室，为学生提供最先进的教学配套设施。

省内最年轻的大学

年轻的大学还有一个优点，就是教授们的平均年龄一般较年轻。以UNBC为例，该校教授的平均年龄只有47岁，因此教学方式和作风亦会较为新派和开明。事实上，不少学生正是基于这个原因而选择入读UNBC的。这里采用小班教学，教授们也都很平易近人，他们办公室的大门常常为学生敞开，甚至在星期六亦然；学生在学习上遇到任何困难，都可以及时向教授直接讨教。国际学生如果觉得大城市诱惑太多，易于分心，或大型大学的师生关系太过疏远，不妨考虑入读UNBC。

UNBC最大型的发展计划首推北部医护计划(The Northern Medical Program)。该计划是与不列颠哥伦比亚大学合作，为偏远社区培训医生，以缓解不列颠哥伦比亚省北部医生严重不足的问题。此计划只限于不列颠哥伦比亚省的学生入读，暂不接受省外及国际学生申请。

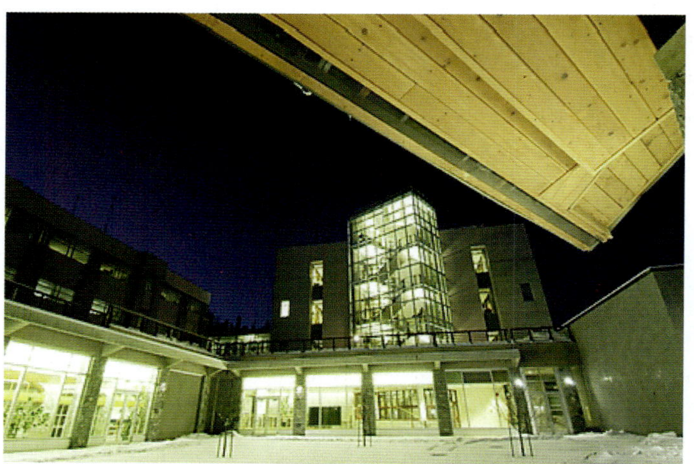

四大优点吸引国际学生

UNBC对国际学生的吸引力可归纳为以下四大方面：

(1) 入学标准低于大型大学：UNBC的最低录取分数约为GPA65%–75%，此成绩远低于省内的不列颠哥伦比亚大学、西门菲沙大学等其他大学，国际学生被录取的机会较大。

(2) 校舍漂亮、设备先进：UNBC的校舍设计以传统西岸建筑为主题：宽阔的门窗和火炉、原木横梁和支柱、青草地和湖畔公园等。学生置身其中，仿佛置身优美的度假胜地，还常常有机会一睹野生动物的踪影。

(3) 良好的英语学习环境：不列颠哥伦比亚省移民人口近20年不断攀升，华裔移民多聚居于大温哥华地区。国际学生在这样的城市，日常生活中没有太多机会学习英语。但UNBC位处北部乡郊，能提供一个良好的英语环境，让学生有更多机会学习地道英语。

(4) 师生关系密切：国际学生来到一个语言与文化均陌生的国度，较本地学生更需要老师的辅导。UNBC是一所校风淳朴的小型大学，校内教授作风开明，乐于与学生保持密切的沟通，在学习和生活上提供宝贵的意见。

UNBC的建校目的，主要是为缓解不列颠哥伦比亚北部大学学位严重不足的问题。目前，UNBC约65%的学生来自北部地区，国际学生仅98名。但随着省政府近年不断增设大专学位，该校的招生定位亦慢慢转向全国甚至全球。预计未来会有更多来自世界各地的学生来到这座灵秀的校园求学，使UNBC的校园文化更加丰富和多元化。

背景资料：

创校年份：1994

全日制学生：2,456

业余学生：1,219

大学类别：小型综合类大学

营运方式：公立

注册处地址：

Office of the Registrar
University of Northern British Columbia
3333 University Way
Prince George，BC
V2N 4Z9 Canada

网址：www.unbc.ca

电话：1-250-960-6300

奖学金及经济援助办事处：
1-250-960-6363

校舍：占地300万平方米

图书馆藏量：书籍及期刊超过77万册

本科入学要求：

学科成绩：

文科：65%

理科：65%

商科：65%

工程：75%

英语成绩：

TOEFL 230(CBT)

或TOEFL 570(PBT)

或IELTS 6.5

或CAEL 7.0

报名截止日期：

秋季入学： 3月1日

冬季入学： 5月3日

学费：

加国学生：每学分137.01加元

国际学生：每学分411.03加元

书本费：每学年1,200加元

每月生活开支(约)：

大学宿舍(不包膳食)：425至500加元

校外自租房子(不包膳食)：490至560加元，视所租房子大小而定

膳食费：250加元

其他杂费：200加元

医疗保险：54加元

学系/专业：

设有8学系

文学系

商学系

理学系

应用科学系

教育学系

环境规划学系

社会工作系

护士学系

大学排名：

Maclean's 2005年大学排名

小型综合类大学排名第四

研究院入学要求：

TOEFL 570(PBT)

或TOEFL 230(CBT)

个别课程要求学生提交GRE成绩

研究院课程学费：

加国学生与国际学生相同：每学费单元(Tuition fee unit)1,274至1,740加元

热门研究院专业：

自然资源管理、计算机科学、心理学、应用科学

所在城市数据：

城市：乔治王子镇(Prince George)

人口：80,000

生活指数：低至中

气温：-13℃ 至 26℃

3. 皇家路大学 Royal Roads University

开辟新派教学模式　培育工商业界精英

皇家路大学(Royal Roads University，简称Royal Roads)就校舍面积、学校规模和学生人数来说，在加国大学中可能并不显眼，但该校却是加拿大首家将网上授课(E-Learning)与课堂授课(On-Campus Learning)相结合的大学，而且成效卓越，堪称开创新派教学模式的先驱。

Royal Roads不断研发实用性和专业性兼备的新学科，以满足全球工、商、政界发展的需要。该校开办了一系列独特的研究院课程，并提供大学本科第三及第四年大学完成计划(University Completion Program)，以服务于未能完成大学学业者。不懈求新的开拓精神，为该校赢得了“特殊大学”的称号。

创办于1995年的Royal Roads，坐落于美丽的不列颠哥伦比亚省首府维多利亚市(Victoria)，与维多利亚大学(University of Victoria)及马拉斯宾娜大学学院(Malaspina University College)共同为温哥华岛的学生提供多元化的优质大专教育。Royal Roads的校舍是一座占地260公顷的英式古堡，前身是一所军事训练学校。早在1940年，加国联邦政府购入了海利城堡(Hatley Castle)，并将之改为皇家路军事学院(Royal Roads Military College)，培训了无数精英军官。军事学院于1994年宣告关闭，不列颠哥伦比亚省政府于翌年向联邦政府租用该校址，并斥资800万加元重新修葺，令其旧貌换新颜，成为现在的皇家路大学。Royal Roads拥有特殊的建校背景，其学制及课程内容亦非常独特。

开办大学完成计划

加国大学一般均提供完整的四年制学士学位课程，但Royal Roads开设大学的第三年及第四年课程，供未完成大学本科课程的人士有机会继续学业。报读的人士必须已修完大学首两年课程，第二年的成绩需在75%以上。如果申请者没有接受正统的大学教育，可要求校方根据其过往工作经验及专业背景进行评估，以确定是否符合入读资格。该校目前开办五个学士学位课程，分别是：商学士——企业管理、文学士——刑事司法、文学士——应用大众传播学、理学士——环境科学及理学士——环境管理。

该校率先成功地将网上授课与课堂授课的形式相结合，取长补短，设计了独特的混合制大学课程。以大学完成计划为例，学生可选择在校园内修读一个为期12个月的密集式课程，或修读一个以网上授课为主、课堂教授为辅的两年制课程。

Royal Roads开办的课程绝大部分采用混合教学模式，而且研究院课程的数目远比本科课程多。混合学制最大的优点，是让学生通过计算机互联网修读大部分课程，并在网上与导师及同学进行讨论与交流，且在指定时间内上传作业和考试，整个课程中只有一小部分时间需要在校园的课堂内进行。这样的制度使学生有很大的灵活度来安排个人的学习与生活：无论要兼顾工作、家庭，还是长年居住在海外，只要能在指定时间返校完成课堂学习(一般为期15星期)，便可修毕为期一至两年的课程。这个制度，对在职进修人士最有利。他们无须调整工作时间表来配合上课时间，便可完成学业。国际学生对此制度亦甚表欢迎，他们在居住地继续工作和照顾家庭的同时，还可获得进修学习的机会。这些便利充分体现了Royal Roads的办学宗旨：帮助学生在工作、生活和学习中取得平衡(Balance work, life and study)。

网上—课堂混合学制的另一个优点，是让来自不同国家、专业背景的学生轻松地在网上分享知识和经验，促进多元文化互动。全球化趋势使网上学习成为国际学术交流的主要途径之一。世界各地越来越多的大专院校开始采取网上互动授课的模式，这更突显了Royal Roads办学方针的先见之明。

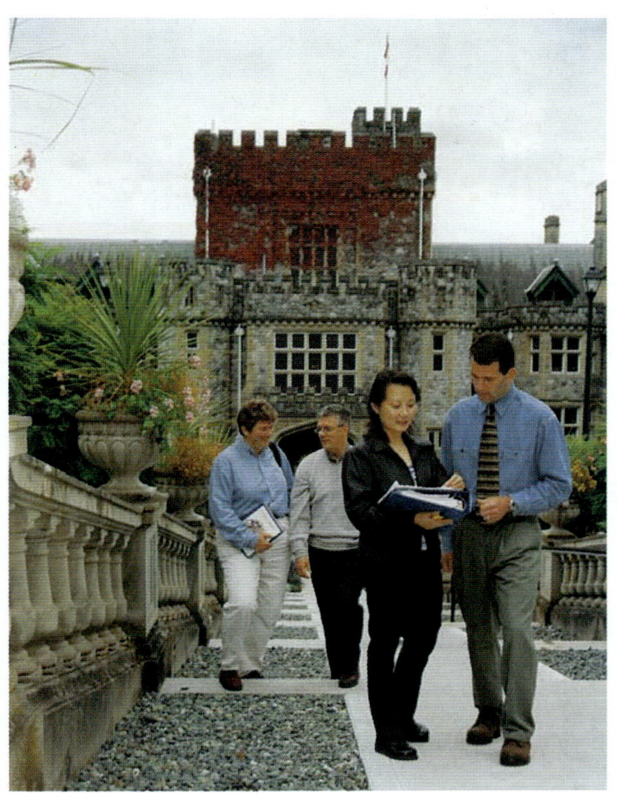

开发新派实用专业

Royal Roads设有九个学系，主要开办硕士课程及研究院证书/文凭课程。仅从各学系的名称，例如领导学研究(Leadership Studies)以及和平及纷争管理(Peace and Conflict Management)等，便可发现Royal Roads摆脱传统大学传统科目的束缚，着力开办强调实用性的新派专业课程的趋势。该校一直强调与工、商、政界保持紧密联系，及时了解业界的发展及对人才的需求，然后由学者和专家共同研究能配合业界发展的新专业，以确保课程内容有最高的应用价值。

由于Royal Roads的学生主要是修读研究院课程的专业人士，或重返校园主攻学士学位的人士，因此学生一般较成熟，平均年龄为39岁。这个特点形成了Royal Roads一个很有趣的对比：学生成熟但学系年轻。随着该校的稳步发展与成长，可望在将来为加拿大教育界开发出更多实用的新派专业。

背景资料：

创校年份： 1995

全日制学生： 3,460

业余学生： 16

国际学生： 1,312(中国学生448)

大学类别： 特殊大学。提供大学本科第三及第四年的课程，让曾完成本科前两年课程的学生可修毕大学学士学位；开办一系列独特的专业研究院课程

营运方式： 公立

注册处地址：

Learner Services and Registrar's Office
Royal Roads University
2005 Sooke Road
Victoria, BC
V9B 5Y2 Canada

网址： www.royalroads.ca

电话：
1-250-391-2511

奖学金及经济援助办事处：
1-250-391-2502

校舍： 占地229万平方米

教职员工： 教授40名，副教授300名，职员380名

本科入学要求：

学科成绩：

完成大学前两年学分

英语成绩：

TOEFL 233(CBT)
或TOEFL 570(PBT)
或TOEFL 88(iBT)
或IELTS 6.5,个别分数不能少于6
CAEL 60(总成绩)，60(写作)

报名截止日期：

不设报名截止日期

学费：

学费以每个课程计算，一般“学士完成计划”包括第三及第四年课程为期12个月，学费为13,000加元(加国学生)，26,000加元(国际学生)

书本费： 每学年2,400加元

每月生活开支(约)：

大学宿舍(不包膳食)：500加元

校外自租房子(不包膳食)： 300至800加元，视所租房子大小而定

膳食费： 约375加元

其他杂费： 187加元

医疗保险： 432加元/年

学系：

设有两个学系，共开办5个学士课程、20个硕士课程、12个证书/文凭课程、10个行政教育课程及11个正在发展的新课程

学士课程：

商学士——企业管理
文学士——刑事司法
文学士——应用大众传播学
理学士——环境科学
理学士——环境管理

研究院入学要求：

TOEFL 570(PBT)
或TOEFL 233(CBT)
个别学系要求申请者递交GRE/GMAT成绩

研究院课程学费：

加国学生： 每课程约19,600加元

国际学生： 每课程约29,400加元

热门研究院专业：

大众传播学、工商管理

所在城市数据：

城市： 维多利亚(Victoria)

人口： 350,000

生活指数： 中至高

气温： 0℃ 至 29℃

山顶经典名校 治学新颖独到

Simon Fraser University (SFU) 矗立于不列颠哥伦比亚省Burnaby市海拔400米的山顶之上，远离喧嚣的闹市，地灵人杰，实属一片求学净土。创校于1965年的SFU，属于年轻的全科类中型大学。正因为她年轻，所以特别勇于创新、求变。SFU在过去40年不断在课程内容及教学模式上开拓新方向，力求破旧立新，如今已跻身加国最优秀大学之列。

SFU的优点是灵活创新，因此该校最为学界称道的课程亦属新派学科，如工商管理、计算机科学、大众传播学和运动学等，由于这些学科的水平和声望都极高，所以入学竞争十分激烈。特别值得一提的是，SFU拥有加国最完善的在学实习计划(Co-op Education Program)，国际学生亦可参加。在学以致用的同时又能赚取薪金，更可为毕业后申请工作签证铺路，可以说是一举三得。

SFU在加拿大西岸享有盛名，不仅因为她拥有漂亮灵秀的校园景致和浓厚的学习气氛，还因为她在课程内容和教学模式上具备三大优点——灵活实用、创新求变和拥有国际化视野。

灵活实用的学制

SFU是加国少数三学期制(Three-Semester)的大学，秋季学期由9月至12月，春季学期由1月至4月，夏季学期则由5月至8月。这种制度让学生可自由安排自己的学习进程，既可以像在普通两学期制的大学一样只修读秋季和春季学期，用4年时间完成学士学位；也可于夏季学期继续上学，虽然会辛苦一点，但只需3年就可以修完学士课程，而且还节省了至少一年的生活和住宿费。

SFU三学期制的优点还不限于此，最大的优点是能与在学实习计划互相配合，让学生在吸收学科

知识的同时，在真实的工作环境中将书本的理论加以实践和验证。SFU拥有加国最完善的在学实习计划，与各行各业的雇主建立了良好的合作关系。该计划是由校方先与相关行业的雇主取得联系，达成合作共识，然后由学生申请为期4至8个月的有薪实习工作。学生在完成实习工作后，可马上返校开始一个新的学期，不会因为学校放暑假而耽误了学习进程。因此三学期制与在学实习计划可说是相辅相成的一个完美组合。

SFU每年约有2,000名学生参加在学实习计划，其中超过70%的学生在毕业后被实习单位的雇主聘请，由此可见该计划十分成功。国际学生从该计划中会获得特别的收获，在学以致用的同时赚取薪金，贴补学费，更可为毕业后办理工作签证铺平道路，可谓一举三得。

一个初出象牙塔的大学生，如果没有工作经验和社会关系，寻找工作的过程必会困难重重。参与在学实习计划的国际学生在大学毕业时，已拥有与学科相关的工作经验和当地的社会关系，从而大大增加了他们成功办理工作签证的机会。

创新求变的学术发展

SFU在过去多年不断改良教学模式和课程内容，力求在学术水平上再攀高峰。校方在部分学科加强小组讨论和辩论的学习互动元素，帮助学生更灵活地吸收新知识。此外，2006年起，所有SFU的专科学生都必须修读更广泛的通识教育学科并增强英语写作能力，涉猎更广泛的知识领域并拥有更扎实的语文基础。

该校斥资2,300万加元兴建的科技与科学大楼于2006年落成，为计算机学系及工程学系提供更先进完善的教学与科研设施。位于Surrey市的新校区在建筑和设施两方面均走在时代的尖端，主要开办信息科技、互动艺术、计算机科学、工商管理和教育等课程。而位于温哥华市中心的校区，则是传媒系和工商管理系的大本营之一。该校区拥有完善先进的Morris J. Wosk Centre for Dialogue——一个世界级的会议中心，可供学生、社会组织或政府机构在内举行各种研讨会。

商学系亦加大发展力度。管理七个研究中心的Segal Graduate School of Business，开设在加国享有盛名的MBA课程，努力为学生提供向知名学者及工商界领袖学习的机会，以获取宝贵的经验。

综上所述，SFU正积极扩充商学系、计算机科学系、传媒系及其他科系的规模，并努力发展新兴学科。不过，该校的老牌热门学系如犯罪学、心理学、教育学和运动学亦不容忽视。这些学系的水平甚高，极受加国学术界和业界的推崇。

拥有国际化视野

全球化趋势正在席卷全球，世界各国在政治、经济及文化各方面的交流与合作越来越密切。SFU积极致力于开拓国际学术交流和合作的新领域，使学生拥有更开阔的视野。除了在学实习计划提供本地和海外的工作机会外，校方还和全球28个国家的114所大学签订交换生计划及合作协议，为学生提供更多学习多国文化和技术的机会。SFU一向十分欢迎国际学生，校内来自100个不同国家的600多名国际学生，将各国的文化、风俗和传统带到这片学习的净土，不同背景的学生互相学习、互相交流，彰显加拿大多元文化的精神。

背景资料：

创校年份： 1965

全日制学生： 11,451

业余学生： 12,209

国际学生： 2,154(中国学生383)

大学类别： 综合类大学

营运方式： 公立

注册处地址：

Director of Admissions
Office of the Registrar
Simon Fraser University
8888 University Dr.
Burnaby, BC
V5A 1S6 Canada

网址： www.sfu.ca

电话： 1-604-291-5428

奖学金及经济援助办事处：
1-604-291-4356

校舍： 本那比(Burnaby)总校区：
占地174公顷
温哥华(Vancouver)市中心校区
素里(Surrey) 校区
图书馆藏量：超过250万册藏书及期刊

教职员工： 教授274，副教授210，讲师视不同学期而定，职员1,027

本科入学要求：

学科成绩：

文科： 80%

理科： 80%

商科： 80%

工程： 80%

英语成绩：

TOEFL 230(CBT)+TWE 4.5

或TOEFL 570(PBT)

或IELTS 6.5

注： 如果申请者的TOEFL分数只有207(CBT)，但其他学术成绩理想，可获有条件录取，在修毕一个为期10星期的English Bridge Program英语研习课程后，即可入读学位课程

报名截止日期：

秋季入学： 2月15日

冬季入学： 9月15日

夏季入学： 1月15日

学费：

加国学生： 每学分145.20加元

国际学生： 每学分478.60加元

书本费： 两学期1,140加元

每月生活开支(约)：

大学宿舍连膳食： 900至1,100加元

校外自租房子(不包膳食)： 500至700加元，视所租房子大小而定，另膳食费约400至600加元

其他杂费： 300加元

医疗保险： 432加元/年

学系/专业：

6个学系提供约100个专业

大学排名：

Maclean's 2005年大学排名

综合类大学排名第三

研究院入学要求：

TOEFL iBT 88

TOEFL 230(CBT)+TWE 4.5

TOEFL 250(CBT)

或IELTS 6.5

个别学系要求申请者递交GRE/GMAT成绩

研究院课程学费：

加国和国际学生的学费相同： 每学分由145加元起

热门研究院专业：

商学系、教育系、犯罪学、心理学、人体运动学、计算机科学、大众传播学

所在城市数据：

城市： 本那比 (Burnaby)(位于大温哥华地区)

人口： 2,000,000

生活指数： 中至高

气温： 0℃ 至 25℃

5. 汤逊河大学 Thompson Rivers University

旅游专业享盛名
国际学生受欢迎

在加拿大，很多中学生在考虑升学时都有一个想法：从小型大学起步(Starting at a smaller university)，这反映了加拿大人普遍认为小型大学是修读学士学位或文凭课程的最佳选择。希望继续晋升研究院者，才以大型大学或有国际知名度的大学为目标。小型大学的优点体现在小班教学、师生关系密切，因此学生能够得到较多的照顾。位于不列颠哥伦比亚省内陆的汤逊河大学(Thompson Rivers University，简称Thompson Rivers)便是这样一所优秀小型大学，其教学成就深受学术界赞誉。

Thompson Rivers前身是学界口碑甚佳的Cariboo University College。该校升级为大学之后仍秉承优良教学传统，其老牌学系如护士学、新闻学、旅游管理学及社会工作系均是值得关注的热门学系。

在介绍Thompson Rivers之前，让我们先谈谈它的历史。1970年，不列颠哥伦比亚省漂亮的锦碌市(Kamloops)开办了一所全新的大专学院——Cariboo College，为内陆居民提供优良的社区学院教育。Cariboo发展得十分出色，办学水准不断提升。1989年，该校获省政府升格为Cariboo University College，与不列颠哥伦比亚省其他四所大学学院一同开办多元化的学士学位、文凭及证书课程。上世纪90年代开始，不列颠哥伦比亚省因移民人口急升，大学学位供不应求，开始兴建新大学(如UNBC，北不列颠哥伦比亚大学)，并将一些教学素质卓越的大学学院升级为开办更多学位课程的本科类大学，Cariboo便是其中之一。该校于2004年正式更名为Thompson Rivers University，并同时将不列颠哥伦比亚公开大学(BC Open University)收归旗下。不列颠哥伦比亚公开大学是一所主要开办远程课程的成人进修大学，其商业管理学系及健康学系水准甚高。

两校合并如虎添翼

Thompson Rivers与不列颠哥伦比亚公开大学合并之后，可谓如虎添翼。该校原来较有名的学系包括护士、社会工作、新闻及旅游管理等，加上公开大学的强势商业学系，成为一所较全面的小型大学。目前，该校共开办40个学士课程、34个副学士及文凭课程。所有副学士及文凭课程均可衔接学士课程，以阶梯式学制(Laddering)把着重实用技能的文凭课程和强调学术基础的学士课程结合起来，为学生提供更灵活的课程选择。

国际学生不妨考虑进修一些实用的专业文凭课程作为起步。该校最新的三年制呼吸治疗文凭课程和两年制计算机系统及管理文凭课程广受欢迎，学生毕业后可继续进修，申请将学分转移到健康科学学士课程或应用计算机科学学士课程。

民风淳朴，学习环境佳

Thompson Rivers位于漂亮宁静的不列颠哥伦比亚省内陆，民风淳朴，生活指数比大温哥华地区低，是学习英语和进行学科深造的好地方；加上该校以小班教学为本，国际学生得到老师更细心的照顾，这对刚刚抵达加国的学生适应留学生活可谓帮助不小。

Thompson Rivers的学科五花八门，其中不少还是创新的学系。国际学生在选科时，可同时从兴趣和未来发展前景两方面考虑。首先需要考虑的是选择自己有兴趣的科目还是力所能及的科目。若学生英语能力只属一般，可能不适合修读着重语言运用的文科如历史、政治或社会学等；如果数学能力不佳，则工程系和科学系都未必是你的目标学系。在前景考虑方面，则视国际学生毕业后想留在加拿大发展，还是返回原居地工作而定。目前，加拿大需求最大的行业包括：财务金融、会计、旅游、健康医护和计算机科学等。而在中国等亚洲地区近年急需人才的行业则包括金融财务、计算机科学及工商管理等。如果中国学生计划学成后回国，则不妨考

虑修读上述科目的文凭或学位课程。另外，旅游业和医疗护理等专业具备雄厚的发展潜力，在不久的将来会大受欢迎，同学们应多加留意。

中国经济增长越来越迅速，旅游业的发展亦相应不断加速，对专业人才的需求将大幅增加。随着中国经济的快速增长，国内人民生活水准逐步提高，对医疗护理服务行业人才的需求亦随之增加。在Thompson Rivers的热门学系中，上述两个专业均榜上有名。

此外，Thompson Rivers的旅游学专业亦享有盛名。该校开办的工商管理硕士(MBA)课程，便包括了旅游管理的专业。

Thompson Rivers积极致力于扩展国际教育，该校斥资1,100万加元兴建国际学生大楼，明确传达了该校对国际教育的重视程度。目前校内有850名来自47个国家的学生，这个数目预计会稳定增长。

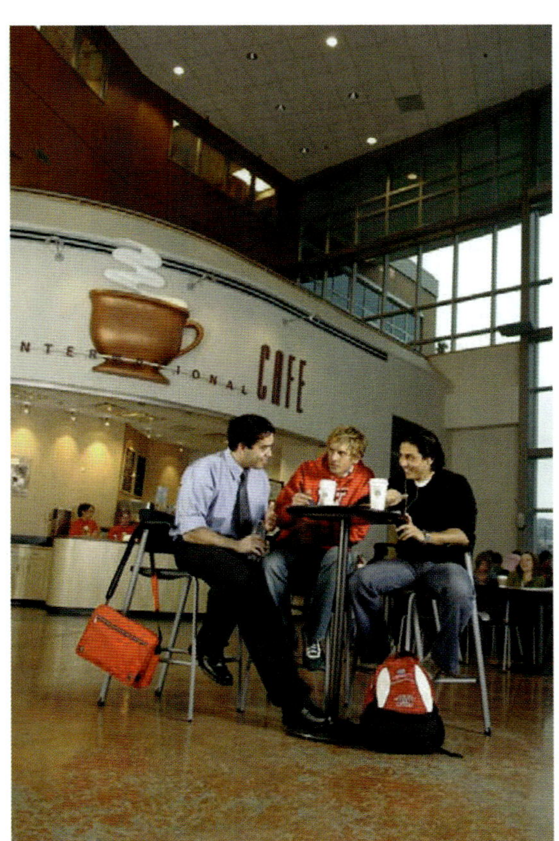

背景资料：

创校年份： 1970

全日制学生： 4,996

业余学生： 1,739

国际学生： 850

大学类别： 小型综合类大学

营运方式： 公立

注册处地址：
Admissions Office
Thompson Rivers University
P.O. Box 3010
Kamloops, BC
V2C CN3 Canada

网址： www.newuniversity.ca (设有中文版)

电话： 1-250-828-5071

奖学金及经济援助办事处： 1-250-828-5024

入学要求：

学科成绩：

文科： 中学毕业，英语12(English 12)最低为73%

理科： 中学毕业，英语12(English 12)最低为73%

商科： 中学毕业，英语12(English 12)最低为73%

工程： 73%—76%

英语成绩：

TOEFL 550(PBT)

或IELTS 5.5

报名截止日期：

秋季入学： 5月31日

冬季入学： 10月15日

夏季入学： 2月15日

学费：

加国学生： 每学分109加元

国际学生： 每学期6,000加元

书本费： 每学年1,500加元

每月生活开支(约)：

家庭寄宿计划(Home Stay)： 600加元

大学宿舍(不包膳食)： 320至375加元

校外自租房子(不包膳食)： 300至375加元，视所租房子大小而定，另膳食费约250加元

其他杂费： 150加元

医疗保险： 54加元

学系/专业：

设有9个学系，约100个专业

文学系

商学系

科学系

教育学系

高级技术及数学系

护士学系

社会工作及服务学系

旅游系

技术及科技系

热门学系/专业：

商业管理、英语、教育、护士、旅游及社会工作

所在城市数据：

城市： 锦碌市(Kamloops)

人口： 约7.7万

生活指数： 低至中

气温： -3℃ 至 30℃

科目涉猎广泛 尤以法律见长

维多利亚大学(University of Victoria，简称UVic)坐落于独具英伦风情的不列颠哥伦比亚省美丽的首府维多利亚市(Victoria)，与西门菲沙大学(Simon Fraser University)齐名，是西岸两所最优秀的综合类大学。该校一向以提供多元化和创新的课程而闻名，尤以出色的法律系和医疗信息科学课程著称。

UVic与不列颠哥伦比亚大学(The University of British Columbia)和西门菲沙大学最大的区别，是该校远离了繁嚣的大温哥华地区，置身于风景如画的温哥华岛。维多利亚的华裔人口远比温哥华少，国际学生有更多机会练习英语，并切身体验加国文化。

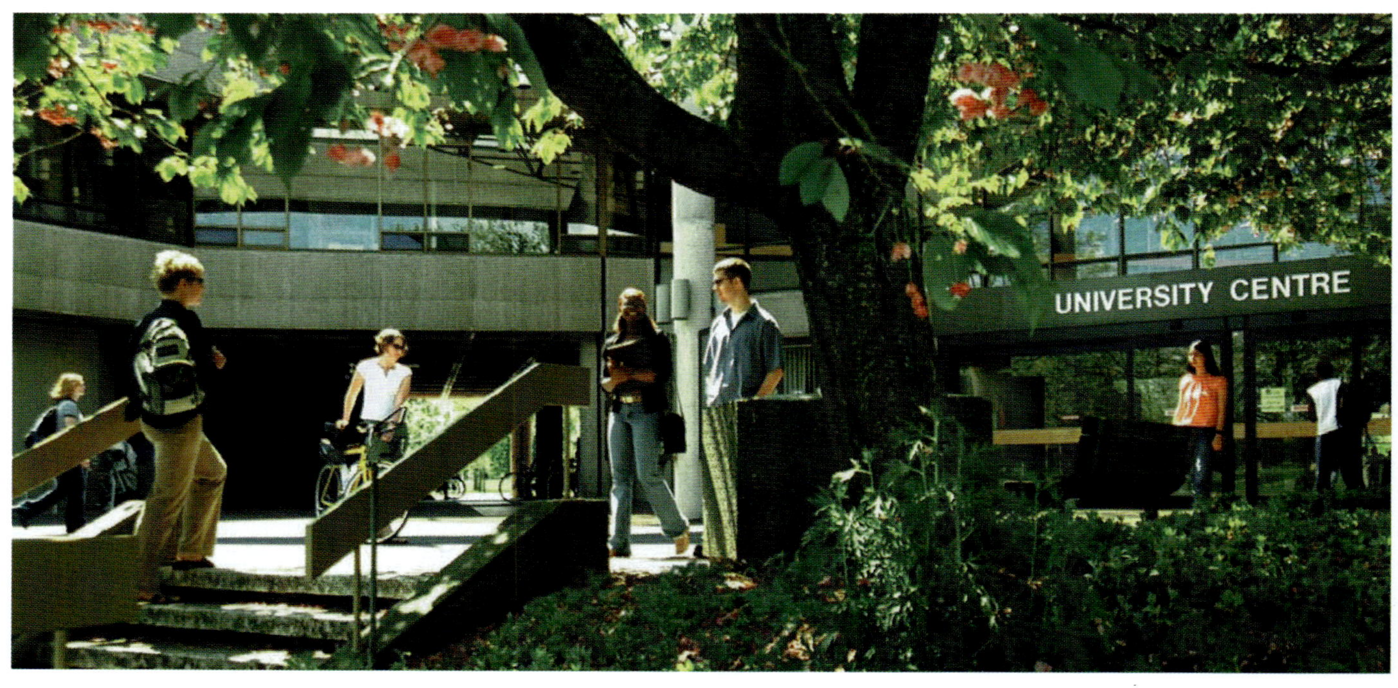

UVic早年是麦基尔大学(McGill University)在西岸的分校，1963年正式获得颁授学位的资格，成为一所独立的中型大学。自此，UVic开始稳步发展其各学系的规模，并开创众多新派学系和学位课程。至今，UVic已成为加拿大西岸最优秀的知名学府之一。

灵活的选科计划

学生一般在申请加拿大大学时，都会申明自己计划入读哪一个学系和主修哪一门学科。校方在录取新生时，也会列明该生被录取的学系和学科名称。不过，UVic的学生在规划个人学术专业时，得到比其他大学学生更灵活的自由度。该校的文科及理科生，在升读大学三年级时才需正式向校方申报主修的专业，在此之前，他们可自由修读多元化的课程，以便了解自己的兴趣和专长。到了大三，再决定将来要发展的学术领域。

事实上，很多学生在进入大学前，对自己未来所要从事的专业方向并没有清晰的概念，要他们在此时做出职业取向的人生重大决定委实有些早。有鉴于此，UVic灵活地让文理科学生在涉猎更广泛的学科后再确定主修科，这样不但有助于学生打好通

识教育和学科基础，也给学生认识自我、合理规划未来发展方向提供了充裕的时间。

独特创新的学科

UVic不乏创新的课程，例如人类及社会发展学系中的医疗信息科技、教育系的运动学、康乐及健康教育等。目前全球很多国家面临人口老龄化问题，同时，现代人也越来越重视健康问题，基于此，医疗信息科技及与健康有关的科技越来越受欢迎，这些专业的毕业生有着良好的就业前景。

与计算机有关的专业仍然是很多学生的热门之选。UVic的工程系开办了一个由多个学系合办的软件工程学学位课程。该校的计算机科学系学生还可修读生物信息学、心理学乃至艺术系等其他学系的科目，毕业时取得跨学系的学位。此计划鼓励学生积极涉猎多元化的学科，开阔学术视野，同时，增加自己的就业机会。

UVic的艺术系颇具规模，开办艺术史、音乐、戏剧、戏剧史、视觉艺术及写作的学位课程。老师为学生提供一对一的指导，激发学生的创意。

全加第三大在学实习计划

目前，UVic每年级有3,000名学生分别参与40多个在学实习计划，在学习课堂知识的同时，在真实的工作环境中实践所学，同时赚取薪金补贴学费开支。国际学生亦可参加在学实习计划，一展所学。

"I'm so glad I decided to come, since UVic has proven to be a wonderful place for learning. I've had a wide selection of courses, and really feel as though I have a thorough and diverse understanding of what it takes to succeed in business. I also love the city of Victoria. The weather here is mild. Also, the people here are great. There is a large international community on campus."

Sheila (Yan Lei) Xu
Bachelor of Commerce

该校的教育学系和工程系学生必须参与实习工作，否则不能完成学位课程。这一规定，确保了这两个学系的课程兼备学术性和实用性。

秉承麦基尔大学的优良传统，UVic的法律系有很高的水平，备受业内人士推崇。《加拿大律师杂志》(*Canadian Lawyer Magazine*)将该校的法律系列入全国最佳课程之一。该系开办了多门专业法律课程，包括环境法、原住民法及亚太平洋法等。法律系亦设有在学实习计划，派遣学生到政府机构及私人公司实习。UVic坐落于不列颠哥伦比亚省首府，与省政府的司法及立法机构为邻，为法律系的学生提供最有利的学习环境。学生不但可选择在加拿大参与实习工作，更有机会前往28个国家，参与106项海外实习工作。

UVic近年仿效UBC，规定所有新生必须报考语言熟练指数(Language Proficiency Index，简称LPI)考

试，这意味着该校对英语的入学要求提高了。有意入读UVic的国际学生，除了报考TOEFL或IELTS之外，必须同时为LPI做好准备。

母语为非英语的国际学生必须符合该校的英语招生标准，同时，所有学生在入学时均需接受LPI英语考试，并需考获LPI第六级的成绩，方可于首学期报读一年级必修的两科英文课。如果学生未能达到此标准，可继续重考，但必须在修满30个学分(等于大学一年级的课程)前考获LPI第六级，否则便无法修读二年级的课程，也等于毕业无望。

在不列颠哥伦比亚省省试英语12(English 12)平均成绩高于86%的学生，无需申报LPI成绩，可直接选修大学第一年的英语科目。大部分来自中国的学生，可能都是直接以国内中学毕业或大专成绩报读UVic，所以需要投考LPI的可能性很大。LPI比TOEFL和IELTS更为艰深，因此学生必须用功研读才行。详情可浏览LPI官方网站：www.lpi.ubc.ca。

UVic目前共有约2,600名国际学生，其中1,200名就读学位课程，1,400名修读英语课程。校方还在积极努力，以接纳更多国际学生，并推动校园内的文化交流，让学生体验加拿大多元文化的特色。与此同时，校方亦不断扩建大学宿舍，以欢迎更多国际学生和来自省外的加国学生。

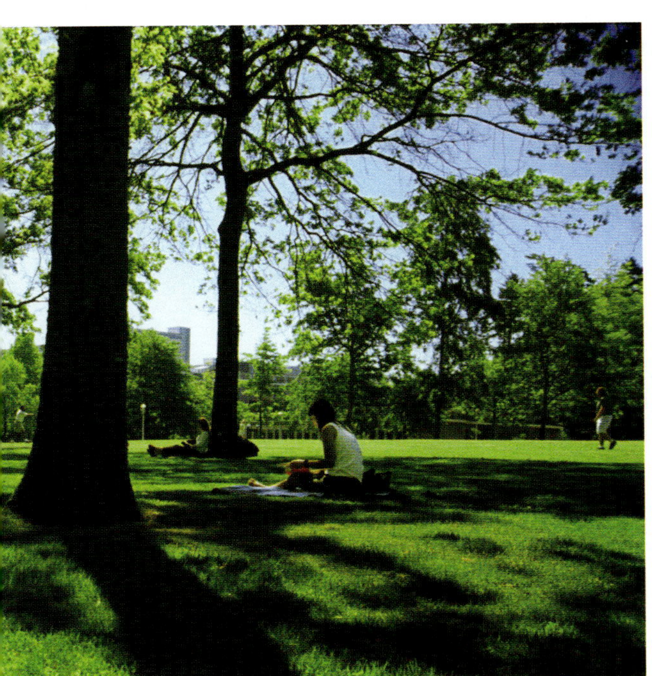

背景资料：

创校年份： 1963

全日制学生： 10,789

业余学生： 5,740

国际学生： 1,569(中国学生538)

大学类别： 综合类大学

营运方式： 公立

注册处地址：

PO Box 3025 STN CSC

Victoria BC

V8W 3P2 Canada

网址： www.uvic.ca/adms

电话： 1-250-472-5438

奖学金及经济援助办事处：
1-250-721-8423

校舍： 1个校舍，面积160万平方米

图书馆藏量： 180万册藏书

教职员工：
教授690名，讲师59名，职员3,178名

本科入学要求：

学科成绩：

文科： 76%

理科： 76%

商科： 73%

工程： 78%

英语成绩：

TOEFL 575(PBT)

或TOEFL 233(CBT)

或IELTS 7.0

LPI 第6级

报名截止日期：

秋季入学： 5月15日

冬季入学： 10月31日

夏季入学： 3月31日

学费：

加国学生： 每学分288.30加元

国际学生： 每学分933加元

书本费： 1,000加元

生活开支(约)：

校内宿舍： 每年6,500加元(包膳食)

校外住宿： 每年6,000加元(包膳食)

医疗保险： 每年236加元

学系/专业：

设有10个学系，超过200个专业

大学排名：

Maclean's 2005年大学排名

综合类大学排名第二

研究院入学要求：

TOEFL 575 (PBT)

或TOEFL 233(CBT)

个别学系要求申请者递交GRE/GMAT成绩

研究院课程学费：

加国学生： 硕士课程由7,485加元起

国际学生： 硕士课程由8,910加元起

热门研究院专业：

英文、历史、数学、心理学、法律

所在城市数据：

城市： 维多利亚(Victoria)

人口： 350,000

生活指数： 中至高

气温： 0℃ 至 29℃

以宗教底蕴　办优质高教

创校于1962年的西三一大学(Trinity Western University，简称TWU)是不列颠哥伦比亚省内唯一由教会经营的小型综合类大学，校舍设备完善，学术水平不俗，接受非基督徒及国际学生申请入读。

TWU设有五个学系：文学系、理学系、商学系、教育系及人体运动学系，总共开办38个本科课程及13个研究院课程，还有专设的神学院，与省内其他神学院合作开设研究院课程。

TWU位于距离温哥华(Vancouver)约45分钟车程的兰里市(Langley)，校园占地约640,000平方米。兰里市是温哥华近郊的农业地区，环境宁静安全，四周是广阔的农田和茂密的森林，国际学生在紧张学习之余也得以尽享大自然风光。该市亦是省内基督教气氛比较浓厚的地区之一，民风保守。

1961年，一群北美播道会的热心人士购买了兰里的一个农场，并在那里兴建了三一初中(Trinity Junior College)，希望通过办学，将宗教理念传扬开去。该校于1972年改名为Trinity Western College，13年后被不列颠哥伦比亚省政府认证，正式升级为Trinity Western University。

以宗教理念为办学基础

TWU的办学宗旨是以基督教理念为本，通过提供优质的高等教育，培育具有领导才能和社会责任感的专业人才。该校设有下列五大学系，共提供38个本科专业课程：

西三一大学 Trinity Western University

(1) 文学系：设有传统的文科专业，包括经济、政治、社会学、心理学、历史、地理、人文科学、现代语言、音乐、国际研究、跨文化宗教研究及圣经研究等。

(2) 理学系：除了数理化专业以外，还提供计算机科学、环境研究等主修科目。

(3) 商学系：开办工商管理学士课程，内容包括会计、财务和市场学等。

(4) 教育系：设有中学及小学教育学士课程。

(5) 人体运动学系：人体运动学系是较新派的专业，主修内容包括体育、运动及康乐管理、运动学及运动治疗等。

校方亦提供13个研究院课程，其中的辅导心理学硕士、领导学硕士及英语教育硕士课程均颇受欢迎。

继续教育部门开办多样化的ESL英语课程，包括学术英语进阶课程及短期的暑期英语班。校方分别在温哥华及多伦多设有英语教育中心。

校园学习气氛浓厚

TWU采用小班教学，学生与教授的比率为13.5：1，80%以上的教授拥有博士学位。在宁静的西三一校园里，可见到学生三五成群地在讨论功

课，学习气氛和谐，师生关系亦十分密切。目前，该校约有3,500名学生，其中71%是加国居民，21.7%是美国学生，其他国际学生则占7.3%。校方在致力提升学术素质的同时，亦积极开创一个更完善和先进的学习环境，并提供周详的学生支持服务。不论学生是否基督徒，TWU都是不列颠哥伦比亚省公立教育体制以外一个独特的选择。

背景资料：

创校年份：1962

全日制/业余学生：3,500

大学类别：教会办大学

营运方式：宗教所属

注册处地址：

Admissions

Trinity Western University

7600 Glover Road

Langley, BC

V2Y 1Y1 Canada

网址：www.twu.ca

电话：1-604-513-2019

奖学金及经济援助办事处：

1-604-513-2031

校舍：占地64万平方米

图书馆藏量：书籍及期刊超过20万册

本科入学要求：

学科成绩：

中学成绩达GPA 2.5 (67%)

英语成绩：

TOEFL 230(CBT)

或TOEFL 570(PBT)

报名截止日期：

秋季入学：2月28日

学费：

加国学生：每学分513加元

国际学生：每学分513加元

书本费：每学期约400加元

每月生活开支(约)：

校外自租房子(不包膳食)：500至800加元，视所租房子大小而定

膳食费：350加元

其他杂费：150加元

医疗保险：54加元

学系/专业：

设有5个学系，共38个本科课程及13个研究院课程

文学系

商学系

理学系

教育学系

人体运动学系

研究院入学要求：

TOEFL 620—650(PBT)

个别学系要求申请者递交GRE或GMAT成绩

研究院课程学费：

加国学生：每学期约5,808加元

国际学生：每学期约5,808加元

热门研究院专业：

辅导心理学、圣经研究

所在城市数据：

城市：兰里(Langley)

人口：90,000

生活指数：中

气温：0℃ 至 30℃

艺术设计名校　引领前卫时尚

艾米利卡尔艺术及设计学院(Emily Carr Institute of Arts and Design，简称Emily Carr)以加拿大具有代表性的女画家Emily Carr命名，是不列颠哥伦比亚省内历史最悠久的大专学院之一，在艺术及设计专业上享有盛名，被誉为西岸艺术界的前卫力量。

该校设有三个学系，分别是艺术系、设计系及媒体艺术系，均开办学士课程，内容强调理论与实践兼备；另外亦开设证书及文凭课程。Emily Carr热门课程包括视觉艺术、设计及计算机动画等。

Emily Carr位于温哥华(Vancouver)的格兰维尔岛(Granville Island)，该区是著名的旅游观光胜地，亦是文化艺术的温床，拥有众多画廊和艺术工作坊，充满独特前卫的艺术气息。Emily Carr校舍拥有设备齐全的教室、工作坊、实验室，还有画廊和餐厅，为学生提供先进和舒适的学习环境。

强调理论与实践兼备

校方开设多样化的学士、文凭及证书课程，内容强调课堂理论和实践的结合，学生必须完成指定的实习课程或项目，并有机会参与个人作品展览活动，以吸收多方面的经验。

该校学士课程分为下列三大类：

(1) 艺术学士课程：主修专业包括视觉艺术、普及艺术及摄影学。

(2) 设计学士课程：主修专业包括传讯设计及工业设计。

(3) 媒体艺术学士课程：分为计算机动画及综合媒体两个专业。综合媒体包括电影、录像、装置、表演、音效等数据媒体的学习。

所有学士课程的学生都必须修读首年的基础课程，吸收广泛的艺术及设计知识，熟练创作技巧，为将来的设计工作打下好的基础。

除上述的学位课程外，该校亦开办全日制及业余的文凭和证书课程，主修专业包括基础艺术学、二维(2D)设计、三维(3D)设计及基础设计学等。

课程内容与时俱进

Emily Carr以创意和前卫著称，并紧随社会和业界的发展，在课程内容上推陈出新，不断开拓新的专业。温哥华一向有加拿大的好莱坞之称，电影制作工业十分发达，因此该校的电影制作、媒体艺术、摄影等相关专业皆十分出色。此外，该校更是动画专业的先驱，其计算机动画课程已有30多年的历史，每年的毕业生均是业界的罗致对象。

Emily Carr已跻身加国最佳艺术学院之列，因此其招生要求十分严格，申请者在学术成绩方面必须拥有67%或以上的GPA；并需提交个人作品供校方评核，这是能否被录取的关键。因此，学生应精心挑选优秀的个人作品，以展现自己的艺术及创作才华。

来自非英语国家的海外学生，必须有良好的英语水平，TOEFL成绩需达570分(PBT)或230分(CBT)。Emily Carr要求所有新生在九月入学前，均需提交通过LPI(Language Proficiency Index)第四级的成绩，方可于首学期报读一年级必修的基础科目。如果学生在不列颠哥伦比亚省中学公开试中，英语12(English12)或英国文学12(Literature12)平均成绩高于80%，则可豁免LPI考试，直接选修大学第一年的基础科目。

背景资料：

创校年份： 1925

全日制学生： 1,000

业余学生： 300

大学类别： 艺术专科学院

营运方式： 公立

注册处地址：
Admission & Recruitment
Emily Carr Institute of Art + Design
1399 Johnston Street, Granville Island
Vancouver, BC
V6H 3R9 Canada

网址： www.eciad.ca

电话： 1- 604-844-3897 / 1-800-832-7788

奖学金及经济援助办事处：
1- 604-844-3897 / 1-800-832-7788

入学要求：

学科成绩：
平均达67%，另需提交个人作品

英语成绩：
TOEFL 230(CBT)
或TOEFL 570(PBT)
另加LPI Level 4的成绩

报名截止日期：

秋季入学： 1月15日

学费：

加国学生： 每学分109加元(全年两学期约需修读36个学分)

国际学生： 每学分319加元(全年两学期约需修读36个学分)

书本费及材料费： 每学期约1,250加元

每月生活开支(约)：

校外自租房子(不包膳食)： 450加元/月，视所租房子大小而定

膳食费： 450加元

其他杂费： 300加元

医疗保险： 54加元

所在城市数据：

城市： 温哥华(Vancouver)

人口： 2,000,000

生活指数： 中至高

气温： 0℃ 至 25℃

9. BC理工大学 British Columbia Institute of

西岸理工王牌　备受业界推崇

不列颠哥伦比亚理工大学(British Columbia Institute of Technology，简称BCIT)，位于加拿大西海岸美丽的大温哥华地区，是一所提供应用技术和高等教育的公立学府，是加拿大目前规模最大的综合性理工大学。BCIT提供各种全日制、非全日制高等教育以及职业技术培训教育课程。经BC省教育厅批准，拥有授予荣誉博士、应用硕士、技术学士、大专、结业证书和行业上岗资格证书的资格。

BCIT有包括计算机及信息技术、商科、工程及应用科学在内的400多个专业。

BCIT建校于1964年，现有近5万名在校学生和2,000多名教职员工，年度预算为2.4亿加元。BCIT作为加拿大一流的高等教育学府，以向工商业界提供高品质的人才而著称。BCIT紧盯全球市场，通过卓越的应用型教育、培训及科研活动，为学生建造成功就业的广阔平台。其应用型教育常被加拿大各行业用做招聘专业技术人才的标准。

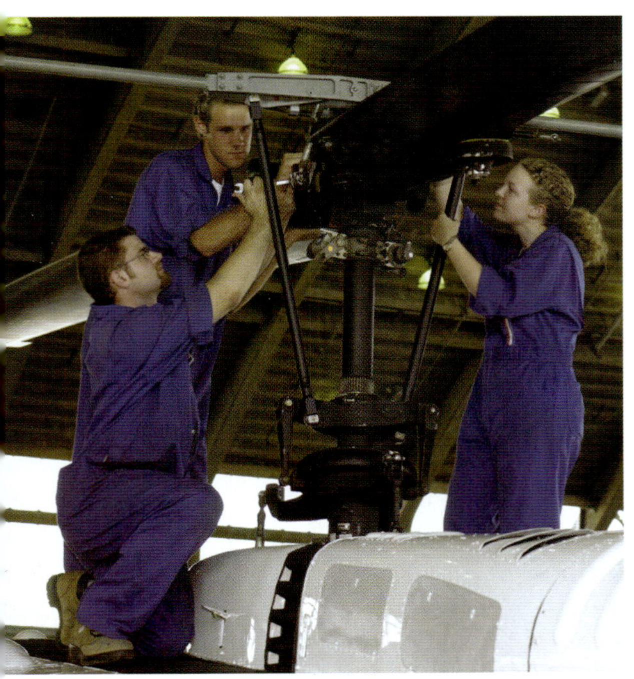

Many people say BCIT is really good, and employers from many industries know BCIT well. I think international students can have a really different experience here. In my class, there are students from China, Japan, Korea, Iran and the Philippines. Teachers are very professional, and they have real experience in their areas, so we learn a lot from them.

Ji-eun Yu,
International student,
South Korea

BCIT致力于与工商业界建立稳固的合作关系，通过由各行业代表组成的专业指导委员会，不断更新学校的教学大纲和课程设置，以适应日新月异的市场需求。专业设置每年交由专业指导委员会全面评估并提出改进方案，培养目标根据就业市场变化适时调整，每年度教材的平均更新率达6%，有些专业高达30%。该制度在加拿大独一无二，在BCIT已延续近40年。

毕业生就业率高达90%

BCIT绝大部分的学生在毕业后不久就能找到合适的专业工作，其就业率在全加大专院校名列前茅。BCIT实用的教学理念，使雇主对BCIT的毕业生总是投下信心十足的一票。

BCIT部分院系一览

- 计算机分院：计算机、法医与鉴定科学等
- 商学院：工商管理、广播传媒、财务管理、运营及物流管理、市场营销、新媒体等
- 机械制造与电工电子分院：电工电子、机械制造系、自动化控制、机电一体化等
- 建筑工程与环境分院：包括建筑工程、环境与自然资源、土木工程等
- 运输分院：包括航空、航海、汽车等
- 卫生科学分院：包括基础医学与卫生、食品生产与安全等

课程多元化

包括全日制(Full Time)、非全日制(Part Time)及远程教育(Distance Education)等授课方式，课程中有60%是基础知识及实用型的案例研究，其余40%是实际的职场训练。BCIT有些全日制课程(Full Time Programs)具有在学实习计划(Co-op Program)或其他形式的实习机会，使学生得以在真实的工作环境里应用课堂知识，了解加拿大的工作环境与职场文化，在提高操作水平的同时，增强人际交往能力。

国际化

BCIT现有来自世界各地40多个国家的学生，努力为国际学生在这个多元文化的社区中学习和生活提供各种机会，帮助他们为未来的事业发展奠定坚实的基础。

特设英语强化课程

母语非英语的全日制学生必须达到校方的英语入学要求，若学生英语水平未能达标，则可申请入读英语要求较低的英语强化专业课程，课程的内容与常规课程一样，但导师更注重学生英语应用能力的训练，以帮助他们更快衔接专业课程，融入本地工作与学习环境。

背景资料：

创校年份：1964

全日制学生：15,500

业余学生：32,500

国际学生：825(中国学生325)

大学类别：理工学院

营运方式：公立

注册处地址：

British Columbia Institute of Technology

3700 Willingdon Avenue

Vancouver, BC

V5G 3H2 Canada

网址：www.bcit.ca

电话：1-604-432-8816

奖学金及经济援助办事处：新生没有奖学金可供申请

校舍：有5个校园。总占地230,511平方米

图书馆藏量：

书籍及期刊超过152,000册

教职员工：全职教职员1400名，兼职教职员600名

入学要求：

学科成绩：

视各学系而定，一般文凭及证书课程的要求是中学毕业

英语成绩：

TOEFL 550(PBT)

或TOEFL 213(CBT)

或TWE4.5

或IELTS 6.0 (Writing6.0)

BC Grade 12

BCIT Entrance Test

其他：TWE 4.5

报名截止日期：

秋季入学：5月30日

冬季入学：9月30日

夏季入学：1月30日

绝大部分专业不设固定报名截止日期，但要求最少在学期开课前半年递交申请表。部分专业有报名截止日期，详情请查阅BCIT网站

学费：

国际学生平均学费每年约14,500加元，相当于每学分250加元

书本费：每学期约300-500加元

每月生活开支(约)：

寄宿家庭(Home Stay)：700加元

大学宿舍(不包膳食)：410加元

校外自租房子(不包膳食)：600—1,000加元，视所租房子大小而定

膳食费(校内)：300加元

膳食费(校外)：300加元

其他费用：200加元

医疗保险：54加元

学系/专系：

设4个学系，提供约400个专业课程，分别提供本科学位，大专文凭和岗位证书课程

热门学系/专业：

计算机及信息技术、商科、工程

所在城市数据：

城市：温哥华(Vancouver)

人口：2,000,000

生活指数：中至高

气温：0℃ 至 25℃

10. 卡莫森学院 Camosun College

兼顾理论实践　涵盖文理商科

位于不列颠哥伦比亚省首府维多利亚(Victoria)的卡莫森学院(Camosun College，简称Camosun)开设多样化的专业课程，教学上强调理论与实践兼备，很多专业均包含与业界合作的在学实习计划(Co-op Program)，帮助学生学以致用并拓展社会关系。国际学生亦可参与在学实习计划。

Camosun设有四大学系：文理系、商学系、健康及社会服务学系和职业及科技学系，开办四年制的本科学位、两年制副学士课程、一至两年制文凭及一年制证书课程。校方十分欢迎国际学生，为国际学生的学习与生活提供完善的服务。

逾30年历史的Camosun学院现有学生约18,000人，其中8%是来自40个国家的国际学生，校园内洋溢着多元文化的色彩。Camosun由两个校区组成：主校区是位于邻近维多利亚市中心的兰斯登校区(Lansdowne Campus)，主要提供大学预备课程及大学学分转移课程；而位于离市区以北约15分钟车程的印塔尔邦校区(Interurban Campus)则主要提供职业技能培训课程。

Camosun设有以下五大学系：

(1) 文理系：除开设大学学分转移课程外，亦提供传统的文、理学科，例如应用化学及生化学、大众传播学、环境科技、刑事司法及音乐等专业。大部分是一至两年制的证书及文凭课程，但同时亦开办两年制的文、理副学士课程。

(2) 商学系：开办多元化的证书及文凭课程，主修专业包括市场学、会计学、金融财务学、旅游管理、高尔夫球场管理及公共行政学等，其中1/3的课程设有实习计划。此外，该系亦设有主修会计的四年制工商管理学士(BBA)课程。

(3) 健康及社会服务学系：专业包括社区服务员、牙医助理、护士、家居助理、幼儿教育等。

(4) 职业及科技学系：提供计算机工程、土木工程、机械工程、电子工程及多样化的技术培训课程。

(5) 语言及学术学系：提供完善的大学预备班，并开办英语作为第二语言(ESL)课程。ESL课程主要分为两类，第一种是学术英语研习，为期4个月，英语水平未达到入学要求的国际学生，可先入读这类ESL课程，修完后即可入读学分课程；第二类是短期英语课程(ESL Quickstart Program)，于每年7月至8月开办，为期7星期，费用约2,000加元，适合国际学生进行短期英语进修，强化听、说、读、写的能力。

Camosun采用小班教学，一般学分科目每班维持在30至40人之内，以确保学生得到教授的照顾和指导。校内大部分的文凭课程均可衔接省内及省外的大学课程，以便学生日后可继续进修，修读相关专业的学位课程。

背景资料：

创校年份：1971

全日制学生：6,720

业余学生：5,280

国际学生：700(中国学生160)

学院类别：社区学院

营运方式：公立

注册处地址：

International Admission
Camosun College
3100 Foul Bay Rd
Victoria, BC
V8P 5J2 Canada

网址：www.camosun.bc.ca

电话：1-250-370-3681

入学要求：

学科成绩：

各科不同，详情请查阅本校网站

英语成绩：

各科不同，详情请查阅本校网站

报名截止日期：

采取循环方式，先到先审核，没有截止日期

学费：

国际学生：每学期4,995加元

书本费：每学期100—200加元

每月生活开支(约)：

家庭寄宿(Home Stay)：700加元(包膳食)

校外自租房子(不包膳食)：350—400加元，视所租房子大小而定

膳食费：350—400加元

医疗保险：56加元

所在城市数据：

城市：维多利亚(Victoria)

人口：350,000

生活指数：中至高

气温：0℃ 至 29℃

11.卡比兰诺学院 Capilano College

新派课程　新派学府

创校于1968年的卡比兰诺学院(Capilano College，简称Capilano)近年迅速发展，积极开拓新派专业课程，尤以旅游及户外运动的专业管理课程最受欢迎。其四年制本科课程接受国际学生申请，毕业生无论选择留在加国还是学成回国，均享有很好的就业前途。

Capilano提供完善的大学学分转移课程(University Transfer Program)，学生在修完一定学分后可申请入读省内以及省外的大学，或可用两年时间修完副学士学位。此外，校方亦提供多元化的专业及职业培训文凭及证书课程，学生可根据自己的专长和事业目标进行选择。

Capilano学院位于北温哥华市(North Vancouver，简称北温)，距离温哥华约20分钟车程，交通十分方便。北温是一个宁静的商住社区，治安良好。Capilano虽然不设校内住宿，但北温市内有很多房屋或公寓可供出租。

Capilano主校区坐落于北温半山腰，四周绿荫围绕，景色宜人；另外两个校区分别位于北岸的史高米殊(Squamish)及阳光海岸(Sunshine Coast)。三个校区所在地均是不列颠哥伦比亚省的热门旅游地区。有利的地理位置为该校强于旅游业的相关专业课程奠定了基础。

积极开拓新派课程

Capilano开办的课程以实用见长，近年致力开设新专业，涵盖文、理、商和艺术多方面，主要分为以下六大类：

- 旅游及户外运动
- 商业及专业管理
- 健康及教育
- 应用艺术
- 文科(大学学分转移课程)
- 科学及技术(大学学分转移课程)

上述学系分别提供本科学位、副学士、文凭及证书课程。Capilano目前共开办四个独特的学位课程，其中最热门的首推旅游管理学士课程。

该课程强调理论与实践兼备，内容涵盖旅游业的营运、酒店行政及管理、户外运动的计划及管理等，力求为学生提供全面和实用的专业知识。其他旅游业相关课程还包括：户外运动管理文凭、节庆及活动策划证书、专业水肺潜水教练证书及户外领导证书等课程。

Capilano另一热门专业是商业管理课程，提供多样化的选择，包括四年制的工商管理学士课程和一系列文凭及证书课程，专业包括会计、法律事务助理、商业行政及市场学等。

独特的音乐治疗学士课程

该校其余两个本科课程分别是音乐治疗学士及爵士乐学士课程。音乐治疗是较新兴的专业——治疗师利用音乐和歌曲协助患者康复，此疗法对患有心理疾病及语言障碍的人士最有效。目前，Capilano是不列颠哥伦比亚省唯一提供音乐治疗第三及第四年本科课程的学校。该课程的学生中有40%是英语作为第二语言(ESL)人士，可见这个新派课程甚受移民或国际学生欢迎。校方规定，申请者必须拥有音乐训练的基础。医疗界人士估计，社会对音乐治疗师的需求将持续增长，该行业拥有甚佳的发展潜力。

此外，Capilano的电影、动画及戏剧等文凭课程亦颇具名气，校内拥有最先进的视听教材及设施，并提供艺术专业的后学士文凭课程。

整体而言，Capilano是一所十分完善的社区学院，师资优良，采用小班教学，学生得到悉心的照顾。校方亦十分欢迎海外学生，目前校内约有500名来自世界各地的国际学生，共同在这个风景宜人、设备完善的校园学习，充分感受加国的多元文化特色。

"Capilano College is a great place to meet local students and get quality education from the professors."

Debbie, China

背景资料：

创校年份： 1968
全日制学生： 7,200
国际学生： 560（中国学生178）
学院类别： 社区学院
营运方式： 公立
注册处地址：
Capilano College
International Student Centre
2055 Purcell Way,
North Vancouver, BC
V7J 3H5 Canada
网址： www.capilanocollege.ca
电话： 1-604-990-7863
1-604-990-7914

入学要求：

学科成绩：
文科： 高中毕业成绩平均为60%
理科： 高中毕业成绩平均为60%
商科： 高中毕业成绩平均(必有数学)为60%
工程： 高中毕业成绩及经过甄选
英语成绩：
TOEFL 560(PBT)
或TOEFL 220(CBT)
或IELTS 6.5

报名截止日期：

夏季入学： 8月31日
秋季入学： 11月30日
春季入学： 3月31日

学费：

加国学生： 每学分100加元
国际学生： 每学分375加元
书本费： 视课程而定，一般学科每学期100—300加元

每月生活开支(约)：

家庭寄宿(Home Stay)： 755加元(包膳食)
校外住宿： 500—1,000加元，视所租房子情况而定
其他杂费： 300加元
医疗保险： 54加元

所在城市数据：

城市： 温哥华(Vancouver)
人口： 2,000,000
生活指数： 中至高
气温： 0℃至25℃

12. 道格拉斯学院 Douglas College

开办多元课程　广纳国际学生

创校于1970年的道格拉斯学院(Douglas College，简称Douglas)是大温哥华地区发展最快的社区学院之一，目前约有12,000名全日制学生，分别修读副学士、文凭、证书及英语课程。校方积极发展大学学分转移课程(University Transfer Program)及多元化的专业和职业课程，力求通过多元化发展为学生提供更多选择。

Douglas十分欢迎国际学生，并提供配套的学业辅导与生活方面的服务，以协助他们尽快适应留学生活。该校设有国际学生奖学金，以表彰及鼓励成绩优异的国际学生。该校良好的学习环境和先进的教学设备，每年吸引约500名国际学生前来就读。

Douglas主校区位于新西敏市(New Westminster)，距离温哥华仅20分钟车程；第二校区建于1996年，坐落于亚裔移民喜欢聚居的高贵林(Coquitlam)。市内设施齐备，交通方便，距温市约35分钟车程。

该校课程以多元化和实用著称，国际学生可修读大学学分转移课程、专业及职业培训课程，和不同程度的英语作为第二语言(ESL)课程。

学分转移课程成绩显著

Douglas的大学学分转移课程甚具规模，而且成绩突出，每年约有1,000名学生成功转入省内或省外的大学就读，热门的选择包括省内最著名的三所大学：西门菲沙大学(SFU)，不列颠哥伦比亚大学(UBC)及维多利亚大学(UVic)。

修读学分转移课程的学生，可在完成一定学分后申请转入其他大学；亦可修完60个学分，在取得文/理副学士之后，再转入大学完成第三及第四年的学士课程。上述两个途径各具优点：前者可早一步进入目标大学，以适应大学的学习环境和文化；后者则可节省学费。社区学院的学费比大学低，而且多采用小班教学，对学术基础较弱的国际学生有较大帮助。

课程选择多元化

Douglas设有六个学系，提供学分课程及实用的职业培训课程：

(1) 商业管理学系：开办商业管理文凭及办公室行政证书课程，主修专业包括：会计学、工商管理、计算机信息系统、经济学、酒店及餐饮业管理、市场学、法律秘书及医务所办公室助理等。

(2) 人文及社会科学系：传统的学术专业包括人类学、犯罪学、地理、历史、人文科学、哲学、政治科学、心理学和社会学。

(3) 语文、文学及表演艺术：开办不少独特和创新的课程，包括大众传播、创意写作、专业写作、英语、现代语言(包括法语、汉语、日语、德语和西班牙语)、音乐、舞台设计及戏剧等。

(4) 科学及技术学系：包括传统的数、理、化专业，环境学，计算机科学，以及较独特的运动科学等。

上述四个学系绝大部分课程都欢迎国际学生申请，只有两个学系(儿童/家庭/社区学系及健康科学系)开办的课程暂时只供加国居民修读。

英语课程循序渐进

对来自非英语国家的学生，Douglas的英语最低要求是TOEFL 220分(CBT)，申请入读英语或写作课程的学生，最低要求则为235分(CBT)。如果申请者英语程度未达校方要求，可先修读ESL英语研习班，待打好语言基础后再攻读学分课程。

Douglas的ESL英语课程分为两大类，以配合不同人士的需要。第一类是学术英语课程，专为准备升读大学或学院的学生而设，内容强调训练学生运用英语进行学术写作、理解和分析的能力。第二类是短期英语强化课程，让学生有机会在一个全英语的环境中学习和生活，以加强听、说、读、写的能力，并进一步了解加国的风土民情，课程为期4至8个星期，于每年夏天举办，适合个人及团体参加。校方亦可为海外的学院或商业公司设计个别课程。

拥有欢迎国际学生的传统

Douglas拥有国际化视野，多年来与包括中国、日本和泰国在内的多个国家的学术机构进行学术交流，并签订交换生计划，在发展国际教育方面拥有丰富的经验。校方为国际学生提供完善的服务和支持，协助他们尽快适应加国生活。此外，为了鼓励成绩优异的学生，校方还设立了国际学生奖学金，每年在秋、冬季学期分别颁发20个1,000加元及40个500加元的奖学金。国际学生修完24个学分，并且拥有优异的学科成绩，就可争取奖学金的名额。

背景资料：

创校年份： 1970

全日制/业余学生： 12,000

学院类别： 社区学院

营运方式： 公立

注册处地址：

Centre for International Education
Douglas College
700 Royal Avenue
New Westminster, BC
V3L 5B2 Canada

网址： www.douglas.bc.ca

电话： 1-604-527-5006

入学要求：

学科成绩：

中学毕业或同等学力

英语成绩：

TOEFL 220(CBT)
或TOEFL 560(PBT)
或IELTS 6.5

报名截止日期：

秋季入学： 5月31日

冬季入学： 9月30日

夏季入学： 1月31日

学费：

加国学生： 每学分80加元

国际学生： 每学分375加元

书本费： 每学期500加元

每月生活开支(约)：

家庭寄宿(Home Stay)： 700加元(包膳食)

校外住宿： 500—800加元(视所租房子情况而定)

膳食费： 300加元

其他杂费： 150加元

医疗保险： 54加元

所在城市数据：

城市： 新西敏市(New Westminster)

人口： 2,000,000

生活指数： 中至高

气温： 0℃ 至 25℃

学制灵活创新　文理双向发展

菲沙河谷大学学院(University College of the Fraser Valley，简称UCFV)于1991年获不列颠哥伦比亚省政府批准升级为大学学院之后，主要与省内其他大学合作开办学士学位课程。不过，20世纪90年代中期开始，该校锐意创新，根据就业市场的发展和需要，打造了一系列全新的学士学位课程，以确保课程内容切合市场所需，学生毕业后能顺利找到专业工作。

UCFV另一个特点是坚持阶梯式(Laddering)教学制度。该校绝大部分文凭课程均等同大学头两年的课程，于是学生在取得文凭后，可根据个人能力和需要，考虑是否修读相关学术领域的大学第三及第四年课程，以考获学士学位。这个灵活的学制和课程规划，让学生在计划个人教育和就业发展上，获得更大的弹性和自由度。

在加拿大，大型大学以雄厚的教学资源和学术传统吸引学生，而小型大学或大学学院则以创新的学系和灵活的学制来保持优势，UCFV便是其中一个成功的例子。

学士课程灵活结合文、理专业

一般的大学，各学科均独立地开办专业课程，虽然偶尔会涉及跨学系的课程，但主动权掌握在校方手上，学生基本上完全处于被动。然而UCFV的普及研究学士课程(Bachelor of General Studies Program)却将这个主动权交到学生手上，让他们根据个人事业发展的目标，修读不同领域的专业。例

如，某学生希望能在应用生物科技行业发展，他可能同时需要生物科学和商业管理的知识，于是他可将学习范围集中在这两个专业上，以考获普及研究(General Studies)学士学位。

首创航空商业管理学士

UCFV很多学士课程均灵活地将偏重学术研究的文科或商科与强调应用实践的理科或工科专业相结合，从而创办出一系列既有学术基础，又有实用价值的独特专业课程。该校的航空商业管理学士课程(Bachelor of Business Administration in Aviation)是全加拿大首个成功地将理科的航空学融入商科的管理课程。这个课程是校方与业界沟通合作之下的成果。传统的航空学隶属理学系或工程系，学生虽然拥有丰富的理工基础，但毕业后在工作上往往会遇到很多商业管理的问题，倘若没有管理知识，便难以胜任。再者，拥有学士学位的航空业专才，将来有很大机会晋升管理阶层，需要学习一定的商业管理知识，以应付工作所需。UCFV的航空管理学士课程便是在这种业界的需求和推动下应运而生的。

灵活的阶梯式学制

UCFV前身是一所开办多元化实用专业课程的社区学院，时至今日该校仍然没有忘记这个办学传统，在开办学士课程之余，亦致力研发更多更实用和独特的职业培训课程，以争取双向平衡发展。

该校绝大部分两年制文凭课程，均可衔接大学学士课程的第三及第四年。修完文凭课程的学生，只要成绩理想，就可报读相关专业的学士课程，在规划个人教育及专业方向上有更大的灵活度。例如：两年制航空文凭课程可衔接上文所述的航空商业管理学士课程，刑事司法文凭课程可衔接刑事司法学士课程等。

这个阶梯式的学制对国际学生十分有利。国际学生初抵加国，英语程度和学科成绩可能未达到学士课程的标准，于是可先入读目标专业的两年制文凭课程，待完成后再申请转入学士课程的第三年。

多元化实用文凭课程

UCFV在过去多年不断开办新的证书/文凭专业课程，以顺应瞬息万变的就业市场需求。这些专业课程由于市场需求大，国际学生毕业后获雇主支持而成功申办工作签证的机会亦相应提高，因此不妨考虑修读。该校最新的课程包括一年制的专业厨师培训及飞机结构技工证书课程等。此外，该校的多项专业课程均设有在学实习计划(Co-op Program)，将课堂授课与在学实习相结合，大大开拓了毕业后的就业前景。

展望未来，UCFV将继续拓展新的学术和专业课程，提供更多元化与优质的教学服务。该校斥资300万加元创办了印加(Indo-Canadian)研究中心，并在此基础上开办了一系列全新课程。同时，该校与西门菲沙大学(Simon Fraser University)合办刑事司法研究中心，开办了首个硕士级学位课程。

UCFV亦积极开发国际教育，与多个国家的大学签订学术交流及合作计划。校内的国际学生来自全球70个国家，将不同国家的文化和传统带入校园，使校园呈现多姿多彩的国际化风貌。

背景资料：

创校年份：1974

全日制学生：5,798

业余学生：2,208

国际学生：451(中国学生246)

大学类别：大学学院

营运方式：公立

注册处地址：33844 King Road
Abbotsford, BC
V2S 7M8 Canada

网址：www.ucfv.ca/international

电话：1-604-854-4544

入学要求：

详情查阅本校网站

英语成绩：

TOEFL 88 (iBT)
或TOEFL 570 (PBT)
或TOEFL 230 (CBT)
或IELTS 6.5

报名截止日期：

职业课程：

秋季入学：4月15日

冬季入学：10月1日

夏季入学：2月1日

英语课程：

秋季入学：7月1日

春季入学：10月15日

夏季入学：3月15日

学费：

加国学生：每学分123.31加元

国际学生：每学分325加元

书本费：每学期1,300加元

每月生活开支(约)：

家庭寄宿(Home Stay)：650加元(包膳食)

校外住宿：500加元(视所租房子情况而定)

膳食费：500加元

其他杂费：400—600加元

医疗保险：76加元

所在城市数据：

城市：阿博斯福 (Abbotsford City)

人口：161,000

生活指数：低至中

气温：0℃ 至 30℃

本土风味浓郁 族裔和谐共勉

不列颠哥伦比亚省有两所专为原住民(亦称第一民族First Nations)而设的社区学院，分别是位于大温哥华地区的加拿大民族学院(Institute of Indigenous Government，简称IIG)和位于内陆的尼古拉谷理工学院(简称NVIT，详见第204页)。

IIG位于大温哥华地区的本拿比市(Burnaby)，拥有大城市的周边环境和美丽幽静的校园。该校近年拓展办学方针，提倡创造一个族裔和谐的学习环境，开始积极招收非原住民和国际学生。开办的课程包括大学学分转移及多项副学士及文凭课程。

IIG属于一所小型社区学院，采用小班教学，但课程的选择不多，主要分为副学士、文凭及证书三大类。

开办四个副学士课程

副学士课程的主修专业包括犯罪学、社会工作、原住民研究及普及文科。修毕犯罪副学士课程的学生，可直接转入西门菲沙大学(Simon Fraser University)攻读第三及第四年的犯罪学学士学位课程。获得社会工作或原住民研究副学士的学生，则可直接转入不列颠哥伦比亚大学(The University of British Columbia)修读相关专业的第三及第四年学士课程。

……我在IIG只需要8个月的英语学习就可直接读大学转学分课程了。想想再过两个月就可以读IIG的大学课程，真的是很高兴。我知道很多来加拿大的国际学生读了两三年英文还是不能进公立大学读书，觉得自己真的挺幸运的……我一定在IIG好好读书，一定转到UBC或SFU。

Tracy Xu

此外，学生亦可根据自己的兴趣和未来事业发展计划，在IIG选修大学头两年的学分课程，以取得文科的副学士资格。该课程要求学生修完20个大学一、二年级的科目，其中包括两科一年级英语、三科理科科目，以及其余15个包括文科、社会科学及人文科学在内的科目。校方提醒，已决定修读学位课程的学生，在修读副学士时应根据该学位课程的要求选修相关的基础科目，以免将来转入大学时才发现课程不衔接，白白浪费了时间和金钱。在选科上遇到任何问题，可向校方的学术辅导员咨询，他们会针对学生的情况提供详细的选科建议。

IIG其他课程还包括商业管理(文凭)及心理学(证书)。所有学分课程均可转入省内以至省外的大学和学院。

背景资料：

创校年份：1995
全日制学生：350
业余学生：200
国际学生：62(全部为中国学生)
学院类别：社区学院
营运方式：公立
注册处地址：
200-4355 Mathissi Place
Burnaby, BC
V5G 4S8 Canada
网址：www.all-nations.ca
电话：1-604-602-9555

入学要求：

学科成绩：
各科不同，请查阅本校网站
英语成绩：
TOEFL 550 (PBT)
或TOEFL 193 (CBT)
或完成ELIP
或IELTS 6

报名截止日期：

秋季入学：8月30日
冬季入学：12月15日
夏季入学：4月15日

学费：

加国学生：每学分91.67加元
国际学生：每学分350加元
书本费：每门课100加元

每月生活开支(约)：

家庭寄宿(Home Stay)：700加元(包膳食)
校外住宿：700加元(视所租房子情况而定)
膳食费：300加元
其他杂费：51加元
医疗保险：头两个月200加元，接下来每个月54加元

所在城市数据：

城市：本拿比(Burnaby)
人口：2,000,000
生活指数：中至高
气温：0℃ 至 25℃

扩展速度称冠　室内设计见长

昆特兰大学学院(Kwantlen University College，简称Kwantlen)，在不列颠哥伦比亚省低陆平原五个城市内均设有校区，堪称加拿大最具规模的大学学院，而且其扩展速度之快，亦属学界之冠。

Kwantlen的规模赋予它多向发展的基础，其创新的精神使它在过去二十多年开办了很多成功的新派学科。与其他大学学院一样，Kwantlen亦将发展重点放在实用性强的应用专业上，其应用设计学系(包括室内设计、平面设计等)不但誉满全省，更获得不少国际奖项。

Kwantlen社区学院于1981年在不列颠哥伦比亚省素里市(Surrey)兴建了第一间校舍，自此之后，该校发展迅速，先后在列治文(Richmond)、三角洲(Delta)、兰里市(Langley)及白石镇(White Rock)兴建新校区，并于1995年升级为大学学院，开始颁发大学学位。从Kwantlen五个校区的选址，可发现该校特别照顾新兴城市及郊区学生的教育需求。

Kwantlen的主校区坐落于低陆平原最大的城市素里市。该市早年是农业和工业重镇，人口稀少，但随着不列颠哥伦比亚省移民人数急剧上升，温哥

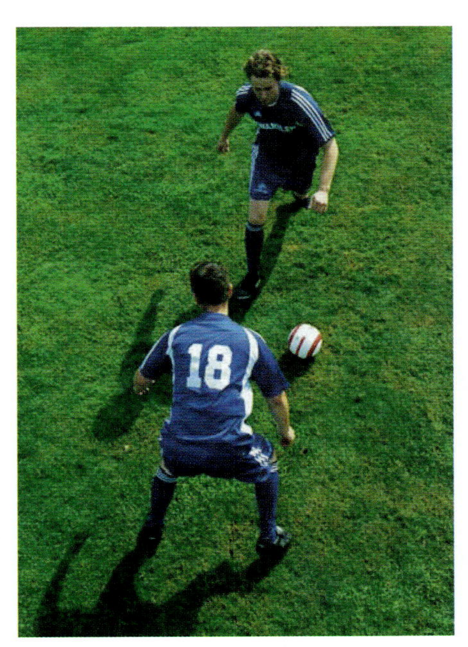

Studying Computer Information Systems with Co-op offers me a great opportunity to reach my goal to become a computer programmer or webmaster.

The Co-op mode gives me a chance to earn Canadian work experience while studying at Kwantlen.

Richard Yi Feng
China Computer Information
Systems diploma student

华变得地少人多，越来越多温市居民陆续迁入素里居住。目前该市约有35万人口，其中有不少是来自中国的新移民，成为低陆平原发展最快的城市之一。列治文则是不列颠哥伦比亚省亚裔人口最多的城市，在全市16万人口之中，60%是亚裔，其中约半数是华裔。市内到处都是充满亚洲特色的餐厅、超级市场和购物中心，有“小香港”之称。华裔国际学生在这里能轻易吃到家乡菜和购到所需的日常用品。不过，同样因为列治文亚裔人口太多，国际学生在这里练习英语的机会比在其他城市相对要少。如果想真正投入加拿大的生活，学生可选择到三角洲、兰里和白石镇的校区上课，在宁静的乡郊环境中体验加国文化传统。

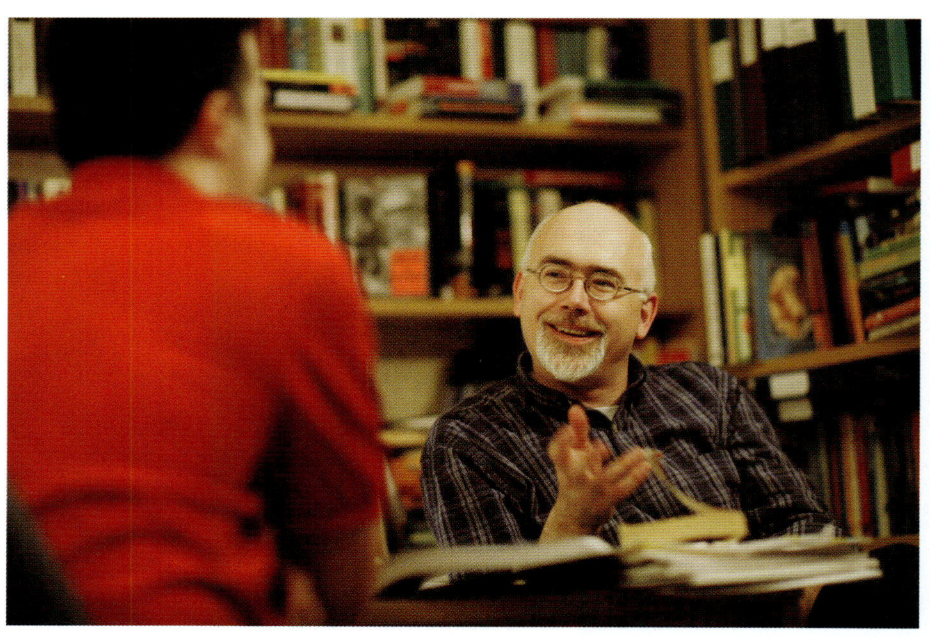

Kwantlen的办学宗旨是为不同背景、不同年龄的学生提供终身学习(Lifelong Learning)的机会，所以课程内容十分多元化，以配合学生的个人学习及发展目标。

该校的课程可大致分为三大部分：学位课程、应用技术课程及ESL英语课程。

室内设计学系优秀

在Kwantlen众多学位课程中，最负盛名的当首推其应用设计及大众传播学系(Applied Design and Communications)，其中尤以室内设计最出色，其学生曾夺取不少大型比赛的奖项，包括国际级的IDEC室内设计比赛大奖。近年中国地产市场发展蓬勃，对室内设计师需求快速增长，来自中国的国际学生不妨考虑修读室内设计系，无论将来回国还是留在北美发展，均有相当不错的就业前景。

Kwantlen于2005年秋季开办了四个全新的学士课程，分别是犯罪学学士、心理学学士、普及研究(General Studies)学士及一个双辅修专业(Double Minor)学士课程。

近年来，为了照顾每位学生独特的教育背景和事业发展目标，很多大学学院开始开办没有硬性规定主修专业的学士课程，称之为普及研究(General Studies)，鼓励学生根据自己的计划和目标选修不同专业的课程。Kwantlen在2005年创办了首个普及研究的学士课程。该课程的学生将在校方的专业辅导员协助下，根据自己的背景和专业发展目标，选择合适的跨专业课程，例如集中修读计算机学及商业管理，或是同时修读时装和心理学等。该校的双辅修学士课程，则是让学生在犯罪学、英文、历史和心理学四个领域中挑选两个作为辅修的专业，旨在为学生打下更广泛的学术基础。

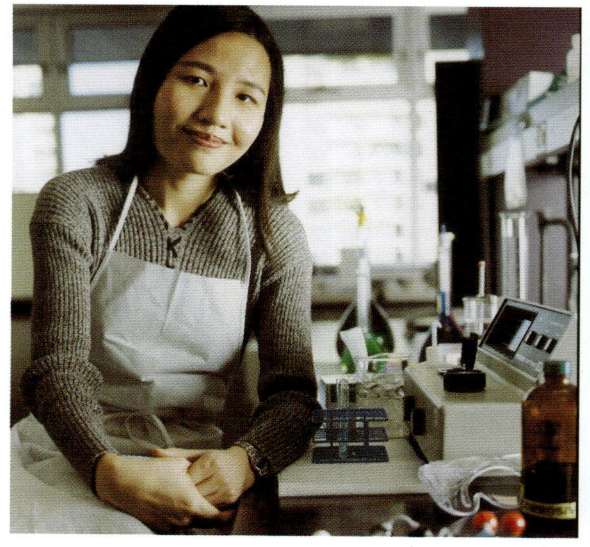

实用的专业技术课程

Kwantlen开办广泛的专业文凭及证书课程，其中尤以应用设计、新闻学、计算机信息系统、信息科技、刑事司法、会计及市场管理最为出色。该校采用阶梯式学制(Laddering)，即大部分两至三年文凭课程均可衔接学士第三年课程。例如修完新闻学文凭的学生，可申请报读应用新闻学学士课程的第三年；两年制犯罪学文凭课程的毕业生亦可申请转入四年制刑事司法学士课程。同样，正在修读四年制学士课程的学生，亦可在修完六个学期(等于头三年课程)之后，选择获取文凭而不再修读余下的一年课程。这个课程制度为学生的学习带来更大的弹性和灵活度。

完善的英语培训课程

Kwantlen提供15个ESL英语课程，并根据其程度分为四个级别，循序渐进地帮助学生提高英语能力，直至达到大学水平。国际学生可同时修读ESL课程及一些文凭或证书课程，待英语水平成熟以后再转入Kwantlen或其他大学的学士课程。该校在每年夏天均开办为期5个星期的英语沉浸课程(English Immersion Program)，让国际学生有机会短期强化英语及亲身体验加国西岸文化。

展望未来，Kwantlen仍然不断扩展，不断提升教学质量和开拓更多实用专业。素里校区斥资1,850万加元扩建其计算机房，并更新设备，安装最先进的计算机支持系统。该校第六个校区于2006年在高弗截市(Cloverdale)落成，为本地和国际学生建设一个完善的职业及技能培训中心。

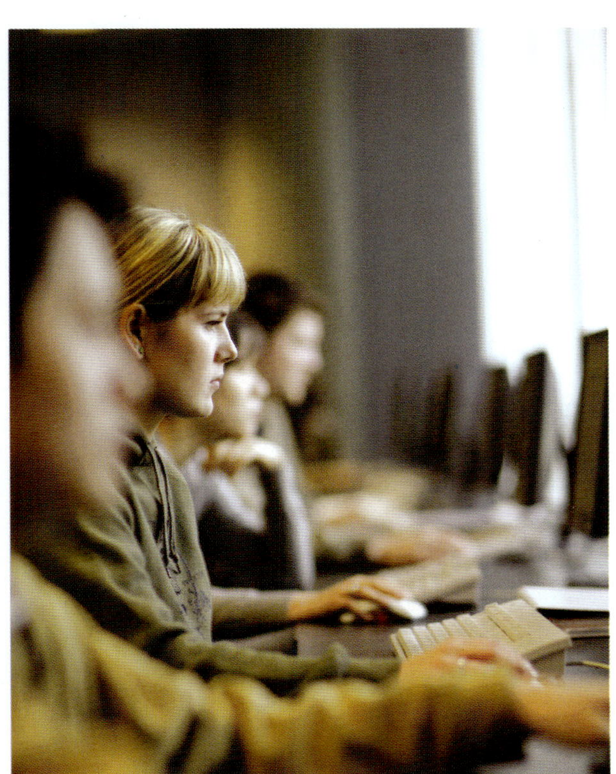

背景资料：

创校年份： 1981
全日制学生： 大约11,050
业余学生： 大约5,950
国际学生： 728 (中国学生339)
学院类别： 大学学院
营运方式： 公立
注册处地址：
Kwantlen College
12666-72nd Avenue
Surrey, BC
V3W 2M8 Canada
网址： www.kwantlen.ca
电话： 1-604-599-2534

入学要求：

学科成绩： 各学系录取标准不同

英语成绩：

TOEFL 550 (PBT)+4.5写作
或TOEFL 213 (CBT)+4.5写作
或TOEFL 59 (iBT，不计算会话分数)
或IELTS 6.5(每项最低为6分)
或完成本校英语中心的课程标准
(有的科系可能有特殊的语言要求)

报名截止日期：

秋季入学： 4月30日
春季入学： 8月30日
夏季入学： 12月31日

学费：

加国学生： 每学期为910加元
国际学生： 每学分为380加元，以每学年30学分计算，共11,400加元
书簿费： 每学期1,200加元
申请费： 120加元
注册费： 80加元
学生福利和牙齿保险计划： 179加元
其他费用： 115.40加元

每月生活开支(约)：

寄宿家庭： 700加元
校外自租房子(不包膳食)： 450—1,000加元，视所租房子情况而定
医疗保险： 54加元

所在城市数据：

城市： 温哥华 (Vancouver)
人口： 2,000,000
生活指数： 中高等
气温： 0℃至25℃

16. 兰加诺学院 Langara College

踏入名校跳板　进修职训皆宜

如果在温哥华(Vancouver)街头做一个抽样访问，调查在当地最为人熟知及教学质量最好的大专院校，兰加诺学院(Langara College，简称Langara)肯定榜上有名。创校于1965年的Langara学院，在过去30年来随着温哥华社会的变迁，由一所主要开办大学学分转移课程(University Transfer Program)的大专院校，发展成一所国际化及多元化的优质学府。其完备、灵活的英语课程，更成为不少留学生学习和了解加国语言、文化及生活的桥梁，帮助他们更顺利地融入新环境。

20世纪60年代至80年代的不列颠哥伦比亚省仅有三所公立大学：University of British Columbia, Simon Fraser University及University of Victoria。由于大学学位有限，中学生如果未能凭省试的成绩顺利跨入大学门坎，最简单的途径便是先入读大专学院的大学学分转移课程，修读将来升大学时希望主修的学科。比方说，如果学生希望将来在大学修读经济学，他可以先在大专院校学习有关大学所认可的经济学衔接学科，最多可修完60个学分(一般学士课程需120个学分)，在修读期间可凭校内成绩申请转入目标大学，一经大学录取，可直接入读大学一年级、二年级或三年级，要视所修得的学分数目而定。而Langara的大学学分转移课程是不列颠哥伦比亚省内各院校中最具规模的，其学生主要以转入省内龙头大学The University of British Columbia为目标。

进入20世纪90年代后，不列颠哥伦比亚省内先后有新大学落成，大学学位开始增加，国际学生的人数不断上升。而同时亦有更多公立及私立大专院校成立和开办大学学分转移课程。Langara开始调整课程的方向，在扩展大学学分转移课程的同时，开办了更多英语作为第二语言(ESL)课程及专业实用的职业培训课程(Career Program)，为国际学生、本地学生及在职进修人士，提供更多元化的学习途径和机会。

大学学分转移课程

目前，Langara的课程可分为三大类：大学学分转移课程(超过200个学科)、完善灵活的英语课程及广泛的职业培训课程。所有大学学分转移及英语课程均招收国际学生，而职业培训课程中则有22项可供国际学生申请入读。

目前，该校8,000多名全日制学生之中，约有80%修读大学学分转移课程，学分可获加国、美国以及世界各地众多大学承认。Langara的招生要求比颁授学位的大学低，留学生初抵加国之时，学科和英语的成绩可能未能符合目标大学的要求，可先以大专院校作为进阶阶梯，慢慢提高自己的学术成绩，为将来的升学路打下稳固的基础。

英语基础课程

Langara的英语课程分为以下四大类，可配合留学生的不同水平及进度：

"English is much more difficult than I thought it would be. To go through university study also can be quite challenging for me. However, as the popular LEAP saying goes: Nothing is impossible if you can finish four hours of homework each day! Enjoy your homework, enjoy your time in Langara, and then enjoy your university life."

Weijun Liu (Mumu)
China
LEAP program and University Transfer program

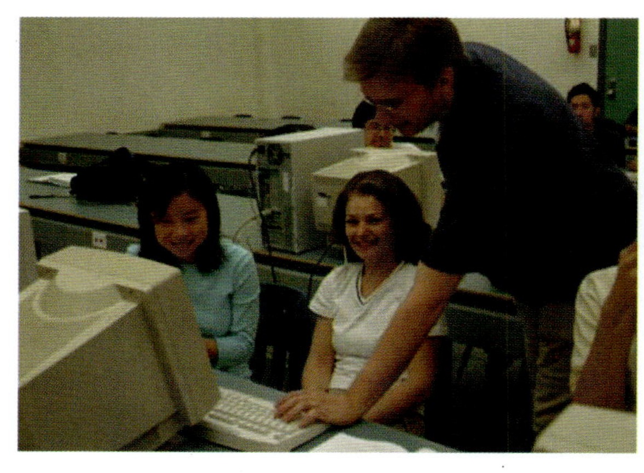

(1) 短期英语研习课程(Short Term English Proficiency，简称STEP)：每月月初开班，为期4个星期的密集式英语培训。每星期上课20小时，每班平均有12名来自世界各地的学生，分别从听、说、读、写四方面深入学习，目的在于帮助学生在最短时间内掌握使用英语的基本能力。

(2) 学术英语基础课程(Langara English for Academic Purposes，简称LEAP)：为期7个星期的英语课程，内容较STEP深入，旨在为准备升读大学或就读专业课程的学生打好学术英语的基础。

(3) 英语夏令营(Summer Immersion Program)：每年在6月及7月举行，期间国际学生会入住寄宿家庭，从日常生活中学习英语及西方国家的文化。为期5个星期的夏令营，学生们会沉浸在纯英语的环境中，通过各种形式的活动和课堂学习逐步加强英语的听、说、读、写能力。

(4) 团体英语夏令营(Group Program)：校方可为个别团体如大学、特定专业或文化机构度身定做为期两星期至四个月的英语进修课程，以迎合不同团体的需要。

职业培训课程

Langara开办的30项职业课程中，有22项向国际学生开放。该校的职业进修计划一向以实用著称，其中的计算机科技学、新闻学、商科及舞台艺术均有不俗的口碑。如果学生没有升读大学和获取学士学位的计划，修读实用课程获得一技傍身亦是一个很好的选择。Langara很多课程在招生前均会举办介绍性的讲座，让有兴趣的人士了解更多课程内容及毕业后的就业前景。大家不妨参加这些讲座，在获得更多信息后，再以自己的喜好和学成返国后的前景为考虑因素，选择最合适的课程就读。在加国境外的人士，亦可登陆Langara的网站，或联络该校国际学生部的职员，获取更详细的资料。

背景资料：

创校年份： 1965

全日制学生： 8,200

业余学生： 15,000

国际学生： 765（中国学生184）

学院类别： 社区学院

营运方式： 公立

注册处地址：
100 West 49th Avenue
Vancouver, BC
V5Y 2Z6 Canada

网址： www.langara.bc.ca/international

电话： 1-604-323-5023

入学要求：

学科成绩：
12年级或同等水平

英语成绩：
入读一般学科要求：
TOEFL 550 (PBT) +写作4
或TOEFL 213 (CBT) +写作4
或IELTS 6.5

或入读校方的ESL英语课程，并可同时修读学分课程

报名截止日期：

秋季入学： 5月15日

冬季入学： 9月30日

夏季入学： 1月31日

学费：

加国学生： 每学分75.5加元

国际学生： 每学分380.5加元

书本费： 每学年1,500加元

每月生活开支(约)：

家庭寄宿(Home Stay)： 700加元(包膳食)

校外住宿： 视地点、房屋大小和共多少人分租而定

医疗保险： 54加元

所在城市数据：

城市： 温哥华 (Vancouver)

人口： 2,000,000

生活指数： 中至高

气温： 0℃至25℃

学位文凭兼备　小镇大学风味

马拉斯宾娜大学学院(Malaspina University College，简称Malaspina)坐落于风光如画的那乃磨市(Nanaimo)，是温哥华岛(Vancouver Island)上唯一的大学学院。该校一向以具弹性的学制和多元化的专业课程著称，提供从中学十年级至大学硕士学位课程，并开办完善的英语作为第二语言(ESL)课程。Malaspina完备和实用的课程，让国际学生拥有更大和更灵活的选科空间，为他们铺砌一条更平坦光明的留学之路。

Nanaimo, the greatest natural beauty on Vancouver Island, is a fun place to be and also a quiet place for study. I totally enjoy the life here and the opportunity to join the exciting MBA program in Malaspina University College.As an International student, there are a lot of challenges of the program for us as well as an open window to the world. And I wish I can achieve the success in the future through the steps I am constructing today.

Diana Dai, from China, is currently enrolled in the MBA program at Malaspina University College

步入Malaspina大学学院的那一刻，你便会被其灵秀的校园风景所吸引，并感受到浓郁的学习气氛。事实上，无论是修读学位课程、实用的文凭或证书课程，还是学习英语基础课程，Malaspina都将是一个理想的选择。正如该校现任校长庄逊(Richard W. Johnston)所言："我们的办学宗旨，是要通过专业实用的职业课程和高水准的学位课程，帮助学生获得一技之长，以投身社会，或升读研究院继续深造。"

Malaspina的课程主要分为四部分

(1) 中学文凭课程

附属的Malaspina中学开办10至12年级课程，让未取得中学文凭的成年学生能修完加国中学课程，以投考大专院校。来自中国的学生亦可利用此课程作为衔接加国大专教育的桥梁。部分已中学毕业的中国学生初抵加国时，因英语能力或学科水平还没达到一般大专的标准，无法修读学位或文凭课程，可先入读中学部，在打好语言及学科基础后再投考目标大学。目前，Malaspina大学学院的学生中，约有35%是由其附属的中学部直接录取的。

(2) 专业文凭课程及职业培训证书课程

Malaspina前身是一所社区学院，开办了一系列专业实用的文凭及证书课程，其水准备受业界赞赏。一般证书课程为期一年至两年，主要是强调实际操作能力及实用性的职业培训课程(Vocational Programs)，例如健康护理、不同行业的生产员或技术员等。文凭课程则为期两至三年，主要教授较专业和较注重学术基础的技术课程(Technical Programs)，例如计算机科学、社会工作、酒店管理、农业生产等。

中国学生如果无意花费最少四年的时间修读学位课程，不妨考虑攻读一门自己有兴趣、回国后又有发展潜力的实用课程。中国经济体制改革多年，社会对商贸财经专才的需求固然高，但对一些在经济改革带动下蓬勃发展的服务业，例如旅游和酒店管理等，同样求贤若渴。Malaspina的旅游管理、酒店管理、体育及康乐管理等专业课程办得十分出色，并同时设有在学实习计划(Co-op Program)，帮助学生在学习的同时获得宝贵的工作经验。

(3) 学士课程

Malaspina被升级为大学学院后，部分有水准的优秀专业亦陆续开始颁授学士学位，其中包括商业管理学、计算机科学、旅游管理、幼儿和青年护理、教育、原住民研究及护士等专业。

另外值得一提的是，如果某一专业同时颁发文凭及学士学位，学生可选择直接报读文凭课程或学位课程。修读文凭课程的学生在完成两年课程后，如果决定继续学业以获得学士学位，可以文凭课程的成绩报读学位课程的第三年，再付出两年努力和时间，便可修完学士学位。如果学生在修完文凭课程后，决定改读另一个专业的学士课程，则校方可按两个专业的异同，决定让学生转移学分的数目。这个文凭—学士衔接的学制，让学生在规划自己的大专教育上获得更大的灵活度和自主性。

(4) 硕士课程

Malaspina的一项最新发展，是与英国University of Hertfordshire合办了两个工商管理硕士课程(MBA)，分别是Regular MBA及International MBA。Regular MBA(常规课程)供本科学士学位并非商科的学生入读；而International MBA(国际课程)则供已获得商学士的学生修读。

上述四大课程类别体现了Malaspina的灵活性和多元化，而该校的小班教学则是另一个深受学生喜爱和推崇的优点。在一般的大型大学，教授在宽大的演讲厅面对一两百名学生讲学的情况十分普遍，学生想单独向老师求教的机会并不多。Malaspina在小班教学的模式下，让师生有更多交流机会，促进彼此的了解；老师可细心观察学生的进度，学生亦更易于直接向老师求教。正因为这个原因，在校园内随时可见师生们像朋友一样相处，轻轻松松地坐在草地或餐厅聊天，彼此问候或认真讨论学习内容，到处洋溢着浓浓的小镇大学气氛。

国际学生是Malaspina十分重视的资产。该校深信，让来自不同国家的学生聚首一堂，一同学习知识和彼此的文化传统，是一个宝贵的交流机会。Malaspina有超过1,500名来自40多个国家的学生，过半数修读英语作为第二语言(ESL)的课程。鉴于不断增长的国际学生人数，该校斥资350万兴建国际教育中心，为学生们提供更完善和优质的大专教育。

背景资料：

创校年份： 1969

全日制学生： 10,000

业余学生： 5,000

国际学生： 800(中国学生300)

学院类别： 大学学院

营运方式： 公立

注册处地址：

Malaspina University College
900 Fifth St.
Nanaimo, BC
V9R 5S5 Canada

网址： www.mala.ca/international

电话： 1-250-740-6316

奖学金及经济援助办事处： 不适用于新生

校舍： 有4个校园。总占地37万平方米

图书馆藏量： 书籍及期刊超过16万册

教职员工： 教授500名，职员350名

入学要求：

学科成绩： 视各学系而定，一般文凭及证书课程的要求是中学毕业

英语成绩：
TOEFL 550(PBT)
或TOEFL 213(CBT)
或IELTS 6.0
或完成本校英语中心的课程标准

报名截止日期：

秋季入学： 7月15日

冬季入学： 11月15日

夏季入学： 3月15日

学费：

加国学生： 每学分114加元

国际学生： 每学分323加元，以每学年修读30个学分计算，每年平均学费为9,700加元

书本费： 每学年800加元

学生社会活动费： 每学年125.46加元

每月生活开支(约)：

家庭寄宿： 600加元

大学宿舍(不包膳食)： 355加元

校外自租房子(不包膳食)： 500加元

交通费： 公车月票47加元，停车月费7.5加元

医疗保险： 45加元

学系/专业：

设有6个提供学位的学院，共70个专业，分别提供学位、文凭或证书及大学转学分课程

热门学系/专业：

工商管理硕士
商业管理
旅游和酒店管理
艺术类
社会科学
计算机科学
数字传媒类
水产和养殖
人类学
室内设计

大学排名：

在全省学院及大学学院调查评比中名列第一

所在城市数据：

城市： 那乃磨(Nanaimo)

人口： 186,000

生活指数： 低至中

气温： 0℃至30℃

林木专业挂帅　拓展多样科目

创立于1969年的新卡里多尼亚学院(College of New Caledonia，简称New Caledonia)位于不列颠哥伦比亚省乔治王子镇(Prince George)，目前拥有学生约4,000人，以提供高品质教育和协助学生迎接社会及环境的挑战为办校宗旨。该学院提供多样化的大学学分、职业技术、大专文凭及证书课程。

乔治王子镇位于不列颠哥伦比亚省北部，拥有丰富的天然资源，以林木业、造纸业最发达。因此，New Caledonia学院亦配合社区及经济发展的需要，开办相关的专业及职业培训课程，为区内培养年轻的精英从业人员。除了与自然资源相关的专业外，该校的酒店及旅游管理、工商管理、多媒体及网页设计等学科，亦是国际学生选读的热门课程。

乔治王子镇距温哥华(Vancouver)东北约700公里，人口约80,000人，是一个宁静安全的乡镇，生活指数远低于大城市，是国际学生学习英语和适应加国文化的理想地方。区内共有两所大专学院，分别是北不列颠哥伦比亚大学(UNBC)及New Caledonia学院，两校在部分课程及设备上达成资源共享的合作计划，共同为北部地区提供优质和多元化的大专教育。事实上，很多就读于New Caledonia的学生，毕业后均升读UNBC以完成学位课程。

课程选择多元化

New Caledonia学院由7个校区组成，除主校区位于Prince George外，其余6个校区分别位于Quesnel、Burns Lake、Mackenzie、Vanderhoof、Fort St.

James 及 Valemount。开办的课程十分多元化，主要分为以下六大类：

(1) 大学学分转移课程：提供多元化的文、理学科课程，学生修完一定学分后，可申请转入省内或省外其他大学的相关专业。省内大学包括北不列颠哥伦比亚大学(UNBC)、不列颠哥伦比亚大学(UBC)、维多利亚大学(UVic)和西门菲沙大学(SFU)等。

(2) 工商管理及科技课程：开办一至两年制的证书及文凭课程，专业包括林木资源科技、地质信息系统科技、会计及金融、计算机信息系统、计算机绘图、工程设计科技、金融及投资、市场营销、酒店经营及管理、新媒体通讯及设计等。

(3) 学院基础课程：大部分属证书课程，包括英语作为第二语言(ESL)、幼儿教育、学院及就业预备和职业教育及培训等。

(4) 社区工商发展课程：目前率先开办了造纸及纸浆业证书课程，日后会继续开拓其他新课程。

(5) 健康科学及社会服务课程：包括牙医助理、牙齿卫生、家居护理、护士及社会工作等。

(6) 职业培训课程：提供一系列实用的职业课程，包括汽车维修、木匠、计算机/网络电子技术员、厨艺及水电维修等。

New Caledonia是一所公立的中型社区学院，设备完善，采用小班教学，每班平均有10至40名学生，师资良好，学习气氛浓厚。校园内处处洋溢着暖意融融的师生友好、朋辈关爱之情。

背景资料：

创校年份：1969

学生人数：4,500

国际学生：150(中国学生50)

学院类别：社区学院

营运方式：公立

注册处地址：

International Education Department
College of New Caledonia
3330 22nd Ave.
Prince George, BC
V2N 1P8 Canada

网址：www.cnc.bc.ca

电话：1-250-561-5857

奖学金及经济援助办事处：
1-250-561-5838

入学要求：

学科成绩：

申请入读大学学分转移课程的学生，必须完成12年级英语或达到同等水平

英语成绩：

TOEFL 213 (CBT)

或TOEFL 550 (PBT)

或IELTS 6.5

报名截止日期：

秋季入学：6月1日

冬季入学：10月1日

夏季入学：3月1日

学费：

加国学生：每学分215加元

国际学生：每3学分课程1,020加元

书本费：大学学分转移课程每学期约500加元

每月生活开支(约)：

家庭寄宿(Home Stay)：600加元(包膳食)

校内宿舍：335加元(不包膳食)

校外自租房子(不包膳食)：约500加元，视所租房子大小而定

膳食费：每天约10 — 15加元

其他杂费：200加元

医疗保险：60加元

所在城市数据：

城市：乔治王子镇(Prince George)

人口：80,000

生活指数：低至中

气温：-30℃ 至 30℃

服务原住民 兼顾外地生

加拿大的原住民被称为第一民族(First Nations)，受到政府的特殊照顾。不列颠哥伦比亚省建有两所为原住民而设的公立专科以上院校，分别是尼古拉谷理工学院(Nicola Valley Institute of Technology，简称NVIT) 和Institute of Indigenous Government(详见第188页)。

NVIT位于不列颠哥伦比亚省内陆，开办有20多个专业课程，学生中约75%是原住民，因此很多课程是针对原住民的文化和背景而设计的。事实上，NVIT并非国际学生的首选学校，但却可以选择在初到加国时在该校修读大学预备班及英语课程，先打好学术根基后，再转入理想的社区学院或大学。

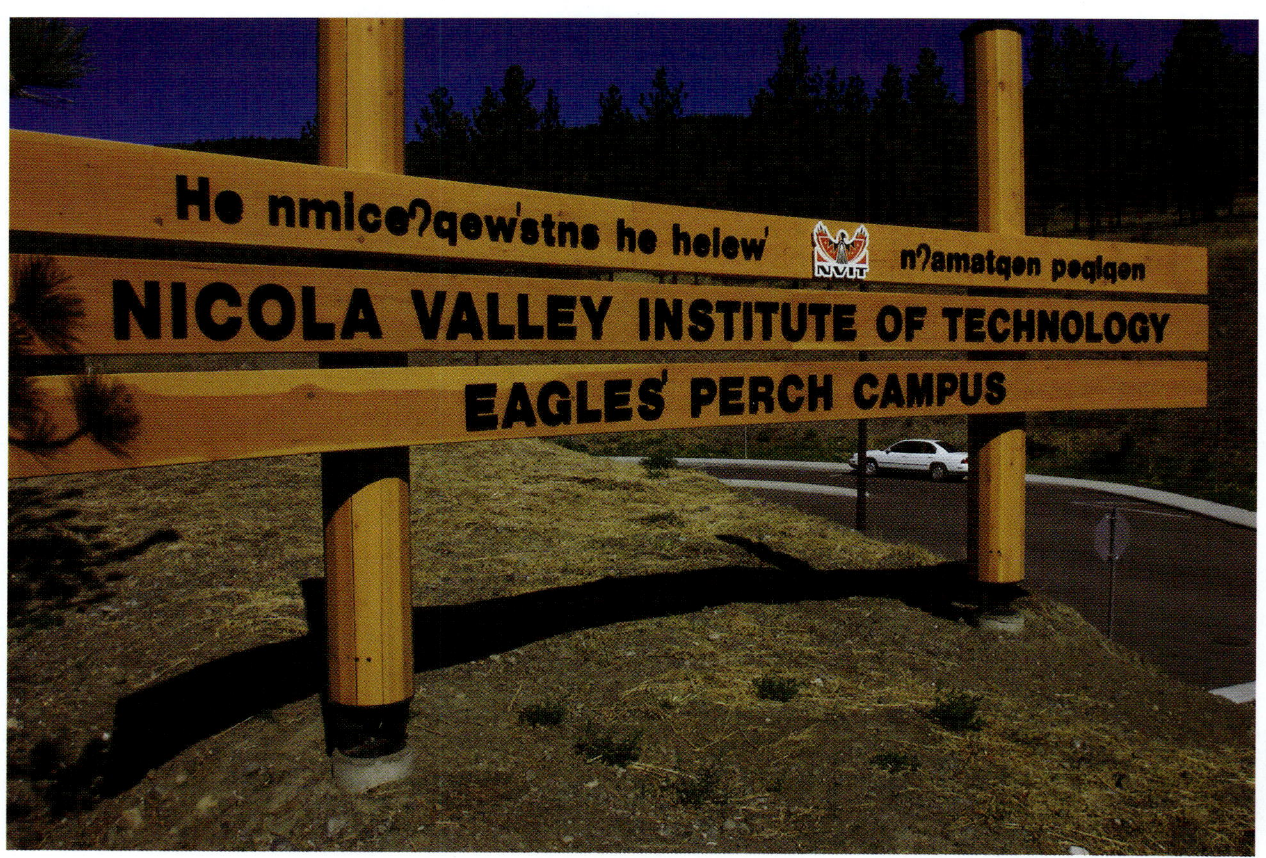

NVIT所在地不列颠哥伦比亚省内陆的马里特市(Merritt)，位于温哥华东北部270公里的尼古拉谷地区，人口约8,000人，环境宁静安全，风光如画，是区内的商业中心。该校最初是一所私立学院，于1983年创立，为内陆的原住民社区提供大专教育，1995年正式被不列颠哥伦比亚省政府列为公立大专学院，提供认可的证书、文凭及副学士学位。

新校舍设备完善

目前，该校共开设20项课程，约有550名全日制学生，其中75%是原住民，校方也招收国际学生。为了配合校方扩大招生的需要，NVIT的全新校舍于2002年落成，总面积达4,518平方米，耗资765万加元兴建，设备先进完善，为学生提供更优良的学习环境。

该校提供的课程可分为以下十类：

- 社会工作：社会工作学士是NVIT目前唯一开办的学士课程。
- 社区经济发展及行政：开办工商管理文凭及证书课程。
- 自然资源：自然资源技术证书及文凭课程。
- 社区教育：原住民社区发展证书、原住民公共行政学证书课程等。
- 原住民幼儿教育：开办相关证书课程。
- 信息科技：开办证书课程。
- 刑事司法预备班：提供证书课程。
- 原住民社区及健康发展：分别提供证书及文凭课程。
- 大学学分转移课程：提供多样化的学分课程，并开办英语、原住民及原住民妇女研究的文凭课程。
- 大学及学院预备班：提供成人高中课程。

综上所述，NVIT的课程主要针对原住民社区而设，较适合原住民学生，或有兴趣研究原住民文化的人士修读。同时，该校学费为每学分316.2加元，并不特别低廉，因此并非国际学生的首选学校。不过，初抵加国的国际学生亦可考虑先修读该校的大专预备班及大学学分转移课程，待打好学术及英语基础后再转入省内其他大学或专科以上学院学习。

背景资料：

创校年份： 1983
全日制学生： 约550
大学类别： 理工学院
营运方式： 公立
注册处地址：
Admissions Office
Nicola Valley Institute of Technology
4155 Belshaw Street
Merritt, BC
V1K 1R1 Canada
网址： www.nvit.bc.ca
电话： 1-250-378-3300

入学要求：

学科成绩：
中学毕业或同等学力
英语成绩：
TOEFL 213(CBT)
或TOEFL 550(PBT)
或IELTS 6

报名截止日期：

秋季入学： 7月31日
冬季入学： 11月30日

学费：

加国学生： 每学分66.30加元
国际学生： 每学分316.20加元
书本费： 每学期300加元

每月生活开支(约)：

家庭寄宿(Home Stay)： 550—700加元(包膳食)
校外自租房子(不包膳食)： 300—600加元，视所租房子大小而定
膳食费： 250加元
其他杂费： 150加元
医疗保险： 54加元

所在城市数据：

城市： 马里特(Merritt)
人口： 8,000
生活指数： 低
气温： -7℃ 至 28℃

护士专业开放 国际学生获益

创校于1975年的北岛学院(North Island College，简称N. Island)由四个校区组成，为温哥华岛(Vancouver Island)北部及邻近海岸社区提供大专教育及在职培训课程。

N. Island是一所完善的社区学院，开办超过100个大学学分转移科目、全面的英语作为第二语言课程(ESL)、多样化的专业及职业培训课程。随着近年不列颠哥伦比亚省对大专教育学位的需求不断提升，N. Island亦获得省政府认证，开办四个本科专业课程，最新一个课程是于2006年9月开办的工商管理学士课程(BBA)，受到本地及国际学生欢迎。

N. Island学院在过去30年中，肩负为温哥华岛北部社区提供优质教育的使命，由最初开办小班教学到如今建立四个校区，全日制学生人数高达3,600，该校见证了温哥华岛大专教育的成长历程。

N. Island的主校区所在地科莫斯谷(Comox Valley)的科特尼小镇(Courtenay)，是一个宁静安全的海岸社区，民风淳朴，生活指数和学费都远较大城市低。科莫斯谷人口约70,000人，位于温哥华岛东岸，是一个户外活动发达的旅游胜地，华裔人口不多，能够为国际学生提供学习英语和本土文化的良好环境。

超过100门大学学分转移课程

N. Island 提供完善的大专教育，其中就读学生最多的是大学学分转移课程，合计有超过100门文、理、商的学科。学生可在修读一定学分后申请转入省内或省外的大学，亦可在修完60个学分后取得由N. Island颁发的副学士学位，之后再继续修读有兴趣的专业，以取得学士学位。

该校亦开办本科学位课程，分别是护士学士、艺术学士、应用商学士及将于2006年9月开设的工商管理学士课程。

护士课程招收国际学生

加拿大很多大学的护士学位课程只招收加国居民，并不接受国际学生的申请，但N. Island的护士学士课程却为海外学生敞开大门。对有兴趣攻读护士课程的国际学生来说，该校是不列颠哥伦比亚省内为数不多的选择之一。根据加拿大官方统计报告，在未来10年内，护士是需求最大的职业之一，因此修完该课程的学生将拥有不俗的就业前景。

N. Island近年积极争取开办本科学位课程，最新的成果是于2006年9月开设的工商管理学士课程，标志着该校将跨入一个学术新纪元。

校方同时提供多元化的专业及职业培训文凭及证书课程，包括：艺术及设计、旅游及酒店管理、计算机科学、航空学(主修商业或旅游业)、饮食管理、海岸探险旅游、飞机结构技术、潜水、三文鱼场养殖技术及航海训练等。很多课程均有配套的实习计划，国际学生亦可参加。

此外，N. Island为成人学生提供完善的中学课程及英语研习课程，如果国际学生的英文及学术成绩未达目标大学的要求，可先在该校修读英语及成人中学课程，待打好基础后升读学分课程或转入其他大学或学院继续学业。N. Island近年亦积极推行远程教育和网络教育，为学生提供更灵活和更具弹性的教育选择。

“…I have been studying in North Island College for more than two years. …my teachers gave me a lot of help. Vancouver Island is a good place to study English… I do love North Island College from my heart deeply. Not only because there is a beautiful campus, but also because there are many affable teachers with their profound knowledge… Come to join us, you will also love North Island college just like me.”

Li Lu
English as a Second Language
Fall 2005

背景资料：

创校年份： 1975
全日制学生： 2,604
业余学生： 1,500
国际学生： 25 (中国学生4)
学院类别： 社区学院
营运方式： 公立
注册处地址：
North Island College
2300 Ryan Road
Courtenay, BC
V9N 8N6 Canada
网址： www.nic.bc.ca
电话： 1-250-334-5000
奖学金及经济援助办事处：
1-250-334-5000

入学要求：

学科成绩：
文科： 65%
理科： 65%
商科： 65%
英语成绩：
不需要TOEFL或IELST成绩。

报名截止日期：

学生可随时申请

学费：

加国学生： 大学课程每个学分为229.50加元
国际学生： 每个学分为805.80加元
书本费： 每学年1,000加元
其他费用： 理科和计算机课所需实验费为10 加元/门

每月生活开支(约)：

寄宿家庭： 630 加元 (包膳食)
校外自租房子(不包膳食)： 500 加元
膳食费： 200 — 250 加元
医疗保险： 56 加元

所在城市数据：

城市： 科特尼(Courtenay)
人口： 60,000
生活指数： 低至中
气温： 0℃ 至 25℃

坐阵BC省北端 推广大专教育

位于不列颠哥伦比亚省北部严寒地区的北极光学院(Northern Lights College，简称NLC)，共由五个校区组成，以联网形式为区内提供大专教育及职业培训的课程。

NLC提供大学学分转移课程、英语研习课程和多样化的专业及职业技术培训课程，其中以大学学分转移及英语课程最受国际学生欢迎。该校虽然地处偏远，但学费和生活费相对较低，加上其占地开阔，风景宜人，当地社区居民友善和睦，不失为国际学生学习英语和认识加国文化、充实留学经验的理想之选。

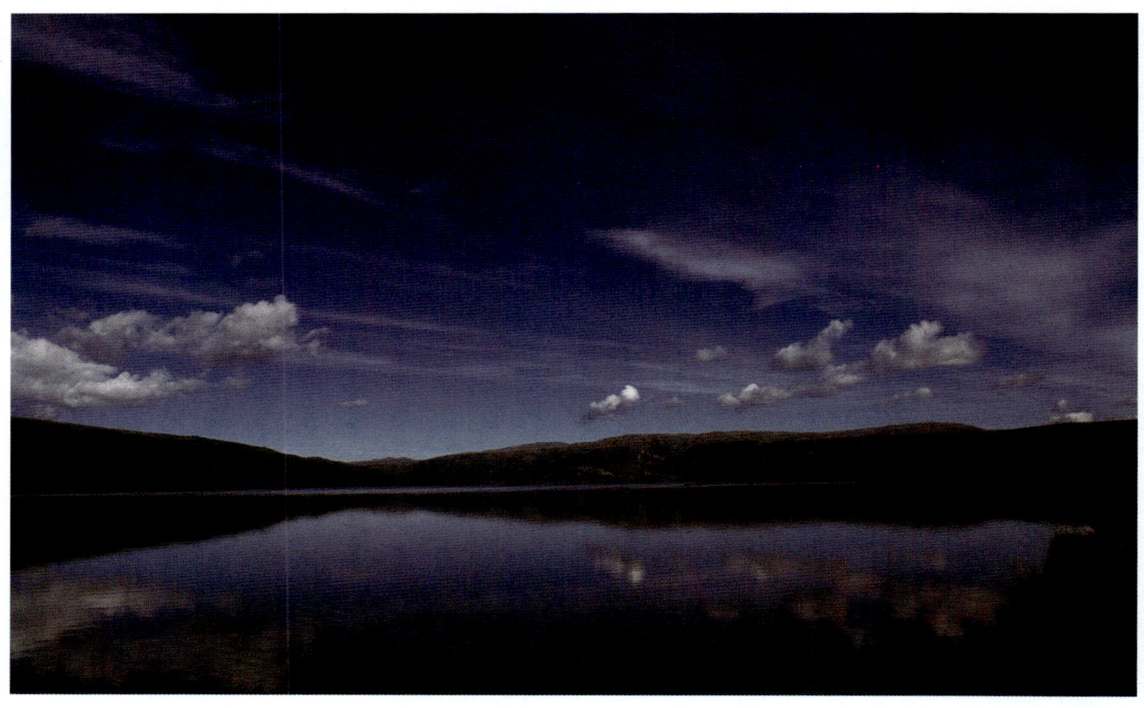

NLC主校区所在地的道森克里克镇(Dawson Creek)距离温哥华1,184公里，是阿拉斯加高速公路的起点，也是一个风光秀丽的度假胜地，经济以林业、农业、矿业和能源业为主。因此，NLC在开拓课程方面亦尽量配合当地的经济和社会发展，务求为社区培训最合适的人才。

共设有八个校区及教学中心

该校共有五个校区和三个教学中心，遍布不列颠哥伦比亚省北部多个地方，以方便各区的学生和在职人士共享校方资源。

> I have been here for more than 2 years. I believe Fort St. John NLC is a good location for international students to study second language and take University Transfer Program. It's also nice to have friends and family nearby.

Yeming

NLC的课程主要分为以下三方面:

(1) 大学学分课程：开办多样化的大学学分转移课程，涵盖人文科学、社会科学、商科及教育等范畴，并提供两年制副学士课程。学生修完的学分可申请转入省内以及省外的大学。校方亦开办英语作为第二语言(ESL)课程，可助国际学生打好语言基础。

(2) 专业文凭课程：包括商业管理、幼儿教育、社会工作、土地资源管理及助教课程，为期两年。

(3) 职业技能培训课程：校方在设计这类课程时，力求配合当地社会及业界的发展和需要，因此课程种类亦能反映出当地的经济特色。课程专业包括商业重型运输、飞机维修工程、应用商业科技、工业机械运作、林木科技、酒店及旅游管理，以及一系列有关石油及天然气的技术培训课程。

各校区中以Dawson Creek及Fort St. John校区的课程最全面和最多元化，而Chetwynd、Fort Nelson及Tumbler Ridge则主要提供在职培训和工业安全课程，并与当地业界紧密合作，以了解他们的需要，从而在教育资源上做出配合。

独特的社区气氛

该校采用小班教学，由于学生人数不多，教授有较多机会了解学生的学习进度。如果国际学生选择到这里学习，应利用这里淳朴宁静的社区气氛，主动与教授、同学以及当地居民交流，在学习新知识之余，体验异国的文化，从而充实自己，开阔视野。

背景资料:

创校年份: 1974
全日制学生: 750
国际学生: 60 (中国学生25)
学院类别: 社区学院
营运方式: 公立
注册处地址:
Northern Lights College
International Education Box 1000
Fort St. John, BC
V1J 6K1 Canada
网址: www.nlc.bc.ca
电话: 1-250-785-6981
奖学金及经济援助办事处:
1-250-785—6981

入学要求:

学科成绩: 请查阅本校网站
英语成绩:
TOEFL 550(PBT)
或TOEFL 213(CBT)
或IELTS 6

报名截止日期:

秋季入学: 6月15日
冬季入学: 10月15日

学费:

加国学生: 每学分87加元
国际学生: 每学分291加元

每月生活开支(约):

寄宿家庭: 550加元(包膳食)
大学宿舍(不包膳食): 375加元
校外自租房子(不包膳食): 600加元
膳食费: 300 加元
医疗保险: 60 加元

所在城市数据:

城市: 圣约翰堡(Fort St. John)
人口: 18,000
生活指数: 中至高
气温: -25℃ 至 28℃

负乡村教育使命 省北部设十校区

不列颠哥伦比亚省的北部属于严寒的乡村地区，总面积约254,000平方公里，人口仅有93,000人，稀疏地散居于各市镇，区内目前只有北不列颠哥伦比亚大学(UNBC)一所公立大学，不能完全满足区内居民对大专教育的需求。因此，提供大学头两年基础课程和职业技能培训课程的使命，便落在了各社区学院。西北社区学院(Northwest Community College，简称NWCC)正是其中一个中坚分子。

NWCC是一所很典型的社区学院，由一个主校区和九个小型校区组成，分布在北部各主要城镇内，共同为当地社区提供专上教育和职业培训课程，努力推行普及优质教育的计划。

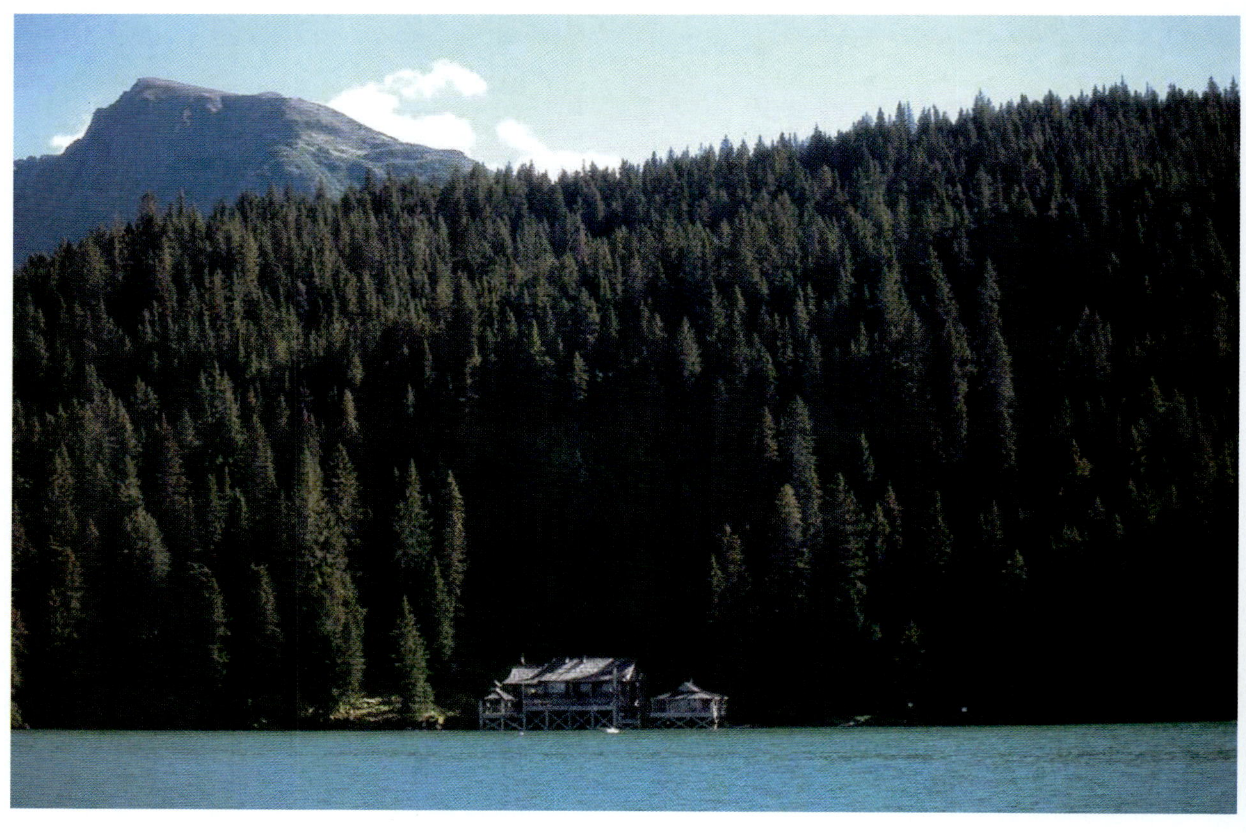

NWCC创立于1975年，以目前位于特勒斯(Terrace)的主校区为基地，陆续向其他地区伸展，建立小型校区，以网络形式为偏远的乡村地区提供教育支持。该校至今共有十个校区，各自开办切合所属地区需要的教育及职业培训课程。

十个校区各具特色

NWCC主校位于Terrace，是著名的Skeena Valley中的一个市镇，市内人口约有20,000人，是北部重要的运输通道，亦是热门的度假胜地。当地刺激有趣的户外活动例如滑雪、爬山、游泳和野外露营等，每年均吸引数以万计的游客。NWCC的校舍位于距离Terrace市中心约5公里的郊区，占地12万平方米，设有完善的教学设施、图书馆、学生宿舍及餐厅，还有为成人学生设的托儿中心。

主校提供的课程是各校区中最齐备的，包括大学学分转移课程、成人高中课程、ESL英文课程，以及多样化的专业和职业文凭及证书课程，主修内容包括商业行政、贸易及科技、计算机科技、厨艺及护理等，全部采用小班教学。

除了Terrace主校以外，位于海岸地区的鲁珀特皇子(Prince Rupert)校区也开办了完备的大学学分及职业培训课程，该校区在过去六年中，全日制学生人数上升了20%，是NWCC扩充最迅速的校区之一。开办的课程中以海岸生态探险旅游证书课程和海洋研究最独特，为有志在探险旅游业及海洋工业方面发展的学生提供实用的知识和技能。

其余的校区规模较小，主要为所属地区提供职业技能培训课程，并没有开办大学学分课程。

体验北部海岸风光

NWCC所有课程均采用小班教学，校内学生人数不多，气氛友善，同学间乐于互助，师生关系密切，颇有中学课堂的氛围。如果国际学生计划升读北不列颠哥伦比亚大学(UNBC)，则不妨考虑以NWCC作为跳板，待打好语言及学术基础后再转入UNBC。当地风光秀丽，沿岸景色宜人，加上民风淳朴，不失为一个静心学习的好地方。

背景资料：
创校年份：1975
大学类别：社区学院
营运方式：公立
注册处地址：
The Registrar's Office
Northwest Community College
5331 McConnell Avenue
Terrace, BC
V8G 4X2 Canada
网址：www.nwcc.bc.ca
电话：1-250-638-5420

入学要求：
学科成绩：
中学毕业或同等学力
英语成绩：
TOEFL 220(CBT)
或TOEFL 560(PBT)

报名截止日期：
秋季入学：5月29日
冬季入学：9月30日
夏季入学：1月31日

学费：
加国学生：每学分72加元
国际学生：
英语课程每学期2,775加元，
学术或职业课程每学期3,360加元
书本费：每学期300加元

每月生活开支(约)：
家庭寄宿(Home Stay)：500加元(包膳食)
校内宿舍：300—350加元(不包膳食)
校外自租房子(不包膳食)：300—550加元，视所租房子大小而定
膳食费：250加元
其他杂费：150加元
医疗保险：54加元

所在城市数据：
城市：特勒斯(Terrace)
人口：93,000
生活指数：低
气温：-10℃ 至 25℃

23. 奥肯那根学院 Okanagan College

依傍旅游胜地 传播优质教育

位于不列颠哥伦比亚省基隆拿市(Kelowna)的奥肯那根学院(Okanagan College，简称Okanagan)的发展正处于新旧交替的历史时刻。该校前身是Okanagan大学学院(Okanagan University College)，在不列颠哥伦比亚省政府推行大专教育制度改革后，这所大学学院于2005年9月1日一分为二，成为不列颠哥伦比亚大学奥肯那根分校(UBC Okanagan)和全新的Okanagan学院。

该校拥有悠久的历史，同时又肩负新使命，是内陆地区的重点社区学院，为莘莘学子提供多元化的大专教育。

Okanagan学院由四个校区组成，分布于宁静漂亮的奥肯那根地区，依山傍水，风景如画，该区被誉为西岸最秀丽的旅游胜地。主校区所在地的基隆拿市是奥肯那根地区最大的城市，人口约12万，距温哥华(Vancouver)约四小时车程，气候温和，四季分明。当地民风淳朴，生活指数低，经济以旅游业、林木业、农业和酿酒业为主。这里是一个很适合国际学生学习英语和了解加国文化的地方。

师资优秀设备完善

Okanagan是一个全面和颇具规模的社区学院，由于拥有前Okanagan University College的学术传统和发展基础，该校师资之优秀就毋庸置疑了。

该校课程多样，主要分为以下四方面：

(1) 大学学分转移课程 (University Transfer)

设有多元化的文、理学科，所得学分可帮助学生转入省内及省外的大学继续攻读学士学位。校方亦设有两年制副学士课程。

(2) 专业课程

包括商业、工程科技、健康及社会发展三大学系，分别开办一年制证书、两年制文凭及四年制学士学位课程。

商学系：设有多样化的商业行政及管理课程，学生可主修会计、金融财务、酒店管理、市场学、人力资源管理，甚至独特的航空商业学等专业，课程分为一年制证书及两年制文凭。校方还与UBC Okanagan合办四年制商业管理学士课程。

工程科技系：该系是Okanagan学院的强项之一，开办工程及计算机科技课程，专业包括土木工程、电子工程、机械工程、网络及通讯工程、水质及环境工程等，大部分是两年制文凭课程，同时亦开办四年制计算机信息系统学士课程。

健康及社会发展学系：开办牙医助理、幼儿教育、家居助理、社会工作、护士及治疗助理等证书及文凭课程。

(3) 职业及学徒培训

开办近20项职业及学徒培训课程，包括汽车维修、水电维修及厨艺等。

(4) 成人教育

开办的课程包括成人学术及职业预备课程、英语作为第二语言(ESL)课程及成人特殊教育课程等。学制十分灵活，包括从为期一天的培训课程至为期10个月的证书课程。此外，校方亦设有远程函授课程(Distance Education)，提供一系列学分课程供学生修读。

Okanagan学院环境秀丽，学费低廉，而且十分欢迎国际学生，一般的英语要求是TOEFL 550分(PBT)。若学生未达此程度，可先入读ESL课程，在修读高级ESL课程时可同时修读大学一年级及二年级的学分课程。

"At OC you have to study hard to get good grades, but my professors are very helpful. Most of my classes are small so the professors have time to help me when I have problems."

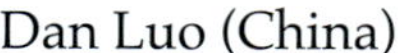

Dan Luo (China)

背景资料：

创校年份： 1963

全日制学生： 2,515

业余学生： 1,902

国际学生： 352 (中国学生212)

学院类别： 社区学院

营运方式： 公立

注册处地址：
Okanagan College
1000 KLO Road
Kelowna, BC
V1Y 4X8 Canada

网址： www.okanagan.bc.ca

电话： 1-250-862-5443

奖学金及经济援助办事处： 1-250-862-5419

入学要求：

学科成绩：

商科： 75%

文科、理科以及工程学科的申请者如果达到学院最低入学要求，校方会按照申请的先后顺序录取，额满即止

英语成绩：
TOEFL 550(PBT)
或TOEFL 213(CBT)
或IELTS 6.5
或LPI-Level5

报名截止日期：

秋季入学： 学术课程为5月15日，语言课程为7月15日

冬季入学： 语言课程为11月18日

春季入学： 语言课程为3月21日

夏季入学： 语言课程为5月13日

学费：

加国学生： 每学分106加元

国际学生： 每学期4,500加元

书本费： 每学期500加元

其他费用： 450加元（包括学生活动费，学生会费用，健康和牙医保险）

每月生活开支(约)：

家庭寄宿： 650加元(包膳食)

大学宿舍(不包膳食)： 350－400加元

校外自租房子(不包膳食)： 450加元

膳食费(校内)： 250加元

校外： 350加元

其他费用： 200加元

医疗保险： 54加元

所在城市数据：

城市： 基隆拿(Kelowna)

人口： 105,000

生活指数： 中至高

气温： -8℃ 至 40℃

24. 落基山学院 College of the Rockies

坐拥地缘优势 旅游专业出众

落基山学院(College of the Rockies，简称Rockies)位于不列颠哥伦比亚省东南部的旅游胜地克兰布鲁克市(Cranbrook)，由于拥有地缘优势，该校与旅游业相关的课程十分突出，包括旅游管理学和康乐设施管理学等。

拥有30年历史的Rockies是一所完善的公立社区学院，全日制学生约有1,200名，采取小班教学模式，师生关系十分密切。

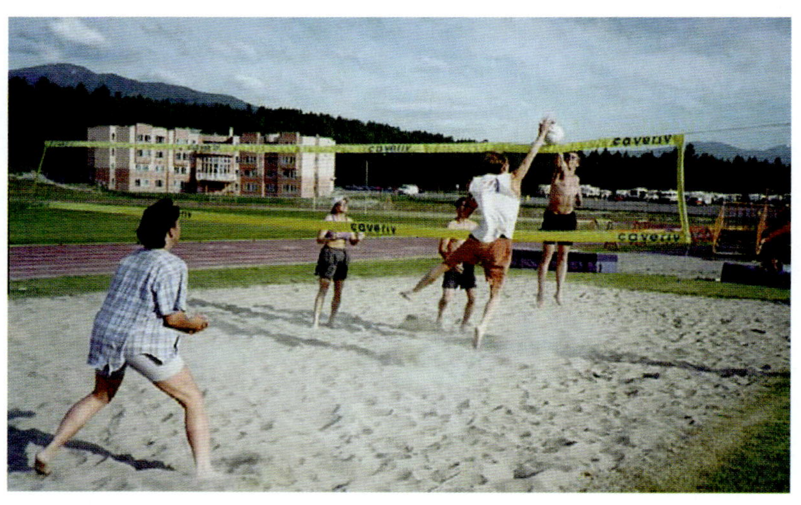

落基山脉是世界风景名胜之一，不列颠哥伦比亚省的克兰布鲁克市每年吸引数以万计游客前来欣赏气势雄伟的群山景色，感受宁静和谐的小镇风情。喜欢享受大自然的国际学生，可选择Rockies社区学院作为海外留学的起点。

升读学位课程的跳板

Rockies是一所公立社区学院，课程主要分为大学学分转移课程、成人中学课程、实用专业课程和职业培训课程。

计划升读大学学位课程的国际学生，可先在这里修读完善的大学学分转移课程(University Transfer Program)，然后转往不列颠哥伦比亚省内或省外其他大学，继续修读学位课程。

该校的入学要求是完成中学课程，而来自非英语国家的学生需符合指定英语程度的要求。如果学生未能达到所需的英语要求，可入读校内的ESL(英语作为第二语言)课程，并可同时修读学分课程。

课程实用多样化

如果国际学生暂时没有升读学位课程的计划，而想学得一技之长，则可选修Rockies开设的多元化的专业及职业课程。这些课程一般分为一年制的证书课程或两年制的文凭课程，包括：旅游管理、康乐设施管理、山区活动技术训练、探险旅游经营及管理、商业管理、应用商业科技、应用计算机、数据行政人员、网络支持技术员、幼儿教育、人力资源管理、家居护理员、汽车维修技术员、应用心理学、厨师训练、刑事司法及康体领袖训练等。

由于Rockies位于旅游胜地，拥有地理优势，同旅游业相关的课程就显得格外出色。此外，山区活动技术训练和探险旅游经营及管理均是富有特色的课程，为有志于在旅游及康乐行业工作的人士提供专业的训练。不过，该校包括护士、牙医助理、技工训练和在学实习计划(Co-op Program)在内的少量课程只供加国居民入读，而暂不接受国际学生申请。

校区网络遍及内陆七市

Rockies共设有七个校区，除主校以外，其他校区分别设于内陆另六个城市：Creston、Elk Valley-Fernie、Elk Valley-Sparwood、Golden、Invermere及Kimberley，为各区学生提供广泛的教育选择。

主校区设有最完善的设施，包括学生宿舍、体育馆、图书馆、餐厅和设备先进的计算机室等。

背景资料：

创校年份： 1975
全日制学生： 12,000
业余学生： 3,000
国际学生： 100 (中国学生7)
学院类别： 社区学院
营运方式： 公立
注册处地址：
College of the Rockies
International Department
2700 College Way, Box 850
Cranbrook, BC
V1C 5I7 Canada
网址： www.cotr.bc.ca
电话： 1-250-489-8248

入学要求：

学科成绩：
12年级或同等水平
英语成绩：
入读一般学科要求：
TOEFL 550(PBT)
或TOEFL 210(CBT)
或IELTS 6
或入读校方的ESL英语课程，并可同时修读学分课程

报名截止日期：

没有特定报名截止日期，但学生必须能于开学前抵达
(夏季入学： 可分别于5月或7月入学)
(秋季入学： 9月至12月)
(春季入学： 1月至4月)

学费：

加国学生： 每学分83.64加元
国际学生： 每学期3,400加元
书本费： 视课程而定，一般学科每学期100加元，ESL学科每学期50加元

每月生活开支(约)：

家庭寄宿(Home Stay)： 490加元(包膳食)
校内宿舍： 375加元(不包膳食)
校外住宿： 250加元(与人分租一公寓单位)
膳食费： 250加元
其他杂费： 300加元
医疗保险： 54加元

所在城市数据：

城市： 克兰布鲁克(Cranbrook)
人口： 20,000
生活指数： 低
气温： -15℃ 至 30℃

25. 塞尔扣克学院 Selkirk College

依傍湖光山色 康体特色课程

创校于1966年的塞尔扣克学院(Selkirk College，简称Selkirk)是不列颠哥伦比亚省历史最悠久的社区学院之一，校舍四周环以绵延的山峦和翠绿的湖泊，风光如画，四季分明。国际学生在这里学习，可充分感受加拿大人酷爱大自然的传统。

Selkirk主校区位于科特奈(Kootenay)山谷地区的小城市卡斯尔加(Castlegar)，邻近不列颠哥伦比亚省与阿尔伯塔省接壤的边境。校舍设备完善，提供大学学分转移、专业文凭及职业技能培训的证书课程，并开办多元化的ESL英语课程和专业英语证书课程。

Selkirk主校所在地的卡斯尔加(Castlegar)是一个安全宁静的小城镇，人口约8,000人，居民亲切友善，很欢迎国际学生。该校大部分课程都集中在主校讲授，其余三个小校区主要提供职业技能培训课程及成人中学课程。

旅游及酒店课程出色

Kootenay地区靠近著名的落基山脉，四周的高山和湖泊形成了天然的保护屏障，所以山谷内气候宜人，被誉为不列颠哥伦比亚省的天然瑰宝，也是热门的旅游及度假天堂。因此，Selkirk亦以开办旅游及户外活动的课程而闻名，两年制的文凭课程主修专业包括旅游及酒店管理、滑雪场经营管理、高尔夫球场经营管理及雪地运动管理等。国际学生可参与有关课程的在学实习计划(Co-op Program)，以获得宝贵的工作经验。

其他文凭课程还包括商业管理、航空商业、会计学、计算机信息系统、多媒体科技、当代音乐、数码设计、社会工作、护理、生态旅游、环境规划及林业科技等。

与其他社区学院一样，Selkirk亦提供大学学分转移课程(University Transfer Program)，开办多样化的大学学分科目，涵盖文、理、商多个专业。就读该课程的学生除了可将学分转入不列颠哥伦比亚省内的大学之外，亦有不少学生选择入读相邻的阿尔伯塔大学(University of Alberta)及莱斯桥大学(The University of Lethbridge)。

多元化的英语课程

Selkirk的英语课程颇具规模，主要分为英语作为第二语言(ESL)及英语证书课程两大类。ESL的学生可修读为期1至6个学期的英语课程，根据个人程度和学习进度而定。校方也提供短期的英语及文化学习营，为期2至4星期，国际学生会被安排在本地家庭住宿，并通过各种文化和康乐活动，由浅入深地学习加国的语言和风俗。

此外，校方亦开办了一个独特的英语证书课程，学生在修完高级英语课程ENGL51(等同不列颠哥伦比亚省12年级英语课程)后，只需再修读两科商科或人文科学的科目，便可获颁英语/商科或英语/文科的证书。

如果国际学生在中国的中学成绩不太理想，暂时无法入读大学学分课程，则可考虑先入读Selkirk的成人中学课程，以打好学术基础，待完成高中课程后再申请入读大学或社区学院，攻读理想的学位或专业课程。

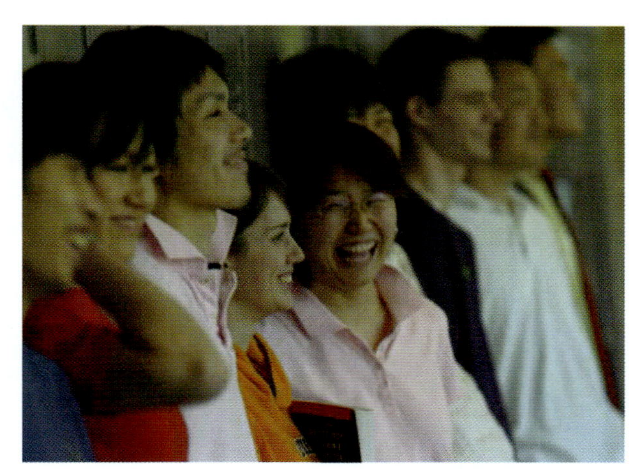

背景资料：

创校年份：1966

全日制学生：1,800

国际学生：100

大学类别：社区学院

营运方式：公立

注册处地址：

Admissions
Selkirk College
301 Frank Beinder Way
Castlegar, BC
V1N 3J1 Canada

网址：www.selkirk.bc.ca

电话：1-250-365-7292

入学要求：

学科成绩：

中学毕业或同等学力

英语成绩：

TOEFL 213(CBT)
或TOEFL 550(PBT)
或IELTS 6.5

报名截止日期：

秋季入学：4月

冬季入学：9月

学费：

加国学生：每学年1,000－2,500加元

国际学生：每学期3,950加元

书本费：每学年约800加元

每月生活开支(约)：

家庭寄宿(Home Stay)：550加元(包膳食)

校内宿舍：365加元(不包膳食)

校内膳食：每餐5.75至6.75加元(不设晚餐)

校外自租房子(不包膳食)：300至500加元，视所租房子大小而定

膳食费：250加元

其他杂费：150加元

医疗保险：54加元

所在城市数据：

城市：卡斯尔加(Castlegar)

人口：8,000

生活指数：低

气温：-5℃ 至 28℃

语言职训专家　社区明星学府

拥有40年历史的温哥华社区学院(Vancouver Community College，简称VCC)，是大温地区提供最广泛职业技能培训和英语作为第二语言(ESL)课程的社区学院，其师资、设备和课程水准深受社会及业界推崇。

该校于近年还开办了大学学分转移课程，并积极开拓本科学位专业，务求在现有的稳健基础上更加多元化地发展。以上种种优势，使VCC深受本地和海外学生欢迎，并跻身北美十大国际学生最多的学院之列。

VCC位于不列颠哥伦比亚省经济中心温哥华(Vancouver)的心脏地带，三个校区分别坐落于西百老汇街(West Broadway)、市中心(Downtown)及阿宾尼街(Alberni Street)，占尽交通和生活的便利，是一所典型的都市学院。

该校目前约有25,000名学生，分别修读职业文凭及证书课程、大学学分转移课程、本科学位课程，以及其享有盛名的ESL英语课程。多元化和优质的课程是吸引莘莘学子的原因，每年约有1,500名国际学生入读VCC，使这所都市社区学院名列北美十大最受国际学生欢迎的大专学院之一。

ESL英语课程历史悠久

VCC在发展ESL英语教育方面拥有丰富的经验、优秀的师资和先进的教材。课程的目标是为学生提供完善和实用的英文培训，从听、说、读、写、文法及词汇六方面提升学生的英语能力，以助他们将来在学业或事业上取得成功。

所有ESL的学生在入学时均需接受英语评估(English Language Assessment，简称ELA)，评估分六个部分：阅读词汇、阅读理解、语法、听力及口语，另加一对一的口试部分来测定学生的英语程度，从而进行编班。ELA是VCC制订的，至今已经使用了约25年。

国际学生的英语课程主要分为五个等级，依次是初级、中级、高级、学院/大学英语，以及大学一年级英语。

为了协助国际学生规划个人学习及专业方向，VCC新开设了一个名为ESL Plus的结合ESL及正规课程的计划。无论学生想入读例如商业、餐旅、音乐、健康或大学学分转移计划的任何课程，校方均可以按照他们的目标设计一份“个人教育计划”(Personal Education Plan)，让学生先入读ESL部分，完成后再修读多元化实用职业课程。

除了ESL课程外，职业技能课程是VCC另一个优良传统。该校开办各种各样的专业、科技及职训课程，为期六个月至两年不等，分别颁授证书及文凭，涵盖的专业包括以下八大类：

(1) 艺术及设计：包括珠宝艺术设计及数码平面造型设计。

(2) 商业：包括会计、行政助理、财务管理、法律行政助理及运输后勤。

(3) 健康：包括牙医助理、牙科保健、医务所工作、助理护士和多个医院专职部门的技术员等。

(4) 手语学：美式手语(ASL)及聋人研究。

(5) 音乐：包括当代音乐、爵士乐、世界音乐研究和古典音乐研究。

(6) 餐饮/旅游：包括烹饪、糕饼制作和旅游管理。

(7) 科技及职训：包括汽车车身及机械维修技师、工业绘图员、电子技师及信息科技专业技师等。

(8) 美容：包括美容师和发型设计。

积极开拓大学课程

VCC一向给人以社区职业学院的印象，但校方近年积极发展大学本科教育，不但开设大学学分转移课程，更开拓多个本科学士课程，向着更高质量和更多元化的教育方向迈进。

VCC的学分转移课程提供大学一年级的文、理、商等学科，学分被加拿大及美国的院校普遍认可。此外，校方更开办了以下四个新的四年制学位课程：

(1) 音乐学士课程：专科包括乐器演奏研究、作曲、编曲、古典声乐、爵士乐等。

(2) 旅游管理学士课程：培训重点在于商业及餐旅管理、人力资源、市场推广及酒店模拟运作等，课程还包括有薪实习工作。

(3) 成人教育：着重成人教育的理论与实践。

(4) 牙科：可选择修读牙科保健员或假牙技师课程。

此外，校方还与许多院校合办学位及文凭课程，让学生有更多元化的选择。概括而言，VCC是大温哥华地区重点学院之一，特别适合想进修英语或在一两年内学得一技之长的学生。

"I highly recommend the music program at VCC. All genres of music are encourages here, whereas many schools are limited to jazz or classical. I have been thoroughly impressed by the talent and quality of all the teachers – they are the best."

Lianne, Canada

背景资料：

创校年份： 1965

全日制学生： 10,000

业余学生： 16,000

国际学生： 450(中国学生120)

学院类别： 社区学院

营运方式： 公立

注册处地址：

1155 East Broadway,
Vancouver, BC
V5T 4V5 Canada

网址： www.study.vcc.ca
及 www.vcc.ca

电话： 1-604-871-7537

入学要求：

学科成绩：

各学科不同，详情登陆本校网站查询

英语成绩：

ESL入学没有最低语言水平要求，其他专业语言要求请登陆本校网站查询

报名截止日期：

ESL每月都可入学

其他专业入学及报名截止日期请登陆本校网站查询

学费：

ESL每4个星期学费1,082.08加元(国际学生)

申请学制6星期ESL课程的全日制学生可享受折扣

书本费： 50—100加元

每月生活开支(约)：

家庭寄宿(Home Stay)： 735加元(包膳食)

其他杂费： 300加元

医疗保险： 54加元

所在城市数据：

城市： 温哥华(Vancouver)

人口： 2,000,000

生活指数： 中至高

气温： 0℃至25℃

融汇多元文化 拓展国际视野

创立于1951年的高贵林学校区(Coquitlam School District，简称Coquitlam校区)是不列颠哥伦比亚省内第三大学校区，拥有70多所中小学，共32,000名学生。该校区积极推行国际教育课程 (International Education Program)，让海外学生有机会与本土生一起学习，修读学术、职业或英语等课程。Coquitlam校区的课程能够促进加拿大学生与国际学生之间的友谊，分享彼此间的经验和文化，并借此探究文化差异，拓展国际视野，进一步提升学校的整体教学环境。

该校提供的课程包括：省中学毕业课程、国际中学毕业课程(International Baccalaureate)、大学先修课程(Advanced Placement Programs)、英语作为第二语言(ESL)课程和短期游学课程等。

Coquitlam校区覆盖多个城市，分别有高贵林(Coquitlam)、高贵林港(Port Coquitlam)、慕地港(Port Moody)、安摩尔(Anmore)村及贝儿卡拉 (Belcarra)村。该校区邻近温哥华(Vancouver)和滑雪胜地惠斯勒(Whistler)，环境宁静优美，交通方便，生活指数较省内的大城市略低。Coquitlam校区欢迎5至18岁的国际学生入读，提供语言教室、完整的学术及职业课程。目前，该校区设有超过70所中、小学校，拥有4,000多名专任和兼任的职员，共有32,000多名学生，在60个省校区中规模位列第三。校区内每一所学校都具有独特的风格和特色，教学设备先进，为学生营造了理想的学习环境。

省内第三大学校区

不列颠哥伦比亚省内各中、小学制度略有不同，部分学校区将12年教育分为小学和中学，亦有校区将之细分为小学、初中和高中，Coquitlam校区正是后者。

小学：

校区内共有50所小学，开办幼儿园至5年级教育，为幼儿和少年提供良好的基础教育。

初中：

共有13所初中，服务6—8年级的学生，是小学转至中学的过渡学校，让学生可以慢慢适应中学的学习环境和要求。

中学：

共有8所中学，开办9—12年级课程，Coquitlam校区的中学一向以拥有不断更新的教学设施及舒适的学习环境见称。12年级毕业的学生，有资格申请入读加拿大和其他国家的大学、学院及专科学校。

除了提供正规的中学课程外，国际学生还可修读国际中学毕业课程(International Baccalaureate)及大学先修课程(Advanced Placement Programs)，这两种课程适合学习能力较强的学生修读，在这些学科中有优越表现的学生，可获得加拿大以至其他国家的大学学分。

校区同时为国际学生提供小学、初中和高中各级的密集ESL课程，为期四期。学生将专攻阅读理解、文法、词汇、写作及会话技巧，在正规学校系统中学习标准的地道英语；同时，也会学习到加拿大的有关历史和地理知识。课程也会探究加拿大文化、传统及社会差异。此外，校区每年在7月和8月之间均会开办英语夏令营（Summer ESL/Culture Program)。夏令营将上午的课堂教学与下午的文化活动相结合，帮助学生们在生活场景中灵活运用新学习到的英语语言能力。

Coquitlam校区内各学校均拥有丰富的教学资源，包括使用计算机辅助教学、有光驱设备的图书馆、自然科学实验室、舞蹈练习室、学生休息室、科技中心、体育馆、午餐自助食堂。各校还有驻校辅导员协助学生计划选科和升学的方向，并提供职业规划、学习技巧及个人问题的辅导服务。值得一提的是，有意来此就读的国际学生，需直接向Coquitlam校区的国际学生课程中心提出申请，该中心会根据申请者的个人资料及每所学校的现有名额来分配就读的学校。

背景资料：

创立年份：1951

全日制学生：31,000

国际学生：1,100（中国学生144）

学院类别：学校区

营运方式：公立

注册处地址：

International Student Program
Coquitlam School District
1100 Winslow Avenue
Coquitlam, BC
V3J 2G3 Canada

网址：www.internationaled.com

电话：1-604-936-5769

入学要求：

学科成绩：

在原居地的学科成绩达A或B级

英语成绩：

不设特定要求

校区学校数目：

高中：8

初中：13

小学：50

报名截止日期：

秋季入学：5月15日

冬季入学：11月15日

夏季入学：6月1日

学费：

国际学生：全学年(10个月)12,700加元

英语短期课程：800—1,260加元

每月生活开支(约)：

家庭寄宿(Home Stay)：800加元

膳食费：已包括在寄宿费内

医疗保险：每学期350加元；每学年700加元

所在城市数据：

城市：高贵林(Coquitlam，位于大温哥华地区)

人口：2,000,000

生活指数：中至高

气温： 0℃ 至 25℃

课程具水准　选择多元化

新西敏学校区(New Westminster School District)是加拿大最早接受国际学生的公立校区之一，自1987年以来，已有许多来自世界各国的学生及成人修读过该校区的长期或短期课程。该校区最受欢迎的课程包括国际文凭课程(International Baccalaureate Program，简称IB Program)、法语沉浸课程(French Immersion Program)及美术课程(Fine Arts Program)。

在新西敏校区就读省中学毕业课程的国际学生，多年来一直保持良好的成绩，95%的毕业生均升读加美等地的大学，其中包括一流的名牌大学。校区为每一名国际学生提供完善的支持服务，包括英语研习、家庭寄宿、辅导及安排医疗保险等，以确保学生在最佳的环境中学习。

新西敏(New Westminster)是不列颠哥伦比亚省历史最悠久的城镇之一，位于秀丽的菲沙河(Fraser River)畔，拥有美丽的公园、宏伟的桥梁和历史悠久的建筑物。城内公共设施和交通规划完善，高架列车连接新西敏和周边的城市，前往温哥华(Vancouver)只需十多分钟车程。新西敏校区更是省内最早接受海外学生的公立校区，在接待国际学生方面拥有丰富的经验。校区内共有九所小学、一所初中和一所高中，所有学校均对国际学生开放。学年于9月开始，6月结束，但入学日期较有弹性，国际学生可选择在9月或2月入学。此外，国际教育另设暑期课程，每年于7、8月提供各类短期选修课程及暑期活动。

密切留意学生进度

所有新生会在开始的两个星期内接受英语及数学程度测试，以决定他们应入读的级别。校方每年均会检查每个学生的表现和学习进度，包括出勤纪录、学习情况、操行等多方面；并将成绩表寄给家长及监护人，让他们了解学生的在学情况和进度。

校区的课程多样，最受欢迎的包括以下五大类：

(1) 省中学毕业课程

为13至18岁并具有入学资格的学生而设，学生必须完成基础学科及选修学科的学分，并参加省试。完成中学毕业课程的学生，均有资格投考加美各地的大专学府。

(2) 国际文凭课程 (IB Program)

这是一个两年制的综合课程，年龄介乎16至19岁的高中生可以修读一个严格的大学先修课程，在修读完课程后参加考试。IB课程为世界各国所认可，完成所有课程后将会得到大学学分。

(3) 法语沉浸课程

这个课程让学生有机会学习到两种加拿大官方语言——法语和英语，并通过课堂活动、文化交流和户外活动等，帮助学生掌握法语。

(4) 美术课程

新西敏微型美术学校(New Westminster Fine Arts Mini School)为喜爱艺术的学生带来一个良好的学习环境，让他们将美术和学术课程综合起来，有机会发挥自己的创意和专长。

(5) 密集英语课程

这个课程为14岁以上的学生而设，每4个星期举办一期，教授高中课程所需的基本英语技能。

(6) 暑期和短期课程

短期的游学课程包括：城市营、儿童营和户外冒险营等。

将加国优质教育推广至中国

新西敏校区国际教育部致力于将优良的加拿大教育推广至中国，与中国当地的学校合作开办一个名为"PACE"的英语作为外语(English as a Foreign Language，简称EFL)课程。课程从幼儿班至12年级，全部由加拿大教师讲授。中国的英语教师会参与课程的设计，以协助加国教师增加对当地文化和学习环境的认识。PACE课程为中国学生营造一个灵活有趣的英语学习环境，教师通过课堂以外的活动和实习，帮助学生提高学习兴趣，掌握英语的沟通和运用能力，充分展示加拿大活动教学法的特点。目前，在中国的嘉兴和温州共有四所学校开办PACE课程，共有1,300名学生。2006年又有5所学校加入开办这个课程的行列，学生人数将不断上升。

背景资料：

创立年份： 1955

全日制学生： 6,270

国际学生： 185 (中国学生42)

学院类别： 学校区

营运方式： 公立

注册处地址：

International Student Program
New Westminster School District
835 Eighth Street
New Westminster, BC
V3M 3S9 Canada

网址： www.newwestschool.com

电话： 1-604-517-6285

入学要求：

学科成绩：

需递交现在及过去两年的成绩纪录

英语成绩：

没有设定英语要求，所有新生会接受英语及数学的评核试，然后按成绩编入合适的级别

校区学校数目：

高中： 1

初中： 2

小学： 9

报名截止日期：

秋季入学： 约6月中旬

冬季入学： 约12月中旬

学费：

国际学生： 每学年(10个月) 11,500加元

每月生活开支(约)：

家庭寄宿(Home Stay)： 730加元

膳食费： 已包括在寄宿费内

其他杂费： 视个别学生所需而定，约100至200加元

医疗保险： 每年650加元

所在城市数据：

城市： 新西敏(New Westminster)

人口： 2,000,000

生活指数： 中至高

气温： 0℃至25℃

八校招收海外生 九成中学毕业率

列治文(Richmond)是不列颠哥伦比亚省内亚裔人口比例最高的城市，市内居民多是华裔、日裔、韩裔、印裔，以及新马泰等国家的移民。中国的国际学生在这里较容易适应新的学习环境，从而逐步认识加拿大的文化和生活。

列治文学校区(Richmond School District，简称RSD)属下共有八所中学，招收8至11年级的国际学生入读。海外学生与加拿大学生共同就读于公立学校，能够很好地促进彼此的文化交流。列治文公立中学的教育水平优秀，中学毕业率高达90%，其中有85%至87%的学生继续升读大专学院，由此可见，列市学校拥有良好的教学质量。

列治文市位于温哥华(Vancouver)南面，距温市约数分钟的车程，亦是温哥华国际机场的所在地。市内约有156,000人口，是省内最具多元文化色彩的城市之一。

RSD是负责管辖市内各公立中小学校的政府机构。目前，列治文约有13,000名小学生和11,000名中学生。RSD内共有八所中学开办国际学生计划(International Student Program)，招收14至17岁的海外学生入读8至11年级。

八所公立中学招收海外生

这八所开办国际学生计划的中学分为以下两大类：

全年学制：Cambie、McMath、Palmer、Richmond High及Hugd Boyd采用学年制，每年于9月开课，至翌年6月学年结束。

学期制：Matthew McNair、Charles E. London及Steveston Secondary采用较具弹性的学期制，新生可分别于9月或2月入学，并于每学期修读四个学科。

列治文的公立中学提供多元化的课程，分别有：

- 不列颠哥伦比亚省中学毕业课程
- 大学预备课程
- 大学先修课程(Advanced Placement)
- 国际中学毕业课程(International Baccalaureate)
- 暑期语言课程

大多数国际学生入读列治文学校都计划在完成中学教育后，继续在加国升读大学或大专。因此，中学生必须达到某些省制指定科目的要求，并参加省公开考试，才可取得不列颠哥伦比亚省的中学毕业学历。各学校均有辅导员为海外学生提供选科指导，学生们应好好利用这方面的资源和协助。

RSD拥有优良的中学省试成绩和高达90%的中学毕业率，而更有高达85%至87%的中学毕业生升读大学或大专，继续学业。

中学各具特色和专长

列治文各公立中学开办的课程，学科种类繁多，涵盖学术、科技、信息技术、艺术及商业。此外，各校亦会开办一些较独特的中级或毕业程度的课程，以助学生扩展知识和发挥自己的兴趣及专长。各校的课程各具特色，例如：Charles E. London中学以开办广播及艺术录音技术、工程、时装设计、航空及旅游课程闻名；McNair则提供独特的厨艺培训、录音技术、计算机辅助设计及旅游与招待课程，并拥有出色的弦乐队；Steveston不但设有三文鱼养殖课程，更以生物环境学、计算机动画及音乐课程而著名；Richmond Secondary则提供一系列多样性的活动，包括音乐、戏剧、运动及其他个人发展的课程。这些额外的课外活动、学分或非学分课程，令学生的中学生活更多姿多彩，并获得更多机会发挥自己的潜能。

如果国际学生有兴趣入读列治文的公立中学，必须通过RSD申请，并由其统一编入所读中学，学生不可以直接向个别学校申请。

背景资料：

创立年份： 1880

全日制学生： 23,000

国际学生： 262 (华裔学生135)

学院类别： 学校区

营运方式： 公立

注册处地址：
International Student Program
Richmond School District
7811 Granville Road

Richmond, BC
V6Y 3E3 Canada

网址： www.sd38.bc.ca

电话： 1-604-668-6217

入学要求：

学科成绩：

视不同课程而定

英语成绩：

新生到达后会接受一个名为EFL的英语能力测试，校方根据学生的英语程度编班和提供教学支持。学生会同时修读EFL英语班及常规学术班

校区学校数目：

中学： 11

小学： 37

报名截止日期：

全年接受申请，但在入学方面设定截止日期

秋季入学： 9月1日

冬季入学： 2月1日

夏季入学： 请向学校区查询夏季课程的内容

学费：

国际学生： 每学期(5个月)5,850加元；全学年(10个月)11,700加元

每月生活开支(约)：

家庭寄宿(Home Stay)： 735加元至900加元(视所需服务而定)

膳食费： 已包括在寄宿费内

医疗保险： 每学期400加元；每学年700加元

所在城市数据：

城市： 列治文(Richmond，位于大温哥华地区)

人口： 2,000,000

生活指数： 中至高

气温： 0℃ 至 25℃

30. 素里学校区 Surrey School District

规模全省最大　课程选择多样

素里学校区(Surrey School District)负责管辖素里及白石镇(White Rock)区内总共99所公立小学和19所公立中学，是全省最大规模的学校区。区内所有中、小学校均招收国际学生，大部分学校一般让国际学生于9月入学，但很多中学均准许学生选择在9月或1月底入学。

身为全省最大型的校区，素里校区提供的课程十分多元化，除了常规的中学毕业课程以外，还设有国际文凭课程 (International Baccalaureate)、大学先修课程(Advanced Placement)、法语沉浸课程(French Immersion)及多项艺术和运动的精英课程等。

素里校区拥有欢迎国际学生的传统，海外学生可在校区内100所小学(幼儿园至7年级)和20所中学(8至12年级)中就读。各校在学生人数和规模方面均不尽相同，由小型学校(少于100名学生)至大型学校(超过1,600名学生)等皆各具特色，能切合每个社区的需要。

各所学校均于9月开学，6月结束，在12月底和3月各有短期假日。国际学生多半在9月入学，但大部分的中学也接受学生在1月底时入读下学期的课程。国际学生报到时需接受英文能力测试，校方会根据学生的英文程度安排适当的课程，以配合学生的学业目标、兴趣和能力。国际学生会被编入正常班级，与本地的加拿大学生一同学习。校方会根据需要向学生提供英语辅助教学，以确保他们能跟上同学的进度。

鼓励学生多方面发展

素里校区重视培养学生多方面的能力，强调他们应在学习中认识自己和发挥所长。因此，各学校均提供十分多元化的课程，包括基本学科、科技、职业、美术和体育等，让学生在良好的学习环境中茁壮成长。每所学校均有驻校辅导员，为学生在学业、事业目标和个人发展等方面提供协助和指引。

入读中学或小学的国际学生，可按个人能力和目标选择常规课程或各种专门课程，包括：

- 国际文凭课程(International Baccalaureate)
- 大学先修课程(Advanced Placement)
- 整合教学(Integrated Studies)
- 团队启发教学(Inter-A Program)
- 艺术家、表演者和运动员专门课程(Program for Artists , Performers & Athletes)
- 法语沉浸课程(French Immersion)
- 蒙特梭利(Montessori)
- 美术加强课程(Intensive Fine Arts)
- 传统学校(Traditional School)
- 职业预备课程(Career Preparation)
- 合作课程(Cooperative Education)
- 职业学徒训练(Apprenticeship)

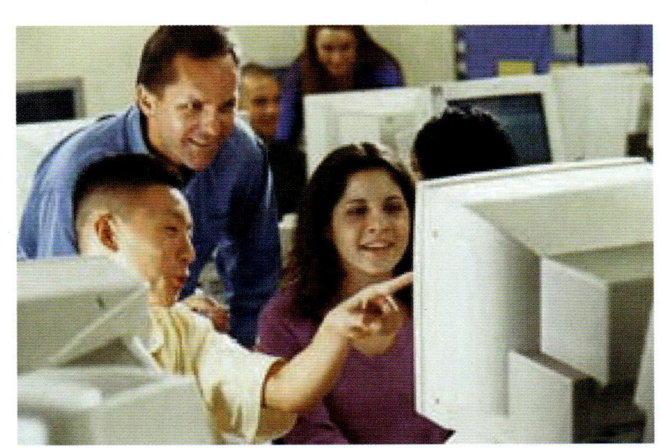

课程选择多元化

素里校区以开办多元化的课程著称，上述课程涵盖中、小学教育。例如蒙特梭利课程(包括小学和中学课程)和传统学校(只限小学)是采用与北美主流活动教学法完全不同的理念，让学生和家长有较多的选择；而成绩优异的学生，如果想接受更高层次的学术挑战，则可选读国际文凭课程或大学先修课程。

国际学生在完成所有规定的中学课程后，将会得到与本地学生相同的不列颠哥伦比亚省中学毕业证书。毕业资格包括顺利完成11和12年级课程，包括省公开测试的科目，而且通过该科的省定学力测验获得所需学分。

素里校区亦十分鼓励学生参与有益身心的课外活动，例如音乐、戏剧、足球、篮球、棒球、排球、曲棍球、冰上圆石板运动、高尔夫球、游泳、网球、滑雪和田径等。

每所学校可容纳的国际学生人数有限，以确保每一位学生都能得到充足的教学资源和服务。国际学生必须通过素里校区申请入学，可在申请表上填报两所志愿学校，但最终由素里校区决定分派学校的结果。

背景资料：

创立年份： 1906

全日制学生： 64,000(由幼儿园至12年级)

国际学生： 800(中国学生约150)

学院类别： 学校区

营运方式： 公立

注册处地址：

International Student Program
Surrey School District
Building 400, 9260 — 140 Street
Surrey, BC
V3V 5Z4 Canada

网址： www.sd36.bc.ca

电话： 1-604-587-2312

入学要求：

学科成绩：

提供过去两年的学校成绩纪录

英语成绩：

不设最低要求

校区学校数目：

中学： 20

小学： 100

报名截止日期：

秋季入学： 5月31日

冬季入学： 11月30日

夏季入学(暑期班)： 5月30日

学费：

国际学生： 每学年(10个月)12,700加元

每月生活开支(约)：

家庭寄宿(Home Stay)： 800加元

膳食费： 已包括在寄宿费内

医疗保险： 已包括在学费内

所在城市数据：

城市： 素里(Surrey)及白石镇(White Rock)

人口： 400,000

生活指数： 中至高

气温： 0℃ 至 30℃

31. 温哥华学校局 Vancouver School Board

省试成绩每占优　选修科目多样化

温哥华学校局(Vancouver School Board，简称VSB)是省内最具规模和最早招收海外学生的公立学校区之一，国际学生可入读校区内的中、小学正规课程，或参加短期的暑假夏令营。

校区辖下共设有18所中学和90所小学，以提供优质的教育、优秀的教师和先进的教学设备而闻名。事实上，温哥华校区的中学在省试的成绩均十分突出；每年由菲沙学院(Fraser Institute)进行的中学排名榜中，温市有多所知名中学一直名列前茅，由此可反映该校区的教学水平和学生素质俱佳。

VSB的国际教育课程为海外学生提供在温哥华公立学校与本地学生一同学习的机会。课程内容可简单地分为全年制和短期的暑期课程两大类。

全年课程：

国际学生可就读一年或升读至中学毕业，以取得加拿大12年级的中学文凭，投考北美各地的大专学府。中学全日制课程是8—12年级(13岁或以上)，小学全日制课程则是1—7年级。

暑期课程：

每年7、8月开办的暑期课程，适合本地及国际学生就读。课程内容十分丰富，有英语、康体活动、艺术、烹饪、体育和戏剧等。

多元化中学选修科目

很多VSB国际学生均修读中学课程，他们可选修多样化的课程，包括学术、美术、科技、语言、体育和职业发展等，以便各展所长。如果想修读至中学毕业，学生必须留意省政府对中学毕业设下的特别要求。

省中学毕业的必修课程包括：

英文(English)或实用英文(Communication)

社会(Social Study)

数学

生物、化学/物理

职业规划(Career Planning)

加拿大教育理念鼓励学生多方面发展，以扩展知识层面。因此，VSB各中学均提供许多选修课程，例如：

历史、地理、微积分、会计、法律
乐队、弦乐、合唱、戏剧、舞蹈
图像艺术、服装设计、电视学
体育、运动社团
法文、西班牙文、日文、中文
信息科技、绘图、计算机辅助设计

尖子生可选大学先修课程

成绩优异的学生可在部分大学先修课程(Advanced Placement)中选读微积分、计算机、文学、历史和科学等科目。国际学生在申请入读温哥华中学时，必须通过VSB办理。申请者可选择志愿入读的学校，或由学校局做适当安排。VSB会考虑学生所选学校的学生份额和所开办的课程，尽量符合学生的要求，但学校局保留最终编配学校和课程的决定权。校区内各校均有自己的特色，申请者可向VSB索取各中学的数据。温哥华校区中学在省试考取的成绩十分良好，多年来造就了不少杰出的优秀学生，例如University Hill Secondary School、Point Grey Secondary School等均是名列前茅的中学。

中国近年的留学潮出现低龄化，有越来越多小学生赴加升学。因此，VSB亦接受与家长同住在温哥华的小学生入读区内的90所小学。不同地点的小学提供幼儿园到7年级课程。入学安排会根据学生的英语程度、年龄，及家长在温市的居住地区而决定。

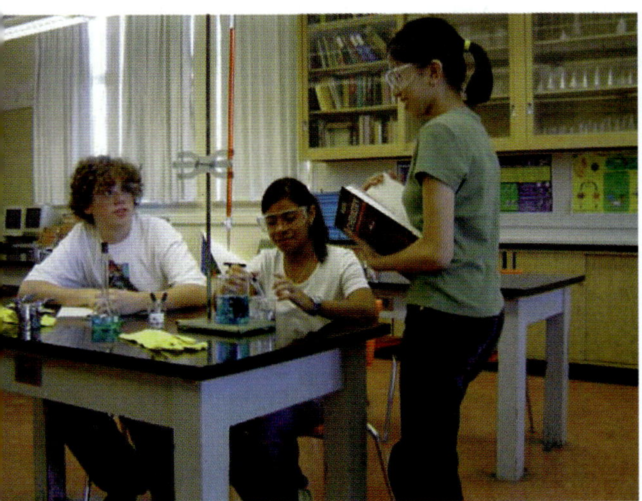

"My school, Lord Byng Secondary School, has an International Student Council that aims to involve all the international students in school activities, based on sports and culture, and assists them adapting to their new environment. My experience, as an international student in Vancouver impacted me physically, academically and psychologically. I have adapted to Vancouver's environment and my school. I have maintained my high grades until now. Ultimately, I have earned something greater than an "A" through the time spent in Vancouver."

Lucia Chung
Lord Byng Secondary School

背景资料：

创立年份： 学校局历史悠久，于1985年开办国际学生课程

全日制学生： 约56,000

国际学生： 950 (中国学生42)

学院类别： 学校局

营运方式： 公立

注册处地址：
International Student Program
Vancouver School Board
1580 West Broadway
Vancouver, BC
V3V 5Z4 Canada

网址： http://intered.vsb.bc.ca

电话： 1-604-713-4534

入学要求：

学科成绩：
成绩达中级或中级以上水平

英语成绩：
录取与否并不基于学生的英语程度，所有新生会接受英语及数学的评核试，然后按成绩编入合适的班级

校区学校数目：

中学： 18

小学： 90

报名截止日期：

采用学年制，所有常规课程于5月31日截止报名

暑期班： 6月第一个星期五

学费：

国际学生： 每学年(10个月) 12,000加元

每月生活开支(约)：

家庭寄宿(Home Stay)： 730加元

膳食费： 已包括在寄宿服内

医疗保险： 每年700加元

所在城市数据：

城市： 温哥华(Vancouver)

人口： 2,000,000

生活指数： 中至高

气温： 0℃ 至 25℃

灵活学制惠及国际生 理科省试成绩屡占优

创校于1997年的新柱中学(Century High School)，以优秀的师资、完善的设备和灵活的学制而闻名，该校的办学宗旨是为学生提供最佳的教育机会、全方位的培育，让他们能发挥自己的潜能；同时教授他们实用的知识和技能，使其得以在高速发展的社会中一展所长，脱颖而出。新柱中学提供8—12年级高中课程，学生在完成毕业所需的课程后，将获省政府教育厅直接颁发的高中毕业证书，申请入读北美所有大学或大专学院。该校毕业生绝大部分继续升读大学，其中包括不少北美名牌大学。

加国的中学多采用两学期制或学年制，新生一般只能在9月入学(部分学校可让学生于1月入学)，国际学生往往因各种原因错失入学机会。但新柱采用较灵活的三学期制，新生可分别在1月、5月或9月入学，在时间安排方面不但更具弹性，学生亦可通过修读夏季学期以加快累积学分，早日完成中学课程。

新柱中学位于有"世界最漂亮城市"之称的温哥华(Vancouver)，地点适中，交通方便，距离公立图书馆、大型书店、文娱中心及其他小区设施只有数分钟的车程。该校开办全套高中课程(8—12年级)，每班只有10—20名学生，学生和老师的比例维持在15:1的小班教学水平，使老师能留意每名学生的学习进度，以尽量照顾他们的需要。

强调培养国际化视野

在全球一体化的今天，年青一代只有拥有国际视野，认识不同文化的特点，才有机会在竞争激烈的社会中脱颖而出。新柱中学的学生来自世界各地，包括中国内地、香港、台湾、日本、韩国和中南美洲等。拥有不同文化背景的学生每天一起学

在学术成绩方面，新柱中学的学生亦绝不逊色。该校的理科省试平均成绩高于全省的平均分，每年大部分毕业生均能继续升读大学，其中包括加拿大多所名校，例如University of British Columbia，University of Toronto、Dalhousie University及University of Alberta等。

习、交流，了解彼此文化传统的异同，有助于扩展他们的国际视野和知识。

此外，老师在授课时亦会了解各学生的进度和需要，在教授符合省教育厅教学大纲的课程时，兼顾国际学生对本地文化的理解和吸收，从而帮助他们适应陌生的学习环境。校内经验丰富的辅导员和教育行政人员，亦随时愿意为国际学生提供学习、选科或事业规划等多方面的协助，让他们能全身心投入加拿大的留学生活。

理科省试成绩突出

新柱中学采用三学期制，每年1月、5月及9月招收新生。三学期制可以使学生比传统的学年制或两学期制快30%的时间完成高中课程，而且他们在选科和规划课程时间表上能获得更大的弹性和灵活度。

背景资料：

创校年份： 1995
全日制学生： 300
业余学生： 50
国际学生： 210（包括100名华裔学生）
学院类别： 中学
营运方式： 私立
注册处地址：
Admissions Office
Century High School
#100-300 - 1788 West Broadway
Vancouver, BC
V6J 1Y1 Canada
网址： www.centuryhighschool.ca
电话： 1-604-730-8138

入学要求：

有关学科成绩的要求请联络注册处查询详情
英语成绩：
TOEFL 205(CBT)
或TOEFL 540(PBT)
或IELTS 5.5

报名截止日期：

秋季入学： 8月31日
冬季入学： 12月31日
夏季入学： 3月31日
* 建议海外学生于开课前6个月递交申请表

学费：

加国学生： 每学分250加元
国际学生： 每学分367加元
书本费： 已包括在学费内

每月生活开支(约)：

家庭寄宿(Home stay)： 750加元(包膳食)
校外住宿： 500—1,000加元
膳食费(校内)： 90加元(午餐)
膳食费(校外)： 200—300加元(午餐)
其他杂费： 不等
医疗保险： 54加元

所在城市数据：

城市： 温哥华(Vancouver)
人口： 2,000,000
生活指数： 中至高
气温： 0℃至25℃

首创寄宿课程　酒店旅游专家

统计资料显示，酒店及旅游业是全球发展最蓬勃和职位增长最迅速的行业之一；在未来10年中，这个行业会增加高达1.03亿份工作。如果想加入这个发展潜力十分巨大的行业，必须拥有专业的知识和技能，才能有机会脱颖而出。位于加拿大西岸的帝国酒店管理学院(Imperial Hotel Management College，简称IHMC)，是一所出色的私立酒店专业学院，为有志投身酒店及游旅业的人士提供专业培训。

创办于2001年的IHMC是加拿大第一所开办酒店寄宿课程的大专学院，提供为期9个月的高级酒店行政管理文凭课程，内容结合理论和实践，由业内资深行政人员教授，帮助学生获得实用的专业知识，在酒店及旅游业一展所长。

近年，随着加拿大和中国两地旅游业的迅速发展，就业市场对酒店及旅游业专才的需求日益增加。这个行业的薪酬和发展前景亦十分理想，很多大专学院均陆续开办旅游接待和酒店管理的专业课程。位于西岸的IHMC酒店管理学院，是加拿大第一所开办酒店寄宿课程的大专学院。该校认为，学习酒店管理的最佳地方，当然是在酒店里。因此，寄宿课程绝不纸上谈兵，而是让学生在一个真实的酒店环境中上课和实习，从而获得实用的知识和技能；其次，通过在酒店内寄宿，学生亦能从另一个角度了解顾客心理和认识酒店的管理模式，与学习相辅相成。寄宿课程还省去国际学生为安排住宿和膳食等生活琐事分散精力的麻烦，有利于专心学习。

教师为资深酒店行政人员

IHMC开办为期9个月的高级酒店行政管理文凭课程，学生将在多间"酒店校舍"(Hotel Campuses)学习和实习。与校方达成合作协议的酒店遍布北美，水准均达三至五星级，提供完善的设施和服务，以确保课程的质量。温哥华的"酒店校舍"包括Holiday Inn和Crowne Plaza等著名酒店。而所有教师均为酒店业的资深行政人员，拥有多年实战经验，能教授学生全面和实用的专业知识及技能。

学生在9个月的课程中，学习与实习的时间各占一半。一般来说，学生每星期上课5天，每天6小时，其中的3个小时为课堂理论，另外3小时是在酒店内实习。学生可通过实践应用所学，并同时获得宝贵的工作经验，对毕业后寻找工作十分有帮助。

课程以美国酒店及住宿协会教育学院(Educational Institute of the American Hotel and Lodging Association)的课程大纲作为基础，并辅以课堂习作、实习和小组功课等，以提高课程的实用性和趣味性。此外，教授的知识十分全面，涵盖了酒店运作和管理各项专业。必修的12个科目分为以下七大范围：

- 酒店业概述
- 餐饮服务管理
- 房务部管理
- 人力资源管理
- 市场推广及销售
- 会计及财务
- 一般酒店管理

完成课程的学生除了可获得IHMC颁发的高级酒店行政管理文凭之外，亦可获美国酒店及住宿协会(American Hotel and Lodging Association)颁发酒店管理文凭；成绩优异的毕业生更可获得在学酒店的总经理或部门主管发出的推荐信。

背景资料：

创校年份：2001

全日制学生：53

国际学生：不定

学院类别：专业学院

营运方式：私立

注册处地址：
Suite 1801
Pacific Centre
701West Georgia St.
Vancouver, BC
V7Y 1C6 Canada

网址：www.ihmc.ca

电话：1-604-685-3272

奖学金及经济援助办事处：
1-604-685-3272

英语入学要求：
TOEFL 500(PBT)
或TOEFL 173(CBT)
或IELTS 6.0

报名截止日期：
每三星期开班一次

学费：

日间学生：每课程17,000加元(包括学费、实习费、学习材料及书本费)

寄宿学生：每课程29,000加元(包括学费、实习费、学习材料及书本费、制服及在酒店内的住宿和膳食)

所在城市数据：

城市：温哥华(Vancouver)

人口：2,000,000

生活指数：中至高

气温： 0℃ 至 25℃

34. 哥伦比亚学院 Columbia College

老牌私立院校　文理商科齐备

建校于1936年的哥伦比亚学院(Columbia College，简称Columbia)是加拿大历史最悠久的私立国际大专学院，为学生提供高中及大学第一、二年级的课程，并颁授文科及理科的副学士资格。

对于国际学生来说，Columbia最大的优点是提供了升读加美两国大学的途径。该校分别开办大学学分转移课程、大学基础课程及英语作为第二语言(ESL)课程，旨在为不同背景和层次的学生提供良好的学习机会，助其实现升读大学的理想。

Columbia学院的主校区位于大温哥华地区的本那比市(Burnaby)，校舍设备完善先进，拥有不俗的学习环境。校方采用三学期制，为学生加快读完课程以及更灵活地安排学业创造条件。

该校的课程主要分为三大部分，分别是大学学分转移课程、大学基础课程和ESL英语课程。

授予文/理副学士资格

Columbia学院的大学学分转移课程拥有悠久的历史，获不列颠哥伦比亚省入学及转移委员会(BC-CAT)认可，所有学科的学分均可转为大学第一及第二年相同学科的学分。申请入读的学生必须拥有中学12年级毕业或同等学力。校方开办的学科十分多元化，涵盖以下四大专业领域：

(1) 商科：有兴趣在大学修读商业或相关专业的学生可修读30个学分以申请转入大学第二年，或修读60个学分后申请转入大学第三年的课程。

(2) 传媒学(Communication)：提供多个选修学科，涵盖应用媒体、公共政策、电子通信学及市场统计学等专业。

(3) 计算机科学：开办大学第一及第二年课程，很多学生以转入The University of British Columbia的理学系、Simon Fraser University的应用理学系或University of Victoria的工程系为目标。

(4) 工程：开办大学第一年课程，学生可修读完30个学分后转入大学工程系第二年级。

修读大学学分转移课程的学生可根据指定要求，修读完60个学分后获颁文/理副学士资格。这个资格普遍获北美大学认可，可申请入读大学第三年级的课程。

开办多样性高中课程

如果国际学生没有中学毕业的学历，或毕业成绩不尽理想，则可先入读Columbia的大学基础课程，努力获得较好的高中成绩，以增加将来升读大专的机会。课程共分为以下五大类：

(1) 高中课程：学生可于四个学期完成中学11及12年级课程，并参加省公开测试，毕业生可申请入读北美洲的大学。

(2) 高中结业课程：适合计划在Columbia升读大学学分转移课程的学生，为期较上述的高中课程短，学生可选择是否参加省试。

(3) 快速中学课程：适合已完成10或11年级，成绩优异的学生，他们可于短期内修读12年级及大学一年级的课程，完成后可申请入读大学二年级。

(4) 成人中学课程：申请者需年满19岁，已完成10或11年级课程。

(5) 大学预备课程：如果学生已完成中学课程，成绩并不理想，可通过这个课程在提高中学成绩的同时，修读部分大学基础课程，以增加升读大学的机会。

除了上述的中学及大学学分转移课程外，Columbia在开办ESL英语课程方面拥有30多年经验。英语课程分为五级，学生在入学时必须接受分班考试以便编入合适的班级。英语是很多国际学生留学的第一道难关，Columbia在这方面提供了完善和优质的服务。

拥有70年历史的Columbia学院在课程设置和学习环境上均有不错的水准，是国际学生一个理想的选择。

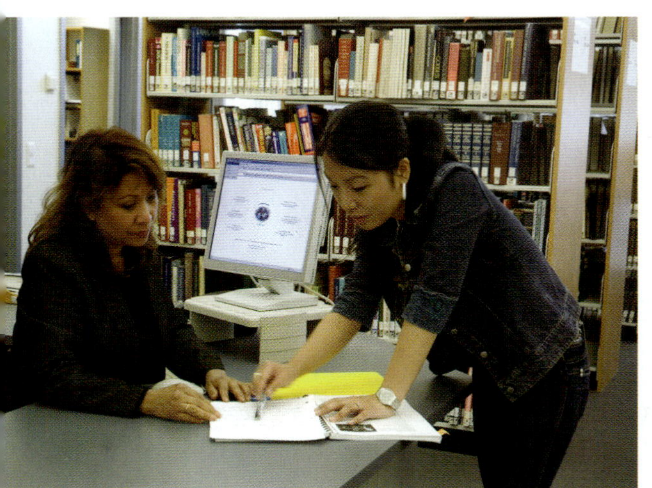

A college is very important for the future of international students. It provides an opportunity to build a stable basis for going to university. For international students, going directly to the university is quite a challenge, so we can warm up in the college first and go to university.

Yaqin Li
China 21 years old
1.5 years at Columbia College
Has been accepted to the Commerce programs at both UBC and University of Toronto

背景资料：

创校年份： 1936
全日制学生： 750
业余学生： 50
国际学生： 占95%（中国学生占35%）
学院类别： 私立学院
营运方式： 私立
注册处地址：
Columbia College
500-555 Seymour St.
Vancouver, BC
V6B 6J9 Canada
联络人： Barbara Yearwood
网址： www.columbiacollege.ca
电话： 1-604- 682-7191

入学要求：

学科成绩：
12年级或同等水平
英语成绩：
TOEFL 510(PBT)
或TOEFL 180(CBT)
或IELTS 5.0
或完成本校英语中心的课程标准

报名截止日期：

报名日期截止到每次开课第一周的星期五

学费：

加国学生： 每学分360加元
国际学生： 每学分360加元，以每学年修读30个学分计算，每年平均学费为9,700加元
书簿费： 800加元（两个学期）

每月生活开支(约)：

家庭寄宿： 约700加元
校外自租房子(不包膳食)： 500－1,000加元，视所租房子情况而定
膳食费： 不等
交通费： 公车月票69加元，停车月费140—180加元
其他杂费： 不等
医疗保险： 54加元

所在城市数据：

城市： 温哥华(Vancouver)
人口： 2,000,000
生活指数： 中至高
气温： 0℃ 至 25℃

35. 高贵林学院 Coquitlam College

西岸优秀私立大专
大学课程最受欢迎

创校于1982年的高贵林学院(Coquitlam College，简称Coquitlam)是加拿大西岸为数不多的优秀私立大专学院之一，分别提供大学课程、高中课程、英语研修课程和短期留学课程等。该校在教学设施、课程设置和师资三方面均有不俗的水平，是国际学生在公立教育体制以外的一个理想选择。

Coquitlam学院的大学学分转移课程最受欢迎，全校1,200名学生中，约有750名修读大学学分转移课程，所得学分可转入北美以至其他国家的大学。学生成功转入的大学包括The University of British Columbia、Simon Fraser University、University of Victoria 等省内名校。

Coquitlam学院位于高贵林市，邻近Lougheed大型购物中心的高架列车站，前往温哥华仅需30分钟，交通十分方便。该校拥有自己的校园，最近刚完成了大规模的扩建工程，设备先进完善，包括36间教室、多间实验室、体育馆、自修室、图书馆、餐厅和宽广的草地等，为学生提供良好的学习环境。

该校大部分教师拥有硕士或博士学位。学校实施小班教学，每班学生人数不超过20人，以确保每名学生都能得到老师的适当关注和照顾。

课程设置灵活、多元化

Coquitlam的课程设置多样化，能够满足不同学生的需要。其课程主要分为以下四大类：

(1) 大学学分课程

Coquitlam是加拿大少数几所可以提供第一及第二年大学课程的私立学院之一，学生最多可修读60个学分，然后申请转入大学继续完成学位课程；这些学分被加、美和其他国家的许多大学所承认。目前，全校1,200名学生中，约有750名修读大学学分转移课程，可见这个课程的受欢迎程度。在学科方面，学生可选修文科、商科或理想的科目，所得学分不但可转入其他大学，亦可根据校方要求完成指定科目，以取得一年制证书或两年制文凭的认可资格。各学科中以商科最受学生欢迎，例如经济、会计及计算机科学等，均是热门科目。

(2) 高中课程

该校开设了中学10、11及12年级的课程，成功修读完高中课程的学生可取得省政府颁发的高中毕业文凭，凭高中成绩申请加拿大和美国的大专院校。该校的课程设置甚具弹性，采用全年三学期制，学生可选择三个学期连续修读，以便尽快毕业。符合标准的学生还可以在修读大学课程时，同时完成剩下的高中必修科目。国际学生在升学时往往因为学制衔接的问题，不符合不列颠哥伦比亚省中学毕业的要求，Coquitlam学院想学生之所想，使他们能够同时修读中学及大学的课程，无须浪费时间。

(3) 英语课程

英语研修课程为计划升读高中、学院或大学的国际学生而设。所有学生必须接受英语评估测试，以编入合适的课程及班别。

(4) 短期留学课程

校方每年在冬季和夏季均会举办多元化的短期留学课程，内容包括英语学习、文化体验及有益身心的运动和活动等，欢迎10岁以上的国际学生参加。

鼓励学生丰富留学生活

留学生活是一段十分珍贵的经验，国际学生在学习过程中不应只求学问，亦应好好把握学习别国文化、开拓眼界和认识新朋友的机会。Coquitlam学院为学生提供多姿多彩的课外活动，包括球类运动、滑雪、远足和露营等，更会定期举办文化交流活动，让学生享有全面发展的空间。此外，寄宿家庭计划亦让学生有机会更深入地体验加拿大的生活和文化。校方一向在挑选寄宿家庭上十分严格，以保障学生和本地家庭均能得到愉快和有益的经验。

"The teachers are friendly, kind and helpful. The programs fit well together and I can move quickly into the university program and on to a major university in Canada without any loss of time. Coquitlam College also has excellent activities in which I participate."

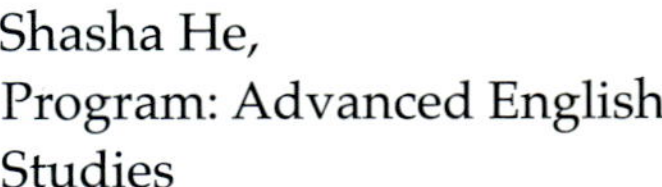

Shasha He,
Program: Advanced English Studies

背景资料：

创校年份：1936

全日制学生：750

业余学生：50

国际学生：占95%（华裔学生占35%）

学院类别：学院

营运方式：私立

注册处地址：
Columbia College
500-555 Seymour St.,
Vancouver, BC,
Canada V6B 6J9

网址：www.columbiacollege.ca

电话：1-604-682-7191

入学要求：

学科成绩视个别课程要求而定

英语成绩：

TOEFL 510(PBT)
或TOEFL 180(CBT)
或IELTS 5.0
或完成本校英语中心的课程标准

报名截止日期：

报名日期截止到每次开课第一周的星期五

学费：

加国学生：每学分360加元

国际学生：每学分360加元，以每学年修读30个学分计算，每年平均学费为9,700

书本费：800加元(两个学期)

每月生活开支(约)：

家庭寄宿：700加元

校外自租房子(不包膳食)：500—1,000加元，视所租房子情况而定

膳食费：不等

交通费：公车月票69加币，停车月费140—180加币

其他杂费：不等

医疗保险：54加元

所在城市数据：

城市：温哥华(Vancouver)

人口：2,000,000

生活指数：中高等

气温：0℃至 25℃

阿尔伯塔省(简称阿省)的高等教育体制与毗邻的不列颠哥伦比亚省颇为相似，主要分为大学、理工学院和社区学院三大类。在公立大专院校方面，省内目前有4所大学、2所理工学院和14所社区学院。此外，省内还有约150所私立大专学院，其中9所学院获得授予大学学位的资格。

省内四所公立大学分别是：University of Alberta、University of Calgary、University of Lethbridge 和 Athabasca University。

University of Alberta是加拿大老牌名校之一，其医药学、环境工程学及自然科学等专业极具声誉。省内另一所带医学院大学University of Calgary也有很出色的学术水平，被誉为加国大型大学的后起之秀，著名学系包括建筑、社会工作和管理等。University of Lethbridge是一所小型综合类大学，课程灵活创新，在过去五年里学生人数急增40%，充分证明该校受学生欢迎的程度。加拿大最具规模的远程函授大学Athabasca University也位于阿省，该校的行政工商管理硕士课程，是全加拿大同类型课程中注册人数最多的。

阿省设有两所优秀的理工学院：Northern Alberta Institute of Technology(简称NAIT)及Southern Alberta Institute of Technology(简称SAIT)。两校一南一北遥相呼应，共同为业界培养高科技专才。两校之中NAIT较为年轻，该校以革新灵活著称，商业、工程技术、信息和传播技术等专业最受国际学生欢迎。历史较悠久的SAIT，多年来在能源业及地质学等专业中已建立了稳健的学术基础。

加拿大共有四所公立艺术及设计学院，阿

阿尔伯塔省

省的Alberta College of Art and Design便是其中之一。该校一向以前卫创新而闻名，热门课程包括：绘画、珠宝设计、媒体艺术及数码技术等。

阿省的社区学院主要集中在埃德蒙顿(Edmonton)和卡加利(Calgary)两大城市，各校水准平均，各具特色和优点，国际学生可细阅本章各介绍文章后，再根据自己的升学目标和专业做出选择。

1. 阿尔伯塔大学 University of Alberta

十亿巨资拓教研　桃李芬芳遍加国

阿尔伯塔大学(University of Alberta，简称Alberta)是加拿大老牌大学之一，拥有百年历史，在医药学、环境工程学、艺术与设计、自然科学及英国文学方面均有极高的学术水平。

该校师资力量和学生素质之佳，享誉全国。其教员拥有博士学位的比例，与不列颠哥伦比亚大学(University of British Columbia)同列加国众大学之冠。该校过去多年总共获得25个3M教学奖(3M Teaching Fellowships)，位居全国之首。3M Teaching Fellowships是加拿大3M公司与学术机构合办的全国性奖励计划，以表彰在教学上有创意和有卓越表现的教师。在学生素质方面，Alberta的学生获得全加学生学术奖(Academic All-Canadian Awards)人数众多，仅次于麦基尔大学(McGill University)。该学术奖颁予在运动及学术两方面有杰出表现的加国学生，是学术界一项极高的殊荣。Alberta毕业生人才辈出，其中包括前加拿大总理Joe Clark、前阿省省长Peter Lougheed、加拿大最高法院大法官Beverley McLachlin以及诺贝尔物理学奖得主Richard Taylor等。

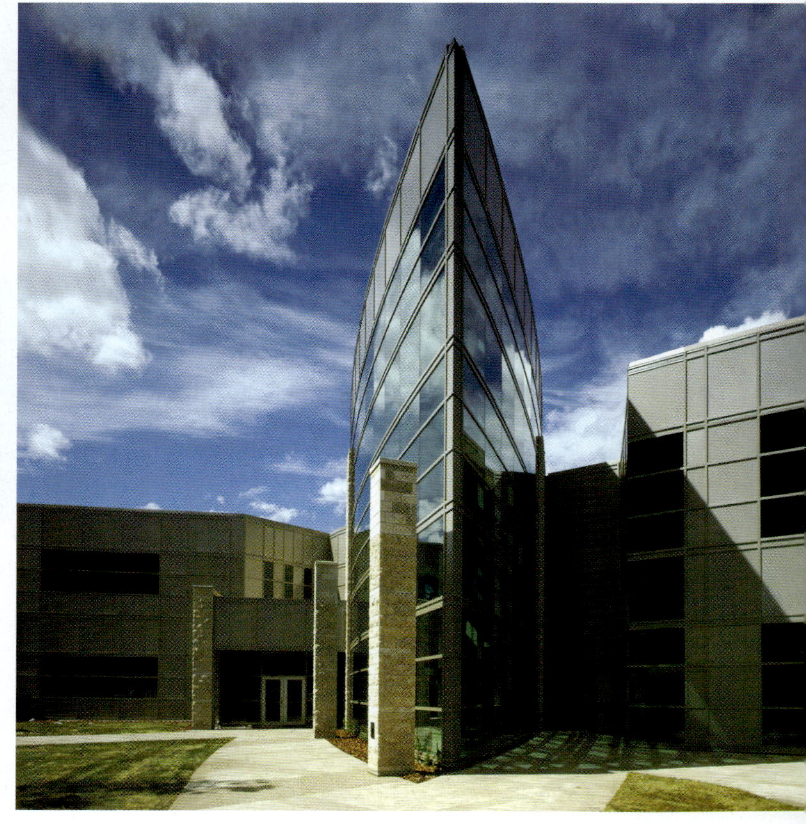

创校于1908年的Alberta大学，当年仅有一幢教学大楼，4位教师和45名学生；发展至今，校园面积已扩至88万平方米，拥有143幢建筑物，1,730位教员和34,000多名学生。伴随着大学规模扩展的，还有该校在学术上的成就。Alberta在国际学术界可能没有多伦多大学(University of Toronto)出名，不及麦基尔大学 (McGill University) 般耀眼，但在国内学术界却有极高地位。一般国际大学的排名榜都将焦点集中在该校的工商管理硕士课程(MBA)或医学院

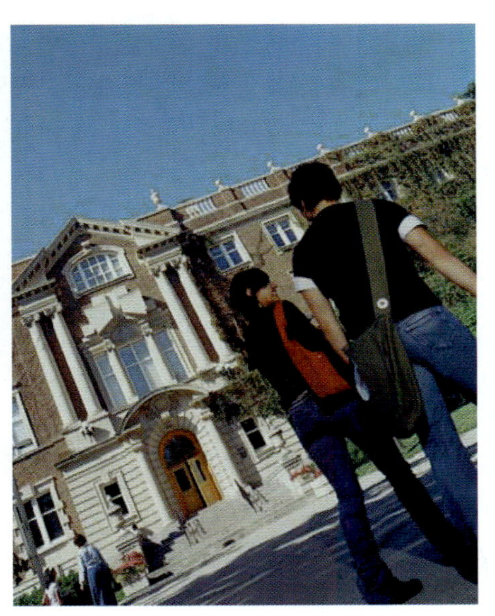

等热门专业上。事实上，Alberta在加国工商业界也极负盛名，被赞誉为一所务实奋进的优秀大学。

除了优秀的工商管理与医学院课程外，Alberta还有20个学术水平极高的专业，被合称为"杰出学术研究领域"(Areas of Established Research Excellence)，分别是：

- 心脏及血管研究
- 化学催化、两极及传递工程
- 通信及软件工程
- 新药物研究及发展
- 糖尿病及胰脏移植
- 生态系统管理
- 地理环境工程
- 免疫及感染
- 智能系统及管理
- 文艺历史及研究技巧
- 分子细胞膜：生物/运送/脂质
- 纳米科学及技术
- 神经科学及神经内分泌学
- 营养学及新陈代谢
- 印刷制作
- 专业公司管理学
- 蛋白质结构及功能
- 资源地理科学
- 社会政策
- 教育转型研究

以上都是校方引以为豪的研究专业，亦是该校投入资源最多的学科。除此之外，该校的艺术与设计以及英国文学两个学系均具国际声望，曾出版不少文学书籍及刊物，在研究文艺复兴和18及19世纪文学方面有极大影响力。

另外值得一提的是，该校的Faculté Saint-Jean学院，是加西三省(不列颠哥伦比亚省、阿省和沙斯喀彻温省)唯一授予法语学士的学院，其专业包括文科、理科、商业、管理、护士学及教育等。

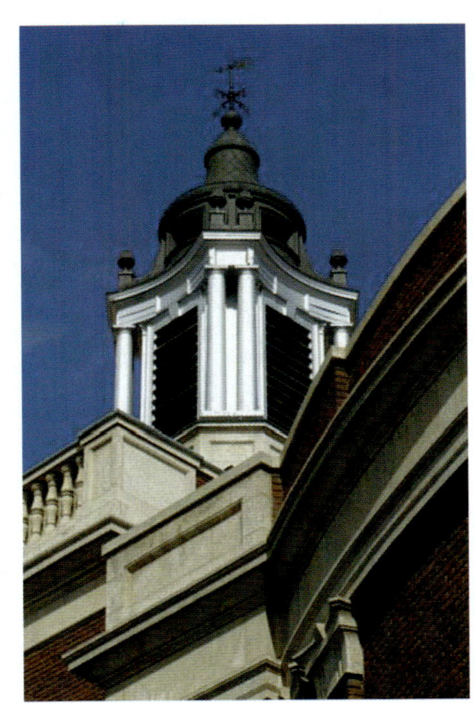

10亿加元发展大计

Alberta的校园位于北沙斯喀彻温河(North Saskatchewan River)的南岸，风景优美，建筑物古色古香，是一所人杰地灵的优秀学府。目前，校方正开展多项大型建筑及发展工程，总值达10亿加元，是过去20年来最庞大的发展项目。其中包括建筑与设计均达世界一流水平、兴建成本高达1.35亿加元的工程大楼。同样属于工程学系的自然资源工程中心及两幢学生宿舍，亦投资了6,500万加元。此外，斥资1.2亿的纳米科技国家中心，将为师生提供更先进的研究设施；纳米是新兴科学，相信此研究中心会有非常光明的前景。一幢投资1.65亿的健康研究中心即将动工。Alberta校园内的建筑及发展工程一浪接一浪，标志着校方不断改良教学及研究设施，争创世界一流大学的决心。

学生服务完善周详

学生服务质量是国际学生在选择学校时的一个重要考虑因素。校方是否关心学生的身心发展？是否提供完善的辅导服务？学校的学生设施是否齐备？会不会对国际学生提供奖学金或助学金？Alberta大学对以上问题均做出了明确肯定的回答，充分显示了该校对学生服务重视的程度。

Alberta重视学生服务的传统由来已久，其策划及监管的责任主要由学生训导长(The Dean of Students)、学生会(The Student Union)及研究生协会(The Graduate Students Association)共同承担。随着国际学生人数不断增加，校方承诺：在全新的学生宿舍"国际楼"(International House)中，超过半数的

宿位(达157个)将会预留给国际学生。此外，校方还斥资650万加元扩建学生大楼，建设更大的书店与餐厅，并增辟更多自修场所。

总体来说，Alberta是一所十分优秀的大型学府，特别是在医学研究和新技术研发上有着极高的水平和声誉，该校对国际学生提供全方位的支持服务，是异国学子在加拿大求学最理想的选择之一。

背景资料：

创校年份： 1908

全日制学生： 30,258

业余学生： 4,109

国际学生： 2,100(中国学生734)

大学类别： 带医学院综合类大学

营运方式： 公立

注册处地址：
University of Alberta International
1204 College Plaza
8215-112 Street
Edmonton, AB
T6G 2C8 Canada

网址： www.ualberta.ca

电话： 1-780-492-6448

奖学金及经济援助办事处：
1-780-492-3221

校舍： 共4个校舍，主校占地88万平方米

图书馆藏量： 书籍及期刊超过570万册

教职员工： 教员3,278名，职员5,794名

本科入学要求：

学科成绩：

文科： 71%

理科： 76%

工程： 80%

商科： 完成大一课程后才可申请入读

英语成绩：

TOEFL 237(CBT)

或TOEFL 580(PBT)

或IELTS 6.5

或CAEL 70

报名截止日期：

秋/冬季入学： 5月1日

学费：

加国学生： 每学分159.92加元

国际学生： 每学分511.72加元

书本费： 每科约100加元

每月生活开支(约)：

大学宿舍(不包膳食)： 330加元

校外自租房子(不包膳食)： 400加元，视所租房子大小而定

膳食费： 250加元

其他杂费： 150加元

医疗保险： 44加元

学系/专业：

设有16个学系，超过300个专业

Faculté St-Jean是不列颠哥伦比亚省、阿省和沙斯喀彻温省三个西岸省份中唯一提供法语学位课程的学院

大学排名：

Maclean's 2005年大学排名

带医学研究院类大学第六

研究院入学要求：

TOEFL 237(CBT)

或TOEFL 580(PBT)

或通过该大学的语言课程ESL 550

个别学系要求申请者递交GRE/GMAT成绩

研究院课程学费：

加国学生： 每学年3,949加元

国际学生： 每学年7,325加元

热门研究院专业：

经济学、心理学、生物科学、教育、工程

所在城市数据：

城市： 艾德蒙顿(Edmonton)

人口： 1,000,000

生活指数： 低至中

气温： -16℃ 至 27℃

2. 阿法巴斯加大学 Athabasca University

致力远程函授　开辟新式教育

阿法巴斯加大学(Athabasca University，简称Athabasca)是加拿大最具规模的远程函授教育(Distance Education)大学，部分课程注册学生人数之多，足令传统大学称羡。该校的工商行政管理硕士课程(Executive MBA Program)通过计算机互联网授课，在册学生人数超过1,000名，创全加拿大同类型课程注册人数之冠。

近年来，该校学生人数稳步攀升。校方不断开办新的课程，其中以工商管理及科技管理学科最受欢迎。互联网技术在全球的推广与普及，有助于Athabasca吸引更多国际学生，开拓更多新的学科领域。

函授课程在加拿大越来越受欢迎，绝大部分的大学在传统的课堂授课制度以外，均会开办远程函授课程，为学生提供更多选择。Athabasca目前提供600多个以英语授课的科目，以及360个以英法双语或单以法语教授的学科，其中大部分是学士或文凭课程，另有部分硕士课程。值得一提的是，该校95%的学生是通过互联网修读函授课程。

学生人数五年增四成

2000—2005年，Athabasca的学生人数增加了40%，充分显示了函授课程受欢迎的程度。加拿大教育文化一个突出的特色是鼓励终身学习(Lifelong Learning)。其特点是鼓励在职人士，无论什么年龄与教育背景，均应积极进修，通过知识更新，提高自身价值。函授教育时间灵活，能够适合在职人士的时间安排和生活习惯，便于他们在自由安排学习时间与场所的同时，得到教授的学术指导。

互联网式函授亦进一步开拓了国际学生的市场，不论你身处何地，只要能使用互联网，便可接受函授教育。

函授教育有利有弊

函授教育有利亦有弊。Athabasca的统计资料显示，学生中途退学，未能完成教育的比率平均达到40%。其中一个主要原因是，很多学生低估了学科的困难程度，没有能力或没有时间兼顾繁重的功课，以致半途而废。准备选择该校就读的学生应注意的是，不要误以为函授课程会比传统课堂授教的程度浅。Athabasca开办的部分课程等同于大学学士或硕士课程，千万不可掉以轻心。该校资料同时显示，能够持之以恒按序修读学科的学生，80%能够最终完成整个课程。

简言之，函授课程较适合有恒心和毅力的学生。只要目标明确，持之以恒，这个灵活的学习模式可以提供更大的空间和自由度，帮助学生自己制定计划，按自己的进度取得专业学历。

在医学界创下多个第一

Calgary大学的研究员在医学界开创了很多个第一，例如医学专家Samuel Weiss于上世纪90年代发现成人脑内含有干细胞(Stem Cells)。这一发现令医学界为之振奋，亦因而启发了通过刺激脑细胞来帮助中风患者加速痊愈的新疗法。虽然Calgary的医学院和加国其他医学院一样，暂时不接受国际学生的申请，但部分与医疗科学相关的专业，例如生物学、生化学和健康学等，却欢迎国际学生入读。

在有关自然资源的专业方面，Calgary除了开办传统的科研及技术课程外，还创办了跨学系的专业课程，例如资源法律及经济学、石油工程学等。此外，商学系最新开办了一个名为“全球能源管理和持续发展”的工商管理硕士课程(MBA)。

建筑硕士课程优秀

Calgary拥有被誉为全国最佳的建筑专业课程，毕业生人才辈出，入学的竞争也十分激烈。该校的建筑专业属于环境设计学系，是一个四年制的硕士课程，接受国际学生申请。申请者必须拥有学士学位或同等的专业经验；拥有学士学位的申请者，在大学最后两年的成绩必须保持在GPA3.0以上。一名中学毕业生即使能考入该建筑专业课程，也需要8年时间才能完成硕士学位。由于竞争激烈，即使

“I learned many great things about Canada as well as English, and I met really good friends from the ESL program at U of C. It was an unforgettable experience in my life. I miss my teachers, my friends and my time in the ESL program. I had a wonderful time.”

Jay Kim, Korea

达到要求的申请者，可能仍无法成功踏进Calgary的门坎。有志入读建筑硕士课程的学生，获得最快捷和最大录取机会的途径是在中学毕业后入读Calgary的三年制建筑学(辅修)学士课程。该课程没有主修科，只是辅修建筑学，因此比加国一般大学学士的四年制课程少一年。课程内容主要是有关建筑学的基础知识和硕士课程的预修科目。毕业生如果成绩优异，可获录取进入硕士课程的第二年，换言之，学生在中国中学毕业后六年，便可考获建筑学硕士。

国际学生如果用原所在国的中学成绩报考该三年制学士课程，录取机会相信不高。因此，需在大学先修读一些理科或工程科的建筑系先修科目，待GPA的成绩理想时再申请转入该课程。另外，也可在大学毕业后直接报读硕士课程。

建筑师是一个极有前途的行业，投考建筑专业的路途虽然漫长，却的确值得花费时间和精力做投资。

除建筑课程外，Calgary的社会工作学系，也是全国最具规模的学系之一，而且学术水准出众，吸引不少省外和海外的学生慕名而至。

创新教学模式和学制

Calgary是加国最年轻的带医学院综合类大学，比很多老牌大学要年轻二三百年，因此，它没有过分保守的传统枷锁，能自由灵活地开创新的教学模式和学制。该校打破传统，在所有课程上注入三大崭新元素：

(1)跨学科性：所有专业的学生必须在主修及辅修专业以外，修读一定数目的其他学系学科，以扩大知识层面。

(2)国际性：鼓励学生参与海外大学交换生计划，并通过与海外学府的交流，将课程内容的视野变得更具国际性。

(3) 实践性：各专业均设有在学实习计划(Co-op Program)、实习计划(Internship)或模拟职场环境的课程，使学生有机会实践所学。

如今，无论在学术研究中还是在具体学科实践中，专业与专业之间的分界都变得越来越不明显，各专业的互动性不断增强。有鉴于此，该校不断设计更多跨学系的学位课程，以切合工商界的需要。例如该校的医疗科学学士课程，就是医学、社会科学和人文科学三个学系共同开办的跨学系课程。

Calgary的学制亦颇独特，采用灵活的学期(Term)制，全年分为秋季学期(9月至12月)、冬季学期(1月至4月)，春季学期(5月及6月)及夏季学期(7月及8月)，帮助学生灵活安排个人的学习时间。

2003及2004年度，Calgary大学分别从政府及商界获得总共2.47亿加元的研究经费，打破了历年纪录，为其进一步发展奠定良好经济基础。

背景资料：

创校年份：1966

全日制学生：28,306

业余学生：4,514

国际学生：1,695

大学类别：带医学院综合类大学

营运方式：公立

注册处地址：

University Of Calgary

2500 University Drive NW

Calgary, AB

T2N 1N4 Canada

网址：www.ucalgary.ca

电话：1-403-220-6645

奖学金及经济援助办事处：

1-403-220-6945

校舍：1个校园，总占地213,000平方米

图书馆藏量：

书籍及期刊超过5,090,070册

教职员工：教授500名，副教授860名，讲师285名，职员5,000名

本科入学要求：

学科成绩：

视各学系而定，每年各有不同

英语成绩：

TOEFL 560(PBT)

或 TOEFL 220(CBT)

或IELTS 7.0

或加拿大学术英语不低于70

报名截止日期：

秋季入学：2月1日

学费：

加国学生：每门课486加元

国际学生：每门课1,215加元

书本费：每学年1,000-2,000加元

每月生活开支(约)：

家庭寄宿：600加元

大学宿舍(包膳食)：410—625加元

校外自租房子(不包膳食)：300—650加元，视所租房子大小而定

膳食费：200-300加元

其他杂费：200-300加元

医疗保险：44加元

学系/专业：

设有15个提供学位的学院，共53个专业

大学排名：

Maclean's 2005年大学排名

带医学院综合类大学排名第十四

研究院入学要求：

TOEFL 550 — 600(PBT)

或TOEFL 213 — 250(CBT)，视个别学系而定

部分学系要求申请者递交GRE/GMAT成绩

研究院课程学费：

加国学生：每学年4,765加元

国际学生：每学年10,082加元

热门研究院专业：

商科、计算机科学、理科、建筑

所在城市数据：

城市：卡加利(Calgary)

人口：970,000

生活指数：中至高

气温：-15℃至25℃

4. 莱斯桥大学 University of Lethbridge

生命科学的重地 小班体制之典范

莱斯桥大学(University of Lethbridge，简称Lethbridge)拥有一切小型本科类大学的优点：小班教学、师生关系密切、校园环境亲切友善及课程灵活创新等。过去五年，学生人数急增40%，升幅之大，在加国大学中实属罕见，足以证明该校受学生欢迎的程度。

生命科学(Life Science)是Lethbridge最强学系之一，课程强调理论与实践兼备，一年级的学生已有机会跟随教授做研究，大大开阔了学生在学术研究上的视野，并帮助他们尽早发现自己感兴趣的专业领域。Lethbridge拥有极优秀的理科本科课程，教授包括享誉国际的精神学科学家Bryan Kolb博士。Kolb发现，通过刺激成人脑部，能够令神经细胞再生，成为医学界一项重要研究成果。

该校加拿大行为神经科学中心(The Canadian Centre for Behavioural Neuroscience)的科学家中，包括前文提到的著名神经学家Bryan Kolb，他在Lethbridge培育了无数年轻科学家。神经学是该校少数开办博士课程的专业。

有志修读理科和毕业后升读研究院的学生，不妨考虑入读Lethbridge打好基础，为将来铺平道路。

Lethbridge的杰出学系还包括艺术(新媒体)、管理和美洲原住民研究。该校拥有全加最大的艺术品收藏，总共有14,000件珍品，总价值3,400万加元。校方更成功地建立了网上珍品库，包括所有收藏品的图片和数据，是一个极重要的艺术数据库。此外，该校提供加国唯一的瘾癖辅导学学士课程。

加拿大的大专体系以公立教育制度为骨干，各大学水准平均，各具专长和特色。因此，国际学生到加国就读时，不可过分迷信名牌大学而忽视了小型大学。事实上，如果国际学生想修读本科课程，小型大学可能是更合适的选择。小型大学一般采用小班教学，教授较容易了解每个学生的进度，同学之间的关系亦比大型学府更为密切。换言之，国际学生在学习和生活上往往会得到较大的照顾，有助于更快适应留学生活。

优秀的理科学士课程

Lethbridge是加国优秀小型本科类大学中的一个典范，该校一直以学习气氛浓厚和师生关系密切见长。以其理学系为例，一年级的学生常常有机会与教授一同进行科学研究，这种情况在其他大学十分少见。在一些医学/研究院类大型大学里，一年级的理科班人数往往多达一两百人，教授远远地站在演讲台上授课，每周只有一两个小时在办公室会见学生，小组实验课则由助教负责教导。换言之，学生很难有机会接近教授，更不用奢谈当教授的助手了，那往往是三四年级学生或是研究生才有的机会。不过，Lethbridge的新生却有这个难得的机会，很多理科学生异口同声地表示，有机会帮助教授做研究，使他们更透彻地了解科研计划的本质和会遇到的困难，对他们日后决定自己的学术和事业方向有很大的启发。该校此类师生合作的计划包括植物生物科技、水源研究以及神经科学等。

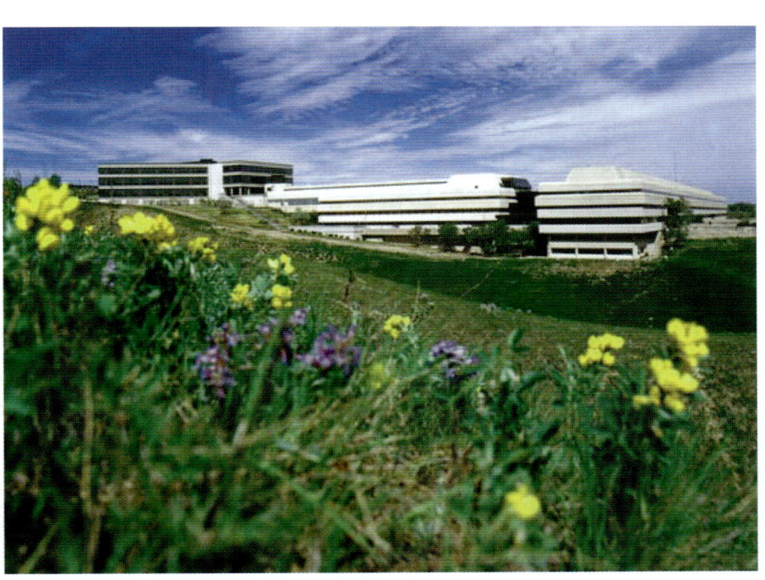

强调通识和跨学科教育

Lethbridge一直强调通识教育的重要性，规定所有学生必须修毕12个包括艺术、人文科学、社会科学及科学系在内的科目，以确保学生拥有稳固的学术基础与常识。此外，校方亦建议工商管理的学生首年先在文理系(Faculty of Arts and Science)修读，第二年才返回商学系就读；同样，艺术系和教育系的学生亦应在文理学系完成头两年大学课程后，再转回自己所属的主修学系。

值得一提的是，目前有越来越多的大学加强了通识教育的发展，要求学生在主修专业以外，修读指定数目的学科，以拓宽知识层面。教育家发现，

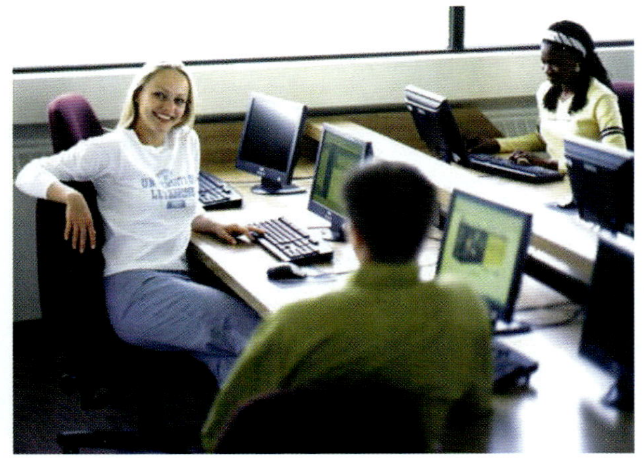

在21世纪的今天，各专业之间的界线不再像从前那般清楚，各行各业趋向追求跨专业知识的相互配合，例如科技行业需要工商管理专才在营运上做出支持，文理专才亦需要对新科技有一定的基本认识。在这个趋势之下，加国无论是大型大学或是中小型大学，均纷纷推出跨学科的基础课程，要求学生在大学首两年修读主修及辅修专业以外的学科。

展望未来，Lethbridge将继续扩充校舍等设施，以容纳更多本地和国际学生。该校计划斥资3,400万加元兴建全新的图书馆和温习中心，为学生提供更舒适和完善的学习环境。Lethbridge坐落于宁静小镇，学习与生活气氛和谐朴实，生活指数不高，是国际学生在加国求学的理想选择之一。

背景资料：

创校年份：1967

全日制学生：6,847

业余学生：903

国际学生：619(中国学生359)

大学类别：小型综合类大学

营运方式：公立

注册处地址：

Office of the Registrar
University of Lethbridge
4401 University Dr.
Lethbridge, AB
T1K 3M4 Canada

网址：www.uleth.ca

电话：1-403-329-2053

奖学金及经济援助办事处：
1-403-329-2585

图书馆藏量：书籍及期刊1,426,771册

教职员工：教授59名，副教授121名，讲师161名，总教职员人数966名

本科入学要求：

学科成绩：

文科：60%

理科：60%

商科：60%

英语成绩：

TOEFL 213(CBT)
或 TOEFL 550(PBT)
或IELTS 6

报名截止日期：

秋季入学： 5月1日

冬季入学： 9月1日

学费：

加国学生：每学分142.67加元

国际学生：每学分285.33加元

书本费：每学科100加元

每月生活开支(约)：

大学宿舍：250加元(分租)

校外自租房子：375加元(分租)，视所租房子大小而定

膳食费：200—280加元

其他杂费：250加元

医疗保险：44加元

学系/专业：

设有5个学系，超过150个专业

文理学系

教育学系

艺术系

健康科学系

管理学系

大学排名：

Maclean's 2005年大学排名

小型综合类大学排名第十三

研究院入学要求：

TOEFL 580(PBT)

或TOEFL 237(CBT)

个别学系要求申请者递交GRE/GMAT成绩

研究院课程学费：

加国学生：每学科约9,600加元

国际学生：每学科约19,000加元

热门研究院专业：

管理学、理科、教育

所在城市数据：

城市：莱斯桥(Lethbridge)

人口：77,202

生活指数：低至中

气温：-14℃ 至 26℃

倚重艺术设计　行走时代前沿

创校于1926年的阿省艺术及设计学院(Alberta College of Art and Design，简称ACAD)位于多姿多彩的大都会卡加利(Calgary)，一向以前卫创新而闻名，致力于开拓紧跟时代节奏的艺术及设计专业课程，为业界培养出不少精英。

加拿大目前共有四所公立艺术专科学院，ACAD是其中之一，也是阿省唯一一所艺术专科学院。论学校规模及学生人数，该校虽然比不上安大略省艺术及设计学院(OCAD)，但水准绝不逊色。该校开设多元化的艺术及设计课程，其中的绘画、珠宝设计、媒体艺术及数码技术等均深受学生欢迎。

拥有80年历史的ACAD，坐落于卡加利的北山(North Hill)，俯瞰宝河(Bow River)及市中心的美景，地势超然，突显其前卫革新的风格。

开办12个专业课程

该校约有1,000名学生，采用小班教学，确保教授有机会向学生进行一对一的个别指导，充分体现小型学院的教学优势。该校虽然规模不大，开设的课程数目却不少，下列三个部门共提供12个艺术学士课程：

(1) 设计：包括视觉传播学及摄影设计两大主修专业。视觉传播学是一门新兴学科，学生将学习不同媒体的设计技巧，例如平面设计、广告设计、插图艺术，以及如何为计算机游戏设计角色等。

(2) 艺术：分为九个主修专业，包括陶瓷、绘画、布料、玻璃、珠宝及金属、油画、摄影、印刷媒体及雕塑。当中尤以绘画、油画、珠宝及金属艺术最受欢迎。

(3) 媒体艺术及数码技术：是校方根据业界需求设计的新课程，内容涵盖立体动画制作、网页设计、录像带制作、电影音效、影像互动和录像环境学等，毕业生可在电子媒体及计算机行业大显身手。这门专业被誉为21世纪最热门的新行业之一，因此深受学生欢迎。

全面实用的基础课程

ACAD规定所有课程的新生必须共同修读一年级的艺术基础课程，内容包括艺术及设计的基础学科、艺术历史及文化等，让学生先打好理论基础，再进行未来的专业课程学习。

该校教授都是各自专业的精英，他们拥有深厚的技巧和经验，并对教学充满热忱。此外，校方会定期邀请客座教授在不同的专业内开班授课，举行讲座或进行实际操作，让校内师生有机会接触其他艺术家，进行互惠的学术交流。

除了学士课程以外，ACAD亦开办非学分的艺术及设计课程，为在职人士提供进修的途径。

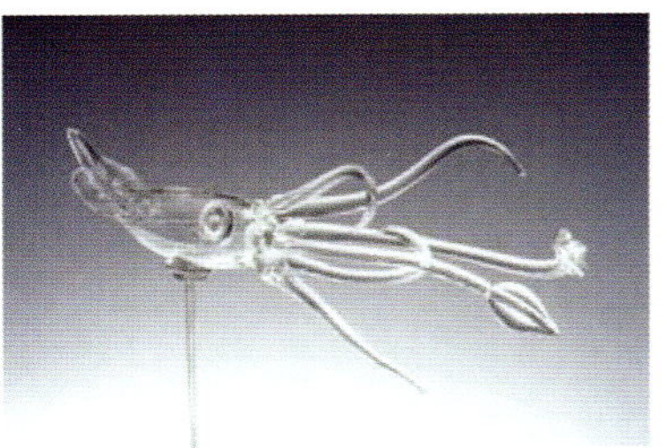

"I am glad that I came to this college because I have made many new friends. The respect I receive from my instructors and fellow students has given me a confidence that has greatly helped improve my personal growth."

Yue Aimee Qiu
Visual Communications Design

背景资料：

创校年份： 1926
全日制学生： 1,050
业余学生： 115
国际学生： 55（中国学生9）
营运方式： 公立
注册处地址：
Alberta College of Art & Design
1407 - 14 Avenue NW
Calgary, AB
T2N 4R3 Canada
网址： www.acad.ca
电话： 1-403-284-7617
奖学金及经济援助办事处：
1-403-284-7685

入学要求：

学科成绩：
文科：60%
英语成绩：
TOEFL 560(PBT)
TOEFL 220(CBT)

报名截止日期：

秋季入学： 4月1日
冬季入学： 10月15日

学费：

加国学生： 每学分127.2加元
国际学生： 每学分375.65加元
材料费： 第一年约需2,500加元

每月生活开支(约)：

大学宿舍(不包膳食)：
530 — 785加元
校外自租房子(不包膳食)：
600 — 800加元
膳食费： 375加元
医疗保险： 100加元

所在城市数据：

城市： 卡加利(Calgary)
人口： 970,000
生活指数： 中至高
气温： -15 ℃ 至 25 ℃

长于工商信息 发扬务实作风

阿省设有两所优秀的理工学院，分别是北阿尔伯塔理工学院(Northern Alberta Institute of Technology，简称NAIT)及南阿尔伯塔理工学院(Southern Alberta Institute of Technology，简称SAIT，详见第260页)。两校一南一北遥相呼应，并保持良好的合作关系，共同为业界培养高科技专才。

两校之中以NAIT较年轻，该校亦以革新灵活著称，不断开拓配合业界需要的新专业和新课程。商业、工程技术、信息和传播技术等范畴的专业最受国际学生欢迎。

NAIT创立于1962年，至今在世界各地拥有10万多名毕业生，在各自的专业领域中一展所长。该校由九个校区组成，主校区所在地是阿省首府埃德蒙顿市(Edmonton)。该市人口约100万人，属国际都会，经济发达，但生活费比多伦多(Toronto)、魁北克(Quebec)及温哥华(Vancouver)低。阿省是加拿大最大的石油天然气工业基地，因此NAIT和油气工业以及省内其他工业均保持着紧密的联系，立足培养优秀的专业人才，让他们学以致用，贡献社会。

毕业生就业率高逾90%

NAIT开设的课程以实用著称，学院与工业界关系密切，这对学生的就业很有帮助。 NAIT90%的学生在毕业后不久就能找到工作，而且大部分都是从事本专业的工作。该校设有一年制证书、两年制文凭及四年制应用科学学位课程，共有八个学院，当中最受国际学生欢迎的分别是以下三大类：

商业课程：这是国际学生修读人数最多的课程之一，提供两个本科学士课程：应用商务管理学士(会计学)及应用商务学士(金融学)。这两个应用学位课程采用2+2的学制，专门为那些已获得了文凭资格，而希望在相关专业上继续进修的学生而设，为期两年。而两年制文凭课程则可主修多样化的专业，包括工商管理、会计学、金融学、管理学、市场营销学及双语商业管理。商学院还为国际学生提供了许多一年制的课程，毕业生有资格得到一年的加拿大工作许可证，课程包括应用银行业和商业学、医学病例书写培训、办公室管理认证及兽医行政助理。

工程技术课程：由于专业设置范围广，应用性强，NAIT的工程技术课程声名远播，而且毕业生的就业前景十分好。课程以两年制的文凭为主，专业包括航空电子工程技术、生物医学工程技术、化学工程技术、计算机工程技术、电子工程技术、工程设计及制图技术、机械工程技术、网络工程技术、石油工程技术及电信工程技术等。

信息和传播技术课程：IT业是近年最热门的行业，NAIT在密切配合工商业需求的培训方面处于领先地位，校内的惠普信息和通信科技中心是加拿大最先进的技术中心之一。课程涵盖多元化的专业，除开办四年制的应用信息系统技术学士课程以外，还有多个文凭及证书课程，例如计算机系统技术、图文传播、网络和安全支持分析员、摄影技术、广播和电视技术等。

完善的ESL英语课程

学院设有完善的英语作为第二语言(ESL)课程，为学生能够顺利进行专业课程的学习，以及应付实际工作所需而设计。整个英语辅导分为五个等级，一级到三级重点提高学生整体的语言技能，包括听力、口语、语法和阅读；四级及五级将学习高级英语，训练学生阅读、分析小说和撰写论文，学生可同时修读学分课程。

此外，国际学生如果因学术成绩达不到要求而未能进入正规学分课程，则可先入读过渡课程，以完成加拿大的中学课程；亦可选择课前辅导班，为进入商学院、计算机科学或其他技术学科打好基础。

背景资料：

创校年份： 1962
全日制学生： 18,300
业余学生： 43,000
国际学生： 968
大学类别： 理工学院
营运方式： 公立
注册处地址：
NAIT International Education Office
W111, 11762-106 Street
Edmonton, AB
T5G 2R1 Canada
网址： www.nait.ca
电话： 1-780-378-5060

入学要求：

学科成绩：
中学毕业或同等学力
英语成绩：
TOEFL 213(CBT)
或TOEFL 550(PBT)

报名截止日期：

秋季入学： 5月31日
春季入学： 额满即止

学费：

加国学生： 每学期1,654加元
国际学生： 每学年10,500 — 17,250加元
书本费： 每学年600 — 800加元

每月生活开支(约)：

校外住宿： 300 — 600加元(视所租房子情况而定)
膳食费： 200加元
其他杂费： 150加元
医疗保险： 44加元

所在城市数据：

城市： 埃德蒙顿(Edmonton)
人口： 1,000,000
生活指数： 低至中
气温： -16℃ 至 27℃

7.南阿尔伯塔理工学院 Southern Alberta In

学位课程多样化　能源地质根基深

南阿尔伯塔理工学院(Southern Alberta Institute of Technology，简称SAIT)是阿省两所高等理工学院之一，与北阿尔伯塔理工学院(Northern Alberta Institute of Technology，简称NAIT，详见第258页)遥遥相对，互惠合作，肩负为省内培养科技专业人才的重任。

两校中以SAIT历史较悠久，该校在能源业及地质学等专业中建立了稳固的学术基础。此外，该校的信息与通信技术相关专业也甚获好评，提供多样化的实用课程，包括计算机技术、广播技术、电视电影、新闻学及多媒体制作等。

SAIT位于阿省经济重镇卡加利(Calgary)，校区设备先进，拥有10,000名全日制学生，其中包括650名来自62个国家的国际学生。

该校的课程分为三大类：学术英语课程、大学学分转移课程和最受欢迎的专业及职训课程。

开办四项应用学位课程

SAIT提供约70项专业及职训课程，分别授予证书、文凭和应用学士学位。校方一直与业界保持密切联系，并根据他们的需求设计新的专业及课程，以培养有竞争力的人才为目标。该校目前开办以下四项学位课程：

- 工商管理应用学士：四年制本科课程，学生可主修会计或信息科技。
- 地理信息系统应用技术学士：两年制课程另加一年实习，申请者必须已完成相关专业的文凭课程。
- 信息系统应用技术学士：两年制课程，申请者必须修完SAIT相关专业文凭课程或拥有同等学力。
- 石油工程应用技术学士：两年制课程，包括实习计划，申请者必须完成SAIT相关专业的文凭课程或拥有同等学力。阿省是加拿大重要产油地区，业界对专业人才需求极大，这个课程的毕业生将拥有十分理想的就业前景。

课程设置灵活，具有弹性

SAIT的应用学位课程多采用2+2的弹性学制，主要录取已拥有相关专业文凭资格的学生，再为他们提供两年的本科课程。因此，学生可先修读该校的两年制文凭课程，毕业后有更灵活的选择，既可选择就业，亦可继续留校修读两年制的学位课程。

I am currently a first year student taking Business Administration at SAIT, and I really enjoy my life here. People having different background, culture, and skin color all meet at SAIT and become life-long friends. All the instructors and advisors here are helpful and nice. SAIT guides me toward success!

Shen Lan Chai
(Business Administration), China

SAIT的专业十分多样化，课程设置注重理论和实践相结合，培养学生拥有一技之长。最受国际学生欢迎的课程分别是以下六大类：

- 商业与旅游业：除了提供工商管理学士课程外，还开办两年制文凭及一年制证书课程，专业包括：行政信息管理、商业管理、酒店及餐馆管理、旅游和观光等。
- 建造业：除了地理信息系统应用技术学士之外，文凭及证书课程还包括建筑技术、土木工程技术、工程设计和绘图技术等。
- 能源业：除学位课程外亦开办化工技术、化学技术、电工技术、环保技术、石油工程技术等文凭及证书课程。
- 信息与通信技术：除应用技术学士以外，开办文凭及证书的课程分别有广播技术、电影、电视、戏剧和无线电、计算机控制技术、计算机工程技术、电子工程技术，以及一系列有关多媒体及网络技术的专业。
- 制造与自动化：暂时没有开办学位课程。文凭及证书课程包括自动系统工程技术、计算机集成设计技术、机工技术员及机械工程技术等。
- 交通业：文凭及证书课程包括飞机维修工程师技术、飞机结构技术员、汽车服务技术、航空电子技术、汽车推销商业管理及铁路业技术课程等。

SAIT积极接纳国际学生，校内的国际中心提供完善的服务，以协助国际学生适应在SAIT及加拿大的生活。

背景资料：

创校年份：1916
全日制学生：13,800
业余学生：58,900
国际学生：约500
学院类别：理工学院
营运方式：公立
注册处地址：
International Centre
SAIT Polytechnic
MA206 Heritage Hall
1301-16th Avenue NW
Calgary, AB
T2M 0L4 Canada
网址：www.sait.ca/international
电话：1-403-284-8852
奖学金及经济援助办事处：
http://www.sait.ab.ca/support/alumni/award_a.htm

入学要求：

学科成绩要求因具体科目而不同，请参阅本校日程表

英语成绩：

TOEFL 560 — 580(PBT)
或TOEFL 220 — 235(CBT)
或IELTS 7(所有项目)
其他：CAEL 7(所有项目)
CELPIT(LPI) 5级(所有项目)
CLBA 8级(所有项目)

报名截止日期：

春/秋季入学：11月1日
冬季入学：8月1日

学费：

加国学生：每学年4,709加元
国际学生：每学年约10,000加元(不含飞机维护工程科技、飞机结构技师、电脑工程科技、电脑科技及英语基础等专业)
书本费：每学期100—500加元

每月生活开支(约)：

家庭寄宿(Home Stay)：650加元(包膳食)
校内宿舍：530 — 800加元(不包膳食)
校外住宿：450 — 800加元(视所租房子情况而定)
膳食费：200 — 300加元
其他杂费：100 — 200加元
医疗保险：44加元

所在城市数据：

城市：卡加利(Calgary)
人口：970,000
生活指数：中至高
气温：-15℃ 至 25℃

8.宝谷学院 Bow Valley College

语言职训挂帅 贯彻实用精神

坐落于卡加利(Calgary)的宝谷学院(Bow Valley College，简称Bow Valley)是一所典型的都市社区学院，以提供多样化的实用职训课程和成人教育为己任；近20年随着国际学生人数的上升，该校增办了配套的英语训练及专业课程，以满足所需。

目前，Bow Valley提供约50个文凭及证书课程。校方虽然没有设立大学学分转移课程，但部分学科的学分亦可转入其他学院及大学，以助学生继续修读相关课程。该校更设有阿省规模最大的英语作为第二语言(ESL)的教育中心，提供不同程度和形式的英语培训课程。

Bow Valley主校区位于卡加利，邻近市中心，交通十分方便，有利于在职人士业余进修，所以校方开办了很多短期及晚间职训课程。另外两个主要校区分别位于Marlborough Mall及Rocky Mountain Plaza，前者主要开办成人高中结业及基础教育课程，后者则是ESL英语的大本营。此外，肩负着南阿省社区教育的重任，Bow Valley在多个小社区内都设有教学中心，为当地居民提供所需的职训及教育课程。

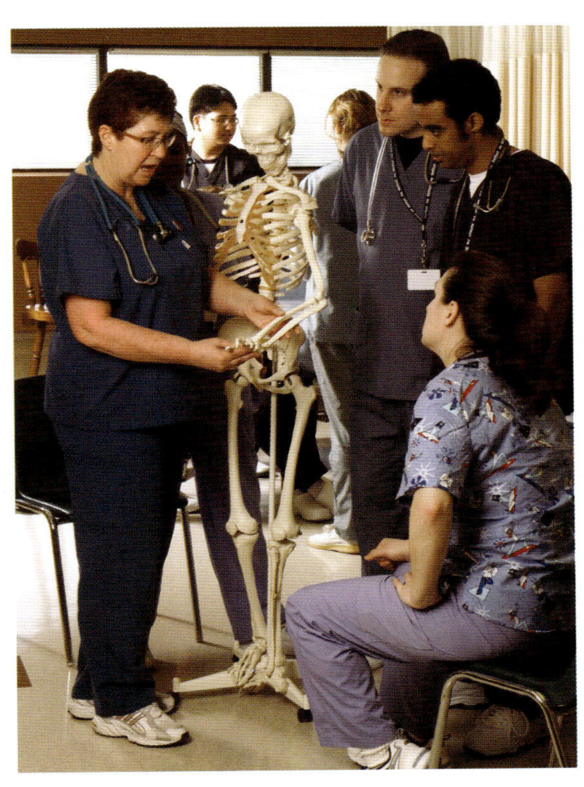

50项文凭及证书课程

Bow Valley提供的课程主要分为四大类：文凭及证书职训课程、成人基础及继续教育、ESL英语课程和国际教育课程。

职训教育提供约50项文凭及证书课程，涵盖的专业包括商业管理、计算机技术、医疗护理及社区服务等，当中最受国际学生欢迎的学科首推会计学、金融财务、行政管理、市场营销及计算机程序等。

在成人基础及延续教育方面，该校开设成人高中结业课程、专业预备班及多元化的短期在职进修课程。

Bow Valley在ESL英语课程方面拥有超过20年经验，在基础英语、学术英语及专业英语的训练上均有完善和优秀的师资。课程分为全日制及业余两大类。全日制课程包括：新移民基础英语课程(LINC)、基础ESL课程、国际学生ESL课程、新移民在职英语训练课程及学术英语课程。而业余课程十分多样化，较受国际学生欢迎的有托福(TOEFL)预备班及高级ESL研修班等。校方亦会为海外团体或个人设计短期英语进修课程，并组织探寻加国文化和风土民情的游学团。校方于2001年与南阿尔伯塔理工大学(SAIT)签订谅解备忘录，所有完成Bow Valley高级英语课程的学生，可自动入读SAIT的职业及技术课程。

特设国际学生专业课程

此外，Bow Valley更为国际学生设计了一系列专业课程，由英语学习中心及有关专业的学系共同开办，名为应用国际交流课程(Applied International Communication Programs，简称AIC)。提供的专业包括：国际贸易、旅游及酒店业、儿童ESL英语教授、商业航空、专业医疗护理及石油工业。这些课程均结合理论与实践，并设有完善的英语训练做支持，就业前景理想，是国际学生不错的选择。

背景资料：

创校年份：1965
全日制学生：4,200
业余学生：11,000
学院类别：社区学院
营运方式：公立
注册处地址：
Student Services
Bow Valley College
2nd Floor, 332 6th Avenue SE
Calgary, AB
T2G 4S6 Canada
网址：www.bowvalleycollege.ca
电话：1-403-410-1400

入学要求：

学科成绩：
中学毕业或同等学力
英语成绩：
TOEFL 527(PBT)
或TOEFL 197—224(CBT)，视课程而定
或IELTS 6

报名截止日期：

不设截止日期，额满即止

学费：

加国学生：每学年3,000至6,000加元
国际学生：每学年7,500至13,000加元
书本费：每学年700至1,000加元

每月生活开支(约)：

家庭寄宿(Home Stay)：650加元(包膳食)
校外住宿：500至1,000加元(视所租房子情况而定)
膳食费：250加元
其他杂费：150加元
医疗保险：44加元

所在城市数据：

城市：卡加利(Calgary)
人口：970,000
生活指数：中至高
气温：-15℃ 至 25℃

长于林业资源　兼顾文理商科

格冉派瑞学院(Grande Prairie Regional College，简称GPRC)位于风光秀丽的河畔，占地广阔，是一所提供大学学分转移课程及职业技能教育的社区学院。

校方与业界保持紧密联系，开办多元化的实用文凭及证书课程。GPRC提供20多个本科学位的基础课程，其中最热门的是森林资源管理本科学位课程。GPRC还与网上大学Athabasca University合办多个本科课程，让学生获得更多样化的选择。

GPRC位于阿省北部人口仅有40,000人的格冉派瑞小城，这里是一个宁静和谐的乡郊社区，生活简朴。国际学生最先要适应的是该地严寒的天气，冬季气温最低可至摄氏零下40度。但是，因为当地民风淳朴，即便在寒冷的严冬，也能感受到这里友善热情的人民带来的融融暖意。

该市为辽阔的森林所环绕，拥有丰富的自然资源，主要的产业包括农业、林业、石油及天然气等，因此GPRC开办的课程亦以这些产业为核心，致力为社区培育学以致用的专业人才。

实用的自然资源课程

GPRC的热点课程首推四年制的森林资源管理本科学位课程，业界很多杰出的管理专才均是该校的毕业生。此外，校方共提供13个文凭及证书课程，热门的专业包括工商管理、计算机系统科技、音乐及视觉艺术等。

灵活的学习模式

校方提供20个大学学分转移课程，涵盖文、理、商等主修专业。除了上述提及的森林资源管理本科学位课程外，学生亦有机会在GPRC修读其他学位课程，校方与阿省网上大学Athabasca University合办9个本科课程，包括商学士(设有在学实习计划)、三年制及四年制管理学士、计算机及信息系统学士等。

Athabasca University是加国最具规模的网上大学之一，尤以开办商业管理学课程而闻名，该校绝大部分课程在互联网上教授，但有少数学科会在省内的学院上课，GPRC是其中之一。学生可同时修读Athabasca的网上科目，并在GPRC修读相关的课堂科目，双管齐下，以更灵活的方式完成由Athabasca颁发的本科学位。

GPRC目前约有2,500名修读大学学分课程的学生，校舍设备齐全，包括教学大楼、图书馆、设有500个座位的剧场、餐厅和学生宿舍等。

背景资料：

创校年份：1966

全日制学生：2,400

业余学生：8,000

学院类别：社区学院

营运方式：公立

注册处地址：

International Education Centre
Grande Prairie Regional College
10726-106 Ave
Grande Prairie, AB
T8V-4C4 Canada

网址：www.gprc.ab.ca

电话：1-780-539-2945

入学要求：

学科成绩：

中学毕业或同等学力

英语成绩：

TOEFL 550(PBT)
或TOEFL 213(CBT)

报名截止日期：

秋季入学：2月28日

学费：

加国学生：每学科295加元

国际学生：每学科590加元

书本费：每学期400加元

每月生活开支(约)：

家庭寄宿(Home Stay)：500加元(包膳食)

校外住宿：400 — 600加元(视所租房子情况而定)

膳食费：200加元

其他杂费：150加元

医疗保险：44加元

所在城市数据：

城市：格冉派瑞(Grande Prairie)

人口：40,226

生活指数：低至中

气温：-20℃ 至 22℃

学位文凭兼具 文理科目齐备

创校于1971年的麦科文学院(Grant MacEwan College，简称GMC，前身是Grant MacEwan Community College)是阿省最具规模的社区学院，四个校区共为42,000名学生提供多元化的大专教育及职业技能培训。

GMC共开办55个职业文凭及证书课程、10个大学学分转移课程及4个应用学士课程，广泛涵盖文、理、商等多方面的专业。由于该校拥有优良的教学水平，2005年8月，阿省政府为该校拨款，开办文学士课程，于2006年9月开班。这个成果标志着GMC正迈向新纪元，将继续开办更多元化的学位课程。

GMC位于阿省首府埃德蒙顿(Edmonton)，以前任省督J. W. Grant MacEwan命名，由四个校区组成，各自提供独特的课程，但统一招生。

四校区各具特色

市中心校区(City Centre Campus)

该校区富有现代感的建筑令人眼前一亮，成为埃德蒙顿市中心一个独特的地标。这里是GMC面积最大、设备最完善、提供课程最多的校区。设备包括78间教室(分别可容纳15至120人)、19间计算机室、41间实验室、大型图书馆、体育馆及餐厅等。该校区开办大学学分转移课程和多元化的学位及文凭课程。

阿省学院校区(Alberta College Campus)

校区所在地是一幢见证了埃德蒙顿成长和变化的、有百年历史的古老大楼。新建的教学大楼设有50间教室、5间计算机室及多间科学实验室，主要提供GMC著名的音乐课程；其中包括一个设备先进的演奏厅，可容纳254人，是学院举办演奏会与大型会议的理想场地。

艺术中心校区(Centre for the Arts Campus)

该校区是开办艺术课程的大本营，主修专业包括表演艺术、视觉艺术和传统艺术等，校内设有先进的数码录音室、计算机室和新媒体艺术中心。

MacEwan 南面校舍(MacEwan South Campus)

校舍位于埃德蒙顿南区，是GMC最早期兴建的教学设施，主要由两幢混凝土大楼组成，分别是建于1976年的三层大楼和建于2002年的两层翼楼。近年校舍仍在扩建中，新工程包括改善教学设备、拓展实用空间和兴建一个面积达1,700平方米的办公室及休息用庭园。

课程多元化发展

GMC四个校区合计开设超过70门课程，主要分为以下三大类：

(1) 大学学分转移课程：提供10个本科学分转移课程，涵盖文科、理科、商科及工程等专业。每年约有1,200名学生修读学分转移课程，他们多以转入阿尔伯塔大学 (University of Alberta)为目标，成功比率十分高。

(2) 本科学位课程：GMC目前提供四个应用学士课程，分别是应用工商管理(会计)学士、应用传播(专业写作)学士、应用社会服务行政学士，以及应用国际商业与供应链管理学士。2005年8月，阿省政府拨款开办文学士课程，主修专业包括人类学、心理学及儿童及青少年护理。

(3) 文凭及证书课程：共提供55个一至两年制的职业训练课程，热门的专业包括：商业管理、音乐、舞蹈、舞台艺术、数码艺术及媒体、信息管理及新闻学等。

为保证课程内容紧跟社会及业界所需，GMC多年来不断更新旧有课程并致力于开拓新专业，例如引入东方医学和针灸文凭课程等，均显示该校拥有开明革新的办学精神。

背景资料：

创校年份：1971

全日制/业余学生：40,791

国际学生：650(中国学生150)

学院类别：社区学院

营运方式：公立

注册处地址：

International Education & Development
Grant MacEwan College
P.O. Box 1796
Edmonton, AB
T5J 2P2 Canada

网址：www.gmcc.ab.ca

电话：1-780-497-5040

入学要求：

学科成绩：

中学毕业或同等学力

英语成绩：

大学预备班：TOEFL 500(PBT)
或TOEFL 173(CBT)
大专课程：TOEFL 530(PBT)
或TOEFL 197(CBT)

报名截止日期：

秋季入学：前一年的10月开始接受申请，额满即止

冬季入学：前一年的2月开始接受申请，额满即止

春季入学：前一年的5月开始接受申请，额满即止

夏季入学：前一年的5月开始接受申请，额满即止

学费：

加国学生：每学分100加元

国际学生：每学分397加元

书本费：每学年4,850加元(包括3,000加元手提电脑费用)

每月生活开支(约)：

校外住宿：300—600加元(视所租房子情况而定)

膳食费：200加元

其他杂费：150加元

医疗保险：44加元

所在城市数据：

城市：埃德蒙顿(Edmonton)

人口：1,000,000

生活指数：低至中

气温：-16℃ 至 27℃

11.克亚诺学院 Keyano College

学分转移专家 升读专业跳板

创校40年的克亚诺学院(Keyano College，简称Keyano)前身是一所职业培训学院，在开办实用创新的技能培训课程方面享有先天优势，提供多元化的文凭及证书课程，热门专业包括商业管理、环境科技、工程科技，以及视觉与表演艺术等。

Keyano的最大特色是提供完备的大学学分转移课程，还有系统地设计了一系列专业预修科目，为有志修读建筑、药剂、法律或牙医等专业课程的学生，铺就一条更平坦的升学路。

Keyano学院所在地麦梅利堡(McMurray)，位于埃德蒙顿北面450公里，有石油城之称，人口仅有57,000人，是一个年轻和充满活力的小城。由于拥有丰富的石油藏量，该市经济蓬勃，民生富庶，生活环境优良。

Keyano由四个校区组成，分别是位于麦梅利堡的Clearwear Campus(主校)和Sunor Energy Industrial Campus、位于奇帕维安堡(Fort Chipewyan)的Fort Chipewyan Campus以及位于埃德蒙顿的Stony Plain Road Campus。

完备的学分转移课程

Keyano最受国际学生欢迎的是其多元化的大学学分转移课程(University Transfer Program)，开办的学科涵盖文、理、商、工、艺术及教育六大范畴，还为众多专业课程提供完善的预修学科，帮助学生修读基础课程，为将来投考心仪的专业做好准备。

加拿大的专业学系一般分为可直接入读(Direct Entry)及非直接入读(Non Direct Entry)两大类。直接入读的专业准许学生在报读大学时一并申请，如果学生被录取，亦同时可修读有关专业，例如一般的文学系及理学系等。但非直接入读的专业则需要学生在大学修完一些相关的预备课程后，才可以申请报读，这些课程包括医学、牙医、药剂、建筑及法律等。该校提供先修课程的专业包括：牙医、医学、药剂、兽医、视光学、建筑及复康医学。

实用新颖的职业培训

Keyano前身是阿尔伯塔职业培训中心(Alberta Vocational Centre)，在开办技能培训课程上拥有丰富经验，这个先天优势为校方配合当今社会和工商界的需要，大力开设实用的新课程，奠定了基础。

该校提供40多个职业文凭及证书课程，其中较独特的是视觉及表演艺术课程，包括话剧、音乐、乐器维修、视觉艺术与设计四大主修专业。此外，商业管理、环境科学及工程学亦是该校十分热门的专业。

校内设施先进齐备，建有图书馆、画廊、剧院、体育馆及完善的学生运动设施和服务中心。

背景资料：

创校年份： 1965

学院类别： 社区学院

营运方式： 公立

注册处地址：

Student Services Centre
Keyano College
8115 Franklin Avenue
Fort McMurray, AB
Canada T9H 2H7

网址： www.keyano.ca

电话： 1-780-791-4800

奖学金及经济援助办事处：

1-780-791-4800

入学要求：

学科成绩：

中学毕业或同等学力

英语成绩：

TOEFL 550(PBT)
或TOEFL 213(CBT)

报名截止日期：

秋季入学： 6月1日

冬季入学： 11月1日

学费：

加国学生： 每学分145加元

国际学生： 每学分290加元

书本费： 每学期400加元

每月生活开支(约)：

校内宿舍： 280加元(不包膳食)

校外住宿： 300—500加元(视所租房子情况而定)

膳食费： 约250加元

其他杂费： 150加元

医疗保险： 44加元

所在城市数据：

城市： 麦梅利堡(McMurray)

人口： 57,000

生活指数： 低至中

气温： -24℃ 至 23℃

12. 雷克兰德学院 Lakeland College

横跨阿沙两省 广纳国际学生

创校于1913年的雷克兰德学院(Lakeland College，简称Lakeland)肩负一项特别的使命，即同时为阿尔伯塔省东北部及沙斯喀彻温西北部社区提供优质的大专教育。该校是加国第一所跨省份的学院，虽然学校设在阿省，但因处于两省交界之地，亦方便了沙省居民入读。

Lakeland最初建校时只是一所农业学院，但90年的发展历史，已使其成长为一所全面的社区学院，除开办多样化的文凭及证书课程外，亦提供少量学士及硕士课程，其中尤以商业、农业及环境科学等专业最突出。

Lakeland设有两个校区和一个学习中心，分别位于阿省的维米尼埃(Vermilion)、劳埃德明斯特(Lloydminster)及士达孔拿郡(Strathcona County)。该校原名为Vermilion School of Agriculture，第一年仅有34名学生，于1963年改名为Vermilion College。到了1975年，阿省及沙省政府达成协议，希望合办一所较具规模的社区学院，为阿省东北部及沙省西北部偏远的小社区提供完善的大专及职训教育，于是将Vermilion College改名为Lakeland College，并由两省共同注资营运，成为加国第一所跨省份大专学院。

该校大部分正规课程均在Vermilion及Lloydminster两个校区开办，而Strathcona的学习中心则主要为业界提供短期职训课程。Vermilion是Lakeland的第一个校区，市内人口约4,300人，是一个宁静的乡村社区；而Lloydminster则是著名的边界城市，人口约23,000人，沙省学生多在这个校区上课。

目前，该校约有全日制学生3,000名，业余学生4,000名，当中60.6%来自阿省，35.3%来自沙省，余下则来自其他省份或海外。

积极开拓商业课程

Lakeland与业界一直保持良好关系，并根据社会及市场需要开办新的专业及课程。由最初只提供农业课程到当前开设多样化的专业及职训课程，Lakeland无疑经历了漫长的发展过程。

该校的全日制课程分为农业科学、商业、计算机技术、能源业、环境科学、健康及社会服务、室内设计和表演艺术等多个领域。主要开办两年制文凭及一年制证书课程，但也提供短期的在职训练计划及学位课程。

校方提供三个应用学位课程，分别是环境管理、金融服务及紧急服务行政学。此外，Lakeland还与卡普顿大学(Cape Breton University)共同开办工商管理硕士课程(MBA)，主修社区服务发展。

Lakeland自1982年开始提供大学学分转移课程，学分获加美大学承认。该校学生最热门的转读大学分别是阿尔伯塔大学(University of Alberta)、卡加利大学(University of Calgary)、沙斯喀彻温大学(University of Saskatchewan)及利载娜大学(University of Regina)等。

校方积极接收国际学生，于Lloydminster校区提供完善的英语学习项目，学生可选择在校住宿或在寄宿家庭(Home Stay)生活，静心体会阿省东北部的辽阔风光和淳朴民风。

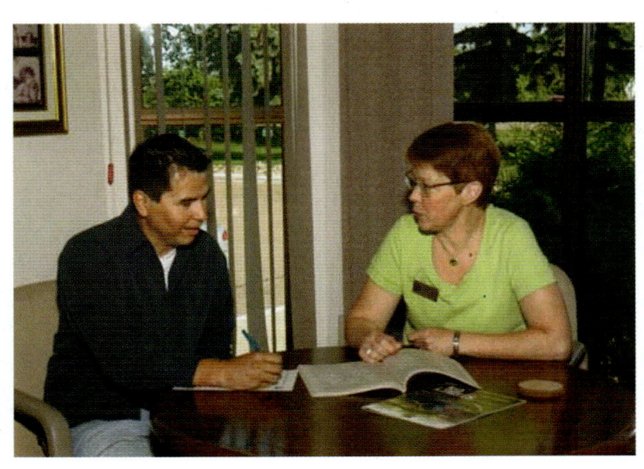

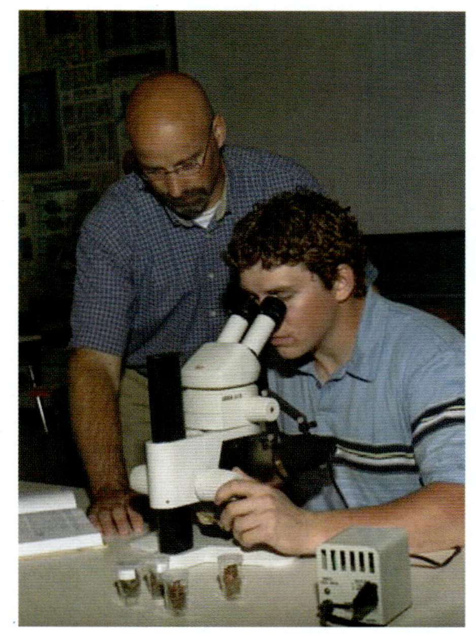

背景资料：

创校年份： 1913

全日制学生： 2,802

业余学生： 4,827

学院类别： 社区学院

营运方式： 公立

注册处地址：

Office of the Registrar
Lakeland College
5707-47 Avenue West
Vermilion, AB
T9X 1K5 Canada

网址： www.lakelandc.ab.ca

电话： 1-780-853-8672

入学要求：

学科成绩：

中学毕业或同等学力

英语成绩：

大学学分转移课程：TOEFL 580(PBT)或TOEFL 237(CBT)

职业课程：TOEFL 550(PBT)或TOEFL 213(CBT)

报名截止日期：

秋季入学： 3月

冬季入学： 7月

学费：

加国学生： 每学年4,000加元

国际学生： 每学年8,000加元

书本费： 每学年800加元

每月生活开支(约)：

校内宿舍： 340加元(不包膳食)

校外住宿： 300—500加元(视所租房子情况而定)

膳食费： 250加元

其他杂费： 150加元

医疗保险： 44加元

所在城市数据：

城市： 维米尼埃(Vermilion)

人口： 4,300

生活指数： 低

气温： -23℃ 至 23℃

社区学院鼻祖 农科商科皆宜

莱斯桥社区学院(Lethbridge Community College，简称LCC)创校于1957年，是加拿大第一所社区学院。建校之初仅有25名学生，发展至今，学生人数已超过7,000人，成为一所甚具规模的学府，提供约75个职业培训及完善的英语研修班课程。

LCC开办多样化的文凭及证书课程，并提供三个本科学位课程，分别是应用科学学士(主修计算机游戏程序或环境保护)和应用文学士(惩治研究)。

莱斯桥市位于阿省南部，是省内最温暖晴朗的城市，人口约有77,000人，经济以农业为主，是一个友善宁静的社区。

LCC的课程分为两大部分：专业与职业课程，以及英语研修课程。

农、商专业成绩突出

LCC提供约75个专业及职业课程，涵盖以下四大范畴：

(1) 农业及科技：开办两年制文凭或一年制证书课程，主修专业包括农业与重型机械技术、农业科技、计算机网络科技、电子科技、多媒体制作及生产技术等。由于莱斯桥以农业为经济命脉，因此该校农业课程十分突出，而且和业界合作紧密。

(2) 应用管理：四年制计算机游戏程序学士课程新颖独特，毕业生的就业前景十分理想。此外，文凭及证书课程分别有商业管理、计算机信息科技、时装设计、高尔夫球场及度假设施管理与营运。

(3) 健康、司法与社区服务：提供四年制惩治研究的学士课程，其他专业包括幼儿及青少年护理、刑事司法、护士及医护助理等。

(4) 应用文/理科：设有四年制环境保护学士课程，其他文凭及证书课程包括渔业及生态科技、环境重建、环境科学及运动科学等。

上述各学科均提供大学学分课程，学生可申请转入省内的莱斯桥大学(University of Lethbridge)、卡加利大学(University of Calgary)、阿尔伯塔大学(University of Alberta)或省外其他大学。

完备的英语研修课程

LCC的语言培训中心拥有30年教授ESL英语课程的经验，使用完善的教材及先进的教学方法，为国际学生提供英语基础教育。

如果学生的英语程度未达修读学分课程的标准，可先入读全日制的英语课程。LCC的英语课程采用小班教学，每班不超过17人，秋、冬季班各为期16周，春季为11周，每周上课25小时。到校后每位学生必须接受一个长达3小时的英语程度测验，以根据测验结果编班。课程分为初、中和高级程度，内容包括会话、发音、文法、写作、阅读及演讲。修完高级课程的学生可参加加拿大全国性的英语测试，以继续修读LCC开办的学分或职业课程，亦可申请转入其他大学就读。

I love studying here because the teachers are kind and have great experience in teaching English. When I sit in the class, I feel comfortable. It's like a big family.

Fang Zhang

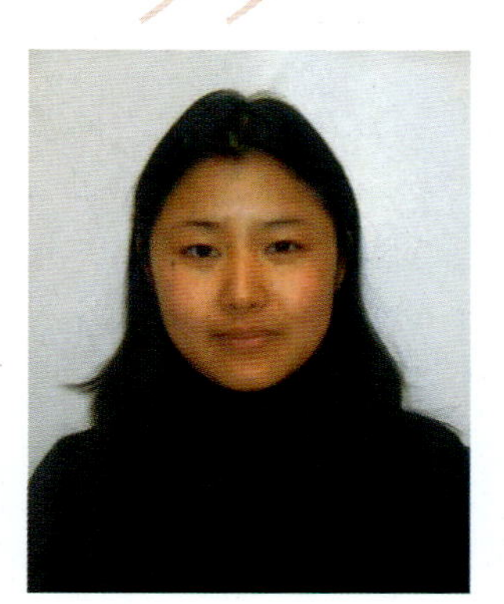

背景资料：

创校年份： 1957

全日制学生： 3,745

业余学生： 1,380

国际学生： 321 (中国学生5)

营运方式： 公立

注册处地址：

Admission Office

Lethbridge College
3000 College Drive South
Lethbridge, AB
T1K 1L6 Canada

网址： www.lethbridgecollege.ab.ca

电话： 1-403-320-3200
或 1-800-572-0103

奖学金及经济援助办事处：
1-800-572-0103 内线 3367
或 1-403-320-3323

入学要求：

学科成绩： 参阅该校网站

英语成绩：

TOEFL 550(PBT)

TOEFL 213(CBT)

报名截止日期：

全年招生

学费：

加国学生： 每学分73.50加元

国际学生： 每学分220.50加元

书本费： 各专业不同

每月生活开支(约)：

大学宿舍(不包膳食)： 410 — 700加元

校外自租房子(不包膳食)： 300 — 800加元

所在城市数据：

城市： 莱斯桥(Lethbridge)

人口： 77,202

生活指数： 低至中

气温： -14℃ 至 26℃

14. 麦荻森海特学院 Medicine Hat College

结盟中国高校 贯彻国际精神

创校于1965年的麦荻森海特学院(Medicine Hat College，简称MHC)位于阿省与沙省接壤的边境城市麦荻森海特，当地有丰富的天然气储藏，夏季多是阳光灿烂的日子，还是加拿大地税最低的城市之一。

该校最初只开办少量大学学分转移课程，但随着不断的扩充和发展，陆续开办了多项文凭及证书课程，并增设新的学系，提供多元化的专业学位及职训课程。2002年，MHC在中国河北设立了分校，学生在当地完成为期两年的课程后，可前往阿省主校修读余下的两年专科以上学院课程。

MHC的主校区坐落于麦荻森海特市，该市人口约55,000人，位于卡加利(Calgary)东南250公里；第二校区设于布鲁克斯市(Brooks)，市内人口约12,000人，位于麦荻森海特西面100公里。两个校区共同为阿省及沙省接壤的地区提供高质量的大专教育及职训课程。

不断扩充本科课程

该校开办的课程主要分为四大类：英语作为第二语言(ESL)课程、大学学分转移课程、本科学位课程及职业技能培训课程。

MHC的ESL英语课程历史悠久，提供学术英语的阶段课程和短期游学课程，采用先进和灵活的教学法，帮助学生打好英文基础，为将来在学业或事业上的进一步发展铺平道路。

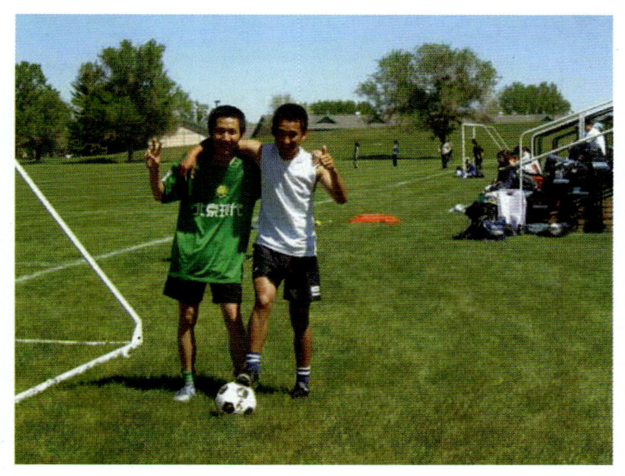

该校的大学学分课程颇具规模，分别提供文、理、商、健康科学以及多项专业预修课程，包括牙医、法律、医学、药剂、视光学及兽医等。

职训课程是MHC另一强项，热门的课程包括商业、旅游和市场推广及视觉大众传播学等。

该校近年积极开拓本科学位课程，开办了包括：应用文学士(视觉大众传播)、应用健康科学学士(护理)、应用理学士(生态旅游及户外领导)、医护学士(护士)及社会工作学士等专业。此外，校方还与多所著名大学合办其他本科课程，以扩充本科专业的规模，合作的大学包括阿尔伯塔大学(University of Alberta)、沙斯喀彻温大学(University of Saskatchewan)，及利载娜大学(University of Regina)等。

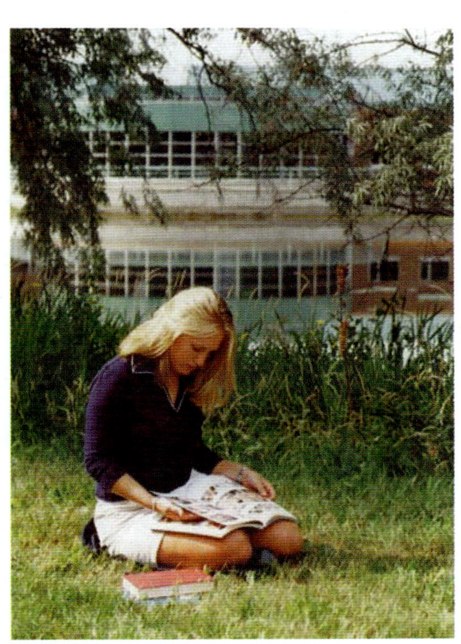

于中国开设分校

MHC三年前开始放眼海外教育，与中国河北科技师范学院发展加中合作办学，成立了河北科技师范学院欧美学院，录取的学生均可申请取得两所学院的双重学籍，所修学分加中双方互相承认。学生可选择“2+2”的学习模式，在中国的欧美学院完成首两年课程后，再到MHC攻读余下的两年学院课程。该学院目前共提供六个本科专业课程：国际经济贸易、英语、计算机科学与技术、信息管理与系统、市场推广以及人力资源管理。还提供8个专业文凭课程：国际经济与贸易、市场推广、物流管理、英语、旅游英语、计算机网络技术、电子商务以及旅游与酒店管理。

加中合作办学，将两国优秀的教育传统进行有选择性的结合，并促进了两地的文化和学术交流。

背景资料：

创校年份： 1965

全日制学生： 2,500

业余学生： 600

学院类别： 社区学院

营运方式： 公立

注册处地址： Admission Office
Medicine Hat College
299 College Drive SE
Medicine Hat AB
T1A-3Y6 Canada

网址： www.mhc.ab.ca

电话： 1-403-502-8448

奖学金及经济援助办事处：
1-403-502-8498

入学要求：

学科成绩：

文科： 75%

理科： 75%

商科： 50%

工程： 75%

英语成绩：

TOEFL 550(PBT)
或TOEFL 213(CBT)
IELTS：6

报名截止日期：

秋季入学： 3月1日

冬季入学： 11月1日

(ESL课程不设截止日期)

学费：

加国学生： 每学分100加元

国际学生： 每学分208加元

书本费： 不等

每月生活开支(约)：

家庭寄宿(Home Stay)： 550加元(包膳食)

校内宿舍： 365加元(不包膳食)

校外住宿： 300 — 500加元(视情况而定)

膳食费： 250加元

其他杂费： 150加元

医疗保险： 44加元

所在城市数据：

城市： 麦荻森海特(Medicine Hat)

人口： 60,000

生活指数： 低

气温： －8℃ 至35℃

15. 皇家山学院 Mount Royal College

主攻文商音 不逊综合类

拥有90多年历史的皇家山学院(Mount Royal College，简称MRC)是阿省最具名气的大专学院，除了提供ESL英语研修和职业培训课程以外，还开办了十多个各具特色的本科学位课程，是省内除四所大学外，提供本科课程最多的学院。

MRC的热门学系包括商业、大众传播及音乐等，每年吸引众多省内外，乃至海外学生前来修读。校方积极接受国际学生，目前约有500名来自30个国家的留学生。英语水平未达校方要求而学术成绩优良的学生，可申请有条件录取，先到MRC的语言学院修读英语，英语达标后再修读正规课程。

MRC位于阿省的经济重镇卡加利市(Calgary)，由三个校区组成，分别是林肯公园主校区(Lincoln Park Campus)、圣十字校区(Holy Cross Campus)及市中心校区(City Centre Campus)。校方还在Springbank机场设立了一个航空训练中心，修读航空课程的学生会分别在该中心及主校区上课。

创立于1910年的MRC，是阿省一所甚具代表性的学院，以优良的师资、完善的设备和多元化的课程闻名。该校于1994年获准开办本科学位课程后，知名度更上一层楼。

本科课程甚具特色

MRC提供60多个课程，涵盖文、商、音乐、大众传播、健康与社区服务，以及科学与科技六大类别，分别颁授本科学位、文凭及证书，重点学科包括：

四年制本科学位：MRC共提供13个应用学士课程，专业包括：工商管理、商业与创业学(可选择主修国际商业、小型商业、运动及休闲活动)、儿童研究、大众传播(可选择主修电子出版、新闻学、公共关系、科技传讯)、计算机信息系统与商业、生态旅游与户外领导、财经服务、工业生态学、室内设计、国际商业与供应链管理、司法研究、非营利团体研究以及政策研究。此外，校方还与网上大学阿萨巴斯加大学(Athabasca University)共同开办文学士及护理学士两个课程。

两年制文凭课程：提供十多个实用课程，包括文理科、航空、广播、商业管理、儿童及青年辅导、计算机信息系统及社会工作，以及音乐演奏及戏剧艺术两个独特的课程。该校的音乐学院享有盛名，学生来自全国各省及海外，在加国演奏及音乐戏剧界拥有一定的地位。

一年制证书课程：上述大部分专业均开办一年制的证书课程，特别适合短期进修人士选读。

除以上三大类课程之外，校方亦提供文、理、商及工程学系的大学学分转移课程(University Transfer Program)，学生修完一定的学分后可转入省内以及省外的大学，如阿尔伯塔大学(University of Alberta)及卡加利大学(University of Calgary)等。

积极接收国际学生

MRC目前约有500多名来自全球30多个国家的留学生，校园内充满多元文化的色彩。学科成绩优异而英语程度未达校方要求的国际学生，可尝试申请有条件录取(Conditional Acceptance)。获得有条件录取的学生需要先入读校方的ESL英语班，还可以同时修读一些学术预备课程，为将来升读正规课程做好准备。学生修毕所有指定的预备课程及通过英语能力测试后，便可直接入读正规的学位、文凭或证书课程，无需再投考TOEFL或IELTS等国际英语测试。这个机制有助于英语能力较弱的学生逐步突破语言障碍，迈上高等教育的阶梯。

在加拿大，近年来随着母语为非英语的国际学生人数急升，有条件录取越来越普及，很多学院及大学均设有类似的机制，国际学生可向目标学校咨询详情。

背景资料：

创校年份： 1910
全日制学生： 8,597
业余学生： 4,106
学院类别： 社区学院
营运方式： 公立
注册处地址：
International Education
Mount Royal College
4825 Mount Royal Gate. SW
Calgary, AB
T3E 6K6 Canada
网址： www.mtroyal.ab.ca
电话： 1-403-440-5100

入学要求：

学科成绩：
中学毕业或同等学力
英语成绩：
TOEFL 83(iBT)
TOEFL 560(PBT)
或TOEFL 220(CBT)
或IELTS 7

报名截止日期：

秋季入学： 3月15日
冬季入学： 10月31日

学费：

加国学生： 每学期约4,000加元
国际学生： 每学期约6,000加元
书本费： 每学期1,200加元

每月生活开支(约)：

校内宿舍： 480—600加元(不包膳食)
校外住宿： 400—600加元(视所租房子情况而定)
膳食费： 250加元
其他杂费： 150加元
医疗保险： 44加元

所在城市数据：

城市： 卡加利(Calgary)
人口： 970,000
生活指数： 中至高
气温： -15℃ 至 25℃

16.诺奎斯特学院 NorQuest College

语言培训老字号 医护面向国际生

主校区设于埃德蒙顿(Edmonton)的诺奎斯特学院(NorQuest College，简称NorQuest)是阿省第四大社区学院，学生人数约有10,000，每年毕业生超过2,000名。

对国际学生来说，NorQuest有两大吸引力：(1)设有颇具规模的医护学系，特别为国际学生提供一流水准的护士训练课程；(2)拥有30年开办英语作为第二语言(ESL)课程的经验，师资及课程水平享誉全省，是很多新移民及国际学生进修英语的首选学校。

NorQuest由四个校区组成，主校区设于阿省首府埃德蒙顿市中心，独占地利，为在职人士提供一个方便的进修学习地点。阿省政府于2005年9月拨款100万加元，资助该校扩充市中心校舍。

校方正迈向新纪元

为适应学生人数的不断增长，NorQuest定下扩建市中心校区的计划，共斥资7,100万加元在主教学大楼旁边兴建一幢五层高的多用途教学楼，为学生提供更宽敞的学习空间及更先进的教学设备。该建筑于2007年动工，预计2009年完成。这个大型扩建计划标志着NorQuest正迈向一个新纪元，将为更多学生提供更优质的大专及职训教育。

英语课程深受欢迎

NorQuest另一个优秀课程是拥有30年历史的ESL英语研修班，除了有学术进阶班、暑期速成班、托福(TOEFL)预备班和专业英语训练以外，校方还可为学生或团体度身订做英语课程，以配合不同人士的程度和学习目标。

校方十分欢迎国际学生，并设有完善的校园支持及辅导服务，以助学生尽快适应加拿大的学习和生活环境。

该校为国际学生提供的课程主要分为以下三大类：

(1) 职业培训：提供文凭及证书课程。

(2) ESL英语研修：开办多样化的英语课程，以切合不同学生的程度和要求。

(3) 大学及学院预备班：为17岁以上的成人学生提供高中及大学预备课程。

职业培训课程细分为下列三大类：

(1) 商业管理：包括会计助理、办公室行政助理、企划管理助理、牙医商业助理、医院文员及微软证书系统专业(MCSE，A+)课程。

(2) 工业及服务业：建筑技术员、建筑监督员、印刷专业技术员以及多项技术及职业基础训练课程。

(3) 健康专业：此专业最受学生欢迎，全校约有59%的学生修读与此专业相关的课程。加拿大的护士专业分为注册护士(Registered Nurses，简称RNs)及持牌执业护士(Licensed Practical Nurses，简称LPNs)，前者需攻读专业学位课程，后者则只需获得文凭资格。NorQuest的持牌执业护士课程规模是全加国最大的，声誉极佳。该课程亦向国际学生开放，有一年制的正规班及37个星期的速成班可供选择。这个独特的课程专为一些在海外从事医护行业，或在海外完成护士训练课程的人士而设，让他们有机会获得加国的专业知识及实习机会，从而得到专业资格认证。在加拿大，护士是一门需求十分高的行业，NorQuest的持牌执业护士课程口碑甚佳，高达98%的毕业生在三个月内找到合适工作。

背景资料：

创校年份： 1965
全日制学生： 3,800
业余学生： 7,000
学院类别： 社区学院
营运方式： 公立
注册处地址：
International Student Program
Registrar's Office
NorQuest College
10215-108 Street
Edmonton, AB
T5J1L6 Canada
网址： www.norquest.ca
电话： 1-780-644-6000

入学要求：

学科成绩：
中学毕业或同等学力
英语成绩：
TOEFL 560(PBT)
或TOEFL 220(CBT)

报名截止日期：

国际学生应尽早申请，课程额满即止

学费：

加国学生： 每学年3,000加元
国际学生： 每学年9,000加元
书本费： 每学年900加元

每月生活开支(约)：

家庭寄宿(Home Stay)： 400加元(不包膳食)；650加元(包膳食)
校外住宿： 400—600加元(视所租房子情况而定)
膳食费： 200加元
其他杂费： 150加元
医疗保险： 44加元

所在城市数据：

城市： 埃德蒙顿(Edmonton)
人口： 1,000,000
生活指数： 低至中
气温： -16℃ 至 27℃

古朴北国风情 乡村教育使者

创校于1971年的北湖学院(Northern Lakes College，简称NLC)肩负着为阿省北部原住民(又称第一民族First Nations)提供职训及大学基础教育的使命，多年来不断扩充、成长，至今开办的课程已十分多样化，包括职业技能训练、大学学分转移课程、英语作为第二语言(ESL)课程及成人高中结业课程等。

该校暂不提供学位课程，各职训课程分别授予文凭或证书。校区处于人口稀疏的北部严寒地区，国际学生需要花上一段时间适应当地的文化和气候。不过，该校学费和生活费均较低，当地民风淳朴，学生可考虑修读短期职训课程或学分转移课程，修完一定学分后再转入省内外其他大学。

阿省北部零散地分布着很多原住民社区，当地居民的基础教育及职业培训一向由各社区的职业中心(Community Vocational Centres，简称CVC's)提供；而CVC's的教师则由阿省Grouard地区的职业中心(Alberta Vocational Centre Grouard，简称AVC Grouard)负责培训。两校俨如姐妹学院，共同肩负为北部原住民提供教育的重任。1988年，两校合并为Alberta Vocational Centre-Lesser Slave Lake，其后再次改名为Northern Lakes College，而且规模和覆盖范围越来越大，开始接纳非原住民以及国际学生。

I liked that my instructor took the time to explain everything to us and was always there when we needed her.

Practical Nurse Student

26个校区遍布原住民社区

NLC以社区学院联网的形式运作，校方在26个北部社区设有小型校区，总共聘有275名教职员。

这些校区所在地多数为原住民聚居的社区，人口由数百至数千人不等，天气严寒，人迹罕至，因此并非国际学生首选的学校，不过，NLC的学费和生活费均较低，学生可先在这里修读ESL英语或学分课程，待修完一定学分后再转往其他学院或大学。

除了ESL英语、大学学分转移及成人高中课程外，NLC还提供20多项职训课程，包括商业管理、计算机技术、林业技术及社会工作等，分为两年制文凭或一年制证书课程。

如果国际学生想体验阿省北部风光和原住民文化，可考虑以该校为落脚点，这必将为留学生活增添一些难忘的回忆。

背景资料：

创校年份：1970

全日制学生：928

业余学生：363

营运方式：公立

注册处地址：

Admission Office

Northern Lakes College

1201 Main Street SE

Slave Lake, AB

T0G 2A3 Canada

网址：www.northernlakescollege.ca

电话：1-780-849-8600

或 1-866-652-3456

奖学金及经济援助办事处：

1-780-849-8600 或 1-866-652-3456

入学要求：

学科成绩：不同科系录取条件不同

报名截止日期：

报名截止日期每年都不同

学费：

加国学生：大学课程每学分为121.20加元，兼职培训课程每学分为99.76加元

国际学生：具体学费标准须与各科系联系查询

书本费：根据学科而不同

每月生活开支(约)：

家庭寄宿：不等

大学宿舍(不包膳食)：每个学期375－415加元

校外自租房子(不包膳食)：不等

膳食费：不等

医疗保险：44加元

所在城市数据：

城市：奴湖(Slave Lake)

人口：9,400

生活指数：低至中

气温：－15℃ 至 27℃

18. 奥斯学院　Olds College

精于农科园艺　紧跟业界节拍

阿省除了以石油及能源业为经济命脉以外，农业亦是其主要经济构成之一，因此省内大学均开办颇具规模的农业专科。对农业有兴趣的国际学生，除阿尔伯塔大学(University of Alberta)及卡加利大学(University of Calgary)以外，还有一个十分理想的选择，这便是拥有90多年悠久历史的奥斯学院(Olds College，简称Olds)。

Olds学院主要开办农业科技及园艺栽种的课程，分别颁授本科学位、文凭及证书资格，一向以师资优秀、设备先进著称。校方更与政府及业界保持密切联系，以配合科技及农业市场的变化，为社会培养优秀的技术专才。

Olds学院坐落于卡加利以北、距卡加利约一小时车程的同名小乡村内。当地是一个风光秀丽的农业社区，可观赏到连绵不绝的翠绿田园和高耸入云的落基山脉。校区包括一个占地576万平方米的农场，为师生提供完善的学习及研究环境。校方还饲养有牛、羊、猪、马等牲口，既作为商品出售，又为进行科学研究提供储备。

农业相关课程杰出

校方设有五大学院：农业/商业及科技学院、动物科学学院、应用文科及职训学院、园艺学院，以及土地科学学院，分别提供多元化的文凭及证书课程，最热门的学科当属与农业及土地应用相关的专业，包括农产商业、农业技术、农业生产及管理、土地及水源科学、园艺设计、温室及苗床管理等。

Olds开设的时装课程亦颇受年轻人欢迎。学生可选读一年制的时装市场营销证书或两年制的时装制造业文凭课程，前者介绍时装市场的推广、销售、采购以至店铺陈列的知识，而后者则注重学习时装设计、缝制及经营的知识。

Olds于1996年开始授予学士学位，目前可提供农产商业应用理学士及园艺应用理学士两个本科课程。修读园艺专业的学生可以选择主修园艺管理、园艺生产或高尔夫球场管理三个专业。对上述几个专业有兴趣的国际学生，不妨考虑入读Olds，毕业后无论在加国还是在海外的就业前景都相当不错。

与业界保持良好关系

除了长于农业科技专业以外，Olds还具有两大优势：(1) 学校设备先进；(2) 与业界合作紧密。

校方为学生提供最完善和先进的教学设施，并强调理论与实践相结合的教学模式，在课程中加入应用、实践及实习的元素，例如土地信息系统的学生采用最先进的全球定位系统(Global Positioning System)进行学习、农学院的所有温室均采用全计算机化自动控制等。

Olds多年来和业界保持良好的合作关系，与数百家公司达成技术研究及新产品发展的合作计划，力求和业界建立互惠互利的友好关系。属下的科技中心The Olds College Centre for Innovation与众多本地、全国以至海外的农业及食品公司合作开发新产品，合作者包括Banner Pharmacaps及McCain's Food and Bayer等极具规模的公司。

Olds近年积极接收国际学生，并提供完善的学生辅导及支持服务。该校是对农业相关专业有兴趣的学生一个不错的选择。

背景资料：

创校年份： 1931

全日制学生： 1,300

业余学生： 5,300

学院类别： 社区学院

营运方式： 公立

注册处地址：

International Admissions
Olds College
4500 – 50th Street
Olds, AB
Canada T4H 1R6

网址： www.oldscollege.ab.ca

电话： 1-403-556-8281

入学要求：

学科成绩：

中学毕业或同等学力

英语成绩：

TOEFL 550(PBT)
或TOEFL 213(CBT)
或IELTS 6

报名截止日期：

秋季入学： 11月1日

冬季入学： 6月1日

学费：

加国学生： 每学分61加元

国际学生： 每学分91.50加元

书本费： 每学期300加元

每月生活开支(约)：

校内宿舍： 600加元(包膳食)

校外住宿： 350—450加元(视所租房子情况而定)

膳食费： 250加元

其他杂费： 150加元

医疗保险： 44加元

所在城市数据：

城市： 奥斯(Olds)

人口： 7,000

生活指数： 低

气温： -16 ℃ 至 22℃

19. 波特治学院 Portage College

地处阿东北　服务原住民

阿尔伯塔省的东北部天气严寒，人迹罕至，零星散落着一些原住民(又称作第一民族First Nations)社区。为当地居民提供大学基础教育及职业培训的重担，便落在波特治学院(Portage College，简称Portage)身上。

该校主校区位于拉克拉比什市(Lac La Biche)，并分别于13个原住民社区设立小型校区。校方提供约30个大学学分及职业技能培训课程，并接受国际学生申请。不过，Portage的语言课程主要是针对原住民的启蒙教育，没有开设ESL课程，因此也许并非国际学生的首选学校。

创校于1968年的Portage学院，坐落于雷克兰郡(Lakeland County)的主要城市拉克拉比什。该市位于埃德蒙顿东北约225公里，是阿省最古老的社区之一，充满原住民的文化和传统气息。区内有大大小小约150个湖泊，建有不少湖滨度假小屋，是钓鱼、露营和远足的旅游胜地。

Portage的主校舍位于拉克拉比什市，主要提供大学学分及职业培训课程，开办文凭及证书课程的专业包括商业、健康及保健、社区服务等。并且，校方于其他13个偏远的原住民社区设立小型校区，致力提供成人基础教育和原住民语言启蒙课程。

该校没有开办英语作为第二语言(ESL)课程。

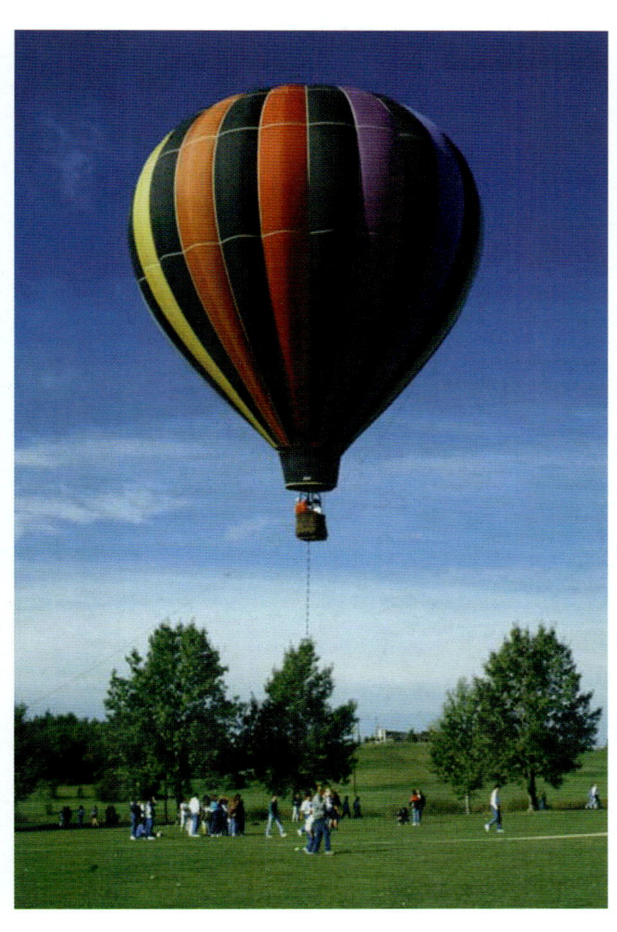

背景资料：

创校年份：1968

学院类别：社区学院

营运方式：公立

注册处地址：

Admissions

Portage College

Box 417, 9531-94th Avenue

Lac La Biche, AB

T0A 2C0 Canada

网址：www.portagec.ab.ca

电话：1-780-623-5580

入学要求：

学科成绩：

中学毕业或同等学力

英语成绩：

TOEFL 550(PBT)

或TOEFL 213(CBT)

或IELTS 6

报名截止日期：

额满即止

学费：

加国学生：每学期1,738加元

国际学生：请向校方查询最新资料

书本费：每学期400加元

每月生活开支(约)：

校内宿舍：370加元(不包膳食)

校外住宿：300 — 500加元(视所租房子情况而定)

膳食费：250加元

其他杂费：150加元

医疗保险：44加元

所在城市数据：

城市：13个校舍遍布阿省东北部小镇

人口：稀少

生活指数：低

气温：-25℃ 至 25℃

立足职业培训 合办本科学位

创办于1964年的红鹿学院(Red Deer College，简称RDC)建校时只有100名学生，如今，学生人数已达到6,500名。该校提供多样化的大学学分转移、英语作为第二语言(ESL)、职业技能训练及本科学位课程。

RDC的职训课程主要授予文凭及资格证书，专业范围广泛，包括商业、酒店及旅游业、健康护理业及应用艺术等。校方近年积极致力于与其他大学合办学位课程，为学生提供更多元化和更优质的教育选择。

该校所在地的红鹿市(Red Deer)是阿省第三大城市，人口约76,000人，位于埃德蒙顿(Edmonton)和卡加利(Calgary)两大城市中间，乘飞机到两地均约需90分钟。该市民风淳朴友善，附近有多个著名的国家公园，风光秀美。在这里学习，不但可置身美丽的大自然，饱览加拿大风光，而且学费和生活费均比大城市低。

职训课程多元化

在RDC的课程中，职业技能训练类最受欢迎，主要包括一年制证书及两年制文凭课程。专业十分广泛，最热门的包括商业管理、计算机技术、酒店、旅游管理及视觉艺术等。所有课程都强调理论与实践相互结合，训练学生拥有一技之长，以切合社会及雇主所需。

校方近年与省内多所大学合办本科学位课程，既促进了校际互动交流，又为学生提供了更多实用学位课程，同时缓解了省内大学学位不足的情况。

RDC分别与省内三所大学开办以下本科课程：

- Athabasca University 普及研究学士
- Athabasca University 管理学士
- University of Alberta 教育学士
- University of Alberta 护理科学学士
- University of Calgary 文学士
- University of Calgary 社会学士

学生可在RDC修读上述课程，毕业时获有关大学授予的专业学士学位。此外，RDC还开设有应用动画学士课程，为北美电影、电视及广告行业培养优秀的专业人才。

设立国际学生奖学金

RDC拥有欢迎国际学生的传统，不但开办优质的ESL英语课程，提供完善的学生支持服务，还特地设立国际学生奖学金，以奖励成绩优秀的海外学生。奖学金由加拿大汇丰银行(HSBC)提供，分为入学奖学金及持续进修奖学金两类，各为1,000加元，前者给予入学成绩优异的新生，而后者则鼓励已完成学分课程、并在第二个学年重返RDC修读另一学分课程的优秀学生。两项奖学金的截止申请日期为每年的5月31日，有兴趣的学生需谨记在此日期前递交申请表格，详情可在该校网页内查阅。

背景资料：

创校年份：1964
全日制学生：6,500
学院类别：社区学院
营运方式：公立
注册处地址：
Admission Office
Red Deer College
100 College Blvd
PO Box 5005
Red Deer, AB
T4N 5H5 Canada
网址：www.rdc.ab.ca
电话：1-403-342-3300

入学要求：

学科成绩：
中学毕业或同等学力
英语成绩：
TOEFL 550(PBT)
或TOEFL 213(CBT)

报名截止日期：

开课前约9个月开始接受申请，额满即止

学费：

加国学生：每学分95加元
国际学生：每学分256加元
书本费：每学期500加元

每月生活开支(约)：

家庭寄宿(Home Stay)：580加元(包膳食)
校外住宿：300—600加元(视所租房子情况而定)
膳食费：200加元
其他杂费：150加元
医疗保险：44加元

所在城市数据：

城市：红鹿市(Red Deer)
人口：76,000
生活指数：低至中
气温：-18℃ 至 23℃

加拿大草原省份之一的沙斯喀彻温省(简称沙省)，拥有三所大学、一所科技学院和九所地区学院，共同组成该省的公立高等教育力量。

University of Saskatchewan是沙省的龙头大学，以医疗及科研水平卓越著称，曾经培育出两位诺贝尔化学奖得主。此外，该校也是加拿大所有英语大学中开办医护科学课程最全面的大学。坐落于沙省首府的 University of Regina 是一所出色的综合类大学，因靠近政治权力中心而稳占地利，开办有水准极高的公共行政管理课程。创校于2003年的The First Nations University of Canada以招收原住民学生为主，因此本书不另做详细介绍。

沙省的经济以农业、矿业和能源业为核心，为业界培养杰出的技术专才的重任，主要落在 Saskatchewan Institute of Applied Science and Technology (简称SIAST)身上。该校设有四个校区，总共提供160个实用文凭及证书课程。

沙省幅员辽阔，但人口稀疏，除了几个大城市外，其他地区多为只有数百或数千人聚居的乡镇村落，因此，在推行社区及普及教育时困难重重。鉴于这种情况，省府在20世纪70年代创立了地区学院(Regional Colleges)制度，借此将大专教育、职训课程和成人教育延伸至偏远的地区。

省内目前共有九所地区学院，负责为社区提供四大类教育：(1)基本教育；(2)学分制职业训练课程；(3)大学基础课程；(4)非学分制的短期技能训练课程。各地区学院均获授权开办University of Regina及University of Saskatchewan 的大学一、二年级学分课程，让那些居住在偏远地区，但已获两所大学录取的学生留在自己的社

沙斯喀彻温省

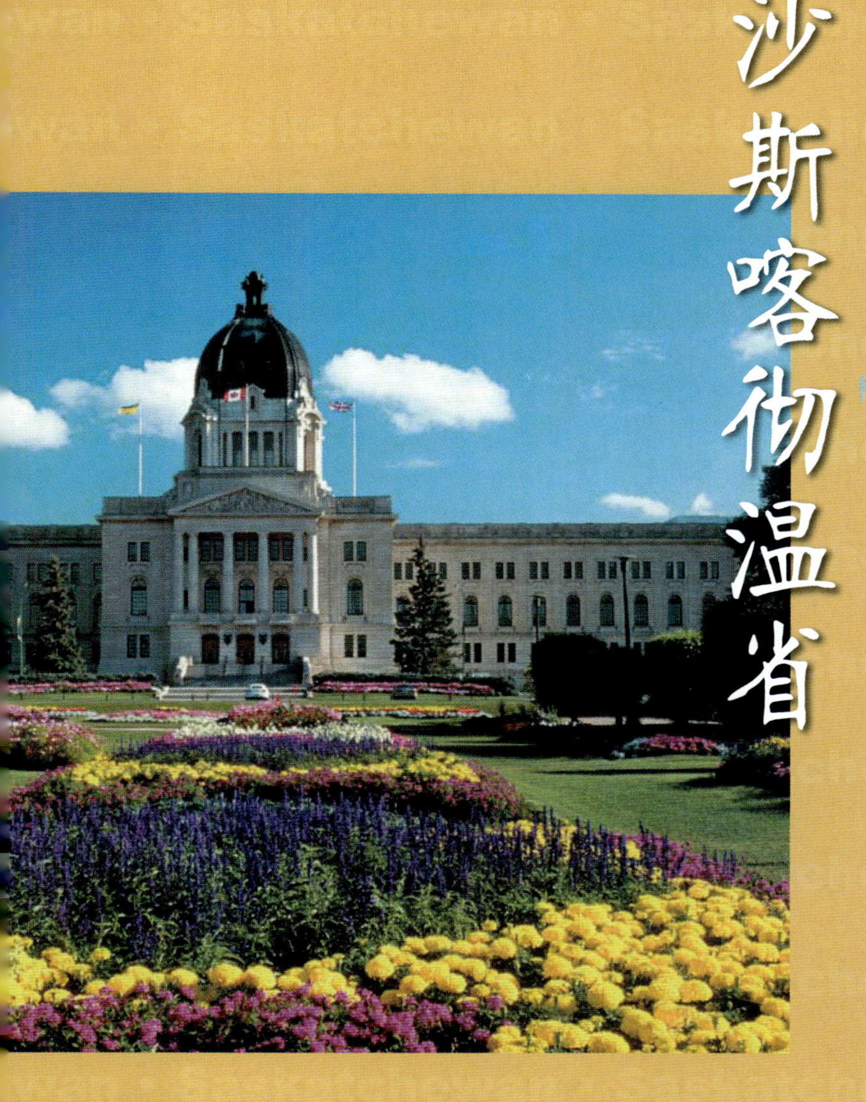

区完成大学基础科目，之后再前往所属大学修读高年级的课程，从而减少他们的生活开支以及适应新环境的压力。计划修读大学学分课程的学生，需直接向University of Regina或University of Saskatchewan申请入学，并注明在校外的哪一所地区学院上课。这些地区学院以当地居民为主要服务对象，在招收国际学生方面并不积极。其中的Carlton Trail Regional College甚至完全不接收国际学生，因此本书没有另文介绍。Lakeland College是阿尔伯塔省的学院，但同时开办沙省大专课程，详细介绍请参阅阿省部分。

1.利载娜大学　University of Regina

完美结合学与用　人文科目享盛名

坐落于沙省首府的利载娜大学(University of Regina，简称Regina)，邻近政治权力的中心，凭借其有利地势，开设了水准极高的公共行政管理课程，为当地培育了不少政界精英。该校毕业生人才辈出，现任加拿大驻纽约领事Pamela Wallin和前联邦财政部长Ralph E. Goodale都是其中的佼佼者。

Regina的人文学科(Humanities)也十分优秀，当中尤以新闻学及艺术教育学最出众。校方一直强调学术与实践的同等重要性，因此很多专业课程均包括实习环节，为学生提供进入职场实习的机会，接受在象牙塔内学不到的实用知识。

创办于1974年的利载娜大学，在加拿大中型大学中属后起之秀，虽然建校时间不长，却已有多个学系在国内享有卓越的声誉。人文科学是该校学术研究中最强的一项。一些国际学生可能对人文科学——Humanities这一提法并不熟悉，甚至误以为它与人类学等文科类同。其实人文科学并非指单一

学科，而是一个学术专业类别的统称，泛指多种研究社会以及其中人和事的学科，例如心理学、社会学、新闻学、艺术学等专业，与社会科学(Social Sciences)相似。

着重人文科学发展

在众多人文科学中，Regina的公共行政学、新闻学及教育学(艺术)最突出，广受学术界和业界推崇。与此同时，校方十分重视课程的实用性，所以很多课程均包含在学实习计划(Co-op Program)。

利载娜大学凭借其地处本省首府的有利条件，得到省政府机构的支持，大力发展公共行政课程。行政学系开办了一个四年制的公共行政学士课程，以及一个商业、公共行政及人力资源管理硕士课程。此外，文学系还开办了一个四年制的警察研究学士课程。上述三个课程均为学生

提供实习机会。以警察研究学士为例，校方与政府、利载娜市警察局及沙省警察学院共同设计实习课程的内容，使学生有机会了解警队日常执行任务时的真实情况。

该校新闻学课程分为印刷、电台及电视三个部分，无论学生主修哪一门专业，均需完成为期13个星期的有薪实习工作。实习的机构不限于在沙省，可以是全国任何一家传媒机构，使学生有机会站在最前线，体会新闻从业者的苦与乐。

该校的教育系水平甚高，其中尤以五年制的艺术教育课程最出色。该课程亦包含了实习元素，学生在修读为期五年的艺术教育课程的过程中，必须到学校当见习老师，一尝为人师表的滋味。

利载娜大学是加拿大政党新民主党(NDP)前身“联邦合作联盟”(Co-operative Commonwealth Federation)的摇篮，该校的社会工作学系在社会问题及政策研究方面拥有雄厚的传统背景。新民主党是加拿大的左派政党，以捍卫基层利益及团结工会力量为政纲。

能源及环境专业优秀

除上述提及的人文学科以外，该校研发能源、规划环境工程方面的专业也有很高的水准。其能源及环境学系开办了一个与工业界紧密合作的石油工程课程，共同致力于开发石油勘探及冶炼技术。这门课的学生必须完成指定的实习工作，学习石油及天然气的勘探技术、提炼及加工的过程，以及发展和管理的相关知识。课程的教授者均为目前供职于石油工业界的科学家，学生经他们指导，能够了解最新的实用科技，并了解业内的工作情况。

该校的能源科技研究中心目前共有一百位科学家进行各方面的研究，其中包括部分来自沙省研究委员会的科学家，他们的研究成果对加国以至全球能源工业界均有很重要的影响。

大学规模不断扩张

中国人常说“三十而立”，刚过30岁的利载娜大学正值积极奋发之年，校方不断努力增加教学资源，兴建新的校舍设施，力求为学生提供更优质的学习环境和相关服务，为社会培育更多专业精英。

从1999年到2004年，校方增聘了160名全职教授，研究经费也增加了4倍，高达每年2,300万加元。一项价值2.18亿加元的校舍扩建工程刚于2004年底完成，令校园总面积较五年前扩大了一倍之多。新落成的设施包括运动及健康研究大楼、一幢新学生宿舍，以及在教育大楼增辟的两层全新的供教学及研究用的空间。伴随校舍规模的扩大，该校的学术水平亦稳步提升，以迎接第二个更加辉煌灿烂的“三十”。

背景资料：

创校年份：1974

本科生：约11,469

研究生：1,317

国际学生：约400

大学类别：综合类大学

营运方式：公立

注册处地址：
Registrar's Office
The University of Regina
3737 Wascana Parkway
Regina, Sk
S4S 0A2 Canada

网址：www.uregina.ca

电话：1-306-585-4591

奖学金及经济援助办事处：
1-306-585-4325

校舍：占地930万平方米

图书馆藏量：书籍及期刊超过240万册

教职员：总人数1,200，其中453名为教员

本科入学要求：

学科成绩：

文科：65%

理科：65%

商科：65%

工程：70%

英语成绩：

TOEFL 550(PBT)

或TOEFL 213(CBT)

或IELTS 6.0

报名截止日期：

秋季入学：4月1日

冬季入学：8月1日

学费：

加国学生：每学分136加元

国际学生：每学分272加元

书本费：每学期500至750加元

每月生活开支(约)：

大学宿舍连膳食：650至750加元

校外自租房子(不包膳食)：380至600加元，视所租房子大小而定

膳食费：250加元

其他杂费：200加元

医疗保险：持有国际学生签证的留学生，在沙省可享免费医疗保险

学系/专业：

设有8个学系，共96个专业

文学系

商业管理系

教育学系

艺术系

运动及健康系

科学系

工程系

社会工作系

大学排名：

Maclean's 2005年大学排名

综合类大学排名第六

研究院入学要求：

TOEFL 550(PBT)

或TOEFL 213(CBT)

或IELTS 6.5

个别学系要求申请者递交GRE/GMAT成绩

研究院课程学费：

加国学生/国际学生：每学分136加元起

热门研究院专业：

管理、计算机科学、电子系统工程、心理学、社会工作

所在城市数据：

城市：利载娜(Regina)，沙省首府

人口：202,000

生活指数：中至高

气温：-11℃ 至 23℃

医护加国最全 高科成就骄人

占地755万平方米的沙斯喀彻温大学(University of Saskatchewan，简称Saskatchewan)是沙省唯一的医学/研究院大学，一向以医疗及科学研究水平卓越著称。

Saskatchewan大学曾经培养出两位诺贝尔化学奖得主，科学研究成就有目共睹。该校投资1.73亿加元成功研制出加拿大首部光源同步加速器，这个科研项目被誉为加国学术界最大型的计划之一，影响深远。此外，该校是加拿大所有英语大学中开办医护科学课程最全面的大学，专业包括医科、药剂、护士、牙医、运动学、物理治疗及兽医学等。

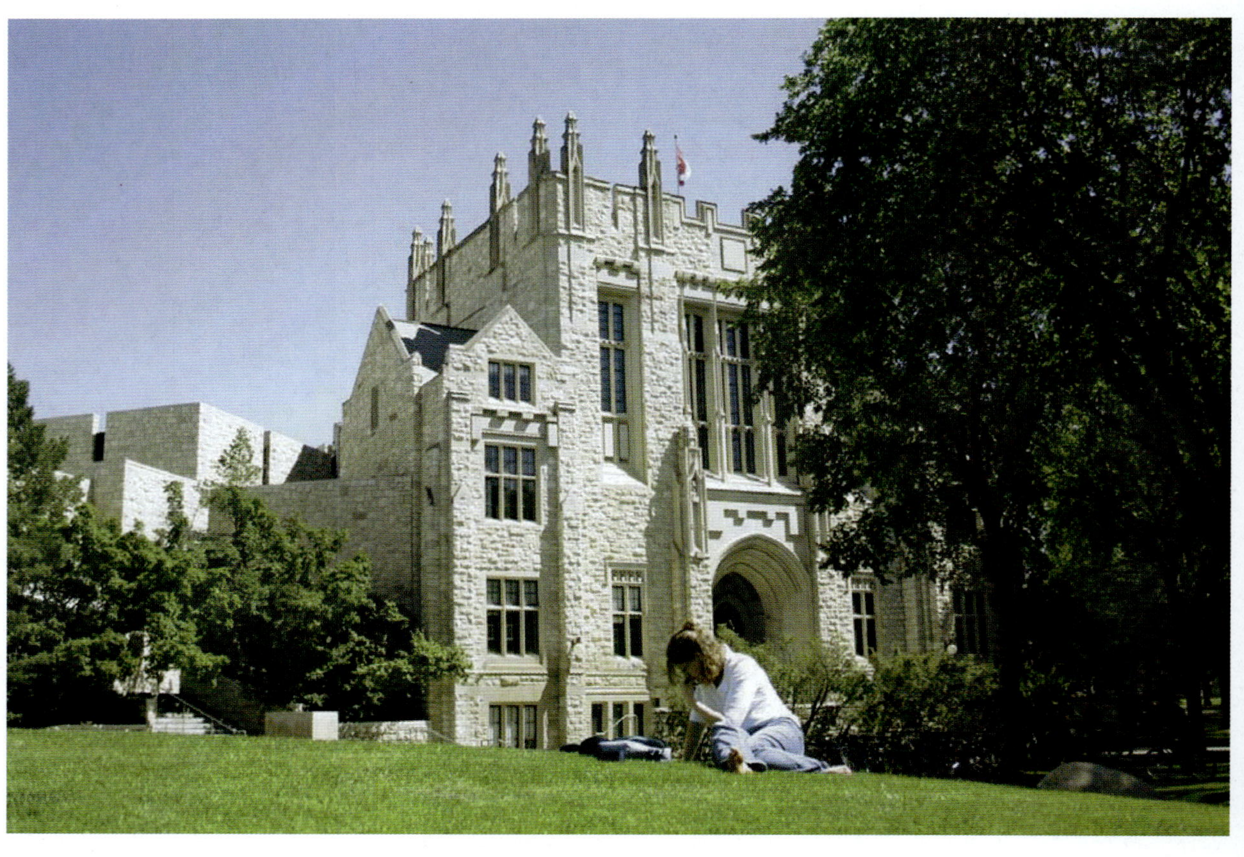

Saskatchewan大学位于沙省经济中心沙斯加通(Saskatoon)，校园依南沙斯喀彻温河而建，开阔优美。该校是省内主要农业研究中心，因此随处可见大型温室、砖石建筑的谷仓和粮草室，这些充满农业特色的设施，与其他新型的建筑物相映成趣，亦突显了Saskatchewan大学集传统与现代元素于一身的显著特色。

理学系科研水平非凡

Saskatchewan大学在农业和地质学方面的研究备受学界、工业界和政府重视，而在科学和医护方面的学术成就，更在加国学术界占有领导地位。

2004年，Saskatchewan大学率先发明了加拿大第一个同步加速器(Synchrotron)，成功将电子加速

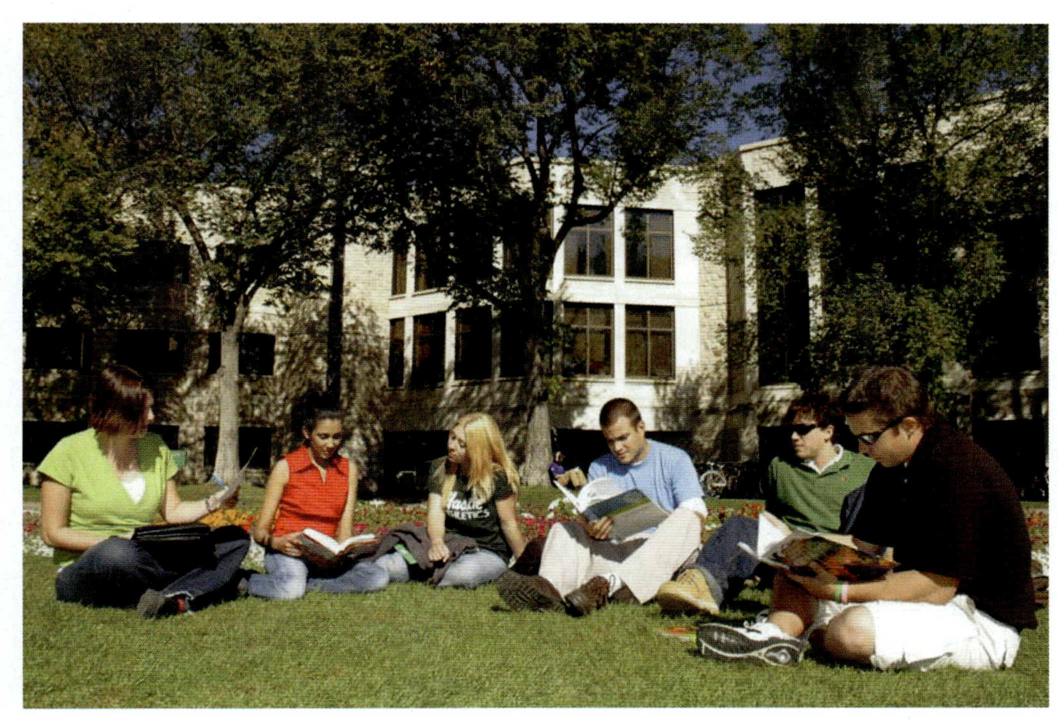

至接近光速，这一创举使该校的理学系迅速成为学术界的焦点。同步加速器能让科学家研究比头发还要微细的物质的原子结构。目前，政府机构、工业界和科学家正携手合作，利用同步加速器研究一系列课题，其中包括通过加强对蛋白质水晶结构的分析，以研制抗滤过性病原体的药物；研究老年痴呆症患者脑细胞结构，以进一步寻找医治这个疾病的方法等。计划到2008年，同步加速器实验中心将雇用100名全职研究人员，并且每年接待2,000名客座科学家及研究生，共同开发更多科研项目。相信届时，Saskatchewan大学理学系的研究水平和声誉将被推至另一个高峰。

该校另一个誉满全球的学术专业是生物科技学，斥资2,700万加元的基因研究工程是其重点研发项目。基因学(Genomics)被誉为当今医学界一个最重要的研究项目。它旨在帮助人类揭开人体免疫系统的奥秘，以改善人类健康状况。该校最特别之处，是让生物科技学系的本科生参与基因研究计划的科研工作。大学本科生能有幸参与国际级的研究项目，不但能扩展视野，而且有机会与科学家一起工作。

对于有志于修读生物、化学、物理，以及神经科学及生物科技等专业的学生而言，Saskatchewan大学是一个极佳的选择。

拥有最完善医护课程

加拿大共有14所开办医学院的大型大学，其中，Saskatchewan大学是唯一设有最完善医护科学专业的英语大学。课程包括：医科、药剂、护士、牙医、运动学、物理治疗及兽医。该校的兽医及牙医课程享有盛名，很多其他省份的学生因而慕名而至。不过，医科、兽医和物理治疗三门专业均不接受国际学生报读。来自海外的学生如果有兴趣修读医护专业，不妨考虑其余四个课程：药剂、护士、牙医及运动学，这些也都是就业前景甚佳的专业。

前文提到，加拿大的专业学系一般分为可直接入读(Direct Entry)及非直接入读(Non Direct Entry)两大类。可直接入读的专业准许学生在报读大学时同时申请，如果学生被录取，可同时修读有关专业；而非直接入读的专业则需要学生在大学修完一些相关的预备课程后，才可以申请报读。在录取国际学生的医护专业中，护士及运动学属于可直接入读的专业，而药剂及牙医则属于非直接入读的专业。

计划入读药剂学的国际学生，必须在Saskatchewan大学修完一个为期一年的药剂学预修课程(Pre-Pharmacy Studies)才可报读为期四年的药剂学学士课程。Saskatchewan大学的药剂系每年会录取80至84名新生，校方会将部分名额留给省外及海外学生。虽然如此，竞争依然十分激烈，根据校方资料，2004—2005年度的新生中，只有20名是拥有一年大学教育的，有55名已完成两年或以上大学教育，而有15名新生更修完大学学位。换言之，仅仅修读一年的药剂学预修课程的学生，除非成绩特别卓越，否则是不容易进入药剂学专业的。因此，国际学生应有心理准备，可能要多修一些大学的学分及拥有一些义务工作经验，才能够被成功录取。

Saskatchewan大学的牙医课程要求学生修完一个为期两年的预备课程，然后必须通过一个专业笔

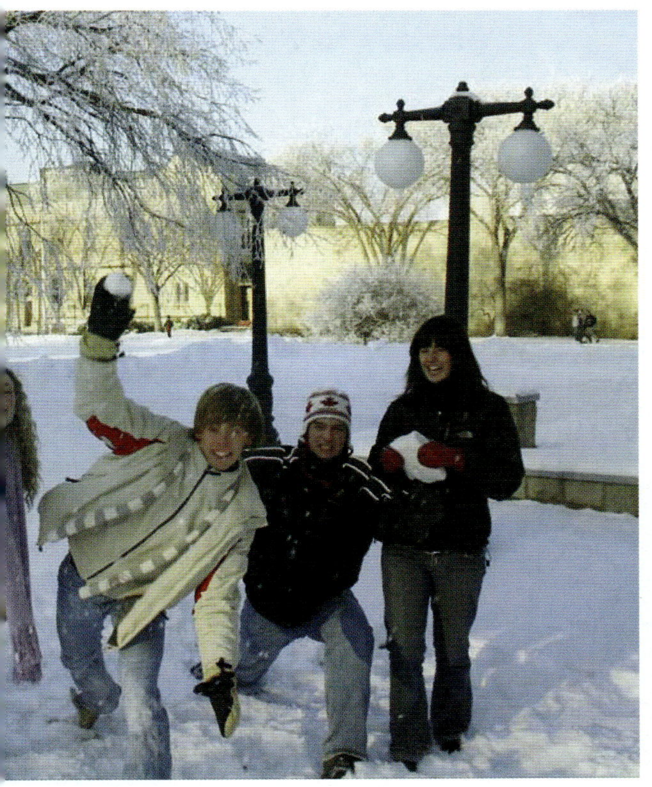

试及面试，并且获三位推荐人保荐，才有机会修读此专业。校方每年会录取28位牙科新生，其中12个名额留给沙省居民，3个名额留给原住民，其余的13个名额则留给其他地区(包括海外)的学生。牙医课程的竞争较药剂学更为激烈，成功被录取的学生往往已拥有学士甚至硕士学位。正是由于Saskatchewan大学医护学系的水平极佳，才造就了如此激烈的竞争局面，如果学生有志在这方面发展，务必要努力学习，才能脱颖而出。

Saskatchewan大学不但培养了两名诺贝尔化学奖得主，还先后有70名学者与研究人员获得Rhodes奖学金。Rhodes奖学金在国际学术界享有盛名，地位超然。该校有70名学者入选此项奖学金，足见其师资水平之佳。

总而言之，Saskatchewan大学是一所声誉和水准都很优秀的大学，而其入学要求比东岸和西岸的大学低。同时，沙省的大学学费及生活指数亦属中等，对于有志修读理科或医护专业的学生而言，该校是一个很好的选择。

背景资料：

创校年份：1907

全日制学生：19,763

国际学生：1,196（中国学生476）

大学类别：带医学院综合类大学

营运方式：公立

注册处地址：
Recruitment & Admissions
Student Enrolment Services
University of Saskatchewan
105 Administration Place
Saskatoon SK
S7N 5A2 Canada

网址：www.explore.usask.ca

电话：1-306-966-5788

奖学金及经济援助办事处：
1-306-966-5788

校舍：占地981万平方米

图书馆藏量：书籍及期刊超过440万册

教职员工：1,009名教员，1,318名职员

本科入学要求：

学科成绩：

文科：70%

理科：70%

商科：79%

工程：76%

人体运动学：82%

农科：70%

英语成绩：

TOEFL 213(CBT)

或TOEFL 550(PBT)

或IELTS 6.5

或CAEL 60

报名截止日期：

秋季入学：5月1日

冬季入学：12月15日

夏季入学：5月1日

学费：

加国学生：每学分146—228加元

国际学生：每学分370.6—592.8加元

书本费：每学期约900加元

每月生活开支(约)：

大学宿舍连膳食：615加元

校外自租房子(不包膳食)：500至700加元，视所租房子大小而定

膳食费：100—250加元

其他杂费：175加元

医疗保险：持有国际学生签证的留学生，在沙省可享免费医疗保险

学系/专业：

设有16个学系，超过100个专业

文理系

农学系

生物科技

商学系

教育系

工程系

运动系

护士系

牙医

法律

医学院

营养学

药剂学

物理治疗

兽医

公学教育

大学排名：

Maclean's 2005年大学排名

带医学院综合类大学排名第十

研究院入学要求：

TOEFL 550(PBT)

或TOEFL 213(CBT)

或IELTS 6.5

申请者必须拥有荣誉学士学位，个别学系要求申请者递交GRE/GMAT成绩

研究院课程学费：

加国学生：一般课程为每学年3,000加元，MBA为每学年17,000加元

国际学生：硕士课程由17,236加元起

热门研究院专业：

生物、英文、心理学、社会学、原住民研究

所在城市数据：

城市：沙斯加通(Saskatoon)

人口：206,500

生活指数：低至中

气温：-30℃ 至 30℃

沙省职训中心 专业涉猎广泛

创校于1988年的沙省应用科技学院(Saskatchewan Institute of Applied Science and Technology，简称SIAST)是省内知名的高级职业技能培训学校，设有四个校区，总共提供160个文凭及证书课程。该校还通过省内九所地区学院，将实用课程传送至各偏远地区，让那些聚居于小乡镇的学生，无需远离自己的家乡，就可以修读合适的技能培训课程。

该校毕业生的就业率高达90%，如果国际学生想学得一技之长，花一至两年时间修读一个实用的证书或文凭课程，则SIAST是沙省的首选学校。

SIAST在过去的十多年里，以提供创新、实用和优质的大专教育及职训课程为使命，可说是沙省的职业科技培训基地。全省各行各业遍布SIAST的毕业生，各阶层均对该校有很正面的评价。事实上，该校毕业生高达90%的就业率，充分证明其课程的实用性和高质量。

毕业生就业率达90%

该校提供160项文凭或证书课程，专业涵盖以下各领域：

(1) 农业：开办养牛业技术课程，这是沙省的主要产业之一。

(2) 应用/视觉艺术：包括摄影、平面设计、媒体艺术制作及新媒体传播学。

(3) 航空业：开办商业飞机师训练课程。

(4) 商业：包括会计、商业行政、金融服务专业、市场营销、商业计算机资讯系统、人力资源管理、创意与小型生意、办公室自动化与行政等。

(5) 社区服务：幼儿教育、惩教工作、康复工作、社会工作、治疗康乐活动、美容及发型设计等。

(6) 工程技术：是该校热门专业之一，包括土木工程技术、计算机辅助设计与绘图技术、计算机工程技术、电机工程技术、电子系统工程技术、环境工程技术、地质技术、机械工程技术及水源工程技术等。

(7) 医疗服务与科学：包括生物科技、化学技术、实验室与X光技术、牙医助理、牙医卫生、健康信息管理、治疗放射技术、物理与职业治疗助手等，均是SIAST的热门专业。

(8) 旅游接待与饮食业：包括酒店与餐厅管理、食物与营养管理、肉类处理及专业厨师训练。

(9) 工业技术：开办多元化技能训练课程，包括农业机械技术、汽车车身/机械维修、木匠、电机技术及工业机械技术等。

(10) 自然资源：林业生态系统科技、地质信息科学(资源管理)及资源与环境法例等。

(11) 医护：护士专业训练课程。

(12) 康乐与旅游：包括生态旅游及康乐与旅游业管理。

(13) 科技：深受本地及国际学生欢迎，专业包括建筑科技、计算机系统科技、计算机网络科技、电子科技、发电工程科技及水质与污水科技等。

上述课程分别于Kelsey(Saskatoon)、Wascana (Regina)、Palliser(Moose Jaw)和Woodland (Prince Albert)四个校区开办。校方亦通过省地区学院网络，将所需的课程及技术训练带到各偏远乡村。SIAST同时亦与省内两所大学积极合作，开办商业、自然资源及科技等专业课程。

背景资料：

创校年份： 1988

学生人数： 13,347 (全日制及业余学生)

学院类别： 学院

营运方式： 公立

注册处地址：

International Service Office
SIAST
400-119 4th Avenue South
Saskatoon, SK
S7K 5X2 Canada

网址： www.siast.sk.ca

电话： 1-306-798-8859

入学要求：

学科成绩：

12年级或同等水平

英语成绩：

TOEFL 550(PBT)
或TOEFL 210(CBT)
或IELTS 6

报名截止日期：

秋季入学： 5月1日

(医护课程于3月31日截止)

学费：

加国学生： 视所读课程而定

国际学生： 每学期约5,200加元起

书本费： 每学期350加元

每月生活开支(约)：

家庭寄宿(Home Stay)： 500加元(包膳食)

校外住宿加膳食： 750加元

其他杂费： 250加元

医疗保险： 持有国际学生签证的留学生，在沙省可享免费医疗保险

所在城市数据：

城市： 主校舍位于沙斯加通(Saskatoon)

人口： 206,500

生活指数： 低至中

气温： -30℃ 至 30℃

4. 沙省地区学院 Saskatchewan Regional College

沙省于1973年设立了地区学院制度，由九所地区学院负责所属地区的大学基础课程及实用职业技能训练。各地区学院均获授权开办University of Regina及University of Saskatchewan的大一或大二学分课程，以及Saskatchewan Institute of Applied Science and Technology(简称SIAST)的专业技能课程。

计划修读大学学分课程的学生，需直接向University of Regina或University of Saskatchewan申请入学，并注明在校外的哪一所地区学院上课。有关入学要求的详情，请参考上述两所大学的网站。而希望修读SIAST课程的学生，则视所修读的课程而定，以决定应向个别地区学院还是向SIAST直接申请。地区学院一般学分课程均要求申请者拥有中学12年级或同等学力，英语程度达TOEFL550分(PBT)/213分(CBT)或IELTS6分的水平。

值得一提的是，地区学院以沙省乡间居民为主要服务对象，在招收国际学生上并不积极，但国际学生可视地区学院为公校制度内的另类选择，以备参考。以下是省内七所地区学院的综合简介，当中并不包括不接收国际学生的Carlton Trail Regional College和位于阿尔伯塔省的Lakeland College。如果学生需要更详细的资料，可参阅各校的网站。

坎伯兰地区学院
Cumberland Regional College

虽处内陆乡村　难辞职教重任

坎伯兰地区学院(Cumberland Regional College，简称CRC)肩负为沙省东北部偏远地区提供大专教育及职业技能训练的使命。学分课程主要分为两大类：(1)开设University of Regina和University of Saskatchewan的大学基础课程；(2)担任Saskatchewan Institute of Applied Science and Technology(SIAST)的地区分校，开办该学院的正规职训课程。

对于沙省东北部的学生来说，CRC是升读大学的中途站，如果国际学生有兴趣体验小镇生活，可先在这里修读英文或学术基础课程，然后再申请转入目标大学。

CRC位于沙省东北部较严寒和偏远的地区，四个校区分别坐落于Melfort、Nipawin、Tisdale及Hudson Bay，这几个地方的人口由2,000人到6,000人不等，是典型内陆乡村，生活简朴，移民和留学生的人数都很少。

因为这些地区缺少大学和大专学院，所以沙省政府设立了地区学院的制度，CRC便是其中之一，以四校区的联网形式深入各内陆地区，提供大专及职训教育。换言之，CRC的角色犹如大学的地区性小型分校，负责将大学的基础教育推广至东北部的偏远地区。

该校的学分课程分为两大类，第一类是提供大学第一年的本科课程。CRC与University of Regina及University of Saskatchewan保持紧密的伙伴关系，合作开办完善的大学首两年本科课程。但入读大学课程的学生必须已获Regina或Saskatchewan的录取。

此外，沙省东北部属于较贫穷的地区，亦颇多原住民聚居，有鉴于这些地区普遍对社会工作者的需求很多，CRC便与University of Regina社会工作系联合办学。Regina大学的教授会亲自前往CRC不同校区，讲授多个社会工作的课程。

CRC第二类学分课程是开办SIAST的职训课程，让学生无需千里迢迢前往Saskatoon上课。这些课程包括：商业管理、工业机械技术、个人护理、幼儿教育与发展和教师助理等。除了学分课程以外，CRC亦开办很多成人教育及基础训练课程，为推动普及教育而努力。

对国际学生而言，CRC可以作为一个中转站。在这里就读，可减轻首年大学的生活开支，亦为未来升读其他省份的大学或大专铺平了道路。

注册处地址：

International Admission
Cumberland Regional College
501- 6th St. E.
P.O. Box 2225
Nipawin, SK
S0E 1E0 Canada
网址： www.cumberlandcollege.sk.ca
电话： 1-306-862-9833

塞浦雷斯山地区学院

Cypress Hills Regional College

擅工商技能培训　兼大学首年学分

塞浦雷斯山地区学院(Cypress Hills Regional College，简称CHRC)位于沙省西南部，所属的三个校区共同为当地居民提供职业训练及大学首年学分课程。该校较着重于开办商业、计算机和工业技能的实用课程。

很多被University of Regina及University of Saskatchewan录取的学生，为降低生活开支，选择在CHRC修读大学首年学分课程。此外，校方亦开办Saskatchewan Institute of Applied Science and Technology(SIAST)的学分课程。

CHRC是一所小型的地区学院，三个校区分别位于Garvelbourg、Maple Creek及Shaunavon，为沙省西南部的社区提供大学基础课程及职业技能训练。

身为地区学院网络的一分子，CHRC的宗旨是为所在社区提供大学第一年基础课程和当地所需的职业训练及成人继续教育，从而满足当地社区、雇主及居民的需求。

在职训课程方面，CHRC较注重开办商业及工业的技能课程，大部分是证书课程，也包括一些短期的在职进修课程。这些课程包括：Computer Work应用证书、Microsoft Office专业证书、数码图像课程、网络设计基础课程及旅游业接待训练等。

在工业技能训练方面，专业包括：急救技巧、危险物品运输、石油安全训练及消防员预修班等。

CHRC提供省内两所大学的基础课程，但修读的学生必须直接向有关大学提出入学申请，并注明想在CHRC校区上学。

注册处地址：

CHRC Beatty Campus
Box 5000
129 2nd Avenue N.E.
Swift Current, Saskatchewan
Canada S9H 4G3
网址：www.cypresshillscollege.sk.ca
电话：1-306-773-1531

西北地区学院
North West Regional College

居内陆小城　办多元职训

位于North Battleford的西北地区学院(North West Regional College，简称NWRC)设有两个校区，为区内居民提供大学基础课程及职训课程。该校以小班教学和友善的学习环境为特点，帮助学生挖掘潜能，以达成学习或就业的目标。

除了大学首年基础课程外，NWRC开办了多种职训课程，专业涵盖商业、健康服务及工业技能等领域。NWRC的规模比Cumberland、Cypress Hills等地区学院大，所以学生的选择亦较丰富。

Battlefords由North Battleford及Battleford组成，两个地区的人口分别约为13,692人及3,820人。即便如此，Battlefords仍是沙省第五大城市。

North Battleford是NWRC主校所在地，距离沙斯加通(Saskatoon)约140公里，位于Battle河及North Saskatchewan河的汇合点，景色优美，是著名的旅游胜地。该市的主要产业是农业和石油业。

国际学生如果想在Saskatoon和Regina等大城市以外的地方就读，这里不失为一个明智的选择。市内的公共设施比内陆只有数千居民的乡村完善，国际学生适应起来较容易。

NWRC和其他地区学院一样，为小型社区提供四大类教育：(1)基本教育；(2)学分制职业训练课程；(3)大学首年基础课程；(4)非学分制的短期技能训练课程。对国际学生而言，一般都会以大学基础课程和学分制的职训课程为申请目标。

计划修读大学学分课程的学生，需直接向University of Regina或University of Saskatchewan申请，并注明在NWRC上课。North Battleford主校提供完善的Saskatchewan大学第一年课程，而Regina大学的首年课程则在NWRC第二校区Meadow Lake上课。

Meadow Lake市人口约有5,000人，是一个宁静美丽的小乡村，NWRC该校区的校舍结合了先进的设备和前卫的设计，为学生提供良好的学习氛围。近年该校区积极扩大大学学分课程的规模，为区内学生带来更多的选择。

在职训课程方面，该校提供一年制证书及两年制文凭课程，专业包括商业、计算机技术、工业安全以及多项工业技能课程。

注册处地址：

NWRC Battlefords Campus
10702 Diefenbaker Drive
North Battleford, SK
S9A 4A8 Canada
网址：www.nwrc.sk.ca
电话：1-306-937-5100

北陆学院
Northlands College

地处北大荒　主攻林农矿

北陆学院(Northlands College，简称Northlands)是沙省大北方草原地区唯一的公立学院，为学生提供大学首年学分课程及职业培训。

大北方的面积约占沙省一半，但天气严寒，人迹罕至，区内零星地散布着一些只有数百名居民的小村落，主要聚居者为原住民。Northlands学院的主校区位于Air Ronge，人口约955人。该校虽然可提供大学首年学分课程，但学科的数目不定，主要视注册学生人数而定。此外，该校主要肩负职业技能的培训责任，开办了不少社区服务及工业技能的实用课程。

沙省辽阔荒芜的大北方只有Northlands一所公立地区学院，为北部40个社区提供大学及成人教育。Northlands的主校位于Air Ronge，并分别于Buffalo Narrows、La Ronge及Creighton设有小型教学中心。此外，为了将教育延伸至偏远地区，校方在大部分社区开办不同的课程，学生亦可通过函授或电视影像教学等方式修读所需的课程。

与其他地区学院一样，Northlands也提供University of Regina及University of Saskatchewan的首年学分课程，但可供选择的科目不多。

北部地区的经济以林木业、农业、矿业和石油业为主，因此校方与Saskatchewan Institute of Applied Science and Technology(SIAST)合办了多项实用的技能培训课程，包括油沙训练、采矿训练及林木技术等。此外，校方也开办商业及小区服务的短期课程。

整体而言，Northlands的课程主要以切合当地社会需求的实用性为宗旨，服务偏远的北部地区的教育需要。由于可供选读的科目不多，加上天气和生活环境等种种因素，Northlands并非国际学生的热门之选。

注册处地址：

Northlands College
Box. 1000
Air Ronge，SK.
Canada S0J 3G0
网址：www.northlandscollege.sk.ca
电话：1-306-425-4480

帕克兰地区学院
Parkland Regional College

地区学院先驱　偏远教育使者

建校于1973年的帕克兰地区学院(Parkland Regional College，简称Parland)位于沙省中东部，是省内地区学院的先驱之一，由最初一个校区发展至现在的五个校区，为区内60个小城市总计65,000名居民提供大专教育。

Parland的办学宗旨是适应社区和个人的需要，提供良好的教育机会，以建设一个更理想的社会。校方鼓励终身学习，除了开办大学首年学分课程、实用职训课程、成人基础教育课程以外，亦提供多元化非学分的继续进修课程，协助居民发挥潜能。

沙省从20世纪70年代开始，推行地区学院(Regional Colleges)制度，希望将大专教育、职训课程和成人教育伸展至更多偏远的地区。省府首先成立了四所地区学院作为先行者，以试验性质推行地区教育，Parkland便是其中一员。至今，地区学院已增至九所，为发展偏远地区教育做出了很大贡献。

Parkland的首个校区设于Melville，其后陆续于Yorkton、Canora、Esterhazy及Fort Qu’Appelle设立地区分校，目前校方共雇有75名全职教职员，每年约有9,000人通过不同方式修读该校的课程或使用其服务。

身为省内两所大学的地区合作伙伴，Parkland开办了多元化的大学首年学分课程。提供三种上课形式，以供学生根据个人具体情况，进行选择：第一种是面授课程，大学会派出教授前往地区学院开班授课；第二种是电视授课，学生通过接受电视传送的影像，获得课堂知识；第三种是互联网函授课程，学生只需通过计算机互联网，便可远程学习。

在学分职训课程方面，校方与Saskatchewen Institute of Applied Science and Technology(SIAST)合办多项实用职业技能训练，专业包括商业、计算机技术、数码影像处理、幼儿教育、个人护理、污水处理和工业安全及艺术等。

注册处地址：

Parkland Regional College
200 Block 9th Avenue East
South Wing of Melville Comprehensive High School
Melville, SK
SOA 2P0 Canada
网址： www.parklandcollege.sk.ca
电话： 1-306-563-6808

西部草原地区学院
Prairie West Regional College

职训服务社区　函授助修学分

西部草原地区学院(Prairie West Regional College，简称PWRC)位于沙省中西部，设有六个校区，每年为约8,000名居民提供职业训练或其他教育类服务。

校方不断改善教学环境、更新计算机设备，以更好地服务学生。PWRC亦通过远程函授方式开办University of Regional、University of Saskatchewan、First Nations University of Canada及Saskatchewan Institute of Applied Science and Technology(SIAST)的学分课程。此外，该校密切关注各社区居民的需求，为其设计合适的课程或培训计划。

PWRC是九所地区学院之一，办校宗旨是为散布于广阔的中西部平原的近100个乡村的居民提供教育机会。该校主校区位于有“粮仓”之称的Biggar，其余五个教育中心分别位于Kinderslev、Rosetown、Outlook、Warman及Macklin。

该校开办的课程分为基础教育、大学学分课程、职业技能训练及非学分的成人培训课程。在提供更多教育机会的同时，校方亦积极参与社区建设及发展的各项活动，为改善沙省乡镇地区的经济及生活质量做出贡献。

在大学学分课程方面，PWRC分别为Regina大学、Saskatchewan大学、加拿大第一民族大学和SIAST提供远程函授课程，已被这些学校录取的学生，可通过电视授课或互联网形式修读学分课程。完成大学首年必修课后，再前往所属大学修读余下的课程。

校方一直与各社区及业界保持良好关系，并根据市场需要开办合适的职业技能课程。专业包括商业、会计、创业与小型生意、人力资源管理、工业技术、石油安全训练、建筑安全训练、社会工作及康复护理等。

注册处地址：

PWRC
P.O. Box 700
701 Dominion Street
Biggar，SK
Canada S0K 0M0
网址：www.pwrc.sk.ca
电话：1-306-948-3363

东南地区学院
Southeast Regional College

地处沙省东南　普及乡村教育

拥有30年历史的东南地区学院(Southeast Regional College，简称Southeast)，为沙省东南部的社区提供全面的大专教育、职业培训和成人教育，对该地区的教育普及和乡镇发展起了很大的推动作用。

Southeast在四个小城设有校区，还在多个乡村地区开辟教育中心，以向偏远地区提供教育为己任。

Southeast地区学院创校于1975年，于1987年正式加入沙省地区学院的网络，肩负起推动偏远地区教育的使命。沙省东南部区内总面积达20,000平方公里，零星散布着70个小村庄，总人口约70,000人。

Southeast的课程主要分为四大类：

(1) 大学首年学分课程；

(2) 实用职训文凭或证书课程；

(3) 成人基础教育；

(4) 非学分技能训练课程。

Southeast与其他八所地区学院一样，为已被省内两所大学录取的学生提供或面授或函授的首年学分课程。在实用技能培训方面，校方开办了多样性的职训课程，包括经济发展师、财务规划师、石油与天然气生产会计学、兽医技术及建筑技术等。

校方还提供Saskatchewan Institute of Applied Science and Technology(SIAST)的业余证书或文凭课程，专业包括：

- 幼儿教育
- 日托服务
- 家庭护理或特别护理
- 教学助理
- 餐饮业服务
- 创意与小型生意
- 办公室文职工作
- 重型工具操作
- 商业计划
- 住宅农业学

此外，校方亦通过一系列非学分的职训课程及

注册处地址：

Southeast Regional College
Box 2003
Weyburn, SK
S4H 2Z9 Canada
网址：www.southeastcollege.org
电话：1-306-848-2576

在加拿大十个省份、三个自治区中，以曼尼托巴省(简称曼省)的高校学费最低，而且这里的学校科研与教学又都颇具水准，所以曼省一直是最受国际学生欢迎的留学省份之一。省内共有四所公立大学，分别是法语大学Le Collège Universitaire de Saint-Boniface(不做另文介绍)和三所英语大学：University of Manitoba、University of Winnipeg和Brandon University。

University of Manitoba是加国西部最古老的大学，也是全国最大型的大学之一，它是一所教学质量极佳的带医学院的大学，该校的法律系也颇具名气。University of Winnipeg以小班教学闻名，课程以实用为主，应用科学、环境

曼尼托巴省

学、教育和大众传播学的水准甚高。拥有百年历史的Brandon University是一所极富传统特色的小型大学，其音乐系的名声享誉国际。省内尚有一所由政府特许开办的基督教大学Canadian Mennonite University，该校除提供多元化的宗教课程以外，还与University of Manitoba 及 University of Winnipeg合办多个文学士课程。

曼省共有四所大专学院，它们分别是位于北部偏远社区的University College of the North、技能训练学校Winnipeg Technical College、中型社区学院Assiniboine Community College和省内最具规模的社区学院Red River College。

1. 百灵顿大学 Brandon University

百年音乐系 声名播海外

拥有超过100年历史的百灵顿大学(Brandon University，简称Brandon)是曼省第三大高等学府，是一所主要开办学士课程的本科类大学。论规模，Brandon或许稍逊于省内其他两所大学——曼尼托巴大学和温尼伯大学，但该校却一向以开办灵活创新的课程为特色，其音乐系的名声更是享誉国际，吸引了不少省外乃至海外的学生前来深造。

Brandon虽然没有设立具有规模的研究院来开办如医科、牙医、药剂及建筑等专业课程，但却设有完善的专业预修课程，它们为117个专业提供基础课程，是学生升读专业课程或研究院的基石。

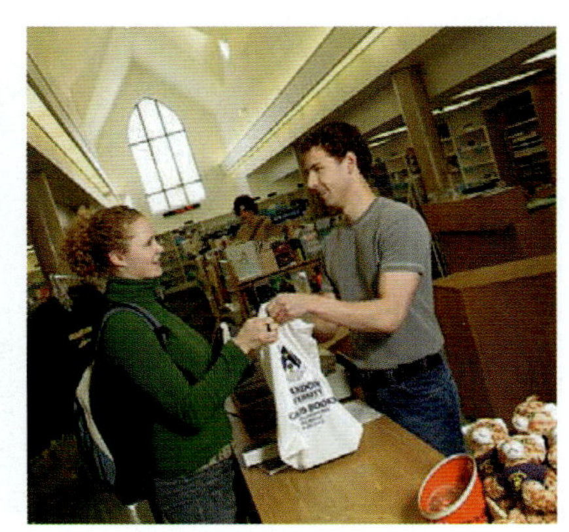

位于曼省百灵顿小镇的Brandon大学拥有优良的学术传统，并致力于根据就业市场的需要，不断开办不同的新学科，还与社区建立了深厚的互助关系。该校的健康研究系与乡郊发展系是近年新设立的学系，充分显示了校方为配合社会发展及就业市场需求而做出的努力。

新旧学系平衡发展

Brandon颇具创新精神，同时亦保留了传统的学术精髓，务求在新与旧之间达到良好的平衡发展状态。创立于1905年的音乐系是一个优秀的老牌学系，在国际音乐界拥有卓著的声誉，在过去100年里培养出不少杰出的音乐演奏家。音乐系的教学大楼专为演奏及学习音乐而建造，从建筑外形到室内设备均显示出浓厚的艺术气氛，优雅独特。设施包括：1个设有208个座位的独奏厅、1个风琴室、1个书目丰富的音乐图书馆以及27个置有Steinway 及Baldwin高级钢琴的学生练习教室。

音乐与其他专业一样，学生除了要拥有深厚的理论基础，还需要不断通过实践演练强化知识和技能。音乐系的教授均拥有丰富的演奏经验，因此更擅长于将自己的音乐理念和技巧传授给学生。此外，每年举办的音乐节亦让学生有机会在真正的舞台上面向观众演奏，增加宝贵的临场经验；学生更可借此机会，接触来自世界不同地方的演奏家或音乐界人士，建立人际关系，为将来发展音乐事业奠定基础。

跨学科课程灵活实用

Brandon在新旧学科之间平衡得当，没有顾此失彼。近年在致力于深化传统科系之余，更积极开拓跨学科的科目，设立了普及研究学士课程(Bachelor of General Studies)。科技的发展使现代社会趋于一体化，各行各业建立在互惠互利基础上的交流与合作越来越广泛，这就要求学生拥有广博的知识，以应对就业市场的需要。适应这一需求，越来越多的大学开始设立跨学科的普及研究学士课程。修读这个课程的学生，无须遵从传统模式选择主修及辅修专业，而是在校方帮助下，根据个人兴趣和事业发展目标，度身设计修读的专业。课程内容可跨越文、理、商等学系，非常实用和灵活。

教育系是该校另一个热门学系。拥有学士学位的学生修毕一个两年制的课程便可取得教育学士学位。此外，该学系亦开办多个特殊教育课程，以培训学生将来在不同的族裔及社区中从事教育工作的能力。

商学系和理学系是Brandon两大传统学系，教学及科研水平俱佳，广受学术界及工商界的赞誉。商学系的工商管理学士课程以小型商业及企业管理为轴心，是该校最热门的课程之一。理学系的科研成就十分杰出，在物理、天文学及数学三方面曾获全国性学术研究奖项。近年理学系亦开办更多研究项目，学术范围包括：环境动物学、鱼类生物学及地质学等。Brandon的小班教学令本科生也有机会协助教授进行科学研究，通过实践强化理论学习。

专业预修课程多元化

以本科教育为主的Brandon没有强大的研究院做后盾，因此没有开办一些着重科学研究的专业课程，例如医科、药剂、牙医及建筑学等，但却在这些领域设有多达117项多元化的专业预修课程(Preprofessional Programs)。

何谓专业预修课程？在加拿大，一般强调学术理论和研究基础的专业课程均属于非直接入读(Non Direct Entry)类别。中学毕业生不能在报读大学时直接申请修读这些专业，必须先修读与专业有关的大学学科，取得优异成绩后，才能报读非直接入读专业课程，例如建筑师、牙医、物理治疗师和药剂师等。(医科亦属非直接入读专业，但加拿大的大学一般不接受国际学生报读医科，故在此未提及。)有鉴于此，学生可先选择在小型大学完成预修课程，再报读目标大学的非直接入读专业课程。

为何要先在小型大学就读？正如前文所述，小型大学采用小班教学，师生关系紧密，学生有更多机会获得教授直接指导，这对基础教育甚有帮助。此外，由于报读专业课程的竞争十分激烈，学生可能要完成学士学位才能被成功录取。一些小型大学的学费比大型大学低，四年本科教育能省下不少学费。学生还可以选择到学费较低廉的省份就读本科学位，毕业后再到目标大学升读研究院。以曼省为例，其大学平均学费位于全国最低的水平，四年大学费用比安大略省或不列颠哥伦比亚省低近一半。

Brandon在过去长达百年的悠悠岁月里，为社会培养了无数精英，其毕业生包括发明心律调节器(Pacemaker)的Dr. Wilfred Bigelow、前沙斯喀彻温省省长Tommy Douglas及国会议员Stanley Knowles等。

背景资料：

创校年份：1899

全日制学生：2,164

业余学生：1,121

国际学生：105

大学类别：小型综合类大学

营运方式：公立

注册处地址：

Admission Office
Brandon University
270-18th St.
Brandon, MB
R7A 6A9 Canada

网址：www.brandonu.ca

电话：1-204-727-9784

奖学金及经济援助办事处：
1-204-727-9737

图书馆藏量：书籍及期刊超过120万册

本科入学要求：

学科成绩：

文科：60%-65%

理科：60%-65%

英语成绩：

TOEFL 213(CBT)
或TOEFL 550(PBT)
或IELTS 6.5

报名截止日期：

秋季入学： 5月1日

冬季入学： 9月1日

学费：

加国学生：每学分101.10加元

国际学生：每学分203.60加元

书本费：每学年900加元

每月生活开支(约)：

大学宿舍连膳食：710至780加元

校外自租房子(不包膳食)：450至625加元，视所租房子大小而定

膳食费：250加元

其他杂费：200加元

医疗保险：423加元/学年

学系：

设有6学系
文学系
科学系
教育学系
音乐系
健康研究
乡郊发展

大学排名：

Maclean's 2005年大学排名
小型综合类大学排名第十六

研究院入学要求：

TOEFL 550(PBT)
或TOEFL 213(CBT)
个别学系要求申请者递交GRE/GMAT成绩

研究院课程学费：

加国学生与国际学生学费相同：每学期约2,300加元

热门研究院专业：

音乐、教育、城镇发展

所在城市数据：

城市：百灵顿 (Brandon)

人口：43,725

生活指数：低

气温：-18℃ 至 25℃

2. 曼尼托巴大学 University of Manitoba

百年老校焕青春 医学法律享盛誉

曼尼托巴大学(University of Manitoba，简称Manitoba)是加西四省(不列颠哥伦比亚省、阿尔伯塔省、沙斯喀彻温省及曼省)中历史最悠久的大学，亦是全国最大型的大学之一。该校兼备优良的学术传统和现代化的教学设施，是一所质量极佳的医学/研究院类大型大学。

Manitoba大学以高水准的医学院及法律系著称，亦是曼省医疗科学研究的中枢。此外，校方在学制及课程设计上不断改良创新，开办独特的“大学一年级基础课程”(University 1)，为大学新生打造更稳固的学术根基和更多元的知识层面，以帮助他们应对未来繁重的大学课程。校方对国际学生特别照顾，设有“好伙伴”(Be a Buddy)朋辈互助计划，让高年级的学生与一年级的国际学生结为朋友，通过朋辈友好关系引导新生融入异乡的学习环境，使其更快适应留学生活。

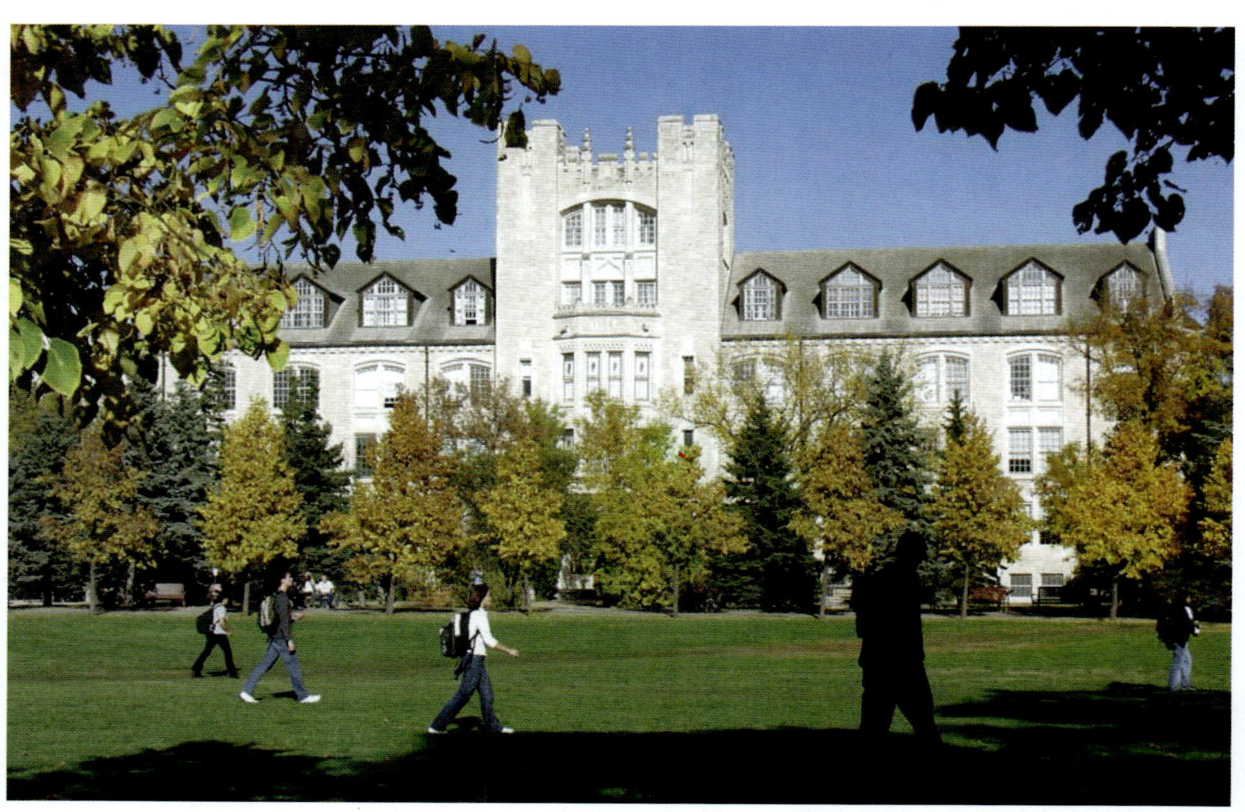

占地274万平方米的Manitoba大学是省内唯一的大型大学，开办有完善和齐备的专业课程，包括传统的文理学科，以及法律、医疗科学、建筑、应用科学及社会工作学等。该校创立于1877年，129载悠久的学术历史不仅没有成为校方在开办新课程和进行学制改革上的包袱，反而成为其追求更高学术水平，以及为学生提供更完善服务的原动力。

一年级基础课程独特

在介绍Manitoba大学各出色学系之前，先对其极富特色的“大学一年级基础课程”(University 1)加以介绍。这个课程是所有新生适应大学教学模式的起点，亦是修读各专业课程的基石。

加拿大的学生在报读大学时，一般会同时申请入读目标学系或专业，如果成功被校方录取，在大学头两年便会根据所属学系的指引，修读一系列专业预修科。例如工商管理系的一、二年级学生，必须修读经济、金融、贸易等基础科目，待修完60个学分后，才能正式向学系申请主修或辅修个别专业。换言之，学生在申报大学时，对于主修或辅修的专业，就应该已经有一个明确的认识。

但是，事实是，很多学生在中学阶段对未来的事业规划尚无一个清晰的概念。过早定下选科决定，往往使学生在修完大学首年课程后发现所选专业并不适合自己，不得不重新修读另一个专业的预修科目。其结果是，不但拖延了毕业的日期，还打击了学生的学习热情与自信心。

有鉴于此，Manitoba大学开办了University 1大学基础课程，所有一年级新生必须遵从校方的选科指引，修读一系列跨学系学科，在适应大学学习模式的同时，通过涉猎不同的学术领域，了解自己的兴趣和所长，以便在升读二年级时做出正确的选科决定。对于首年大学基础课程的选修方法，校方为学生提供三个选择。

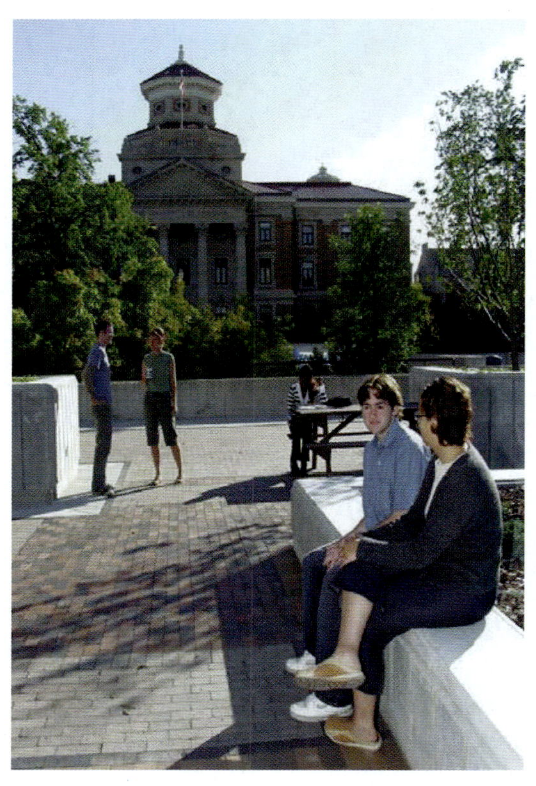

(1) 专注选科策略(Focused Approach)：如果学生已明确肯定自己计划修读的专业，则可直接选读有关主修学系的预修科目，专注地为修读二年级的课程做好准备。

(2) 平衡选科策略(Balanced Approach)：部分学生虽然未决定想修读的专业，但心目中已有数个备选方案，只是尚未最终确定。这类新生可平均地选修不同学系的科目，到了学期末再决定自己的主修专业。

(3) 广泛选科策略(Sampling Approach)：倘若学生不能决定选修专业的方向，但希望能先修读不同的学科，以了解自己的兴趣和能力，则可广泛地修读不同学系的科目，为进入文学系或理学系做准备，到升读二年级时，再根据过去一年的学习经验，决定自己将来的事业方向。

University 1基础课程帮助未决定主修专业方向的学生延迟申报专业学系，为他们提供更大的自由和灵活度，使他们有更多时间和空间仔细考虑，是一个设身处地为学生着想的周详计划。

医学法律两大王牌课程

Manitoba强于医学研究，其中尤以心脏病、艾滋病、呼吸系统疾病及癌症生物学的研究水平最为卓越。

早在1974年，该校研究员就成功培植了世界上首棵可食用的油菜植物(Canola)，衍生出今日市值高达300亿加元的油菜食物工业。此外，Manitoba大学是加西部大学中拥有获得Rhodes奖学金学者最多的大学，充分显示其教学水平及师资优势。Rhodes

Scholarship是全球历史最悠久的国际学术研究奖学金，该奖学金每年会在各地选出32名优秀的学者，然后保送他们到英国的牛津大学进行两到三年的学术研究。

Manitoba大学斥资600万加元兴建的Smartpark科技研究园的落成，将为曼省以及加国工商业界提供源源不断的新思维和新科技。

除医学研究以外，Manitoba大学的法律系亦享有盛名。过去38年中，该校法律系学生曾夺取16次加西模拟法庭比赛(Western Canada Mock Trial Competition)的冠军，两届全国法庭竞赛(National Trial Advocacy Competition)的Sopinka Cup奖项，成绩斐然。

Manitoba大学目前共设有37个研究中心，在不同的专业均拥有高素质的科研队伍。校方斥资2,500万加元兴建的Richardson Centre以研发新的食物及农作物为目标。商学院亦获得一笔1,000万加元的私人捐款，以改善研究设备并扩充商学院规模。另外，一幢全新宿舍楼的落成将为学生提供更多宿位和更完善的生活设施。

上述多项发展计划，均显示校方正在积极开发教学资源，努力提升教学质量。曼省地大物博，生活指数比其他省份低，国际学生的学费更是全加最低廉的，因此是留学目的地的理想之选。Manitoba是省内龙头大学，师资优良，历史悠久，加上拥有完善的大学基础课程，是一所值得国际学生考虑入读的优秀学府。

背景资料：

创校年份：1877

全日制学生：20,706

业余学生：7,343

国际学生：2,661(中国学生1,254)

大学类别：带医学院综合类大学

营运方式：公立

注册处地址：

Enrolment Services
The University of Manitoba
424 University Centre
Winnipeg, Man.
R3T 2N2 Canada

网址：www.umanitoba.ca

电话：1-204-480-1240

奖学金及经济援助办事处：
1-204-474-9531

校舍：两处校舍，主校舍占地274万平方米

图书馆藏量：书籍及期刊超过200万册

教职员工：总数5,018，其中包括2,348名教师

本科入学要求：

学科成绩：

文科：70%

理科：70%

商科：70%

工程：85%

英语成绩：

TOEFL 213(CBT)
或TOEFL 550(PBT)
或IELTS 6.5

报名截止日期：

秋季入学：5月1日

冬季入学：9月1日

夏季入学：4月3日

学费：

加国学生：每5科(30 credit hours) 3,204加元

国际学生：每5科(30 credit hours) 6,408加元

书本费：每学年1,100加元

每月生活开支(约)：

家庭寄宿：550加元(包膳食)

大学宿舍连膳食：每学年5,500加元

校外自租房子(不包膳食)：550加元，视所租房子大小而定

医疗保险：423加元/学年

学系/专业：

设有23个学系，共108个专业

大学排名：

Maclean's 2005年大学排名
带医学院综合类大学排名第十五

研究院入学要求：

TOEFL 550(PBT)
或TOEFL 213(CBT)
个别学系要求申请者递交GRE/GMAT成绩

研究院课程学费：

加国学生：每学年由4,177加元起

国际学生：每学年8,354加元

热门研究院专业：

商业、工程、计算机科学、科学、农业及食物科学

所在城市数据：

城市：温尼伯 (Winnipeg)

人口：700,000

生活指数：低

气温：-30℃ 至 30℃

科目自由搭配　治学亲切和谐

坐落于温尼伯市中心的温尼伯大学(The University of Winnipeg，简称Winnipeg)是一所贴近社会、融入社区的本科类大学。这里没有独特的校园景致或雄伟的建筑楼群，放眼望去，大大小小的教学楼被各式各样的商厦围绕，赶着上课的学生在马路上与上班族竞步，偶尔会看到几名学生与教授围坐在路边的石阶上聊天……一派平易亲切、和谐友善的生活图景。

Winnipeg大学以小班教学闻名，除宗教研究外，所有课程均隶属文理学系之下，编制简单，师生相处融洽，学习气氛轻松和谐。该校的课程以综合实用为主旨，应用科学、环境学、教育和大众传播学的水准甚高。Winnipeg还附设中学部，开办10至12年级的课程，国际学生可选择先进入中学部打好英语及其他学科的基础，毕业后再升读曼省的大学。

学生修读的学位只简单分为文学士或理学士，主修专业则可从四大部门的课程中选择。

校方一直强调综合教育，鼓励学生修读广泛的学术专业，以扩展知识层面并增强实用技能。学生可根据自己的兴趣爱好和发展方向，自由修读跨学科的学士课程。例如学生可选修计算机和商业管理课程，同时修读文学与戏剧等。灵活的选科制度让学生有更大的自由去规划自己的学业和前途。

应用文理学科水准高

Winnipeg十分重视应用学科的发展，同时为学生提供实习机会。该校的应用生物学、应用化学、环境科学等，均将传统的科学知识与实用性的理论相结合，让学生毕业后能学以致用。此外，学校要求商业计算机专业的学生必须完成实习工作，以了解未来的工作环境。

Winnipeg大学具有善于听取学生意见，急学生之所需的办学传统。同时，该校又勇于破旧立新，以努力满足不断变化的学生需求。Winnipeg一个很大的特点是其灵活的选科制度。

学生可自由配搭主修科目

该校只开设两个学系：文理系和宗教学系。文理系涵盖了四十多个专业课程，主要分为以下四个学术部门：

(1) 教育(Education)：开办五年制教育文学士课程，亦开办两年制后学士课程及证书课程。

(2) 人文科学(Humanities)：包括多个国家的语言及文化研究、历史、哲学、戏剧及舞台表演等学士课程。

(3) 科学(Science)：开办计算机科学、生物、化学、物理、应用科学、工程、环境学、地理、数学及统计学等学士课程。

(4) 社会科学(Social Science)：包括人类学、犯罪学、经济、国际发展研究、运动及应用健康学、政治、心理学及社会学等。

温尼伯大学 The University of Winnipeg

教育学是该校发展最迅速的学系，学生人数在过去七年翻了一番。目前，文理学系的学生中，有15%在修读教育专业课程。

为了扩大学生的接触层面并更有效地分配教学资源，Winnipeg分别与多所大专学院合办学位课程。该校与Menno Simons College合办了国际发展研究与冲突和解研究的学士课程。该校与Red River College合办的大众传播学位课程，选修的专业包括新闻学、公共关系及广告学。学生只需四年时间，便可同时修完Winnipeg的大众传播学士课程和Red River College的创意大众传播文凭课程。

Winnipeg大学的学术写作中心开办完善的语言进修课程，还提供免费的数、理化补习服务，是一个功能齐备的学术服务机构，对协助国际学生融入加国学习环境甚有帮助。

大学附设中学教育部

Winnipeg大学一大特点是附设中学教育部——Collegiate at the University of Winnipeg，提供10至12年级的课程。中学部的办学文化是强调"和而不同"，十分欢迎国际学生，华裔学生人数占有一定的比率。国际学生每学期必须修读四科，以符合加国移民部对全日制学生的定义。中学部的学费是每科1,250加元，校方可安排家庭寄宿服务。如果国际学生在国内尚未完成高中课程，可考虑报读Winnipeg的中学部，毕业后再申请入读Winnipeg或省内以至省外的大学。如果条件允许，到加拿大念中学，打好英语基础，了解加国文化，为将来升读大学做好准备，不失为一个好的选择。

曼省是一个朴实友善的省份，热情欢迎国际学生。该省低廉的国际学生学费以及准许国际学生在校外工作的政策，充分体现了其对留学生的欢迎程度。虽然当地冬季气候严寒，但Winnipeg大学校园内洋溢着的暖暖的人情味和师生情，却使人如沐春风，感觉春天般的温暖。

背景资料：

创校年份：1871
全日制学生：4,050
业余学生：4,854
国际学生：181
大学类别：小型综合类大学
营运方式：公立
注册处地址：
Admission Office
The University of Winnipeg
515 Portage Avenue
Winnipeg, MB
R3B 2E9 Canada
网址：www.uwinnipeg.ca
电话：1-204-786-9159
奖学金及经济援助办事处：
1-204-786-9159
图书馆藏量：书籍及期刊超过75万册
教职员：300名教员，315名职员

本科入学要求：

学科成绩：
文科：60%
理科：60%
英语成绩：
TOEFL 213(CBT)；
或TOEFL 550(PBT)；
或IELTS 6.5

报名截止日期：

秋季入学：6月1日
冬季入学：10月1日

学费：

加国学生：每学分106.9加元
国际学生：每学分214加元
书本费：每学年约1,000加元

每月生活开支(约)：

大学宿舍(不包膳食)：360加元
校外自租房子(不包膳食)：400至600加元，视所租房子大小而定
膳食费：250加元
其他杂费：150加元
医疗保险：50加元

学系：

设有2个学系，共44个专业
文理系
宗教学系

大学排名：

Maclean's 2005年大学排名
小型综合类大学排名第十一

研究院入学要求：

英语要求视个别学系而定，历史及宗教学的申请者必须通过校方的英语能力测试

研究院课程学费：

视个别课程而定，请浏览大学网站，查阅最新资料

热门研究院专业：

公共行政、历史、宗教学

所在城市数据：

城市：温尼伯(Winnipeg)
人口：700,000
生活指数：低
气温：-30℃ 至 30℃

秉承基督精神　开辟多元教育

创校于1947年的加拿大门诺宗大学(Canadian Mennonite University，简称CMU)是一所新派的基督教大学，由曼省政府特许开办，除提供多元化的宗教课程以外，亦与曼尼托巴大学(University of Manitoba)及温尼伯大学(The University of Winnipeg)合办多个文学士课程，为学生提供丰富的选择。

该校较独特的课程有国际发展研究、和平及冲突研究和社会科学本科课程。

介绍CMU，须先从其名字说起。Mennonite中文是“门诺宗”，是基督教的一个宗派，由荷兰教士门诺·西门(Menno Simonsz)发起。顾名思义，CMU是一所基督教大学。从其位于温尼伯(Winnipeg)的校舍来看，该校仍然保留18、19世纪教堂庄严清雅的风格。校园占地约18万平方米，分为南北校区，与茂密的森林为邻，绿荫环绕，一派灵秀的大自然气息。校内最耀眼的一幢教学楼是采用新古典建筑风格的砖石大楼，外形传统庄严，被校方列为重点保护历史文物。楼内适应教学所需，已改建成设施先进的教室，配有计算机和多媒体设备等，体现了传统与现代的完美结合。

非宗教课程选择多

CMU被喻为一所颇具革新精神和创意的非传统教会大学，自1998年获省政府特许，便积极开展对非宗教类学术课程的推广工作。校方开办的学术课程主要分为本科学位课程及专业预备班两类。

本科学位课程：分为三或四年制，视所修专业而定。CMU独立提供的本科课程包括：圣经与宗教学研究、国际发展研究、音乐、和平与冲突研究以及社会科学(可主修商业与团体行政学、辅导学、大众传播与媒体、跨文化研究和社会服务五大专业)。校方与Manitoba及Winnipeg两所大学合办了多项本科专业，分别是计算机科学、经济、英语、地理、历史、数学、哲学、政治、心理学及社会学。

专业预备班：校方开办了多项为本科或研究院课程而设的基础班，让学生先打好学术根基，增加将来顺利入读专业课程的机会。专业包括农业、建筑、商业、教育、人体生态、法律、医学、康复、护理、运动与康乐研究以及社会工作。预备班一般为期一年或一年以上，视不同学系所需的预修科目而定。

此外，校方也开办了不少短期证书课程，但内容主要集中在宗教及圣经研究的学科上。

背景资料：

创校年份： 1947

大学类别： 基督教大学

营运方式： 省府特许大学

注册处地址：
Admission Office
Canadian Mennonite University
500 Shaftesbury Blvd.
Winnipeg, MB
R3P 2N2 Canada

网址： www.cmu.ca

电话： 1-204-487-3300

奖学金及经济援助办事处：
1-204-487-3300

入学要求：

学科成绩：
中学毕业或同等学力

英语成绩：
TOEFL 550(CBT)
或TOEFL 213(PBT)
或IELTS 6.5

报名截止日期：

视个别课程而定

学费：

加国学生： 每学年4,650加元

国际学生： 每学年8,130加元

书本费： 每学年约1,000加元

每月生活开支(约)：

校内宿舍连膳食： 600加元

校外自租房子(不包膳食)： 400至600加元，视所租房子大小而定

膳食费： 250加元

其他杂费： 150加元

医疗保险： 50加元

所在城市数据：

城市： 温尼伯(Winnipeg)

人口： 700,000

生活指数： 低

气温： -30℃ 至 30℃

地处曼省西南 肩负职训重任

曼省是加拿大的草原省份，以农业为经济命脉。该省首府温尼伯(Winnipeg)，承担经济和政治重任，而位于西南面的百灵顿市(Brandon)是农业重镇。百灵顿市内共有两所公立大专学院，分别是百灵顿大学(Brandon University，详见第310页)和阿西尼波因社区学院(Assiniboine Community College，简称ACC)，前者属于小型综合类大学，主要开办本科学位和少量研究院课程，而为社区提供实用职业技能训练的重任便落在ACC身上。

ACC是一所中型社区学院，开设约30项全日制职训课程，并提供多元化的短期在职进修课程。热门专业包括商业、农业、旅游管理及资信科技等。

有"麦城"之称的百灵顿市虽然是曼省西南部的农业中心，但人口仅有43,000人，占地仅74平方公里，可以说是一个宁静的小城市。该市民风淳朴，生活指数低，是一个可以静心学习的好地方。

七校区各司其职

拥有四十多年历史的ACC在百灵顿设立主校区，提供26项文凭及证书课程，以及八项技工学徒训练课程，约有全日制学生1,200名。第二校区则位于派克兰(Parkland)，开办五项文凭及证书课程，约有150名全日制学生。而在市中心开办的成人教育中心，主要提供高中及基础教育课程。此外，校方亦分别在省内其他四个地方设立地区性的训练中心，以支持主校区的技术训练课程。

开办小班职训课程

ACC目前没有开办学位课程，而以提供社区职训及成人教育为主，共开设31项文凭(两年制)及证书(一年制)课程，涵盖以下四大学系：

(1)农业及环境学系：专业包括农务商业、地理信息系统(GIS)、环境科技、土地及水质管理等。

(2)商业及旅游学系：这是最受国际学生欢迎的学系，专业包括会计、金融、商业、办公室行政助理及酒店管理等。

(3)健康及社会服务学系：专业分别有持牌执业护士(LPNs)、幼儿护理及原住民社区发展等。

(4)信息科技学系：这是该校另一个热门学系，所开办的网页设计、无线通信工程技术、计算机系统技术及土木工程技术等均大受欢迎。

ACC是一所典型的社区职训学院，并没有开办大学学分转移课程，但大部分课程的学分可转入省内或省外大学。该校采用小班教学，每班人数约15至25人，以便教授有较多时间照顾每名学生的需要。

百灵顿市对绝大部分国外学生来说是一个陌生的地方，因此ACC的国际学生人数相当少，但这亦不失为一个优点：学生有更多机会与本地人接触，更快提高英语，深入了解加拿大文化。

背景资料：

创校年份： 1961

全日制学生： 1,700

学院类别： 社区学院

营运方式： 公立

注册处地址：

Admission Office
Assiniboine Community College
1430 Victoria Avenue
Brandon, MB
R7A 2A9 Canada

网址： www.assiniboinec.mb.ca

电话： 1-204-725-8700

本科入学要求：

学科成绩：

中学毕业或同等学力

英语成绩：

TOEFL 550(PBT)
或TOEFL 213(CBT)

报名截止日期：

视各课程而定，请参阅校方网页

学费：

加国学生： 每学年3,100至4,900加元

国际学生： 每学年5,425至8,575加元

书本费： 每学年250至1,700加元

每月生活开支(约)：

校外住宿： 500至900加元(视所租房子情况而定)

膳食费： 250加元

其他杂费： 150加元

医疗保险： 53加元

所在城市数据：

城市： 百灵顿 (Brandon)

人口： 43,725

生活指数： 低至中

气温： -18℃ 至 25℃

6.北部大学学院 University College of the Nort

服务原住居民 普及高等教育

于2004年创校的北部大学学院(University College of the North，简称UCN)，是曼省最年轻的大专，由两个校区及六个小型社区学习中心组成，位于北部偏远的原住民社区，承担提供职训及大学教育的使命。

UCN处于起步阶段，校方正致力于开拓更多样化的课程，以配合社会及业界的需要。此外，该校在课程设置上力求反映曼省北部原住民现况及多元文化的色彩。

曼省北部位置偏远，气候严寒，零星地散布着众多原住民社区。政府为了照顾这些极北社区民众的教育及职训需要，创立了UCN这所省内唯一的大学学院。一般而言，大学学院在开办文凭证书课程的同时，亦积极发展大学学分转移及学位课程。但由于UCN刚刚立校，因此在创校首年先从文凭及证书课程开始；从2005年起逐步开办大学首年学分课程，预计在未来数年内会设立本科学位课程。

以职训课程为起点

目前，UCN提供三十多项文凭及证书课程，内容涵盖商业、科技、工业及健康医疗等专业，当中更不乏围绕原住民文化、社会政策及发展的课程。

此外，校方亦为当地社区提供成人基础课程及高中结业课程，以改善北部地区的教育现状。

新办大学首年课程

校方于2005年9月开始，正式于五个校舍(The Pas、Thompson、Flim Flon、Split Lake及Norway House)提供大学首年学分课程，为当地有志升读大学的人士提供平台。课程分别以课堂及远程函授方式教授，以方便偏远社区的居民或在职人士进修。

虽然UCN目前开办的课程尚未完善，但预计在未来三至五年，课程数目将不断增长，并会授予本科学位。如果国际学生不介意在严寒和偏远的地区学习，这里也不失为一个选择。

背景资料：

创校年份：2004

全日制/业余学生：3,500

学院类别：社区学院

营运方式：公立

注册处地址：

Admission Office
University College of the North
Box 3000,
The Pas, MB
R9A 1M7 Canada

网址：www.keewatincc.mb.ca

电话：1-204-627-8500

入学要求：

学科成绩：

中学毕业或同等学力

英语成绩：

TOEFL 550(PBT)
或TOEFL 213(CBT)

报名截止日期：

国际学生应于开课前6至9个月申请，额满即止

学费：

加国学生：每学分46加元

国际学生：每学分92加元

书本费：每学期400加元

每月生活开支(约)：

校内宿舍：350加元(不包膳食)

校外住宿：300至500加元(视所租房子情况而定)

膳食费：250加元

其他杂费：150加元

医疗保险：53加元

所在城市数据：

城市：各校舍分布缅省北部偏远郊区

人口：稀少

生活指数：低

气温：-26℃ 至 23℃

7. 红河学院 Red River College

文理商齐备 国际生佳选

创校于1938年的红河学院(Red River College，简称RRC)经过六十多年的成长，成为曼省最具规模和最有代表性的都市型学院，提供110项应用课程，涵盖文、理、商和科技专业。

RRC一向欢迎国际学生，不但开办完善的英语作为第二语言(ESL)课程，而且提供全方位的学习及生活辅导服务，协助留学生尽快适应加国的新环境。最受国际学生欢迎的课程包括：商业管理、酒店及餐厅管理、旅游管理、健康及应用科学、工程、大众传播及创意艺术等。

位于曼省首府温尼伯(Winnipeg)的RRC全名是Red River College of Applied Arts, Science and Technology，顾名思义是一所着重提供应用文科、理科及科技教育和培训的学校。除占地65万平方米的主校区外，该校还设有12个校舍和教育中心，分别提供多元化的课程。

RRC的规模仅次于一所综合类大学，共提供110项文凭及证书课程。该校与多所大学合办本科学位课程，在课程设置上不断开拓新领域，并与社区和业界保持紧密联系，能够及时了解市场所需，力求保持与时俱进的优势。

该校课程选择十分多元化，其中最受欢迎的课程包括以下七大类：

(1) 商业管理及国际商业：课程内容涵盖最实用的商业知识，包括市场营销、国际贸易、企业营运及工商管理等。商业管理为两年制文凭课程，而国际商业为一年制高级文凭课程，两个课程均强调理论和实践的结合。

(2) 酒店及餐厅管理：两年制文凭课程，为有志于在酒店及饮食业发展的人士而设，每名学生在校学习时会获配一部笔记本电脑，以作学习和数据搜集之用。

(3) 旅游业管理：近年，加拿大和中国两地的旅游业交流发展迅速，需要大量优秀人才。这个课程分为课堂理论及实习两部分，内容包括旅游名胜、交通运输、旅行社管理及会议计划等。

(4) 电子工程技术：两年制文凭课程，主修专业包括通信、计算机及电子工程技术等，所有学生在首年必须修读相同的基础课程。

(5) 运输、工程及工业技术：这类课程为航天、铁路、汽车及生产工业而设计，校方的教学中心和实习工场均配备最先进的设备。

(6) 健康及应用科学：课程包括医护、社区服务及健康科学等专业，当中更包括加拿大院校中罕有的招收国际学生的护士学位课程(与University of Manitoba合办)。

(7) 大众传播及创意艺术：一系列有关新媒体及市场传媒的新兴课程，包括计算机动画、数码影像、互动媒体及广告艺术等文凭课程。

与大学合办学位课程

RRC近年积极开拓本科课程，并与多所大学达成合作计划，毕业生可获颁RRC文凭及有关大学的学士学位。

- 应用生物学士(与University of Winnipeg合办)
- 应用化学学士(与University of Winnipeg合办)
- 应用环境研究学士(与University of Winnipeg合办)
- 大众传播文学士(与University of Winnipeg合办)
- 医护学士(与University of Manitoba合办)
- 教育学士(与University of Winnipeg合办)

上述六个学士课程中，除了教育学士是五年制之外，其余均为四年制。

该校十分欢迎国际学生，其ESL英语课程享有盛名，已有二十多年历史，分别提供短期夏令营、学术英语及专业英语研修等课程，以配合不同学生的程度及需求。

"Red River College's connection with industry allowed me to have my first Canadian job during my co-op work experience. I am now employed full time as a result by one of Winnipeg's top restaurants."

Daniel Perez, Hospitality and Tourism Management

背景资料：

创校年份：1938

全日制学生：8,000

业余学生：24,000

国际学生：125(中国学生17)

学院类别：社区学院

营运方式：公立

注册处地址：

Registrations
Red River College
2055 Notre Dame Avenue
Winnipeg, MB
R3H 0J9 Canada

网址：www.rrc.mb.ca

电话：1-204-632-2143

奖学金及经济援助办事处：
1-204-632-3979

入学要求：

学科成绩：
相当于曼省高中四年级(Senior 4)程度

英语成绩：
TOEFL 213(CBT)
或TOEFL 550(PBT)

报名截止日期：
建议提前6个月报名

学费：

加国学生：每专业1,900加元

国际学生：每专业7,200至9,400加元

书本费：每学年约750加元

每月生活开支(约)：

家庭寄宿(Home Stay)：550加元(包膳食)

校外自租房子(不包膳食)：500加元，视所租房子大小而定

膳食费：每餐约8加元

所在城市数据：

城市：温尼伯(Winnipeg)

人口：700,000

生活指数：低

气温：-30℃ 至 30℃

主攻职训　培养专才

创办于1985年的温尼伯技术学院(Winnipeg Technical College，简称WTC)是一所中型技能训练学校，为社区提供优秀的职业专才。

WTC开办20多项全日制课程，并提供多元化的短期在职训练及业余课程，涵盖专业包括商业、计算机、绘图及机械工程等。该校主要提供5个月至1年的实用技能课程，并没有开办大学学分或ESL英语课程，学生多为在职进修或转职人士。

1983年，温尼伯南部校区认识到在市内成立一所专门提供职训课程、为社区培训专业人才的学校的必要性，WTC便是在这个需求之下开始酝酿，并于两年后正式成立，且招收第一届新生的。此后，该校不断扩充，目前共提供20多项全日制职训课程，并开办各种各样的短期培训班及进修课程。

课程结合理论和实践

WTC的主校区位于Henlow Bay，第二校区位于Pembina Highway。学院全年12个月运作，部分全日制课程提供晚间授课，为在职人士提供方便和灵活的进修选择。

Henlow主校的课程包括：汽车机械、汽车车身喷漆技术、厨艺及设计、电器维修、发型设计、重型机械、工业控制及自动化、工业电子、工业维修技术、烧焊、互联网技术、微电脑系统技术、网络支持技术、生产艺术及绘图技术员。

Pembina校区的课程包括：商业行政助理、健康护理员、医疗行政助理、汽车及机械维修、新媒体及电子印刷业、办公室技术员、药剂技术员及康复医疗助理。

上述全日制课程一般为期5个月到1年，内容结合理论与实践，以配合业界及社会需要。

部分国际学生需要接受学力测验

WTC目前没有提供大学学分转移及ESL英语课程。如果学生的目标是在一年内学得一技之长，该校是一个不错的选择。

该校接受国际学生申请，入学要求是加国中学毕业或同等学力，如果国际学生未达这个程度，需要接受校方的学力测验，以决定其英语及数学方面的能力是否符合标准。

背景资料：

创校年份： 1985
全日制学生： 1,200
学院类别： 技术学院
营运方式： 公立
注册处地址：
Admission Office
Winnipeg Technical College
Henlow Campus
130 Henlow Bay
Winnipeg, MB
R3Y 1G4 Canada
网址： www.wtc.mb.ca
电话： 1-204-989-6511

入学要求：

学科成绩：
中学毕业或同等学力
英语成绩：
TOEFL 550(PBT)
或TOEFL 213(CBT)
或IELTS 6

报名截止日期：

课程额满即止

学费：

加国学生： 每课程2,600至5,600加元
国际学生： 视课程而定，请向校方查询
书本费： 每学期400加元

每月生活开支(约)：

校外住宿： 350至600加元(视所租房子情况而定)
膳食费： 250加元
其他杂费： 150加元
医疗保险： 53加元

所在城市数据：

城市： 温尼伯(Winnipeg)
人口： 700,000
生活指数： 低
气温： -30℃ 至 30℃

加拿大10个省份中，安大略省(简称安省)拥有最庞大的公立教育体系和最多的国际学生人数。省内共有19所公立大学、24所大专学院和一所应用健康科技学院。国际学生无论想接受职业技能培训，或是修读本科或研究生课程等，这里都能提供丰富的选择和合适的学校。特别值得一提的是，安省是全国唯一采用大学/大专统一招生制度的省份，本地和国际学生要报读省内大学，必须通过安省大学申请中心(Ontario Universities' Application Centre) 进行申请。报读省内大专，则要通过Ontario College Application Services办理。但是，也有部分学院准许国际学生直接向校方申请，详情可查看有关学校的网站。

安省拥有加拿大最大的公立大学网络，号称名校群龙之首的University of Toronto拥有极高的国际声誉，其医学院、商学院、工程系、建筑系和科学系等均达世界一流水准。Queen's University是另一所老牌大学，以法律、医学、工程、管理等专业闻名。其他杰出学府还包括：以计算机科学闻名的University of Waterloo、开创新派医科教学法的McMaster University、拥有杰出商学院的University of Western Ontario和强于生物及环境科学的University of Guelph等，这些均是响当当的国际知名学府。

在24所应用艺术及科技学院(英文全名是College of Applied Arts & Technology，目前大部分学校只采用College作简称)中，省府赋予三所大专“科技及高等教育学院”(Institute of

安大略省

Technology and Advanced Learning)的名称，以表彰他们在开办高科技课程上所做的努力和所取得的成就，它们分别是Humber、Conestoga和Sheridan学院。本书会逐一介绍省内各学院，并详论他们的特点和优秀学科，但Kemptville College和Ridgetown College是University of Guelph的地区分校，因此将列入Guelph的专文内介绍。

总而言之，安省拥有很多高质量的大专学院，学生在择校时应先了解每个学校的优点和特色。此外，学校所在地的选择也是一个重要因素，多伦多(Toronto)和渥太华(Ottawa)等大城市名校林立，但生活开支较大，聚居的华人较多。喜欢宁静氛围的学生不妨选择到小城市念书，不但可减轻经济负担，也有更多机会了解加国文化和练习英语。

1.布鲁克大学　Brock University

培养酿酒专才　驰名尼亚加拉

布鲁克大学(Brock University，简称Brock)建在尼亚加拉(Niagara)地区的山岗上，俯瞰一大片茂密翠绿的葡萄园和漂亮的圣凯瑟琳(St. Catharines)市景。校园环境清幽宁静，洋溢着浓厚的学习气氛，是一所优秀的本科类大学。

Brock大学开设了独特的酿酒学及葡萄栽种技术的学士课程，通过研究生物科技改良葡萄品质，改善酿酒技术。此外，该校的旅游学、工商管理以及应用健康科学均有很高的水准，是尼亚加拉地区的重点大学。

加拿大的酿酒业近年蓬勃发展，出产的白酒、红酒和冰酒在国际市场上越来越受欢迎。因此，业内对酿酒及栽种葡萄的专才需求很大，而Brock大学便是加拿大培养这方面人才的摇篮。

与业界合作开办课程

Brock大学与尼亚加拉地区的酿酒业紧密合作，共同开设了酿酒及葡萄栽培技术的学士课程。学生在斥资610万加元兴建的Brock's Cool Climate Oenology and Viticulture Institute科技大楼内，在教授的指导下，利用先进的设施学习有关酿制葡萄

酒的技术，了解由葡萄栽培到酿酒过程的每一个环节，并通过生物科技的研究，改良葡萄品种、提高酒类品质。该科技大楼是加国最重要的酿酒及葡萄栽种研究中心之一，中心内的科研设备和教学设施均十分先进。

除酿酒业以外，区内的旅游业亦十分发达。世界七大奇景之一的尼亚加拉大瀑布每年都吸引数以百万计的游客前来观光。有鉴于此，Brock大学开办了旅游学课程。该课程为学生提供十分多元化的选择，学生可主修旅游学计划及发展研究，内容涵盖休闲和康乐研究，以及环境保护的知识与理论。或主修旅游管理学，学习旅游业和相关行业的行政及管理知识，毕业后在娱乐机构或旅游服务行业担任管理职位。

尼亚加拉地区是一个自然资源宝库，Brock大学亦开办了一系列与环境保护有关的课程，例如资源管理学、持续发展研究及环境学等。

商学系及应用健康科学俱优

Brock的商学系和应用健康科学系亦有很高的水准和声誉。工商管理学士课程是该校最热门的课程之一，主修课程包括会计学及公共行政学等。课程强调理论和实践相结合，例如主修企业管理的学生必须向当地的投资者推荐自己的计划书，将管理理念转化为真正的商业计划。商学系同时开设工商管理硕士课程(MBA)，以强调探讨商业道德及社会责任等专业知识为特点。

应用健康科学是Brock另一个引以为荣的学系，开设的课程在安省有很高的声望，其中包括人体运动学学士课程及运动管理学荣誉学士课程。

此外，该校的教育系、文学系和理学系亦开设很多创新的课程，以配合当地社区和加国整体经济发展的需要。其中，最有特点的是该校跨学系的普及研究学士课程。该课程让学生根据自己未来的事业发展方向，在各学系自主选择主修专业的内容，极具灵活性。目前，开办跨学系的普及研究学士课程已成为大学教育的一种新趋势，校方将部分课程规划的权力下放给学生，让他们根据自己的兴趣和专业发展方向，自由地选择更合适的主修内容。例如计划在科技行业发展的学生，可同时修读计算机及商业管理的课程；希望从事医疗行政工作的学生，则可选择修读应用健康科学、计算机及商业管理的相关课程。

Brock认为基础本科教育在传授理论知识的同时，应强调实践的重要性，因此所有学系均开办在学实习计划(Co-op Program)，让学生在毕业前有机会获取真正的工作经验。

Brock在建校初期，招收的主要是区内学生，属于一所小型的地区大学。随着过去十年不断发展，该校的视野慢慢扩大至省外，乃至全球。目前，该校约七成学生来自尼亚加拉地区以外，国际学生的数目亦在不断增长中。校园内随处可见新的建筑及扩建工程，证明Brock大学在为未来更强劲的发展积极做准备。

背景资料：

创校年份：1964

全日制学生：12,559

兼读学生：2,973

国际学生：1,233

大学类别：小型综合类大学

营运方式：公立

注册处地址：
Office of Registrar
Brock University
St. Catharines, ON
L2S 3A1 Canada

网址：www.brocku.ca

电话：1-905-688-5550，内线 3434

奖学金及经济援助办事处：
1-905-688-5550，内线 3443

校舍：占地215万平方米

图书馆藏量：书籍及期刊超过148万册

教职员工：516名

本科入学要求：

学科成绩：

文科：73%

理科：73%

商科：80%

英语成绩：

TOEFL 237(CBT)

或 TOEFL 580(PBT)

或IELTS 7

报名截止日期：

秋季入学： 6月1日

学费：

加国学生：每学分为139.47加元

国际学生：每学分为369.31加元

每月生活开支(约)：

大学宿舍连膳食：900至950加元

校外自租房子(不包膳食)：350至825加元，视所租房子大小而定

膳食费：320加元

书簿费：150加元

其他杂费：200加元

医疗保险：66.60加元

学系/专业：

设有6个学系，共58个专业

人文学系

商学系

教育学系

社会科学学系

数学及科学系

应用健康科学系

大学排名：

Maclean's 2005年大学排名

小型综合类大学排名第十四

研究院入学要求：

TOEFL 550(PBT)

或TOEFL 213(CBT)

个别学系要求申请者递交GRE/GMAT成绩

研究院课程学费：

加国学生：每学期1,646.60加元

国际学生：每学期4,324.32加元

热门研究院专业：

会计、工商管理、儿童及青年研究、心理学

所在城市数据：

城市：圣凯瑟琳(St. Catharines)

人口：145,000

生活指数：低至中

气温：-10℃ 至 27℃

2. 卡尔顿大学 Carleton University

高新科技挂帅 新闻传播强劲

卡尔顿大学(Carleton University，简称Carleton)的前身是一所为退伍军人提供业余(Part-Time)课程的学院，经过60多年的发展，该校已成长为一所颇具实力、视野广阔的综合类大学，以开办高科技专业课程著称。Carleton大学拥有勇于创新求变的精神，开办了全国首个通讯工程本科及航天工程本科课程。

位于加拿大的首都渥太华，Carleton大学和Ottawa大学一样，拥有接近政治权力中心的地利，因此，它在公共事务和人文学科研究等方面均拥有颇具优势的专业。

渥太华近年颇受高新科技公司的青睐，周边地区陆续开办了很多计算机及信息科技公司。在这个商业发展趋势带动下，Carleton大学及时把握时机，开设了一系列与高科技及计算机信息有关的专业课程，该校的理工研究水平亦因而名声大振。

首创通讯工程学本科课程

Carleton大学一向注重高科技专业的发展，于1998年率先开办北美首个通讯工程学本科课程，其后更陆续推出工程物理学、计算机科学及软件工程学等专业。此外，该校享有盛名的航天工程学本科

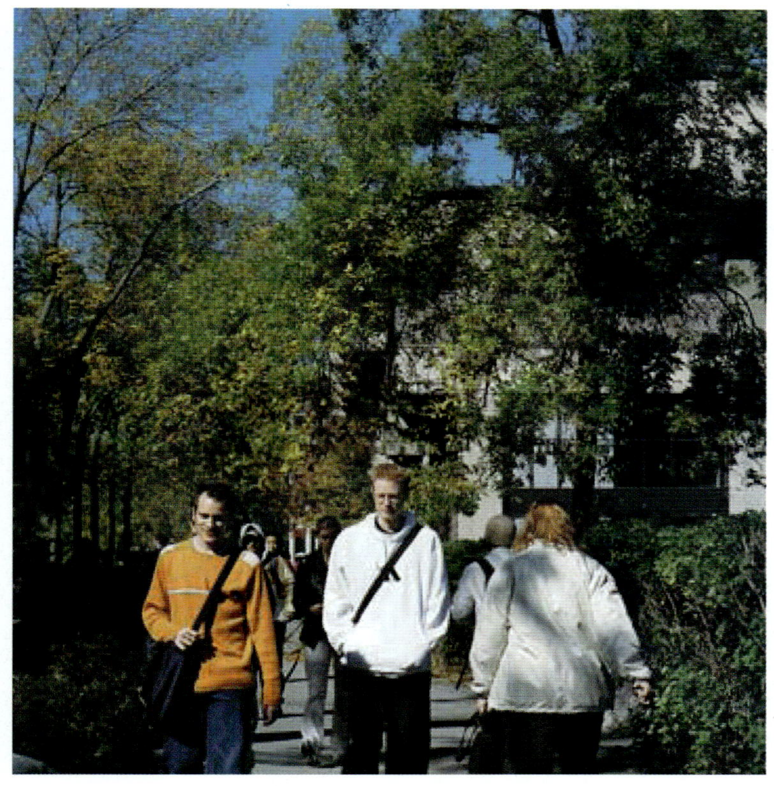

Carleton University is situated in Canada's capital which is a nice benefit. The tunnels are one of the things that attracted me to Carleton because I don't like the cold. The ArtsOne program makes Carleton even better because having the same classes with 100 people day after day reduces the workload a lot.

Olohita
Bachelor of Arts, Political Science
From Doha, Qatar

课程也是全加首创，成为不少同类型大学参考的范例。Carleton大学所有理工课程均引入了在学实习计划(Co-op Program)的机制，让学生有机会在渥太华硅谷地区的高科技公司实习，将所学的知识应用到具体的工作环境之中。

Carleton大学地处首都，与各政府部门和机构均建立了良好的合作关系。因此，校方所有在学实习计划均包括在政府机构工作的机会。对于修读公共事务及人文学科的学生来说，能在政府机关实习，不但是一个实践所学的好机会，更可为自己建立一份颇具优势的履历表，对毕业后就业有很大帮助。目前，该校每年约有1,500名学生及2,700个雇主参与在学实习计划。

Carleton大学的另一个强项是拥有高水平的公共事务及行政专业课程。校内的The Arthur Kroeger College of Public Affairs (Arthur Kroeger公共事务学院)提供十分出色的公共事务及管理学士课程，旨在为加拿大培养更多公共政策与公共服务专才。

新闻及大众传播学极佳

Carleton大学文学系的新闻及大众传播学院被誉为加拿大最佳新闻传播学院之一，提供新闻及大众传播学的本科及研究院课程，学生有机会到全国有名的电视台、电台以及报社实习。本科课程要求学生修读经济、财务或科学采访的专业课程。该校的新闻与大众传播课程吸引了很多省外以至国际的学生前来就读。渥太华独特的政治文化氛围，为新闻系学生创造了最佳的学习环境。

Carleton大学一般的学士学位课程(专业课程除外)均设有三年制普通学士课程及四年制荣誉学士课程供选择。如果学生有志升读研究院，则以入读荣誉学士课程为佳。如果学生的目标是学习实用的知识和技能，以便在毕业后投身社会，则三年制的普通学士学位已足够。

与Ottawa大学合作办学

加拿大首都渥太华只有两所公立大学，分别是带医学院的综合类大学University of Ottawa和综合类大学Carleton，两校长期以来紧密合作，共同为学生提供优质的大学教育，两校学生在理工研究院课程上可共享教学资源和研究项目。近年Carleton还借助Ottawa大学的资源，增设了不少新的专业领域。

Carleton大学不遗余力地推进海外学术交流，目前与29个国家签订了84项交换生计划。

背景资料：

创校年份： 1942

全日制学生： 18,719

业余学生： 4,864

国际学生： 2,658 (中国学生950)

大学类别： 综合类大学

营运方式： 公立

注册处地址：

Admissions Services
315 Robertson Hall
1125 Colonel By Drive
Ottawa, ON
K1S 5B6 Canada

网址： www.carleton.ca

电话： 1-613-520-2400

奖学金及经济援助办事处：

1-613-520-3600

校舍： 1个总校舍占地62万平方米

图书馆藏量：

书籍及期刊超过3百万册

教职员工：

教授239名；副教授242名；讲师162名；职员1,015名

本科入学要求：

学科成绩：

文科： 70%

理科： 75%

商科： 80%

工程： 70%–85%

英语成绩：

TOEFL 580 (PBT)

或 TOEFL 237(CBT)

或IELTS 6.5 每项不少于6.0

其他：CAEL 40—70

报名截止日期：

秋季入学： 4月1日

冬季入学： 10月15日

夏季入学： 3月15日

学费：

加国学生： 每学科890.18加元

国际学生： 每学科3,028.18加元

书费： 大约1,000—1,700加元

其他费用： 学生服务费大约625.81加元

每月生活开支(约)：

寄宿家庭： 不等

大学宿舍(不包膳食)： 每学年为7,500加元

校外自租房子(不包膳食)： 每学年为7,000加元

膳食费(校内)： 包括在学校住宿费里

膳食费(校外)： 200加元/月

其他杂费： 1000加元/学年

医疗保险： 512加元/学年(包括在学费里)

学系/专业：

共有4个可颁发学位的学系，共15个专业

大学排名：

Maclean's 2005年大学排名

综合类大学排名第八

研究院入学要求：

TOEFL 550(PBT)或TOEFL 213(CBT)；个别课程或有更高要求

个别学系要求申请者递交GRE/GMAT成绩

研究院课程学费：

加国学生： 每学期约2,500加元

国际学生： 每学期约5,000加元

热门研究院专业：

科学、商业、经济、工程、心理学、建筑、公共关系和政策管理

所在城市数据：

城市： 渥太华(Ottawa)

人口： 1,000,000

生活指数： 中

气温： -35℃ 至 35℃

3.湖首大学 Lakehead University

倚重林木旅游 科鉴誉满全球

位于安省苏必利尔湖(Lake Superior)旁的湖首大学(Lakehead University，简称Lakehead)，是东岸重点大学。出色的学科包括林木业、森林保护、环境学、地理学和地球学。该校在非洲一些国家开展森林再生研究活动，学术成就显著。

除以上专业外，该校的户外康乐、公园和旅游学也有较高声誉，吸引了很多省内、省外以至海外的学生前来进修。

Lakehead大学坐落于安省的雷湾(Thunder Bay)，该校的学术发展与这个城市的地理环境密不可分。雷湾的人口约117,000人，属于中小型城市，经济活动以林木业和旅游业为主，是东岸自然资源的宝库。因此，Lakehead大学的学术发展亦以林木业和旅游业为两大支柱。

安省唯一林木专业课程

林木业及森林保护学系开办的林木专业课程，是安省众大学中唯一的同类型学士学位课程。与林木业相关的课程还包括：森林保护学、地理学、地质学和地球学等。该学系在为东岸地区培养专业人才的同时，大力推进了区内林业科学研究的发展。其科研范围遍及海外，而不仅限于安省或加拿大，其中包括在非洲部分国家实施森林再生活动，以保护天然资源和生态环境。

林木业是加拿大国民经济的命脉之一，亦是最重要的出口创汇贸易之一。该专业毕业生的就业前景十分理想，是值得国际学生考虑修读的专业。

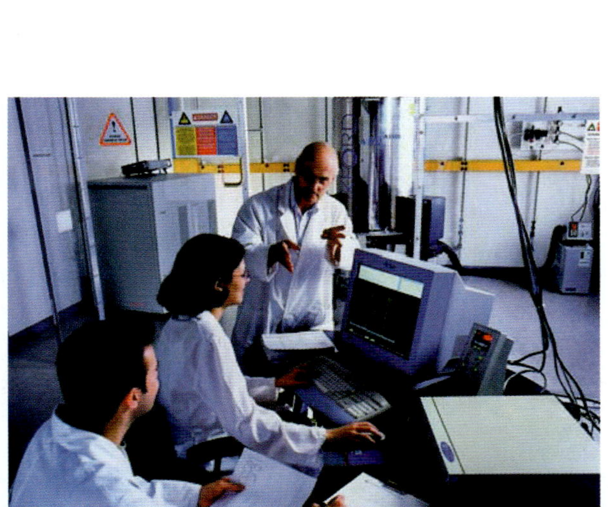

户外康乐、公园及旅游学出色

雷湾是加拿大东岸的著名旅游胜地，整个城市被壮观的山林和漂亮的湖景包围，游客到此，可以进行钓鱼、打猎和滑雪等康乐活动。顺应当地旅游文化的特点，Lakehead大学的户外康乐、公园及旅游学课程应运而生。该课程内容全面，包括理论基础和实用知识，毕业生的就业选择十分多元化，可分别任职于旅行社、酒店、大型康乐中心，以至国家级、省级或市级的公园管理局等，前景甚佳。主修户外康乐的学生，可于毕业后再以一年时间修完一个教育课程，便可从事康乐教育的工作，开辟更广阔的就业前景。

"Although Lakehead University is not as large as some famous universities, it is equipped with new and advanced computers that are available all over the school. This makes it convenient for students to surf the internet so I am able to browse the Chinese websites in some specified labs. Moreover, the library of Lakehead University not only holds a large number of books, but also offers updated Chinese magazines. As a sports-fan, I have to be proud of two modern and well-equipped gymnasiums within the University in which I can play my favorite sports such as basketball, indoor soccer and swimming.

Furthermore, I consider Lakehead University a good choice because there are many professors with excellent academic backgrounds and good teaching skills. Also, the university organizes a variety of activities and established the International Students Club which is beneficial for me in order to make friends with other students.

Finally, I would like to say that to me it has been a really unforgettable experience at Lakehead University."

Shanfeng Huang
Master of Science - Mathematical Sciences

除了上述的林木学及旅游学两大发展支柱外，Lakehead大学在商学系及跨学科普及教育上亦十分出色。

商学系分别开办四年制的荣誉商学士课程及一个三年制的管理学士课程。两个课程前两年的基础学习内容完全一样，换言之，商学系的学生在修完头两年的基础课程后，可自由决定修读四年制的荣誉商学士学位，还是节省一年修读三年制的管理学士学位。两者区别何在呢？加拿大的学士课程一般分为普通学士和荣誉学士，如果学生有志在获得学士学位后升读研究院，则应修读荣誉学士课程，以增加将来被研究院录取的机会。若学生是以就业为大前提，暂没有修读研究院的计划，则修读普通的学士课程已足够，即使将来想入读研究院，只要GPA(大学平均学分成绩)在B^+或以上，再加上工作经验，同样有被录取的机会。

Lakehead大学近年积极创新，开办了一系列跨学科的专业课程，包括环境学、生物分子科学、老人学、妇女研究、地理学及地球学，这些课程均由两个或两个以上的学系共同合作开办，务求使内容涵盖面更广泛，更切合现今社会的需求。

科学鉴证研究誉满全球

虽然是一所小型的本科类大学，Lakehead的科研实力却不容小觑。事实上，Lakehead的科学鉴证研究十分出色，其Paleo-DNA Laboratory(古脱氧核糖核酸化验中心)致力于人类学的科学研究，在古代人骨、牙医及其他生物物质上获得杰出的研究成果。其DNA化验中心在国际科学鉴证界上处于领导地位，每年为加拿大及美国司法机构进行不少科学鉴证的分析和化验。此外，研究生和本科生均可受惠于该中心的先进设备。两年前，该中心更协助联合国辨认东帝汶战争罪行中受害者的身份，可见其科研水平及学术贡献之高。

校方在改善教学设施上亦不遗余力，于2004年开展了价值4,400万加元的先进科研教学中心的兴建计划，将计算机实验室的面积增加一倍，并增添更多先进的教学设施和计算机应用设备，为校内计算机及工程学系带来更完善的科技支持。

Lakehead是一所很有特色的小型大学，校风纯朴，教学质量优良。国际学生初到此地，可能需要一些时间来适应严寒的气候。与其他东岸大城市相比，当地的华裔人口不多，华裔学生难免患上思乡病。但只要耐心学习当地文化，主动投入校园生活，学生很快便会发现Lakehead的优点和独特之处，慢慢在这片湖光山色的大学校园里享受学习的乐趣。

背景资料：

创校年份： 1965

全日制学生： 6,080

业余学生： 1,465

国际学生： 187（中国学生73）

大学类别： 小型综合类大学

营运方式： 公立

注册处地址：
Lakehead University,
Office of Admissions & Recruitment
955 Oliver Road, Thunder Bay,
P7B 5E1 ON Canada

网址： www.lakeheadu.ca

电话： 1-807-343-8500

奖学金及经济援助办事处：
1-807-343-8206

校舍： 共两间校舍，总面积150万平方米

图书馆藏量： 超过735,000册藏书，超过7,200册期刊，约676,000册微缩读物

教职员工： 约1,600名

本科入学要求：

学科成绩：

文科： 70%

理科： 70%

商科： 70%

工程： 70%

英语成绩：

TOEFL 550(PBT)
或TOEFL 213(CBT)
或IELTS总分6.5，单项不低于6分

报名截止日期：

研究生入学：2月1日

本科入学： 3月31日

学费：

加国学生： 本科每学年3,400—4,450加元

国际学生： 本科每学年6,600—9,400加元

学术活动费用： 每学年531—591加元

每月生活开支(约)：

校内宿舍： 6,734加元/学年(双卧室包膳食)

校外住宿： 500加元(视所租房子情况而定)

膳食费： 200-250加元(校外)

其他杂费： 巴士月票65加元，停车场车位年票124加元(从9月到次年4月有效)

医疗保险： 每年528加元

学系/专业：

设有7个学系：
商业管理系
教育系
工程系
林木业及森林环境
科学及环境学系
应用科学及人民学系
专业学系(包括四个学院：运动学、护士、户外康乐/公园及旅游、社会工作)

大学排名：

Maclean's 2005年大学排名
小型综合类大学排名第十六

研究院入学要求：

TOEFL 550(PBT)
或 TOEFL 213(CBT)
个别学系要求申请者递交GRE/GMAT成绩

研究院课程学费：

加国学生： 每学年5,597—11,907加元

国际学生： 每学年10,407—17,907加元

热门研究院专业：

商科、工程、运动学、户外康乐/公园及旅游、林木业

所在城市数据：

城市： 雷湾(Thunder Bay)

人口： 120,000

生活指数： 中

气温： -13℃ 至 18℃

4.罗云逊大学 Laurentian University

北部双语学府 采矿冶金驰名

安省以讲英语的居民为主，在北部地区则有为数不少的法裔人士聚居，位于北部萨德伯里(Sudbury)的罗云逊大学(Laurentian University，简称Laurentian)，是一所提供英法双语教学的大学。

该校是一所拥有40年历史的本科类大学，其开办的121个以英语教授的专业课程，绝大部分亦提供法语课程。Sudbury是安省采矿业重镇，Laurentian借此地理优势，以采矿学、冶炼学和环保学而闻名。

创校于1960年的Laurentian大学是安省北部的重点大学，为区内英法双语的学生提供优质的大学教育。所在地Sudbury的镍和硫磺等矿物含量丰富，是安省的自然资源宝藏。

矿物开采及冶炼学闻名

Laurentian大学与Sudbury市共同发展和成长。上世纪60至70年代，Sudbury被发现是世界上最大的二氧化硫矿场之一，区内的采矿业和冶炼业急速发展。当时刚刚成立的Laurentian大学顺应该市的发展趋势，成为培养矿业人才和提供相关科学研究的基地。发展至今，该校的采矿工程和金属冶炼工程已非常成熟，吸引了来自全加各地甚至海外的学生前来就读，成为该校两大王牌学士课程。

Laurentian大学近年在自然资源方面的学术研究突飞猛进，是学界数一数二的精英学府，其专长范围包括：环境保护、环境修复和森林再生等。该校进行的一项淡水生态学研究计划，通过本地和海外研究人员的共同努力，取得了举世瞩目的成绩。校方多年来与学术界和工业界保持良好合作关系，通过互动交流，完善和充实课程内容，提高科研水平。该校与Sudbury Neutrino Observatory(简称SNO)中微子实验中心的成功合作便是一个很好的例子。SNO是世界最大规模的地底探采研究中心之一，与Laurentian等加拿大13所大学达成合作计划，共同探索地球起源的奥秘。合作协议为Laurentian的本科生及研究生创造了难得的机会，允许他们与教授一起参与研究中心的大型研究项目。

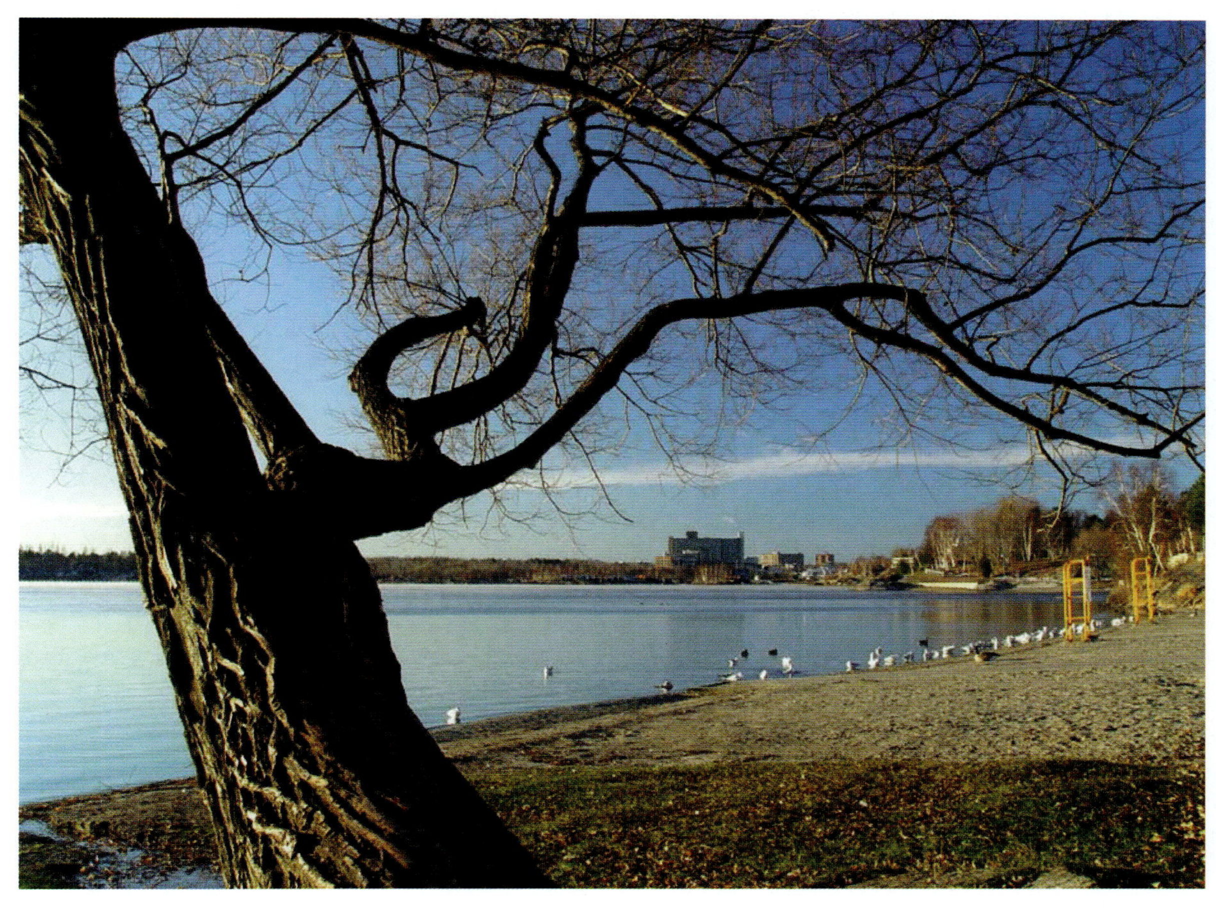

此外，校方还通过跨学系合作，开办了地球科学及户外活动领导学两门学士课程，要求学生必须修完指定的实习课程，才能取得学士学位。

不断开办新兴课程

小型本科类大学一般均拥有创新实用的课程，Laurentian亦不例外。该校的助产学学士课程和运动管理商学士课程均是加国首创，印证了校方灵活创新的办学精神。运动管理商学士课程集合了商业、管理和运动学三个学科的特点，开创了一个崭新的职业类别，毕业生可在与运动有关的公立或私营机构工作，亦可投身运动产品行业。

运动心理学是该校另一个热门课程，修完这个学士课程的学生，可报考心理学、物理治疗或医学院的研究院课程。换言之，运动心理学课程不但实用，还是通向很多医疗研究院课程的一条捷径。

Laurentian大学其他热门学系还包括法律及刑事司法、护士和一系列的教育课程。除了着重开办英法双语的课程之外，校方亦致力于发展远程函授课程。目前，该校开办的远程函授课程多达

250种，其中15种是学士学位课程。安省北部地广人稀，远程教育为居住在偏远地区的学生提供修读大学课程的途径，对推动全民教育和终身学习有很大的帮助。

校方近年致力于改善教学设施，提高学生服务质量，一幢全新的学生宿舍大楼于2006年落成，为学生提供225个宿位。此外，校方完成了历时四年的计算机设施改善工程，校园里所有相关教学建筑均安装有完善的计算机无线网络系统。Laurentian力求让师生拥有一个先进、方便和舒适的研究和学习环境。

对于有志于修读自然资源(特别是采矿业)和户外运动学课程的学生来讲，Laurentian大学虽然处于较偏远的安省北部，仍不失为一个明智的选择。

背景资料：

创校年份：1960

全日制学生：4,869

业余学生：2,756

国际学生：186

大学类别：小型综合类大学

营运方式：公立

注册处地址：

Office of Admissions
Laurentian University
935 Ramsey Lake Rd
Sudbury, ON
P3E 2C6 Canada

网址：www.laurentian.ca

电话：1-705-675-4843

奖学金及经济援助办事处：
1-705-673-6578

校舍：占地750万平方米

图书馆藏量：书籍及期刊超过100万册

教职员工：327名

本科入学要求：

学科成绩：

文科：70%

理科：70%

商科：70%

工程：70%

英语成绩：

TOEF 213(CBT)
或 TOEFL 550(PBT)
或IELTS 6.5

报名截止日期：

秋季入学： 4月1日

冬季入学： 10月1日

夏季入学： 2月1日

学费：

加国学生：每学分139.50加元

国际学生：每学分347.40加元

每月生活开支(约)：

大学宿舍连膳食：550至700加元

校外自租房子(不包膳食)：540至700加元，视所租房子大小而定

膳食费：200加元

书本费：125加元

其他杂费：200加元

医疗保险：532.85加元/学年

学系/专业：

设有4个学系，共121个专业：
科学及工程系
专业学系
文学系——社会科学
文学系——人文科学

大学排名：

Maclean's 2005年大学排名
小型综合类大学排名第十九

研究院入学要求：

TOEFL 550(PBT)
或 TOEFL 213(CBT)
个别学系要求申请者递交GRE/GMAT成绩

研究院课程学费：

加国学生：每学期1,384加元

国际学生：每学期2,749加元

热门研究院专业：

采矿及冶炼学、商科、社会学

所在城市数据：

城市：萨德伯里(Sudbury)

人口：160,000

生活指数：低至中

气温：-18℃ 至 25℃

5.麦马士达大学　McMaster University

首创问题导向　医学成就卓越

创校于1887年的麦马士达大学(McMaster University，简称McMaster)是加国老牌大学之一，同时亦是一所勇于革新求变的优秀学府。校内爬满常春藤的古老建筑和现代建筑交错而立，形象地体现了该校在新旧交织的学术领域中应付自如，并屡创惊人成绩的办学实况。

McMaster大学医学院向来以卓越的研究成就著称，首创以问题导向学习法(Problem-based learning)来探讨医学课题，成为不少国际名牌大学(包括美国哈佛大学)的仿效目标。此外，校方创新地以跨学科方式开设一系列文、理科专业课程，成就深受学界推崇。

McMaster大学所在地汉密尔顿(Hamilton)，是安省第二大城市，坐落于漂亮的尼亚加拉半岛，充满灵秀和谐之气，比繁华的多伦多宁静，是一个理想的求学之地。

该校被Research InfoSource Inc.选为2004年度最佳加拿大研究院类大学。在过去11年的Maclean's大学声誉排名榜中，McMaster有8年被评为最具创意的研究院类大学。此外，该校还是北美洲唯一开办联合国大学(United Nations University)研究计划的大学。McMaster是一所学术水平高、国际声望佳的大型大学。

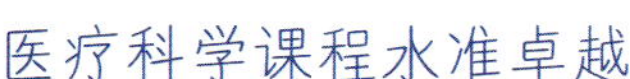

医疗科学课程水准卓越

McMaster大学在国际学术界最受赞誉的是其医学系的问题导向学习法(Problem-based learning)。该校于1969年开办医学院时，尝试弃用传统沉闷死板的教学法，改以全新方式让学生学习。院方将学生分成小组，由一位老师指导，并提供一系列仔细考核过的病例，让学生以小组为单位，逐步探讨疾病的机制、诊断和治疗方法。小组的同学通常每周见面两次，每次两至三小时。接到病例后，小组同学展开审查病情、分析家族病史、进行身体检查等步骤，并分别从社会学、心理学及生物学等方面研讨病人的情况，再提出对疾病的诊断看法或假设。最后，大家一起讨论如何利用学习资源如专科书籍、期刊、网络信息、教室资源等来解决问题。McMaster大学医学院教学方法的改革，引起国际医学界广泛的关注，深受学术界赞扬。现在，问题导向学习法已经被推广到美国、英国、澳洲、瑞典、韩国、日本以及其他许多国家。世界各地很多名校的医学院均效法McMaster这个独特的学习方式，美国老牌名校哈佛大学亦是其中之一。

McMaster所有医疗科学课程均采用问题导向学习法。国际学生虽然无法报读医学院，仍可入读其他医学相关课程，同样能受惠于该校卓越的研究基础、独特的教学方法和完善的设备。该校杰出的医疗科学课程包括医疗科学学士课程、助产士学士课程、人体运动学学士课程、物理治疗硕士及职业治疗硕士课程等，均欢迎国际学生报读。

McMaster医疗科学系于2006年成立全北美首个癌症及干细胞生物学研究中心，并聘请到全球知名的干细胞专家Dr.Mick Bhatia担任院长。现年35岁的Bhatia是McMaster的毕业生，毕业于1992年，三年后在University of Guelph完成人体生物学及营养科学的博士学位，在干细胞和癌症的研究上贡献良多。

积极开发跨学科课程

McMaster大学近年来致力于跨学科课程的开发，不断将创新和实用的元素引入课程内容中，较突出的跨学科课程包括：

医疗科学学士课程：分别从生物学、行为学及人口学的观点，研究疾病和健康的关系问题，

让学生拥有更广泛的知识，以应用到与医疗有关的行业之中。

人体运动学学士课程：涵盖科学及人文科学等知识层面，是该校最热门的课程之一。

文/理学士课程：提供广泛的基础知识，帮助学生拥有良好的独立思考能力、判断力及分析力。

其他跨学科课程还包括工程/商业管理课程及工程/社会学课程等。McMaster的大众传播学亦十分闻名，其课程充分体现了跨学科的特色，音乐教授与政治学教授均参与到传播学的教育中，拓宽了学生的知识视野。

完善的教学支持计划

该校的教学研究中心(The Centre for Leadership in Learning)不断研发新的本科学习模式，并为教师提供培训课程，大力提倡优质教学的理念。

McMaster的学生来自加拿大各省以至全球各地。校方与40个国家签订交换生协议，鼓励不同文化和背景的学生互相学习，进行交流，校园内充满浓郁的多元文化色彩。为帮助新生尽快适应环境，校方将80%的大学宿位预留给一年级新生，平均成绩高于80%的新生，校方均保证其分配到宿舍。此外，校内还有各种学会以及多姿多彩的活动，为国际学生认识新朋友和体验加拿大文化，提供便利。

背景资料：

创校年份： 1887
全日制学生： 17,691
业余学生： 2,290
国际学生： 1,180
大学类别： 带医学院综合类大学
营运方式： 公立
注册处地址：
Office of the Registrar
McMaster University
1280 Main St. W.
Hamilton, ON
L8S 4L8 Canada
网址： www.mcmaster.ca
电话： 1-905-525-4600，内线 24796
奖学金及经济援助办事处：
1-905-525-9140
校舍： 占地121万平方米
图书馆藏量： 书籍及期刊超过322万册
教职员工： 6,446名(1,398 全职)

本科入学要求：

学科成绩：
文科： 77%
理科： 84%
商科： 84%
工程： 84%
英语成绩：
TOEFL 237(CBT)
或 TOEFL 580(PBT)
或IELTS 7

报名截止日期：

秋季入学： 4月1日
冬季入学： 11月15日

学费：

加国学生： 每学分166加元
国际学生： 每学分401加元

每月生活开支(约)：

大学宿舍连膳食： 830至920加元
校外自租房子(不包膳食)： 450至800加元，视所租房子大小而定
膳食费： 350加元
其他杂费： 200加元
医疗保险： 528加元/学年

学系/专业：

设有6个学系，共115个专业：
商学系
理学系
工程系
人文科学系
应用科学系
健康科学系

大学排名：

Maclean's 2005年大学排名
带医学院综合类大学排名第十一

研究院入学要求：

TOEFL 580(PBT)
或 TOEFL 237(CBT)
个别学系要求申请者递交GRE/GMAT成绩

研究院课程学费：

加国学生： 每学期1,474加元
国际学生： 每学期4,015加元

热门研究院专业：

商业、电子及计算机、工程、人体运动学、心理学

所在城市数据：

城市： 汉密尔顿(Hamilton)
人口： 503,000
生活指数： 中至高
气温： -9℃ 至 26℃

6. 尼波星大学 Nipissing University

湖畔宁静学府 安省教师摇篮

位于小城北湾(North Bay)的尼波星大学(Nipissing University，简称Nipissing)是一所年轻的本科类大学，以优质的教学质量和完善的学生服务而闻名。该校前身是Laurentian University的附属学院，于1992年升级为大学，获得颁发学位的资格。该校开办有多元化的课程，其中尤以教育系最突出，被誉为安省培养教师的摇篮。

Nipissing大学推行小班教学，重视本科基础教育，并且十分关注学生的需要。加国一份本科生问卷调查显示，Nipissing深受学生欢迎，该校学生对教学质量及学校设施等多方面的评价，普遍高于全国大学的平均水平。

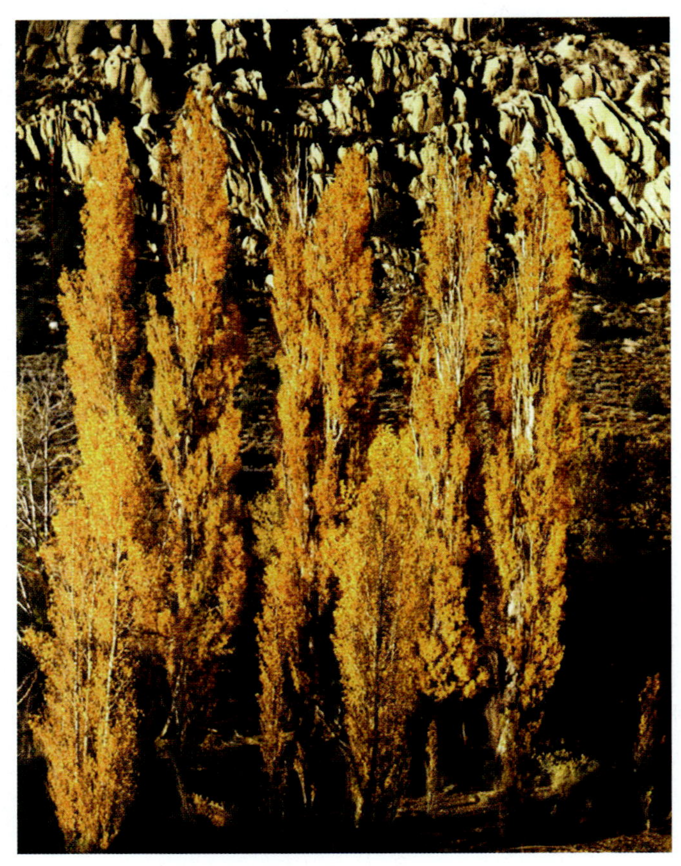

North Bay位于多伦多以北，距多市约4小时车程，人口约55,000人，是一个漂亮宁静的小城市，民风淳朴，生活指数比多伦多低，颇适合国际学生留学进修。

与Canadore College共享校园

Nipissing大学位于尼波星(Lake Nipissing)湖畔，风景优美，与Canadore College共同拥有广阔的校园。两校相邻的地理特点促其达成资源共享、互惠互利的友好关系，例如两校共享图书馆、书店、康乐设施及健康中心等。此外，两校亦合办了多项课程，包括护士、刑事司法及环境学等。在行政及教学管理上，这两所学校却完全保持独立。

目前，加拿大很多大学都与其他学校联合开办课程(Joint Programs)，具体做法是由两所大学共同开办某一专业的学位课程，供两校学生修读。这种办学模式有利于结合两校的资源、师资和经验，十分有建设性。一些小型大学还可通过与较大型大学合办课程，在资源和师资上得到支持，以开拓课程的涵盖面和学校规模。

除了与Canadore合作之外，Nipissing大学还与Wilfrid Laurier University合办文学及教育学士课程，深受学生欢迎。

开设五年制双学士课程

Nipissing的教育系一向获得很高的评价，全校近3,000名学生中约有1/4修读教育课程。该校于2004年与Wilfrid Laurier University合办一个五年制的文学—教育学双学士课程，学生可自选文学士的主修专业。

Nipissing的教育学士课程强调理论与实践并重，学生可自主选择校区进行教学实习，而教授更会亲临指导。

该校其他出色的学科还包括英语、工商管理和心理学等。

学生归属感强

Nipissing是一所小型的本科类大学，采用小班教学，师生关系密切，学生有强烈的归属感。一个由加拿大27所大学的学生服务行政人员组成的团体，在2004年进行了一项全国大型问卷调查统计，访问了11,000多名一年级新生对所读大学的满意度。结果显示，Nipissing在绝大部分评分类别中均获得高度评价。

问卷的问题十分全面，包括学生是否对就读学校有归属感，是否对课堂学生人数感到满意，是否容易得到教授的指导等。整体来说，该校在教学质量、学习模式、宿舍质量和校园设施等方面，所得的分数都高于全国平均水平。

Nipissing一向极为重视在生活方面为学生提供全面的支持和帮助，使其能够全身心投入学习。该校为所有一年级新生提供宿舍，学生可选择住在校园内27座联排别墅或两幢公寓式宿舍中。校内还有丰富的康乐活动和兴趣小组，学生可根据自己的兴趣做出安排。Nipissing大学友善良好的校园气氛，对提高学习效率很有帮助。国际学生在这里上学，可亲身感受校方的关怀和同学的亲切友好。

目前，Nipissing大学正在积极扩展教学设施。在建的一幢设备先进的信息科技大楼，将为学生提供计算机房、教室和多媒体设施。年轻的Nipissing大学，以其丰沛的朝气和魄力，与学生们一起成长，共同进步。

背景资料：

创校年份： 1992
全日制学生： 2,908
业余学生： 2,570
国际学生： 21
大学类别： 小型综合类大学
营运方式： 公立
注册处地址：
Office of Registrar
Nipissing University
100 College Dr.
P.O. Box 5002
North Bay, ON
P1B 8L7 Canada
网址： www.nipissingu.ca
电话： 1-705-474-3450，内线 4515
奖学金及经济援助办事处：
1-705-474-3450，内线 4490
校舍： 与Canadore College共同拥有占地259万平方尺的校园
教职员工： 144名

入学要求：

学科成绩：
文科： 70%
理科： 70%
商科： 70%
英语成绩：
TOEFL 213(CBT)
或TOEFL 550(PBT)
或IELTS 6

报名截止日期：

秋季入学： 6月24日
冬季入学： 10月21日

学费：

加国学生： 每学分131加元
国际学生： 每学分326.50加元

每月生活开支(约)：

大学宿舍连膳食： 680至880加元
校外自租房子(不包膳食)： 450至750加元，视所租房子大小而定
膳食费： 300加元
其他杂费： 200加元
医疗保险： 528加元/学年

学系/专业：

设有2个学系，共33个专业
文理系
教育系

热门专业：

商业、教育、英语、地理、社会学

大学排名：

Maclean's 2005年大学排名
小型综合类大学排名第二十一

所在城市数据：

城市： 北湾(North Bay)
人口： 55,000
生活指数： 低至中
气温： -17℃ 至 24℃

7. 女皇大学　Queen's University

东部老牌名校　商学蜚声海外

拥有164年历史的女皇大学(Queen's University，简称Queen's)，是加拿大最著名的大学之一。以新生的平均入学成绩而论，该校是加拿大入学门槛最高的大学之一。使Queen's如此具有吸引力的原因，体现在其优秀的师资、众多的热门专业和卓越的国际声誉等方面。

Queen's大学约有16,000名全日制学生，以学生人数而论，在带医学院的综合类大学中仅属中等规模，但杰出的学系却有很多，包括法律系、医学系、工程系、艺术系、管理系、文学系及理学系等。该校开设的工商管理学位(MBA)课程，多年来被推崇为全国乃至全球最佳课程之一。

Queen's大学位于安省京士顿市(Kingston)，校园建筑充满英国传统风格，砖石外墙上爬满常春藤，环境古朴，学习气氛浓厚，极具英国贵族名校的气派。

多元化优秀课程

Queen's虽然设有医学院和甚具规模的研究院，以学生人数计算，只与一所中型大学相仿。不过，该校却拥有众多热门专业课程，水准之高，深受加国乃至国际学术界推崇。

商学系是该校最受瞩目的学系，商业学士课程每年仅有270个名额，入学竞争十分激烈，最低招生成绩平均高达GPA88%。该课程强调培养学生的领导才能，以帮助他们在精英辈出的商业世界里脱颖而出，成为全才的企业家。商学系开设的工商管理硕士课程(MBA)被誉为全球最佳课程之一。

2005年英国金融时报(Financial Times)MBA全球排名100强中，Queen's的MBA名列75位。商业周刊(Business Week)于2004—2005年度，将Queen's的MBA列为美国以外全球最佳课程。另一份权威杂志福布斯(Forbes)访问大企业或猎头公司的招聘专员，请他们根据个人的专业经验，评核全球大学MBA课程的优劣，结果Queen's在非美国大学中排名第十。由此可见，Queen's大学的商学系极具国际声望。

工程系亦是Queen's热门学系之一，共分为10个主修专业，包括工程物理学及采矿工程学等。文理系是该校规模最大的学系，设有26个学术部门，最热门的课程是社会发展学研究。此外，Queen's还创办了全加首个生物医学计算机课程，学生主要学习利用计算机科技收集及处理有关生物学及医疗学的数据。这是一个结合计算机科学与医疗科学的跨学科课程，以适应医疗专业的发展越来越倚重计算机科技的趋势。

艺术系是Queen's大学另一个闻名国际的学系，该系由美术史、美术(本科课程)、修复保存学三个专业组成，分别开办学士、硕士及博士课程。并设有两个美术图书馆和一个艺术画廊，是加国最具规模的艺术系之一。

为国际学生提供财务支持

加国很多大学在国际学生申请经济援助方面设定很多限制，Queen's在这方面却较为宽松，充分体现了该校的办学宗旨：为成绩优秀的学生提供最充分的教育机会。Queen's在过去多年不断提高学生财务援助的经费数额，从教学经费中拨作助学金及奖学金的比率，位列全国各大学之首。1996年至2003年，校方学生援助经费拨款增长了165%。2004—2005年度，Queen's在本科学生助学金及奖学金经费上的支出，总额高达2000万加元。

该校的国际学生同样可申请校方的助学金及奖学金。助学金是为有财务需要的学生提供经济援助，让他们得以继续学业；而奖学金则是奖励拥有

杰出学术成绩的学生。根据校方的统计资料，在众多学系中，国际学生获得助学金的比率以复康学院(隶属健康科学系)最高，全数100%的国际学生均获发金额不一的助学金，其次是教育系的国际学生(约占50%)，再次是英文系(约40%)。而获得奖学金的国际学生则主要来自英文系和商学系。

Queen's为新生设立了四项主要的奖学金，每项为数8,000加元。所有学生(包括国际学生)在申请入学时，会被自动评核是否有得到奖学金的资格，无需另外填表申请。2003—2004年度，校方给予国际学生的奖学金和助学金，总额高达100万加元。

该校是一所十分欢迎国际学生的大学，全日制学生中有80%来自京士顿市以外地区。这些学生分别来自加拿大其他省份以及110个国家，校园内洋溢着浓郁的多元文化色彩，各种族学生相处融洽。此外，Queen's所有一年级新生均可以申请到宿舍入住，可见校方对学生生活的关注程度。

入读Queen's，便踏入了全球一流学府的门坎，学生应该努力学习，珍惜这个难得的机会。

背景资料：

创校年份： 1841

全日制学生： 16,522

业余学生： 3,512

国际学生： 725

大学类别： 带医学院综合类大学

营运方式： 公立

注册处地址：

Applicant Services
Queen's University
Richardson Hall
Room 102
Kingston, ON
K7L 3N6 Canada

网址： www.queensu.ca

电话： 1-613-533-2218

奖学金及经济援助办事处：
1-613-533-2216

图书馆藏量： 书籍及期刊超过540万册

教职员工： 987名教授；2,248名职员

本科入学要求：

学科成绩：

文科： 82%

理科： 86%

商科： 88%

工程： 82%

英语成绩：

TOEFL 237(CBT) + TWE 5

或TOEFL 580(PBT) + TWE 5

或IELTS 7

报名截止日期：

秋季入学： 1月31日

学费：

加国学生： 每学分142加元

国际学生： 每学分483加元

书本费： 每学年735至1,000加元

每月生活开支(约)：

大学宿舍连膳食： 850至1,100加元

校外自租房子(不包膳食)： 500至750加元，视所租房子大小而定

膳食费： 350加元

其他杂费： 250加元

医疗保险： 532.85加元/学年

学系/专业：

设有16个学系，共71个专业：

文学系、理学系、计算机系、艺术系、音乐系、物理及健康教育、应用科学系、商学系、教育系、英文系、健康科学系、法律系、工业关系、政策研究、城市及地区规划、宗教学系

大学排名：

Maclean's 2005年大学排名

带医学院综合类大学排名第五

其他排名：

英国金融时报(Financial Times)2005年最佳MBA全球100强排名中，占第75位

美国商业周刊(Business Week)2004—2005年度的全球MBA排行榜(非美国大学)中，Queen's勇夺冠军

福布斯(Forbes)杂志的全球MBA排行榜(非美国大学)中，Queen's位列第十

在加拿大环球邮报大学成绩表中，Queen's被选为学生最满意的大学

研究院入学要求：

英语要求视个别课程而定；部分学系要求申请者递交GRE/GMAT成绩

研究院课程学费：

加国学生： 每学期1,719加元

国际学生： 每学期3,533加元

热门研究院专业：

生物、商业、生命科学、政治、心理学

所在城市数据：

城市： 京士顿(Kingston)

人口： 112, 605

生活指数： 中至高

气温： -12℃ 至 25℃

8. 瑞尔森大学　Ryerson University

学制偏重实用　课程新派风范

瑞尔森大学(Ryerson University，简称Ryerson)坐落于多伦多繁华热闹的市中心，校方的教育哲学与这座城市的特点同出一辙：灵活、创新、实践。Ryerson大学完全摒弃了传统的课堂理论式教学方法，强调通过实践应用来学习(Learning by Doing)，课程设计灵活新颖，并开办很多新派的应用专业，被誉为21世纪新型大学的典范。

Ryerson的通信及设计学系开办了多元化的实用课程，包括影像艺术、新闻学及时装设计等，质量优秀，入学竞争亦十分激烈。以影像艺术课程为例，每一个名额便有18个符合资格的申请者竞争。此外，该校的应用科学系及商学系亦有相当高的水平。

Ryerson大学前身是一所工业学院，创校于1948年，于1971年开始开设少量学位课程，1993正式升级为大学，开设多样化的本科学位课程及部分研究院课程。

强调实践的重要性

由工业学院发展到本科类大学的半个世纪中，Ryerson在设备、师资、规模，以至课程数目上均不断拓展完善，唯一不变的是校方重视实践的优良传统。该校的教育哲学是：学生只有通过实际应用，

才能真正掌握宝贵的知识和技术。因此，该校各科系的课程均包含了实践的元素，例如：新闻系的学生负责编制校方的新闻学期刊“Ryerson Review of Journalism”，修读酒店及旅游管理学的学生在宿舍内担任管理工作，时装设计专业的学生则有机会举行个人作品的服装设计展示等。

虽然身为一所本科类大学，Ryerson更像一所位于大都会的理工大学，以开办实用的科技专业课程为特色。该校的定位十分成功，被加国以至国际学术界及业界推崇为21世纪新型大学的典范。值得一提的是，Ryerson的教育专家曾应邀前往巴西、泰国及牙买加等国家，协助当地教育人士开办同类型的大学，由此可见该校在国际学术界的声望。

该校强调实践的重要性，因此校内很多教授都是业界十分成功的人士。很多授课教授在业界身兼要职，一边发展自己的专业，一边在Ryerson与年轻的一代分享经验。该校有名的教授包括女芭蕾舞蹈家Nadia Potts、时装设计师Lida Baday和Brian Bailey，以及名建筑师Yew-Thong Leong等。

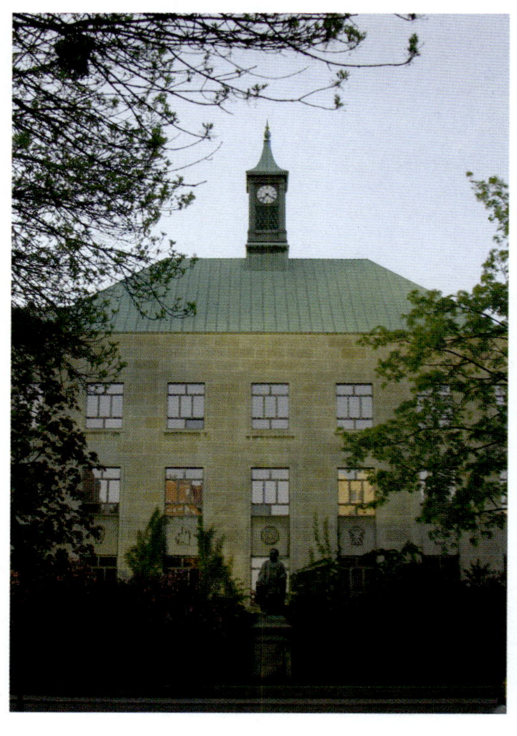

开设多元化实用课程

Ryerson设有6个学系，分别是文学系、传播及设计学系、社区服务学系、工程学系、应用科学系和商学系，共提供40个学位课程。全校学生中约有1/3就读商学系，约1/4的学生就读工程系。

传播及设计系的学生约占全校人数的1/5，是Ryerson最著名的院系，开办的学位课程包括电台及电视艺术(是加国唯一的四年制广播学位课程)、时装设计、新闻学、平面设计、传播管理、影像艺术、室内设计及戏剧研究等。该系在招生方面要求颇为严格，竞争十分激烈。以影像艺术课程为例，每一个入学名额有平均18个合格的学生竞争。该课程是三年制的学士课程，学生可选择主修电影、摄影或新媒体。

Ryerson近年推出很多新的学位课程，标志着该校不断成长和扩展的决心。文学系开办了3个新的文学士课程，分别是刑事司法、社会学及政治学。新的理学士课程则有计算机科学及环境科学等。此外，Ryerson还与McMaster University及Laurentian University合办全加拿大首个助产士学位课程。在硕士课程方面，新开设的专业包括摄影保存学研究以及移民和安置研究等。

Ryerson以开办新派课程为办学宗旨，因此一些其他大型大学常见的传统学科如历史和英语等，在该校则属于选修科，并没有开设相关的主修课程。

坐落于多伦多市中心的Ryerson，很有大都会小型大学的风格，学生中只有约60%是直接由中学升上来的，其余多为已拥有大学学位的学生，他们在这里修读第二个学位课程，或是从其他大学转学过来。校方亦十分重视成人教育及继续教育课程的发展，大力提倡终身学习的精神。

Ryerson University locates right here in the heart of Toronto. This combination of a study environment and the social environment has given me the opportunities to explore the world better. I look forward to facing the challenge in my future career with the knowledge I learned from here.

Victoria Chen
Radio and Television Arts 2nd Year

背景资料：

创校年份： 1948
全日制学生： 22,000
业余学生： 13,786
国际学生： 817（中国学生578）
大学类别： 小型综合类大学
营运方式： 公立
注册处地址：
Ryerson University
350 Victoria Street
Toronto ON
M5B 2K3 Canada
网址： www.ryerson.ca
电话： 1-416-979-5080
奖学金及经济援助办事处：
1-416-979-5113
校舍： 有1个校园。总占地105,218平方米
图书馆藏量： 书籍及期刊超过541,922册
教职员工： 全职教授225名，副教授175名，讲师205名，职员793名

本科入学要求：

学科成绩：
文科： 70%-78%
理科： 70%-74%
商科： 70%-75%
工程： 70%-74%
英语成绩：
TOEFL 560—580(PBT)
或 TOEFL 220—237(CBT)
或IELTS 6.5
或MELAB：85—90

报名截止日期：

秋季入学： 3月1日

学费：

加国学生： 每学年4,787.93—5,949.76加元
国际学生： 每学年13,451.95—14,360.11加元
书本费： 100—500加元

每月生活开支(约)：

大学宿舍(不包膳食)： 650加元
校外自租房子(不包膳食)： 500加元
膳食费(校内)： 315加元
膳食费(校外)： 250—500加元
医疗保险： 每年528加元

学系/专业：

5个学院提供学位，共46个专业

大学排名：

Maclean's 2005年大学排名
小型综合类大学排名第十八

研究院课程学费：

加国学生： 每学分426加元
国际学生： 每学期约4,500加元

热门研究院专业：

工商管理、电子与计算机工程、大众传播与文化、建筑科学

所在城市数据：

城市： 多伦多(Toronto)
人口： 5,000,000
生活指数： 中至高
气温： -10℃至27℃

9.特伦特大学　Trent University

专业跨越学科　揽括文理自然

坐落于安省小城市彼德堡(Peterborough)的特伦特大学(Trent University，简称Trent)，一直十分重视学生的知识普及和基础教育，近年积极开拓跨学科的专业课程，成就深受学术界和业界肯定。杰出的专业包括加拿大学、考古学、环境及自然资源研究等。

Trent大学约有6,000多名全日制学生，是一所典型的本科类小型大学，校园内洋溢着亲切和谐的学习气氛：同系的学生一起在图书馆温习、教授与学生下课后仍然留在教室内进行讨论、新生在学长的帮助下学习适应大学生活……感人的团结精神和优良的校风多年来为Trent赢得了广泛的赞誉。

彼德堡市在多伦多东北面，距多市约1.5小时的车程，是一个漂亮的小城市。Trent校园位于距离彼德堡市中心约10分钟车程的北面郊区，校园由加拿大著名建筑师Ronald Tham设计，建筑物沿着Otonabee河岸伸展开来，风光秀丽，充满诗情画意。

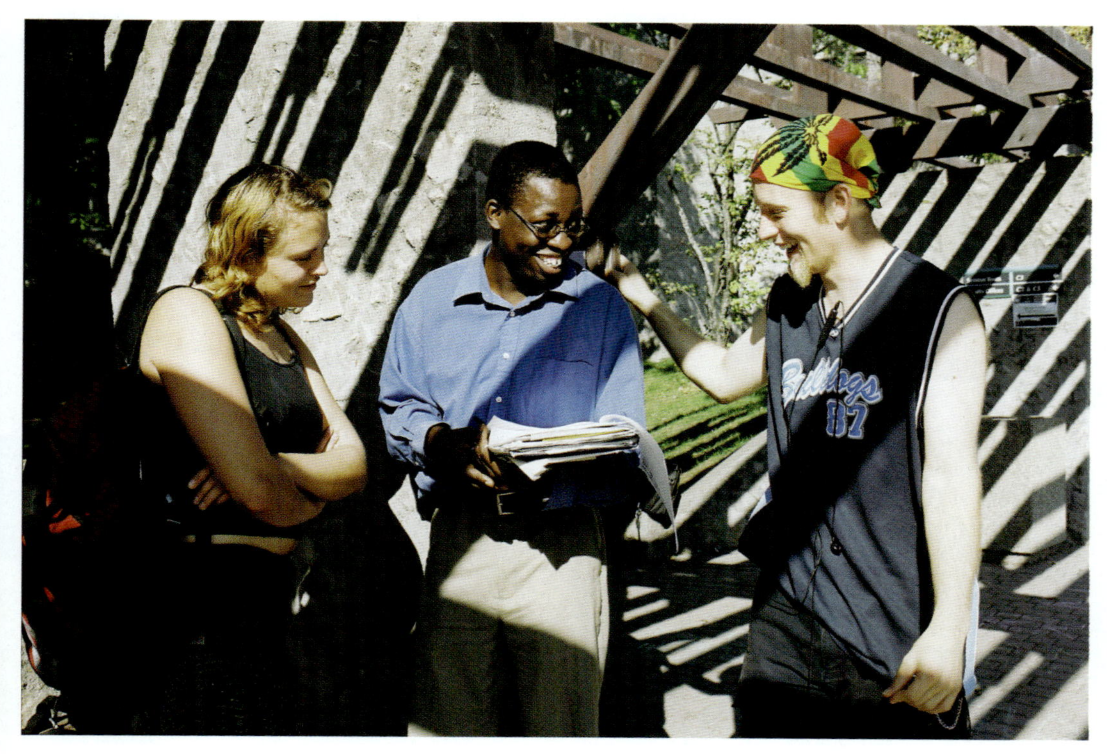

浓厚的学习气氛

Trent的学生拥有强烈的归属感，这源自该校传统的院系精神。该校由五个设有宿舍的学院(Residential Colleges)组成，每名本科生各自隶属其中一所学院。这种院系制度有效地加强了学生的人际关系，鼓励同辈互助互勉，形成亲切友善的校园文化。此外，校方在每名新生入学时，即为其指定一名辅导员，对学生的选科和学习提供及时的指导和帮助。该校还有一个颇具特色的"启蒙计划"：由数百位毕业生组成的顾问团，对本科生(特别是即将毕业的高年级生)进行学习指导及就业辅导，与学弟、学妹共同分享自己的经验与心得。这一计划充分体现了Trent鼓励的团结友爱的互助精神。

提倡广泛基础教育

Trent以发展本科教育为主，课程十分广泛，涵盖文、理、社会科学的各领域。校方认识到，当今社会，对于拥有多方面专业知识的人才的需求会日益增长，传统的单一学术主修制度已不足以配合社会的发展，因此积极开拓更多跨学科的课程。

跨学科课程是指由两个或两个以上学系共同开办的学位课程，内容涉及多个学术专业，旨在为学生提供更广泛的知识基础。目前，Trent约有70%的学生修读跨学科学位课程，专业包括加拿大学、原住民学、妇女研究，以及环境及自然资源研究等。

Trent不但重视跨学科发展，还努力与其他大专学院合作，开办跨学校的课程，以促进学术交流，并更有效地开发各校资源。成功的例子很多，例如该校与Carleton University共同开办的全国首个加拿大研究学的博士课程。

专业课程的设置是Trent另一个重点发展的方向，包括工商管理、护士等，十分多元化。目前，全校约有20%的学生修读专业课程，其中，与Queen's University合办的教育课程颇受欢迎。学生在Trent学习四年，修完文学士或理学士课程后，第五年在Queen's University修读教育学士课程，毕业后可获得两个学士学位。校方有意加强在DNA研究方面的发展，开设了四年制刑事鉴证科学士课程。

Trent与同样位于彼德堡市的Fleming College达成多方面的合作协议。其中一项重大成果是"联

系2000计划(Link 2000)”，总斥资280万加元，为Trent购进很多新型计算机、改善计算机网络系统，并扩充互动学习中心等。两校还合办了护士、地理信息系统及博物馆研究等学士课程。此外，学生在Fleming完成计算机程序文凭课程，可直接转入Trent学习两年，获得计算机科学的荣誉学士学位。

Trent非常重视为学生提供进行实践的机会，成立了社区教育中心(The Trent Centre for Community-based Education)，让学生有机会到非牟利机构或小型公司进行实习或研究，在实践所学的同时，获取学分。

近年Trent开展了多项重要的校园扩建工程。其中，斥资800万加元兴建的水质中心(Water Quality Centre)，是该校进一步发展化学研究计划的一个里程碑。该中心拥有最先进的仪器，能够高效率、低成本地对食用水质量进行技术化验及分析。

Trent在2004年投资200万加元对学生宿舍的计算机设施进行了升级，并为所有宿舍提供高速互联网服务。与此同时，校方亦花费了3,300万加元修缮多幢教学大楼，全方位改善校内的教学设备和研究器材，为未来的进一步发展做好准备。

背景资料：

创校年份： 1963

全日制学生： 6,038

业余学生： 1,310

国际学生： 432

大学类别： 小型综合类大学

营运方式： 公立

注册处地址：
Admission Services
Trent University
1600 West Bank Dr.
Blackburn Hall
Peterborough, ON
K9J 7B8 Canada

网址： www.trentu.ca

电话： 1-705-748-1332

奖学金及经济援助办事处： 1-705-748-1524

校舍： 占地591万平方米

教职员工： 415名

本科入学要求：

学科成绩：

文科： 70%

理科： 70%

商科： 70%

英语成绩：

TOEFL 215(CBT)
或TOEFL 550(PBT)
或IELTS 6.5

报名截止日期：

秋季入学： 6月15日

冬季入学： 12月15日

学费：

加国学生： 每学分139.37加元

国际学生： 每学分378.67加元

每月生活开支(约)：

大学宿舍连膳食： 800至900加元

校外自租房子(不包膳食)： 400至550加元，视所租房子大小而定

膳食费： 350加元

书本费： 150加元

其他杂费： 200加元

医疗保险： 532.85加元/学年

学系/专业：

设有约40个学术部门(Departments)，涵盖文、理、商三方面的学位课程

大学排名：

Maclean's 2005年大学排名
小型综合类大学排名第八

研究院入学要求：

TOEFL 580(PBT)
或TOEFL 237(CBT)
个别学系要求申请者递交GRE/GMAT成绩

研究院课程学费：

加国学生： 每学年(3学期)5,410加元

国际学生： 每学年(3学期)11,863加元

热门研究院专业：

加拿大研究、政治与文化

所在城市数据：

城市： 彼德堡(Peterborough)

人口： 74,600

生活指数： 低至中

气温： -14℃至27℃

凭农业立校 以兽医扬名

圭尔夫大学(University of Guelph，简称Guelph)重视基础科学研究，以其科研项目的规模而论，位列加拿大综合类大学第四位。Guelph拥有多个十分优秀的学系，其中包括北美历史最悠久的兽医学院，以及享有盛名的生物科学系和环境科学系等。该校是招收国际学生入读兽医学院的少数加国大学之一。

Guelph大学十分注重院系学风，其宿舍文化也颇具特色。校内设有不同主题的宿舍大楼，鼓励学生住校学习。学校让同学系的一年级新生住在同一幢宿舍楼，并安排高年级学生担任小组负责人，帮助新生尽快适应新的学习与生活环境。这种校园文化对于国际学生非常有利。此外，校方还向有经济困难的国际学生提供助学金。以上特点，均反映出Guelph关怀学生、重视校园学习氛围的优良传统。

Guelph位于多伦多以西约100公里的郊区，民风淳朴，生活指数较低，学费亦较多伦多地区的大学略低。该校设有四个地区分校，分别是University of Guelph-Humber、Kemptvile College、Ridgetown College及以法语授课的College d' Alfred。

Guelph大学建校于1964年，前身是加拿大最古老的农业大学，可说是以农立校。同时，北美历史最悠久的兽医学院Ontario Veterinary College亦隶属Guelph旗下。这些独特的历史背景令Guelph成为

一所既负载深厚历史，以优良的学术传统为后盾，又具备勇于革新求变精神的大学，成为加国众多优秀学府之中的后起之秀。在2005年Maclean's大学排名榜中，Guelph跻身综合类大学的第二位，仅次于Waterloo大学。

加国绝大部分兽医学院都不接受国际学生申请，Guelph则是少数欢迎国际学生修读兽医学的大学之一。该校的兽医学院享誉全国，声名远扬，是有志投身这一领域的国际学生的首选学校。

科学研究水平卓越

除了兽医学以外，科学系是Guelph另一强势学系。 Guelph大学斥资1.44亿加元兴建的科学中心，2007年落成，它将提供33,570平方米的科研与教学场所，为科学系的进一步发展提供强大的基础设施支持。

Guelph大学在生物科学和环境科学的研究方面建树最高。价值2,700万加元的Edmund C. Bovey Building研究中心是一个重要的科研基地，环境生物学家和园艺科学家在此共同开展有关食物生产及环境保护的研究项目。

圭尔夫大学 University of Guelph

该校在农业研究方面拥有深厚的学术传统和学科基础，是安省政府的重点农业研究中心。目前，Guelph大学全年1.2亿加元的研究经费中，约有30%是来自安省农业及食物厅的拨款。1996年，安省将农业及食物厅总部移至与Guelph大学毗邻的新址。而毗邻校园的大学研究公园(University of Guelph Research Park)，则为师生进行农业商业、化学、动物健康等研究计划提供最先进的设备与环境。

Guelph科学系近年亦积极开发新的本科课程，同时致力于跨学科专业的发展。其中一个最佳例子是主修计算机科学的文学士课程，旨在使学生同时拥有良好的文科及高科技知识的基础。

社会及应用人体科学系是Guelph较新的学系，提供酒店及旅游管理学、家庭关系学、应用营养学、经济学、政治学及心理学等课程。该系开办的商学士课程是Guelph最热门和入学竞争最激烈的课程之一。这里需要指出的是，Guelph大学的在学实习计划(Co-op Program)暂时只允许加国学生参加，并不接受国际学生申请，这点与加国绝大部分大学不同。

2002年，Guelph大学和安省Humber College成立了The University of Guelph-Humber，进行独立招生。该校结合了两所杰出学府的传统和优点，着力于开发实用性强的社会科学及商业管理课程，采用双向教学模式，设计出十分独特创新的课程：修完四年课程的学生，可同时获颁荣誉学士学位和一张实用文凭证书。Guelph大学为学生提供扎实的学术基础知识，而Humber College则进行实用的技能训练，这样，学生拥有全方位的知识和能力，在投身职场时，较易游刃有余。

重视院系学习校风

Guelph除了在学术和科研方面成绩卓著外，更以关怀学生和重视培养院系归属感而闻名。所有在校寄宿的一年级新生，可选择加入学术小组(Academic Clusters)，成为其中一分子，在学业和生活上得到朋辈的帮助和支持。校方在安排住宿时，会将20位就读同一课程的新生分配于同一宿舍楼，同学们一起上学，一起生活，类似于中学的寄宿生活。每一个小组会有一位三年级或四年级的学长带领，小组成员无论在学业或生活上遇到问题，均可获得同学和学长的协助。这个制度对国际学生很有帮助，能加快他们适应新环境的步伐，并有助于他们更快地学好英语、适应加国文化。每幢宿舍还有不同的文化主题，例如有鼓励多元文化的国际楼(International House)、提倡环保的生态楼(Eco House)和提供纯法语学习环境的法国文化楼(La Maison Française)等，学生可根据自己的兴趣选择入住相应的宿舍，实践校方"在学习中生活，在生活中学习"的理念。

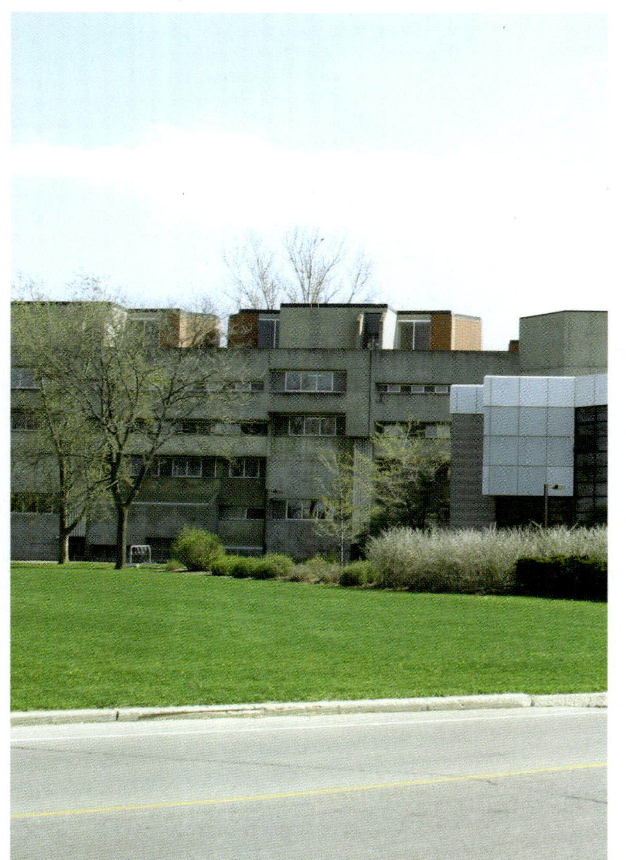

背景资料：

创校年份： 1964

全日制学生： 16,906

业余学生： 1,367

国际学生： 超过700

大学类别： 综合类大学

营运方式： 公立

注册处地址：
Admission Services
Level 3, University Centre
University of Guelph
50 Stone Rd. E.
Guelph, ON
N1G 2W1 Canada

网址： www.uoguelph.ca

电话： 1-519-821-2130

奖学金及经济援助办事处：
1-519-824-4120

为有经济需要的国际学生而设的助学金(1,000-3,000加元)，必须于3月1日前递交申请表

校舍： 主校舍占地330万平方米；Guelph并设立四个地区分校，分别是University of Guelph-Humber、Kemptvile College、Ridgetown College及法语教学的College d'Alfred

图书馆藏量： 书籍及期刊超过250万册

教职员工： 830名

本科入学要求：

学科成绩：

文科： 82%

理科： 82%

商科： 78%

工程： 75%

英语成绩：

TOEFL 250(CBT) + TWE 5

或TOEFL 600(PBT) + TWE 5

(如果学生成绩优秀，英语只达TOEFL 230(CBT) + TWE 4.5或 TOEFL 573(PBT) TWE 4.5亦会被列入考虑之列)

或IELTS 6.5

报名截止日期：

秋季入学： 3月1日

学费：

加国学生： 每学分139.47加元

国际学生： 每学分311.87加元

每月生活开支(约)：

大学宿舍连膳食： 700至800加元

校外自租房子(不包膳食)： 375至500加元，视所租房子大小而定

膳食费： 400加元

书本费： 125加元

其他杂费： 268.75加元

医疗保险： 449.12加元/学年

学系/专业：

设有6个学系，共102个专业：

文学系

农业学系

兽医学系

生物科学系

物理及工程系

社会及应用人体科学系

大学排名：

Maclean's 2005年大学排名

综合类大学排名第三

研究院入学要求：

TOEFL 550(PBT)或TOEFL 213(CBT)；部分课程的英语要求或会较高

个别学系要求申请者递交GRE/GMAT成绩

研究院课程学费：

加国学生： 每学期1,720加元

国际学生： 每学期2,825加元

热门研究院专业：

生物科学、生物医疗学、商业管理

所在城市数据：

城市： 圭尔夫(Guelph)

人口： 100,000

生活指数： 低至中

气温： -10℃ 至 25℃

11.安省理工大学 University of Ontario Institu

以电脑沟通师生　凭电脑专业扬名

建校于2003年的安省理工大学(University of Ontario Institute of Technology，简称UOIT)是加拿大最年轻的大学之一。处于成长期的UOIT拥有先进的教学设施和更加切合时代要求的专业设置。所有学生在学习期间，均需从校方租借一部手提电脑，作为学习工具。该校已经完全抛弃了笔记本、黑板、粉笔等传统的课堂文具，教授和学生在课堂上直接用计算机沟通，讲义、习作、参考读物等完全通过计算机传送给学生，学生则使用电子邮件向教授提出问题、表达意见、提交作业。

UOIT开有一些新兴专业，如计算机保安系统学和计算机游戏研发及管理；而在传统学科方面，UOIT的能源系统及原子科学的水准极高，深受业界推崇。

UOIT所在地奥沙华(Oshawa)，距多伦多东端约1小时车程，市内人口约146,000人，是一个中型城市。UOIT以学生和就业市场的需要为依据，力求开办最优质和最实用的大学课程。该校以进行高科技研发和培养高科技人才为办学宗旨，旨在为社会提供拥有最尖端知识的各界专才。

全计算机化学习环境

在介绍UOIT的学术专长之前，必须先谈谈它独特的“手提电脑学习文化”。UOIT所有学生每年均需向校方支付一笔手提电脑租借费用，以获得电脑使用、上网服务、技术支持及个别课程所需的计算机软件等相关服务。计算机成为学生学习的主要工具。学生无论攻读护理、商科或是工程学，均人

手一部手提电脑。这样不但提高了学习效率，也有利于增进师生之间及学生朋辈之间的沟通。计算机的使用，使他们每周7天、每天24小时均可保持联系。校方认为，21世纪是电脑科技的时代，各行各业的工作越来越依赖计算机技术，人与人之间的沟通亦多以计算机作为媒介，因此有必要训练学生早日适应以计算机作为信息沟通的主要工具的环境。

强调与业界的互动关系

一般而言，加拿大理工学院的特色是开办实用和高科技的学科，为业界提供专业人才。要实现这个目标，校方必须依赖与业界的紧密合作，广泛征求业界的意见，共同规划课程内容，UOIT在这方面有很骄人的成就。该校的能源系统及原子科学系是校方与工业界共同努力开发的成果。该系很多教授曾在业界工作，拥有丰富的实践经验和实用知识。UOIT致力于为学生营造一个最贴近真实工作环境的学习场合，为学生毕业后能马上投入工作、学以致用，创造一切有利条件。

2005年，UOIT先后开办了两门最前沿的计算机科技课程：计算机保安系统和计算机游戏研发及管理。上述两个课程均由业界和信息科技学系共同开办，以紧跟当今计算机行业的发展趋势。

UOIT在关注新科技发展的同时，并没有舍弃较传统的社会科学及教育学系。对于传统学系，UOIT努力将实用元素注入课程当中，使学生摆脱僵化的理论学习，懂得如何实践所学。例如UOIT社会科学系开办的犯罪学、刑事司法学及社会政策学，均着重训练学生的实用技能，为学生将来在司法界、警队或惩教处等地方工作铺平道路。

UOIT教育系为获得学士学位的学生提供一个一年制的教育学士课程，学生在完成实习之后，便有了担任初中或高中教师的资格。

UOIT作为一个诞生仅数年的学校，正处于茁壮成长的阶段，颇具潜力。该校目前虽然仅有1,835名学生，国际学生却有73人，以百分比计算，国际学生的比例高于很多学校。73名国际学生中，有43人来自中国，证明了这所大学对中国学生的吸引力。对于以学习前沿的科技知识为目标，并希望在一个先进的学习环境中进修的学生而言，安省的UOIT是最佳的选择之一。

背景资料：

创校年份：2003
全日制学生：1,768
业余学生：67
国际学生：73（中国学生43）
大学类别：理工学院
营运方式：公立
注册处地址：
Registrar's Office
University of Ontario
Institute of Technology
2000 Simcoe St. N.
Oshawa, Ont.
L1H 7K4
网址：www.uoit.ca
电话：1-905-721-3190
奖学金及经济援助办事处：
1-905-721-3036
图书馆藏量：书籍及期刊超过15万册
教职员工：59名

本科入学要求：

学科成绩：
文科：70%
理科：70%
商科：70%
工程：70%
英语成绩：
TOEFL 220(CBT)
或TOEFL 560(PBT)
或IELTS 7

报名截止日期：

秋季入学： 2月1日

学费：

加国学生：每学分139.5加元
国际学生：每学分366.7加元

每月生活开支(约)：

大学宿舍连膳食：950至1,050加元
校外自租房子(不包膳食)：550至700加元，视所租房子大小而定
膳食费：375加元
书本费：125—200加元
其他杂费：200加元
医疗保险：612.5加元/学年

学系/专业：

设有7个学系，共34个专业
商业及信息学系
教育学系
工程及应用科学系
能源系统及原子科学
健康科学系
理学系
社会科学系

研究院入学要求：

TOEFL 560(PBT)
或TOEFL 220(CBT)
个别学系要求申请者递交GRE/GMAT成绩

研究院课程学费：

加国学生：每学年6,700加元
国际学生：每学年21,000加元

热门研究院专业：

信息科技保安(MITS)、机械工程

所在城市数据：

城市：奥沙华（Oshawa）
人口：146,000
生活指数：中至高
气温：-10℃ 至 27℃

12. 渥太华大学 University of Ottawa

首都双语名校 政法学系闻名

位于加拿大首都的渥太华大学(University of Ottawa，简称Ottawa)，是北美洲最古老也是最具规模的英法双语大学。校内超过5,000个科目均用两种语言讲授，学生在写论文或考试时亦可选择用英语或法语进行，充分彰显加拿大双语文化的特点。

Ottawa大学地处加拿大政治权力的中心，坐拥地理优势，政治学、公共政策及管理学是两大优势专业。近年渥太华地区集中了很多高科技企业，该校顺应趋势，开办了一系列科技及信息学管理的专业课程。在医疗科技方面，Ottawa拥有先进的研究中心和强大的科研队伍，使学生得到最佳的学习及实习环境。

加拿大首都渥太华位于安省东部，邻近魁省边界，汇集了英语和法语两种不同语言文化特色，因而造就了一所独特的双语大学——Ottawa大学。渥太华市像世界其他很多国家的首都一样，整个城市规划得井井有条，近乎完美，但在某种程度上，却少了多伦多的朝气蓬勃、温哥华的亲切友善、蒙特利尔的罗曼蒂克，显得有些呆板。不过，这正是作为首都城市的特色，也充分体现了政治权力所在地应有的氛围。国际学生来到这里，应把握这个难得的机会，以渥太华作为窗口，一窥西方国家的政治文化、社会规划和法律制度。

政治学及法律学尽占地利

地处首都的Ottawa大学在政治学、公共政策及管理学研究方面都十分优秀，亦是很多政府官员选择修读研究院课程的地方。此外，该校的法律系亦颇负盛名，同时教授魁北克省沿用的民法(Civil Law)和英式普通法(Common Law)，学生可修读这两个法制的双学位课程，毕业后在加拿大全国范围内就业。其普通法课程亦分别以英语及法语讲授。

渥太华的独特地理环境让学生有更多机会接近政治及法律机关，在实地考察中，深化书本知识。例如政治系学生可在政府机关实习，或通过民间团体，直接或间接参与政治工作。而法律系的学生则有机会在最高法院、司法部等地方实习或搜集资料，较其他地区大学的学生而言，占尽地利之便。

Ottawa大学设有加拿大研究中心，是一个完善的研究及教学机构，开办学士、硕士及博士课程，通过跨学科研究，分析加拿大的过去和现在，以探讨这个国家未来的发展方向。

Ottawa大学在医学及健康科学研究方面有很雄厚的科研实力。例如，大学附属的心脏研究中心是加拿大心脏移植手术的先驱，医学院在研究遗传因子与癌症相互关系上取得很大成就，而科学系在研究环境污染对遗传因子的影响方面亦有很突出的成果。

Ottawa的健康科学专业拥有尖端的研究设备和优秀的师资，本科生也可受惠于此，在世界最先进的实验室内上课，到大学医院及另外三所医疗设施内实习或做实验。Ottawa大学于六年前创办生物药剂科学的本科课程，至今学生人数已飙升五倍，可见该课程的受欢迎程度。

国际学生虽然无法入读加国大学的医学院，仍可修读其他的医疗及健康科学课程，例如药剂学及人体运动学等。医疗及健康行业是21世纪的热门行业，毕业生无论留在加拿大还是返回中国，均有很好的发展机会。基于社会对医疗专业人才的需求越来越大，近年加拿大很多大学都像Ottawa大学一样，致力于开办新的医药相关课程，为社会培养更多专才。

积极开创新科技课程

近年，很多高科技公司先后进驻渥太华地区。Ottawa大学顺应业界的发展需求，积极开办了不

少新科技及信息专业课程，创办了信息科技及工程学院(The School of Information Technology and Engineering，简称SITE)，开办电子工程、计算机工程及计算机科学等本科课程。高科技行业不但需要科技专才，还需要管理精英，因此SITE亦开办了一系列有关商业及企业营运的课程，供学生或现职的科技从业人员修读。此外，SITE拥有最先进的设备，先后成立了22个科研小组，在机械智能、多媒体通信等信息科技领域开展研发工作。

该校其他新课程包括社会科学荣誉学士课程(主修犯罪学、妇女研究、经济及政治科学等)，以及艺术系硕士课程(主修舞台剧编导及大众传播)。

Ottawa大学虽然建校至今已超过一个半世纪，堪称老牌大学，却保持着不断创新的新鲜活力，近年积极开发新的课程，来配合社会及经济的发展，是一所优秀的双语大学。

背景资料：

创校年份：1848

全日制学生：23,666

业余学生：6,509

国际学生：1,716

大学类别：带医学院综合类大学

营运方式：公立

注册处地址：

Admission Office
University of Ottawa
550 Cumberland St.
P.O. Box 450, Station A
Ottawa, ON
K1N 6N5 Canada

网址：www.uottawa.ca

电话：1-613-562-5700

奖学金及经济援助办事处：
1-613-562-5734

校舍：占地29万平方米

图书馆藏量：书籍及期刊超过428万册

教职员工：1,938名

本科入学要求：

学科成绩：

文科：72%-80%

理科：78%-82%

商科：72%-78%

工程：72%-80%

英语成绩：

TOEFL 237(CBT) (工程系及科学系：213)

或TOEFL 580(PBT) (工程系及科学系：550)

或IELTS 7(工程系及科学系：6)

报名截止日期：

秋季入学： 4月1日

冬季入学： 10月15日

学费：

加国学生：每学分138.80加元

国际学生：每学分421加元

每月生活开支(约)：

大学宿舍连膳食：760至1,000加元

校外自租房子(不包膳食)：400至950加元，视所租房子大小而定

膳食费：350加元

书簿费：125加元

其他杂费：200加元

学系/专业：

设有9个学系，共300个专业

文学系、科学系、医学系、法律系、教育系、管理系、工程系、健康科学系、社会科学系

大学排名：

Maclean's 2005年大学排名
医学研究院类大学排名第十二

研究院入学要求：

TOEFL 550(PBT)

或 TOEFL 213(CBT)

个别学系要求申请者递交GRE/GMAT成绩

研究院课程学费：

加国学生：每学期2,257加元

国际学生：每学期8,647加元

热门研究院专业：

商业、大众传播、犯罪学、人体运动学、心理学

所在城市数据：

城市：渥太华 (Ottawa)，加拿大首都

人口：1,056,000

生活指数：中至高

气温：-15℃ 至 26℃

13. 多伦多大学 University of Toronto

学术成就卓著 高校群龙之首

世界各国都有其最引以为傲的精英大学，例如英国的剑桥、牛津，中国的清华、北大，美国的哈佛和斯坦福……在加拿大，这个龙头大学的称誉，则非多伦多大学(University of Toronto，简称UT)莫属。

UT不但是加拿大学术界的翘楚，在国际上亦拥有很高声望，曾跻身全球十大公立研究院类大学之列。UT商学院开办的工商管理硕士(MBA)课程，被誉为全球最佳课程之一。UT的医学院、工程系、建筑系和科学系均有极高的水准，是加国同领域的领导者。作为加拿大最著名的大学，UT当之无愧。

创立于1827年的UT，学校规模和学生人数，均居全加之首。该校前身是英皇学院(King's College)，于1850年被升格为University of Toronto，并开设附属的大学学院(University College)。其后，校方为了扩展规模，为安省学生提供更多学位，先后与七所优质的大专学府结盟合并，他们分别是：

- Trinity College
- Knox College
- St. Michael's College
- Innis College
- New College
- Victoria College
- Woodsworth College

上述七所学院各自保留其传统特色并开办独特的课程，各有其独立的学术定位，例如Victoria College的英国文学系享有盛名，Innis College的电影研究十分出色，而Trinity College则着力发展国际关系研究的课程。

五大优势脱颖而出

加拿大的公立大学素质优良，水准平均，在设备和师资方面的发展均很完善。UT能够在芸芸名校中脱颖而出，成为群龙之首，应归功于如下五大原因，同时也是UT的五大特色：

(1) 科研成就卓越

UT的科研水平居全国之首，其医学院和理学系在加国以至国际学术界均有很辉煌的成就。该校医学院曾成功研制全球首个电子心律调节器(Electronic Heart Pacemaker)，对医学界影响深远。其他重要发明和研究成果包括人造喉头、单肺移植、神经移植及人造胰脏等。

(2) 研究经费雄厚

拥有15亿发展基金作后盾，使UT跻身全球十大公立研究大学之列。该校目前开办超过300个本科专业课程及86个博士专业课程，从联邦、省级及市级政府所得的研究经费，高于加国任何一所大学。

(3) 师资优秀

在UT3,000位大学教授之中，98.6%拥有博士学位，多位教授曾先后获得很多研究荣誉和奖项，当中更不乏名闻于世的优秀学者，例如1986年诺贝尔化学奖得主Dr.John Polanyi，国际癌症研究权威Dr.Tak W.Mak，以及带领研究专家发现阿尔茨海默氏症(Alzheimer's disease)致病基因的Dr.Peter St. George-Hyslop等。

(4) 国际声誉显赫

在国际学术界、科学界以至商业界中，无人不识UT大名。在英国《金融时报》全球100大最佳工商管理硕士课程(MBA)中，UT位列21，是排名最高的加国大学。在美国《商业周刊》(*Business Week*)2004—2005年度MBA排名榜(非美国大学)中，UT跻身第九。

《金融时报》工商管理硕士课程全球排名(2005年)

排名	入围的加拿大大学
21	多伦多大学(University of Toronto)
22	约克大学(York University)
34	西安大略大学(University of Western Ontario)
39	麦基尔大学(McGill University)
55	不列颠哥伦比亚大学(University of British Columbia)
75	女皇大学(Queen's University)
81	康哥迪亚大学(Concordia University)

《商业周刊》2004—2005年全球最佳MBA排名(非美国大学)

排名	学校	国家
1	Queen's	加拿大
2	IMD	瑞士
3	INSEAD	法国
4	ESADE	西班牙
5	London Business School	英国
6	Western Ontario	加拿大
7	IESE	西班牙
8	HEC (Paris)	法国
9	Toronto	加拿大
10	HEC (Montreal)	加拿大

在其他学系方面，虽然没有正式的国际排名，该校的国际声誉是毋庸置疑的。

(5) 毕业生人才辈出

UT的毕业生中，很多在学术界、科技界、政治和工商界拥有杰出成就或获取过重要殊荣，他们包括诺贝尔奖和国际科技研究奖项得主、加国总理、政坛名人、著名作家、商界大亨等。在UT毕业生中，获取诺贝尔奖的人数比加拿大任何一所大学都多。

为提供更完善的教学设备，提高教学质量，除主校区St.George Campus之外，该校先后创办了两个位于郊区的分校。三个校区各自开办独特的课程，在招生上亦独立自主。有志入读UT的学生，应先了解三个校区开办的课程，以决定自己入读的校区和修读的专业。以下是三个校区的简介。

St. George主校课程完善

St. George校区位于多伦多市中心，邻近多市的主要商业及文化区，校区内外充满都会气息，距唐人街只约十几分钟车程，交通十分便利。这里是UT的主要校区和行政中心，所开办的学士学位课程是全加大学中为数最多的。UT的专业(Professional)课程和研究院亦设在这里。

主校区设有15个学系，开办多元化的学位课程。一些较传统和专业的课程，例如建筑、工商管理、药剂及计算机科技等，主要设在St. George。

Scarborough Campus开办在学实习课程

位于多伦多以东约30分钟车程的Scarborough分校，拥有8,000名学生，校园景色优美，颇具乡村气息，亦是UT唯一开办在学实习计划(Co-op Program)的校区，课程多达30项。

该分校设有6个学术部门，主要开办文、理、商本科课程，并同时设有三年制或四年制的文学士或理学士课程。

Mississauga Campus发展新派学科

位于多伦多西部的Mississauga分校占地91万平方米，是UT较新的校区，设备完善先进，本科学生约9,000名。这个分校共设有15个学术部门，开办的课程以创新和灵活著称，当中最突出的包括：

- 科学鉴证学
- 舞台剧及话剧研究
- 国际事务
- 商业管理
- 艺术及艺术历史
- 大众传播/文化及信息科技(与Sheridan College合办)

UT的各校区各有特点，而且在学术定位上略有不同，学生不妨根据自己的兴趣和专长，选择入读相应的校区。如果主校和分校开办相同的课程(例如St. George和Scarborough同时开办计算机科学课程)，一般主校的招生要求会较高。因此，学生可报读主校的课程后，再报读分校作为后备。

背景资料：

创校年份：1827

全日制学生：59,389

业余学生：8,303

国际学生：3,535

大学类别：带医学院综合类大学

营运方式：公立

注册处地址：

Office of Admissions and Awards
University of Toronto
315 Bloor St. W.
Toronto, ON
M5S 1A3 Canada

网址：www.utoronto.ca

电话：1-416-978-2190

奖学金及经济援助办事处：
1-416-978-2190

校舍：St. George 主校舍占地65万平方米

图书馆藏量：设有32间图书馆，书籍及期刊超过1,446万册，藏量是全加拿大大学之冠

教职员工：3,000名

本科入学要求：

学科成绩：

文科：74%—81%

理科：75%—86%

商科：83%—88%

工程：82%—92%

英语成绩：

TOEFL 250(CBT)

或TOEFL 600(PBT)

或TOEFL 100(iBT)

或IELTS 6.5

报名截止日期：

秋季入学： 4月1日

学费：

加国学生：每学分139.5加元

国际学生：每学分375.9加元

书本费：每学年1,500加元

每月生活开支(约)：

大学宿舍连膳食：850至1,250加元

校外自租房子(不包膳食)：425至850加元，视所租房子大小而定

膳食费：375加元

其他杂费：200加元

医疗保险：613加元/学年

学系/专业：

三个校舍合共开办超过300个专业

St. George主校设有15个学系(Faculties)：

应用科学及工程系、建筑/园艺及设计系、文理系、牙医系、林木系、信息研究学系、法律系、管理学系、医学系、护士学系、音乐系、教育系、药剂系、运动及健康学系、社会工作学系

Scarborough分校设有6个学术部门(Academic Departments)：

数学及计算机科学、人文科学、生命科学、管理学、物理及环境科学、社会科学

Mississauga分校设有15个学术部门(Academic Departments)：

人类学、生物学、化学及物理科学、经济、英文及话剧、法语/德语及意大利语、地理学、历史研究、管理学、数学及计算机科学、哲学、政治学、心理学、社会学、大众传播及文化中心

大学排名：

Maclean's 2005年大学排名

带医学院综合类大学排名第一

其他排名：

英国《金融时报》(*Financial Times*)
2005年最佳工商管理硕士课程(MBA)，全球100强排名中占第21位，是排名最高的加国大学

美国《商业周刊》(*Business Week*)
2004—2005年度的全球MBA排行榜(非美国大学)中，占第九位

研究院入学要求：

一般课程——TOEFL 580(PBT)或TOEFL 237(CBT)；

物理及工程科学——TOEFL 550(PBT)或TOEFL 213(CBT)；

个别学系要求申请者递交GRE/GMAT成绩

研究院课程学费：

加国学生：每学年6,737加元

国际学生：每学年18,000加元

热门研究院专业：

科学、工程、经济、管理、心理学

所在城市数据：

城市：多伦多(Toronto)

人口：5,000,000

生活指数：高

气温：-10℃ 至 27℃

金字招牌计算机　学术冠绝综合类

计算机科学被公认为当今最具潜力和发展前景的学科之一，而加拿大最出色的计算机专业课程，则非滑铁卢大学(University of Waterloo，简称Waterloo)莫属。该校计算机系不但在加国称雄，在国际学术界和科技界亦具极高声望，美国大型计算机科技公司如Microsoft、IBM和Nortel Networks等，每年都会派员到该校招聘人才。该校计算机系毕业生可谓前途无可限量。

创校不到半个世纪的Waterloo大学是加拿大综合类大学中的翘楚，除计算机课程之外，其数学系、工程系及科学系的课程亦享誉全国。此外，该校是加拿大在学实习计划(Co-op Program)的始创者，每年均有超过11,000名学生在全球3,500家公司进行在学实习，构成全球规模最大的在学实习网络。

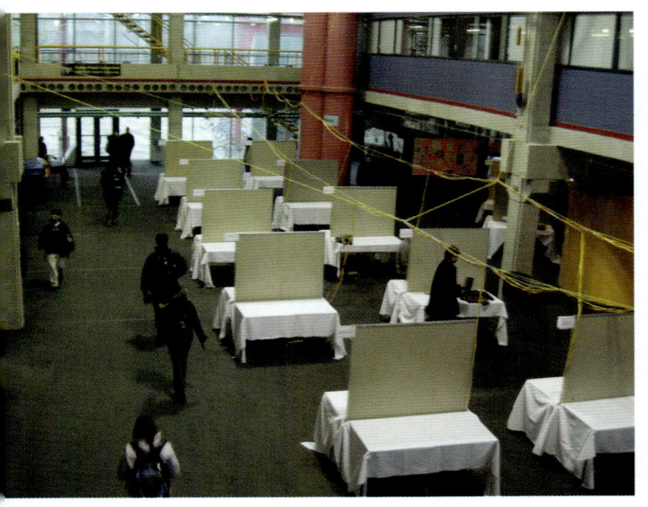

Waterloo大学是加拿大学术界一颗耀眼的明星，向来以革新进取和学术水平优秀著称，毕业生就业率高达97%。该校不但连续多年成为Maclean's大学排名榜综合类大学的状元，而且在声誉排名榜中亦经常占据首位，在“最佳质量”、“最具创意”和“明日领袖”三项上常常独占鳌头。Maclean's的声誉排名榜是通过访问加拿大的中学校长、学校辅导员、大学专员、私营机构首脑和企业的招聘专员后，将资料整理归类所得的结果，极具权威性。

计算机系毕业生成为天之骄子

计算机科学院是该校入学竞争最激烈的学系，录取的最低分数高于GPA90%。过去10年间，该学院学生获奖无数，在国际知名的计算机学术比赛“Association for Computing Machinery International Collegiate Programming Contest”中所获得的平均成绩，在全球众参赛大学中独占鳌头，为该校的计算机课程带来极高的国际声望。每年，不少美国大型计算机科技公司如Microsoft、IBM和Nortel等均会前往Waterloo选拔人才，发掘科技界明日之星。

所谓名师出高徒，Waterloo计算机系学生能取得骄人成绩，系内的教授和研究员功不可没。该校的科技研究中心水平极高，不但获取无数奖项，更拥有众多发明专利，其发明和研究成果至今已衍生超过250家公司。很多人说，拥有Waterloo大学计算机系毕业生的头衔，在科技行业就等于拥有了金字招牌，前途无量。

专业课程独特创新

Waterloo的专业课程(Professional Programs)在学术界和业界也获得极高评价，当中尤以工程学、验光学及建筑学最突出。此外，校方不断开创一些新的跨学科专业课程，以顺应当今商业市场的多元化发展趋势，包括生物科技/经济学课程，以及生物科技/特许会计师荣誉课程等。校方根据市场需要和未来发展潜力，综合文学系、理学系及工程学系

等课程内容，创办灵活新颖的跨学系专业课程，培训学生拥有更广泛的专业知识，以应对日新月异、瞬息万变的商业世界。

科学系目前正在筹办药剂学课程，旨在为学生提供更完善的专业医疗课程。第一届药剂学课程的学生于2007年入学。

全国最具规模的实习网络

在学实习计划(Co-op Program)是加拿大独特的大学教育体制，而这一体制正是起源于Waterloo大学。Waterloo大学创办之初，工程系的数名教授和

75名学生以实验性质开始尝试上课和实习轮流交替的学习模式，在接近半个世纪之后的今天，该校参与该计划的学生每年已超过11,000人，分别在全球3,500家公司实习。Waterloo的这一创举，成功影响并推动了加拿大大学的在学实习计划，意义深远。目前，Waterloo大学的“在学实习计划”涵盖超过100个专业，参与企业遍及全世界，网络之广堪称全球第一。

Waterloo大学于2003年斥资2.14亿加元成立了滑铁卢大学研究及科技园(University of Waterloo Research and Technology Park)，占地48万平方米，成功招揽私营企业在园内开设公司，让更多的学生获得在学实习机会，同时加强与巩固校方与科技界的良好关系。

Waterloo大学还有一个很大的特色，校园里建有四所附属或结盟式的公立大专，分别在不同的学术领域中开办独特的课程，以满足不同层次学生的需要。四所附属大专是：

(1) St. Jerome's University：与Waterloo大学结盟的罗马天主教大学，提供文科、数学、法律研究、意大利学研究等本科课程。

(2) Conrad Grebel University college：开办和平及纷争研究和音乐等课程，设有宗教学研究院。

(3) Renison College：开办社会工作学士课程，以及一系列包括社会发展、东亚研究和英语作为第二语言(ESL)的课程。

(4) St. Paul's College：提供文学科及社会科学课程，包括原住民研究、精神及个人发展等专业。

与清华大学签订交流计划

Waterloo大学与中国第一名牌学府清华大学于2005年签订备忘录，初步制订未来五年在学术交流及科研发展上的合作计划。备忘录的内容主要包括以下几点：

(1) 两校在有共同兴趣的学科上联合进行开发与研究；

(2) 分享及交换非机密性的研究数据；

(3) 共同开发学术课程及短期训练项目；

(4) 通过学者交换计划进行学术研究，召开研讨会，并举办课程和讲座；

(5) 通过研究生交换计划进行联合科学研究。

加中两国的这两所一流大学达成的合作协议，将为世界带来更辉煌的学术和研究成果。通过合作，Waterloo大学将其优良的学术传统传播至中国，借助中国的阳光和泥土，在中国发展迅速、日新月异的天空下茁壮成长。

背景资料：

创校年份： 1957
全日制学生： 22,224
业余学生： 2,673
国际学生： 873
大学类别： 综合类大学
营运方式： 公立
注册处地址：
Office of the Registrar
University of Waterloo
200 University Ave. W.
Waterloo, ON
N2L 3G1 Canada
网址： www.uwaterloo.ca
电话： 1-519-888-4567，内线 2268
奖学金及经济援助办事处：
1-519-888-4567，内线 6042
校舍： 占地404.7万平方米
图书馆藏量： 书籍及期刊超过750万册
教员工： 847名

本科入学要求：

学科成绩：
文科： 75%
理科： 75%
商科： 80%—90%
工程： 85%
(注：计算机课程的学生最低录取分数高于90%)
英语成绩：
TOEFL 250(CBT)
或TOEFL 600(PBT)
或IELTS7.5

报名截止日期：

秋季入学： 10月29日
冬季入学： 3月31日

学费：

加国学生： 每学分155.80加元
国际学生： 每学分539.90加元
书本费： 每学年1,322加元

每月生活开支(约)：

大学宿舍连膳食： 850至1,000加元
校外自租房子(不包膳食)： 375至840加元，视所租房子大小而定
膳食费： 350加元
其他杂费： 125-200加元
医疗保险： 包括在学生费内

学系/专业：

设有6个学系，共71个专业
文学系(包括会计学院)
工程系(包括建筑学院)
科学系(包括验光学院，药剂学院将于2007年招生)
数学系(包括计算机科学院)
环境学系(包括规划学院)
应用健康科学系

大学排名：

Maclean's 2005年大学排名
综合类大学排名第一

研究院入学要求：

TOEFL 550(PBT)
或TOEFL 213(CBT)
个别学系要求申请者递交GRE/GMAT成绩

研究院课程学费：

加国学生： 每学期2,000加元
国际学生： 每学期5,000加元

热门研究院专业：

计算机科学、文科、数学、心理学、科学

所在城市数据：

城市： 滑铁卢(Waterloo)
人口： 497,600
生活指数： 中至高
气温： -10℃ 至 26℃

引进案例导向　商学成就斐然

西安大略大学(University of Western Ontario，简称UWO)是加拿大拥有百年历史的名牌大学之一，位于距多伦多约200公里的中型城市伦敦(London)，校舍占地465万平方米，环境优美，学习气氛浓厚，是国际学生留学安省的最佳选择之一。

该校的商学系、医学系和新闻系拥有极优良的学术传统，均是享誉国际的名牌学系。商学系开办的工商管理硕士课程(MBA)被多个国际权威排名榜评选为全球最佳MBA课程之一，其独特的案例导向学习法(Case-Based Learning)，帮助学生通过讨论、分析，在实践中学习，成果卓著，广受国际学术界及商业界赞誉。

《商业周刊》2004—2005年全球最佳MBA排名（非美国大学）

排名	学校	国家
1	Queen's	加拿大
2	IMD	瑞士
3	INSEAD	法国
4	ESADE	西班牙
5	London Business School	英国
6	Western Ontario	加拿大
7	IESE	西班牙
8	HEC (Paris)	法国
9	Toronto	加拿大
10	HEC (Montreal)	加拿大

UWO开有12个学系，涵盖约200个专业，其中最著名、入学竞争最激烈的首推商学系——Richard Ivey School of Business(简称Ivey商学院)。

MBA课程享誉国际

商学院开办的MBA课程，在多个权威排名榜中均名列前茅，甚具国际声誉。

《金融时报》工商管理硕士课程全球排名(2005年)

排名	入围的加拿大大学
21	多伦多大学(University of Toronto)
22	约克大学(York University)
34	西安大略大学(University of Western Ontario)
39	麦基尔大学(McGill University)
55	不列颠哥伦比亚大学(University of British Columbia)
75	女皇大学(Queen's University)
81	康哥迪亚大学(Concordia University)

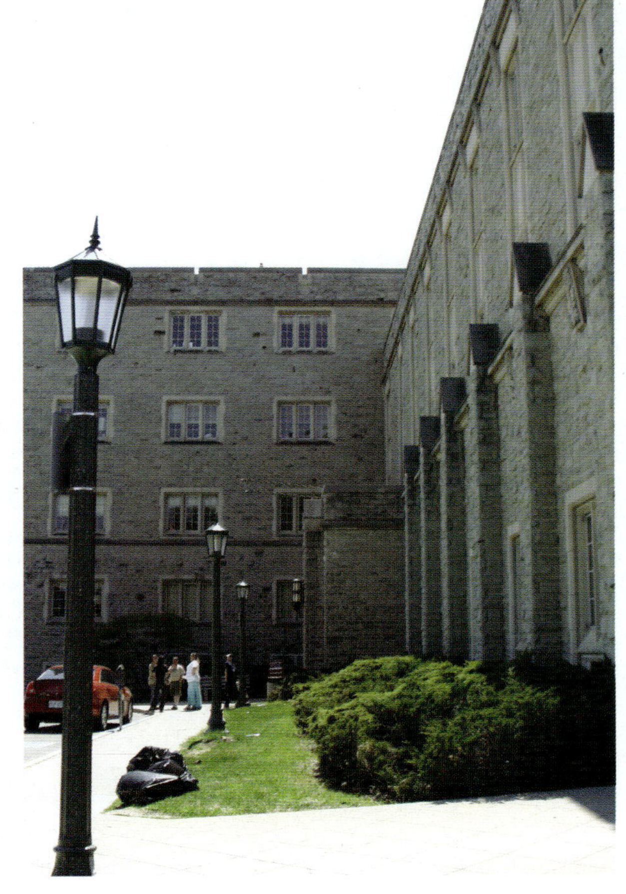

Ivey商学院是加拿大唯一采用案例导向学习法(Case-based Learning)进行教学的学院，该学习法强调真实的商业案例在MBA教学中的重要性。学生通过分析具体案例、研究相关数据，来了解案例的核心内容，并进行讨论和辩论，最后模拟在现场解决问题，以预先体验在真实的工作场景中解决问题的机制。Ivey商学院学生毕业时分析案例数量可达600件。国际很多知名学府亦采用案例导向学习法，包括美国的哈佛大学和英国的伦敦商学院等。

Ivey商学院开办学士、硕士及博士课程。该校MBA课程甚受国际学生青睐，就读MBA的学生约50%来自海外。MBA学制为两年(16个月)，第一年学习经营管理基础和分析技巧等必修科目；第二年，学生可根据自己未来的发展方向选择具体专业，包括创业、财务金融、基础管理、国际经济、信息系统、市场学、经营策略和经营行为学等。

除商学院外，UWO的医学院也具有极高的水准，取得了令人瞩目的研究成绩，但该学院目前并不招收国际学生。对医疗科学有兴趣的学生，不妨考虑报读科学系或健康科学系的课程。

新闻学院课程独特

UWO信息及媒体研究学系(新闻学院)是该校另一个传统的优秀专业，开办本科及研究院课程，是加拿大目前唯一提供一年制新闻硕士课程的大学。本科专业包括大众媒体、信息及科技文化等。新闻学是很多大学的热门课程，UWO新闻学院的特点在于在课程中成功利用新的信息和高科技知识，令学生获得更前沿、更实用的专业知识。

工程学系是该校另一热门学系，开设了跨学科研究项目，例如高级机器人工程、环境工程学及生物科技等。工程学系的综合制造科技中心取得了多项突破性的科技研究成绩。该系多项卓有成效的科研计划为UWO吸引来雄厚的研究基金。2003至2004年度，UWO及其联盟的医学研究中心，共获得1.9亿加元研究经费。

近年，UWO不断开拓新的学术领域、开办新的课程，其中包括医疗科学、软件工程学及传媒研究等。此外，UWO校园内还分布着三所附属大专院校，分别是Huron College，Brescia College 和 King's College。三所大专各具专长，采用小班教学方式，为学生提供优质和专业的学术课程。

UWO规定，修读文理系、社会科学系、新闻系及人体运动学的新生，如果在入学时不能确定主修专业，可以在第一学年广泛修读不同学系的科目，对不同专业的课程和研究方向进行了解，在升读二年级时再申请主修专业。这一灵活的制度，为新生更清楚地认清自己未来的发展方向提供了充裕的时间和丰富的机会，有利于他们做出正确的选择。

此外，UWO为一年级全体新生提供学生宿舍，校方还尽可能地把同一专业的学生安排在同一幢宿舍楼内，让同系学生有更多机会互相照顾，进行交流。

背景资料：

创校年份： 1878

全日制学生： 24,205

业余学生： 3,128

国际学生： 1,393(中国学生488)

大学类别： 带医学院综合类大学

营运方式： 公立

注册处地址：

Admission Office
Room 165
Stevenson-Lawson Building
The University of Western Ontario
London, ON
N6A 5B8 Canada

网址： www.uwo.ca

电话： 1-519-661-2100

奖学金及经济援助办事处：
1-519-661-2100

校舍： 占地160万平方米

图书馆藏量： 书籍及期刊超过920万册

教职员工： 1,164名

本科入学要求：

学科成绩：

文科： 80%

理科： 80%

商科： 80%

工程： 80%

英语成绩：

校方不设最低英语分数要求，但会仔细审核每位申请者的英语能力

报名截止日期：

秋季入学： 5月15日

学费：

加国学生： 每学年约5,000加元

国际学生： 每学年约14,000加元

书本费： 500至1,000加元

每月生活开支(约)：

大学宿舍连膳食： 640至810加元

校外自租房子(不包膳食)： 300至450加元，视所租房子大小而定

膳食费： 250至300加元

其他杂费： 200加元

医疗保险： 每年530加元

学系/专业：

设有12个学系，共400个专业

大学排名：

Maclean's 2005年大学排名

带医学院综合类大学排名第三

其他排名：

英国金融时报(Financial Times)2005年最佳MBA全球100强排名中，占第34位

美国商业周刊(Business Week)

2004—2005年度的全球MBA排行榜(非美国大学)中，占第六位

研究院入学要求：

TOEFL 550(PBT)

或TOEFL 213(CBT)

个别学系要求申请者递交GRE/GMAT成绩

研究院课程学费：

加国学生： 每学年5,095加元

国际学生： 每学年11,700加元

热门研究院专业：

行政及商业研究、生物、工程、健康科学、人体运动学

所在城市数据：

城市： 伦敦(London)

人口： 350,000

生活指数： 低至中

气温： -8℃ 至 30℃

16. 温莎大学 University of Windsor

地处加国车城 领导汽车研发

温莎市(Windsor)是加拿大最南端的城市，亦是加国汽车工业重镇，因此市内的温莎大学(University of Windsor，简称Windsor)拥有全国大学中最具规模的汽车研究及发展中心，并提供国内质量最高的汽车工程学及相关专业的学位课程。除了汽车工程学以外，该校近年还积极拓展法律系及环境科学系的课程。自1999年至今，这三大学系招聘的新教员人数高达400位，显示校方致力提高教学质量和学系规模的决心。

Windsor也是加拿大少数同时开办舞台剧、音乐及视觉艺术学院的大学，每年培养出不少艺术界新秀。

汽车相关专业课程独特

汽车业是一个庞大的工业，涵盖的经济活动包括：制造业(包括汽车及其配件)、销售业、市场推广、新产品的研究和发展等。因此Windsor大学在工程、商业、人体运动学及计算机科学上均开办有独特的课程，以研习汽车业为主轴，务求透过多元化的专业训练，为汽车工业提供更全面的人才。目前，工程系共有约900名学生，攻读学术与实践相结合的本科课程。汽车工程是其中最热门的主修课程，学生有机会被派驻北美各大型汽车制造厂实习，与专业的工程师一起研究最新的汽车型号或驾驶技术。工程系的课程强调理论与实践相结合，校方帮助学生通过学术研习和技术应用相辅相成的互动学习模式，获得最完备的专业知识，毕业后在业界一展所学。

在介绍Windsor大学之前，我们先来了解一下Windsor市的背景和发展状况。Windsor市是一个传统的工业城市，拥有庞大的劳工阶层，总人口约208,402人，位于安省南端。汽车工业是该市主要经济命脉，因此，Windsor大学亦以发展汽车工程科技为学术焦点，开办一系列与汽车工业有关的专业课程，为市内最大的工业提供学术和科技支持，并源源不断地为业界培养技术专才。

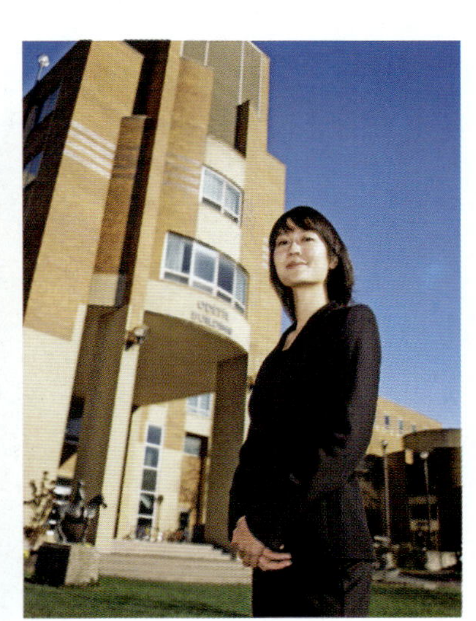

Windsor大学与汽车业界一直保持密切的合作关系。1996年以来，著名汽车制造厂商，如Daimler Chrysler Canada，Ford Canada及GM Canada等在Windsor大学汽车研究及发展中心的投资合计已超过5亿加元。在研发中心，各学系的教授和技术人员对与汽车业有关的科技、商业，以至社会课题进行研究。例如汽车工程的教授研究更高质量的汽车产品，医疗学的教授则研究有关汽车安全带和儿童安全座椅的问题，计算机科学的师生则共同研发可提高汽车性能的配件技术等。

开拓新学系与新课程

Windsor市是加拿大汽车工业重镇，同时是一个充满浓厚平民阶层文化特色的城市。因此，该校在有关劳工研究的学科上也有较高水平。例如法律系开办有探讨旧式社会和少数族裔的课程，以配合当地社会的文化特色和发展方向。正如很多工业

城市一样，Windsor市政府十分关心因工业发展带来的环境污染问题。因此，除汽车工业和法律学系外，Windsor大学近年积极开办更多环境学的课程，内容分为五大方面：生物、化学、地球科学、地理及物理。该校的湖泊环境研究中心在该领域的研究，居于国内领先地位。

Windsor在安省大学中，向来以其创新独特的学科著称，除了上述课程之外，该校更是少数设有舞台剧、音乐及视觉艺术学院的大学之一。加拿大一般的大学均设有艺术学院，但往往只会开办上述三大学科之一或之二，鲜有像Windsor这样完备的设置，因此，有志修读艺术的国际学生，可将该校视为目标大学之一。

Windsor大学位于加拿大最南端，与美国的密歇根州接壤，具有得天独厚的地理优势。校方与密歇根州州立大学和密歇根州州内很多大专学院签订了合作交流计划，在护士、音乐治疗和心理治疗课程上达成资源共享的协议。Windsor的学生不但可享用协议内各学院的图书馆，而且可跨越边界，到美国有关学院作为交换生，感受那里的校园文化和学术传统。

背景资料：

创校年份：1857

全日制学生：12,775

业余学生：3,491

国际学生：882

大学类别：综合类大学

营运方式：公立

注册处地址：

Office of the Registrar
University of Windsor
401 Sunset Ave.
Windsor, ON
N9B 3P4 Canada

网址：www.uwindsor.ca

电话：1-519-3000，内线 3315

奖学金及经济援助办事处：
1-519-3000，内线 3300

校舍：占地50.6万平方米

图书馆藏量：书籍及期刊超过320万册

教职员工：500名

本科入学要求：

学科成绩：

文科：70%-82%

理科：70%-80%

商科：72%-75%

工程：76%

英语成绩：

TOEFL 220-250(CBT)
或TOEFL 560-600(PBT)

报名截止日期：

秋季入学： 3月1日

冬季入学： 12月1日

(注：商学系学生只限于秋季入学)

学费：

加国学生：每学分181加元

国际学生：每学分476.70加元

书本费：每学年1,000—1,500加元

每月生活开支(约)：

大学宿舍连膳食：850至1,000加元

校外自租房子(不包膳食)：450至650加元，视所租房子大小而定

膳食费：375加元

其他杂费：200加元

医疗保险：352.8加元/学年

学系/专业：

设有8个学系，共116个专业

文学及社会科学系

商学系

科学系

工程系

法律系

教育学系

护士学系

人体运动学系

大学排名：

Maclean's 2005年大学排名

综合类大学排名第十一

研究院入学要求：

TOEFL 560-600(PBT) 或 TOEFL 220-250(CBT)，视课程而定；

个别学系要求申请者递交GRE/GMAT成绩

研究院课程学费：

加国学生：每学期2,300加元

国际学生：每学期6,500加元

热门研究院专业：

商业、计算机科学、工程

所在城市数据：

城市：温莎(Windsor)

人口：208,402

生活指数：中至高

气温：-8℃ 至 28℃

17. 罗里尔大学　Wilfrid Laurier University

音乐系海外扬名　本科类优质名校

罗里尔大学(Wilfrid Laurier University，简称Laurier)创立于1911年，位于安省Waterloo市，是加国最佳的本科类大学之一，被普遍赞誉为“学校虽小，名气很大”，杰出院系包括音乐系和商学院。

Laurier大学一如其他加国本科类大学，集中发展基础学科教育，多采用小班教学，主要开办学士课程，但在个别强势专业中亦开设了极具水准的研究院课程。Laurier与Guelph大学和Waterloo大学建立了密切的合作关系，借助这两所全加优秀综合类大学的师资和经验，共同开设研究院课程，达到资源共享的互惠目的。

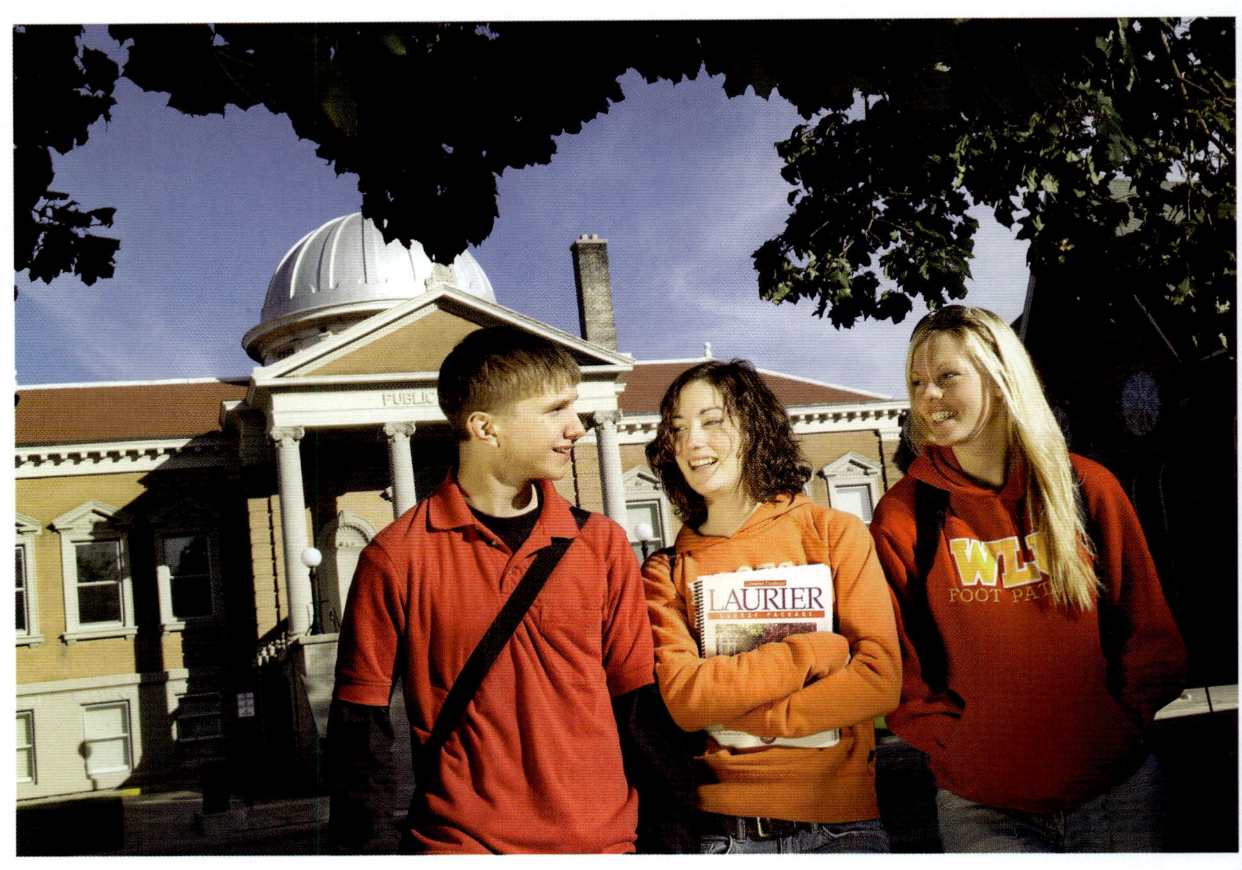

加拿大的本科类大学属于小型大学，校舍环境、教学资源和研究基金均不及综合类大学和医学/研究院类大学，但这绝不意味着小型大学的教学水平就一定低于中型及大型大学。本科类大学主要将资源投放在本科基础教育上，在开设优秀的学士课程的同时，注重开拓新的学术领域，以灵活弹性的学制和教学方法见长。拥有近百年历史的Laurier大学是加国本科类大学的佼佼者之一。

首创音乐治疗硕士课程

音乐系是Laurier最优秀的院系，享有国际声誉，每年吸引着全加各地及美国等国家的学生慕名而至。音乐系的教学强调理论与实践相结合，学生每星期均有机会得到教授一对一的指导，在正规的课堂学习之外，还有很多现场表演的机会。系内不乏全球知名的教授，包括著名钢琴家Heather Dawn Tares，著名小提琴家Kimberly Barber及Daniel

Lichti等。音乐系的课程注重教授全面的知识，同时，学生还有大量参与交响乐团、爵士乐合奏等表演的机会，这使得他们既学习了音乐知识，又增加了表演经验。

除此之外，该校音乐系以开设创新的音乐治疗课程享誉国际。音乐治疗是一个崭新的学科领域，原理是利用音乐的旋律和声调，治疗患有自闭症的儿童、中风的患者和其他病患等，以改善他们的沟通技巧和能力。这一疗法深受国际学术界关注。Laurier三年前开办了全加首个全日制音乐治疗硕士课程，并兴建了音乐治疗研究中心，表明校方希望进一步拓展该学科领域的决心。

商业及经济学系突出

Laurier另一个强势学系是商业及经济学院(Laurier School of Business and Economics)，每年招收约3,200名学生。该院是安省各大学招生要求最高的商学院之一，学生平均成绩要达到GPA 87.5%才有机会被录取。商学院开办了完善的在学实习计划(Co-op Program)，系内约有一半的学生会参加该计划，从而有机会在职场中实践所学，并同时获得宝贵的工作经验，建立起相应的社会关系。

自2005年开始，校方准许国际学生参加在学实习计划，但名额有限。因此，国际学生在申请该计划时将面临比当地学生更大的竞争，要有一定的心理准备。

因为商学院采用案例分析学习法，学生会被分成小组，通过分析真实的案例来学习，例如，一门三年级的课程限定学生在一个星期内，与小组的同学一起，解决一个发生在真实公司的具体问题，以体验职场上分秒必争的工作环境。

除了音乐系和商学院之外，Laurier的英语、心理学和考古学的本科课程，以及社会工作的研究院课程亦十分优秀，是国际学生可以考虑的学科。

借助他校资源开拓新课程

Laurier与安省多所大学达成互惠互利的长期合作计划，共同开办本科或研究院课程。这样，既减轻了各校的经济和资源压力，同时又加强了学校之间的交流，很有意义。目前，该校与Nipissing University共同开办一个四年制的文学及教育学士双学位课程，同时，分别与Guelph University及Waterloo University合办多个研究院课程。

设立国际学生奖学金

Laurier大学为国际学生设立了部分奖学金计划，虽然金额不高，不足以补贴学费，却有非常积极的意义，这是对成绩优异的国际学生的鼓励。如果国际学生平均成绩达GPA90%(相等于A级成绩)，可获颁1000加元奖学金，达80%(相等于A⁻级别)，则可获750加元奖学金。该校尚有其他小额助学金供国际学生申请，详情请向校方咨询。

Laurier大学所在地点属于Kitchener—Waterloo地区，人口中约22%的居民并非加国出生，是加拿大第四大移民城市，移民人口仅次于多伦多(Toronto)、温哥华(Vancouver)及汉密尔顿(Hamilton)三大城市，市内华人人口甚多。中国学生在此地留学，会有机会品尝到家乡菜，或遇到来自故乡的学生，倍添亲切感。Laurier大学校园的气氛非常友善和谐，是一个十分理想的学习场所。

背景资料：

创校年份：1911
全日制学生：10,097
业余学生：2,199
国际学生：196
大学类别：小型综合类大学
营运方式：公立
注册处地址：
Office of the Registrar
Wilfrid Laurier University
75 University Ave. W.
Waterloo, ON
N2L 3C5 Canada
网址：www.wlu.ca
电话：1-519-884-0710 内线 3351
奖学金及经济援助办事处：
1-519-884-0710 内线 4254

本科入学要求：

学科成绩：
文科：82.2%
理科：81.3%
商科：87.5%
英语成绩：
TOEFL 220(CBT)
或TOEFL 560(PBT)
或IELTS 6.5

报名截止日期：

秋季入学： 5月1日

学费：

加国学生：每学期2,091.75加元
国际学生：每学期4,689.50加元
书本费：每学年1,200加元

每月生活开支(约)：

大学宿舍连膳食：700至900加元
校外自租房子(不包膳食)：375至840加元，视所租房子大小而定
膳食费：350加元
其他杂费：200加元
医疗保险：740加元/学年

学系/专业：

设有7个学系
文学系
理学系
音乐系
商学系
经济系
当代研究系
教育学系

大学排名：

Maclean's 2005年大学排名
小型综合类大学排名第十

研究院入学要求：

TOEFL 573(PBT)
或TOEFL 230(CBT)
个别学系要求申请者递交GRE/GMAT成绩

研究院课程学费：

加国学生：每学期1,788加元
国际学生：每学期4,018加元

热门研究院专业：

商业、大众传播学、心理学、经济、音乐治疗

所在城市数据：

城市：滑铁卢(Waterloo)
人口：497,600
生活指数：中至高
气温：-10℃ 至 26℃

18.约克大学 York University

法学全国最大 商学驰名海外

约克大学(York University，简称York)是加拿大第三大英语大学，位于蓬勃发展的多伦多北约克区，充满活力和朝气。该校拥有多个出色的学系，包括全国最具规模的法律系、勇于革新的人文及社会科学系、急速发展的科学及工程系，当然还有享誉国际的商学院。

商学院是York历史最悠久的学系之一，亦被誉为全球最佳商学院之一，一向以创新灵活著称。该系近年不断开设新的跨学科课程，更与美国一级名牌大学Northwestern University in Evanston合办跨国界的国际工商管理学士及行政人员工商管理硕士(EMBA)课程，在博采他校优点和经验的同时，亦将York的优良学术传统发扬光大，传至海外。

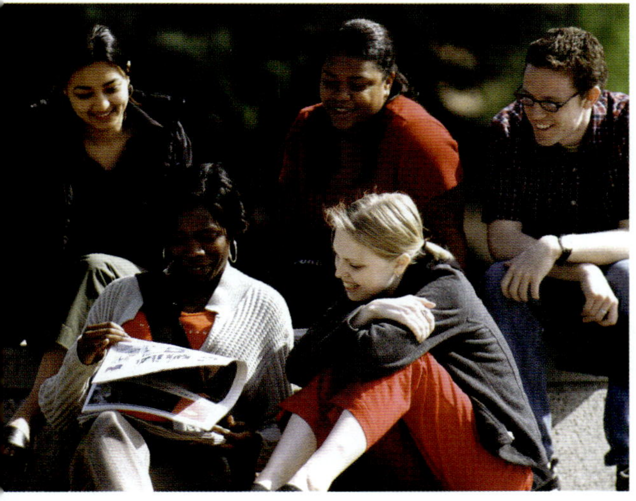

York是一所综合类大学，拥有46年历史。虽然没有开设医学院，其学校规模及学生人数，却绝不逊色于任何大型的医学/研究院类大学。建校之初，York着力于发展文学系及社会科学系，随着发展渐趋稳定与成熟，学校开始大力拓展科学及科技课程，如今，它已成为一所十分全面的综合类大学，各学系的教学与科研水平，均达国际标准。

商学系驰名海外

York最具国际声誉的学系非商学院Schulich School of Business莫属。该院拥有加拿大规模最大的管理学研究院。新的教学大楼斥资1亿加元建成，为师生提供了最先进和完善的教学环境及设备。商学院与全球50个国家的学校和企业签订交换生及短期实习协议，促进国际学术及就业知识的交流。York的工商管理硕士(MBA)课程享誉全球，在英国《金融时报》(*Financial Times*)2005年全球100大MBA排名榜内，名列22位，仅次于多伦多大学。此外，该院在权威商业杂志《福布斯》(*Forbes*)全球十大MBA排名榜(非美国大学)中，与Queen's大学双双上榜，分列第六及第十位。由此可见，York商学院的成就和水平均受到国际瞩目。

《金融时报》工商管理硕士课程全球100大排名(2005年)

排名	入围的加拿大大学
21	多伦多大学(University of Toronto)
22	约克大学(York University)
34	西安大略大学(University of Western Ontario)
39	麦基尔大学(McGill University)
55	不列颠哥伦比亚大学(University of British Columbia)
75	女皇大学(Queen's University)
81	康哥迪亚大学(Concordia University)

《福布斯》2003年十大最佳MBA课程（非美国大学）

排名	学校	国家
1	INSEAD	法国
2	IMD	瑞士
3	Cambridge	英国
4	Oxford	英国
5	London	英国
6	York	加拿大
7	SDA Bocconi	意大利
8	IESE	西班牙
9	Australian GSOM	澳洲
10	Queen's	加拿大

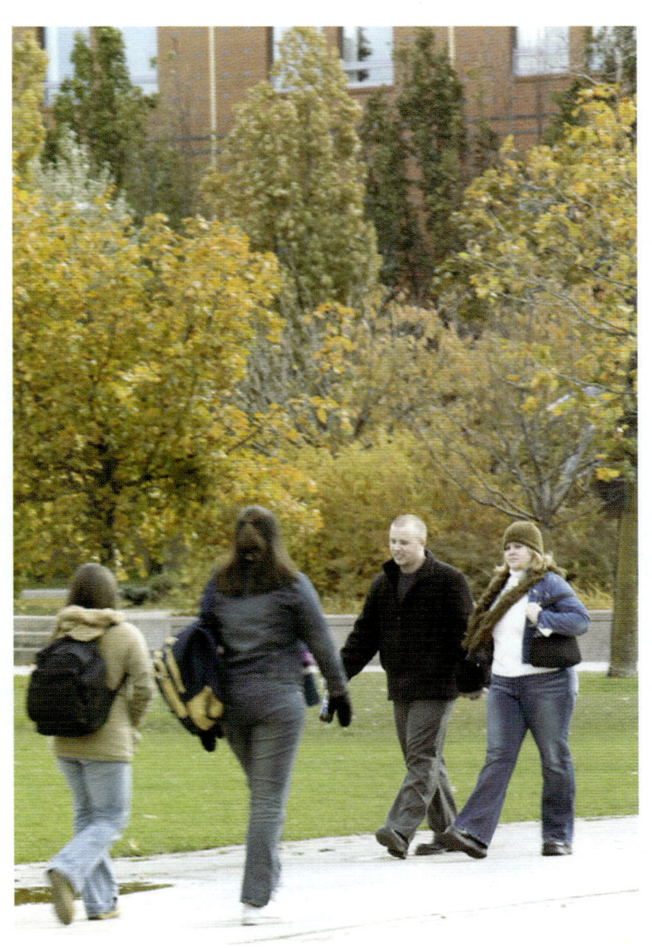

在本科教育方面，Schulich商学院亦同样出色，该系招生最低要求GPA平均高达91%，冠绝全国大学，平均约每十名优秀学生争夺一个名额，竞争十分激烈。

Schulich商学院近年积极创新，除了提供新的跨学系课程之外，更将视野投向美国，与大名鼎鼎的Northwestern University in Evanston的商学院Kellogg School of Management 合办国际工商管理学士课程(BBA)及行政人员工商管理硕士课程(EMBA)。Kellogg School被誉为全球十大商学院之一，在学术界享有领袖地位。Schulich与Kellogg合作开办学位课程，是两所商学院进行学术交流和资源共享的一个新的里程碑，对两校均大有裨益。事实上，两校合办的EMBA是北美首个跨国界的同类型课程，是学术界的先锋，为其他大学提供了一个成功的范例。

开办全国最大的法学院

York的Osgoode Hall Law School是加拿大规模最大的法律学院，在国内声誉卓著，尤以移民法及难民法的研究最为著名。与Schulich商学院一样，

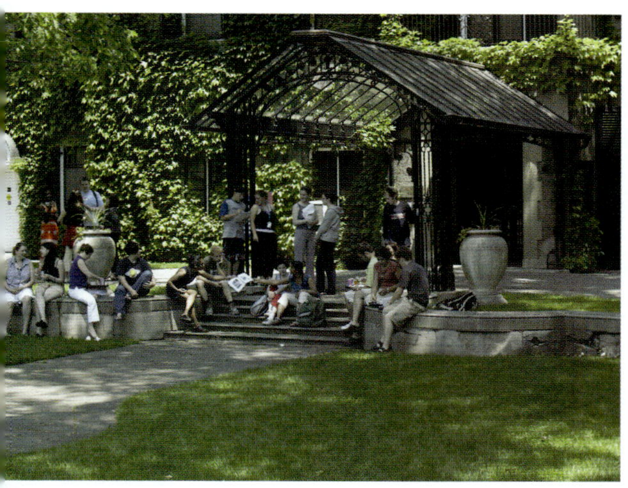

Osgoode Hall法律学院亦积极开拓加美两国大学的交流项目，与美国New York University School of Law签订合作计划，共同开办专业课程，训练律师如何在全球化的环境中工作并适应国际文化。

除了商学院及法学院之外，York大学的文学系、艺术系和科学及工程系亦非常出色，国际学生可考虑修读。

York的文学系是校内最具规模的学系，开设有多种专业，其中尤以前卫和勇于反主流的政治学系最为优秀，并名闻全国。该学系开设的世界政治学，结合国际关系和比较政治学，是一个创新并具有远见的课程。

艺术系开办有舞蹈、电影及视觉艺术课程，并与文学系合作，开设了一个跨学科的双学位课程，结合文化研究与电影研究，对大众传播与社会的关系进行双向探讨。

York近年注重开拓高科技学科，不断扩展科学及工程学系，斥资1,800万加元兴建了计算机及工程大楼，并大大增加了计算机工程学系的学生名额。此外，该校的生物科技研究颇具水准，在研究如何加速药品合成物生产的过程方面，居于领先地位。York还是加拿大唯一开设太空科学专业的大学，提供此专业本科及研究院课程。

概括而言，York是一所颇具潜力的大学，以商学院国际声誉最高，其他学系亦具有优良水准，可供国际学生修读的专业十分多元化。

背景资料：

创校年份：1959

全日制学生：41,977

业余学生：8,714

国际学生：3,169(中国学生2,073)

大学类别：综合类大学

营运方式：公立

注册处地址：

Office of Admissions
York University
4700 Keele St.
Toronto, ON
M3J 1P3 Canada

网址：www.yorku.ca

电话：1-416-736-5825

奖学金及经济援助办事处：
1-416-872-9675

校舍：Keele主校舍占地229.6万平方米；Glendon校舍占地34.4万平方米

图书馆藏量：书籍及期刊超过250万册

教职员工：2,365名

本科入学要求：

学科成绩：

文科：约75%

理科：约75%

商科：85%—95%

工程：75%—85%

英语成绩：

商学系及工程系：
TOEFL 250(CBT)
或TOEFL 600(PBT)
或TOEFL 100(iBT)
或IELTS 7.5
或York English Language Test：整体band 1—2

其他学系：
TOEFL 220(CBT)
或TOEFL 560(PBT)
或TOEFL 83—87(iBT)
或IELTS 7
或York English Language Test：整体band 1—5

报名截止日期：

秋季入学： 2月1日

冬季入学： 10月1日

夏季入学： 2月1日

学费：

加国学生：每学分162.05加元

国际学生：每学分495.38加元

每月生活开支(约)：

大学宿舍(不包膳食)：465加元

大学宿舍膳食：分为175、250及300加元

校外自租房子(不包膳食)：650至800加元，视所租房子大小而定

膳食费：300加元

其他杂费：200加元

医疗保险：658加元/学年

学系/专业：

设有10个学系，超过100个专业

大学排名：

Maclean's 2005年大学排名
综合类大学排名第十

其他排名

英国《金融时报》(*Financial Times*)2005年最佳MBA全球100强排名中，占第22位

《福布斯》(*Forbes*)杂志的2003年全球MBA排行榜(非美国大学)中，York位列第6

研究院入学要求：

TOEFL 600-577(PBT) 或 TOEFL 250-233(CBT)，视课程而定；

个别学系要求申请者递交GRE/GMAT成绩

研究院课程学费：

加国学生：每学期1,600加元

国际学生：每学期3,757加元

热门研究院专业：

商业管理、计算机科学及信息科技、艺术、心理心、社会学

所在城市数据：

城市：多伦多(Toronto)

人口：5,000,000

生活指数：高

气温：-10℃ 至 27℃

革新艺术教育　规模加国最大

安大略艺术设计学院(Ontario College of Art & Design，简称OCAD)在加拿大四所艺术及设计学院中规模最大、历史最悠久，曾培养出无数杰出的艺术家及设计专才，在加国以至海外享有很高的声誉。该校于2002年正式获得颁发学位的资格，校舍面积扩大了四成，为学生提供更全面、更多元化的课程。

OCAD的学生大多来自不同的文化背景，有助于互相激发，进行文化艺术交流，活跃创造性思维。该校提供艺术学士、设计学士及其他文凭课程，热门专业包括广告、绘画、平面设计及工业设计等。

创校于1876年的OCAD在加拿大四所艺术学院中历史最悠久，学生人数和课程数量也最具规模。多伦多是加拿大最大的艺术文化之都，OCAD是省内唯一艺术学院，因此亦特别具有代表性，过去一个多世纪以来培养了无数精英人才。杰出的毕业生包括加拿大国宝级大师Michael Snow、Harold Town及Joanne Tod等，对艺术及设计界贡献巨大。

安省政府于2002年正式赋予OCAD颁发学位的资格，是该校历史上一个最重要的里程碑，亦标志着OCAD的学术水平获得进一步肯定。校方随即启动了一系列扩展校舍和增添设备的计划，以配合开办学位课程和增加招生人数的需要。

强调理论与实践相结合

艺术和设计专业不能只是纸上谈兵，学生必须通过实践将所学融会贯通，并借助交流互动，启发更多创意。OCAD所有的课程均分为理论和实践两部分，学生在学习过程中，往返教室和工作室，用具体的作品来展示自己的学习进度和成果。

修读OCAD艺术学士及设计学士课程的学生，均需攻读基础的文科大学科目，例如人文科学、社会科学、北美文学及欧洲艺术史等，以掌握艺术和文学的基础知识。

OCAD的课程主要分为以下两大类：

艺术系：学生可主修多元化的艺术专业，例如雕塑、绘画和陶瓷等，内容涵盖古典至新派艺术的各种形式。

设计系：主修专业包括广告、环境设计、平面设计、插图设计、工业设计及物料艺术与设计。

授课教授均是加国顶尖的艺术家或设计界的精英，大都享有世界声誉。

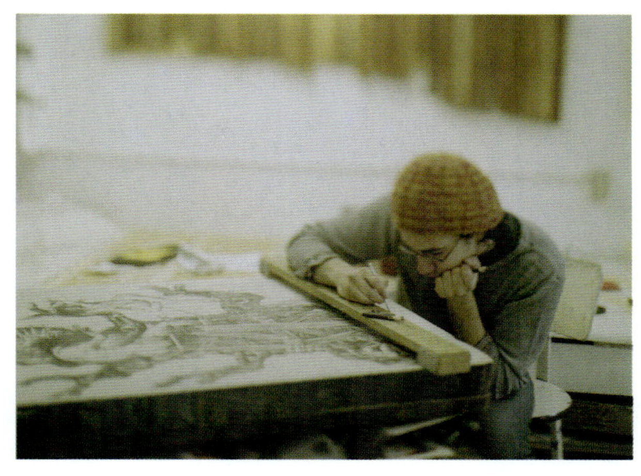

学生可赴佛罗伦萨深造

1974年，OCAD在意大利佛罗伦萨成立分校，为学生开启赴欧洲艺术之都进修的大门。每年，校方会选送30名优秀学生去佛罗伦萨，修读三年级或四年级的学士课程，同时感受欧洲古都的文化艺术气息。

OCAD位于国际都会多伦多，这个地理特点为学生创造了无限优势：校舍隔壁便是安大略艺术馆(The Art Gallery of Ontario)，邻近的皇后大道西(Queen Street West)是前卫艺术和创意设计的荟萃之地。学生置身这样的环境，在欣赏不同风格的艺术创作的同时，更容易激发出个人创意的火花。

背景资料：

创校年份： 1876

全日制学生： 2,646

业余学生： 709

国际学生： 142

学院类别： 艺术及设计学院

营运方式： 公立

注册处地址：
Admission Office
Ontario College of Art & Design
100 McCaul Street
Toronto, ON
M5T 1W1 Canada

网址： www.ocad.on.ca

电话： 1-416-977-6000

入学要求：

学科成绩：

12年级或同等水平(平均成绩约70%)，另需提交个人作品

英语成绩：

TOEFL 580(PBT)
或TOEFL 237(CBT)
或IELTS 6.5

报名截止日期：

2月3日(只限秋季9月入学)

学费：

加国学生： 每学科418至836加元

国际学生： 每学科1,250至2,500加元

书本费： 每学年约1,200至2,400加元，另加材料费

每月生活开支(约)：

校外自租房子(不包膳食)： 450至750加元，视所租房子大小而定

膳食费： 300至400加元

其他杂费： 200加元

医疗保险： 包括在学生保险计划内

所在城市数据：

城市： 多伦多(Toronto)

人口： 5,000,000

生活指数： 高

气温： -10℃ 至 27℃

安省医科翘楚　重视国际学生

安省是加拿大在医疗科学研究方面的中枢，除了省内的大学及学院分别开设与保健及医疗科学相关的课程外，位于多伦多的米钦那应用健康科学学院(The Michener Institute for Applied Health Sciences，简称Michener)，是省内最全面的健康专科学院，提供多样化的文凭、证书、本科学位及研究院文凭课程，在省内拥有甚佳声誉。

Michener认为来自不同文化背景学生的互动能极大地促进学术交流，因此，十分重视吸引国际学生。不过，因为各科课程的申请名额有限，该校每年开放给国际学生的课程可能略有不同，请在申请前查阅该校网站，获取最新消息。

坐落于多伦多的Michener校舍，拥有最先进的教学及研究设备，开办的课程优质实用，因此在医疗健康界一直享有盛名。校方还与多个国际医疗教育机构及研究中心合作，进行有建设性的交流活动，开展合作计划。

课程水平杰出

对有志投身医疗健康专业的学生来说，Michener是一个很好的选择。每年，校方会决定哪些课程将招收国际学生。2007年9月秋季学期，供国际学生申请的课程如下：

文凭课程：

- 医疗化验室科学
- 呼吸治疗

学位/文凭课程（多伦多大学与Michener合办）：

- 放射医疗科技
- 放射治疗
- 放射学科技

高级文凭：

- 心脏血管灌注治疗科技
- 诊断细胞学
- 基因科技
- 超声波技术

证书课程：

- 超声心动图科技
- 磁力共振成像
- 医疗成像系统管理
- 气喘病预防教育
- 气管疾病预防教育
- 诊所品质管理
- 糖尿病预防教育

招生要求严格

Michener的教育水平甚高，因此在录取新生方面要求亦十分严格。部分课程属于研究院级别，申请者需预先完成相关本科学位课程。其他本科或文凭课程亦要求学生已修读部分大学课程或拥有相关的工作经验。

医疗及健康科学是21世纪最热门的专业之一，修读这门学科的学生，毕业后的就业前景应当十分理想，无论在加拿大或者中国，都会有较好的发展机会。Michener是有志投身这一行业人士的理想进修学府之一。

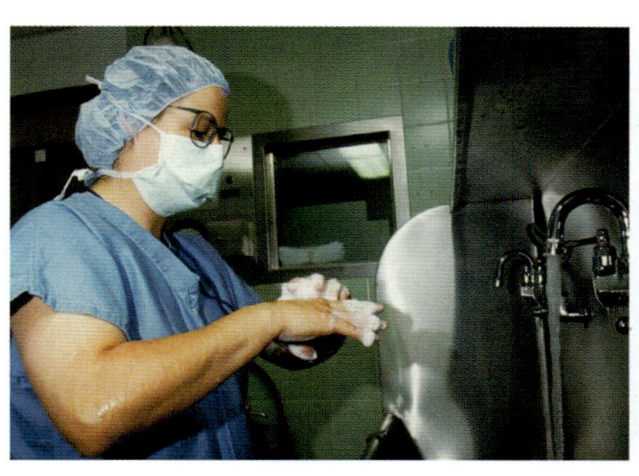

背景资料：

创校年份： 1966

学院类别： 专科学院

营运方式： 公立

注册处地址：

International Admission Office

The Michener Institute for Applied Health Sciences

222 St. Patrick Street

Toronto, ON

M5T 1V4 Canada

网址： www.michener.ca

电话： 1-416-596-3101，内线 3147，3100 或 3164

入学要求：

学科成绩：

视课程而定，部分课程可能要求申请者拥有学位或相关工作经验

英语成绩：

TOEFL 580(PBT)

或TOEFL 237(CBT)

或IELTS 6.5

报名截止日期：

各课程订有不同的截止日期，请上网查询详情

学费：

加国学生： 每学期2,000—4,000加元

国际学生： 每学期6,600加元

书本费： 每学期200—400加元

每月生活开支(约)：

校内宿舍： 600加元(不包膳食)

校外住宿： 450—800加元(视所租房子情况而定)

膳食费： 250加元

其他杂费： 150加元

医疗保险： 每学年613加元

所在城市数据：

城市： 多伦多(Toronto)

人口： 5,000,000

生活指数： 高

气温： -10℃ 至 27℃

21. 阿尔刚奎因学院 Algonquin College

首都大型专科类　完备语训有口碑

位于渥太华的阿尔刚奎因学院(Algonquin College，简称Algonquin)，是安省东部的重要大专学院，提供实用的、以就业为导向的专业教育。该校目前约有14,000名全日制学生和50,000名业余学生，开办的课程多达130项，其规模可与大学媲美。

Algonquin提供多元化的一年制证书及两年制文凭课程，并与多所知名大学合办四年制学位课程。此外，该校为学生创造灵活与自由的选择空间，使文凭课程的毕业生亦可转入多所指定的合作大学，用两年或更短的时间完成学士课程。其热门专业包括室内设计、商业管理、工程及旅游管理等。

Algonquin是渥太华规模最大的商科及语言学院，除了提供多达130项实用课程以外，还为国际学生开办完善的英语作为第二语言(ESL)课程，帮助他们提高英文水平。

语言学校课程全面

该校的语言学校提供8个级别的全日制语言课程(每周25小时)，内容包括课堂教学、独立学习和生活用语的实践学习。在其独特的户外教学单元中，学生通过用英语交流来熟悉加拿大的文化和生活环境。校内还设有向学生全面开放的多媒体语言培训中心，供他们自修或利用计算机学习。此外，校方还提供多种语言课程供学生选择，例如托福预备班、英语会话班以及商务沟通技巧班等。

该校设有全日制的英语作为第二语言/外语教师培训(TESL/TEFL)课程，教学内容注重理论与实践相结合，非常适合希望在加拿大(ESL)或国外(EFL)取得英语教学资格的人士。该课程为期一个学年(9月到第二年5月)，包括九门学分科目，其中三门可采用函授方式修读。申请这个课程的学生，托福成绩必须达到或超过213(CBT)分。

积极开拓学位课程

在正规学术教育方面，Algonquin设有六大学系，包括：

- 高级科技
- 健康与社区服务
- 媒体与设计
- 运输与建筑职业培训
- 商业
- 酒店及旅游业

上述学系均开办一年制证书及两年制文凭课程。校方近年积极开拓本科学位课程，有志获取学士学位的学生，可循以下三个途径达成目标：

(1) Algonquin本校应用学士学位：主修专业分别是室内设计、电子商业(货物供应链管理)以及光学通信科技。

(2) 联合学士课程：包括与Carleton University合办的互动多媒体与设计学士、网络科技学士，及与University of Ottawa合办的医护学士课程。学生需分别在本校与合办学校上课，毕业时可获由合办的大学颁发的学士学位。

(3) 大学学分转移课程：该校大部分文凭课程均可衔接指定协办大学的第三年或第四年学位课程；完成某一文凭课程的学生，可申请转入指定的合作大学，在两年或更短时间内完成所需的学科要求，获取合作大学颁发的大学学士学位。

Algonqiun所在地加拿大首都渥太华，市内人口约100万人，是一个环境优美、秩序井然、闹中取静的国际大都会，拥有国际学生理想的求学环境。无论选择在这里修读英语，或是进修学术课程，都将是一段难忘的记忆。

"I would like to take this opportunity to thank Algonquin College for offering me the practical knowledge which most companies are interested in.

Algonquin College is a wise choice because you will be better prepared for your future and your career."

Cheng Liu, Graduate - Fall 2005

Business Administration – Materials Operations Management

背景资料：

创校年份： 1967

全日制学生： 15,000

业余学生： 40,000

国际学生： 900(中国学生160)

学院类别： 社区学院

营运方式： 公立

注册处地址：

Algonquin College
1385 Woodroffe Avenue, Ottawa
K2G 1V8 ON Canada

网址： www.algonquincollege.com

电话： 1-613-727-4723 内线 7031/7038

入学要求：

学科成绩

文科： 60%

理科： 70%

商科： 70%

工程： 70%

英语成绩：

TOEFL 550—580(PBT)
或TOEFL 213—237(CBT)
或IELTS 6.0—6.5

报名截止日期：

秋季入学： 2月1日

冬季入学： 9月1日

学费：

加国学生： 每学分由250加元起

国际学生： 每学分由1,048加元起

书本费： 一般学科每学期100加元

每月生活开支(约)：

家庭寄宿(Home Stay)： 675加元(包膳食)

校内住宿： 675加元(不包膳食)

校外住宿： 800—1,100加元，视所租房子情况而定

其他杂费： 200—300加元

医疗保险： 包括在学费里

所在城市数据：

城市： 渥太华(Ottawa)

人口： 1,300,000

生活指数： 低

气温： -20℃ 至 30℃

22. 堪布莱恩学院 Cambrian College

切合业界需求　专业应用见长

成立于1967年的堪布莱恩学院(Cambrian College，简称Cambrian)是安省24所公立应用艺术及科技学院之一，位于安省北部的中心城市萨德伯里(Sudbury)，拥有优良的教学传统，提供约100项全日制课程。

Cambrian目前约有4,300名全日制学生及9,000名业余学生，开办的课程涵盖商业、应用艺术、健康科学及科技等领域。在教学上，注重理论与实践相结合，是安省北部的一所重点公立学院。该校的热门学系包括商业、科技工程、大众传播及创意艺术、计算机系统技术及旅游业管理等。

拥有近40年历史的Cambrian学院位于安省北部矿业重镇Sudbury，市内人口约16万人，生活指数中等。这里的业余文化生活虽然没有多伦多、蒙特利尔或温哥华等大城市的多姿多彩，但环境宁静安全，很适合学习进修。

开设100项实用课程

Cambrian除了主校区之外，还有两个校区：Espanola Campus及Manitoulin Campus，为社区内的学生和在职进修人士提供更方便的学习地点。该校提供约100项全日制课程，分为证书课程(为期一年或更短时间)及文凭课程(为期两至三年)，主修专业可分为以下七大类：

(1) 商业：行政助理、商业助理、会计、一般贸易、人力资源管理。

(2) 大众传播及创意艺术：广告、广播、艺术、平面设计、新闻学(印刷)、音乐、公共关系、舞台艺术(技术制作)。

(3) 社区服务：儿童及青年工作者、发展服务工作者、幼儿教育、社会工作者(一般服务及老人服务)。

(4) 计算机及工程技术：自动化工程技师、化工技术、土木工程、计算机系统技术、电机工程、地质工程、健康信息管理、微电脑维修及支持、矿业工程、科学及工程教育、软件工程。

(5) 健康及紧急护理：医护、牙医卫生、牙医助理、健康信息管理、化验室技术、放射性治疗技术、救护、个人护理工作者、运动及休闲设施管理。

(6) 酒店及旅游业：旅游业管理、自然探险旅游管理、酒店及餐饮业管理、酒店服务、厨师训练、糕饼艺术。

(7) 法律及刑事司法：惩教工作者、法律及保安行政、警务基础训练。

与业界紧密合作

Cambrian的教学宗旨是通过实用和专业的职业教育，为业界培训合适的人才。因此，校方致力于与业界加强联系与沟通，以更清楚地了解各行业发展所需要的技术和专才，从而设计更加合理的课程和专业，更好地利用教学资源，以达到物尽其用、人尽其材。

校方亦积极提倡与鼓励终身学习，开设了800个业余的成人及继续教育课程以及在职培训和专业讲座，大力推动了当地在职进修与学习的风气。

"Cambrian College's International office was very helpful throughout the whole application process. They helped me with everything from applying to residence to finding me an on-campus job. Cambrian is a good college with a good variety of courses that aren't available in Sri Lanka. I would recommend Cambrian to anyone who wants practical, hands-on experience combined with a theory style learning."

Brasad Rasika Mendis
From: Sri Lanka
Program: Hospitality

安大略省 Ontario

背景资料：

创校年份：1967
全日制学生： 4,400
业余学生：9,000
国际学生：96
学院类别：社区学院
营运方式：公立
注册处地址：
International Admissions Officer
Cambrian College
1400 Barrydowne Road
Sudbury, ON
P3A 3V8 Canada
网址：www.cambrianc.on.ca
电话：1-705-566-8101

入学要求：

学科成绩：
12年级或同等水平
英语成绩：
请参阅本校网站

报名截止日期：

秋季入学：2月1日
春季入学：10月14日

学费：

加国学生：每学年2,453.40加元
国际学生：每学年8,964加元
书本费：每学年1,000加元

每月生活开支(约)：

家庭寄宿(Home Stay)：600加元(包膳食)
校内宿舍：4,100加元/8个月(不包膳食)
校外住宿：600加元(视所租房子情况而定)
膳食费：420加元
医疗保险：464加元

所在城市数据：

城市：萨德伯里(Sudbury)
人口：160,000
生活指数：低至中
气温：-18℃ 至 25℃

23. 康那多学院 Canadore College

校园共享尼波星 专业最擅航空学

康那多学院(Canadore College，简称Canadore)与尼波星大学(Nipissing University)共享校园设施，这样，学生可享用更完善的教学设备和资源，校方亦可节省营运费用，从而将更多资金投放在教育发展方面。该校更与Nipissing大学合作开办了多项课程，包括医护、刑事司法及环境学等。

此外，Canadore提供多元化的文凭及证书课程，热门专业包括计算机科学、通信科技及旅游业管理等，但其最负盛名的课程则是航空专业。

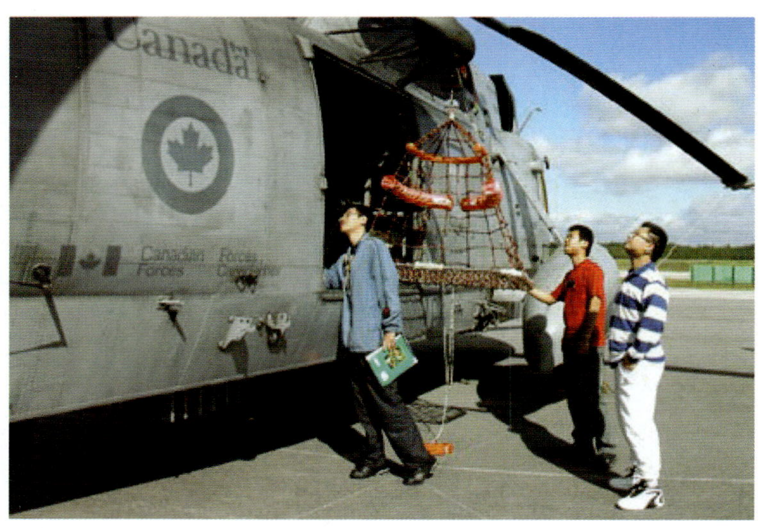

创办于1967年的Canadore位于距多伦多以北约4小时车程的北湾(North Bay)，市内人口约55,000人，风光灵秀，有湖泊相间，是一个民风淳朴的美丽小城。市内华裔居民不多，保留有传统的西方乡郊风情，生活指数远低于多伦多。

与相邻大学资源共享

Canadore与Nipissing大学共同拥有占地291万平方米的校区，环境宁静，绿荫环绕，被称为安省最美丽校园之一。两校达成合作和资源共享的协议，学生可共同使用校区内的设施，包括图书馆、康乐设施及健康中心等，但两校的行政和教学却保持独立。

该校共开办75项全日制课程，分为以下四大类：

(1) 航空技术：价值1250万加元的航空训练校区于2002年落成，校方随即扩充招生人数，并开发更多新课程。目前，航空技术是Canadore最杰出和独特的专业，热门课程包括一年制的飞机结构修理和直升机操作，以及两年制的飞机维修和航空电子维修。这四个课程均将理论与实践相结合，帮助学生掌握最先进的航空机械及飞行知识。

(2) 健康及社区服务：包括生化技术员、牙医助理、牙医卫生学、环境保护技术、呼吸治疗学、医护、幼儿教育及社会工作者教育等。

(3) 酒店及旅游业：餐饮管理、厨师训练、食物及营养管理、酒店/度假村及餐厅管理、康乐及休闲服务等。

(4) 信息及大众传播：计算机程序员、计算机系统网络、办公室行政、网页程序员、广告、电台广播、电视广播及制作、平面设计、新闻学(印刷)及最新的舞台艺术等。

积极招收国际学生

该校拥有欢迎国际学生的传统，不但开设有完善的英语课程，还向学生提供亲切友善的辅导及支持服务，以助他们尽快适应新的学习和生活环境。

此外，Canadore每年夏天都会开办应用艺术及科技短期课程。来自世界各地的学生共聚一堂，学习不同专业的实用知识，在进行学术与文化交流的同时，认识新朋友，开阔视野。

背景资料：

创校年份：1972
全日制学生：3,000
业余学生：3,000
国际学生：50(中国学生18)
学院类别：社区学院
营运方式：公立
注册处地址：
100 College Drive
North Bay
P1B 8K9 ON Canada
网址：www. canadorec.on.ca
电话：1-705-474-7600

入学要求：

学科成绩：
文科：50%
理科：50%
商科：50%
工程：50%
英语成绩：
TOEFL 550(PBT)
或TOEFL 212(CBT)
或IELTS 6
或MELAB 75

报名截止日期：

秋季入学：7月
冬季入学：10月
夏季入学：1月

学费：

加国学生：每学年约2,500加元
国际学生：每学年约8,440加元
书本费：800加元
其他费用：1,000加元

每月生活开支(约)：

家庭寄宿(Home Stay)：550加元(包膳食)
校内宿舍：50加元(不包膳食)
校外住宿：400加元(视所租房子情况而定)
膳食费：300加元
其他杂费：100加元
医疗保险：50加元

所在城市数据：

城市：北湾(North Bay)
人口：56,000
生活指数：低
气温：-30℃ 至 30℃

24. 森坦尼尔学院 Centennial College

独设国际转移 广招海外学生

创校于1966年的森坦尼尔学院(Centennial College，简称Centennial)拥有欢迎国际学生的传统，不但积极招收海外学生到加国学习，更与多所中国大专学院签订国际转移教育(International Transfer Education)计划。参与该计划的中国学生，可先在中国的伙伴大学修读部分学分，然后前往Centennial完成余下一至两年的课程，并获得一年的加国本土工作机会，是一个很独特的留学计划。

Centennial开办多元化的课程，包括一年制证书、两年制文凭及四年制本科学位，涵盖应用艺术及科技等多方面专业。全日制课程超过100项，其中的数码动画、多媒体设计、商业管理及网络通信技术等课程享有盛名，深受学生欢迎。

Centennial学院位于大多伦多地区的士嘉堡市(Scarborough)。该社区聚居有大量的移民，多元文化色彩十分浓厚，华裔移民所占比例不小，中国学生来这里念书，能容易地找到故乡的食物和用品，较快地适应新生活。

开办100项课程

Centennial的全日制课程多达100项，其中最受国际学生欢迎的分别是以下四大类：

(1) 传播艺术：该校的创意传播中心(The Centre for Creative Communications)享有盛名，一向以开办高质量和创新的传播艺术课程而著称，主修专业包括广告学、公共关系、媒体平面设计、数码动画、新媒体设计、网上写作、杂志出版及广播与电影。上述专业除了广播与电影课程因学额不足而暂时不接受海外申请之外，其他课程均招收国际学生。

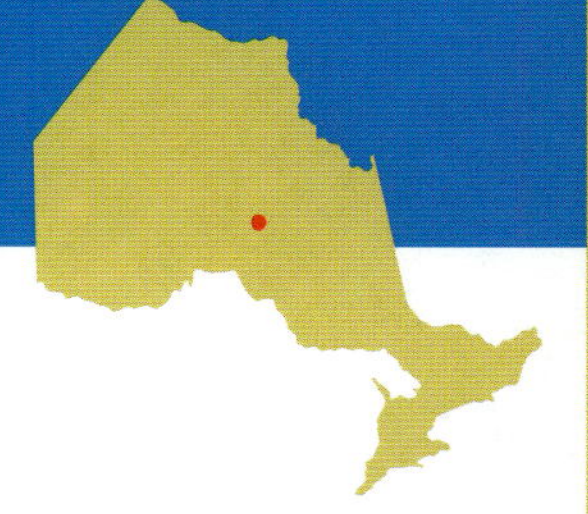

（2）商业：主修专业分别有会计、商业管理、商业经营、呼叫中心、计算机程序与信息系统、计算机网络技术、电子商务、金融服务、酒店与旅游业、人力资源管理、国际商业、法律文员、市场学及办公室行政。

（3）工程科技及应用科学：包括应用生物与环境科学、机械与自动化工程科技、信息与通信科技及数学。

（4）社区及健康服务：儿童与青年工作、食物与营养管理、护理、药剂技术员、康乐与休闲服务、社会工作及个人护理工作等。

上述课程主要是一至三年制的证书及文凭课程。校方在广泛征求业界人士意见的基础上，制定课程内容，强调理论与实践相结合，以培训业内最需要的人才。

逐步开拓学位课程

Centennial学院目前开办有两个四年制本科学位课程，分别是计算机与通信系统课程，以及软件/系统发展及管理课程。校方还与省内众多大学达成学分转移协定，开展大学学分转移计划。修读完该校文凭或证书课程的学生，可申请转入相关大学的本科课程，完成余下的学分。

该校积极发展国际教育，热烈欢迎海外学生，在这方面已有30多年的历史。近年来校方更创立了加中两地的国际转移教育计划，与多所中国大学签订协议，让在中国修读大专课程的学生，有机会前来加国学习及工作，为推动中加两国学术及文化交流做出了积极的贡献。

背景资料：

创校年份：1966
全日制学生：12,000
业余学生：30,000
学院类别：学院
营运方式：公立
注册处地址：
International Education Office
Centennial College
941 Progress Avenue
Toronto, ON
M1G 3T8 Canada
网址：www.centennialcollege.ca
电话：1-416-289-5393

入学要求：

学科成绩：
中学毕业或同等学力
英语成绩：
TOEFL 550(PBT)
或TOEFL 213(CBT)
或IELTS 6

报名截止日期：

2月1日前申请获优先考虑，之后视学额而定

学费：

加国学生：每学年1,820加元
国际学生：每学年9,950加元
书本费：每学年800加元

每月生活开支(约)：

校内宿舍：625加元(不包膳食)
校外住宿：450—800加元(视所租房子情况而定)
膳食费：250加元
其他杂费：150加元
医疗保险：已包括在学费内

所在城市数据：

城市：多伦多(Toronto)
人口：5,000,000
生活指数：高
气温：-10℃ 至 27℃

就业率逾九成　高科技树口碑

康乃斯托加科技及高等教育学院(Conestoga Institute of Technology and Advanced Learning，简称Conestoga)是安省的一所重点学院，亦是该省三所科技及高等教育学院之一，以提供优质的高科技课程著称，毕业生就业率高达94%，是省内学院之冠。事实上，该校连续七年被选为整体表现最杰出的安省学院，其教学质量之佳由此可见一斑。

拥有近40年历史的Conestoga积极接收国际学生，提供完善的英语训练和多元化的职训课程。热门课程包括商业管理、健康信息管理、机械工程、计算机与通信科技等，该校一向与高科技企业保持紧密合作关系，共同培养科技界专才。

Conestoga建校于1967年，位于环抱基臣纳尔(Kitchener)、滑铁卢(Waterloo)、剑桥(Cambridge)以及圭尔夫(Guelph)等市的加拿大高科技三角区。这个地区的总人口约50万，是一个蓬勃成长、充满活力的社区。区内的先进技术、现代化制造设施与兴旺的服务业相得益彰，亦为Conestoga的毕业生带来很好的就业和发展机会。该校学生在毕业后六个月内成功就业的比率高达94%。

每年，安省的大学、学院及职业训练厅均会委托独立专业公司进行一份名为〝重要表现指标〞(Key Performance Indicator，简称KPI)的统计报告，分别根据毕业生满意度、毕业生就业情况、雇主满意度及学生满意度四方面来评估各大专院校的表现，在整体平均分数上，Conestoga连续七年位列全省公立学院之冠。由此可见该校的学习环境和教学质量均达卓越水平。

积极招收国际学生

Conestoga强调小班教学，并与业界保持密切联系，以设计最合适、最实用的职训课程。该校拥有欢迎国际学生的优良传统，绝大部分课程均向海外申请者开放。接收国际学生申请的课程分为以下七大类，包括证书、文凭及学位课程：

(1) 商业：会计与信息科技(研究生课程)、商业研究(学士课程)、工商管理、餐饮管理、健康中心行政、物料与操作管理、办公室行政。

(2) 工程科技：综合高级生产科技(应用科学学士)、高级木料与合成制品生产科技(应用科学学士)、综合通信及计算机科技(应用科学学士)、建筑计划与设施管理(应用科学学士)、土木工程、计算机工程、电子工程。所有工程科技的课程均包含实习计划，让学生有机会在职场实践所学。这亦是Conestoga和地区业界合作办学的成果。

(3) 生产工程：自动化生产机械工程、烧焊工程、木制品工程。

(4) 信息科技：计算机程序员、计算机分析员、支持服务信息科技、软件工程。

(5) 健康科学：健康信息管理(应用健康科学学士)、个人护理员、持牌执业护士。

(6) 社区服务：职业发展学(研究生课程)、幼儿教育、法律及保安行政/医务基础课程。

(7) 文科及媒体研究：公共关系、航空飞行学以及ESL英语教师课程等。

该校还设有完善的ESL课程。如果申请者未达校方的英语要求：TOEFL 550分(PBT)/210分(CBT)，可先入读ESL课程，待打好英语基础后，再修读职训课程或其他正规的学分课程。

Conestoga所在地，是安省风景最秀丽的地方之一，苍翠的森林、起伏的山峦和简朴的农庄相映成趣，为国际学生提供了一个恬静优美的学习环境。

背景资料：

创校年份：1967

全日制学生：4,500

业余学生：30,000

学院类别：社区学院

营运方式：公立

注册处地址：

International Education Office
Conestoga College
299 Doon Valley Drive
Kitchener, ON
N2G 4M4 Canada

网址：www.conestogac.on.ca

电话：1-519-748-3556

入学要求：

学科成绩：

中学毕业或同等学力

英语成绩：

TOEFL 550(PBT)
或TOEFL 213(CBT)
或IELTS 6

报名截止日期：

2月1日前申请获优先考虑，之后视学额而定

学费：

加国学生：每学年由2,000加元起

国际学生：每学年9,500加元

书本费：每学期400加元

每月生活开支(约)：

家庭寄宿(Home Stay)：650加元(包膳食)

校内宿舍：612加元(不包膳食)

校外住宿：450—800加元(视所租房子情况而定)

膳食费：250加元

其他杂费：150加元

医疗保险：每学年613加元

所在城市数据：

城市：基臣纳尔(Kitchener)

人口：500,000

生活指数：中至高

气温：-10℃ 至 26℃

26. 联邦学院 Confederation College

航空航天水平高 语言中心设备好

联邦学院(Confederation College，简称Confederation)，坐落于安省的雷湾市，是一所中型的大专学院，提供大学本科课程及多样化的职业培训科目。热门课程包括航天及航空工程、商业管理、工程技术及林业等，其中尤以航天及航空工程专业最为知名。该校拥有崭新的航空航天训练中心，为学生提供设施先进且完善的求学环境。

Confederation积极招收国际学生，其国际教育中心开办完善的英语作为第二语言(ESL)课程，并设有最尖端的多媒体语音室及教室监控器，以协助国际学生提高英语水平，铺平求学之路。

该校所在地雷湾是一个友善、整洁、安全的城市，人口约117,000人，坐落在世界上最大的淡水湖苏必利尔湖畔。Confederation学院占地40万平方米，校园设备齐全，小河潺潺，曲径通幽，是一方宁静和谐的求学净土。

七大领域受国际学生欢迎

该校现有全日制学生约3,200人，业余学生约17,000人。最受国际学生欢迎的课程涵盖以下领域：

(1) 航空工程：Confederation的航空及航天专业享有盛名，不但拥有优良师资，更设有最先进的训练中心，为学生提供理论与实践相结合的课程，包括航天制造工程、航空飞行管理、飞机维修技术，以及于2007年9月招收的首届学生的航空电子维修技术课程。

(2) 商业管理：主修专业包括会计、人力资源、市场学、国际商业及办公室行政等。

(3) 媒体艺术：电视广播、电影制作及多媒体制作等。

(4) 工程科技：建筑科技、土木工程、电子工程(控制系统)、电子工程(计算机)、环境技术、林业技术及机械工程等。

(5) 健康科学：护理(护士学士)、牙医助理、牙医卫生、医疗放射技术及个人护理等。

(6) 酒店及旅游业：餐饮管理、厨师训练、酒店管理及旅游管理等。

(7) 社区服务：社会工作、儿童及青年工作、幼儿教育和康乐及休闲服务等。

设备先进的ESL教育中心

Confederation十分欢迎国际学生，绝大部分的学分课程均向海外申请者开放，校方更设有完善的ESL英语教育中心，为英语程度未达标的学生提供专业训练。全日制的ESL英语课程分为六个级别，每周一至五上课，每天五小时。校方每隔八周接收一次新生，学生入学时必须接受分班考试。课程以《剑桥新概念交际和短文丛书》为基础，分为语法、听力、写作、发音、口语、词汇及对话七个部分，深入浅出，旨在帮助学生掌握纯正的英语。教育中心设备先进齐全，包括最尖端的多媒体语音教室，以及能够进行网上浏览的写作室等。

背景资料：

创校年份：1967
全日制学生：3,200
业余学生：1,700
学院类别：社区学院
营运方式：公立
注册处地址：
Admissions & Registration
Confederation College
P.O. Box 398
1450 Nakina Drive
Thunder Bay, ON
P7C 4W1 Canada
网址：www.confederationc.on.ca
电话：1-807-475-6213

入学要求：

学科成绩：
中学毕业或同等学力
英语成绩：
TOEFL 500(PBT)
或TOEFL 173(CBT)

报名截止日期：

2月1日前申请获优先考虑，之后视学额而定

学费：

加国学生：每学年2,500加元
国际学生：每学年10,000加元
书本费：每学年800加元

每月生活开支(约)：

校内宿舍：350—500加元(不包膳食)
校外住宿：400—800加元(视所租房子情况而定)
膳食费：250—300加元
其他杂费：150加元
医疗保险：每学年613加元

所在城市数据：

城市：雷湾(Thunder Bay)
人口：117,000
生活指数：低至中
气温：-28℃ 至 24℃

27. 德汉姆学院 Durham College

开高科技专业 设研究生文凭

位于安省汽车城市奥沙华(Oshawa)的德汉姆学院(Durham College，简称Durham)以开办高科技和实用职业课程著称，为当地社区提供源源不绝的技术人才。

虽然Durham属中型大专院校，全日制学生人数仅约5,000，却提供多达100个全日制课程，其多样性足可与大型学院或小型大学媲美。最受国际学生欢迎的课程包括多媒体设计、平面设计、计算机技术、电子工程技术及商业管理等。为适应学生对文凭及学士以上学位课程需求的增长，校方开办了一年制的研究生证书课程，主修专业分别是计算机动画、电子商贸及运动管理。

奥沙华位于多伦多以东，距多市约1小时车程，是一个新兴城市，人口约146,000人。区内既有小城镇的友善气氛，亦有现代化都会的相应设施，社区规划完善。

与UOIT共享资源

奥沙华市内有两所公立大专院校，分别是Durham学院和安省理工大学(University of Ontario Institute of Technology，简称UOIT，详见第372页介绍)，两校有着密不可分的关系：不但共享同一校园，更在教学上互相支持。Durham有很多文凭课程可衔接UOIT的本科学位课程。

Durham教学设施完备，提供约100个全日制课程，内容以实用性为主导，涵盖以下十大学院：

(1) 应用科学学院
(2) 商业学院
(3) 大众传播艺术学院
(4) 设计学院
(5) 救护服务学院
(6) 健康学院
(7) 社区服务学院
(8) 信息科技学院
(9) 综合商业管理学院
(10) 技术学院

此外，校方亦开设大学/学院预备班、学徒职业训练课程及职能训练课程，提供多样性的课程选择。

积极招收国际学生

对国际学生来说，Durham课程的选择机会多、学习内容灵活实用、校舍设备完善，是一所颇具吸引力的大专学院。最受国际学生欢迎的课程包括：

- 广告学(三年制高级文凭)
- 商业管理(包括两年制及三年制高级文凭，可转入UOIT继续修读商学士课程)
- 计算机程序员(两年制文凭)
- 计算机系统技术(三年制高级文凭)
- 电子工程技术(三年制高级文凭)
- 环境技术(三年制高级文凭)
- 食物及药物技术(两年制文凭)
- 平面设计(三年制高级文凭)
- 法律及保安行政(两年制文凭)
- 机械工程技术(三年制高级文凭)
- 多媒体设计(三年制高级文凭)
- 网页开发(两年制文凭)

上述课程涵盖了当今最受重视的众多职业领域，毕业生就业前景不俗。

近年职场上有一个新趋势，有越来越多雇主希望雇员拥有相关专业的文凭或本科学位以上的学历和专业技能。Durham顺应这一趋势，开办了一系列研究生证书课程(Graduate Certificate Program)，其中最受国际学生欢迎的主修专业包括计算机动画、电子贸易及运动管理。申请者必须已拥有文凭或本科学位。母语非英语学生TOEFL需达580分(PBT)以上。

背景资料：

创校年份：1967

全日制学生：5,500

学院类别：社区学院

营运方式：公立

注册处地址：

International Office
Durham College
2000 Simcoe Street North
P.O. Box 385
Oshawa, ON
L1H 7L7 Canada

网址：www.durhamc.on.ca

电话：1-905-721-3111，内线 2355

入学要求：

学科成绩：

中学毕业或同等学力

英语成绩：

TOEFL 550(PBT)
或TOEFL 213(CBT)
或IELTS 6

报名截止日期：

2月1日前申请获优先考虑，之后视学额而定

学费：

加国学生：视课程而定

国际学生：每学年10,000加元

书本费：每学期400加元

每月生活开支(约)：

家庭寄宿(Home Stay)：每月540加元(不包膳食)；每月700加元(包膳食)

校内宿舍：每学期560—625加元(不包膳食)

校外住宿：500—800加元(视所租房子情况而定)

膳食费：250加元

其他杂费：150加元

医疗保险：每学年613加元

所在城市数据：

城市：奥沙华(Oshawa)

人口：146,000

生活指数：中至高

气温：-10℃ 至 27℃

28. 范修为学院 Fanshawe College

精于传播艺术 着眼实用就业

安省伦敦市(London)除了是著名大学西安大略大学(University of Western Ontario)的所在城市外，亦是范修为学院(Fanshawe College，简称 Fanshawe)主校区的总部。两校在2001年开始合办本科课程，在学术及教学上互动交流。

Fanshawe学院提供约100项全日制课程，包括职业训练、大学学分转移、英语作为第二语言(ESL)及其他多元化的专业课程，热门专业包括流行音乐创作、新闻学、健康发展及软件开发等。校方拥有欢迎国际学生的传统。

伦敦市位于安省南部，有“森林之都”的美誉，是一个以绿化闻名的美丽城市。除了主校区外，Fanshawe亦于Simcoe St. Thomas及Woodstock设立分校区，为安省西南部社区提供优质和完善的大专教育及职业训练课程。

与多所大学合办课程

Fanshawe主要提供证书、文凭及研究生证书课程，亦与多所大学合办本科学位课程，在Fanshawe修读完文凭课程的学生，如果成绩理想，可直接转入指定大学继续修读学士课程，参与合作计划的大学包括University of Western Ontario、University of Lethbridge及University of Windsor等。

该校提供约100项全日制课程，主要分为以下十类：

- 艺术与设计
- 建筑科技
- 商业
- 大众传播艺术
- 健康科学
- 社区服务
- 信息科技
- 生产科学
- 动力科技
- 旅游与酒店业

在众多专业课程中，大众传播艺术是Fanshawe的一个焦点学系，深受国际学生欢迎。

大众传播艺术涵盖了新闻学(电台及电视)、音乐创作、舞台制作、摄影、广告平面设计和多媒体设计及制作课程等，广泛涉及一些21世纪最热门的职业。

该校新闻专业建有设施先进齐备的教学中心，学生可在良好的环境中学习电台及电视广播编导与制作技术。此外，校方还在伦敦市中心建立了一个设备完善、器材先进的工作室，专供攻读舞台艺术及制作课程的学生使用。Fanshawe的大众传播艺术专业课程实用、师资优良，毕业生遍布安省以至加国其他省份，在业界享有较高的声誉。

课程实用就业率高

Fanshawe约有30个课程包含实习计划，国际学生亦可参加，获得带薪工作、实践所学的宝贵机会。由于该校的专业课程能很好地配合业界需求，因此毕业生的就业率平均高达95%，成绩骄人。

背景资料：

创校年份：1967

全日制学生：15,000

业余学生：40,000

国际学生：350(中国学生75)

学院类别：社区学院

营运方式：公立

注册处地址：

International Admission Office
Fanshawe College
Room E1002
1460 Oxford Street. East
London, ON
N5Y 5R6 Canada

网址：www.fanshawec.on.ca

电话：1-519-452-4278

入学要求：

学科成绩：

中学毕业或同等学力

英语成绩：

IELTS 6.0，单项不低于5.5

报名截止日期：

不设特定截止日期，额满即止

学费：

加国学生：全年两学期约3,000至4,000加元

国际学生：全年两学期约10,000加元

书本费：全年两学期约250至1,000加元

每月生活开支(约)：

家庭寄宿(Home Stay)：650加元(包膳食)

校内宿舍：750加元(包膳食)

校外住宿：450—800加元(视所租房子情况而定)

膳食费：不定

其他杂费：不定

医疗保险：每月47加元

所在城市数据：

城市：伦敦(London)

人口：400,000

生活指数：低至中

气温：-10℃ 至 25℃

29. 弗莱明学院　Fleming College

宁静小镇学府　长于自然资源

彼德堡(Peterborough)是安省一个宁静安全的小城市，坐落着两所优秀的公立大专学府：Trent University和弗莱明学院(Fleming College，简称Fleming)。两校一直保持紧密关系，共同开办多项本科学位课程，并进行富有建设性的学术及教学交流。

Fleming拥有良好的教学传统，推行以学生为本的办学理念，校风淳朴。该校多年来致力于发展自然资源学科，成绩突出，热门课程包括生态管理、环境科技及地理信息系统等。

Fleming学院位于Kawarthas旅游区的心脏地带，风光绚丽多姿，四季气候分明，全年都有各式各样的户外运动和旅游项目可供选择。当地生活简朴，消费指数不高，很适合希望专心念书、勤奋学习的国际学生。

四个校区各具特色

该校由四个校区组成，包括位于彼德堡的主校和分别位于Lindsay、Haliburton与安大略湖畔Cobourg的分校。校内大部分课程在彼德堡和Lindsay开办，Haliburton是艺术学系的大本营，而

Cobourg湖畔校区规模较小，主要开展地区支持，并提供少量课程。

Fleming设有九个主要学系，提供近百项全日制课程：

(1) 艺术及传统文化

(2) 商业与旅游业

(3) 社区服务

(4) 计算机科学与技术

(5) 环境科学

(6) 地质/地理信息系统

(7) 健康护理

(8) 法律与司法

(9) 自然资源

该校主要提供证书及文凭课程，并同时开办多元化的职业技能及学徒培训课程。

Fleming学院Lindsay校区的环境与自然资源科学学院在开办与发展天然资源课程上的成绩有目共睹，长久以来为业界培养了众多杰出的领导人才，在省内外享有很高的声誉。

提供领先学习环境

学院斥资1,700万加元兴建的全新教学大楼，结合传统建筑美学和先进的环境保护技术，本身就是一件最佳教材。大楼内设备先进齐全，配备了完善的教学设施，包括实验室、工作坊和教室等。开办的课程主要分为环境科学、地质学和自然资源三个领域，内容强调理论与实践兼备。学生可选择修读文凭、双文凭及高级文凭课程，大部分课程均可衔接大学的本科学位课程。

Fleming College与同样位于彼德堡市的Trent University达成多方面的合作协议，很多文凭课程均可衔接Trent的学位课程。例如，在Fleming完成计算机程序文凭课程的学生，可直接转入Trent，在两年内修完计算机科学的荣誉学士课程。此外，两校亦合办护士、地理信息系统及博物馆研究的学士课程。

背景资料：

创校年份：1967

全日制学生：6,000

业余学生：8,200

学院类别：社区学院

营运方式：公立

注册处地址：

International Education Office

Sir Sandford Fleming College

Sutherland Campus

599 Brealey Drive

Peterborough, ON

K9J 7B1 Canada

网址：www.flemingc.on.ca

电话：1-705-749-5530，内线1242/1262

入学要求：

学科成绩：

中学毕业或同等学力

英语成绩：

TOEFL 525(PBT)

或TOEFL 197(CBT)

报名截止日期：

2月1日前申请获优先考虑，之后视学额而定

学费：

加国学生：每学年约2,000加元

国际学生：每学年8,252加元

书本费：每学年600加元

每月生活开支(约)：

校内住宿：445—500加元(不包膳食)

校外住宿：350—600加元(视所租房子情况而定)

膳食费：250加元

其他杂费：150加元

医疗保险：每学年560加元

所在城市数据：

城市：彼德堡(Peterborough)

人口：74,600

生活指数：低至中

气温：-14℃ 至 27℃

30. 乔治布朗学院 George Brown College

享金融中心地势　得工商业界支持

乔治布朗学院(George Brown College，简称George Brown)是加国规模最大的学院之一，位于多伦多的心脏地段，拥有得天独厚的地理优势，与政府、业界和当地社区均保持密切关系。其有利地势有助校方合理规划课程，为毕业生开拓更多就业机会。

George Brown提供150个专业及职业训练课程，包括证书、文凭、本科学位和研究生证书课程，涵盖多元化的专业领域，最热门的专业包括商业与金融、表演艺术、旅游招待与旅游业管理等。校方积极接收国际学生，提供完善的辅导及服务，以帮助他们尽快适应加国的学习及生活环境。

George Brown共设有3个校区及10个训练中心。斥资7,000万加元兴建的新教学大楼以及新的教学设施，大大改善了学习环境。3个校区均坐落于加国的经济及金融中心——多伦多市中心，加拿大的大型工商机构均近在咫尺，这个地理优势在全国所有学院中独一无二，为学院教学与毕业生实习和就业提供了很多有利条件。

专业学科选择广泛

George Brown提供150多项课程供选择，主要领域包括：

- 建筑技术
- 工商学
- 社区服务
- 烹饪艺术
- 幼儿教育
- 时装与珠宝
- 金融服务
- 普通文理科
- 健康科学
- 旅游招待与旅游业管理
- 信息科技
- 机械工程
- 微电子学
- 护理学
- 表演艺术

该校以开办为期一至三年的证书及文凭课程为主，此外，亦开设一系列为期8至12个月的研究生证书课程。研究生课程申请者必须已经修完文凭或本科学位课程。这些专业强调学科的高度专业化，旨在让学生获得相关行业的高级专业技能。课程大纲还要求学生前往有代表性的公司或机构实习，以获得宝贵的第一线工作经验。

George Brown近年积极开拓本科学位课程，主修专业包括金融服务、旅游接待与旅游业管理、建筑科学与管理、护理学和幼儿教育。

该校在设置学科时，均对相关行业和相应社区进行广泛咨询，力求课程内容和规划趋于完善，并不断加以更新，以适应日新月异的市场环境。很多课程亦包含实习计划，强调理论和实践并重，提高学生的就业机会。

George Brown为所有学科配置了仿真现代工作实景的培训设施，使学生在在校读书期间，就能够及时练习和运用所学的专业技能。例如，微电子学专业配备有先进的微电子教学中心，旅游接待中心配备了加拿大最齐全的烹饪实验室，时装学的学生则有幸采用最尖端的计算机辅助设计和制造技术。

多元化的学习环境

联合国推举多伦多为全球最具多元文化色彩的城市，在George Brown，国际学生多达1,300人。来自五大洲的学生在这里交流学习，互相激发，共同为多伦多的多元文化画板增添缤纷色彩。

校方不但开办完善的英语作为第二语言(ESL)课程，还为国际学生安排学业导向服务和其他学习与生活方面的支持。此外，成绩优异的国际学生还可以申请到奖学金。

背景资料：

创校年份：1967

全日制学生：14,000

业余学生：55,000

国际学生：1,300

学院类别：社区学院

营运方式：公立

注册处地址：

International Centre
George Brown College
P.O. Box 1015, Station B
Toronto, ON
M5T 2T9 Canada

网址：www.gbrownc.on.ca

电话：1-416-415-2000

入学要求：

学科成绩：

中学毕业或同等学力

英语成绩：

TOEFL 550(PBT)

或TOEFL 213(CBT)

或IELTS 6

报名截止日期：

2月1日前申请获优先考虑，之后视学额而定

学费：

加国学生：每学年2,500加元

国际学生：每学年9,375加元

书本费：每学年800—1,000加元

每月生活开支(约)：

家庭寄宿(Home Stay)：700加元(包膳食)

校外住宿：450—800加元(视所租房子情况而定)

膳食费：250加元

其他杂费：150加元

医疗保险：每学年637加元

所在城市数据：

城市：多伦多(Toronto)

人口：5,000,000

生活指数：高

气温：−10℃ 至 27℃

31. 乔治安学院 Georgian College

旅游管理是招牌　信息保安有特色

旅游业被认为是21世纪全球最热门的行业之一，无论是在北美洲、欧洲还是亚洲，这类专才均有极佳的发展机会。如果国际学生对旅游业或相关行业有兴趣，位于安省郊区的乔治安学院(Georgian College，简称Georgian)是一个不错的选择。

该校是一所中型学院，提供50项大专课程，授予证书、文凭及本科学位。除了以旅游业管理学著称外，其他课程如商业管理、计算机科技、汽车生产与市场推广，以及航空管理学等亦有不俗的水准。

Georgian学院位于多伦多以北约1小时车程的旅游胜地Barrie，那里景色如画，民风友善，是一个安全和谐的社区。该市人口约120,000人，生活指数中等，校方可免费提供服务，帮助国际学生入住寄宿家庭或学校宿舍。

半数课程设实习计划

该校提供50项全日制课程，其中最受国际学生欢迎的分别是：

- 旅游业管理
- 计算机技术
- 商业管理
- 汽车生产/市场推广学
- 航空管理
- 平面与网页设计
- 机械与电机工程
- 网络路缘技术
- 珠宝与金属设计
- 电子空间保安
- 人力资源管理
- 研究分析学

Barrie是安省著名的旅游地区，因此Georgian的旅游业管理课程拥有得天独厚的地理优势，多年来培训了无数业界精英。此外，该校商业管理、计算机技术、汽车及航空业的课程亦深受欢迎。另外值得一提的是该校的电子空间保安专业。在当今的互联网世界里，信息保安成为越来越值得关注的课题。该课程帮助学生获取信息技术和系统设计的知识，从而学习如何预防网络犯罪的出现。

Georgian还与Laurentia University合作，提供本科学位课程，包括文学士(主修专业包括政治、社会学及心理学)及应用商学士(主修汽车业管理)。

校方重视理论与实践相结合，因此在50项全日制课程中，有半数设有实习计划，为学生创造带薪工作的机会，在职场中一展所学。国际学生亦可参与实习计划。

在招生方面，母语非英语的学生，TOEFL必须达到550分(PBT)，未达此标准的学生，如果其他成绩理想，亦有机会获校方有条件录取，在该校完成指定英语强化课程后，再修读学分课程。

设国际学生奖学金

Georgian拥有欢迎国际学生的传统，更设立国际学生奖学金，以鼓励成绩优异者。该校自2005年起，特别为申请入读的国际学生设立了11项奖学金，金额500加元至1,000加元不等。有意申请者，请参阅该校网页。

背景资料：

创校年份： 1967
全日制学生： 5,000
业余学生： 26,000
学院类别： 社区学院
营运方式： 公立
注册处地址：
Georgian College
One Georgian Drive
Barrie, ON
L4M 3X9 Canada
网址： www.georgianc.on.ca
电话： 1-705-728-1968

入学要求：

学科成绩：
中学毕业或同等学力
英语成绩：
TOEFL 550(PBT)
或TOEFL 213(CBT)
或IELTS 6.5

报名截止日期：

2月1日前申请获优先考虑，之后视学额而定

学费：

加国学生： 每学年2,000加元
国际学生： 每学年10,500—13,700加元
书本费： 每学年400—800加元

每月生活开支(约)：

家庭寄宿(Home Stay)： 650加元(包膳食)
校内宿舍： 350—600加元(不包膳食)
校外住宿： 350—600加元(视所租房子情况而定)
膳食费： 250加元
其他杂费： 150加元
医疗保险： 每学年560加元

所在城市数据：

城市： 巴里(Barrie)
人口： 120,000
生活指数： 中至低
气温： -15℃ 至 25℃

开设学位课程　规模媲美大学

安省政府赋予省内三所大专"科技及高等教育学院"的名称，以表扬校方在开办高科技及专业课程上的努力和成就。这三所优秀学府分别是本文介绍的汉伯科技及高等教育学院(Humber College Institute of Technology and Advanced Learning，简称Humber)，以及Conestoga(详见第414页)和Sheridan学院(详见第450页)。

Humber是安省大专学院中开办学位课程最多的学府，很多新课程富有独创性，内容实用，非常切合业界和社会的需求。热门专业包括商业、新媒体及计算机科技等。

Humber学院设有North Campus及Lakeshore Campus两个主要校区，以及三个教育及训练中心，分别是：企业教育中心(Corporate Education Centre)、航行与快速气艇训练中心(Sailing & Powerboating Centre)和交通运输训练中心(Transportation Training Centre)。各校区及训练中心均配备先进的教学设施，为学生提供专业的学习环境。

规模可与中型大学媲美

该学院的规模可与中型大学媲美，除了提供100项证书及文凭课程外，还开办多元化的本科学位及研究生证书/文凭课程。主修专业分为以下九大领域：

(1) 应用科技

(2) 艺术与舞台表演

(3) 商业与管理

(4) 社区与救护服务

(5) 健康科学

(6) 酒店/康乐与旅游业

(7) 信息科技

(8) 文理学科

(9) 大众传播

Humber的课程分为一年制证书、两年制文凭、三年制高级文凭、四年制本科学位，以及一或两年制的研究生证书或文凭课程。最受欢迎的专业包括商业管理、艺术设计、大众传播、计算机软件系统科技等。事实上，该校的报考人数在安省学院中名列前茅。

积极开拓学位课程

在安省26所大专学院中，Humber开办的学位课程品种最多，并且最多元化。本科学位专业分别有当代音乐、创意广告学、电子商务、工程设计、室内设计、护理(与University of New Brunswick合办)及律师助理。此外，还有两项2006年9月开班的新学士课程，分别是计算机软件系统和旅游业管理。这些学士课程均根据业界的需求设计，有些还属于全国首创，例如该校开设的律师助理学士课程，在加拿大就是第一个。Humber与业界保持密切联系，以了解市场所需，以开办最实用和完备的课程。该校的毕业生就业率高达90%，课程质量深受学生和雇主肯定。

Humber积极参与方兴未艾的终身学习浪潮，开办了一系列研究生证书及文凭课程，为已拥有文凭或学位的在职人士提供更多的进修机会。

背景资料：

创校年份： 1967

全日制学生： 15,000

业余学生： 55,000

学院类别： 社区学院

营运方式： 公立

注册处地址：

International Centre

Humber College

205 Humber College Boulevard

Toronto, ON

M9W 5L7 Canada

网址： www.humber.ca

电话： 1-416-675-5067

入学要求：

学科成绩：

中学毕业或同等学力

英语成绩：

TOEFL 550(PBT)

或TOEFL 213(CBT)

或IELTS 6

报名截止日期：

2月1日前申请获优先考虑，之后视学额而定

学费：

加国学生： 每学年2,500加元

国际学生： 每学年10,500加元

书本费： 每学年400—800加元

每月生活开支(约)：

校内宿舍： 925加元(包膳食)

校外住宿： 500—900加元(视所租房子情况而定)

膳食费： 250加元

其他杂费： 150加元

医疗保险： 每学年613加元

所在城市数据：

城市： 多伦多(Toronto)

人口： 5,000,000

生活指数： 高

气温： -10℃ 至 27℃

开办本科学位　独设消防专业

兰普顿学院(Lambton College，简称Lambton)坐落于风光如画的度假小镇赛瑞娜(Sarnia)，环境清幽，学习气氛浓厚。Lambton是一所中型大专学院，提供约50个全日制课程，热门学科包括商业、计算机技术、旅游接待与旅游业管理，以及环境健康与安全等。该校的特色是开办了独特的消防科学技术课程，为社区培训有志加入消防队伍或相关行业的专业人士。

Lambton近年积极拓展本科学位课程，新增应用科学学士及护理学士等课程，并与University of Windsor(详见第394页)合办三年制文学士学位专业，为学生提供更多元化的选择。

Lambton学院位于多伦多和尼亚加拉大瀑布以西约300公里的Sarnia小城，除自驾车外，亦可乘坐飞机或火车直达。Sarnia被Huron湖及St. Clair河环绕，是著名的水上活动旅游胜地，每年吸引数以万计的旅客到此垂钓、划艇及畅泳。这里生活节奏比多伦多慢，消费指数亦较低，国际学生可在Sarnia好好享受宁静的校园生活。

积极招收国际学生

该校于1987年正式创办国际教育分部，积极与海外教育机构建立联系，并招收国际学生。与此同时，校方开办了英语作为第二语言(ESL)课程，展开一系列以照顾国际学生需求为主的辅导服务和文化活动。校内的国际学生来自全球30个国家，包括中国、日本、韩国、马来西亚、德国、巴西及美国等。

Lambton提供约50个全日制课程，大部分以颁授证书及文凭为主，可分为以下七大类：

(1) 应用艺术：包括园艺及媒体基础艺术。

(2) 商业：商业管理(主修会计、人力资源及市场推广学等)、旅游接待与旅游业管理、工业管理、信息科技、互联网应用开发，以及运动与康乐设施管理等。

(3) 计算机：计算机工程、计算机程序设计、计算机系统技术、微软系统特许工程师、网页设计及网络行政等。

(4) 健康科学：护理、按摩治疗、个人护理服务及救护服务等。

(5) 文理科：包括法语及一般大专文理科目。

(6) 社区服务：包括幼儿教育、儿童及青年社会工作者、警务基础课程及社会服务等。

(7) 科技：另类能源工程技术、化学物品生产工程技术、机械技术及较独特的消防科学技术等。

开拓本科学位课程

Lambton近年借助兄弟学校经验和师资的帮助，开始提供本科学位课程。该校与University of Windsor合办了四年制(8个学期)的护理学士课程和三年制(6个学期)的文学士课程。

护理系学生需于Lambton修读首四个学期的课程，然后于Windsor大学修读第五至第七个学期，最后返回Lambton完成第八个学期，毕业时可获Windsor颁发的护理学学士学位文凭。

三年制文学士的学生则于Lambton完成所有课程，毕业时可获Windsor颁授的学位。此课程属跨学科学士学位，学生需修读一系列文、理、商及社会科学科目，借以建立广泛的学术基础，并培养进行独立思考和分析的能力。

此外，该校亦提供主修环境健康与安全的应用科学学士课程。校方宣称，会在未来开办更多学士课程。

I have studied in Sarnia for one year. The life here is totally different from mine in China. The language was hard but now I am getting better and better. I am glad that I can study at Lambton College. The impressive thing is the teachers are responsible for the students. They are nice to the International students like our Chinese students. I also made some good friends here. They are cool! We all get along very well. We always exchange our opinions about the difference between us. In short, I am having wonderful time here.

Lydia——Yang Qian

背景资料：

创校年份：1966

全日制学生：2,500

业余学生：6,000

国际学生：40(中国学生25)

学院类别：社区学院

营运方式：公立

注册处地址：

Lambton College

1457 London Rd.

Sarnia, ON

N7S 6K4 Canada

网址：http://www.lambton.on.ca

电话：1-519-541-2438

奖学金办公室电话：1-519-542-7751 ext 2401

入学要求：

学科成绩：

文科：60%

理科：60%

商科：60%

工程：60%

英语成绩：

入读一般学科要求：

TOEFL 550(PBT)

或TOEFL 213(CBT)

或IELTS 6.0

或CAEL 60

报名截止日期：

秋季入学：8月15日

冬季入学：11月30日

夏季入学：3月30日

学费：

加国学生：每学分89.13加元

国际学生：每学分345.27加元

书本费：每学期1,000加元

其他费用：1,500加元

每月生活开支(约)：

家庭寄宿(Home Stay)：450加元(包膳食)

校内宿舍：594加元

校外住宿：500加元

膳食费：150—200加元

医疗保险：360加元/年

所在城市数据：

城市：赛瑞娜(Sarnia)

人口：大约100,000

生活指数：低

气温：-5℃ 至 30℃

34. 忠诚者学院 Loyalist College

位处度假胜地　精于大众传播

忠诚者学院(Loyalist College，简称Loyalist)位于多伦多以东180公里的小城镇贝尔维尔(Belleville)，是一所规模虽小，教学质量却很优秀的大专学院。

创办于1967年的Loyalist学院，最初的校舍设于一所中学之内，翌年转往独立校址。随着社区对大专教育需求的增加，该校不断扩充，校舍由小变大，课程内容亦日趋多元化。目前，Loyalist共提供50个全日制课程，其中尤以大众传播课程最负盛名，主修专业包括新闻学、电视/电台广播及广告学等。

贝尔维尔是一个宁静的度假胜地，距多伦多约两小时车程，位于美丽的安大略湖畔，以划艇、游泳和钓鱼等康乐活动吸引各地游客。Loyalist占地80万平方米，校园绿草如茵，设备齐全，除有先进的教学大楼、图书馆、餐厅和康乐体育中心外，还有五幢学生宿舍，服务省外及国际学生。

毕业生满意度高

Loyalist的教授与学生比率是1:15，比很多中型的大学或学院低，为学生创造了一个友善和谐的学习气氛。事实上，调查显示，该校学生对学校拥有很强的归属感，高达97%的毕业生表示，愿意向同辈推荐Loyalist。由此可见，Loyalist的师资质量及学习氛围均达十分优秀的水准。

该校现提供50个全日制学分课程，并与75所大学签订学分转移协议。学生不但可选择修读Loyalist的证书、文凭或学位课程，亦可修读大学头两年的学分科目，然后申请转入其他大学。该校的全日制课程涵盖多个领域，由以下六个学院开办：

(1) 应用科学及计算机学院

(2) 商业及应用艺术学院

(3) 刑事司法学院

(4) 健康科学学院

(5) 大众传播学院

(6) 职业训练及继续教育学院

Loyalist从上世纪80年代起积极开拓新的学科领域，增开新的课程，其中以大众传播学院的成果最为突出。该校的传媒课程强调理论与实践相结合，享有盛名。新闻学(印刷)的学生可参与校刊的编辑和发行，而修读广播课程的学生亦有机会参与当地有线电视台的新闻节目，在实践中学习。

课程结合理论与实践

大众传播学院分别提供以下主修专业，各课程的就业机会均十分理想：

- 广告学：毕业生可从事文案撰稿、平面设计，以及初级客户服务等。
- 新闻广播：毕业生可进行新闻及体育采访，担当新闻主播或播报天气预报等。
- 新闻摄影：学习摄影及数码图像编辑技术。
- 报刊新闻：毕业生可成为记者、作家或编辑。
- 电台广播：毕业生可从事播音员、数码混音及广告制作等工作。
- 电视及新媒体制作：学习数码编辑以及新媒体制作等。
- 数码制作及计算机动画：包括2D/3D动画及数码设计等工作。

Loyalist除了提供证书、文凭及本科课程以外，亦开办一系列研究生证书课程。这类课程以大众传播学为主，一般为期一年，传授深入的专业知识。

背景资料：

创校年份： 1967

学院类别： 社区学院

营运方式： 公立

注册处地址：

Registrar's Office
Loyalist College
Wallbridge-Loyalist Road
P.O. Box 4200
Belleville, ON
K8N 5B9 Canada

网址： www.loyalistc.on.ca

电话： 1- 613-969-1913

入学要求：

学科成绩：

中学毕业或同等学力

英语成绩：

TOEFL 500(PBT)
或TOEFL 173(CBT)
或IELTS 5.5

报名截止日期：

秋季入学： 2月1日

春季入学： 9月1日

学费：

加国学生： 每学年2,000加元

国际学生： 每学年8,100加元

书本费： 每学年500-1,000加元

每月生活开支(约)：

校内宿舍： 530加元(不包膳食)

校外住宿： 400—600加元(视所租房子情况而定)

膳食费： 250加元

其他杂费： 150加元

医疗保险： 每学年613加元

所在城市数据：

城市： 贝尔维尔(Belleville)

人口： 约45,000

生活指数： 中

气温： -12℃ 至 26℃

35. 莫霍克学院 Mohawk College

博采他校之长 精于健康科学

位于安省第二大城市汉密尔顿(Hamilton)的莫霍克学院(Mohawk College，简称Mohawk)，提供101项全日制课程，其中1/3设有实习计划。该校在教学设备、师资及课程质量上均有很高水平，是东岸一所重点大专学府。

Mohawk的热门专业包括生产技术、生物科技、商业管理、设计、大众传播学、音乐及幼儿教育等。该校与加国著名大学McMaster University合办了一所附属的健康科学中心——Mohawk-McMaster Institute for Applied Health Sciences(简称IAHS)，中心内设备先进，教材完善，提供多项高水平的医疗及护理专业课程。

汉密尔顿市坐落于美丽的尼亚加拉半岛，人口约503,000人，那里既有大都会的公共建设，又有灵秀的湖畔风光，是一个求学的理想城市。

Mohawk是一所颇具规模的大专学府，定位以发展应用艺术及高科技专业为重任，现有全日制学生10,000名，提供101项全日制课程。该校共有四个校区，包括位于Fennell的主校区和位于Brantford、Stoney Creek及Wentworth的小型校区。此外，校方与McMaster大学合办的IAHS应用健康科学中心为1,400多名学生提供医疗专业课程。

善取他校所长

医疗科学专业是Mohawk重点研发的课程之一，校方通过与其他著名学校合作来交流技术和经验，提升自己的课程及教学质量。例如该校与McMaster大学及Conestoga学院合办全省最大型的护理学士合作课程。另外，与McMaster大学合办的医疗放射科学课程，让学生能在四年内同时修读学士及文凭课程。McMaster大学以医疗科学专业闻名国际，在协助Mohawk开办医疗课程方面提供重大的学术支持和协助。

此外，Mohawk亦与多所加美大学签订合作协议，共同开办专业课程，当中包括与Wilfrid Laurier University合办文学士课程。

课程结合理论与实践

Mohawk在规划课程大纲和内容时均向业界进行咨询，务求设计出切合市场所需的实用课程。在101项全日制课程中，约有1/3设有合作计划，每年有2,000多名学生在300多所公司及机构内带薪实习，吸取宝贵的工作经验。

该校共设有四个学系，提供多元化的全日制课程：

(1) 应用艺术学系：包括热门的大众传播、设计及应用音乐课程。

(2) 商学系：热门课程包括商业管理、保险业及办公室行政课程等。

(3) 工程科技学系：包括生物科技、计算机工程及自动化生产技术等。

(4) 健康与社会服务学系：包括多样性的医疗专业课程和幼儿教育课程。

Mohawk现有400多名国际学生，该校不但开办英语为第二语言(ESL)课程，并对海外学生提供完善的辅导及支持服务。校内设有300多个宿位供学生入住。

背景资料：

创校年份：1967

全日制学生：10,000

国际学生：400

学院类别：社区学院

营运方式：公立

注册处地址：

International Admissions
Mohawk College
P.O. Box 2034
Hamilton, ON
L8N 3T2 Canada

网址：www.mohawkc.on.ca

电话：1-905-575-1212

入学要求：

学科成绩：

中学毕业或同等学力

英语成绩：

TOEFL 550(PBT)
或TOEFL 213(CBT)
或IELTS 6

报名截止日期：

2月1日前申请获优先考虑，之后视学额而定

学费：

加国学生：每学期约由1,000加元起

国际学生：每学期5,514加元

书本费：每学期约400加元

每月生活开支(约)：

家庭寄宿(Home Stay)：575加元(包膳食)

校内宿舍：500—700加元(包膳食)

校外住宿：400加元

膳食费：200加元

其他杂费：100加元

医疗保险：已包括在学费内

所在城市数据：

城市：汉密尔顿(Hamilton)

人口：503,000

生活指数：中至高

气温：-9℃ 至 26℃

36. 尼亚加拉学院 Niagara College

紧贴业界需求　旅游专业出众

尼亚加拉学院(Niagara College，简称Niagara)位于北美著名旅游胜地尼亚加拉半岛上，每年吸引超过1,000万游客到此观光游览。因此，该校的旅游业管理课程颇负盛名，校方与业界保持密切关系，不但教学内容实用，学生更拥有较多或大量的实习机会。

Niagara是一所中型的大专学院，但课程十分多元化，除了旅游专业外，其媒体设计学、农业及工程技术课程亦有很高的水准。该校十分欢迎国际学生，其国际教学部门提供完善的英语作为第二语言(ESL)课程及大专预备班，帮助在英语或学术上未达入学标准的学生研修，提升成绩。

Niagara学院位于安省与美国接壤的尼亚加拉地区，因区内的大瀑布而闻名，是加国重要旅游胜地之一。该市距多伦多约1小时车程，与美国的水牛城(Buffalo)只有45分钟车程之遥。Niagara定位以支持市内经济发展及人才培训为要务，开办的课程充分反映区内所需，并与业界保持友好关系，为学生提供大量的实习和就业机会。

课程涵盖专业广泛

该校分别于Welland及Glendale设有校区，共提供约70个全日制课程，颁授证书、文凭及本科学位，涵盖的专业包括以下领域：

(1) 办公室行政

(2) 商业及经营管理

(3) 社区安全及服务

(4) 计算机技术

(5) 建筑/机械工程

(6) 电机/电子工程

(7) 环境研究

(8) 健康科学

(9) 园艺及农产商业

(10) 酒店及旅游业管理

(11) 媒体及设计

尼亚加拉地区以旅游业为主，在业界的支持及推动下，该校拥有地利之优，其酒店及旅游业管理课程发展甚佳，水准颇高，除开办文凭课程外，更提供四年制学位课程。学生除了修读有关酒店营运管理、顾客服务、市场学、人力资源管理和旅行社营运及管理等专业学科以外，更需要完成两次带薪实习，务求在工作环境中吸取实际经验，强化理论及知识。

强调理论与实践并重

该校的园艺与农产商业亦颇为出色，其热门课程包括两年制酿酒文凭课程，内容包含实习，此外，较受国际学生欢迎的课程还有计算机技术、电机/电子工程、光学工程、国际贸易和新媒体设计等。

Niagara设立国际教育中心，开办完善的ESL课程，如果国际学生英语未达TOEFL550分(PBT)的水平，可先申请入读ESL课程，以打稳英语基础。该中心亦提供大专预备班，开办英语、数学和理科科目，为在学术成绩未达要求的学生提供学术强化训练，以早日实现修读大专学分课程的计划。

背景资料：

创校年份：1967

学院类别：社区学院

营运方式：公立

注册处地址：

International Recruitment & Service
Niagara College Canada
Welland Campus
300 Woodlawn Road
Welland, ON
L3C 7L3 Canada

网址：www.niagarac.on.ca

电话：1-905-735-2211

入学要求：

学科成绩：

中学毕业或同等学力

英语成绩：

TOEFL 550(PBT)

或TOEFL 213(CBT)

或IELTS 6

报名截止日期：

2月1日前申请获优先考虑，之后视学额而定

学费：

加国学生：每学年约2,000加元

国际学生：每学年9,800加元

书本费：每学年约600加元

每月生活开支(约)：

家庭寄宿(Home Stay)：550加元(包膳食)

校内宿舍：600加元(不包膳食)

校外住宿：350—600加元(视所租房子情况而定)

膳食费：250加元

其他杂费：150加元

医疗保险：每月55加元

所在城市数据：

城市：尼亚加拉地区

人口：400,000

生活指数：中

气温：-15℃ 至 27℃

37. 北方学院 Northern College

托福分数要求低 课程偏重实用化

安省的大城市主要集中于南部，因此大学和大专院校的密度亦较高，而北部地区因天气严寒，人烟稀疏，并没有设立大学，因此提供社区大专教育和职业培训的重任，便落在北方学院(Northern College，简称Northern)身上。

Northern学院提供多元化的大专及职训课程，由于有不少原住民社区散落于北部地区，该校亦设立了原住民教育中心。该校欢迎国际学生申请，并为成绩优秀的一年级国际学生提供奖学金或助学金。校内建有宿舍，校方鼓励新生留校住宿，以适应全新的学习及生活环境。

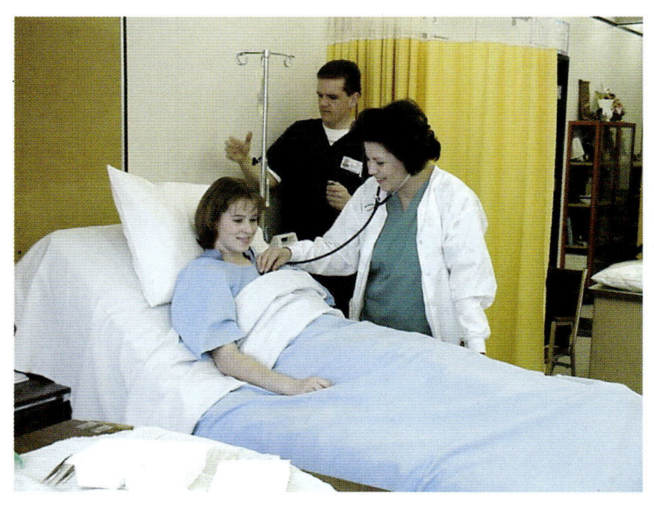

安省是拥有大学和社区学院最多的省份，学校多聚集于南部，分布在多伦多(Toronto)、汉密尔顿(Hamilton)、温莎(Windsor)、京士顿(Kingston)和渥太华(Ottawa)等各城市。大部分国际学生都以安省南部为留学目的地，但如果你想体验安省中部和北部的风光，Northern学院是少数选择之一。该校另外一个吸引力是，对非英语学生的英语要求较省内其他学院略低，学生只需达到TOEFL500分(PBT)便可修读正规的学分课程。

设国际学生奖学金

Northern设有多个校区，分布在北部多个社区内，以扩展大专教育的涵盖面。该校最具规模的校区分别位于Haileybury、Kirkland Lake及Timmins，这三个校区亦是开办正规学分课程的集中地。

该校近年积极接收国际学生，部分课程更为成绩优秀的一年级国际学生提供奖学金或助学金，以鼓励他们继续努力学习，奋发上进。

英语要求仅需TOEFL500分

Northern提供一至三年制的大专教育，课程以职业导向和实用为主，热门课程分为以下六大类：

(1) 商业及办公室管理：主修专业包括会计、市场销售、商业管理、商业行政(信息系统)、办公室行政及社区经济与社会发展等。

(2) 计算机科学：包括计算机程序编写、计算机科学技术、平面设计、网页开发及微电脑支持服务等。

(3) 工程与技术：包括建筑技术、土木工程技术、建筑管理技术、电子工程技术、环境技术、重型机械工具技术、汽车机械及废料设施管理技术等。

(4) 健康与医护服务：医护学士(仅限加国居民修读)、个人护理及急救服务等。

(5) 自然资源与矿业工程：包括自然资源技术、林木操作技术及矿业工程等。

(6) 兽医科学：兽医助理、兽医技术及动物美容等。

上述很多文凭课程均可衔接省内多所大学的学位课程，让学生可继续进修和学习。大部分课程采用小班教学，并且结合理论和实践，学生有机会通过实习一展所学。

背景资料：

创校年份：1966

全日制学生：1,350

业余学生：7,298

学院类别：社区学院

营运方式：公立

注册处地址：

Northern College
P.O. Box 3211
Timmins, ON
P4N 8R6 Canada

网址：www.northernc.on.ca

电话：1-705-235-7222

奖学金及经济援助办事处：
1-705-235-7215

入学要求：

学科成绩：

文科：50%

理科：70%

商科：50%

工程：60%

英语成绩：

请参阅本校网站

报名截止日期：

秋季入学：2月1日

冬季入学：报名日期截止到开课的第一天

学费：

加国学生：基本课程1,818.24加元

国际学生：基本课程9,777.50加元

书本费：每学年800—1,000加元

每月生活开支(约)：

大学宿舍(不包膳食)：每学年1,500加元

校外自租房子(不包膳食)：350加元

膳食费：360加元

医疗保险：171.73加元/年

所在城市数据：

城市：Porcupine (Timmins) Campus, Kirkland Lake Campus, Haileybury Campus, Moosonee Campus

人口：31,148　8,616　4,543　936

生活指数：低至中

气温：冬季平均 -4℃ 至 -17 ℃
夏季平均 9℃ 至 17℃

承优良军事传统 授多元学位课程

创办于1876年的加拿大皇家军事学院（The Royal Military College of Canada ，简称RMC），是加国唯一提供军事培训的专科大学，以英法双语授课，一百多年来为加拿大军队及政府部门培养了无数精英。

该校不但是一所杰出的军事学校，在学术上亦拥有很高水平，开设了多元化的学士、硕士及博士学位课程，为学生提供全面的军事教育与培训课程，使其成为拥有丰富知识的军事领导人才。RMC基本上只招收加国公民，但在特殊情况下，如果加国移民(Landed Immigrant)拥有军方所需要的特殊技能，校方也可能会考虑破格录取。

RMC位于安省京士顿市，校舍建于优美的安大略湖畔，有着宁静清雅的学习环境。该校拥有优良的军事培训及学术传统，在加国及海外皆享有很高的声誉，毕业生大部分投身加国军队或政府部门，亦有不少赴海外发展。对有志参军的年轻人来说，RMC是加拿大最好的选择。

坚持四个优良传统

RMC的毕业生拥有强烈的自豪感，以秉承该校优良的军事与学术传统为荣。事实上，获选入读该校的学生都称得上是精英中的精英。该校多年来坚

学、政治、经济、军事与策略研究，以及工商管理等。热门的理学院专业包括：自然科学、计算机科学和太空科学等。工程学院则分别提供计算机工程、土木工程、电子工程和机械工程等专业。

RMC是一所独特而优秀的军校，入学竞争十分激烈，申请者不但要拥有强健的体格和优良的学术成绩，还要符合多项入学要求，详情请浏览RMC官方网站。

持以“四柱”传统培养学生，“四柱”指以下四个方面的学习：

- 优质的学术课程
- 专业的军事训练
- 严格的体能训练
- 第二语言训练（英语或法语）

学生必须符合上述四方面的严格要求，才可顺利毕业。

军事与学术平衡发展

RMC所有学生在四年大学生涯中必须完成一系列的基本军官训练课程(Basic Officer Training Course，简称BOTC)，以获得成为一名军官所必须拥有的技能。BOTC课程分为多个部分，内容完善，帮助学生由浅入深地学习及掌握专业的军事知识。

一名杰出的军事领袖，除了要接受专业的军事训练之外，亦必须拥有丰富的学术基础，才能在军事领域掌握先机，在当今的信息年代独领风骚。因此，RMC自1959年开始颁授文、理及工程三大类的学位，包括学士、硕士及博士课程，所有课程皆以英法双语讲授。文学院的主修专业包括：人文科

背景资料：

创校年份：1876

全日制学生：1,100

业余学生：2,500

学院类别：军事学院

营运方式：公立

注册处地址：

Admissions
Royal Military College of Canada
PO Box 17000 Stn Forces
Kingston, ON
K7K 7B4 Canada

网址：www.rmc.ca

电话：1-613-541-6000 内线 6984

奖学金及经济援助办事处：
1-613-541-6000 内线 6013

入学要求：

学科成绩：

文科：70%

理科：70%

商科：70%

工程：70%

报名截止日期：

3月1日

学费：

详情请参阅校方网站

每月生活开支(约)：

被录取的学生亦同时成为加拿大军队的成员，每月可获发薪金

所在城市数据：

城市：京士顿(Kingston)

人口：112，605

生活指数：中至高

气温：-12℃ 至 25℃

凭尖端研发中心 攻汽车工业领域

圣克莱尔学院(St. Clair College，简称St. Clair)位于有加拿大汽车工业首都之称的温莎市(Windsor)，在开拓汽车生产及管理课程方面拥有地理优势。该校建有先进的汽车生产技术优化中心——The Ford Centre for Excellence in Manufacturing，配备尖端的教学设施及计算机设备，开办汽车生产及维修课程，为学生提供一个优秀的学习环境。

除了开办证书、文凭课程以外，校方近年亦开拓本科学士课程，并与多所大学签订学分转移协议，让毕业生有机会选择入读大学，完成学位课程。

温莎市是加拿大最南端的城市，其经济以汽车生产工业为主，有汽车之都的美誉。市内建有两所公立大专学府，分别是University of Windsor(详见第394页)和St.Clair College，两校在研究和教学上素有交流，很多St.Clair的文凭课程均可衔接Windsor的学位课程。

与Windsor大学关系密切

St.Clair设有以下七个学院，分别提供多样性的专业及职业课程：

(1) 文理学院

(2) 建筑/设计技术学院

(3) 商学院

(4) 社区服务学院

(5) 创意艺术学院

(6) 工程与生产技术学院

(7) 健康科学学院

上述学院主要开办一至三年制证书及文凭课程。热门课程包括商业、土木工程、媒体艺术、旅游业管理、工业生产及管理等。此外，校方亦提供多项职业技能及学徒训练课程。

教学设备先进完善

汽车工业是St.Clair的一个重点发展领域，以著名汽车生产商福特(Ford)命名的The Ford Centre for Excellence in Manufacturing教学大楼是该校最引以自豪的划时代建筑，大楼里设备应有尽有，共提供100,000平方米的教学及实习空间。整幢大楼斥资4,160万加元兴建，所有计算机系统和工具均与真实的生产厂房无异，让学生能在最佳的环境中学习。该中心开办两年制及三年制的文凭课程，涵盖汽车机械、工程及维修等多方面的实用知识和技能。

St.Clair亦开办少数本科学位及研究生证书课程，其中最受欢迎的是四年制应用科学学士，主修工业管理专业。该课程以汽车相关工业为学习焦点，除了教授专业技术以外，亦会涵盖顾客服务、市场推广、品质控制等管理知识。毕业生能在业界担任生产经理、物流经理、分销经理、品质系统经理、工业设计师及生产顾问等，出路十分广泛。

背景资料：

创校年份：1967

全日制学生：8,000

学院类别：社区学院

营运方式：公立

注册处地址：

International Admissions
St. Clair College
Windsor Campus
2000 Talbot Road West
Windsor, ON
N9A 6S4 Canada

网址：www.stclairc.on.ca

电话：1-519-972-2727 内线 4946

入学要求：

学科成绩：

中学毕业或同等学力

英语成绩：

TOEFL 500(PBT)

或TOEFL 173(CBT)

报名截止日期：

秋季入学：2月1日

冬季入学：9月15日

学费：

加国学生：每学年由1,820加元起

国际学生：每学年由9,588加元起

书本费：每学年约700加元

每月生活开支：

校内宿舍：625加元(不包膳食)

校外住宿：350—600加元(视所租房子情况而定)

膳食费：约250加元

其他杂费：150加元

医疗保险：每学年613加元

所在城市数据：

城市：温莎(Windsor)

人口：208,402

生活指数：中至高

气温：-8℃ 至 28℃

从电脑到健康 以就业为导向

圣劳伦斯学院(St. Lawrence College，简称St. Lawrence)由三所分别位于京士顿(Kingston)、布鲁维尔(Brockville)和康维尔(Cornwall)的分校组成，各具特色和专长，总共开办70多项专业课程，为社区提供高质量的大专教育及职业培训课程。

St. Lawrence提供以就业为导向的实用教育，目前约有6,000名全日制学生和5,000名业余学生。该校以开办计算机及健康科技课程著称，其中包括计算机网络支持、微电子学、环境科技、医疗实验室技术和兽医技术等专业。

St. Lawrence的主校区位于京士顿市，该市亦是享誉国际的Queen's University的所在地。京士顿是一个有深厚历史和文化的城市，约有112,000名居民，生活指数较多伦多略低，环境清幽安全。

课程选择多元化

该校提供70多项大学学分转移及职业培训课程，主要分为以下五大领域：

(1) 应用艺术与社会服务：包括艺术与科学、音乐剧院表演、音乐数码艺术、行为心理学(应用文学士)、幼儿教育及文理科(大学学分转移)课程等。

(2) 商业：包括广告及销售、市场经营、商业财务、人力资源管理、行政管理、市场行销、计算机化商业系统、平面设计、酒店与餐饮管理、旅游业管理及法律助理等。

(3) 企业/商业计算机应用：网络计算机与技术支持、计算机程序分析。

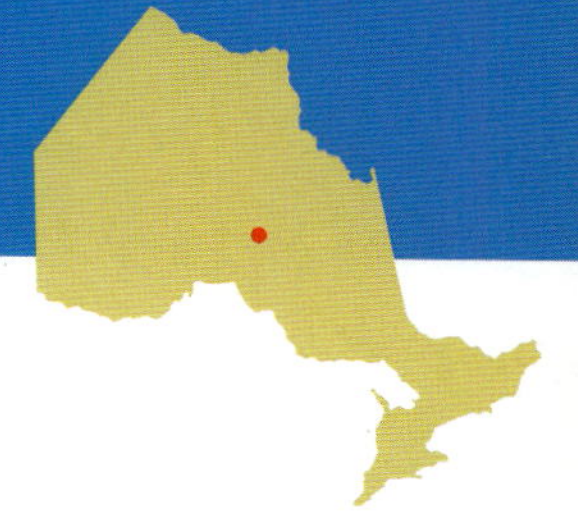

境技术及医疗课程最有名。校区风光秀丽，邻近市中心，交通方便。

St.Lawrence另外于Smiths Falls校区开办非学分制的成人继续教育课程，鼓励在职人士不断进修，与时俱进。

该校十分欢迎国际学生，设有完备的英语课程，绝大部分正规课程均可让国际学生申请入读。

(4) 计算机与工程技术：包括微电子学(应用技术学士)、企业技术/信息与通讯系统、土木工程技术、网络系统工程技术、软件开发计算机工程技术、电子工程及机械工程等。

(5) 健康科技：包括生物科技、健美及健康推广、健康信息管理、医疗实验室技术、兽医技术及兽医医院管理等。

计算机及健康科技突出

上述课程的内容结合理论和实践，校方在规划课程大纲时，均积极与业界沟通和咨询，以了解市场的需要和新科技的发展。St.Lawrence以计算机及医疗科技的课程最为突出，广受本地及国际学生欢迎。

St. Lawrence由三个主要校区组成：

(1) 京士顿校区：提供最多课程，设备先进齐全。例如，新建成的多媒体教室能大大提高学习效率，体育馆最近增添了不少先进的设施。主要开办商业、健康科技和计算机与工程技术的课程，另外亦是职业培训课程的大本营。

(2) 布鲁维尔校区：此校区的规模比京士顿校区小，主要开办应用艺术、社会服务、健康科学及少数商业课程。小型的校区反而有助于培养学生的归属感，教授们可轻易叫出学生的名字，学习气氛浓厚。

(3) 康维尔校区：分别提供上述所介绍的五大领域课程，但数目比京士顿校区少，其中以开办环

背景资料：

创校年份：1967
全日制学生：6,000
业余学生：5,000
学院类别：社区学院
营运方式：公立
注册处地址：
International Student Services
St. Lawrence College
100 Portsmouth Avenue
Kingston, ON
K7L 5A6 Canada
网址：www.sl.on.ca
电话：1-613-544-5400 内线 1180

入学要求：

学科成绩：
中学毕业或同等学力
英语成绩：
TOEFL 550(PBT)
或TOEFL 213(CBT)
或IELTS 6.5

报名截止日期：

2月1日前申请获优先考虑，之后视学额而定

学费：

加国学生：每学年约2,500加元
国际学生：每学年11,500—14,500加元
书本费：每学年约850加元

每月生活开支(约)：

家庭寄宿(Home Stay)：700加元(包膳食)
校内宿舍：每学年8,000加元(包膳食)
校外住宿：400加元(与人分租一公寓单位)
膳食费：250加元
其他杂费：100加元
医疗保险：每年560加元

所在城市数据：

城市：京士顿 (Kingston)
人口：112,605
生活指数：中至高
气温：-12℃ 至 25℃

41. 索尔特学院 Sault College

携手美国大学 开办双轨课程

安省的湖区(the Great Lakes)是有名的旅游胜地，索尔特学院(Sault College，简称Sault)便坐落于湖区的中心城市Sault Ste. Marie，这里拥有宜人的风景和气候，生活宁静安全，校园学习气氛浓厚。

Sault学院是一所中型大专学府，提供60多项全日制课程，分为一年制证书、两年制及三年制文凭和四年制学位课程。热门专业包括商业管理、航空管理、飞机机械维修、工程科技及计算机技术等。很多文凭课程均可衔接省内或省外的大学学位课程。校方与美国的Lake Superior State University合作，开办双轨式文凭/学位制课程，让学生可同时修读文凭及本科学位课程。

Sault Ste. Marie市位于加拿大著名的湖区，距多伦多约8小时车程，与美国底特律则有约6小时车程之距。该市人口约80,000人，民风友善纯朴，充满多元文化色彩。全年都有精彩的活动，例如夏天有多姿多彩的音乐及戏剧节，冬天则是滑雪赏雪的好时节。

航空专业颇具声名

与城市同名的Sault学院是一所水准颇高的大专学府，提供60多项全日制的专业及职训课程，较热门的课程如下：

(1) 航空业：Sault的航空专业课程水准甚高，已有超过30年历史，主修专业分别有飞机结构维修技术、航空飞行技术、航空公司服务及运作(包括空中服务员训练、航空业行政与服务、航空公司运作)。

(2) 商业：包括会计、商业管理、计算机化商业系统、办公室行政。

(3) 计算机技术：包括计算机工程技术、计算机网络保安、计算机程序设计及地理信息系统(程序设计及应用)。

(4) 创意艺术：美容、平面设计及发型设计。

(5) 刑事司法：法律与保安行政、警务基础课程。

(6) 工程技术：课程最多元化，包括建筑技术、土木工程、建筑工程、建筑技术、电子工程技术、电机工程技术、环境技术、机械工程、造纸业技术、铁路信号与通信技术。

(7) 健康科学：医护、物理治疗/职业治疗助理、个人护理。

(8) 旅游接待：包括厨师训练及旅游度假设施营运等。

(9) 社区服务：包括儿童及青年工作、社会工作(一般服务或原住民服务)。

(10) 自然资源：捕鱼、林木业技术、公园与户外康乐设施技术、综合自然资源管理。

(11) 教育：幼儿教育、中小学教师训练。

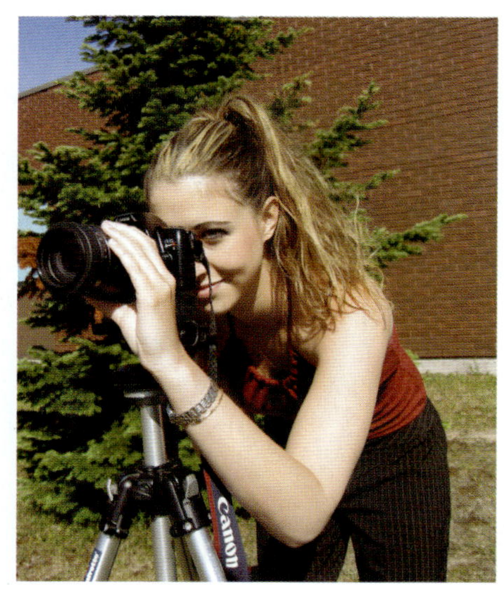

可衔接大学学位课程

上述的专业分为证书、文凭及本科学位，大部分文凭课程可衔接省内或省外的大学本科课程。此外，Sault与美国的Lake Superior State University合办国际教育项目，提供文凭/学位的双轨制课程，让学生可同时修读两所学校提供的文凭(由Sault颁发)及本科学位(由Lake Superior State University颁授)课程。提供双轨制课程的专业包括计算机科技、刑事司法及教育。

背景资料：

创校年份：1965

学生人数：9,000

学院类别：社区学院

营运方式：公立

注册处地址：

International Admission
Sault College
443 Northern Ave.
Sault Ste. Marie, ON
P6A 5L3 Canada

网址：www.saultc.on.ca

电话：1-705-759-6700

入学要求：

学科成绩：

12年级或同等水平

英语成绩：

TOEFL 550(PBT)
或TOEFL 213(CBT)

报名截止日期：

2月1日

学费：

加国学生：每学年2,284—4,677加元

国际学生：每学年8,000加元

书本费：每学年约1,000加元

每月生活开支(约)：

校内住宿：670—770加元(包膳食)

校外住宿：375—475加元

校外膳食：250—350加元

其他杂费：250加元

医疗保险：全年612加元

所在城市数据：

城市：Sault Ste. Marie

人口：80,000

生活指数：低

气温：-15℃ 至 24℃

42.森尼卡学院 Seneca College

国际学生多　规模冠加国

森尼卡学院(Seneca College，简称Seneca)在大多伦多地区设有11个校区，现有17,000名全日制学生及90,000名业余学生，提供的课程涵盖260多个职业，是加拿大规模最大的社区学院。校方一直与当地社区和公、私营机构保持良好合作关系，在规划课程时向业界进行咨询，并为学生争取到众多的在学实习(Co-op)机会，因而以开办实用和多元化的职业课程著称。热门课程包括工程技术、商业、航空业、计算机动画和时装设计等。

Seneca确有颇佳的国际声誉，在校的国际学生人数为全国学院之冠，并与众多加国及海外的大学签订学分转移计划及联合办学协议，为学生提供更多学习机会。

创校于1967年的Seneca学院是安省的知名社区学院，近40年来培育出无数业界精英，其课程以灵活、创新、实用和多元化著称，一向有很好的口碑。该校于大多伦多地区设有11个校区，全日制和业余学生共超过10万名，其中有超过2,000名国际学生，堪称加国最大的社区学院。

首创金融管理应用商学士课程

Seneca提供一年制证书、两年制及三年制文凭和四年制本科学位课程，涵盖260多个职业类别。该校提供两个应用商学士课程，包括安省社区学院中首个金融服务管理应用商学士，另一个应用商学士课程是主修人力资源策略与科技。此外，校方亦开办一系列应用科技学士课程：

- 综合环境修复应用科技学士
- 软件开发应用科技学士
- 飞行开发应用科技学士
- 信息与保安应用科技学士

该校设有四个开办学分课程的学系，分别是：

(1) 应用艺术与健康科学学系：包括动物健康、幼儿教育、一般教育、医护、公众安全与警务、康体娱乐、社会服务及旅游服务等专业。

(2) 应用科学与工程科技学系：课程十分多元化，主要分为：建筑工程、航空管理与飞行训练、生化科技、电子与计算机工程及防火工程等。Seneca更与York University合办了York/Seneca科学技术教育中心，共同开发新的高科技课程，并通过研究和发展，提升课程内容和推动更高质量的业界在职培训。

(3) 商学院：主要课程包括会计与金融、时装设计与采购、人力资源管理、工商管理、法律与公共管理、市场营销与电子商贸及办公室行政等。

(4) 信息艺术与科技学系：包括计算机动画及大众传播艺术等专业。

国际学生全国最多

Seneca拥有1,000多名来自全球75个国家的国际学生，人数是全加社区学院之冠。该校不但与全国众多大学签订学分转移计划，并与很多海外大学或学术机构联合办学，开发更多优质的大专及学位课程。

该校建有两幢在校宿舍楼，分别位于Newnham校区和King校区，总共提供1,300多个宿位。

背景资料：

创校年份：1967
全日制学生：17,000
业余学生：90,000
学院类别：社区学院
营运方式：公立
注册处地址：
International Student Admissions
Seneca College
1750 Finch Avenue East
Toronto, ON
M2J 2X5 Canada
网址：www.senecac.on.ca
电话：1-416-491-5050 内线 2800

入学要求：

学科成绩
中学毕业或同等学力
英语成绩：
TOEFL 550(PBT)
或TOEFL 213(CBT)
或IELTS 6

报名截止日期：

2月1日前申请获优先考虑，之后视学额而定

学费：

加国学生：每学期由1,000加元起
国际学生：每学期由5,127加元起
书本费：每学期300—500加元

每月生活开支(约)：

校内宿舍：600加元(不包膳食)
校外住宿：400–700加元(视所租房子情况而定)
膳食费：250加元
其他杂费：150加元
医疗保险：每学年613加元

所在城市数据：

城市：多伦多(Toronto)
人口：5,000,000
生活指数：高
气温：–10℃ 至 27℃

配备高新器材　最擅数码科技

在安省24所社区学院中，有3所因在开办高科技专业上成就显著，获省府颁授“科技及高等教育学院”的名称，分别是本文所介绍的舍利丹科技及高等教育学院(Sheridan Institute of Technology and Advanced Learning，简称Sheridan)以及Humber(详见第428页)和Conestoga(详见第414页)。

Sheridan以开办计算机动画、数码技术、多媒体艺术设计、电子商务和计算机技术课程闻名，更有安省最佳数码科技学院之称。校内设施先进齐全，配备了业界最先进的器材和计算机系统，让学生获得高效率的最佳学习环境。

Sheridan位于大多伦多地区，主校区和职训中心均位于Oakville，另外于Brampton建有第二校区。各校区总共开办68项文凭和证书课程，以及29项学位及研究生文凭课程，涵盖多元化的职业类别，内容强调实用和与时俱进。

部分课程就业率达100%

该校有32项热门课程(大部分是应用艺术和数码技术专业)的毕业生就业率高达100%，而整体就业率亦有88%；雇主对Sheridan毕业生的满意度更是高达91%。

Sheridan的全日制学分课程分为四大领域，分别是：

(1) 计算机动画与艺术设计学系：该学系开办Sheridan最热门的专业，亦是深受国际学生欢迎的课程。涵盖的专业包括计算机与电影、应用摄影学、艺术、艺术历史、设计、大众传播与信息科技、计算机动画、室内设计、新闻学(主修新媒体或印刷)、媒体艺术、音乐戏剧、新媒体设计、舞台设计与制作等。

(2) 应用计算机与工程科学学系：开办多样性课程，热门专业包括建筑科技、计算机与网络信息、化工科技、计算机程序设计、计算机工程、电磁工程、企业数据管理、环境控制、环境科学、互动多媒体、生产业管理及电信科技等。

(3) 商学院：包括广告学、商业管理(主修会计、金融、人力资源及市场销售)、电子商务、国际商务、市场管理及旅游业管理等。

(4) 社区服务与文学系：该学系除了开办社会工作、个人护理和儿童/青少年教育等课程以外，还提供英语作为第二语言(ESL)课程，协助英语未达理想水平的国际学生提升学术英语的能力。

多元化本科学位课程

Sheridan近年积极开拓本科学位教育，目前共提供以下四项课程：

- 应用艺术学士(主修计算机动画或插图)
- 应用信息科学士(主修信息系统保安)
- 艺术学士(主修艺术与艺术史、设计或舞台表演)
- 应用健康科学(运动治疗)

此外，校方亦与多伦多大学(University of Toronto)合办计算机与网络通信荣誉学士课程，为期四年半的课程结合理论和实习，帮助毕业生踏入这门新兴的行业。

Sheridan十分欢迎国际学生，如果您对应用艺术和数码科技有兴趣，这里无疑是安省大专学院的最佳选择之一。

背景资料：

创校年份： 1967

全日制学生： 14,000

学院类别： 社区学院

营运方式： 公立

注册处地址：

International Services
Sheridan Institute of Technology and Advanced Learning
1430 Trafalgar Road
Oakville, ON
L6H 2L1 Canada

网址： www.sheridanc.on.ca

电话： 1-905-815-4001

入学要求：

学科成绩：

中学毕业或同等学力

英语成绩：

TOEFL 570(PBT)

或TOEFL 230(CBT)

或IELTS 6.5

报名截止日期：

秋季入学： 2月1日

冬季入学： 10月1日

夏季入学： 2月1日

学费：

加国学生： 每学年1,820—11,000加元

国际学生： 每学年9,000—19,000加元

书本费： 每学年400—1,000加元

每月生活开支(约)：

校内宿舍： 637加元(不包膳食)

校外住宿： 400—700加元(视所租房子情况而定)

膳食费： 250加元

其他杂费： 150加元

医疗保险： 每学年613加元

所在城市数据：

城市： Oakville(位于大多伦多地区)

人口： 5,000,000

生活指数： 高

气温： -10℃ 至 27℃

魁北克省(简称魁省)是加拿大一个独特的省份，省民以法语人士占多数，在社会制度和文化传统等诸多方面仍保留着浓郁的法国色彩。

魁北克是全国唯一采用6年制小学和5年制中学教育制度的省份。中学毕业生如果计划升读大学，可入读魁省公立学院(CEGEP)修读二年制的大学预科课程(Pre-University Program)，毕业后报考魁省大学，修读三年便可取得本科学位。预科第二年的程度等同其他省份的大学一年级课程，所以毕业生也可投考他省四年制大学的二年级。如果中学毕业生没有入大学的打算，只想学得一技之长后投身社会，则可在CEGEP修读三年制实用职业/技术课程，但这类课程与其他省份的学院职业文凭略有不同，并不属于大专学历。因为在其他省份，修读大专文凭的入学条件是12年级中学毕业，与CEGEP实用职业/技术课程的11年级中学毕业要求比较，在程度上略高一级。

魁省以法语人口居多，所以法语学校的数目远比英语大学多。省内共有11所公立大学，其中只有3所提供英语课程。而在48所CEGEP中，有43所是法语学校，其余5所是英语学校。这里要特别指出的是，本书只收录英语大学的资料。

所谓贵精不贵多，魁省虽然只有三所开办英语课程的大学，但全部拥有极高水平，且各具优势和特色。McGill University是国际知名的老牌大学，招生要求甚高，文科生的最低入学分数为GPA89%，而理科、商科和工程系的最低取录分数则高达GPA90%。该校著名的学系包括医学、管理和法律等。Concordia University也颇具声望，是加拿大最具规模的综合类大学之一，学生总数超过3万人，其艺术系和商学系均享有盛名。Bishop's University是一所优秀的小型综合类

魁北克省

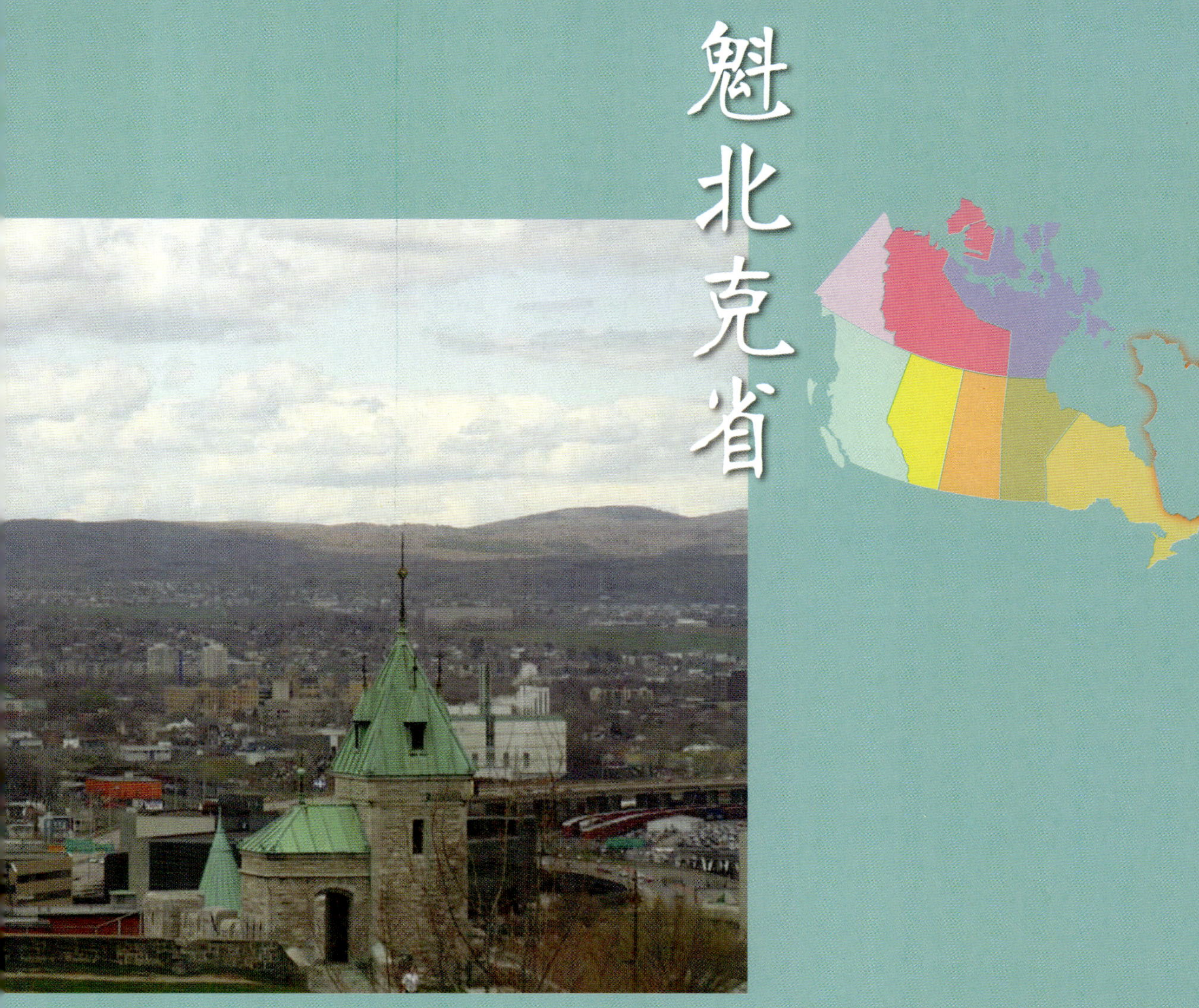

大学，十分注重文、理、商的本科教育。

魁省的五所英语CEGEP中有三所位于蒙特利尔(Montreal)，分别是Dawson College，John Abbott College和Vanier College，有较多国际学生。其余两所是Champlain Regional College和Heritage College。所有CEGEP均开办大学预科课程和职业/技术课程。各校提供的预科课程在学科上十分相似，但个别会采用较仔细的分科策略，以助学生升读对应的大学目标学科，但在职业/技术课程方面，各校均有不同的取向和特色。学生应仔细了解各校的课程种类、教学设备和所在社区后，再做出升学决定。最后需要强调的是，省内大部分CEGEP已加入了蒙特利尔共同招生联网(The Regional Service of Admission of Metropolitan Montreal，简称SRAM)，学生须通过SRAM申请入学，详情可浏览其网站www.sram.qc.ca。

1.主教大学　Bishop's University

秉承英伦传统　魁省优质本科

于1843年由英国教会创办的主教大学(Bishop's University，简称Bishop's)，是魁省唯一的本科类大学，一直以提供优秀的小班式基础教育闻名，校风质朴和谐，校园内洋溢着浓厚的传统英式小镇大学气氛。

Bishop's大学着重文、理、商的本科教育，虽然开办的专业不算十分多元化，但每个课程均颇具水准，可谓重质不重量。为适应当今社会对跨学科人才的需求，近年来，该校致力于开办跨学科的课程，成绩十分理想。此外，该校亦与邻近的法语大学Université de Sherbrooke合办双学位课程，使学生可以同时修读文科及工程专业，在广泛吸收基础知识的同时，培养专业技能。

踏入Bishop's大学的校园，即可感受到浓厚的英国大学传统的学术气氛：传统哥特式建筑、英式小教堂、设计简朴的教学大楼等，校园内仿佛还弥漫着百多年前的特色和情怀。除了是魁省独有的本科类大学之外，Bishop's更是省内唯一采用全英语教学的大学，如果中国学生有兴趣到魁省留学，这里是不错的选择。

重视传统文理学科发展

在创校之初，Bishop's以提供传统的人文学科为主，其后慢慢发展理科、商科和社会科学等课程。在文学系中，最热门的学科包括英语和历史。主修英语的学生可以根据自己未来的事业发展，选择修读有关文化、传媒研究或教育的课程。教育系是该校拥有百年历史的一个老牌学系，开办教育学学士课程，是为魁省以英语授课的中、小学培养教师的摇篮。

目前，校内有约1/4的学生就读于商学院(The Williams School of Business)，其工商管理学士(BBA)课程以内容深入著称，课程涵盖会计、财务，以及国际商贸的专业知识。商学院提供实习机会，帮助学生从实践中学习；此外，商学院与全球35个国家的大学签订交换生协议，为学生创造到其他国家进行为期一年的海外学习的机会，以扩展知识视野和体验别国文化。

在理学系方面，生物学和生化学是两大热门课程。蒙特利尔(Montreal)是加拿大的药物研究基地之一，所以这两个专业的毕业生均有较为理想的就业前景。

主教大学 Bishop's University

师生关系密切和谐

Bishop's大学约有2,200名全日制学生，平均每班仅有23名学生，采用小班教学模式，师生关系十分密切，是一所典型的社区大学。在开学前，每个学系的教授均会安排与新生面对面的会

积极开拓跨学科课程

随着现今社会对跨学科人才需求的逐渐增长，加拿大很多大学均致力于开发跨学科的课程，Bishop's大学亦不例外。跨学科课程是由两个或两个以上学系共同开办的学位课程，内容广泛，以培养学生掌握广泛的基础知识为前提。Bishop's大学最知名的跨学科课程是艺术管理学：修读商业管理的学生可同时选择修读艺术、戏剧或音乐，毕业后在艺术相关行业从事管理工作。

Bishop's大学还与邻近的法语大学Université de Sherbrooke合办双学位课程，毕业生可同时从Bishop's获得文学士学位及从Sherbrooke大学获得工程学士学位。这个跨学系/学校的双学位课程旨在培养拥有丰富文理科知识的专才。这个独特的课程配合当今急速发展的社会对多元化人才的需求，毕业生拥有十分理想的就业前景。

谈，对每个学生的情况进行了解，并提供详细的选科建议，这个欢迎新生的传统在其他大学十分少见，显示出Bishop's重视建立师生关系和关注学生需求的优良传统。此外，小班教学亦有助于培养学生间的友谊，让他们在一个和谐友善的气氛中共同学习，互助互勉。

Bishop's大学位于蒙特利尔以东120公里的小镇伦诺克斯维尔(Lennoxville)。该镇人口仅有5,000人左右，民风亲切友善，生活简单朴素，是一个理想的求学之地。同时，小镇的生活指数远较大城市低，国际学生在这里留学四年，可节省不少费用。目前，校内约60%的学生来自省外或海外，大部分学生均在校内宿舍寄宿，或住在距校园仅15分钟路程的地方，每天可轻松地步行上下课。校内有完善的文化和康乐设施，丰富了学生的课余文化生活。

背景资料：

创校年份： 1843

全日制学生： 2,206

业余学生： 515

国际学生： 211

大学类别： 小型综合类大学

营运方式： 公立

注册处地址：

Admission Office
Bishop's University
Lennoxville, QC
J1M 1Z7 Canada

网址： www.ubishops.ca

电话： 1-819-822-8200

奖学金及经济援助办事处：

1-819-822-9600 内线 2655

校舍： 一个校园，占地222万平方米

图书馆藏量： 60多万册书籍

教职员： 教授54，副教授20，助理教授15，导师13，讲师4，职员250

入学要求：

学科成绩：

文科： 75%

理科： 75%

商科： 75%

英语成绩：

TOEFL 237(CBT)
或TOEFL 580(PBT)
或IELTS 6.5

报名截止日期：

秋季入学： 7月1日

冬季入学： 11月1日

学费：

魁省学生： 每学分55.61加元

加国其他省份学生： 每学分150.61加元

国际学生： 每学分335.61至374.61加元

书本费： 每学年1,200加元

每月生活开支(约)：

大学宿舍连膳食： 465加元

校外自租房子(不包膳食)： 350加元，视所租房子大小而定

膳食费： 350加元

其他杂费： 150加元

医疗保险： 576加元/学年

学系/专业：

设有5个学系
人文学系
教育学系
工商管理系
自然科学学系
社会科学学系

热门学系/专业：

生物、工商管理、教育、英语、心理学

大学排名：

Maclean's 2005年大学排名
小型综合类大学排名第五

所在城市数据：

城市： 伦诺克斯维尔(Lennoxville)

人口： 5,000

生活指数： 低至中

气温： -20℃ 至 30℃

2. 康科迪亚大学　Concordia University

贯彻均等教育理念 艺术商学建树良多

康科迪亚大学(Concordia University，简称Concordia)是由Sir George Williams University及Loyola College两所院校合并而成，创校宗旨是“教育机会均等”，不但开办高质素的大学教育，还为在职人士提供广泛的进修机会。经过逾30年的成长，该校已成为加拿大最具规模的综合类大学之一，学生总人数超过3万人，共设有4个学系，提供约250项本科及研究院课程。

Concordia是一所年轻和勇于创新的大学，率先开设传讯学及妇女研究的学位课程；该校的艺术系和商学系亦十分出色，深受学界及业界赞誉。

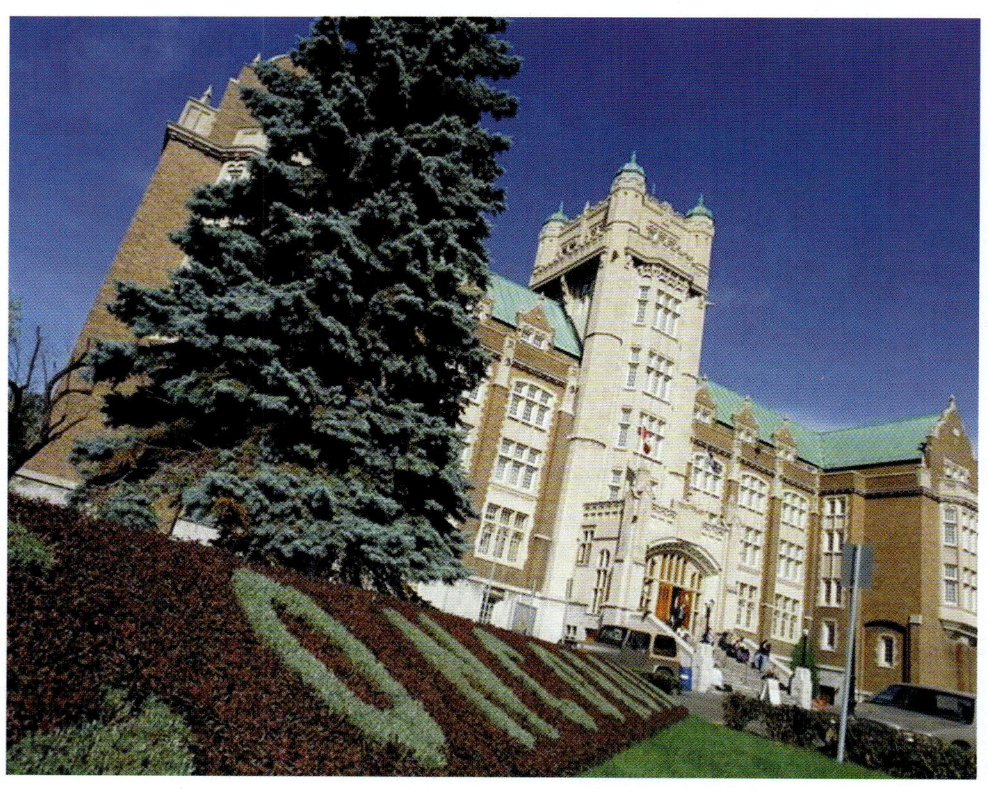

Concordia大学位于蒙特利尔(Montreal)市内。蒙特利尔大都会的活力和朝气，与该校灵活创新的校风交相辉映，相映成趣。

提倡教育机会均等

建校三十多年来，校方一直坚持为在职人士提供进修机会的传统，开办很多晚间课程，约有40%为非全日制学生。每天下午5时至9时，市中心的Henry F·Hall教学大楼总是挤满下班后赶来上课的成人学生。

每学期的考试期间，Webster图书馆便一周7天，每天24小时开放，为学生提供一个便利宁静的复习场所。同时，学生服务中心还会开办很多讲座并进行演示，指导学生如何分配复习时间，有效

率地抄写笔记以及分析考试策略等。以上完善的学生服务和教学支持，充分体现了Concordia大学提倡“教育机会均等”的办学传统。

Concordia设有四大学系：文理系、工程及计算机科学系、艺术系和商学系，共开办180个本科课程和70个研究院课程。

勇于开创新课程

该校一向以灵活革新著称，曾开办不少独特创新的课程。1978年，校内著名的Simone de Beauvoir Institute便创办了加拿大首个妇女研究课程，深受加国以至国际学术界重视。此外，该校亦开办了加拿大首个传媒研究学士课程，成为这个学术范畴的先锋。修读该课程的学生可主修文化研究或新闻学等专业。新闻学是该校一个热门专业，每年平均约有500名申请者争夺160个名额。政治学是文理系另一个受欢迎的专业，约有1,400名本科生及研究生修读，毕业生的就业前景颇佳，可分别在私营机构、非牟利团体及政府机构工作。

工程及计算机科学系是发展得最快的学系，过去六年间，学生人数增长了60%，热门课程包括软件工程等高科技专业。校方于2003年启动了价值3.5亿加元的大型发展工程，为扩建工程及计算机科学系拉开了序幕。

Concordia的艺术系享有盛名，学生除了可主修传统的舞蹈、音乐、戏剧、电影课程以外，还可修读最先进的多媒体及数码动画等专业，专业设置集传统与现代艺术元素于一身。由于所开设的课程独特新颖，Concordia的艺术学院在加国享有重要地位，每年吸引不少省外以及美国的学生前来深造。

商学院国际声誉佳

商学院John Molson School of Business享有很高的国际声誉，英国《金融时报》(*Financial Times*)2005年全球100强MBA排名中，该学院占第81位。2003年，该学院更同时入选美国《商业周刊》(*Business Week*)及《华尔街日报》(*Wall Street Journal*)的全球100强MBA排行榜。此外，在《福布斯》(*Forbes*)杂志的全球MBA排行榜(非美国大学)中，亦名列第18位。由此可见，Concordia商学院有甚高的水准和名气，是学生修读商科本科或研究院课程的理想选择之一。

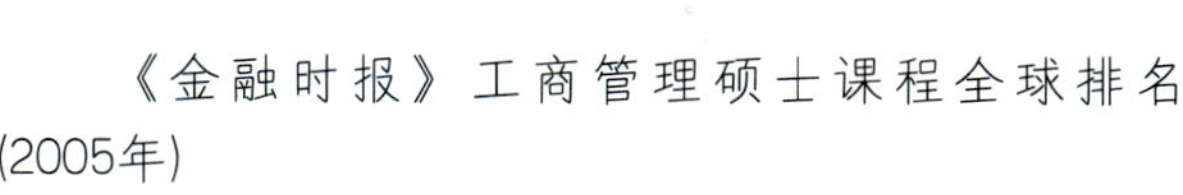

《金融时报》工商管理硕士课程全球排名(2005年)

排名	入围的加拿大大学
21	多伦多大学(University of Toronto)
22	约克大学(York University)
34	西安大略大学(University of Western Ontario)
39	麦基尔大学(McGill University)
55	不列颠哥伦比亚大学(University of British Columbia)
75	女皇大学(Queen's University)
81	康科迪亚大学(Concordia University)

商学系提供广泛的非全日制至研究院课程，以配合不同学生的求学需要；本科教育包括财务学士及管理学士课程。该系亦开设在学实习计划(Co-op Program)，学生可以获得在加国甚至海外实习的机会，在工作环境中学习实用知识并开拓视野。

Concordia拥有欢迎国际学生就读的传统，国际学生修读的热门学系依次为文理系、商学系、工程系和艺术系。

背景资料：

创校年份：1974

全日制学生：37,000 (包括业余学生)

国际学生：4,134 (中国学生981)

大学类别：综合类大学

营运方式：公立

Admissions
Concordia University
1455 de Maisonneuve West
Montreal, QC
H3G 1M8 Canada

网址：www.concordia.ca

电话：1-514-848-2424

奖学金及经济援助办事处：
1-514-848-2424 内线 3507

校舍：两个校舍

图书馆藏量：书籍及期刊超过300万册

本科入学要求：

学科成绩视各个学系而定

英语成绩：

TOEFL 550(PBT)

或TOEFL 213(CBT)

或IELTS 6.5

报名截止日期：

秋季入学：2月1日

冬季入学：9月1日

夏季入学：1月15日

学费：

魁省学生：每学分55加元

加国学生：每学分155加元

国际学生：每学分335—466加元

书本费：每学年1,500加元

每月生活开支(约)：

住宿连膳食：850加元

其他杂费：200加元

医疗保险：每年480加元

学系/专业：

设有4个学系，约250门课程(180门本科，70门研究院)

文理系

商学系

艺术系

工程及计算机科学系

大学排名：

Maclean's 2005年大学排名

综合类大学排名第八

研究院入学要求：

TOEFL 550(PBT)

或TOEFL 213(CBT)

或IELTS 6.5

个别学系要求申请者递交GRE/GMAT成绩

研究院课程学费：

魁省学生：硕士课程4,190加元起

加国学生：硕士课程8,664加元起

国际学生：硕士课程17,236加元起

热门研究院专业：

商科、政治科学、心理学、工程、艺术、生物、大众传播学、航天学

所在城市数据：

城市：蒙特利尔(Montreal)

人口：2,000,000

生活指数：中至高

气温：-20℃ 至 30℃

3. 麦基尔大学 McGill University

文理商医俱优 加国顶级名校

拥有逾180年历史的麦基尔大学(McGill University，简称McGill)，是加拿大最优秀的老牌学府之一，多年来一直是蒙特利尔(Montreal)的骄傲。蒙特利尔是一个英法双语的城市，更是一个多元文化的国际大都会。这个独特的历史背景和社会元素，令McGill校园内洋溢着大城市的活力和世界不同文化的色彩。该校的国际学生人数高踞加拿大各大学的首位，其中华裔学生所占比例颇高。2005年Maclean's大学排名榜上，McGill和多伦多大学(University of Toronto)并列第一。

McGill是一所十分全面的医学/研究院类大学，各学系的教学质量都很高，其中尤以医学、管理和法律系拥有最高的国际声誉。该校的入学要求非常严格，新生入学平均分数是全国大学中最高的：文科生的最低入学分为GPA89%，而理科、商科和工程系的最低录取分数更高达GPA90%。

McGill大学虽然位于蒙特利尔这个英法双语的城市，但除了法律系有部分学科以法文教授外，其他课程均以英语授课。该校共设有11个学系，约300个专业，每个学系均开办多样化的优质课程。该校的毕业生人才辈出，包括诺贝尔化学奖得主Rudolph Marcus、航天员Julie Payette和名诗人及音乐家Leonard Cohen等。

商学系国际声誉佳

McGill商学系是最受国际学生欢迎的院系之一，开办本科、硕士、博士及多项专业课程，一向以培养拥有国际视野的优秀毕业生为荣，而且在全球学术研究领域很有建树。在英国《金融时报》全球100大最佳工商管理硕士课程(MBA)中，McGill商学系名列第39位，其水准之高和国际声望之佳由此可见一斑。

《金融时报》工商管理硕士课程全球排名(2005年)

排名	入围的加拿大大学
21	多伦多大学(University of Toronto)
22	约克大学(York University)
34	西安大略大学(University of Western Ontario)
39	麦基尔大学(McGill University)
55	不列颠哥伦比亚大学(University of British Columbia)
75	女皇大学(Queen's University)
81	康科迪亚大学(Concordia University)

该校其他专业课程(Professional Programs)亦深受推崇，例如医疗科学、建筑、牙医和法律等。加拿大魁省采用民法(Civil Law)制度，与其他省份的普通法(Common Law)不同，McGill的法律系以同时教授普通法和民法而闻名，毕业生可获得这两个法制的学士学位。如果想加速修读的过程，学生可选择一个"浓缩"的三年制法学士课程。

McGill的工程系一向有很好的口碑，电子和计算机工程学是其中两个热门课程。斥资2,000万加元兴建的Lorne M.Trottier Building工程系教学大楼落成后，电子和计算机工程学的学生人数可增加一倍，而机械工程和土木工程系的学生人数亦会陆续增加。

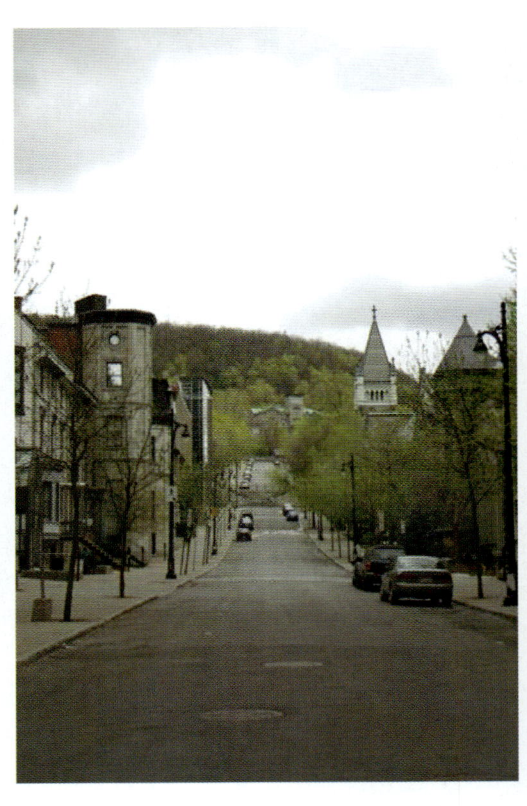

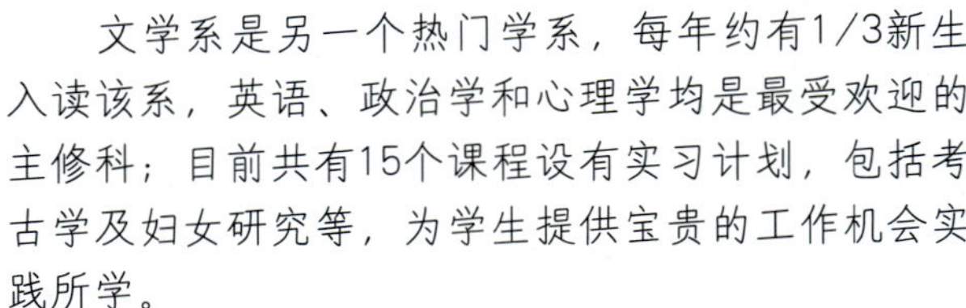

文学系是另一个热门学系，每年约有1/3新生入读该系，英语、政治学和心理学均是最受欢迎的主修科；目前共有15个课程设有实习计划，包括考古学及妇女研究等，为学生提供宝贵的工作机会实践所学。

开办独特的跨学科课程

McGill近年积极开拓跨学科课程，多个学系合作研发新的学位课程，以配合当今社会的需要。以文学系为例，其跨学科课程涵盖了历史、哲学和国际发展研究的内容。此外，结合了文、理学和农业及环境学而设立的环境学院(The McGill School of Environment)亦是另一个成功的例证。该学院从不同的角度和学科研究环境学的课题，以更全面地探讨当今世界的环境保护问题并寻求解决之道。

McGill于2004年开办了一个独特的文理学士课程，学生可在文理系中各选一个主修学科；或在其中一个学系修读一个主修科，而在另一个学系修读两个辅修科。这个新课程令学生拥有更广泛的文理专业知识，在未来事业发展的道路上获得更广阔的空间。在加拿大，设立文理学位课程已成为一个新趋势，很多大学都陆续开办了文理学士、乃至文理双学位课程，显示社会对拥有更广知识面的人才的需求日益增加。国际学生在选科时亦不妨多考虑这点，再配合自己的兴趣和专长作出选择。

McGill拥有完善的学生服务系统，所有一年级新生均可分配到校内学生宿舍。此外，该校一直提倡文化互动、族裔和谐的校风，校内的国际学生人数是全加大学之冠。校方十分鼓励来自不同国家的学生通过互动，进行交流和学习，增进对彼此文化的了解，并培养国际视野。

背景资料：

创校年份：1821

全日制学生：24,226

业余学生：5,188

国际学生：3,418

大学类别：带医学院综合类大学

营运方式：公立

注册处地址：Admissions, Recruitment and Registrar's Office
McGill University
James Administration Building
845 Sherbrooke St. W
Montreal, QC
H3A 2T5 Canada

网址：www.mcgill.ca

电话：1-514-398-3910

奖学金及经济援助办事处：1-514-398-6013

校舍：占地647万平方米

图书馆藏量：书籍及期刊超过492万册

教职员工：5,428名

本科入学要求：

学科成绩：

文科：89%

理科：90%

商科：90%

工程：90%

英语成绩：

TOEFL 250(CBT)

或TOEFL 600(PBT)

报名截止日期：

秋季入学：1月15日

学费：

魁省学生：每学分55.61加元

加国其他省份学生：155.03加元

国际学生：每学分399至500加元(视所修读学系而定)

书本费：每学年1,000加元

每月生活开支(约)：

大学宿舍连膳食：约1,000至1,200加元

校外自租房子(不包膳食)：600至750加元，视所租房子大小而定

膳食费：375加元

其他杂费：187加元

医疗保险：498加元/学年

学系/专业：

设有11学系，共300专业

文学系

管理学系

工程系

教育学系

音乐系

法律系

医学系

牙医学系

宗教研究学系

农业及环境科学系

继续教育中心

大学排名：

Maclean's 2005年大学排名

带医学院综合类大学排名第一

其他排名：

英国金融时报(Financial Times)2005年最佳MBA全球100强排名中，占第39位

研究院入学要求：

TOEFL 550(PBT)

或TOEFL 213(CBT)

个别学系要求申请者递交GRE/GMAT成绩

研究院课程学费：

魁省学生：每学年1,700加元

加国学生：每学年4,700加元

国际学生：每学年10,100加元

热门研究院专业：

英语、教育、工商管理、政治、心理学、法律

所在城市数据：

城市：蒙特利尔(Montreal)

人口：2,000,000

生活指数：高

气温：-20℃ 至 30℃

三校合璧　各展其长

查普林地区学院(Champlain Regional College，简称CRC)是魁省的重点英语学院之一，由三所分校组成，各自独立运作和教学，提供所在地区需要的专业课程。

三校各有特色和优点，并且分别招生。因此，国际学生应先了解各分校的环境和提供的课程，再决定申请入读哪一所分校。

魁北克省(Quebec)是加国法语人士聚居的省份，省内充满法国风情，以法语学校为主。因此，身为英语学院的CRC便成为魁省英语学生为数不多的选择之一。

CRC由三所独立学院于1971年结盟而成，至今，各分校仍然保留自己的传统，在招生、教学和运作上完全独立，各自根据所在城市的需要开办课程。不过，三校在重要的校务及长远规划上会互相协调，通过中央行政单位共同处理，形式有如邦联制的国家一样。因此，各分校虽然会标榜自己的优势和特点，但始终强调学生是共同加入了查普林社区(Champlain Community)，三校俨如一个大家庭。

由于三个分校在课程设置及校园文化上各有特色，并且独立招生，国际学生首先应当分别了解三校的特点，再配合自己的升学目标，作出选择。

魁省公立学院(CEGEP)是中学和大学之间的中途站，课程分为两年制的大学预科课程和三年制的实用职业/技术课程。大部分学院提供的预科课程在学科上均十分相似，但个别会采用较为细致的分科策略，以助学生升读大学的目标学科。而在职业及技术课程方面，各校均有不同的取向和特色。

Bishop's大学中的学院

伦诺克斯维尔分校(Champlain Lennoxville)

这个分校位于蒙特利尔以东120公里人口仅约5,000人的小镇Lennoxville，当地生活简朴，民风淳厚。学院位于Bishop's University校园内，四周是如诗如画的郊区风情。学生可使用Bishop's大学内所有设施，包括教室、图书馆、实验室、宿舍及运动馆等。Bishop's大学为Champlain Lennoxville的学生提供了强大的学术与生活支持，使他们能够享用大学的学习环境。随着越来越多省外学生入读该校，校方建设了一幢全新宿舍楼，为学生提供更多宿位。

该校大学预科课程分为理科、社会科学、文科、创作艺术/语文/文学，以及传统艺术五大类，为有志在大学修读相关学系的学生奠定学术基础。由于Champlain Lennoxville位于Bishop's校园内，所以，该学院很多学生均以Bishop's为升学目标。

Champlain Lennoxville的职业及技术课程分为三大类，包括会计及管理技术、计算机信息系统(CIS)以及特别护理辅导课程。

与Sherbrooke大学为邻

圣兰伯特分校(Champlain St. Lambert)

该校在三所分校中最具规模，全校约有2,500名学生，很多学生来自海外，拥有不同的文化背景，使校园洋溢着缤纷的多元文化色彩。校舍位于与Lennoxville接壤的舍布鲁克(Sherbrooke)小城，市内人口约110,000人，是法语大学Université de Sherbrooke所在地。事实上，Champlain St. Lambert与Sherbrooke大学的Longueuil校舍仅相距10分钟的步行路程，学院中不少学生亦以Sherbrooke大学为升学目标。

Champlain St. Lambert虽然是CRC中最大型的分校，却坚持采用小班教学，确保教师有更多时间照料学生，以助他们发挥潜能。

大学预科课程：该校的分科较细，为不同大学的学系设计出不同的预科课程，除了有理科、文科、创作艺术/语文/文学以外，还分别设有五个可主修心理学、教育学、世界研究、商业或以普及学习课程为主的社会科学预科课程。该校还开办了一些颇具特色的职业及技术课程，教授实用的专业知识，包括运动市场管理、平面设计大众传播、旅游管理及多媒体程序设计等。

与Laval大学关系密切

劳伦斯分校(Champlain St. Lawrence)

该分校位于魁北克市(Quebec City)，最初是一所男子大专学院，隶属Université Laval之下，提供八年制大学本科课程(由中学至大专)，随着魁省教育改革的展开，该校逐渐脱离了Laval这所法语大学，先后与其他学院合作，最后于1972年成为CRC结盟的分校之一。但由于Champlain St. Lawrence与Laval大学两校区仅相距五分钟路程，至今仍保持着密切的互动及合作关系，该学院的学生可以很方便地使用Laval大学的设施，例如图书馆等。

大学预科课程：包括理科、社会科学、经济、文学及语言。

职业及技术课程：涵盖多样化的专业，当中最受学生欢迎的是商业课程。

背景资料：

创校年份：1972

大学类别：CEGEP学院

营运方式：公立

注册处地址：

位于Lennoxville St. Lambert及St. Lawrence的三所分校分别独立招生，请浏览网站查阅有关申请及注册的资料

中央网站：www.champlaincollege.qc.ca

Lennoxville分校：www.lennox.champlaincollege.qc.ca

St. Lambert分校：www.champlaincollege.qc.ca/st-lambert

St. Lawrence分校：www.slc.qc.ca

入学要求：

学科成绩：

中学毕业或同等学力

英语成绩：

TOEFL 550(PBT)

或TOEFL 213(CBT)

或IELTS 6

报名截止日期：

请浏览个别分校的网站查阅有关资料

学费：

魁省学生：免费

省外学生：每学期(4个月)949加元

国际学生：每学期(4个月)3,931加元

书本费：每学期500加元

每月生活开支(约)：

校外自租房子(不包膳食)：300至700加元，视所租房子大小而定

膳食费：250加元

其他杂费：150加元

医疗保险：每学年495加元

所在城市数据：

城市：伦诺克斯维尔(Lennoxville)

人口：5,000

生活指数：低至中

气温：-17℃ 至25℃

城市：舍布鲁克(Sherbrooke)

人口：110,000

生活指数：中

气温：-17℃ 至25℃

城市：魁北克市(Quebec City)

人口：167,000

生活指数：中

气温：-16℃ 至25℃

提供多元职训　兼设大学预科

位于蒙特利尔市中心的道森学院(Dawson College，简称Dawson)是魁省教育改革后第一所英语CEGEP学院，于1969年招收第一届学生，至今已有三十多年历史。

该校的学生来自不同族裔及背景，充分反映出蒙特利尔的多元文化特色。除了开办大学预科课程外，校方致力于提供多样化的职业及技术课程，为社会及业界培训最合适的专业人才。Dawson的热门职训课程包括商业、计算机、设计及专业摄影。

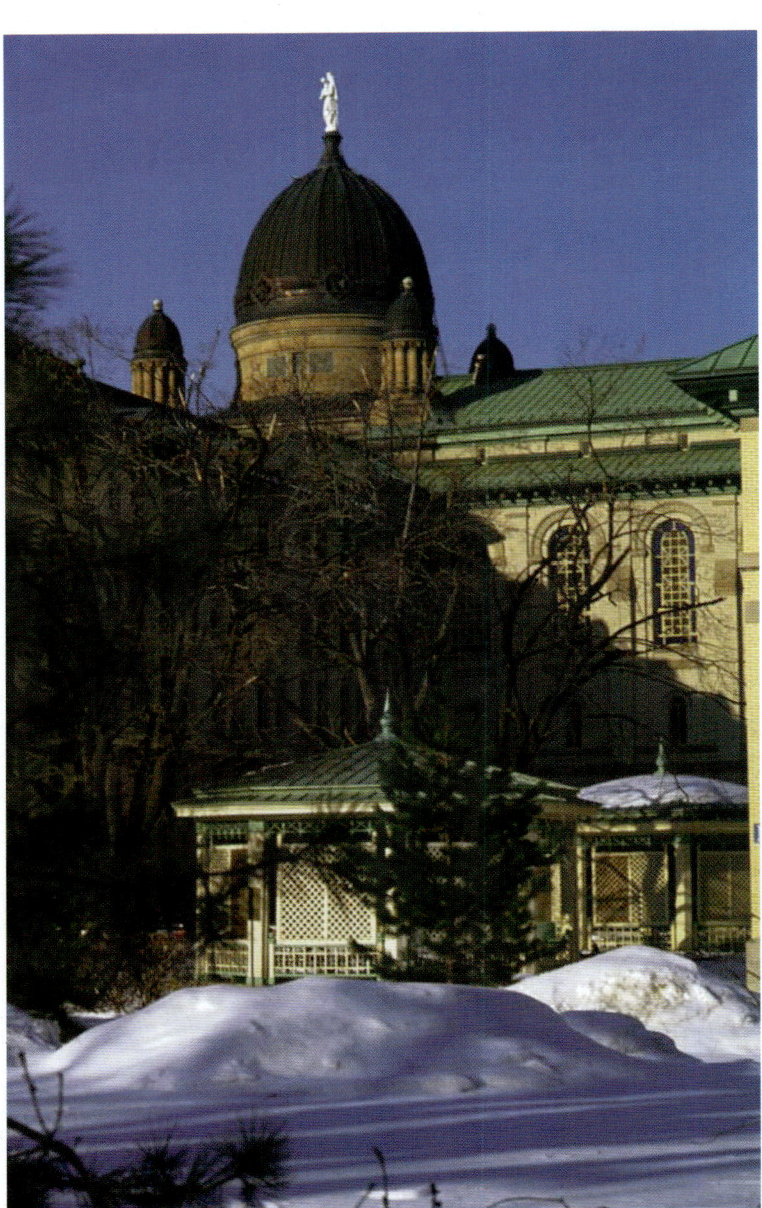

Dawson学院于1969年创校时，仅有1,200名学生，三十多年后的今天，该校学生总人数约达10,000名，除了大学预科教育外，还开办了多元化的职业培训课程(包括日/夜间课程)，涵盖20多个专业。

首间英语CEGEP学院

魁省共有48所CEGEP学院，只有5所以英语授课，而Dawson便是其中首所以英语授课的学院，可说是当年教育改革的先锋部队。

该校以麦基尔大学(McGill University)前校长Sir William Dawson命名，校舍建于蒙特利尔一幢古老的大楼之内，占地50,000平方米，校园绿茵处处，是人来人往的蒙特利尔市中心的一片绿洲。

Dawson的大学预科课程分为健康科学、应用科学、社会科学、创作艺术/文学/语文、文科及艺术，其中除了艺术预科课程不接收国际学生之外，其余学科均欢迎海外学生申请入读，为升读魁省大学做好准备。

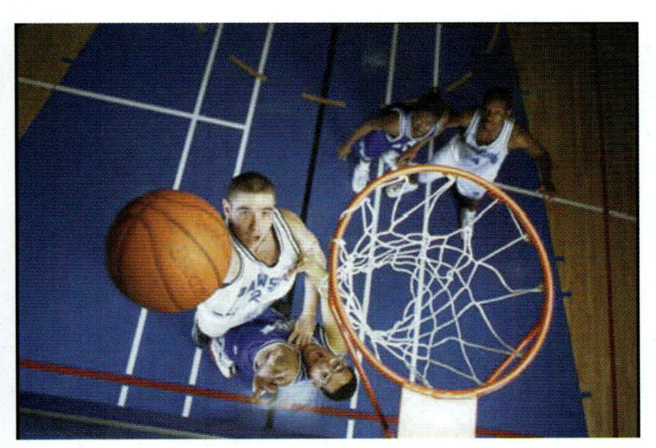

与其他学院相比，Dawson在职业及技术课程上的设置十分丰富，其中有不少的课程颇有特色。校方目前共开办约20项职训课程，欢迎国际学生申请的专业包括以下各项：

- 实验室技术/化学分析
- 土木工程
- 机械工程(机械设计/自动化生产)
- 电子技术
- 商业管理(市场营销/会计及管理)
- 办公室系统技术(双语课程)
- 计算机科学
- 室内设计
- 专业摄影
- 工业设计

国际学生如果有兴趣前往魁省留学，蒙特利尔是最合理的选择。该市是国际大都会，居民来自众多族裔和文化背景，政府对少数族裔亦特别关心和照顾，而且市内英语普及，不像魁省其他城镇，多聚居讲法语的法裔人士，英语甚少使用。因此，计划到魁省升读英语大学的国际学生，可考虑入读Dawson或市内另外两所公立学院：John Abbott College和Vanier College(详见第472页、第474页介绍)。

背景资料：

创校年份：1969

全日制/业余学生：10,000

学院类别：CEGEP学院

营运方式：公立

注册处地址：

Admission Office
Dawson College
3040 Sherbrooke Street West
Montreal, QC
H3Z 1A4 Canada

网址：www.dawsoncollege.qc.ca

电话：1-514-933-1234

入学要求：

学科成绩：

中学毕业或同等学力

英语成绩：

TOEFL 500(PBT)
或TOEFL 175(CBT)

报名截止日期：

秋季入学：3月1日

冬季入学：11月1日

学费：

魁省学生：免费

省外学生：每学期(4个月)949加元

国际学生：每学期(4个月)3,931加元起

书本费：每学期500加元

每月生活开支(约)：

校外自租房子(不包膳食)：400至700加元，视所租房子大小而定

膳食费：250加元

其他杂费：150加元

医疗保险：每学年498加元

所在城市数据：

城市：蒙特利尔(Montreal)

人口：2,000,000

生活指数：高

气温：-20℃ 至 30℃

6.海瑞泰基学院 Heritage College

拥首都地区优势 办实用职训课程

海瑞泰基学院(Heritage College，简称Heritage，又称传统学院)位于魁省加蒂诺市(Gatineau)，是一所拥有三十多年历史的英语CEGEP学院。该校十分欢迎国际学生，校方在学习和生活方面均为海外学生提供完善的服务和支持。

Heritage学院所开办的职业及技术课程强调理论和实践相结合，水平颇佳，绝大部分课程均包括实习计划，让学生有机会在职场上实践所学，积累宝贵的工作经验。

Heritage坐落于屋塔崴(Outaouais)地区风光秀丽的加蒂诺公园(Gatineau Park)。当地是适合远足、露营和滑雪的旅游胜地，邻近加拿大首都渥太华，校内很多学生亦来自安省。这一带被称为加拿大国家首都地区(Canada's National Capital Region)，城市规划完善，街区整洁规范，颇有国家首都的风范。在Heritage毕业的学生，除了可申请入读魁省的英语大学外，亦可考虑报读邻近的渥太华大学(University of Ottawa)或卡尔顿大学(Carleton University)。

该校两年制的大学预科课程分为商科、文科、理科、社会科学及视觉艺术五大学系。

Hertiage学院的职业及技术课程水平不俗，而且选择亦颇丰富，共分为以下六大类：

(1) 会计与管理技术

(2) 计算机科学

(3) 幼儿护理及教育

(4) 电子技术

(5) 新媒体与出版设计

(6) 护理学

该学院课程的最大优点是结合理论和实践，大部分课程均包括实习计划，让学生在毕业前已有机会了解职场的真实环境和工作文化。最受国际学生欢迎的课程包括会计与管理、计算机科学以及新媒体与出版设计等。

新媒体与出版设计是该校最新课程，为有志投身网页及传统印刷出版界的人士而设计。三年制的课程涵盖这两个行业的实用知识和技能，首年，学生将修读特别强调语文及沟通技巧的基础课程，以及网页及设计的基本科目；到了第二及第三年，则会深入地学习新媒体与出版不同领域的应用技能及最新理论知识。

除了全日制的大学预科及职训课程以外，校方亦积极开拓实用的短期及业余课程，学生多为在职进修或转职人士。这些课程包括语文(英法语)、商业、计算机、幼儿教育及摄影等。

Hertiage将招生权交予大蒙特利尔地区共同招生服务中心(SRAM)负责，因此学生必须通过SRAM申请该校的课程，不可直接向校方申请。

背景资料：

创校年份： 1969

大学类别： CEGEP学院

营运方式： 公立

注册处地址：

Heritage College

325, Boul. Cité des Jeunes

Gatineau, QC

J8Y 6T3 Canada

Hertiage 将招生权交予大蒙特利尔地区共同招生服务中心(SRAM) 负责，学生必须通过SRAM申请该校的课程，可从该校网站下载SRAM申请表

网址： www.cegep-heritage.qc.ca

电话： 1-819-778-2270

入学要求：

学科成绩：

中学毕业或同等学力

英语成绩：

必须接受CAEL英试考试

报名截止日期：

秋季入学： 3月1日

学费：

魁省学生： 免费

省外学生： 每学期(4个月)949加元

国际学生： 每学期(4个月)3,931加元起

书本费： 每学期500加元

每月生活开支(约)：

校外自租房子(不包膳食)： 400至700加元，视所租房子大小而定

膳食费： 250加元

其他杂费： 150加元

医疗保险： 每学年498加元

所在城市数据：

城市： 加蒂诺(Gatineau)

人口： 340,000

生活指数： 中

气温： -15℃ 至 26℃

7. 约翰阿伯特学院 John Abbott College

职训预科兼备　欢迎国际学生

以加拿大第三任总理John Abbott命名的约翰阿伯特学院（John Abbott College，简称John Abbott），是一所CEGEP学院，也是蒙市三所公立英语大专学院之一。

John Abbott提供两年制大学预科课程及三年制职业培训文凭课程。热门的职训专业包括商科、计算机科学、工程及媒体设计等。此外，校方亦为未能符合CEGEP学院入学资格的学生提供学术预备课程，以助他们实现修读大专文凭或大学预科的计划。

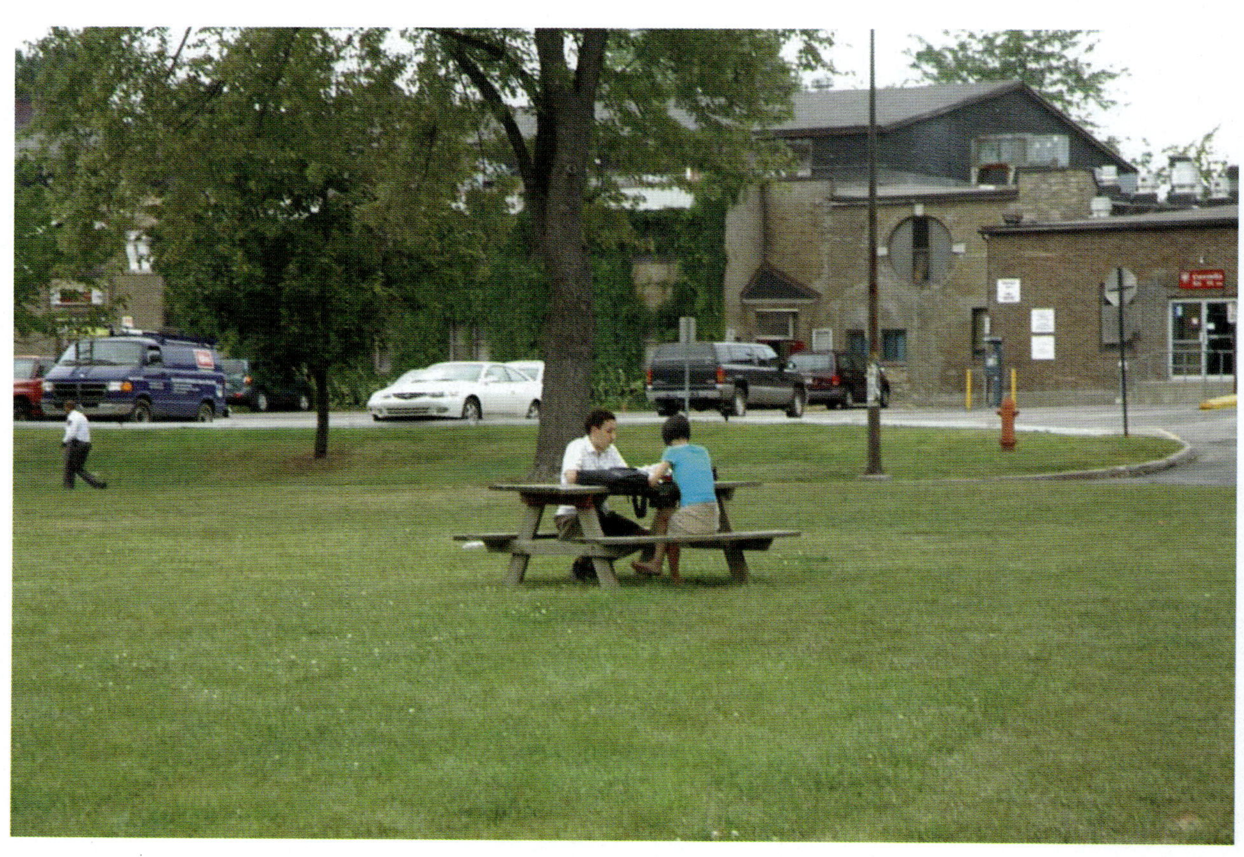

John Abbott坐落于蒙特利尔市西端。校园绿草如茵，美丽恬静，建筑设计流露出浓郁的法国风情；距市中心仅25公里，交通便利，乘坐公用交通工具前往市中心仅需约半小时，在地理上同时享有宁静和方便的优点。

积极招收国际学生

John Abbott学院共有5,000名全日制学生和2,000名业余学生，主要来自蒙特利尔地区，亦有部分来自其他省份及海外。John Abbott是一所积极招收国际学生的学校，因此校园内来自不同国家的学生共聚一堂，充分体现了蒙特利尔的多元文化色彩。校方为国际学生建立了完善的服务系统，帮助他们在学习和生活上尽快适应加国的环境。

John Abbott虽然拥有7,000多名学生，是一所中型大专学院，但校方坚持小班教学，努力保持优秀的教学传统。在课程设置方面分为大学预科、职业培训和学术准备课程三大类。

课程设置多样化

大学预科课程为期两年，分为以下三类：

(1) 创意艺术/文学/语言：完成这个预科课程的学生，在升读大学时可选修文科及艺术系的课程，包括电影、舞台剧、大众传播、新闻学、摄影、文学、哲学、翻译、旅游及国际关系等。

(2) 理科：毕业生可申请入读大学的理学院，主修数学、物理、化学及生物等。

(3) 社会科学：毕业生可在大学修读人类学、商业、社会学、政治学及宗教研究等专业。

三年制的职业课程包括以下各项：

- 飞机维修
- 商业管理
- 计算机科学
- 牙科卫生
- 工程技术
- 信息及图书馆管理
- 医护
- 警察科技
- 专业舞台表演
- 专业舞台制作
- 出版设计与多媒体技术
- 青少年与惩教学

成绩未达CEGEP要求的国际学生，可选择先入读John Abbott的学术预备班，以待将来升读CEGEP的大学预科或职业培训课程。预备班分为社会科学、创意艺术、理科及职业培训四大类，为期一至两个学期，学生可根据自己的升学或就业目标进行选择。

John Abbott已加入蒙特利尔共同招生联网(SRAM)，所有学生必须通过SRAM提出申请。

背景资料：

全日制学生： 5,000

业余学生： 2,000

学院类别： CEGEP学院

营运方式： 公立

注册处地址：

John Abbott College Centre for Continuing Education

21,275 Lakeshore Road

Ste. Anne de Bellevue

Montreal, QC

H9X 3L9 Canada

John Abbott将招生权交予大蒙特利尔地区共同招生服务中心(SRAM)负责，学生必须通过SRAM申请该校的课程。可从该校网站下载SRAM申请表

网址： www.johnabbott.qc.ca

电话： 1-514-457-3063

入学要求：

学科成绩：

中学毕业或同等学力

英语成绩：

没有特定分数要求，但申请者需提交TOEFL成绩予校方审核

报名截止日期：

秋季入学： 3月1日

学费：

魁省学生： 免费

省外学生： 每学期(4个月)949加元

国际学生： 每学期(4个月)3,931加元起

书本费： 每学期500加元

每月生活开支(约)：

校外自租房子(不包膳食)： 400至700加元，视所租房子大小而定

膳食费： 250加元

其他杂费： 150加元

医疗保险： 每学年498加元

所在城市数据：

城市： 蒙特利尔(Montreal)

人口： 2,000,000

生活指数： 高

气温： -20℃ 至 30℃

8.云尼尔学院 Vanier College

英语培训完善　预科职修皆宜

蒙特利尔地区只有三所英语CEGEP公立学院，云尼尔学院(Vanier College，简称Vanier)便是其中之一。

Vanier除了和其他CEGEP学院一样提供大学预科及职业技术课程之外，还开办了一个完善的英语学习中心，为海外学生提供全日制或短期的英语研修课程。英语及学科成绩未达大学要求的国际学生，可先在该学院进修英语并修读大学预科课程，毕业后再升读省内或省外大学。

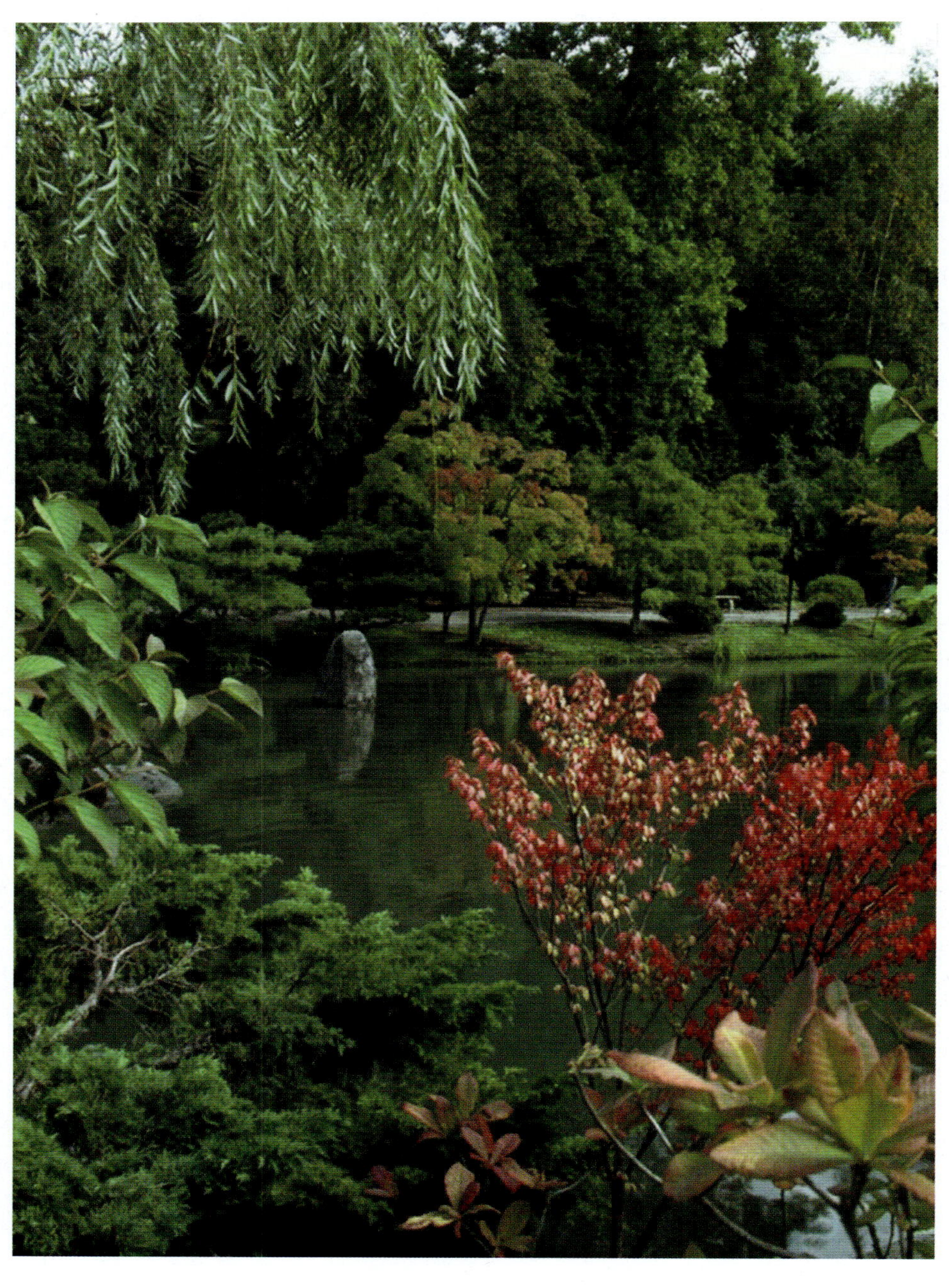

魁省的教育制度与加拿大其他省份全然不同，该省的中学采用6(6年小学)+5(5年中学)制，中学毕业后必须在CEGEP学院修读两年预科课程后方可申请升读大学。如果学生在魁省以外的加国中学修完中学12年级的课程，亦可利用省试的成绩报读魁省大学。

没有加国中学毕业成绩或同等学力的国际学生，如果希望升读魁省大学，可先入读省内的CEGEP公立学院，修读两年制的大学预科文凭课程，之后再以毕业考试的成绩报读魁省大学(其他省份的大学亦接受CEGEP文凭为入学成绩)。对国际学生来说，这个途径比较直接，而且在学院学习的两年中，可慢慢适应魁省的文化、生活及双语学习环境，对将来升读大学大有帮助。

魁省共有48所CEGEP学院，其中5所采用全英语授课，Vanier是其中之一。如果国际学生因成绩未达大学要求而决定先入读CEGEP学院，则Vanier提供的不单是大学预科课程，更包括完善的英语作为第二语言(ESL)课程。

帮助学生提高英语水平

对一些国际学生而言，英语不好是留学加拿大的一道难关。英语能力达不到大学要求的学生，必须先提高英文水平，才能获得修读正规学分课程的机会，Vanier在这方面为国际学生提供完善帮助。

该校的英语学校提供全日制及业余课程，以提高学生的学术英文运用能力为目标。全日制英语课程分为初、中、高中及高级四个水平，每班为期10星期，星期一至五上午9时至下午1时上课。业余课程则包括学术写作、英语发音及英文传意(English Communication)等学科，适合不同程度的人士修读。

修完高级学术英语课程的学生，水平应达中学毕业的程度。他们可选择在Vanier修读两年制大学预科课程以升读大学，或可入读三年制的职业及技术课程，在获取文凭及一技之长后投身社会。

Vanier的大学预科课程分为理科、文科、商科、音乐、语言、文学、社会科学及传媒学等。在职业及技术课程方面则包括建筑设计、建筑工程、动物健康科技、计算机科学、多媒体设计及健康护理等专业。

背景资料：

创校年份：1970

全日制学生：5,600

业余学生：1,500

学院类别：CEGEP学院

营运方式：公立

注册处地址：

Admission Office
Vanier College
821 Ste Croix
Montreal, QC
H4L3X9 Canada

Vanier将招生权交予大蒙特利尔地区共同招生服务中心(SRAM)负责，学生必须通过SRAM申请该校的课程。可从该校网站下载SRAM申请表

网址：www.vaniercollege.qc.ca

电话：1-514-744-7500

入学要求：

学科成绩：

中学毕业或同等学力

英语成绩：

TOEFL 550(PBT)
或TOEFL 213(CBT)
或IELTS 6.5

报名截止日期：

秋季入学：3月1日

冬季入学：11月1日

学费：

魁省学生：免费

省外学生：每学期(4个月)949加元

国际学生：每学期(4个月)3,931加元起

书本费：每学期500加元

每月生活开支(约)：

校外自租房子(不包膳食)：约400至700加元，视所租房子大小而定

膳食费：250加元

其他杂费：150加元

医疗保险：每学年498加元

所在城市数据：

城市：蒙特利尔(Montreal)

人口：2,000,000

生活指数：高

气温：-20℃ 至 30℃

纽宾士域省(简称纽省)的高等教育力量主要由四所公立大学和一个完善的社区网络学院组成，各大学的水准不俗，加上学费在各省中属于中等水平，所以颇受国际学生欢迎。

省民中约有35%说法语，其余65%说英语，这个双语特色也反映在大学体制上。四所公立大学中仅L'Universtié de Moncton是法语学校，其他三所均是英语大学。Mount Allison University是一所出色的小型综合类大学，拥有166年历史，该校的工商管理、英语和国际关

纽宾士域省

系学课程均有相当出色水平。University of New Brunswick是加国历史最悠久的英语大学，但同时又勇于革新进取，在加拿大教育史上创造了很多纪录。该校杰出的专业包括商学、工程、法律、林木业及环境管理学等。此外，该省的St. Thomas University是一所小型综合类大学，以开办人文学科课程为主，热门专业包括犯罪学、心理学和社会学等。

New Brunswick Community College(简称NBCC)是纽省的公立社区联网学院，由11个分校组成，7个以英语授课(其余4个以法语讲授，本书不作介绍)，各有自己的办学特色和优势。NBCC采取统一招生制，学生应先决定升读的分校和专业，再进行申请。

1. 亚历逊山大学 Mount Allison University

屡入本科前三甲 常有杰出毕业生

亚历逊山大学(Mount Allison University，简称Mount Allison)位于宁静的小镇，校园古朴典雅，依稀保留着19、20世纪的学术气氛，令人陶醉。该校拥有166年历史，曾培养出45位Rhodes学者，以及无数在工商业界及艺术界享有盛名的毕业生。

为了吸纳教育经费，加拿大很多大学从20世纪六七十年代开始大幅增收学生，但Mount Allison一直坚持自己的风格，反对超额录取，保留小班教学的优良传统，校内师生关系密切，学习气氛浓厚。该校设有文、理和社会科学三大学系，其中的工商管理、英语和国际关系学课程均有相当突出的水准。

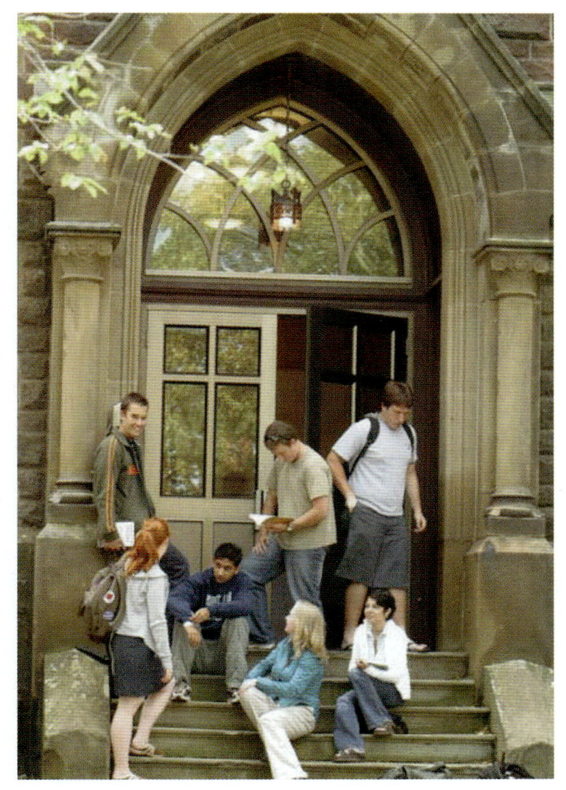

"Mount Allison is a small university with a BIG university atmosphere. The intimate campus gives me opportunity to meet up regularly with all the friends I have made from countries around the world. Besides my regular class schedule, my day is always filled with all kinds of activities: salsa dancing class, swimming, movies, study groups meeting, etc. I love it here, and think of Mount A is one of the best universities in Canada for its reputation and academic standard."

3rd year Mount Allison Student, Yuan Yao (Steven) from Beijing, China (Bachelor of Commerce, major in Economics)

Mount Allison最先由教会创办，到20世纪60年代始成为公立大学，并陆续增办多样化的学位课程。校舍所在地萨克维尔(Sackville)位于纽宾士域省的东南部，其历史比加拿大建国还要早100多年，人口仅有5,000多人，是一个清幽宁静的小镇。该地的生活指数很低，大部分学生都住在学校的宿舍，使校园宛如一个小社区。事实上，校方一直以优良的

校风和学生对学校强烈的归属感为荣。在这样的环境求学，国际学生能够较快地适应新的学习环境，投身多姿多彩的校园生活。

注重文理学术发展

该校是一所典型的文理大学，以开办传统的人文和理科学科为主。目前，大部分的学生修读文学士或理学士课程。热门的主修科目包括工商管理、英语、历史和生物等。国际关系学是该校近年发展最快的学科。校方十分重视跨学科教育，为学生根据个人事业方向选择主修学科，进而进行搭配提供条件。例如攻读商学士课程的学生在主修经济或计算机信息系统的同时，亦可主修法语、历史或政治科学，以扩充自己的基础知识。

不少学生在升读大学时还不能决定主修的学科，有鉴于此，校方允许文、理系的学生在一至二年级自由修读不同学系的科目，待升读三年级时再申报主修学科。这个灵活的制度使学生有更充裕的时间和更多的机会去发掘自己的专长和兴趣，以做出最适当的选科决定。

该校的艺术及音乐课程亦十分出色，校方定期邀请知名的艺术家与学生分享经验，并进行现场指导。校内建有古朴的剧院和艺术画廊，显示校方对艺术教育的重视程度。

师生关系密切

Mount Allison一直坚持小班教学，大部分课程由教授或讲师亲自任教，这点与很多大型大学由研究生担任助教的模式不同。因此，一、二年级的学生已有机会获得教授亲自教导，甚至跟从教授一起进行正规的科学研究。小班教学不但令师生关系密切，亦大大增进同学之间的友谊；很多同系的学生每天一起上课，课后一起研习，住在同一幢宿舍楼，仿佛生活在大家庭之中，产生强烈的归属感。

该校很多学生都希望毕业后升读研究院。Mount Allison共培养出45位Rhodes学者，在栽培年轻学者方面甚有建树。Rhodes Scholarship是全球历史最悠久的国际学术研究奖学金，每年会在各地选出32名优秀的学者，然后保送他们到英国的牛津大学进行两到三年的学术研究。

在过去多年的加拿大*Maclean's*杂志大学排名榜中，Mount Allison一直位列本科类大学三甲之内，而在声誉排名榜中，更被评为最高素质的本科类大学；该校教授获得的奖项，亦是在众多本科类大学中数目最多的。由此可见，Mount Allison的声誉和品质俱佳，是求学的理想之选。

背景资料：

创校年份：1839

全日制学生：2,192

业余学生：730

国际学生：135(中国学生19)

大学类别：小型综合类大学

营运方式：公立

注册处地址：

Admission Office
Mount Allison University
65 York St.
Sackville, NB
E4L 1E4 Canada

网址：www.mta.ca

电话：1-506-364-2269

奖学金及经济援助办事处：
1-506-364-2258

校舍：有1个校园

图书馆藏量：
书籍及期刊超过849,240册

教职员工：

教授：81名

副教授：45名

讲师：11名

本科入学要求：

学科成绩：

文科：69.2%

理科：70.6%

商科：72.4%

英语成绩：

TOEFL 550(PBT)
或TOEFL 213(CBT)
或IELTS 6.5

报名截止日期：

秋季入学：3月15日

冬季入学：9月30日

夏季入学：4月30日

上述日期仅供参考之用，奖学金的申请截止为每年的3月15日

学费：

加国学生：每学年6,100加元

国际学生：每学年12,200加元

书本费：每学年约900加元

每月生活开支(约)：

大学宿舍(不包膳食)：500加元

校外自租房子(不包膳食)：350加元

膳食费(校内)：400加元

膳食费(校外)：200加元

医疗保险：50.12加元

学系/专业：

33个学院提供学位，共42个专业

大学排名：

Maclean's 2005年大学排名
小型综合类大学排名第二

研究院入学要求：

TOEFL 600(PBT)
或TOEFL 250(CBT)
个别学系要求申请者递交GRE/GMAT成绩

研究院课程学费：

加国学生：第一年500加元

国际学生：第一年500加元

热门研究院专业：

生物、商科、妇女研究、国际研究

所在城市数据：

城市：萨克维尔 (Sackville)

人口：5,000

生活指数：低至中

气温：-20℃ 至 30℃

2. 圣汤马斯大学　St. Thomas University

共享大校资源　确保小班优势

拥有约3000名学生的圣汤马斯大学(St. Thomas University，简称St. Thomas)是一所注重优质基础教育的小型综合类大学，以小班教学闻名，每班平均有36名学生，所有班级均由教授直接授课，不设助教制度，大大提高了学生的学习兴趣和归属感。

该校与邻近的University of New Brunswick保持良好的合作关系，两校虽然行政独立，但资源共享。这样做，既为学生创造了更佳的学习环境，又节省了教育经费。St. Thomas注重开办人文学科课程，热门专业包括犯罪学、心理学和社会学等。

St. Thomas大学前身是位于本省中部地区的一所社区学院。1964年，St. Thomas迁到现在位于小城弗雷德里克顿(Fredericton)的校舍。该校以发展人文学科为传统，并强调通过优秀的师资和小班教学法，培养杰出的年轻专才。

所有班级由教授直接授课

St. Thomas是一所小型综合类大学，注重基础教育，主要颁发文学士学位。校方一向以小班教学的传统而自豪，平均每班仅有36名学生，使学生有更多机会获得教授亲自指导。该校最大特色是不设助教制度，所有班级均由教授直接讲课及指导。

加国大部分大学均推行助教制度，一、二年级基础学科的上课模式分为课堂教授和小组导修两部分。授课部分在大型演讲厅举行，一位教授往往会面对二三百名学生；而学生会分成10至15人的小组，由助教带领上导修课。助教一般是硕士生，他们有点像学生的补习老师，为学生提供个别指导。一般来说，学生与助教接触的机会远比与教授接触的机会多。但St. Thomas一直坚持采用小班教学，

"The most precious experiences at St. Thomas relate to study and life. I was really happy to see my advancement in my courses. I love the beautiful campus and I love the people at STU."

Lei Cheng - Taiyuan, P.R. China

并且由教授全程授课，以确保学生有最多的机会亲自向教授讨教和学习。因此，该校的师生关系特别密切，教授可轻易叫出学生的名字，办公室的大门亦常常为学生而开。

校方亦十分重视跨学科科目的发展，为一年级学生开设由三个不同学科的教授带领的集体研究课程。每个课程为期一年，各有独立的主题。以一个名为“社会真理”的跨学科课程为例，来自科学、社会学和宗教研究的教授会带领学生从不同的学术角度，探讨社会发展的过程和具有争议性的问题。学习模式包括传统的课堂讲授、小组讨论、课堂习作和论文等，让学生有机会吸收广泛的基础知识，为未来研习更深入更专业的课程做好准备。

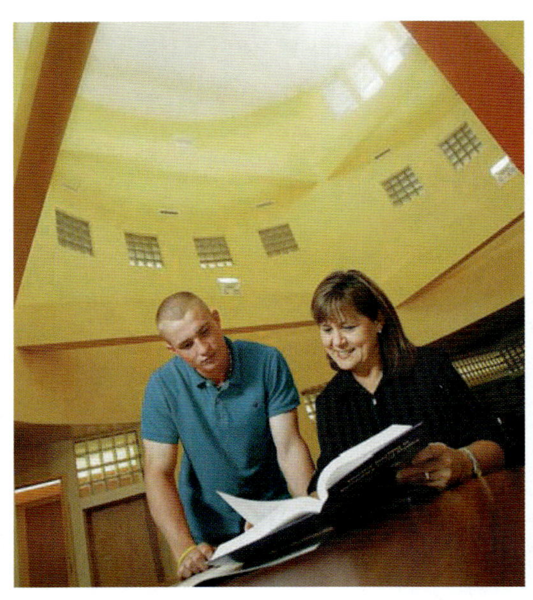

与纽宾士域大学资源共享

小班教学、不设助教、跨学科教学等独特的教学模式，虽然为学生创造了优质的学习环境，但也同时意味着校方的教学成本会相对上升。所幸St. Thomas与邻近的University of New Brunswick(纽宾士域大学)达成合作协议，通过资源共享来降低校方的经济压力。纽宾士域大学是颇具规模的综合类大学，该校与St. Thomas在行政和管理上完全独立，但却共同享用教学资源和设施，包括图书馆、文化康乐中心和一系列学生服务设施等。此外，两校的学生每学期均可在另一所学校修读两门课程。这个

资源共享的计划，既让St. Thomas的学生可继续获得小班教学的优势，又能得到纽宾士域大学在资源和设备上的支持，并可选修更广泛的专业学科课程。

重视文科本科课程

St. Thomas以开设人文科学的课程为主，其文学士、教育学士和社会工作学士课程均有很高的水平；校方亦开设了老年病学和犯罪学的应用文学士课程。两年前，St. Thomas与CBC(加拿大广播公司)共同开办了四年制的新闻学士课程，学生可在CBC位于弗雷德里克顿的广播中心学习，亲身体验广播行业分秒必争的工作环境。

国际学生如果想在一个宁静的环境中学习，而且喜欢小班教学模式的话，St. Thomas大学是加国大学中一个不错的选择。

背景资料：

创校年份： 1910

全日制学生： 2,855

业余学生： 262

国际学生： 136（中国学生24）

大学类别： 小型综合类大学

营运方式： 公立

注册处地址：

Admission Office
St. Thomas University
51 Dineen Drive
Fredericton, NB
E3B 5G3 Canada

网址： www.stu.ca

电话： 1-506-452-0532

奖学金及经济援助办事处：
1-506-452-0532

校舍： 有1个校园，总占地四万多平方米

图书馆藏量：
书籍及期刊超过3,569,767册

教职员工：

全职教授： 138名

兼职教授： 110名

副教授： 25名

讲师： 5名

职员： 75名

入学要求：

学科成绩： 文科70%

入读正规课程英语成绩：
TOEFL 570(PBT)
或TOEFL 230(CBT)
或IELTS 6.5
或MELAB 80

入读语言中心英语成绩：
TOEFL 500(PBT)
或TOEFL 173(CBT)
或IELTS 5.0
或MELAB 69

报名截止日期：

秋季入学： 3月31日

冬季入学： 10月15日

学费：

加国学生： 每学年4,145加元

国际学生： 每学年8,290加元

书本费： 每学年1,000加元

每月生活开支(约)：

大学宿舍(包膳食)： 750至1,000加元

校外自租房子(不包膳食)： 500加元

膳食费： 250加元

医疗保险： 已包含在学费里

学系/专业：

所有学院均提供学位课程，超过25个专业

热门学系/专业：

英文、心理学、历史、犯罪学、新闻、国际行政学、经济学

大学排名：

Maclean's 2005年大学排名
小型综合类大学排名第六

所在城市数据：

城市： 弗雷德里克顿(Fredericton)

人口： 50,000

生活指数： 低至中

气温： -15℃ 至 30℃

历史全加最古老 学术林工商俱优

创立于1785年的纽宾士域大学(University of New Brunswick，简称New Brunswick)，是加国历史最悠久的英语大学，拥有优良的学术传统，同时又勇于革新进取。该校于1830年就打破禁忌，提倡普及教育，向普通平民开放授课。New Brunswick大学还在加拿大教育史上创造了很多纪录，例如开办加拿大第一个计算机科学学系和创办全国首个林木学本科课程等。

New Brunswick是一所十分全面的综合类大学，开设10个学系，杰出的院系包括商学系、工程系、法律系等，其中尤以林木业及环境管理学最有名，是纽宾士域省林木业和环境科学的主要研究中心。

New Brunswick大学位于费雷德里克顿(Fredericton)，该市人口约有80,000人，以林木业和自然资源为经济基础。这里虽然冬季气候严寒，但环境宁静清幽，生活指数属于加国中等水平，是一个颇理想的留学之地。该校目前约有1,000多名国际学生，分别来自全球73个国家，校园洋溢着多元文化色彩。

林业及环境学一枝独秀

该校设有10个学系，包括文科、理科、法律、工程学系等，学科发展较为平衡。其所在城市的地理和环境因素，决定了New Brunswick大学在林木业和环境管理专业上建树卓著，处于学术界领导地位。全加拿大第一个林木学本科课程便诞生在该校。该系拥有独特的课程设置和卓越的教学水准，毕业生的就业率高达100%。

New Brunswick大学其他杰出学系还包括法律系、工程系和文学系。该校的法律系位列全国五强之一，培养了众多法律界的精英。早在1854年，New Brunswick便率先开办全加拿大首个工程学课程，至今已拥有150多年历史。攻读工程学士课程的学生，可选择修读全加独有的林木工程或计算机软件工程等9个专业范畴。文学系的创意写作课程深受赞誉，被评为全加同类课程中质量最高的课程之一。

该校勇于创新的精神体现在很多方面，例如其创办了跨学科的Leonard Degree课程以及五年制的双学士课程。Leonard Degree是一个跨学科的文理学士

课程，学生可以跨越传统文、理科的界线，同时修读数学、天文学、音乐或文学等多个学科，以建立更全面和广泛的学术基础。五年制的双学士课程允许学生在10个学位课程中，根据自己的兴趣和事业发展方向做出选择，例如结合计算机科学和自然科学的双学士课程等。

New Brunswick是一所中型的综合类大学，最初以发展人文学科为基础，后来逐渐成立理科、工程和计算机科学等着重科研实践的学系，发展至今，成绩骄人。该校的地质学家曾参与美国太空科学总署(NASA)的科研计划，在利用机器人探索火星的项目中做出重大贡献。目前，该校的行星及太空科学中心是加国唯一获美国太空科学总署支持的太空研究机构。1995—2005年，New Brunswick获得的Rhodes奖学金数目，居大西洋省份各大学之首。这足以证实该校雄厚的科研实力与优秀的师资水平。

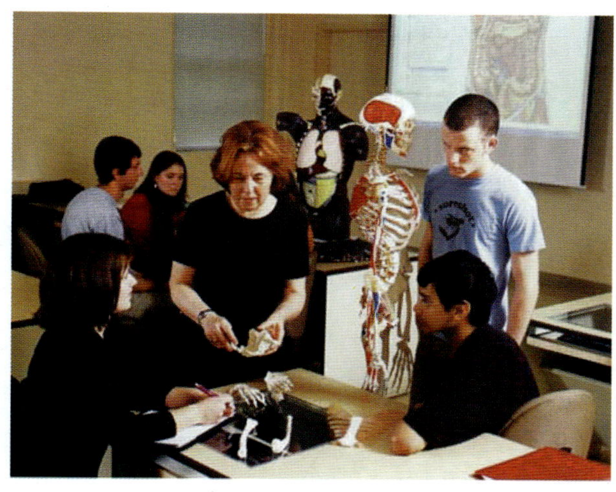

创办独特的领袖课程

2000年，New Brunswick创办了加拿大第一个旨在培养未来领导人的精英领袖学院：Renaissance College。该学院每年最多录取25名学生，进行为期三年要求严格、安排紧凑的跨学科学习和精英训练。在读期间，学生需全年上课，没有暑假，并将被派往本土或海外机构进行实习。被录取的学生均拥有优秀的学术成绩，并在课外活动或义务工作上拥有十分丰富的经验，学成后获授哲学学士学位。

圣约翰分校着重商科发展

New Brunswick的第二分校设在圣约翰市(Saint John)，目前约有3,000名学生，是该校发展商科课程的基地，曾率先开办了加国首个主修电子商务(E-Commerce)的工商管理学士课程。《加拿大商业杂志》(Canadian Business Magazine)将该学院的工商管理硕士课程，评选为全国最佳电子商务学课程之一。圣约翰分校通过与多所加拿大社区学院合作，开办了三个应用管理学士课程，分别是会计学、电子商贸，以及酒店和旅游管理学。

背景资料：

创校年份： 1785
全日制学生： 11,114
业余学生： 1,611
国际学生： 1,550(中国学生800)
大学类别： 综合类大学
营运方式： 公立
注册处地址：
University of New Brunswick
IRC Department
Annex A, P.O. Box 5050
100 Tucker Park Road
Saint John, NB
E2L 4L5 Canada
网址： www.unb.ca
电话： 1-506-648-5845
奖学金及经济援助办事处：
1-506-453-4796
校舍： 2个校园，占地86万平方米
图书馆藏量： 100多万册书籍
教职员工： 620名

本科入学要求：

学科成绩：
文科： 70%
理科： 70%
商科： 70%
工程： 80%

英语成绩：

TOEFL 550/580(PBT)
或TOEFL 213/237(CBT)
或IELTS 6.5

报名截止日期：

秋季入学： 4月底
冬季入学： 10月底

学费：

加国学生： 每学分166.93加元
国际学生： 每学分171加元
书本费： 每学期约500至1,000加元

每月生活开支(约)：

大学宿舍连膳食： 550加元
校外自租房子(不包膳食)： 400加元，视所租房子大小而定
膳食费： 250至290加元
其他杂费： 150加元
医疗保险： 每学年822加元

学系/专业：

设有10个学系，共50多个专业
文学系、商学系、计算机科学系、教育系、工程系、林业及环境管理学系、人体运、动学系、法律系、护士学系、科学系

大学排名：

Maclean's 2005年大学排名
综合类大学排名第七

研究院入学要求：

TOEFL 550(PBT)
或TOEFL 213(CBT)
个别学系要求申请者递交GRE/GMAT成绩

研究院课程学费：

加国学生： 每学年5,082加元
国际学生： 每学年6,378加元

热门研究院专业：

生物、商业管理、机械工程、心理学

所在城市数据：

城市： 费雷德里克顿(Fredericton)/圣约翰(Saint John)
人口： 两市人口各约80,000
生活指数： 低
气温： -5℃ 至 30℃

各具特色七分校　过百专业供选择

除了三所公立大学以外，纽省提供大专教育和职训课程的重任主要落在纽宾士域省社区学院(New Brunswick Community College，简称NBCC)身上。

NBCC是一个英法双语的社区联网学院，由11个分校组成，其中7个分校以英语授课，共提供120多个专业及职训的文凭及证书课程．为了提高办学效率，各分校的专业尽量不重复，因此每所分校均有自己的办学特色和优势，共同为纽省提供优质实用的大专及职训教育。NBCC采取统一招生制度，学生应先决定自己希望升读的分校和专业，再进行申请。

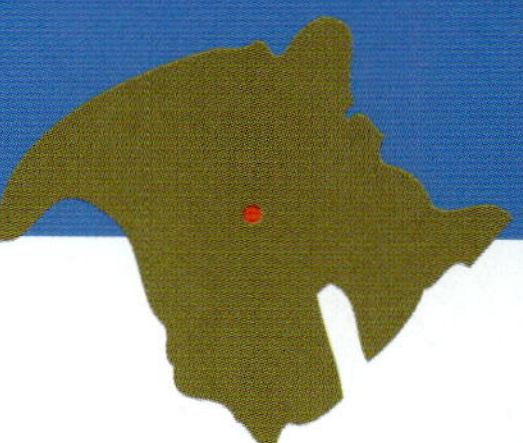

纽省是一个英、法双语共用的省份，因此，NBCC亦采用双语教学，充分反映出这个美丽省份多元文化的特点。该校由11个分校组成，遍布多个城市，各自为不同的社区提供教育服务。在11个分校中，有4个以法语授课，7个采用英语授课。

7个以英语授课的分校各具特色，除了共同开办一些热门专业如商业管理和办公室行政以外，各分校均根据当地城市的需要和自己的办学优势，开办了一些独特的课程，以下是各分校的课程简介。

Miramichi分校：电子游戏及动画课程出色

该分校提供20多个全日制课程，其中最独特和著名的首选电子游戏设计及计算机动画设计，这两个专业均被认为是21世纪最热门的行业。其他较独特的课程还包括刑事司法、惩教和青少年社会工作等。

Moncton分校：计算机及土木工程课程突出

该分校提供30多项全日制课程，擅长开办高科技及工程技术方面的专业，例如计算机程序设计、计算机网络系统、土木工程技术(可主修建筑设计、建筑管理、地质学、公路与市镇设计或建筑技术)等。

Saint John分校：强于电机及机械工程课程

提供30多项全日制课程，较突出的专业是电机工程技术及机械工程技术。其他较独特的课程还包括医疗学、汽车机械及车身维修、社区服务及幼儿教育等。

St. Andrews分校：以旅游接待与旅游业管理著称

该分校规模较小，提供近20项全日制课程，最有名的是旅游接待与旅游业管理，学生可主修探险旅游、厨艺、旅游业推广、酒店与餐厅管理或国际旅游等。

Woodstock分校：以开办新闻学课程闻名

提供约20项全日制课程，最独特的专业首推新闻学课程；其他热门课程还包括摄影数码图像技术、园艺设计及平面设计等。

工艺设计学院：时装设计及成衣专业独特

New Brunswick College of Craft and Design是NBCC唯一开办专科课程的分校，目前提供11个工艺及设计专业，包括时装设计、成衣、珠宝/金属设计、摄影、原住民艺术及陶瓷等。

Fredericton中心：提供工商业职训课程

主要为Fredericton地区开办工商业的职业培训课程，校舍设于一幢古老的建筑物内，颇具传统文化色彩。

国际学生可根据自己的兴趣和就业目标，选择适合自己的分校修读，每份申请表可填写两所分校或两个课程。

背景资料：

创校年份： 1963

学院类别： 社区学院

营运方式： 公立

注册处地址：

New Brunswick Community College
College Admission Service
6 Arran Street
Campbellton, NB
E3N 1K4 Canada

网址： www.nbcc.ca

电话： 1-506-789-2404/
1-800-376-5353(北美免费电话)

入学要求：

学科成绩：

12年级或同等水平

英语成绩：

TOEFL 550(PBT)
或TOEFL 213(CBT)
或IELTS 6.5

报名截止日期：

不设特定截止日期，课程额满即止

学费：

加国学生： 一个为期40星期的课程，学费为2,600加元

国际学生： 一个为期40星期的课程，学费为5,200加元

书本费： 每学年约900加元

每月生活开支(约)：

家庭寄宿(Home Stay)： 600至800加元(包膳食)

校外住宿： 400至800加元(与人分租一公寓单位)

膳食费： 300加元

其他杂费： 150加元

医疗保险： 500加元/10个月

所在城市数据：

城市： 7所英语分校遍布省内多个城市

生活指数： 中

气温： -15℃ 至 26℃

爱德华王子岛

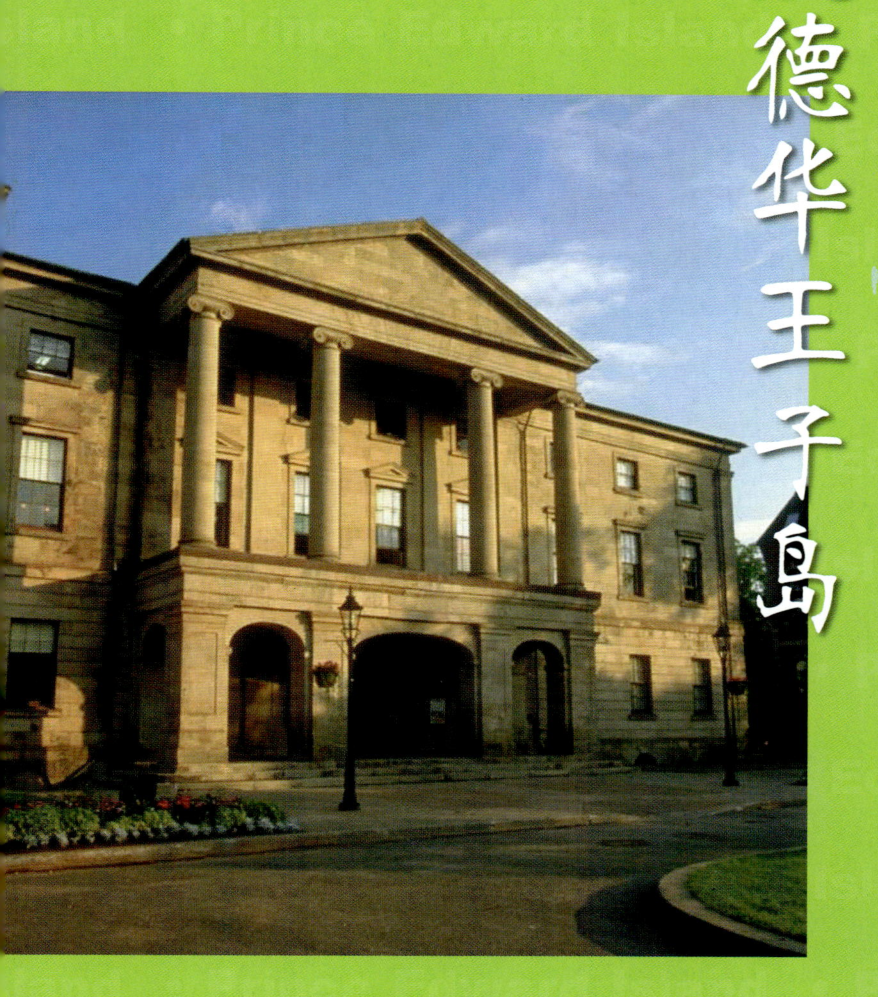

爱德华王子岛的高等教育力量由一所公立大学——University of Prince Edward Island 和一所公立大专学院——Holland College组成。爱德华王子岛以旅游业及捕鱼业为经济命脉，因此两校也擅长发展及研究这方面的专业。

University of Prince Edward Island 是一所小型综合类大学，以教学灵活和勇于创新著称。该校的生物科学系十分出色，特别在海洋生态研究上成就卓越，也是大西洋四省中唯一开办兽医课程的大学。Holland College提供十分全面和多元化的课程，为业界培养源源不断的专业人才。

建于海岛之上 长于海洋研究

爱德华王子岛大学(University of Prince Edward Island，简称UPEI)是由韦尔斯王子学院(Prince of Wales College)和圣登士坦斯大学(St. Dunstan's University)两所历史悠久的学府合并而成。该校位于东部大西洋的爱德华王子岛上，充满小岛风情，学生总数不到4,000人，是一所小型的本科类大学，一向以教学灵活、勇于突破著称。UPEI的独特背景令它成为一所既有传统办学理念，又具有开明创新精神的优秀大学。该校的兽医学系非常著名，并招收国际学生。

UPEI的生物科学系十分出色，特别在海洋生态研究上成就卓越。此外，其教育、商科及护士等专业亦甚具水准。到这里留学的国际学生，不但能在漂亮淳朴的校园里学习，更有机会了解加拿大海洋省份的独特岛屿文化。

加拿大东部共有四个海洋省份，分别是爱德华王子岛、纽宾士域省(New Brunswick)、诺华斯高沙省(Nova Scotia)和纽芬兰及拉布拉多省(Newfoundland & Labrador)，合称大西洋四省，是加国渔业基地。四岛民风淳朴，风景优美，亦是重要的旅游区。其中的爱德华王子岛是加国面积最小的省份，比不列颠哥伦比亚省的温哥华岛还要小得多。爱德华王子岛环境优美宁静，当地人友善好客，生活指数不高，是一个留学的好地方，而UPEI是岛上唯一的大学。

海洋四省重点大学

UPEI属于本科类大学，学生人数不到4,000，全校仅有六个学系，主要开办学士课程。该校科研水平甚高，是大西洋四省一个重要的科研基地，亦是四省中唯一开办兽医课程的大学，在文、理、商三方面均有出色的表现。

UPEI的研究范围主要集中在渔业和生物科学方面，龙虾是海洋省份的特产之一，该校的兽医学院开办了龙虾科学研究中心，研究龙虾的生态以及饲养龙虾的技术。加拿大国家研究委员会为了表彰该校在生物科学研究方面的领先地位，计划拨款

2,800万加元，作为成立健康及营养科学研究中心的经费。由此足见该校在生物科技研发领域在加国举足轻重的地位。

三年制浓缩商学士课程

除了科学及兽医专业以外，UPEI的商学系亦甚有水准，校方还不断在课程内容和教学模式上创新、改进，成果斐然。

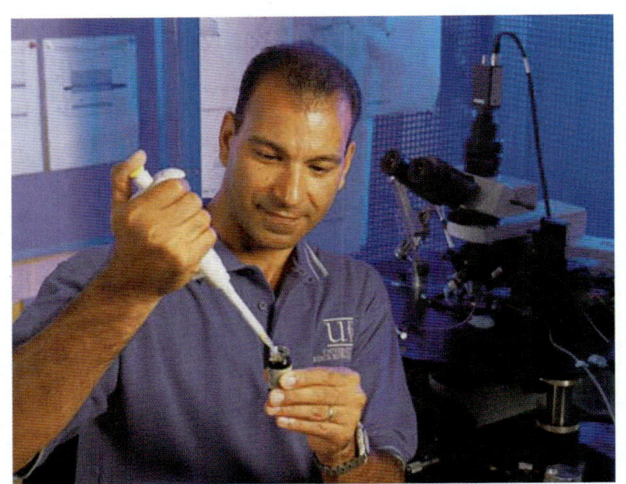

加拿大大学的商学士课程一般为四年制，与其他大部分学士课程属同一学制。而UPEI却在开办四年制商学士课程以外，增办了一个“浓缩”的三年制商学士课程。与传统四年制课程相比，该课程能早一年取得学士学位，节省一年的费用，并早一年进入社会，取得工作经验，因而深受学生欢迎。商学系还设有一个荣誉学士学位课程，有志升读研究院的学生，应选择荣誉学士课程，以增加自己报考研究院的竞争力。

此外，UPEI的著名学科还包括教育、护士和旅游及酒店管理。特别值得一提的是，旅游及酒店管理是一个颇有发展潜力的行业，国际学生无论毕业之后计划留在加国还是返回中国，就业前景都相当不错。中国将于2008年主办的夏季奥运会，将进一步带动国内旅游业的发展，对旅游及酒店管理专才的需求也将大大增加。

师资优良、小班教学

小班教学是加拿大本科类大学的一个特点，此种制度有助于形成更密切的师生关系，提高学

生的学习效率。UPEI规定所有学生均需修读两科英文课程，其中一科为英文写作，每班人数必须维持在25名学生或以下，以确保教授有更多机会指导学生，这个特点对国际学生特别有利。校方还特别开设有学术写作及实验报告写作强化课程。大学的第一年，往往是打好学术英语写作基础的关键阶段，UPEI开设的这门课程，具有深远的意义。

UPEI拥有优良的师资，校内有多名教授屡获杰出教学奖的殊荣，其中一位是心理学教授Philip Smith。Smith于2000年获得“加拿大大学杰出教授”的奖项，亦是继校内两位英语系教授Shannon Murray及Brent MacLaine之后，连续三年获得“3M教学奖”(3M Teaching Fellowships)的教授。3M Teaching Fellowships是加拿大3M公司与学术机构合办的全国性奖励计划，以表彰在教学上有创意和有卓越表现的教师。

概括而言，UPEI对新生的入学成绩要求不高，但学术水平出众，加上有优秀的师资和良好的学习气氛，是国际学生在海洋省份求学的一个理想选择。

背景资料：

创校年份： 1904

全日制学生： 3,500

业余学生： 600

国际学生： 230(中国学生35)

大学类别： 小型综合类大学

营运方式： 公立

注册处地址：

Office of the Registrar

University of Prince Edward Island

550 University Ave
Charlottetown, PEI
C1A 4P3 Canada

网址： www.upei.ca

电话： 1-902-628-4353

校舍：
拥有一个校舍，面积达526,093平方米

图书馆藏量：
图书314,535册，期刊902册，期刊合订本104,071册，政府文献111,072册，电子图书20,000册，缩微及音像读物126,557册

教职员工： 200名教员，500名职员

本科入学要求：

学科成绩：

文科： 65%

理科： 65%

商科： 65%

工程： 65%

英语成绩：

TOEFL 550(PBT)

或TOEFL 213(CBT)

或IELTS 6.5

报名截止日期：

秋季入学： 4月1日

冬季入学： 9月1日

学费：

加国学生： 每个3学分的课程462加元

国际学生： 在加国学生收费基础之上外加每学期1,905加元

书本费： 每科约110加元

每月生活开支(约)：

家庭寄宿(Home Stay)： 每18个星期3,150加元(包膳食)

校内宿舍： 每学期1,782加元(不包膳食)

校外住宿： 300至500加元(视所租房子情况而定)

膳食费： 每天约15至20加元

医疗保险： 每年675加元

学系/专业：

设有5个颁授学位的学系，共48个专业

大学排名：

Maclean's 2005年大学排名

小型综合类大学排名第八

研究院入学要求：

TOEFL 550(PBT)

或TOEFL 213(CBT)

个别学系要求申请者递交GRE/GMAT成绩

研究院课程学费：

加国学生： 硕士课程由6,066加元起

国际学生： 硕士课程由13,683加元起

热门研究院专业：

生物、化学、兽医学、应用健康科学、教育

所在城市数据：

城市： 夏洛特城(Charlottetown)

人口： 37,000

生活指数： 低至中

气温： -12℃ 至 25℃

2. 荷兰学院 Holland College

旅游渔业有口碑 厨艺学院最热门

Holland学院提供十分全面和多元化的课程，包括实用的职训课程(文凭及证书)、英语作为第二语言(ESL)课程以及成人教育课程等。爱德华王子岛以旅游业及捕鱼业为经济命脉，因此，Holland学院以开办这两个专业的职训课程见长，为业界培养了不少专业人才。

Holland学院创办于1969年，以18世纪的荷兰裔军官Samuel Jan Holland命名，他是加拿大首位测量官，为爱德华王子岛的科技发展做出了巨大贡献。

课程设置多元化

Holland学院是岛上唯一的社区学院，因此课程设置十分多元化，共提供12个技术领域的65项证书及文凭课程，包括：

(1) 商业

(2) 计算机技术

(3) 厨艺

(4) 环境学/野外生态

(5) 工程技术

(6) 健康与社区服务

(7) 海洋训练

(8) 媒体与大众传播

(9) 警务/刑事司法

(10) 运动与休闲活动

(11) 旅游业管理

(12) 职业技能与工业技术

Holland的课程以强调理论和实践相结合著称，课程设置以职业技能导向为主，所有专业都设有一个咨询委员会，由与专业相关的企业界人士组成，

对课程的大纲、设计和内容做出建议，以确保校方能培养出符合市场及业界需求的人才。

在众多课程中，学院的旅游和海洋专业最有名，这亦与爱德华王子岛的地理和经济特点有关。该岛风景优美，海产丰富，是加拿大有名的旅游胜地和捕鱼区。在旅游课程方面，校方提供加拿大旅游与接待、酒店与餐厅管理及旅游业管理三个主修专业供选读。

在海洋训练方面，课程选择更多样化，包括海洋工程、海洋导航、货运处理、捕鱼技术及自然资源管理等课程。

附设高素质厨艺学院

Holland学院附属的加拿大厨艺学院(The Culinary Institute of Canada)在国内享有盛名，每年吸引大量其他省份甚至海外的人士前来学习。加拿大Maclean's杂志曾称该学院为全国最热门的厨艺学院，可见其水准之佳。

Holland学院采取小班教学，师资优良，2004年毕业生就业率高达94.1%，是加拿大海洋省份中一所优质社区学院。

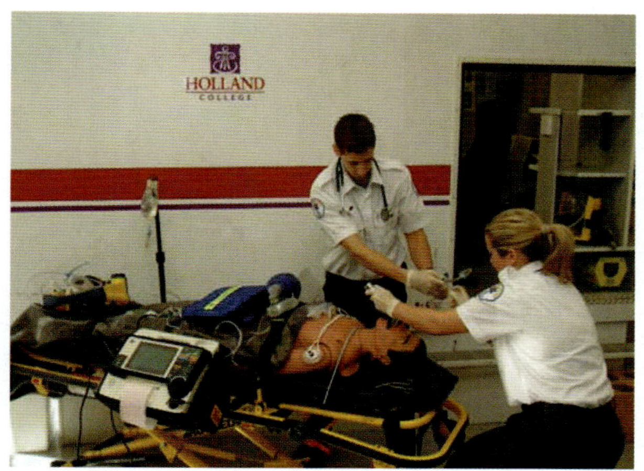

背景资料：

创校年份：1969

全日制学生：1,900

业余学生：3,000

国际学生：30（中国学生10）

学院类别：社区学院

营运方式：公立

注册处地址：

Holland College
140 Weymouth Street,
Charlottetown, PEI
C1A 4Z1 Canada

网址：www.hollandcollege.com

电话：1-902-629-4264

奖学金及经济援助办事处：
1-902-566-9517

入学要求：

学科成绩：

各科系录取标准不同

英语成绩：

TOEFL 550(PBT)

TOEFL 225(CBT)

IELTS 6.0

其他：CANTEST ESL 5级

报名截止日期：

秋季入学：2月28日

学费：

加国学生：不定

国际学生：加国学生学费加上3,000加元

书本费：不定

每月生活开支(约)：

寄宿家庭(Home Stay)：500加元（包膳食）

大学宿舍(不包膳食)：450加元

校外自租房子(不包膳食)：350加元

膳食费（校内）：300加元

校外：200加元

医疗保险：1.45加元/天

所在城市数据：

城市：夏洛特城(Charlottetown)

人口：35,000

生活指数：中低等

气温：夏季 15℃至30℃

冬季 -10℃至15℃

诺华斯高沙省(简称诺省)是海洋四省中公立学校最多的省份，拥有12所颁授大学学位的公立大专学府和一个完善的社区学院网络，为加国当地及国际学生提供了丰富的选择。本章将对该省除法语大学Université Sainte-Anne-Collège de l' Acadie和宗教大学The Atlantic School of Theology外其余的学校做出详尽的推荐与介绍。

该省众多大学中，Dalhousie University最具国际声誉，是海洋四省中唯一的带医学院大学，也是该省科学研究的领导者。其法律系、医学系和商学系均声名远扬。University of King's College位于Dalhousie University校舍旁，两校犹如姊妹大学，资源共享，共同颁发文学士及理学士学位。

诺华斯高沙省

诺省拥有多所高质量的小型综合类大学，各校均有自己的特色和优点，其中，Acadia University以创新的高科技教学法闻名全加，热门学科包括生物、商业、计算机科学、人体运动学及心理学。此外，Cape Breton University、Mount Saint Vincent University 、Saint Mary's University及St. Francis Xavier University等都是拥有优良教学传统的小型大学。

诺省还有两所出色的专科学校，分别是农业学院Nova Scotia Agricultural College和加国殿堂级艺术及设计大学NSCAD University。而在全省设有13个校区的Nova Scotia Community College，是该省推进职业培训和成人教育课程的主要力量。诺省是国际学生在加国静心求学的理想选择之一。

1.阿卡迪亚大学 Acadia University

小镇优质本科类 电脑教学领风骚

坐落于诺华斯高沙省一个偏远小镇的阿卡迪亚大学(Acadia University，简称Acadia)，拥有漂亮的校舍，淳朴的校风，以采用先进的计算机及互联网教学辅助学习系统闻名，处于教育改革的领导地位，深受学界及工商界赞誉。

Acadia开办文、理及专业学系，是一所杰出的小型大学，热门学科包括生物、商业、计算机科学、人体运动学及心理学。多次荣登Maclean's杂志加国最佳本科类大学排行榜三甲之列。

Acadia所在地沃尔维尔(Wolfville)，距省府哈利法克斯(Halifax)约100公里，是一个宁静朴实的小镇，人口只有3,600人，与Acadia的学生人数相仿。这里生活指数较低，娱乐消费的场所不多，以风光灵秀著称，国际学生求学于此，不易受到外界的影响，在专心学业的同时，还可体验加国海岸的优美风光。

计算机科技推进教学互动

Acadia大学领教学方法改革的风气之先，以率先采用高科技教学手段闻名学术界。该校不断更新

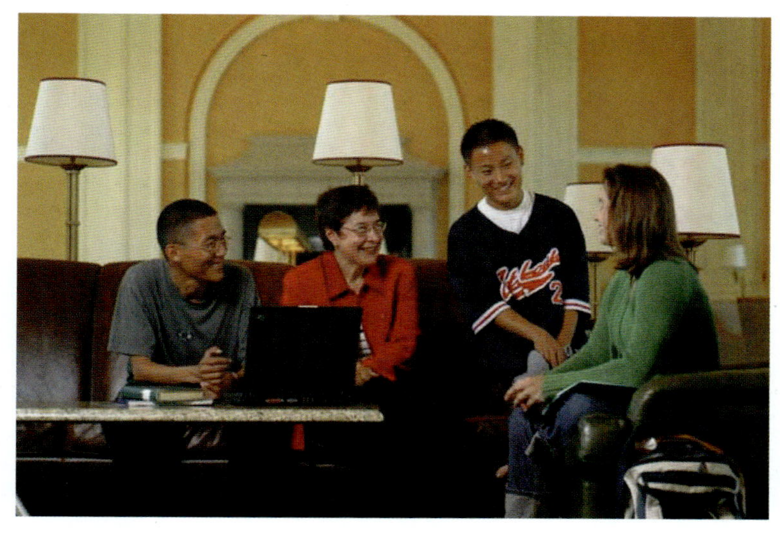

I feel my life and my attitudes have changed thanks to being at Acadia and the people I have met. I feel I have the best of both worlds right now ... I live on the most beautiful island in the world and am having the time of my life here at Acadia.

Lauren McCreight, Bermuda

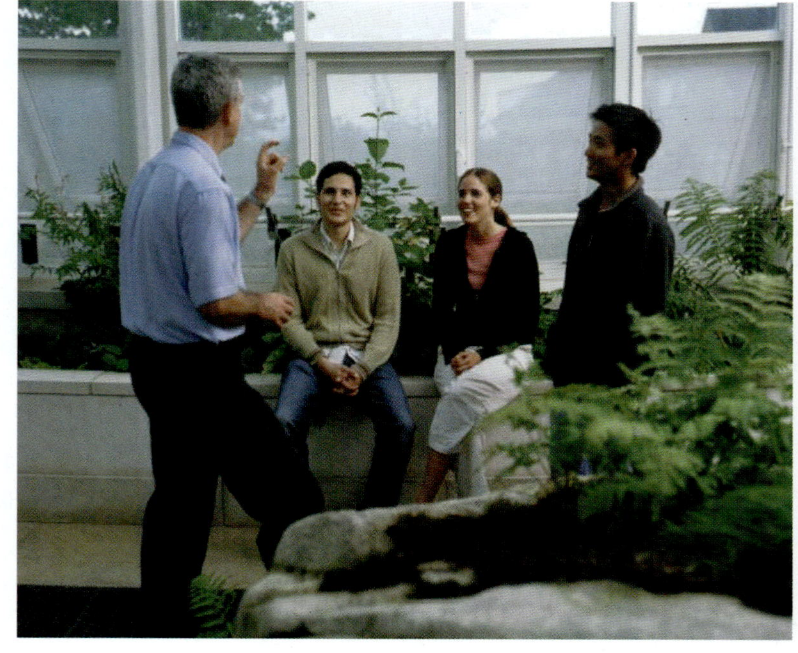

教学设施，配备先进完善的教材教具，拥有以高新技术武装起来的教学环境。该校的环境科学中心(K. C. Irving Environmental Science Centre) 设有居世界领先水平的实验室和全自动化控制的温室，为科研人员和学生提供最佳的研究及学习环境。

1996年，Acadia便开始在所有课程上采用计算机和互联网科技作为教学手段，校方为每位全日制学生配备一台笔记本电脑(租金已包括在学费内)，并安装相关的计算机软件。师生之间的教授与学习完全通过计算机的上传与下载来完成。计算机科技大大改善了师生在课堂上的沟通以及学生与学生之

间讨论与交流的形式，增进了师生之间的互动，并使学习变得更有效率。

该校各学系的学生均善于利用新科技的优势，例如：商学系的学生利用计算机和互联网分析复杂的企业数据和资料、获取实时股票价位，并了解交易情况；进修音乐课程的学生利用计算机进行数码录音以及音乐编制工作；修读语言课程的学生在计算机的帮助下，纠正发音，提高英文水平。

Acadia在教学方法上的锐意革新，赢得广泛的赞誉，连续多年被加拿大Maclean's杂志声誉排名榜评选为最具创意的本科类大学；而美国的Smithsonian Institution亦对该校的高科技教学环境，给与了高度评价。

托福低于550分亦可入读

加拿大大部分大学的英语入学要求为托福(TOEFL)最低550—580分(PBT)。但根据Acadia大学的规定，申请者的托福成绩低于550分，仍然有望入读该校的学士课程。英语未达要求而其他学术成绩合格的申请者，可先入读大学英语研习课程(English for University Purposes Program，简称EUP课程)。该课程的学生每周进行27小时的课堂学习，另有4小时的导修课，老师将特别针对学生的弱项进行辅导，帮助学生全面提高英语水平。

学生通过EUP的高级课程考试后，便可获得入读学士课程的资格，无需再报考TOEFL或其他国际英语考试。

课程实用多元化

Acadia提供超过200个课程，除了传统的文、理学科之外，其专业研究学系开办有多元化的课程，包括商业管理、教育和人体运动学等。商业管理是该校最热门的课程之一，教学内容强调理论与实践相结合，学生有机会通过实习来实践课堂学得的知识。人体运动学的学生可选择主修生物学或营养学，并有机会参与校方的科研计划。理学系于2004年开办了环境及地质科学的学士课程。

Acadia是一所十分欢迎国际学生的大学，全校约4,000名全日制学生中，约有10%是国际学生。校内的国际学生中心为来自世界各地的莘莘学子提供亲切友善的接待服务，更定期举办各种文娱康乐活动，例如电影晚会和烹调晚会等，促进国际学生彼此间的联谊和交流，帮助他们更快地适应异国的学习与生活环境。

背景资料：

创校年份：1838

全日制学生：3,700

业余学生：300

国际学生：700(中国学生400)

大学类别：小型综合类大学

营运方式：公立

注册处地址：

Acadia University

15 University Avenue,

Wolfville, NS

B4P 2R6 Canada

网址：http://www.acadiau.ca

电话：1-902-585-1016

奖学金及经济援助办事处：

1-902-585-1574

校舍：有1个综合性的校园。总占地1011725平方米

图书馆藏量：书籍及期刊超过1,000,000册

教职员工：教授314名，职员300名

本科入学要求：

学科成绩：

文科：70%

理科：70%

商科：70%

工程：70%

英语成绩：

TOEFL 580(PBT)

或 TOEFL 237(CBT)

或IELTS 6.5

或MELAB 80

或CANTest 4.5

剑桥英语总分在C以上

报名截止日期：

秋季入学：不设截止日期，国际学生应尽早申请，但奖学金申请截止为3月1日

冬季入学：不设截止日期，国际学生应尽早申请

夏季入学：不设截止日期，国际学生应尽早申请

学费：

加国学生：每学年7,468加元

国际学生：每学年13,810加元

书本费：800加元

其他费用：学生会费179加元

每月生活开支(约)：

寄宿家庭(Homestay)：590加元(包膳食)

大学宿舍(不包膳食)：3,194—4,099加元/学年(双人间)；3,681—5,984加元/学年(单间)

校外自租房子(不包膳食)：350加元/月

膳食费(校内)：2,557—2,901加元/每年

膳食费(校外)：250加元

其他费用：大约90加元

医疗保险：503加元/年

学系/专业：

设有4个学系，超过200个专业

大学排名：

Maclean's 2005年大学排名

小型综合类大学排名第三

研究院入学要求：

TOEFL 580(PBT)

或TOEFL 237(CBT)

个别学系要求申请者递交GRE/GMAT成绩

研究院课程学费：

加国学生：每学科(3学分)812加元

国际学生：每学科(3学分)1,502加元

热门研究院专业：

生物、人体运动学、教育、

计算机科学、心理学

所在城市数据：

城市：沃尔维尔(Wolfville)

人口：3,658

生活指数：低至中

气温：-5℃ 至 23℃

2. 卡普顿大学　Cape Breton University

分校遍及海内外
小班教学传美名

卡普顿大学(Cape Breton University，简称Cape Breton)是一所年轻进取的本科类大学，主校位于诺华斯高沙省悉尼市(Sydney)的Cape Breton小岛，并于不列颠哥伦比亚省的温哥华市(Vancouver)和埃及的开罗分别设立分校，将其优秀的教育传统传播至西岸及海外。

Cape Breton拥有小型大学的特点：推行小班教学、师生关系密切、学生获得更全面的照顾及支持等。2005年，在Maclean's杂志公布的教学质量统计报告中，该校得到毕业生的高度赞扬，得分位居全国第二位。Cape Breton热门学系包括生物学、信息科技、政治学及心理学等。新开办的三年制酒店及旅游管理学士课程属跨学科课程，强调理论与实用兼备，是该校新的热点课程。

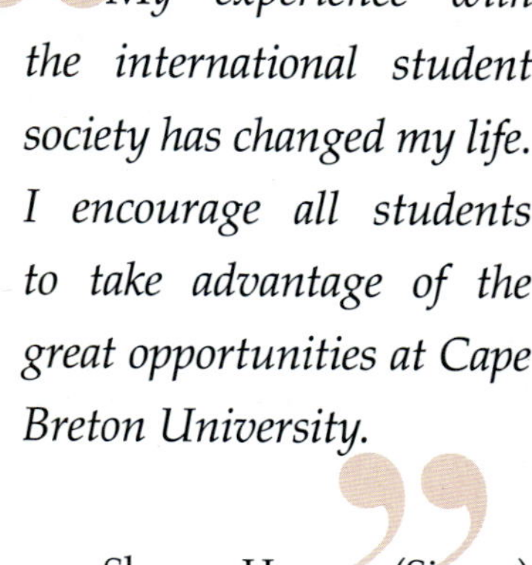

My experience with the international student society has changed my life. I encourage all students to take advantage of the great opportunities at Cape Breton University.

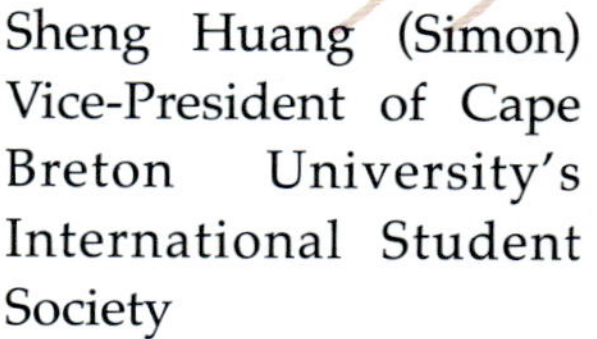

Sheng Huang (Simon)
Vice-President of Cape Breton University's International Student Society

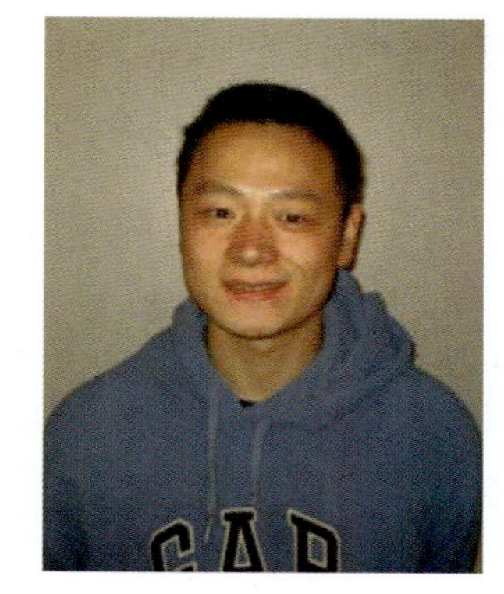

Cape Breton大学成立于1974年，是由St. Francis Xavier University悉尼市分校和当地一所理工学院合并而成，在加国公立大学体系中属于年轻大学，以灵活创新的精神见长。

学生拥有强烈归属感

小班教学是该校最大特点，全校共有全日制学生约2,700名，学生与教师的比例是16:1，是加国本科类大学中师生比率最高的大学。采用小班教学模式，教授有更多时间和机会了解学生的学习进度和需要，以提供个别的指导，使学生获得更全面、完善的支持，大大提高了学习效率。在一些理科课程里，学生有更多的机会成为教授的助手，一起进行科学研究实验，这种机会在大型大学中往往只有研究生才可获得。

小班教学的优良传统使Cape Breton的学生拥有浓厚的学习兴趣及对学校强烈的归属感。Maclean's杂志向全加拿大47所公立大学的毕业生进行随机抽样调查，要求他们就母校的学习环境、师资力量和课外活动等多方面进行评估。结果显示，Cape Breton在学习环境方面以82分高踞第二位，远远高于49分的全国平均水平。

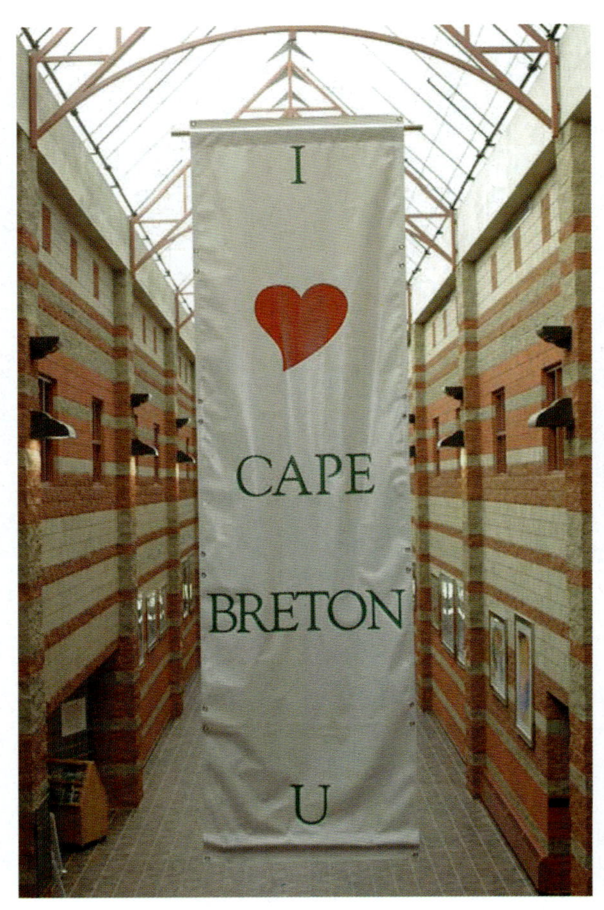

不断开展新课程

Cape Breton共有4个学系：文学及社区研究学系、商学系、科学及科技学系和教育及健康学系，分别开办多元化的学位、文凭及证书课程，采用强调理论与实践相结合的教学法。

文学系的社区研究学士课程十分独特，课程结合知识应用、问题处理及独立分析的训练，培养学生对以社区发展为基础的课题的研究及相关技能。该系还开办了北美首个研究社区经济发展的工商管理硕士课程(MBA)。

该校科学及科技学系亦有不俗的水准，近年开办了石油科技及石油工程学方面新的学位及文凭课程。该系四年制的制造业科技学位课程颇具特点，学生可以学到多方面的知识和技能，包括生产工具和计算机软件的设计、应用及管理等。

Cape Breton不断致力于开拓新的专业和课程，以配合社会和业界的发展，三年制的酒店及旅游管理学士课程便是其中一个最佳的例子。Cape Breton小岛是一个旅游胜地，旅游管理课程的开办，为区内培养了旅游业专才；同时，学生在学习期间，也可以获得充足的实习机会。

Cape Breton大学于2005年秋季开始开办民族音乐学科，学生可主修民族研究、辅修民族音乐学，毕业时取得文学士学位。

Cape Breton积极展开与其他大学的合作，开办联合学位课程，通过资源共享，开拓更多元化的专业课程，其中包括与Memorial University合办的教育学士课程，与St.Francis Xavier University合办的护士课程等。此外，该校与温哥华Dorset College签订合作协议，在温市开办学分转移课程。温哥华的学生还可以选择在Dorset修读工商管理学士的整个课程。

Cape Breton大学十分欢迎海外学生，2004—2005年度，校内有230多名来自全球35个国家的留学生，约占该校全日制学生人数的10%。不同族裔的学生共聚一堂，展开文化交流，有助于培养学生拥有国际视野。值得一提的是，校方先后于埃及开罗和加拿大西岸的温哥华开设分校，大力扩展学校的规模和授课范围，将其优质的小班教学传统传播开去。

背景资料：

创校年份：1974
全日制学生：2,900
业余学生：665
国际学生：210（中国学生120）
大学类别：小型综合类大学
营运方式：公立
注册处地址：
Cape Breton University
1250 Grand Lake Rd.,
Sydney, NS
B1P 6L2 Canada
网址：www.capebretonu.ca
电话：1-902-539-5300
奖学金及经济援助办事处：
1-902-563-1420
校舍：10座建筑、3座宿舍楼
图书馆藏量：书籍及期刊超过570,000册
教职员工：教授105名，副教授70名，讲师50名，职员400名

本科入学要求：

学科成绩：
文科：60%
理科：60%
商科：60%
工程：60%
英语成绩：
TOEFL 550(PBT)写作为4.5
或TOEFL 213(CBT)写作为4.5
或IELTS 6.5各项不低于6.0
或MELAB 85
或CANTest 4.5 R & L, 4 w

报名截止日期：

秋季入学：3月31日
冬季入学：8月31日
夏季入学：1月31日

学费：

加国学生：每学年1,090(全年制学科)加元
国际学生：每学年1,898(全年制学科)加元
书本费：50-150加元

每月生活开支(约)：

寄宿家庭：350加元
大学宿舍(不包膳食)：450加元
校外自租房子(不包膳食)：400加元
膳食费(校内)：300加元
膳食费(校外)：300加元
其他费用：500加元
医疗保险：100加元

学系/专业：

4个学院提供学位，共100个专业

大学排名：

Maclean's 2005年大学排名
小型综合类大学排名第二十

研究院入学要求：

申请者需递交TOEFL、GRE或GMAT成绩

研究院课程学费：

加国学生/国际学生：每学科(3学分)1,140加元

热门研究院专业：

研究院课程只开办工商管理硕士(MBA)

所在城市数据：

城市：悉尼(Sydney)
人口：110,000
生活指数：低至中
气温：-10℃至30℃

3.达尔豪西大学 Dalhousie University

法理商医并举 诺省学术基地

达尔豪西大学(Dalhousie University，简称Dalhousie)是海洋四省中唯一的医学/研究院类大学，是当地科学研究的领导者，拥有极高的学术地位。

Dalhousie的最大特点是既拥有大型大学的规模和研究基金，又洋溢着小型大学友善淳朴的校园气氛，师生关系密切，学习氛围理想。校内学生有半数来自省外。该校开设9个学系，包括120个专业和课程，其中的法律系、理学系、医学系和商学系均享有较高声誉。热门学科包括商业管理、计算机科学、工程和心理学等。

Dalhousie位于诺华斯高沙省首府哈利法克斯(Halifax)的西南部，校园内历史悠久的建筑物爬满常青藤，洋溢着古朴灵秀的学术气氛，走出校园，便是景色优美、富有情调的港口，拥有不可多得的求学环境。

结合大型大学和中小型大学优点

身为海洋四省(诺华斯高沙省、纽芬兰及拉布拉多省、纽宾士域省及爱德华王子岛省)唯一的医学/研究院类大学，Dalhousie拥有极具规模的研究设施及充裕的科研经费。Dalhousie开设的课程数目与加国其他大型大学相仿，而学生人数只有10,000多名，与中小型大学相近，因而师生关系密切。该校兼具了大型大学和中小型大学的优点，是一所十分独特的老牌大学。

诺省每年将超过80%的研究基金及科研合约分配给Dalhousie，科研项目覆盖医疗、自然科学和工程学等各方面；其中在医疗健康方面的研究经费，占到校方全年研究经费的一半。Dalhousie当之无愧地成为诺华斯高沙省的学术研究基地。

除了研究院享有盛名之外，该校的专业课程亦在省内领先。医学系极具规模，省内大部分医生及医疗专业人士均是该校毕业生。法律系是另一个颇具声誉的专业学系，多年来为加拿大培养了不少政治和法律界知名人士。

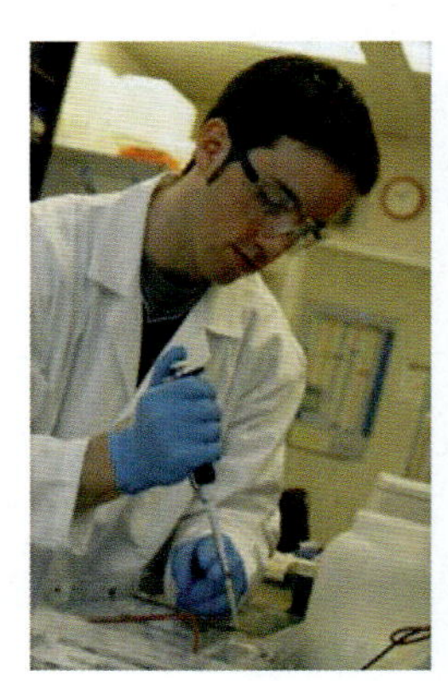

多元化本科课程

在本科教育方面，Dalhousie开办了一系列实用又多元化的课程，涵盖社会科学、医疗科学、工程以及计算机科学等学科，为学生提供丰富的选择。该校的文、理学系还开办了多项跨学科课程，包括地球科学、国际发展研究及妇女研究等。

Dalhousie大学近年积极开拓在学实习计划(Co-op Program)，很多学系都引入了在学实习课程，让学生有机会在职场中实践所学，建立和扩展业界人际网络。商学系的商学士课程以及建筑系的环境研究学士课程，就是两个包含实习计划的课程。

Dalhousie十分重视培养学生的创造精神，在计算机科学系开办了一个独特的计划，鼓励学生在进行科技研发的同时，培养商业观念。该计划不但培养学生开发新的计算机产品的能力，还对如何进行市场推广，甚至成立个人公司，进行专业指导。

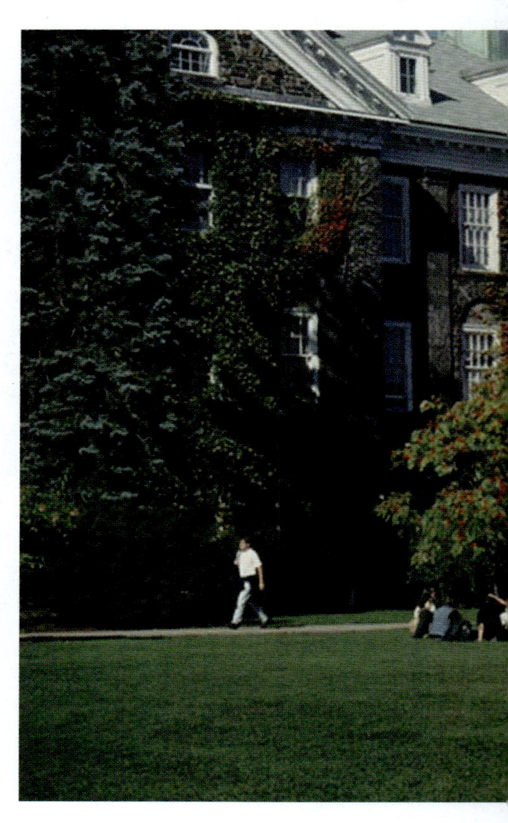

在硕士课程方面，校方同样致力于发展跨学科专业，例如电子商贸硕士课程便是法律、管理及计算机科学三个学系共同合作的成果。该课程还获得Dalhousie全球信息网络中心(Global Information Networking Institute)的全力支持。该中心由众多知名国际商贸及科学领袖组成，旨在通过多元化的研究项目，开辟更多商贸领域，将科学研究与商贸往来有机的结合起来。

积极扩充校舍规模

Dalhousie近年致力于开发更多新的课程和研究项目，与此同时，亦启动了一系列的校园改造工程。在建项目包括斥资2,800万加元的工程大楼改建工程、1,800万加元的全新计算机科学大楼以及价值2,200万加元的Marion McCain文理学系教学大楼等。

Dalhousie大学已拟定了扩展大计，希望在2007年之前，将全日制学生的人数由目前的13,000多人增加至18,000人。校方目前正在逐步扩招新教员，有计划地兴建新校舍，以迎接一个更加辉煌的未来。

背景资料：

创校年份： 1818
全日制学生： 13,195
业余学生： 2,333
国际学生： 569
大学类别： 带医学院综合类大学
管理方式： 公立
注册处地址：
Dalhousie University
Registrar's Office
Halifax, NS
B3H 4H6 Canada
网址： www.dal.ca
电话： 1-902-494-2450
奖学金及经济援助办事处：
1-902-494-1432
校舍： 占地42万平方米
图书馆藏量： 书籍及期刊超过225万册

本科入学要求：

学科成绩：
文科： 83.1%
理科： 87%
商科： 83.8%
工程： 84.9%
英语成绩：
TOEFL 237(CBT)
或TOEFL 580(PBT)
或IELTS 7.0

报名截止日期：

秋季入学： 4月1日

学费：

加国学生： 每学分194加元
国际学生： 每学分355加元
书本费： 每学年1,000加元

每月生活开支(约)：

大学宿舍连膳食： 900至1,000加元
校外自租房子(不包膳食)： 550至700加元，视所租房子大小而定
膳食费： 300加元
其他杂费： 200加元
医疗保险： 605加元(12个月)

学系/专业：

设有9个学系，共120个专业
建筑及规划学系
文理系
社会科学系
计算机科学系
工程系
健康专业学系
管理学系
医学系
理学系

大学排名：

Maclean's 2005年大学排名
带医学院综合类大学排名第十三

研究院入学要求：

TOEFL 580(PBT)
或TOEFL 237(CBT)
个别学系要求申请者递交GRE/GMAT成绩

研究院课程学费

加国学生： 每学期约由2,500加元起
国际学生： 每学期约由5,000加元起

热门研究院专业：

商业、计算机、工程、心理学、生物

所在城市数据：

城市： 哈利法克斯(Halifax)
人口： 370,000
生活指数： 低至中
气温： -10℃ 至 23℃

4. 圣文森山大学 Mount Saint Vincent Univers

传统女校风范 精于妇儿研究

圣文森山大学(Mount Saint Vincent University，简称Mt. St. Vincent)坐落在风景如画的哈利法克斯(Halifax)郊区，前身是一所天主教女子学院，1966年获得颁发学位的资格，翌年开始招收男学生。目前，学生中仍有约80%是女生，该校是女生比例最高的加国大学。

Mt. St. Vincent强于文科，近年亦积极开拓专业课程，例如信息科技、工商管理、旅游及酒店管理等。借助其独特的背景和发展历史，该校成立了多所独特的研究中心，包括妇女研究中心和儿童研究中心等，充分体现了校方在妇女、儿童及青少年研究领域深厚的学术基础。

Mt. St. Vincent大学距哈利法克斯市中心约20分钟车程，校舍依山而立，校园建筑体现了传统教会学校古朴厚重的风格。发展至今，该校已完全独立于教会，成为一所公立大学，却仍然保留着当年的创校宗旨：为学生创造良好的学习环境，并提供完善的服务，协助他们履行家庭与职业的双重职责。

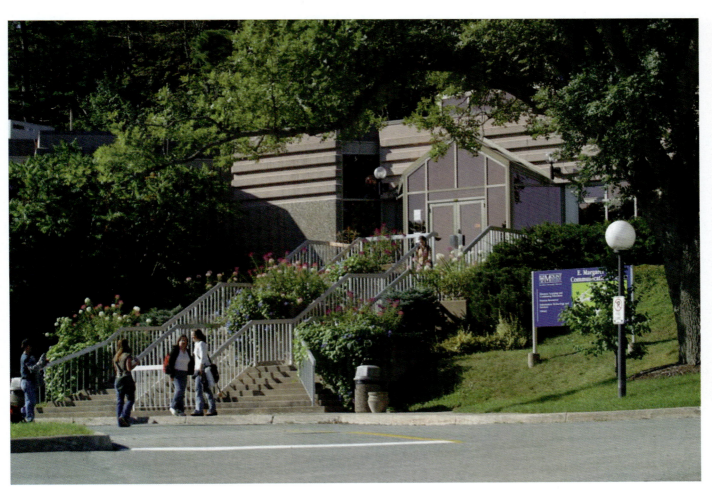

长于人文科学课程

该校共有三个学系：文学系、专业学系及教育学系。开办有多样化的本科课程，内容以人文科学的专业为主，例如家庭研究、老人学、信息科技，以及新兴的旅游及酒店管理学等。热门的主修科目包括教育、工商管理、公共关系及儿童和青少年研究等。校内所有专业课程均包含了实习计划，为学生创造学以致用，及早日了解职场环境的机会。

在研究院课程方面，Mt. St. Vincent 开办有应用人体营养学、妇女研究及儿童和青少年研究等课程。此外，攻读教育学硕士的学生，可选择主修成人教育或教育心理学等专业。

Mt. St. Vincent前身是一所女子学院，在妇女研究、家庭辅导、儿童及青少年研究等专业领域拥有深厚的学术基础，因此在上述相关学科开设了独特的研究中心，以进一步发挥在这些领域的专长。该校是对妇女及家庭问题研究有兴趣的国际学生一个理想的选择。以下是该校四所杰出的研究中心：

- 妇女研究中心(The Institute for the Study of Women)
- 儿童研究中心(The Child Study Centre)
- 商界妇女研究中心(The Centre for Women in Business)
- 科学界妇女研究中心(The Catherine Wallace Centre for Women in Science)

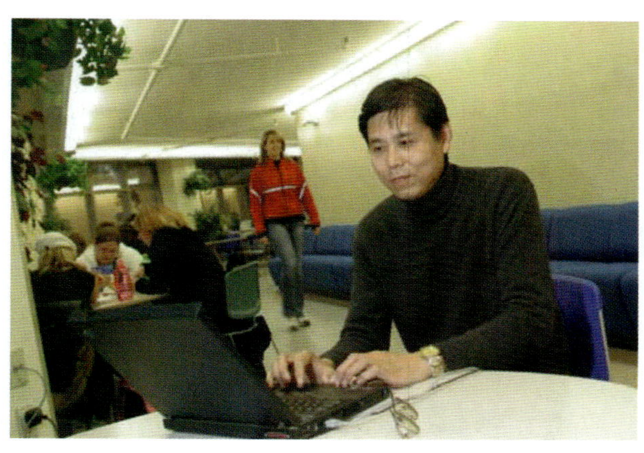

弹性课程配合学生所需

校方呼吁每一位社会成员都有受教育的权利和自由，致力于为不同背景的学生提供优质的大学教育。年满25岁的在职者或曾延迟接受教育的人士这些非传统类别学生(Non-Traditional Students)，在申请入读该校时，可获特别方案评核。校内还特别设有托儿中心及残障人士专用电梯设备，体现了校方对学生的悉心照顾。

此外，校方在课程设计和授课形式上力求灵活创新，以配合在职学生的时间表。很多课程均设有晚间及周末上课的选择，另有15个远程教育课程，总共有190个科目，涵盖旅游及酒店管理、工商管理及成人教育等专业。目前约有3,000名海外学生通过远程课程接受Mt. St. Vincent的优质教育。

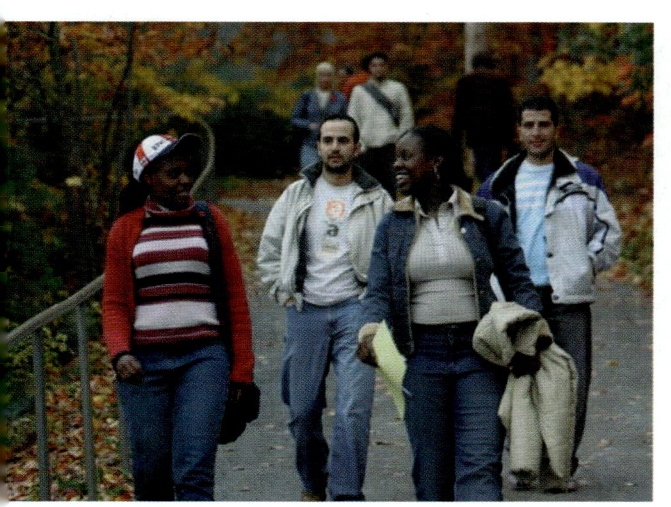

背景资料：

创校年份： 1873
全日制学生： 2,338
业余学生： 3,100
国际学生： 400(中国学生50)
大学类别： 小型综合类大学
营运方式： 公立
注册处地址：
Mount Saint Vincent University
166 Bedford Highway
Evaristus 215
Halifax, NS
B3M 2J6 Canada
网址： www.msvu.ca
电话： 1-902-457-6117
奖学金及经济援助办事处：
1-902-457-6351
校舍： 一个校舍，面积约15万平方米
图书馆藏量： 图书231,141册
教职员工：
教授31名，助教51名，副教授65名，讲师3名， 教职员总数约700名

本科入学要求：

学科成绩：
文科： 65%
理科： 65%
商科： 65%
英语成绩：
TOEFL 550(PBT)
或TOEFL 213(CBT)
或IELTS 6.5

报名截止日期：

秋季入学： 6月17日
春季及冬季入学没有限定截止日期

学费：

加国学生： 每学年5,593—5,843加元
国际学生： 加国学生学费加4,925加元附加费
书本费： 每学年800—1,200加元

每月生活开支(约)：

校内宿舍： 528—793加元(包膳食)
校外住宿： 500加元(视所租房子情况而定)
其他杂费： 250—500加元
医疗保险： 每年602加元

学系/专业：

设有4个颁授学位的学系，共38个专业

大学排名：

Maclean's 2005年大学排名
小型综合类大学排名第十二

研究院入学要求：

视具体课程而定，请浏览本校网站

研究院课程学费：

加国学生： 每学科单位(unit)1,118—1,566加元
国际学生： 每学科单位(unit)附加费985加元(另加本土生学费)

热门研究院专业：

儿童及青少年研究、妇女研究、教育、应用人体营养学

所在城市数据：

城市： 哈利法克斯(Halifax)
人口： 370,000
生活指数： 低至高
气温： -10℃ 至 30℃

凭前卫之艺术 赋东岸以精彩

加拿大共有四所艺术设计专科学院，其中只有诺华斯高沙艺术设计大学(NSCAD University，简称NSCAD)拥有“大学”这个称谓，该校亦是加拿大唯一一个提供艺术研究生课程的艺术专业学校，素以培养前卫艺术家和当代艺术家著称，声名远扬。

NSCAD的热门专业包括设计、艺术、媒体艺术、摄影和服装设计，每年只招收二百多名学生，竞争十分激烈。NSCAD亦是一所与时俱进的学校。有鉴于近年电影业的蓬勃发展，该校于2003年开办了电影课程。该校不断扩充校舍、兴建先进的多媒体教室，并增添器材，为进一步发展做好准备。

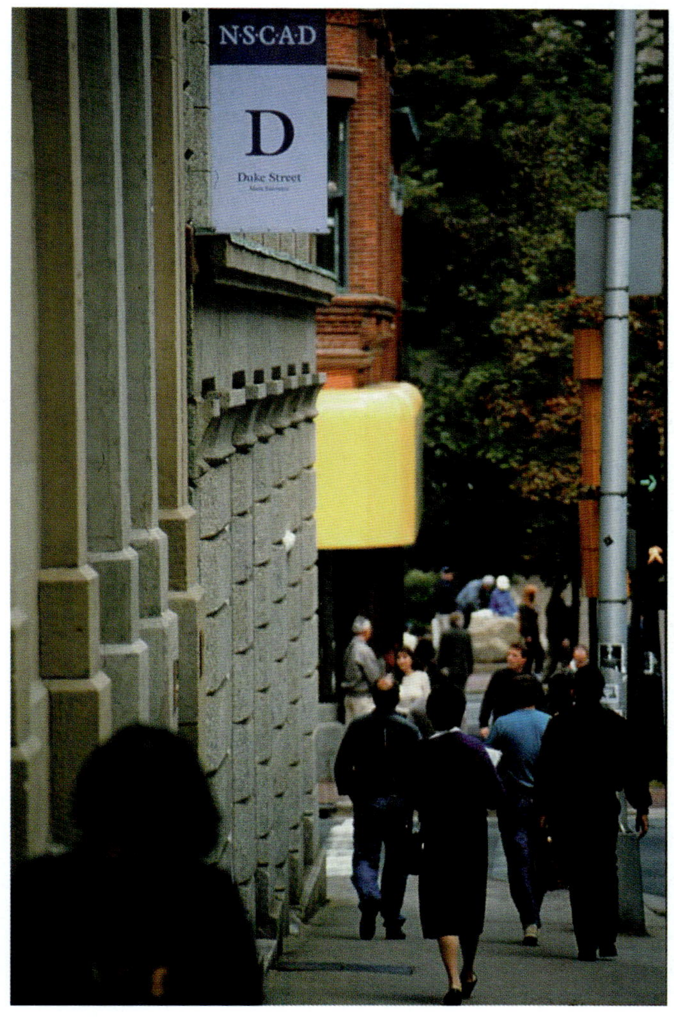

有一种说法是：由于NSCAD的存在，才使得哈利法克斯(Halifax)变得前卫与精彩。由此可见该校的独特和出色。NSCAD位于Halifax市中心一整排古老红砖建筑物内，外表并不怎么突出，里面却藏龙卧虎，无数加国著名的艺术及设计大师，均曾在这里任教或学习。

殿堂级大师坐阵

该校前身是诺华斯高沙艺术设计学院(Nova Scotia College of Art & Design)，NSCAD是其简称，也许因为这个简称太深入民心，学院在升级为大学后直接以此为名，只在后面加上University一词。该校的创办人Even Anna Leonowens女士，曾担任暹罗(现泰国)国王的老师，一生富有传奇色彩，其生平在电影《国王与我》(*The King and I*)中得到生动的描述。上世纪70年代，NSCAD由一幢独立建筑物迁往现在位于哈利法克斯市中心的海边，并租用了一整排19世纪石砖建筑物，标志该校进入迅速发展阶段。校方即展宏图大计，在全国招揽了很多有名的艺术大师坐阵，包括摄影家Robert Frank、油画家Eric Fischl及油画家Jeffery Spalding等。邀请到这几位加国当代艺术殿堂级人物出任教授，NSCAD的声望扶摇直上，成为加国一个重要艺术基地。

NSCAD设有以下五大学系，开办学位课程：

(1) 艺术史与评论研究：这个学系与工艺、艺术和设计三大学系紧密联系，提供艺术史、英语、电影史、艺术理论、教育和评论的课程，并提供视觉艺术学士课程。课程大纲以19及20世纪的西方艺术、工艺、设计与建筑为主体。

(2) 工艺：提供学士及研究生课程，主修专业包括陶瓷、服装设计及珠宝三大领域。

(3) 艺术：主修专业包括绘画、油画、版画及雕刻。高年级的学生将在教授的指导下，完成一系列个人作品，并会共同举办毕业作品展。

(4) 设计：NSCAD的设计专业十分著名，修读其独特的国际平面设计学士课程的学生，第一及第四年在本校修读课程，第二及第三年则可赴墨西哥的Univeridad de las Americas学习，有机会认识和体验异域的艺术文化和特色。

(5) 媒体艺术：学生可主修摄影、电影及媒体艺术，亦可跨学科修读个别艺术专业。

新开拓电影专业课程

鉴于电影工业近年来在大西洋省份迅速发展，NSCAD新开设了电影专业。校方于2003年斥资100万加元兴建Alliance Atlantis Academy Building，为电影系的学生提供2,880平方米的教学场所。

NSCAD所有的学生在大学首年均需修读共同的艺术基础课程，内容涵盖艺术史、语文、设计及艺术基础等，为未来的专业学习做好准备。

NSCAD与多所海外大学签订交换生计划及合作协议，亦与国际多所艺术馆、博物馆和文化机构保持良好关系，以促进艺术交流。

背景资料：

创校年份： 1887

全日制学生： 848

业余学生： 183

国际学生： 64(中国学生8)

学院类别： 艺术及设计专科大学

营运方式： 公立

注册处地址：

International Admissions
NSCAD University
5163 Duke St.
Halifax, NS
B3J 3J6 Canada

网址： www.nscad.ns.ca

电话： 1-902-494-8129

图书馆藏量： 是加拿大最完善的艺术图书馆之一，包括50,000本藏书和期刊，140,000张幻灯片

教职员： 87名全职及兼职教授，50名课程讲师

入学要求：

学科成绩：

12年级的艺术科达70%，另需提交个人作品

英语成绩：

TOEFL 575(PBT)
或TOEFL 233(CBT)

报名截止日期：

视个别课程而定，请浏览该校网站查阅详情

学费：

加国学生： 每学期2,648加元

国际学生： 每学期5,295加元

书本费： 每学期约1,200加元(包括材料费)

每月生活开支(约)：

家庭寄宿(Home Stay)： 平均875加元

校内宿舍： 992加元

校外住宿： 500加元

其他杂费： 150加元

医疗保险： 每学期220加元

学系/专业：

设有艺术史与评论研究、工艺、艺术、设计和媒体艺术四大学系，15个课程

研究院入学要求：

拥有艺术系学士学位，另需提交个人作品

英语成绩达TOEFL 575(PBT)或233(CBT)

研究院课程学费：

加国学生： 每学分2,647加元

国际学生： 每学分5,834加元

热门研究院专业：

设计、艺术、媒体艺术、电影、工艺

所在城市数据：

城市： 哈利法克斯(Halifax)

人口： 370,000

生活指数： 低至中

气温： -10℃ 至 23℃

贯彻因材施教 东岸独领风骚

拥有超过150年历史的圣弗朗西斯萨维尔大学(St. Francis Xavier University，简称St. FX)是一所优秀的本科类大学，推行小班教学，教授针对每一名学生的进度和需要因材施教，在加国海洋省份拥有极高声誉。前加拿大总理Brian Mulroney和前纽宾士域省省长Frank McKenna均是该校的毕业生。

St. FX专注于本科基础教育，设有三个学系，分别是文学系、理学系和商业及信息学系，共开办约100个课程，热门学系包括生物、商业及信息系统、英语及心理学等。校方在保持优良的教育传统的同时，亦努力配合时代的发展，逐步改进校园设备，安装先进的计算机网络系统，不断改良教学科研设施及学生的学习环境。

St. FX位于省府哈利法克斯(Halifax)东北沿海约240公里的大学城安蒂戈尼什(Antigonish)，当地风景如画，民风淳朴，人口约7,500人。该校约40%的学生住在校内，其余学生均在市内租住房间，但往返校园非常方便。

校风淳朴学生归属感强

1853年，罗马天主教斥资在Antigonish教区兴建St. FX大学，其后该校的办学经费便依赖区内信徒的奉献。一个半世纪后的今天，该校仍然保留天主教强调知识与品行兼修的优良传统，校园里一派亲切友善、朴拙淳厚的氛围。

St. FX只聘有约10名助教，大部分的课程均由教授采用小班讲授，师生接触和沟通的机会多于很多大型大学。这样，教授能更深入地了解学生的潜能和学习进度，从而达到因材施教的目标。该校学生的学术研究水平非常杰出，在过去6年共有40位研究生获得加拿大自然科学及工程研究委员会(The Natural Sciences and Engineering Research Council of Canada，简称NSERC)的奖学金，以开展毕业后的研究工作。以得奖者所在大学的学生总数按比例计算，该校得奖的比率相当高。这得益于该校因材施教的教学法，教授们及时发现了学生的能力和天赋，加以指导和栽培，助学生发挥最大潜能。

St. FX校园的气氛和谐友善，师生和睦相处，互助互勉，彼此像家人一样生活和相处，学生们习惯于将St. FX称为“大家庭”。

开办跨学科课程已成为高等教育的一个发展趋势，St. FX亦不落于潮流之后。该校的文、理系共开设了5个跨学科的学士课程，包括发展研究、妇女研究和水质资源学等。另外，有鉴于信息技术在商业社会日趋重要的地位，商学系开办了全新的信息系统商学士课程。

教学设备迈向高科技化

St. FX在保留优良的学术传统之余，亦勇于革新和进取。过去数年间，不断改善教学和科研设施，更通过WebFX大型计划，将全校的教室、教师办公室及其他计算机网络联系起来，组成一个强大完善的信息网，为实现校园全计算机化跨出重要的一步。

其他重大的校园建设工程还包括：为本科学生提供最先进的教学及研究设施而斥资2,500万加元兴建的科学中心，以及价值2,000万加元的设施完善的运动和会议场地——Charles V. Keating Millennium Centre大型运动中心。

随着 St. FX 的日益壮大，这所曾被Maclean's杂志评选为加拿大最佳本科类大学的高等学府，将继续本着因材施教和革新奋进的精神，为更多莘莘学子提供优质教育，培养新一代专业人才。

背景资料：

创校年份： 1853

全日制学生： 4,200

业余学生： 500

大学类别： 小型综合类大学

营运方式： 公立

注册处地址：

Admission Office
St. Francis Xavier University
P.O. Box 5000
Antigonish, NS
B2G 2W5 Canada

网址： www.stfx.ca

电话： 1-902-867-2219

奖学金及经济援助办事处：
1-877-867-7839

校舍： 占地40万平方米

教职员工： 200名全职教员；64名兼职教员

本科入学要求：

学科成绩：

文科： 78%

理科： 80%

商科： 78%

工程： 80%

英语成绩：

TOEFL 236(CBT)+TWE 4.0
或TOEFL 580(PBT)+TWE 4.0

报名截止日期：

校方建议学生于3月1日之前入表申请，以便同时申请宿位及奖学金

学费：

加国学生： 每学分191加元

国际学生： 每学分357加元

书本费： 每学年1,200加元

每月生活开支(约)：

大学宿舍连膳食： 650至770加元

校外自租房子(不包膳食)： 500至625加元，视所租房子大小而定

膳食费： 250加元

其他杂费： 125加元

医疗保险： 620.59加元/学年

学系/专业：

设有3个系

文学系
理学系
商业及信息学系

大学排名：

Maclean's 2005年大学排名
小型综合类大学排名第一

研究院入学要求：

TOEFL 580(PBT)
或TOEFL 236(CBT)
个别学系要求申请者递交GRE/GMAT成绩

研究院课程学费：

加国学生/国际学生： 每学期5,975加元

热门研究院专业：

生物、计算机科学、教育

所在城市数据：

城市： 安蒂戈尼什(Antigonish)

人口： 7,500

生活指数： 低至中

气温： -10℃ 至 25℃

7. 圣玛丽大学 Saint Mary's University

治学历史悠久 商科扬名东岸

圣玛丽大学(Saint Mary's University，简称St. Mary's)是加国少数拥有200年历史的老牌大学之一，既秉承优良的学术传统，又富有勇于创新的精神，不断开拓新的课程，提供优质的本科教育。

该校拥有诺华斯高沙省最具规模的文学系和海洋四省中最大的商学系，是区内重点大学之一。各学系招生要求GPA平均最低80%。热门学系包括会计、金融、财务、管理、犯罪学和心理学等。

St. Mary's大学的前身是天主教会的男子学校，于1968年始改建为男女同校的大学。该校坐落在省府哈利法克斯，校园建筑古典、庭院茂密，围绕砖砌外墙，仍然保留着传统天主教会学校的氛围。

开办多样化的课程

该校虽然是一所小型的本科类大学，学生人数仅6,000多名，却开设有多种课程，而且课程的规模和学术水平均不逊色于其他大学。St. Mary's拥有

全省最大的文学系和海洋四省中最具规模和历史最悠久的商学系。

该校商学系享有盛名，开设有海洋四省唯一的工商管理硕士课程，全校1/3的学生隶属商学系。在本科课程方面，会计学、金融财务和管理学均是热门的主修专业。此外，该校的犯罪学和刑事鉴证科学亦十分出色，入学竞争颇为激烈。

理学系各专业均开设本科及研究院课程。该校不断更新设施，力求为师生创造更优良的教学与科研环境。环境研究中心斥资200万加元，购买了一批先进的科学研究仪器，包括一组价值50万加元的高效能计算机系统。

斥资1,800万加元的Sobey Building是商学系的全新总部，配备有最先进的教学设备和计算机系统。在改善学生生活环境方面，该校斥资2,500万加元兴建了Loyola及Vanier两幢学生宿舍楼，为学生提供更多宿位以及文娱活动空间。

英语研习中心课程完善

St. Mary's的TESL Centre是加国最具规模的英语研习中心之一，提供多元化的英语课程及师资培训，并开办文化和语言的短期研习班，以协助国际学生尽快适应加国的语言与文化环境。

在入学要求方面，母语非英语的学生需要拥有TOEFL 550分(PBT)或同等程度的英文能力。英文水平未达此要求的申请者，如果其他学术成绩符合校方要求，则可先入读TESL Centre的学术英语课程(English for Academic Purposes，简称 EAP)，完成

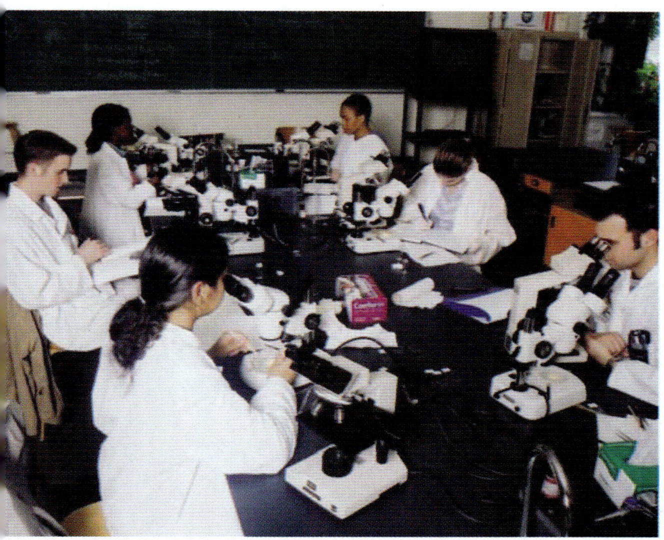

EAP第六级的学生无需再报考TOEFL，而可直接入读St. Mary's的本科课程。这种灵活的机制为英语成绩不甚理想但学术成绩优异的国际学生提供了迈入大学门槛的机会，并为他们进一步提高英语水平创造了机会。

St. Mary's目前约有800名国际学生，分别来自全球100个国家，包括中国、日本、巴西、美国和加勒比海等地，不同的文化在校园内百花齐放，为加拿大的多元文化色彩增添浓墨重彩的一笔。

背景资料:

创校年份: 1802
全日制学生: 6,333
业余学生: 2,208
国际学生: 1,274（中国学生403）
大学类别: 小型综合类大学
营运方式: 公立
注册处地址:
Admission Office
Saint Mary's University
Halifax, NS
B3H 3C3 Canada
网址: www.smu.ca
电话: 1-902-420-5415
奖学金及经济援助办事处:
1-902-491-6248
教职员工: 约400名

本科入学要求:

学科成绩:
文科: 65%
理科: 65%
商科: 65%
工程: 65%
英语成绩:
TOEFL 213(CBT)
或TOEFL 550(PBT)
或IELTS 6.5

报名截止日期:

秋季入学: 6月1日
冬季入学: 10月1日
夏季入学: 3月1日

学费:

加国学生: 每学科1,074加元
国际学生: 每学科2,178加元
书本费: 不等

每月生活开支(约):

大学宿舍连膳食: 约800至850加元
校外自租房子(不包膳食): 600加元，视所租房子大小而定
膳食费: 200加元
医疗保险: 590加元/学年

学系/专业:

设有43个学系，共46个专业
文学系
商学系
理学系

大学排名:

Maclean's 2005年大学排名
小型综合类大学排名第七

研究院入学要求:

TOEFL 580(PBT)
或TOEFL 236(CBT)
个别学系要求申请者递交GRE/GMAT成绩

研究院课程学费:

加国学生: 每学年约3,000加元
国际学生: 每学年约5,000加元

热门研究院专业:

犯罪学、工商管理、心理学

所在城市数据:

城市: 哈利法克斯(Halifax)
人口: 370,000
生活指数: 低至中
气温: -10℃ 至 23℃

治学两百载　社科底子深

拥有超过200年历史的英皇学院大学(University of King's College，简称King's)是英联邦国家中最古老的英语大学之一，由天主教信徒创立。该校位于Dalhousie University校舍旁，两校俨如姊妹大学，资源共享，共同颁发文学士及理学士学位。此外，King's开办三个跨学科课程：当代研究、早期现代化社会研究、科学及科技历史。已拥有学士学位的学生，可在这里修读浓缩的一年制新闻学士课程。

King's的学生人数仅约1,000，比一些大城市的中学还要少，但该校拥有少而精的独特校园文化，校园内洋溢着浓厚的学习气氛，学生彼此互助互爱，师生关系密切和谐。

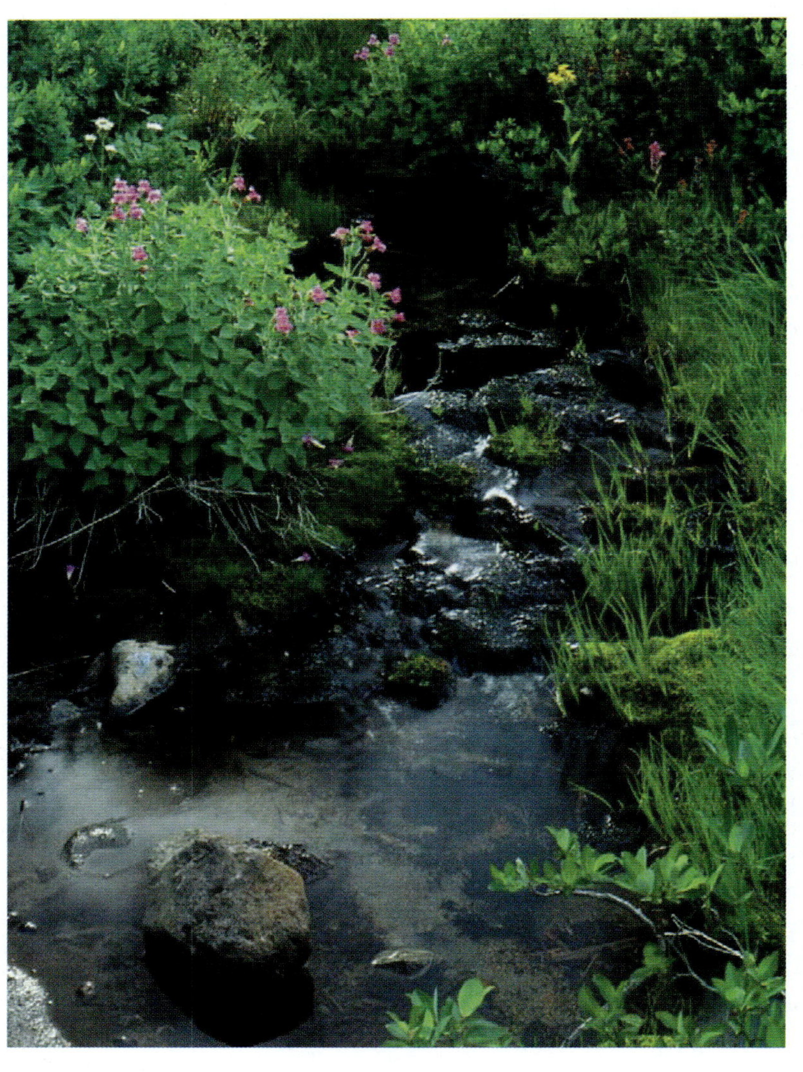

1789年，一群逃避美国独立运动的天主教信徒来到诺华斯高沙省定居，并在这里建立了King's College。至今，该校的校舍建筑风格仍流露出浓郁的英国传统大学的古典风味。

King's与Dalhousie University为邻，两校结为盟友，进行资源共享。这一政策使得King's能够将师资和经费集中于开办更优质的大学首年基础课程，并开办少数独特的学位课程。

首年基础课程优质全面

每年约有300名新生进入King's，校方规定他们不分学系地共同修读大学一年级的基础课程(First-year Program，简称FYP)，学习广泛的普及知识，为专业学习打好基础。King's的FYP课程享有盛名，被普遍赞誉为知识覆盖全面、质量优秀的课程。

FYP课程内容反映了整个西方社会的思想和文明发展历程，教授的学科包括哲学、文学、经济、科学和宗教学等。无论修读文科、理科或者其他学科的学生，都能从FYP广泛的学术基础训练课程中吸收到各种知识，获益匪浅。

修完首年基础课程后，King's的学生可选择主修由Dalhousie University开办的文理学科，以获得由两校共同颁发的文学士或理学士学位；或修读King's的跨学科荣誉学士学位课程，专业包括：

- 当代研究：课程探讨欧洲及北美洲社会在科学、文化及政治三方面的相互关系。
- 早期现代社会研究：探讨从16至19世纪的现代化进程，并分析当时的社会及经济变迁。
- 科学及政治历史：研究科学在近代社会的演变，并探讨它与政治、社会及当权者之间的关系。

独特的一年制新闻学课程

King's另一个特点是开办浓缩的新闻学学士课程，供已拥有本科学位的人士修读。该课程为期一年，每班仅约有40名学生，确保以小班教学。课程于每年的8月开始，学生需先接受八个星期的新闻学基础课程，包括资料搜集、新闻写作和新闻学的历史及专业道德。之后，学生在五个专业范围内选修两至三个，并进行相关的工作。五大专业分别是：电台、电视、报纸、杂志及网上新闻。学生最后需在获校方批准的新闻机构内完成为期四个星期的实习，方可获颁新闻学士学位。

King's兼具大型大学和小型大学的优点。学校规模虽小，却因得到毗邻的Dalhousie大学的支持，使得学生能够享用Dalhousie的师资和设备；另一方面，King's小型大学亲切和谐的学习气氛又是一般大型大学无法比拟的。因此，King's的学生能享受到就读大型大学与小型大学的双重优点。

背景资料：

创校年份： 1789

全日制学生： 1,100

业余学生： 21

大学类别： 小型大学

营运方式： 公立

注册处地址：

The Registrar
University of King's College
6350 Coburg Ave.
Halifax, NS
B3H 2A1 Canada

网址： www.ukings.ns.ca

电话： 1-902-422-1271

奖学金及经济援助办事处：
1-902-422-1271

入学要求：

学科成绩：

文科： 70%

理科： 81%

英语成绩：

TOEFL 237(CBT)
或TOEFL 580(PBT)

报名截止日期：

秋季入学： 4月1日

学费：

加国学生： 每学分194加元

国际学生： 每学分382加元

书本费： 每学期1,000加元

每月生活开支(约)：

大学宿舍连膳食： 945至1,030加元

校外自租房子(不包膳食)： 500至700加元，视所租房子大小而定

膳食费： 250加元

其他杂费： 150加元

医疗保险： 50加元

所在城市数据：

城市： 哈利法克斯(Halifax)

人口： 370,000

生活指数： 低至中

气温： -10℃ 至 23℃

东岸农科中枢 独具田园风情

创校百年的诺华斯高沙农业学院(Nova Scotia Agricultural College，简称NSAC)是大西洋省份中唯一的农业研究综合机构，对当地的农业、食品业和环境生态工业贡献良多。

NSAC提供十分全面的农业专业课程，领域涵盖农业科技、农业经济、水栽农业、环境园艺、植物科学和环境科学等，分别开设文凭、本科和研究生课程。该校的理学士和硕士课程是与著名的Dalhousie University共同开办。两校通过联合办学达到学术交流和资源共享的目的。NSAC于2006年9月开办兽医、畜牧业及农业管理的技术文凭课程，现已接受学生申请。

NSAC校区占地265万平方米，位于Bible Hill的一个乡村，沿着诺省鲑鱼河(Salmon River)河堤修建，山清水秀，距特鲁罗市(Truro)约两公里。该校不单是一所农业专科学院，还是大西洋地区的农业研究中心，为业界提供农业科研和学术支持，并不断开发新产品，为区内的农业、食品业及环保业做出巨大贡献。

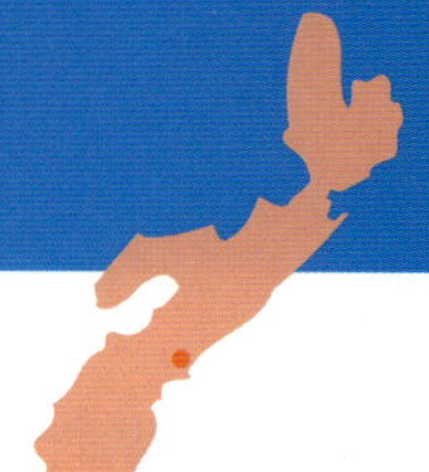

课程结合科技和管理训练

该校的课程设置以实用和专业为出发点，为有志于从事农业生产、管理和推广工作的人士提供最适当的高水平训练。为迅速掌握市场和社会所需，校方一直与业界保持良好关系。课程主要分为学位和文凭两类。

学位课程包括以下各专业：

理学士(农业)：主修农业经济、农业商业、水栽农业、生物环境系统管理、环境科学及植物科学。

技术学士：专业包括应用科学和环境园艺。

理学硕士：包括农业化学、物理科学、环境学、植物科学及土质科学。

上述的理学士和理科硕士课程均由NSAC和Dalhousie University联合开办，但所有课程在NSAC校区内上课。此外，该校还与以酿酒学闻名的Brock University合办理学士课程，主修专业包括葡萄种植和酿酒学。学生先在NSAC修读头两年的基础课程，然后在Brock完成第三及第四学年。

文凭课程包括以下各专业：

技术文凭：农业、环境园艺、畜牧、植物科学和兽医技术。

工程文凭：提供兽医预备课程，为有兴趣在这个专业发展的学生打好学术基础。

企业管理技术文凭：该课程于2006年9月开学，为有志在农业与食品业担任管理工作的人士开设。主修专业包括宠物业、牧牛场、马场、农场及食品零售业。

NSAC近年十分关注环保和食品商业道德的问题，提倡生产天然健康的农产品。校内的加拿大有机农业中心(the Organic Agriculture Centre of Canada)便致力于这方面的研究工作。该中心拥有先进的科研及教学设备，肩负推广农业技术和训练专业农夫的使命。目前，NSAC正将校内32万平方米的农田改建为有机农作物生产基地。

该校十分重视国际间的文化与学术交流活动，除了积极招收国际学生外，还与多所海外学术机构达成交流合作的协议，包括英国的Writtle College、芬兰的Häme Polytechnic及非洲的Gambia College等。

背景资料：

创校年份： 1905

全日制学生： 607

业余学生： 109

学院类别： 农业专科学院

营运方式： 公立

注册处地址：

Registrar's Office

Nova Scotia Agricultural College

P.O. Box 550

Truro, NS

B2N 5E3 Canada

网址： www.nsac.ns.ca

电话： 1-902-893-6722

入学要求：

学科成绩：

12年级或同等水平

英语成绩：

TOEFL 550(PBT)

或TOEFL 213(CBT)

或IELTS 6

报名截止日期：

秋季入学： 3月1日

学费：

加国学生： 学位课程每科529加元，职训课程每科327加元

国际学生： 学位或职训课程一律每科1058加元

书本费： 每学期约300—400加元

每月生活开支(约)：

校外住宿： 300—500加元(与人分租一公寓单位)

膳食费： 250加元

其他杂费： 150加元

医疗保险： 50加元

所在城市数据：

城市： 圣经山(Bible Hill)

人口： 14,000

生活指数： 低

气温： -10℃ 至 23℃

获政府拨款过亿 凭实用专业扬名

在全省设有13个校区的诺华斯高沙社区学院(Nova Scotia Community College，简称NSCC)，是诺省提供职业培训课程和成人教育的主要力量。

NSCC设有五个专业学院，提供一百多个证书及文凭课程，约有20,000名全日制及业余学生，为诺省的工商业提供源源不绝的人力资源，对诺省的发展做出很大的贡献。因此，省政府于2003年为该校拨款1.23亿加元，作为扩建校舍及改善教学设备之用。NSCC的课程以实用著称，紧跟工商业界的需求，热门专业包括大众传播艺术、旅游业管理、能源工程技术及地理科学等。

NSCC的办校宗旨是：发扬创新精神，提供优质教育，努力建设一个更加美好的诺省。过去多年来，该校在职业培训及继续教育方面有很突出的表现，令省政府愿意投资大笔基金，协助该校继续发展和成长。

水准深受政府赞赏

该校共设有五个学院，分别提供不同的职业课程和培训。

(1) 应用艺术与新媒体：分别于9个校区提供多达25个实用课程，热门课程包括：计算机动画、新媒体设计与开发、电台与电视艺术及信息科技等。

(2) 商学院：分别于12个校区开办18个课程，专业多元化，包括：商业管理、应用商业技术、法律、旅游业管理和厨艺等。每年平均有2,000名学生修读商学院的课程。

(3) 健康与社区服务学院：每年约有1,500名全日制学生修读近20个健康与社区服务的课程，内容及时反映诺省的社区发展趋势，专业包括幼儿教育、社区服务、法律与保安、牙医助理和配医技术等。

(4) 技术与技能训练学院：NSCC的皇牌学院，毕业生就业率超过90%。共提供50个证书、文凭及高级文凭的课程，专业包括：建筑、运输、科技、自然资源、制造及能源六大工业。校方为配合业界的需求不断开办新的专业，例如能源课程便是应诺省东岸蓬勃发展的石油工业之需而新推出的。

(5) 成人教育学院：NSCC有11个校区开设成人教育课程，另外亦开办少量大专文理学科课程，为有志于继续进修或提高个人知识水准的人士开设。

NSCC的校区遍布诺省，国际学生在申请时，应先了解自己有兴趣修读的专业在哪些校区开办，然后再根据校区的地点和规模进行选择。

背景资料：

创校年份： 1988

全日制/业余学生： 25,000

学院类别： 社区学院

营运方式： 公立

注册处地址：
NSCC Admissions
Nova Scotia Community College
PO Box 220
Halifax, NS
B3J 2M4 Canada

网址： www.nscc.ns.ca

电话： 1-866-679-6722

入学要求：

学科成绩：
12年级或同等水平

英语成绩：
TOEFL 550(PBT)
或TOEFL 213(CBT)
或IELTS 6

报名截止日期：

不设截止日期，课程额满即止

学费：

加国学生： 每课程1,040—3,430加元

国际学生： 每课程7,500加元

书本费： 每学期400—1000加元

每月生活开支(约)：

校外住宿： 350—700加元(与人分租一公寓单位)

膳食费： 250加元

其他杂费： 150加元

医疗保险： 每学年605加元

所在城市数据：

城市： 哈利法克斯(Halifax)

人口： 370,000

生活指数： 低至中

气温： -10℃ 至 23℃

纽芬兰及拉布拉多省

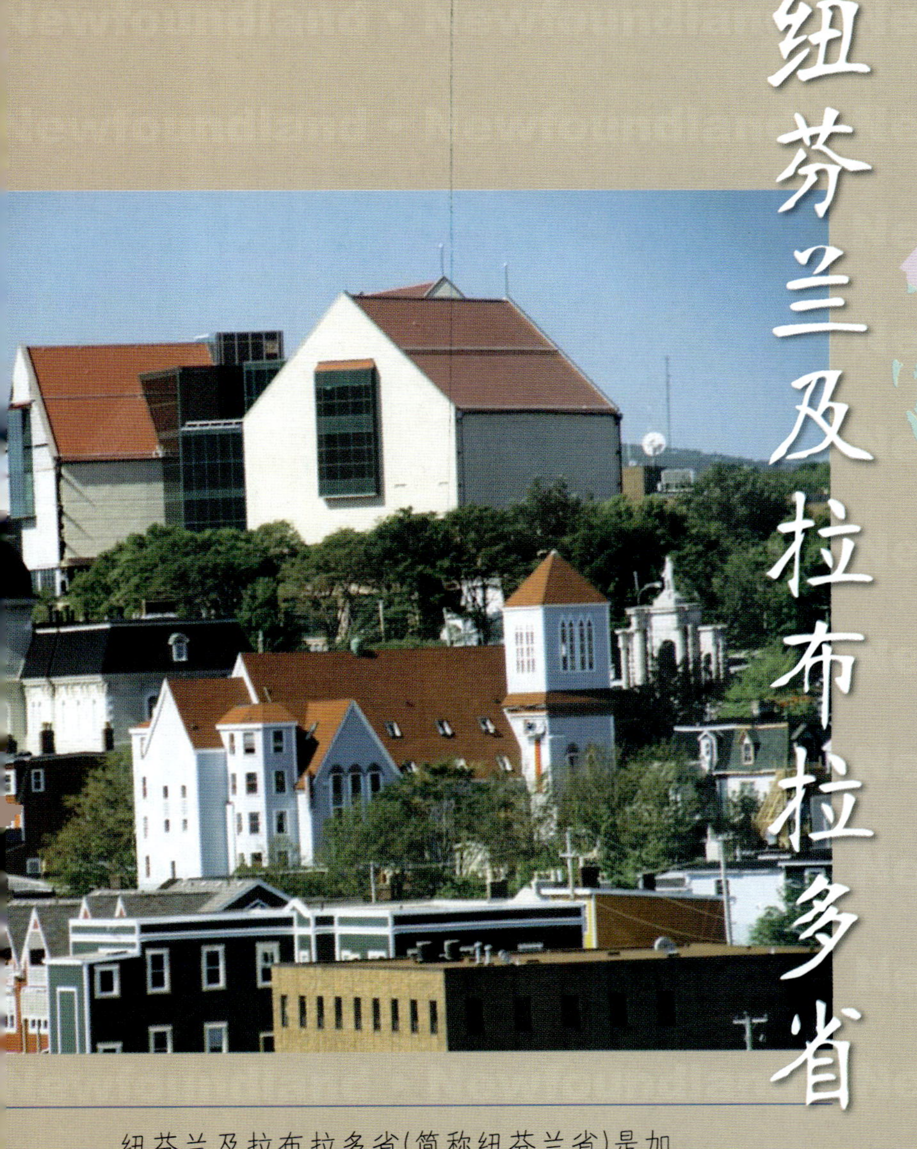

纽芬兰及拉布拉多省(简称纽芬兰省)是加拿大最东面的省份，设有一所公立大学和一所公立大专，分别是Memorial University of Newfoundland和College of the North Atlantic。

Memorial University of Newfoundland是一所出色的综合类大学，在加国学术界以创新著称，不但很早便发展国际教育，也是最先采用互联网作为教学工具的大学之一。该校的热门学科亦与高科技有关，分别是海洋学研究和石油工程学。

在1996年之前，纽芬兰省的大专体制内共有五所地区学院，但省府于1996年4月将五校合并为College of the North Atlantic，成为省内唯一的公立社区学院。该校设有17个校区，分布于省内主要城市，提供70个证书及文凭课程，其中以工程技术、商业管理和健康科学课程最受欢迎。

渔业能源专家 东岸高科学府

纽芬兰纪念大学(Memorial University of Newfoundland，简称Memorial)位于民风淳朴的大西洋省份，在加国学术界以创新著称，上世纪70年代便率先在英国建立校舍，让学生获得在海外学习的宝贵机会，是最早发展国际教育的加国大学之一。此外，该校重视对教学和科研手段的更新，是加国最先采用互联网作为教学工具的大学之一。

Memorial的强势学科首推海洋学研究和石油工程学。此外，该校的商学系和音乐系亦十分出色，还开办了加拿大英语大学中唯一的民俗学课程。

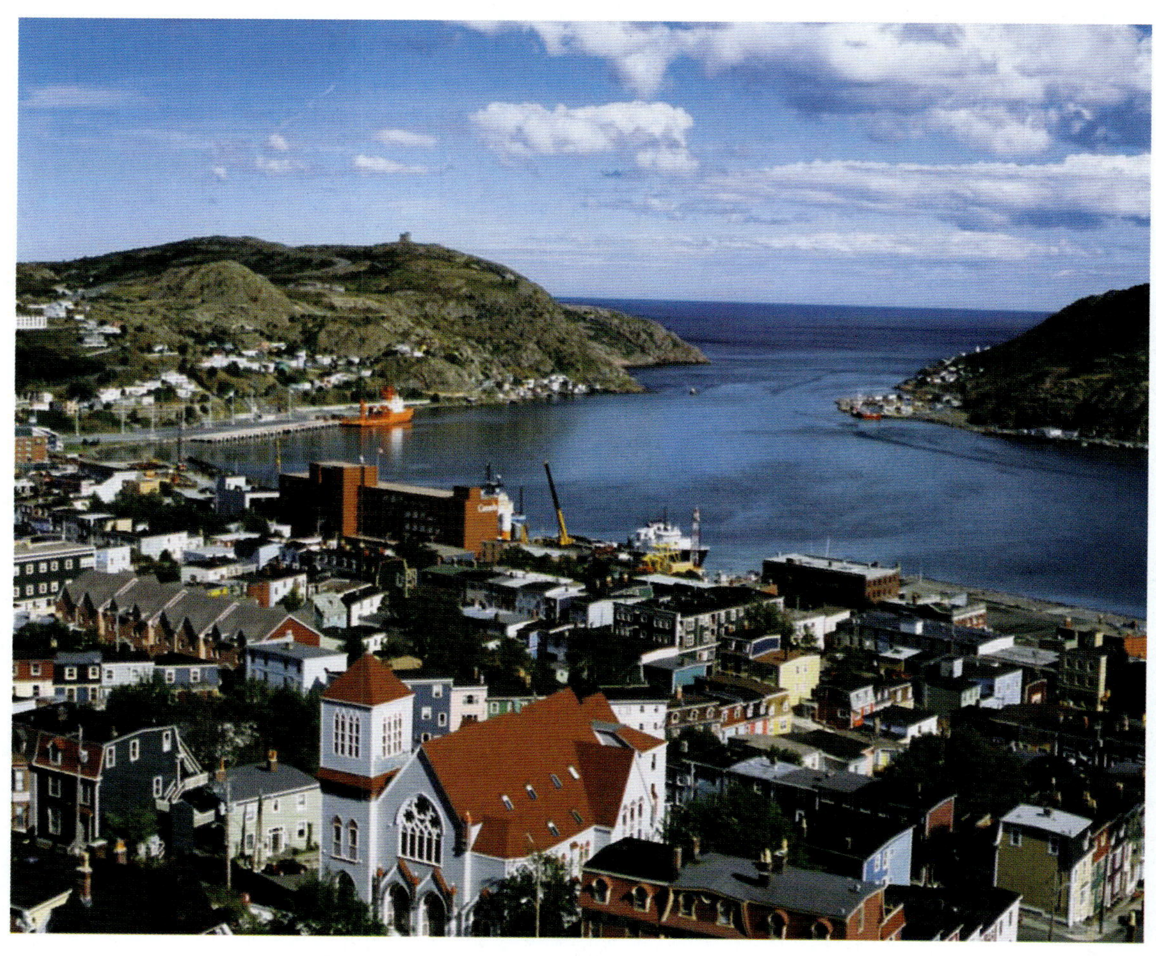

很多国际学生对加拿大的纽芬兰及拉布拉多省并不熟悉，在选择大学时往往会忽略了这个漂亮的大西洋省份。渔业及石油业是纽芬兰省两大经济支柱，因此Memorial大学在这两个领域均开设了高水平的学位课程，对于有意修读这两个专业的国际学生而言，该校无疑是最佳选择之一。此外，纽芬兰省民风淳朴，生活指数低，四年大学的学费加生活费与安大略省、不列颠哥伦比亚省的大学相比，低了近一半，大大减轻了学生的经济负担。

开设多元化学位课程

Memorial大学由三个校区组成，开设了多元化的学位课程，是大西洋四省(纽宾士域省、诺华斯高沙省、爱德华王子岛省和纽芬兰及拉布拉多省)之中，规模最大的大学。该校共设有12个学系，颁授广泛的专业学位。

海洋科学研究是Memorial最受赞誉的学系之一，该校的渔业及海洋中心(Fisheries and Marine Institute)开办了渔业及海洋科技学士/硕士课程，以及海洋研究学士/硕士课程。自2001年开始，该系有越来越多的毕业生参与国家级的水产及海洋生态研究中心AquaNet的科研项目，寻求扩大水产养殖的方法，并研究与渔业有关的环境及社会课题。

设于Logy Bay的海洋科学中心(Ocean Sciences Centre)有价值340万加元的研究设施，专注于海洋生物的研究。而斥资320万加元兴建的Bonne Bay海洋中心则是环境学及海洋生物学课程的教学中心。

"MUN provides not only a high quality education and perfect facilities, but also nice study environment and friendly staff. I really enjoy the university life here in MUN, the best university in Atlantic Canada."

Liang Ding
China

纽芬兰省 Newfoundland

在石油及天然气的相关专业上，Memorial拥有十分杰出的研究技术及成就，是省内能源业的强大科研后盾。2000年，校方与纽芬兰省政府、工商业界和其他大学，签署了共同开展石油及天然气研究与开发的伙伴计划，以维持纽芬兰省在国际石油工业上的强势地位。该校开设的石油科技及工程学课程多达50项，分别颁发学士、硕士及博士学位。

开设民俗学专业

除了海洋科学及石油工程科学课程以外，Memorial的文学系、商学系及音乐系亦十分出色，其中较独特的是民俗学课程。目前在加国英语大学之中，独有Memorial大学开办民俗学课程，而且颇具规模，颁发本科至博士学位。

民俗学是研究民间文化传统的一门学问。本科课程分为口承文学和传统文化，分析各种民间传说的形态，研究口承文学对后世文学作品的影响。研究院课程则推行课堂学习与调查研究相结合的教学法，让学生在获得基础理论后，通过调查研究项目，更深入地剖析民俗学课题。该专业毕业生的就

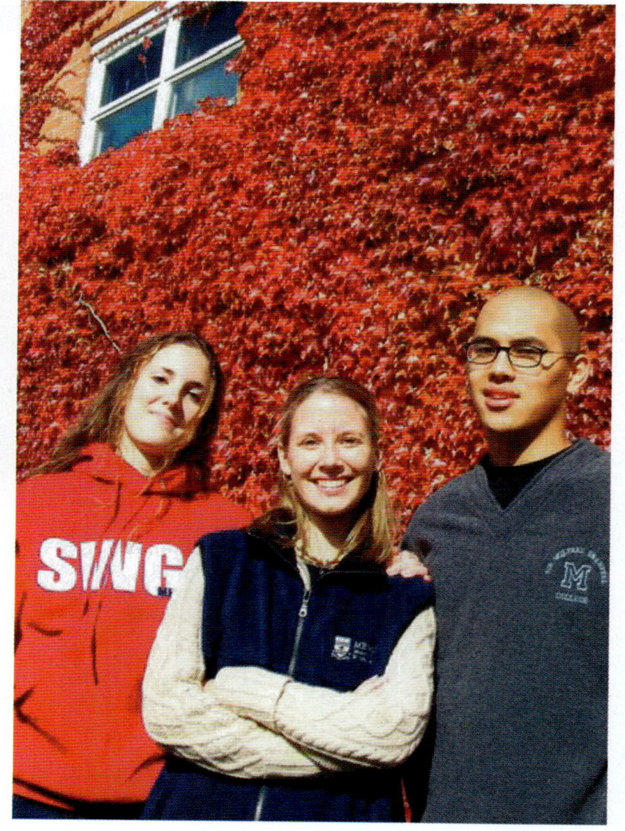

业机会十分广泛，涵盖民俗学、公共交流、语言学、妇女学等研究机构或博物馆的工作，亦可于大众传媒机构及公共机构任职。

Memorial大学的主校舍设于圣约翰斯市(St. John's)，主要开办上述的传统及主流学系。而位于Corner Brook的卫星校舍Sir Wilfred Grenfell College主要开办戏剧、视觉艺术及环境学的课程。设于英国的Harlow校舍则为学生提供在海外学习商业、教育、历史及政治等专业的机会。

随着学生人数的不断增长，Memorial大学近年开展了多项校舍扩建工程，例如斥资1,600万加元兴建的Smallwood Centre学生服务大楼，以及一幢全新的学生宿舍和康乐中心等，为学生提供更理想的学习与生活环境。

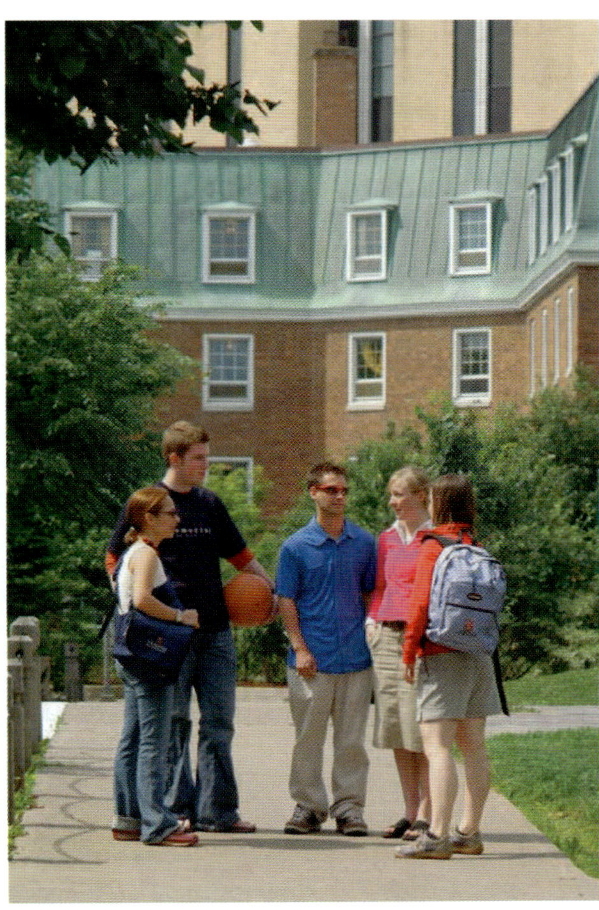

背景资料：

创校年份：1925

全日制学生：14,260

业余学生：3,054

国际学生：608(中国学生184)

大学类别：综合类大学

营运方式：公立

注册处地址：Arts and Administration Building, A2000
Memorial University of Newfoundland
St. John's, NL
A1C 5S7 Canada

网址：www.mun.ca

电话：1-709-737-8754

奖学金及经济援助办事处：1-709-737-3956

校舍：共有4处校舍

图书馆藏量：印刷图书1,738,577册，缩微图书2,052,556册，非印刷图书136,796册

教职员工：教员1,796名，职员2,440名

本科入学要求：

学科成绩：

各科不同，请查阅本校网站

英语成绩：

TOEFL 550(PBT)

或TOEFL 213(CBT)

或IELTS 6.5(写与读至少6)

报名截止日期：

秋季入学：3月1日

冬季入学：10月1日

夏季入学：2月1日

学费：

加国学生：含5门课的本科每学年2,550加元

国际学生：含5门课的本科每学年8,800加元

书本费：每学期约1,000加元

每月生活开支(约)：

家庭寄宿(Home Stay)：600加元(包膳食)

校内宿舍：每年4,826加元(每周包19餐)

校外住宿：每月350—500加元(视所租房子情况而定)

膳食费：不等

医疗保险：每年610加元

学系/专业：

设有12个学系，共100多个专业

文学系

商学系

科学系

医学系

药剂系

音乐系

海洋学系

护士学系

教育学系

社会工作系

工程及应用科学系

人体运动及康乐学系

热门学系/专业：

商业、教育、工程、英语、护士、科学

大学排名：

Maclean's 2005年大学排名

综合类大学排名第五

研究院入学要求：

TOEFL 550(PBT)

或TOEFL 213(CBT)

个别学系要求申请者递交GRE/GMAT成绩

研究院课程学费：

视课程而定，各课程学费相距颇大

加国学生：每学期由600—10,500加元

国际学生：每学期由900—10,500加元

热门研究院专业：

商业、工程、科学

所在城市数据：

城市：圣约翰斯(St. John's)

人口：230,000

生活指数：低至中

气温：-5℃ 至 28℃

强于工程技术　广招国际学生

北大西洋学院(College of the North Atlantic，简称CNA)是纽芬兰及拉布拉多省内唯一的公立社区学院，设施完善，设有17个校区，分布省内主要城市。

CNA于1997年由五所学院合并而成，目前约有全日制和业余学生各10,000名，提供70个证书及文凭课程，专业包括应用艺术、商科、健康科学、工程技术、信息科技等，其中以工程技术、商业管理和健康科学课程最著名。CNA十分重视学术和文化的交流，除了与多个海外教育机构签订合作协议外，亦积极招收国际学生，目前校内约有100名国际学生，其中约30名来自中国。

纽芬兰及拉布拉多省是加拿大最东边的一个省份，首府位于圣约翰斯市(St. John's)。渔业是该省的最大经济支柱，约50%的居民住在沿海岸线的渔村。该省以雄伟的冰山和宁静的环境而闻名，中国学生在这里留学，在欣赏壮丽天成的大自然景致的同时，亦能体验加拿大淳朴友善的民风。

17个校区分布全省

CNA的主校位于圣约翰斯市，其余16个校区分布于其他主要社区，为全省提供大专教育及职业培训。该校已有40年历史，于1997年与省内其他4所社区学院合并，成为一所极具规模的公立大专学院。

"The skills and core competencies I learned in the Journalism program (at College of the North Atlantic) were the foundation upon which I built a successful career in communications (journalism and public relations). I could work to a deadline, I honed my skills as a writer, my 'news' sense was finely tuned, and my interest in politics and public affairs moved from hobby to profession."

LynnBarter—Director of Communications and Public Affairs, Newfoundland and Labrador Medical Association

该校提供约70个全日制课程，颁授证书及文凭资格，涵盖的专业包括以下各领域：

(1) 应用艺术
(2) 商业管理
(3) 健康科学
(4) 工程技术
(5) 工业技能训练
(6) 信息科技
(7) 自然资源

所有专业均接受国际学生申请，很多课程的学分可转移至其他大学。在众多专业中，健康科学和工程技术最受欢迎。

健康科学的课程包括超声波诊断技术、呼吸系统治疗、医疗放射技术、物理及职业治疗助理等。

工程课程可衔接大学本科

该院工程技术的课程十分多样，专业包括电机工程、电子工程、土木工程、环境工程、工业机械工程、地质工程及电讯工程等。CNA工程技术文凭的毕业生可申请入读纽芬兰纪念大学(Memorial University of Newfoundland)或其他大学，再修读三个学期后便可取得本科学士学位。对于有兴趣修读工程学位的国际学生来说，CNA是一个很好的中转站。

校方对母语非英语学生的英语能力要求是TOEFL 550分(PBT)或TOEFL 213分(CBT)。未达此标准但其他学科成绩理想的学生，有机会获校方有条件录取，在修读完指定的英语研习班后，直接修读正规的学分课程。

背景资料：

创校年份： 1997(5个学院合并)
全日制学生： 10,000
业余学生： 10,000
国际学生： 100(中国学生30)
学院类别： 社区学院
营运方式： 公立
注册处地址：
College of the North Atlantic
1 Prince Philip Drive
St. John's, NL
A1C 5P7 Canada
网址： http://www.cna.nl.ca
电话： 1-709-758-7290

入学要求：

学科成绩：
文科： 60%
理科： 60%
商科： 60%
工程： 60%
英语成绩：
入读一般学科要求：
TOEFL 550(PBT)
或TOEFL 213(CBT)
或IELTS 6
或通过本校的入学语言测试或入读校方的ESL英语课程

报名截止日期：

秋季入学： 6月
冬季入学： 9月
夏季入学： 3月

学费：

加国学生： 每学分76.70加元
国际学生： 每学分275加元
书本费： 每学期500加元

每月生活开支(约)：

家庭寄宿(Home Stay)： 500加元(包膳食)
校内宿舍： 300加元(两人间)，450加元(一人间)
校外住宿： 350加元
膳食费： 200加元
其他杂费： 50加元
医疗保险： 600加元/年

所在城市数据：

城市： 圣约翰斯(St. John's)
人口： 200,000
生活指数： 低至中
气温： -10℃ 至 29℃

育空地区、西北地区、努纳维特地区

加拿大北部共有三个自治区，分别是育空地区(Yukon)、西北地区(Northwest Territories)和努纳维特地区(Nunavut)，区内天气严寒，人口稀疏，居民以原住民为主。三个自治区分别拥有一所公立大专学院，但其中只有育空学院(Yukon College)招收国际学生，因此本书仅就该校做详细介绍。

学习生活开支低　独特文化堪回忆

育空地区是加国西北部的原住民聚居地域，天气严寒，人口疏落地分布在各小型社区中。育空学院(Yukon College，简称Yukon)是区内唯一的公立大专学院，拥有分布于不同社区内的13个小型校区，以联网形式为区内居民提供大专教育和职训课程。

Yukon学院的最大吸引力是其低廉的学费，国际学生平均每学分的学费为250加元，而当地的生活指数亦远比大城市低。不过，到这里求学的国际学生应做好心理准备，去适应摄氏零下数十度的严寒气候和单调简朴的乡郊生活。

Yukon学院主校区位于育空首府怀特霍斯市(Whitehorse)，其余12个校区则遍布育空各主要城镇。育空地区虽然天气寒冷，但风景优美，是著名的自然保护区。这里更有浓郁的原住民文化和传统特色。想为留学生活增添独特色彩的学生，不妨考虑前往育空地区。

体验原住民文化

加国大专学费近年不断攀升，除了曼尼托巴省(Manitoba)的大学仍然向国际学生收取每学分200多加元的学费以外，其他省份的大专学院每学分学费已达300加元至500多加元不等。Yukon学院向国际学生收取每学分250加元的学费，十分低廉。同时，这里的租金、膳食费和其他杂费亦较其他大城市便宜。

Yukon提供英语作为第二语言(ESL)课程、大学学分转移课程和全日制证书及文凭课程。其中，证书及文凭课程可分为以下四大类：

(1) 商业：包括商业行政及办公室行政课程。

(2) 计算机技术：包括网络与硬件技术和软件开发课程。

(3) 社区服务：幼儿教育、社区支持及社区护理课程。

(4) 旅游业：提供旅游业管理课程，学分可转移至其他大学。

育空地区并没有设立大学，在Yukon学院修读大学学分转移课程的学生可申请转入其他省份的大学，例如UBC、SFU、U of Alberta或U of Calgary等。此外，学院的证书及文凭亦广受全国各大学及学院认可，可衔接高级文凭或本科学位课程。

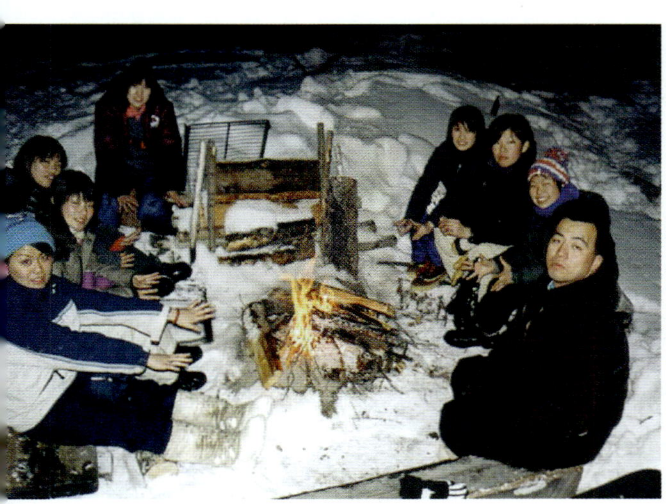

背景资料：

创校年份：1983
全日制学生：600
业余学生：3,900
国际学生：15
学院类别：社区学院
营运方式：公立
注册处地址：
Admission Office
Yukon College
Box 2799
Whitehorse, YK
Y1A 5K4 Canada
网址：www.yukoncollege.yk.ca
电话：1-867-668-8897

入学要求：

学科成绩：
12年级或同等水平
文科：65%
理科：65%
商科：65%
英语成绩：
TOEFL 550(PBT)
或TOEFL 213(CBT)
或IELTS 6/6.5

个别学系的入学要求或有不同，请向校方查询详情

报名截止日期：

秋季入学：5月
冬季入学：9月

学费：

加国学生：每学分50加元
国际学生：每学分250加元
书本费：各学科不同

每月生活开支：

家庭寄宿(Home Stay)：700加元(包膳食)
校内宿舍：每周85.93加元或每学期1,375加元(不包膳食)
校外住宿：公寓套房800加元，单租房间400加元
膳食费：校内每餐约5—8加元，校外每餐约5—10加元

所在城市数据：

城市：怀特霍斯市(Whitehorse)
人口：23,000
生活指数：低
气温：-25℃ 至 30℃

楓華學子
文化
中心
Maplestudent Benevolent Association

简介

枫华学子文化中心是在加拿大注册的文化教育非牟利服务机构。自成立以来，我们以《枫华家庭》、《枫华学子》两本全彩色中文月刊杂志的庞大媒体资源为依托，在加拿大举办了许多影响深远、形式多样的大型文化交流活动，为促进加拿大多元文化发展写下了一页页傲人的篇章。

在加拿大联邦、省、市三级政府，中国驻温哥华总领事馆以及社会各界支持下，枫华学子文化中心秉承“人为本、德为根、智为先”的发展理念，谨遵“厚德载物、诚信为本”的专业社会服务精神，积极推动世界对中国语言文化的理解，同时为数以万计留学加拿大的莘莘学子建立了一个温馨的海外精神家园。

Province of British Columbia

Certificate of Appreciation

presented to

Maple Student Magazine

For its contributions and dedication to the interests of Chinese international students

Rob Nijjar

June 27, 2003

经过多年锐意探索和资源整合，枫华学子文化中心现已拥有一支高业务素质和丰富工作经验的专业团队，吸引了大批热心推广中国文化的专业人士和义工加盟，具备了开展多领域、多学科、多方位国际文化交流活动的策划组织管理能力，打造了具有一定规模的民间国际文化交流网络平台，为华夏文化在异域竖立起一面瞩目的旗帜。

枫华学子文化中心凭着多年孜孜不倦的努力，现已成为加拿大乃至整个北美地区推广中华语言文化的颇具影响力的民间力量，并为此多次荣获加拿大政府的嘉许。

On Behalf of the Government of Canada & The People of Richmond

Presented to

Maple Student Magazine

In Recognition of Your Mission to Exchange Cultural Knowledge, Foster Mutual Understanding, and Promote a Strong Relationship Between Canada and China.

On the Occasion of Your Inauguration, I Extend My Best Wishes For Success

Joe Peschisolido, M.P.
Richmond
June 27, 2003

Maple Student Club

Congratulations and warmest greetings on your inauguration.

On behalf of the Government of Canada and the people of Richmond, I commend you for your high aspirations, steadfast dedication, and vigor in serving the community. You are an exemplary model for our youth to follow.

Best wishes for your future endeavours!

Joe Peschisolido, M.P.
Richmond
2003

照片：加拿大联邦政府和卑斯省政府的嘉许状

Introduction

Certificate of Recognition
Awarded to
MAPLE STUDENT MAGAZINE
In sincere appreciation for your contributions to
"All the Best"
2004 Vancouver Chinese Overseas Students Performance Gala
Issued this day of October 2nd, 2004
Education Office
The Consulate General of P. R. China in Vancouver

Certificate of Recognition
Awarded to
MAPLE STUDENT BENEVOLENT ASSOCIATION
In sincere appreciation for your contributions to
"All the Best"
2004 Vancouver Chinese Overseas Students Performance Gala
Issued this day of October 2nd, 2004
Education Office
The Consulate General of P. R. China in Vancouver

Maplestudent Benevolent Association is a non-profit cultural and educational organization set up in Canada. Since its inception, we have two monthly full-colour Chinese publications, "Maple Family Magazine" and "Maple Student Magazine". With these media resource as our foundation, we have organized many different high impact large-scale cultural exchange events, which allowed us to contribute our part in Canada's multicultural development.

With the support of Canada's federal, provincial and municipal governments, the Consulate General of P. R. China in Vancouver and the Canadian society, **Maplestudent Benevolent Association** firmly stands upon the tenets that humanity is basic and to serve, with wisdom established on foundations of virtues. Our integrity and magnanimity are basic professional values we adhere when we actively promote the understanding of Chinese language and culture to the world. At the same time, we have created a cozy home away from home, to provide emotional support to the countless overseas Chinese students in Canada.

After years of tireless exploration, coupled with the reorganization of our resources, **Maplestudent Benevolent Association** has managed to set up a professional and experienced team. Other than this team, we have the support and participation of many professionals and volunteers who are burning with the desire to help promote Chinese culture. We currently have the abilities to plan, manage and organize, in order to successful launch international culture exchange events in different fields and sciences. We have already built up a platform of extensive network necessary for cultural folk exchanges. Here is a flag we have erected for Chinese culture.

Maplestudent Benevolent Association has been persevering tirelessly to become an indispensable force in the propagation of Chinese culture and language in Canada and North America. For our efforts, we have been awarded many times by different levels of the Canadian government.

Certificate of Recognition
Awarded to
Maple Student Magazine
Co-Host
In sincere appreciation for your contributions to the basketball tournament of Chinese students in Greater Vancouver in 2004
温哥华中国留学生篮球联谊赛
Issued this day of July [illegible], 2004
Education Office of The Consulate General of P.R. China in Vancouver

Certificates of Appreciation from the Consulate Gerenal of P. R. China in Vancouver

枫华学子文化中心

《枫华家庭》杂志社

《枫华学子》杂志社

枫华学生俱乐部

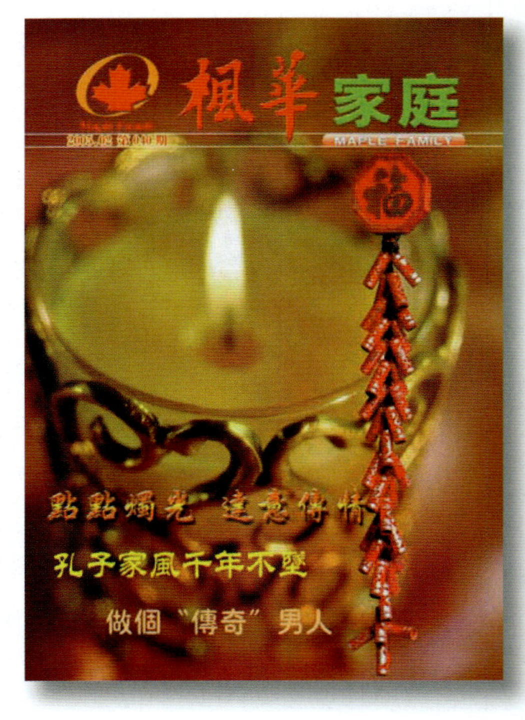

《枫华家庭》杂志社

《枫华家庭》是加拿大第一本以家庭、教育、文化、时尚为主题的全彩色中文月刊杂志。

这是我们——一群黄皮肤、黑头发的华人，在红枫叶纷飞的国土上，送给身居这里的父老乡亲的一份杂志。加拿大是著名的"枫之国"，而我们，这些来自东方古国的游子们，不论身居何处，都会自豪地说："我是华人！"。为了弘扬中华民族传统文化，特创此刊，并赋予它能代表加拿大华人身份的名字——枫华家庭。

大洋彼岸的华夏，虽然离我们现在居住的地方十分遥远，然而，那里毕竟是养育了我们祖祖辈辈的地方，也是世界各地华人把根留住的地方。

《枫华家庭》努力把属于那一片土地的文化、教育，带给每一位华裔：中国文化的古老故事，华夏大地的风土人情，祖先前辈的光辉业绩，悠久历史留下的奇珍异宝……

《枫华家庭》更会讲述海外华人在异国他乡是如何维护中华传统文化，如何维系亲情友爱，如何在这片陌生的土地扎根生长、开花结果的。

时光飞逝，沧海桑田。游子之心永远情系中华。为使回祖寻根者知门熟路地去领略故乡的锦绣风光，品尝家乡的珍馐佳肴，杂志还特意开辟专栏，介绍中华的旅游和美食。当然，更忘不了营造中华教育的氛围，告诉这里的华人家庭，如何面对中华文化与西方文化的碰撞，教育好身处异国他乡的龙的传人……

《枫华家庭》内容丰富，文章精彩，彩色铜版纸的印刷十分精美。它会撩起阔别故乡的老人，重拾过去种种美好的回忆；更令许多生长在加拿大，对祖籍已经生疏和淡忘的青少年，能够印证祖辈讲过关于龙的传人的故事，不但增长知识、开阔视野，还能更多地了解到一个文明古国博大精深的传统文化，从而使中华文化在异国他乡得以发扬光大。

《枫华学子》杂志社

《枫华学子》是北美第一本以简体字发行的全彩色中国留学生月刊杂志，它既帮助加拿大中国留学生获得以自己母语提供的可靠信息资料，又为年轻而缺少阅历且时时面临学业、生活各方面决策难题的留学生提供积极正面的指导。

《枫华学子》是真正属于留学生自己的家。它不仅仅是广大旅加学子抒发留学百味的园地，也是提供留学、生活全方位信息服务的平台，更是为留学生提供一个接触社会的途径。

《枫华学子》及时反映最新留学动态、追踪报道突发事件，维护学子们的权益，为远离家人的中华莘莘学子营造一个海外中国之家。

《枫华学子》记下了学子们海外生活的点点滴滴：初到异国的欣喜、远走他乡的孤寂、偶有失意的惆怅、飘零不定的无奈……也录下了学子们艰苦求索途中深深浅浅的足迹。

《枫华学子》以“凭准确资讯，做正确选择”的办刊方针竭诚服务中国留学生。她以彩色精美的印刷和别具匠心的版面设计在北美中文媒体中独树一帜，并以内容翔实、形式新颖和生动有趣，成为北美独一无二的中国留学生杂志。

枫华学生俱乐部

一个为中国留学生提供全方位义务服务的非牟利性公益机构。

俱乐部宗旨：把全加拿大中国留学生凝聚起来，激发起他们互助互爱的精神，维护中国留学生的正当合法权益，带给中国留学生真正的关怀，树立新一代中国留学生的优秀形象，努力把俱乐部建设成为中国留学生情感的依托、精神的家园，共同弘扬中华民族的文化和精神，让世界领略21世纪海外枫华学子的风采。

游子情深

2005年9月，中国留学生与当地侨胞数千人热烈欢迎中国国家主席胡锦涛访问温哥华。迎风招展的五星红旗，刚健奔放的雄狮舞，最真切地表达了身在异国他乡的枫华学子对祖国深深的思念和无比自豪的中华民族情。

祖国，你好！

2004年10月，为庆祝中华人民共和国建国55周年，中国驻温哥华总领事馆建馆30周年，枫华学子文化中心协办了“祖国，你好！ALL THE BEST——2004温哥华中国留学生国庆综艺晚会”，由航天英雄杨利伟等组成的中国航天代表团亲临现场祝贺。

All the Best
Chinese Overseas Students
Performance Gala
中国留学生综艺晚会
祖国你好！
中华人民共和国驻温哥华总领事馆
Consulate-General of the People's Republic of China in Vancouver

2004年温哥华地

《枫華學子》杂
MAPLE STUDENT
Butterfly

枫华学生俱乐部
www.maplestudent.ca

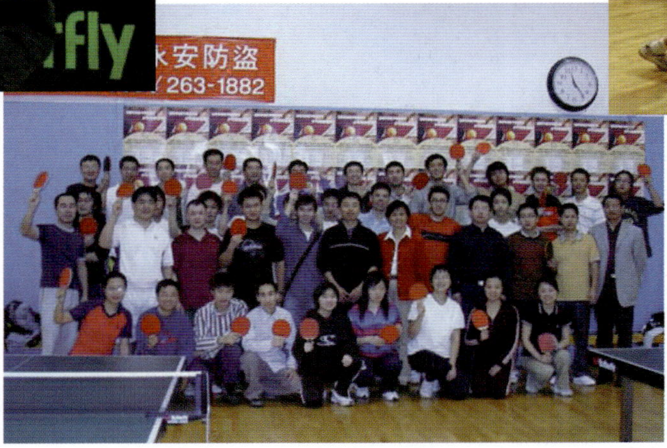

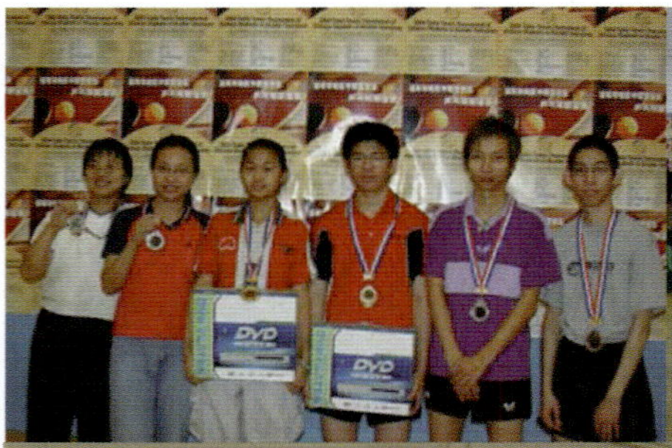

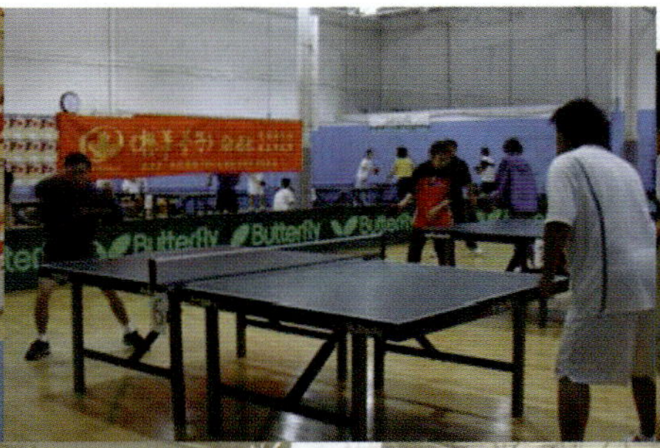

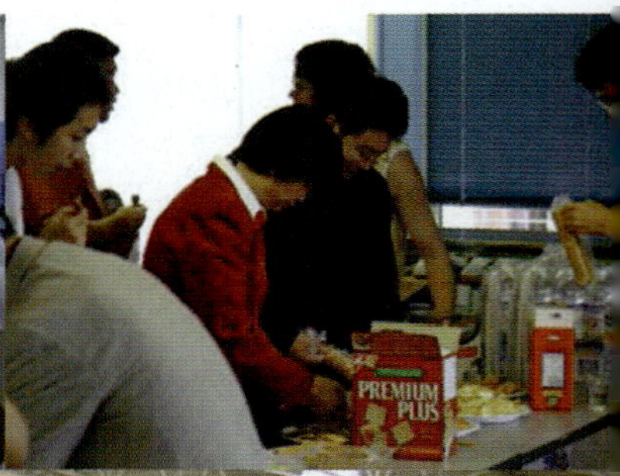

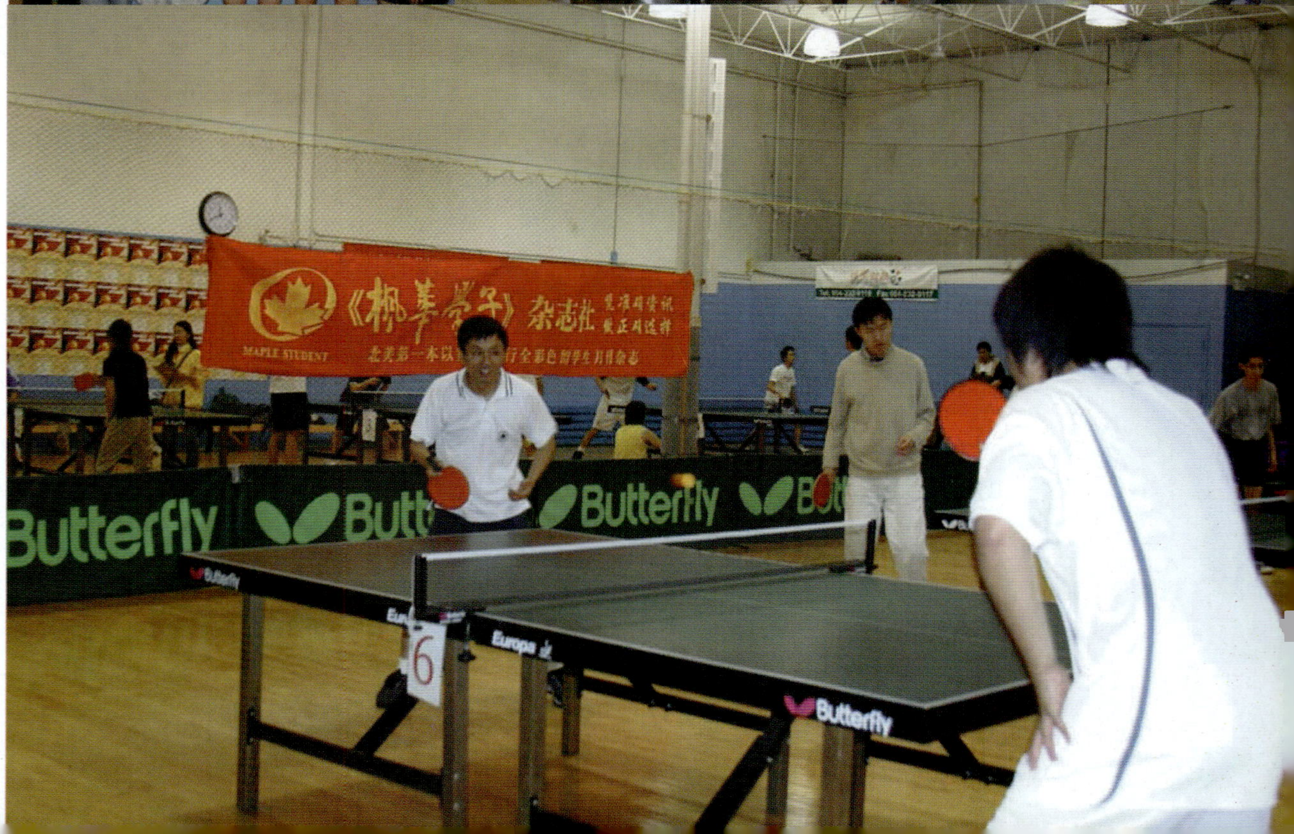

中国留学生篮球、乒乓球联谊赛

协助中国驻温哥华总领事馆主办了2004年温哥华地区中国留学生篮球、乒乓球联谊赛，留学生们第一次在异国他乡展示了中国体育大国的独特风采。

这个冬天不太冷

——2004枫华学子大型新年联欢舞会

2003年除夕，在温哥华著名的万国广场举办了“这个冬天不太冷——2004枫华学子大型新年联欢舞会”。这是北美甚至全球有史以来参与人数最多的、以中国海外留学生为主体的、超大型的新年联欢活动。

希望之旅

2003年8月，枫华学子文化中心出色地组织了有600多人参与的北美最大型的一次中国留学生户外活动——希望之旅，在留学生群体和华人社团中引起了很大反响。

新年华埠大巡游

2005年2月，枫华学子积极参与中国新年华埠大巡游。

枫华摄影大赛2002 世界杯华人足球之夜

2002年成功举办轰动温哥华饮食界和摄影界的“金凤凰世界杯华人足球之夜”和“枫华摄影大赛2002”。

食在温哥华

2003年春节，编辑出版了全面、权威、精美的中文饮食指南——《食在温哥华》，并把所有售书收入不扣除任何成本全数捐赠给慈善机构——加拿大防癌协会。

温哥華中文圖書館
THE CHINESE COMMUNITY LIBRARY SERVICES ASSOCIATION
《枫華學子》杂志社
北美第一本以简体字发行全彩色留学生月刊杂志

楓華攝影大賽
MAPLE PHOTOGRAPH COMPETITION

楓華家庭
Maple Family
世界杯
金鳳凰世界盃華人足球之夜

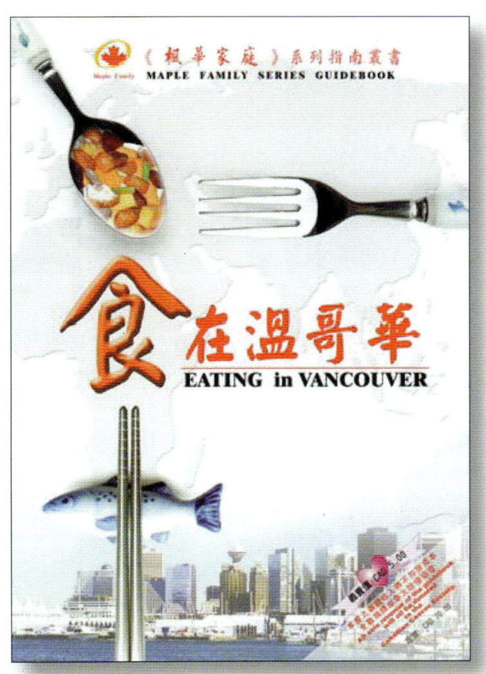
《楓華家庭》系列指南叢書
MAPLE FAMILY SERIES GUIDEBOOK
食在温哥華
EATING in VANCOUVER

Canadian Société
canadienne
du cancer

资源与优势

海不择细流 故能成其大
山不拒细壤 方能就其高

枫华学子文化中心在向北美社会推广中华文化的同时，也让北美各个阶层认识了“枫华”这一文化品牌。

1. 我们拥有迅捷的传播讯道。
2. 我们拥有广泛的社会基础。
3. 我们拥有强大的号召力。
4. 我们具有深远的影响力。
5. 我们创造了多层次的文化交流复合模式。
6. 我们赢得加拿大三级政府的鼎力支持。
7. 我们有上千义工的无私奉献。
8. 我们有资深专家的热忱指导。
9. 我们获得社会各界的倾力相助。
10. 我们拥有最可期待的发展空间。

心有多大　世界就有多大

我们了解加拿大
我们立足加拿大
我们面向全世界